芦部憲法学

芦部憲法学

軌跡と今日的課題

高橋和之
長谷部恭男　編

岩波書店

はしがき

一　2023年は芦部教授の生誕100年に当たる年であった。岩波書店では、これを記念する出版の企画をたて、その際に私もどのような内容の書籍を作るのがよいかにつき相談を受けた。そのときの話では、次のようなことが話題になったと記憶している。芦部理論は日本の憲法学に大きな影響を与えた。たとえば「二重の基準論」などは、芦部教授が強力に推奨され、学説では広く受け入れられたのに、日本の最高裁はいまだにそれを厳密な意味では受け入れていないが、それはなぜなのか。判例のみならず、学説においても、最近では二重の基準論をはじめとする様々な点で芦部理論が批判に晒されている印象を受けるが、それはなぜなのか。この機会に芦部説とは一体何であったのかを振り返り、その批判すべきところ、継承すべきところを確認する作業をしてみたらどうかと思うが、いかがであろうか。このような話であったと思う。

私も以前から、芦部説の確認作業をする必要があるという考えをもっていた。というのは、芦部憲法学は、良い意味でも悪い意味でも「神話」化され、実像とは異なる存在となってきているのではないかという印象を持っていたからである。いまでは、憲法の諸問題につき通説を語るとき、きわめて安易に芦部説が引用される傾向があるように感じる。たしかに、芦部教授が採用していた立場が通説となっていることは多い。しかし、芦部教授がその立場を「創説」したという場合ももちろんあるが、そうではなくて、他の誰かが初めて唱えた説を支持して採用したという場合もあろう。このような場合、可能ならば最初に唱えた人を引用するのが礼儀である。もちろん、誰が最初に唱えたかを探索することは、大変な労力を必要とする。その説の形成過程を明らかにすることが研究目的という場合には、避けて通ることはできないが、通説を批判し新しい説を唱えようということが主目的であるような場合には、批判の対象である通説の内容さえ明らかにすれば十分で、誰が最初に唱えたかは重要でないということもあろう。したがって、通説を唱えている者の中で最も有力と思われる者を代表者として引用することは、許されてもよいのではないか。こう考えて、私自身も、このような引用の仕方を何度もしたことがある。しかし、そうする度に、この引用の仕方は、「創説」者に対して失礼ではないかと感じてきた。しかし、もっとひどい引用の仕方に出くわすこともある。芦部説が必ずしも通説とは言えないと思われる場合に、通説と断定したような引用である。もっとも、何が通説か明確な定義があるわけでもないから、個々人がもっている印象で決める以外にないのかもしれない。しかし、芦部説のように頻繁に引用される説については、できればその「創説」者、その説の形成過程、対立する説の存在などが整理されているとありがたい。しかし、それを一人で行うのは容易ではないから、多くの人の協力が必要であろう。芦部憲法学の総合的な見直しをするというのであれば、そのような作業の遂行をある程度期待できるかもしれない。そんな気持ちもあって、本書の企画に賛意を表明した。

他方、記念出版の企画として、芦部信喜『憲法〔第7版〕』の補訂を行いたいがどうであろうかという打診を受けていた。この補訂作業を引き受けているのは私であり、了解してそれをすでに私の仕事の予定に組み込んでいた。そこで、同趣旨の記念事業のあれやこれやに名前を連ねるのは「美しくない」と私の勝手な「美学」を思い描いて(実際には、寄稿すべき論文を書く余力はないだろうという「諦観」が心を支配していたのであるが)、当初は本書の編者になることを控えていた。長谷部恭男教授が編者を引き受けるという話を聞いたので、それがベストのシナリオだと考えて喜んでいたのであるが、その後に私の心境に変化が生じた。寄稿することができなくとも、編集過程で何らかのアイディアを進言して協力することぐらいはできるかもしれない。せめてその程度の貢献をするのは、芦部教授の最初の助手であった私の責務ではないか。そう考えなおして、私も編者となることを長谷部教授に了解していただいた。こうして芦部教授の最初の助手と最後の助手が編者として本書を作成することになったのも、何かの縁なのかもしれない。

二　編者に加えていただいたものの、テーマの選定や執筆を依頼する候補者リストの原案作成は、長谷部教授が手際よく的確に行ってくれたので、その原案を基礎に若干の議論をするだけで決定できた。そういうわけで私の貢献はきわめて少なかったが、芦部説の特徴を理解するのに必要なテーマがほぼもれなく選択でき、また、それぞれのテーマに造詣の深い執筆者を選ぶことができたのではないかと考えている。もちろん、テーマは大括りなものであり、その中のいかなる問題に焦点を当ていかなる視点から解剖するかは、執筆者の腕の見せ所である。各論攷をゲラの段階で拝読させていただいたが、いずれも執筆者の独自の問題把握を表明しており、芦部理論の隠されていた側面に気づかされ啓発された。ここで個々の論攷のすべてにコメントすることはできないが、私のまったく個人的な関心から印象に残ったいくつかの点について簡単な感想を述べておきたい。

芦部憲法学を学説史の中に位置づけてその特色を捉えようとする場合、世代論が有力な視点となるだろう。日本の憲法学における世代論としては、特に次の2点に注目すべきであろう。一つは、明治憲法下で憲法研究を開始し、そこで獲得した思考枠組みを基礎に日本国憲法を解釈した世代(戦後第一世代)と日本国憲法の下で憲法研究を開始し、日本国憲法に適合した新たな思考枠組みを確立しようとした世代(戦後第二世代)の区別である。この世代区分からは、戦後第一世代はドイツ的な憲法思想の強い影響下にあり、日本国憲法解釈における彼らの間の学説対立の布置状況も、多かれ少なかれそれを反映しているであろう。第二世代はその布置状況をにらみながら日本国憲法に最適な解釈を模索し、あるいは異なる視点から再構成して新たな解釈をうち建てようとした。ゆえに、第二世代の学説を正確に理解するには、第一世代との諸前提の違いを理解しなければならない。たとえば高見勝利『芦部憲法学を読む』(有斐閣、2004年)は、そこで扱われたテーマに関してはこうした点を丹念にフォローしており、重要な先駆的業績である。

ところが、本書の寄稿論文にもこうした世代論に言及したものもないわけではないが(たとえば、林知更論文、小島慎司論文など)、私が想定していたほどではなく、多くは芦部説の内容紹介を出発点において、その継承すべき点と克服すべき点を論ずることに主力を注ぐものであった。学説の成立過程を「回顧」することには十分なスペースがなかったか、あるいは当面の関心がなかったのであろう。今後の課題として残されている。

世代論を考慮するもう一つの観点は、日本国憲法と憲法学が組み込まれている環境の変化に着目し、その変化以前の世代と変化に直面した世代を区切るものである。この世代区分は、まさに芦部世代とその後の世代(弟子の世代と孫弟子世代、要するに本書の作成に参加している世代)の区分に対応する。環境の変化という点に着目すれば、第一の区分と第二の区分は共通であり、違いは環境変化の内容にすぎないともいえるが、内容に質的な違いを感じるのと、芦部世代を一方でその前世代と比較し、他方で後続世代と比較することで、芦部世代の憲法学の特質を浮かび上がらせることができるのではないかという思いから、世代論における着目点の違いとして区別してみた。

三　芦部世代の憲法学において重要な争点となり多くの議論を呼んだ問題につき、芦部教授は独自の見方をもって論争に参加し、あるいは、特定の立場を支持する論攷を発表してその通説化に貢献した。そうした領域の問題を本書の各論のテーマとして設定しているので、いずれのテーマもそれを深く掘り下げれば芦部理論の特質と芦部世代の憲法学の特質の諸側面を照射することにつながると期待している。各論文がそれにどのように成功しているかは、読者の判断にまかせることにして、ここでは次の3領域にしぼって感想を述べておく。第1に、9条(戦争放棄)解釈の領域、第2に、表現の自由の領域、第3に、憲法訴訟の領域である。

まず9条問題であるが、日本は講和条約の締結後、冷戦の進行する中で憲法9条が禁止した「戦力」に該当すると思われる自衛隊の創設・整備に進んだ。芦部世代の憲法解釈学の最大の課題となったのは、この自衛隊の違憲性を論証することであり、芦部教授自身も違憲論に与して論陣を張った。芦部世代の憲法学界では、自衛隊違憲論が殆ど通説と言ってよいほど支配的であったが、これに立ちはだかっていたのが合憲論を唱える政府見解とそれを支えた内閣法制局の解釈論であった。それによれば、9条は自衛権を放棄してはおらず、自衛権を行使するための、戦力に至らない「自衛力」は禁じられていないというものであった。そして、自衛隊は戦力ではなく自衛力にすぎないという解釈の下に、自衛隊の規模は徐々に拡張されていく。しかし、既成事実の継続する中で、自衛隊合憲論を支持する世論が増大していき、やがて世論調査において合憲論が違憲論を凌駕するときが来る。芦部世代の次の世代が直面したのがこの事実であった。その世代の中から、憲法学界においても合憲論が有力に唱えられるようになって行く。その先陣を走るのが長谷部恭男教授であり、本書に寄せた論文において、憲法9条で用いられている用語の意味を国際法の歴史を辿って整理し、法制局見解とほぼ同じ結論に到達している。長谷部教授によれば、芦部説の採る「純粋平和主義」は、特定の価値観を国民に押しつけることになる点で近代立憲主義とは整合しがたいものであり、「問わざるを得ないのは、芦部教授の9条解釈のみならず、その近代立憲主義理解でもある」と論じている。芦部説に対する根源的な批判であるが、それを問うことは、同時に、長谷部教授自身の立憲主義理解をも問うこととなり、さらには、芦部理論の継承と克服をめざす我々すべての立憲主義理解を問うことにも繋がるであろう。

四　表現の自由論は、芦部教授が人権論の中でも最も重視した領域であった。芦部世代がこの領域で直面したのは、表現空間をマスメディアが席巻する中で国民の表現の自由の意義をどのように理解するかであった。この問題につき芦部教授が主導した理論は、表現の自由を「表現する自由」よりも「表現を受け取る自由」の側面を重視して理解し、それを「国民の知る権利」と結びつけることを通じて知る権利論を基軸に表現の自由論を再構成することであった。マスメディアの中でも芦部教授が特に関心を寄せたのは放送メディアであったが、放送の自由を国民の知る権利の観点から捉えなおしてみせたのである。このあたりの事情を曽我部真裕論文が的確にフォローしている。ただ、曽我部教授の芦部理解について一つ気になることがあった。曽我部教授は、芦部教授が、当初、知る権利の法的性格につき、国家が国民の知る権利の充足のために介入することは国家の法的責務であるとしていたと理解している点である。表現を受け取る自由は、自由権として法的効力をもつ。しかし、それを根拠の一つとする国民の知る権利は、「表現を受け取る自由」には尽くせない積極的側面(社会権的、請求権的側面)ももつ。しかしその側面は憲法上法的効力はもたない、法的効力をもたせるには立法が必要だ、というのが、芦部世代における国民の知る権利論の常識ではなかったのだろうか。曽我部教授は、芦部教授が後にそのような立場に改説すると理解するようだが、私には当初からそのことを踏まえた上での議論ではなかったのかという疑問が残った。この点の今後の解明を期待したい。

芦部教授の後続世代が格闘せねばならないのは、インターネット時代の表現の自由論である。芦部世代には、インターネットが言論空間の中核を担う時代を実感を持って予測することはできなかったであろう。実際、放送と通信が融合し、既存のマスメディアがインターネット空間の中に何らかの位置を占めることによってしか生き残ることができなくなるという今日の事態を想定した議論は存在しなかった。ゆえに、芦部教授の表現の自由論がインターネット時代にどのような形で生き残ることができるかという問題が、我々世代に残されたのである。それを総合的に行うことを試みた論攷は、本書の寄稿論文には存在しないが、表現の自由領域の個別の問題につきインターネット上で生じる問題を検討したものはある。例えば、毛利透論文は「せん動」表現に「明白かつ現在の危険」テストの適用を主張した芦部説が、インターネット上の「せん動」に適用できるのかという問題を現在アメリカで行われている議論を紹介しながら検討していて興味深い。

これに対し、駒村圭吾論文は、芦部教授が提起した機能的検閲概念は、ある意味ではインターネット時代の検閲問題を「予言」した意味をもつとして、その「慧眼」を賞賛している。駒村教授が着目するのは、言論空間で表現を「媒介」する者が行う自主的な「検閲」である。アメリカではこれを「代理による検閲」(censorship by proxy)と概念化してその問題点を分析しているが、芦部教授が「マス・メディアの自主規制であっても、自主規制機関が公権力からインフォーマルな強い影響を受け、それを実質的に代弁するような形で一定の情報を言論市場から排除する場合には、その公権力の行為が検閲禁止の原則との関係で憲法問題を惹起することもありうる」と述べているなかに「代理による検閲」現象の先駆的な予見をみるのである。もちろん、芦部教授がみていた表現の自由の「媒介者」はマスメディアであり、インターネットにおけるプラットフォーム業者などではない。芦部教授にとっての問題関心は、マスメディアが支配する言論空間において国民の知る権利をいかに確保するかであり、国民が知るべきことをマスメディアが伝えないで「自主規制」してしまうことこそが問題であった。しかし、マスメディアが「私人」である以上、その自主規制を「検閲」と捉えることはできない。それを「検閲」と構成するには何らかの工夫が必要であった。その一つが、検閲をその機能の側面から捉えて範囲を拡大することであった。しかし、それだけでは不十分であり、国家とマスメディアによる自主規制の間に両者を一体的に捉えることを正当化する一定の条件が必要であった。そこに芦部教授はステイト・アクション理論を投影していたのではないかと私は推測する。ともあれ、駒村教授は、芦部教授のいうマスメディアによる自主規制的「検閲」とインターネットのプラットフォーム業者等による自主規制的「検閲」の間に構造の共通性をみるのである。しかし、そうだとすれば、インターネットにおける「媒介者」の行為を国家に帰属させる何らかの理論構成が必要であろう。それがなければ、媒介者による自主的な表現の選別は、媒介者自身の「表現」となっても「検閲」にはなりえない。いまや「検閲は表現の自由にとっての最大の敵から、表現の自由の行使そのものと転換されつつある」といっても、その理論的道筋は見えてこない。しかし、この点を掘り下げていくと、インターネット時代の検閲問題を憲法論として再構成することが展望できるかもしれない。

五　第3の憲法訴訟論こそ、芦部憲法学の最大の功績というべき領域であろう。日本国憲法が導入した違憲審査制度がアメリカ型の付随審査制であったとすれば、それによって産出される憲法判例を分析する道具立ては、当時の日本の憲法学界には殆ど存在していなかった。アメリカに学ぶ以外になかったのである。その中心となったのが、伊藤正己教授や芦部教授であった。なかでも芦部教授は、憲法判例の実体的側面のみならず手続的側面にも強い関心を示し、実体と手続を総合する形の判例分析を目指した。審査基準論は両者の交錯するところに見出されることになる。芦部教授が憲法訴訟に関する論文をまとめて『憲法訴訟の理論』を出版したのは1973年のことであったが、これが学界に与えた衝撃は、今でも語り草となっている。雰囲気を伝えるために多少の誇張を交えていえば、憲法学者が出会えば誰もが憲法訴訟を話題にしていたという状況であった。特に、学生から「芦部先生の本にはこのように書いてありますが、これはどういう意味ですか、などといった質問を受けて、自分の不勉強に冷や汗をかいたよ」などと冗談交じりで話し笑い合う場面にしばしば遭遇したものである。当時は、アメリカ型の憲法訴訟論一色であり、そのような中で憲法訴訟に興味を持った後続世代のなかの「ドイツ学派」が、ドイツの憲法訴訟論の研究に着手するのである。かれらによるその後のドイツ憲法訴訟論の研究は目を見張るものがあった。やがて彼らが憲法学界の中核を担う年代となるころには、日本の憲法学界は、ドイツ憲法訴訟論の隆盛を迎えることになる。しかし、芦部教授がこれを知ることはなかった。したがって、芦部教授自身が自己の構築した審査基準論をドイツ型の審査方法と対比して両者の違いを解明しようとした論攷は存在しない。その課題は、後続世代に委ねられたのである。本書では、井上典之論文がこれに挑戦している。井上教授は、芦部教授の審査基準論を紹介し、その問題点を指摘しながら、これに対抗するドイツ型の三段階審査のメリットを述べ、それを今後の日本の進むべき方向として提示している。おそらくそこで展開された議論は、このテーマに関する「ドイツ学派」の理解を代表しており、傾聴すべきところも多々存在する。しかし、芦部説の理解がやや表面的にすぎるのではないか。芦部説は、芦部世代が直面した憲法問題を解決する努力の中で構築された理論であり、当時の日本の憲法判例の状況と深く切り結んでいる。理論形成をアメリカの判例理論に学んだとはいえ、それをそのまま輸入したのではなく（アメリカの判例理論自体が確立したものではなく、揺れ動きながら進展していた）、日本に適合させる工夫を重ねながら構成されたものであり（香城理論と対比する青井未帆論文、日本的な規制目的二分論を芦部教授がどう組み込んだかを分析する巻美矢紀論文参照)、はるかにニュアンスに富む内容をもっていると私は理解している。しかし、それ以上に私の内心で問いかける疑問は、ヨーロッパ諸国の多くの学説が比例原則を中核に据えるドイツ型の違憲審査論に賛同を示す中で、なぜアメリカは審査基準論的な思考に執着するのかである。アメリカにおいても、すでにその審査方法の形成過程において、井上教授が指摘するような批判がなされていた。すなわち、その方法に基づく現実の審査においては、具体的な訴訟において適用すべき審査基準の決定に関する議論が先行し、そこに精力が費やされるために、真に必要な利益衡量に関する議論がなおざりにされたまま、審査基準の決定が直ちに合憲・違憲の結論に繋がってしまっているのではないかという批判である。アメリカにおける批判者は、これを是正するために、比例原則に基づく利益衡量を中心に据える審査方法に改善すべきだという提案を行っており、この趣旨の議論は今日まで続いている。にもかかわらず、なぜ比例原則を採用すべしという意見が少数説(と私には見える)にとどまっているのか。憲法判断の方法は、違憲審査制度のあり方と密接に関わっており、制度の違いを離れて抽象的に論ずることはできないという事情があるのかもしれない。あるいはまた、審査基準論と比例原則論はそれぞれを支えている法的思考(哲学)が異なり、容易に調和させることができないのかもしれない。いずれにせよ、こうした問題を解明し、それぞれの違いをより深いレベルで理解しないと、どちらが優れているかという結論は安易に出し得ないのではないか。私自身は、こんな思いを強くしている。これは、井上教授の議論が安易だと批判する意味でいうのではない。今後の我々の課題として残されているということを指摘しておきたいのである。

六　以上に私の感想を簡単に述べたが、最後に一つだけ、私が芦部理論に対してもち続けてきたが、解けないでいる問題に触れておきたい。芦部教授の人権理論および憲法訴訟論の骨格はアメリカ型の理論により構成されている。唯一ドイツ憲法にも精通し、要所要所でドイツ理論への目配りも怠りないが、基本はアメリカに求めていたと思う。唯一の例外と思われるのが、人権の第三者効力論である。ここではドイツの間接適用説に学んだ理論を基本に据え、アメリカのステイト・アクション論はきわめて例外的な場合に参照するにとどめている。にもかかわらず、私人間効力論がその後のドイツでは国家の基本権保護義務論へと展開していくのに対して、それを日本に導入することに対しては強い懸念を表明した。これはなぜだったのか。その理由を芦部憲法学の深層に位置づけて解明することなしには、本書の企画は完成しえないのではないかと思う。しかしそれは、今後も繰り返し立ち戻らねばならない課題なのかもしれない。

七　本書は、企画当初よりの岩波書店編集部の山下由里子さんの意欲溢れる推進力と周到な支援のおかげで出版に漕ぎ着けることができた。ここに記して謝意を表したい。また、寄稿者の皆さんにも衷心より御礼申し上げます。

2024年6月

高橋和之

目次

第二部　基本権各論

第四部　裁判所と違憲審査

第一部　総論

第一章　「政治」の現れる場所
——芦部信喜の憲法制定権力論をめぐって

林　知更

I　歴史的位置

1　立憲主義の構造転換

芦部信喜は、日本における立憲主義の転換期を代表する憲法学者の一人として位置づけることができる。すなわち、18世紀末における近代革命から現在まで2世紀強の憲法史を巨視的に眺めるなら、二度の世界大戦を伴った20世紀前半の時期は、日本を含む複数の国で憲法の基本的な理解に重大な変化をもたらしたように思われる。このことは、時代の代表的な教科書・体系書の叙述などからも読み取ることができる。戦前の日本憲法学で通説を代表する教科書と目されたのは美濃部達吉の『憲法撮要』であろうが、そこでは「立憲政体」とは、「国民の代表機関としての議会制度を有する近代的政体の意にして、近代的民主政と立憲君主政とに通ずる観念なり」、と規定される。すなわち、統治の正統性の淵源をめぐって君主主権と国民主権が対立する19世紀型の憲法状態の下、民主政か君主政かの選択に関わりなく、国の統治の仕組みが権力制限を可能にする一定の制度的な特徴を備えている場合にはこれを立憲政体と呼ぶ、というのがここでの用法である。その「中心思想たるものは二あり。一は国民自治の思想にして一は自由平等の思想なり」、とされる。要するに、国民の自由平等と自治を目的に、その橋頭堡としての議会制度を有する統治体制が採用される時、立憲政体が成立したと見るのである[1]。これは、戦前期の標準的学説において概ね共有された見方であったと解される。もちろん、議会が現実の憲政においていかなる機能を果たすかは、運用に委ねられる部分も大きい以上、制度の導入を以て事が終わる訳ではなく、「立憲主義の精神[2]」に適った憲法運用が何なのか、その実現の可否が問われ続けることになるにしても。

　これに対して、第二次大戦後から現在までの日本憲法学は、これと大きく異なる憲法理解を定着させてきたように思われる。今日、議会制度の有無はある憲法体制が立憲的か否かを判断する際の唯一の（あるいは最大の）標識ではない。今なお最も標準的な教科書と言いうる芦部信喜『憲法』の叙述を基礎に再構成するなら、戦後の憲法理解で新たに確立したのは、第一に法の階層性の観念である。上述の美濃部のような19世紀型の憲法理解では、議会が制定に関与する法律に国家作用の中での中心的地位が認められる反面、憲法と法律の差異が何を意味するかは必ずしも明確ではなかった。これに対して、日本国憲法では憲法の最高法規性が条文上明確化された（98条）のみではない。学説上、憲法改正限界論が採用されることで[3]、憲法規範の内部でも改正不能な中核部分と改正可能な周辺部分とが区別される結果、憲法の中核部分・それ以外の憲法規定・法律の間に一種の階層関係が想定されることになる。第二に、ここでは憲法の内容的契機が重視される。美濃部型の立憲政体では、議会制度という国の組織・権限・手続を通した自由の保護といういわば形式的側面が重視されるのに対して、現代の憲法理解では一連の内容的な諸原理が憲法を基礎づけ、憲法改正権をも限界づけるという側面が強調される。憲法の最高法規性自体もまた、「その内容が、人間の権利・自由をあらゆる国家権力から不可侵のものとして保障する規範を中心として構成されているから」だという「実質的最高法規性」を中心に理解される[4]。第三は、こうした上位の内容的諸原理を保障する制度的仕組みである。議会の重要性が消失したわけではないが、今日では議会のみでなく、とりわけこの階層構造を保護する規範統制の仕組みとしての違憲審査制がいかに形成され機能するかに、重要な意味が与えられる。(5)

一言で言えば、19世紀型の立憲国家と20世紀後半以降の現代型の立憲国家とでは、その間に重要な構造上の転換が介在している。こうした変化を恐らく最もドラスティックな形で経験したのは、ドイツや日本のように、第二次大戦の敗北によって憲法体制の転換を遂げた国々であろう。そこでは時に、自国の過去の立憲国家の機能不全が破滅的な事態を招いた、との意識から戦前の憲法体制の否定的側面が強調され、これとの対比で戦後型立憲国家の新しさが高唱される、という傾向が見られるように思われる。とは言え、この際に忘れてはならないのは、戦前の憲法体制のうち、何がその時代の文脈に照らしてその国「特有」の欠陥に属し、何が他国とも共通する19世紀型立憲国家の特性に属するかを、慎重に見極めることであると考えられる。実際、上述との関係で言えば、憲法の階層性の観念が未発達で、憲法が主に国の統治の組織・権限・手続に関する法として理解され、違憲審査制が存在しないという点は、アメリカ合衆国を特殊な例外として、イギリス・フランスを含む第一次大戦までの大半の立憲国家が共有する特徴だと見ることができる。(6) そして、ドイツや日本のような形での体制転換を経験しなかった例えばフランスのような国でも、20世紀後半の流れの中で、伝統的な憲法理解との連続性を維持しながら徐々に類似の方向への変容が生じていることは、様々な形で指摘されている。(7)(8) 法律とは別階層に根拠を持つ内容的諸原理が、裁判的な仕組みを通して法律の自己完結性を揺るがすという事態は、国内法に自己完結した問題ではなく、欧州人権条約・同裁判所など多層的法秩序からの圧力が、例えば伝統的なイギリスの国会主権すらをも動揺させていることもまた、周知の事柄に属する。(9)

すなわち憲法は、しばしば時代を超えた普遍的理想を体現した文書としての性格を有するのみでなく、歴史の中でその構造や機能を変化させる特別な種類の法でもある。第二次大戦を転機とした日本の憲法理解の変容もまた、こうした巨視的に見た憲法の変容プロセスの中に位置づけることで、恐らくはその意義と限界をより良く測定しうるようになるものと思われる。我々は他国と比較して、この転換にいかなる点で成功し、いかなる点で十分に成功しないまま、積み残した課題を抱え続けているのか。そもそもこの際に我々が潜り抜けなければならなかった変化とは何だったのか。

芦部信喜を今日の地点から読み直すという本書の主題もまた、以上の問いと密接に繋がっているように思われる。もちろんこうした憲法理解の転換は、複数の世代に属する様々な論者の相互作用や共同作業によって成し遂げられたと見るべきであり、特定の人物のみにこれを代表させることには慎重であるべきだが、第二次大戦後に大学で初めて憲法学に触れ、その後日本国憲法下の憲法学を築いていった戦後世代の憲法学者の中で、通説形成に果たした役割や、その研究の少なからぬ部分が前記の転換の肯綮に中るという点で、芦部がその中心に位置することは間違いない。以下、本稿が試みるのは、こうした問題意識から芦部の初期作品である憲法制定権力論の意義を改めて検討することである。

2 憲法制定権力論の革新

芦部信喜の論文「憲法制定権力」は、師・宮沢俊義の還暦を記念する論集『日本国憲法体系』第1巻の中の1章として1961年に公表された[10]。芦部は1952年に東大法学部の助教授に就任し、1955年から1959年にハーヴァード・ロースクールへの留学に出発するまでの4年間、「国法学」の講義を担当する[11]。憲法の講義を一通り聴いた学生に向けて原理論ないし基礎理論を講ずるこの「国法学」講義で、芦部は「伝統的な法実証主義国法学の方法論およびそれにもとづいて構成された憲法上の基本概念を批判的に検討すること」に重点を置いたと述懐しており[12]、憲法制定権力論はここでの思索がもたらした成果のひとつである。

芦部が自らの制憲権論を構想するに際して、主要な論敵がふたつ存在したと見ることができる。ひとつは、まさに今触れたドイツの実証主義国法学である。芦部自身の定義によれば、「憲法制定権力(constituent power, verfassunggebende Gewalt, pouvoir constituant)すなわち憲法を作る力(制憲権ともいわれる)は、法秩序を創造する権力である。いいかえれば、法秩序の諸原則を確定し、もろもろの制度を確立する—したがって政治と法の交叉点に位する—権力である」[13]、ということになるが、明治憲法下の日本憲法学にも規定的な影響を与えたこの19世紀ドイツの主流的学風では、この憲法制定権力という主題は憲法学上の議論から消去されてしまった。芦部がその原因として挙げるのは次の3つである。第一に、当時の国家法人説は、抽象的な法的人格としての国家を統治権の主体と捉え、憲法が諸権限を国家機関に配分するものと捉えるため、ここでは「あらゆる権力は法的にはその権限の根拠を憲法の中に求めねばならない」反面、「憲法以前に憲法に超越して存在する」ものとしての制憲権は単なる社会的要素として法的議論の外へと追放される。第二に、ここでは立法・行政・司法といった諸権力も、唯一不可分の国家権力が有する複数の機能として把握されるため、これら複数の諸権力の統一性を憲法に先立つ制憲権という理論的仕掛けによって説明する必要には迫られずに済んでしまう。第三に、実証主義国法学は「法学の対象を実定法に限定し、しかも実定法に内在する価値の検討は自然法的・政治的なものとして排斥する」から、基本的人権保障の理念のような憲法に内在する価値は捨象され、この意味での憲法の実質的最高法規性の観念も拒否される。この結果、憲法と法律の差異は改正手続の加重という単なる形式的側面に縮減されてしまう。芦部はこの三番目の点を「これが本質的な理由である」と付記している。以上を要するに、国の統治を徹底的に法的かつ形式的に把捉しようとするこうした体系内では、憲法上規定された権限である憲法改正権と区別された本来の意味での制憲権が登場する余地はないのである[14]。

もっとも、戦前以来の日本憲法学が主要な参照対象としていたドイツでも、第一次大戦後にはこの実証主義国法学の克服を図る動きが明瞭に顕在化していた。当時の欧州を覆った革命や体制転換の波は、合法性の問題に還元されえない統治の正統性の問題や、法を作り動かす政治の問題を浮上させずにいない。こうした中、従来排除されてきた憲法制定権力の観念を大胆に自己の体系形成の中軸に取り入れた論者がカール・シュミットであり、彼こそは芦部にとっての第二の論敵と見ることができる。シュミットの憲法制定権力論がもたらした最大の法解釈論上の帰結は、憲法改正限界論である。「シュミットの体系では憲法改正権が制憲権と別の権力、したがって憲法によって作られた権力の一つと考えられている」結果、憲法改正権は自らの存立根拠である制憲権が国家の存在態様に関して下した基本的決定を覆すことはできず、その枠内で憲法律の諸規定を変更・増補・削除しうるにすぎない。すなわちシュミットの制憲権論は、憲法内部にその内容的側面に基づいて階層化を導入する点に革新性のひとつを有することになる。が、他方でシュミットはこの制憲権を「倫理的もしくは法的な規範によって根拠づけられることを全く必要としない」、「すべての規範的なものの上に存在する実力」(傍点原文)と捉え、国民も君主もともに制憲権の主体たりうると考える。こうした議論が、憲法を最終的に「赤裸々な生の実力」に委ねる危険性を持つものとして警戒される所以でもある。(15)

かくして芦部は、一方でシュミット的な制憲権説に依拠することで、19世紀型立憲国家(とりわけそのドイツ的類型)の一面を鋭く体現した実証主義国法学の克服を図りつつ、他方で制憲権論が「生の実力」による規範や価値の蹂躙を正統化する危険を防ぐために、国民の憲法制定権力(芦部は国民のみが制憲権の主体たりうるとする)自体が更に上位の価値によって基礎づけられ制限されているものと構成する。この際に芦部が依拠するのは二つの知的資源である。第一は、ドイツ的伝統の相対化にある。そもそも制憲権論は18世紀末の近代革命期に提唱された考え方であり、芦部はそこで前提とされた思想世界、とりわけアメリカの制憲期とフランス革命期の議論に立ち返ることで、(16)「憲法とは自然権・自然的正義を規範化したものとして、立法権を含むあらゆる権力を制限する国の根本法であ」(傍点原文)り、自然法に従えば「制憲権の主体も国民(第三階級)でしかありえない」という見方などを抽出する(他方、シィエスにおいて制憲権の発動が「つねに合法的である」と説かれている点や、制憲権と憲法改正権が明瞭に区別されず、後者が前者の作用だと捉えられている点は、芦部によって最終的に拒絶される)。(17)第二に、第二次大戦後はドイツ語圏でも実定法を超えた規範的なものを再評価する動きが見られた時期でもある。芦部は後に、「当時私はラートブルフの法哲学に大きな共感を寄せ」、「「正義」に反する法律に「不法だという烙印を押す勇気をもたなくてはならない」と説いた戦後ラートブルフ法哲学の考え方こそ、新しい日本の憲法論の基礎に据えられなければならないのではないか、と考えていた」、と述懐する。(18)こうした関心から芦部が憲法制定権力論で援用するのは、ヴェルナー・ケーギらチューリッヒ学派や、マウンツ、シヨイナー、エームケら戦後初期西ドイツの議論である。これらの議論には、今日から見れば戦後期の一時的流行と見られる部分も含まれようが、同時に戦後の新しいタイプの立憲国家を基礎づける議論としての意義を有していた面も否定できないものと思われる。芦部はこうした同時代的な動きとも共鳴しながら、制憲権をも拘束する超実定的な法原則とは「人間価値の尊厳という一つの中核的・普遍的な法原則」に帰一し、「この原則を中核とする価値・原理の総体は近代憲法の根本規範、すなわち「規範の規範」」(傍点原文)であり、制憲権もこれに拘束される、との主張を展開する。(19)

以上の意味で芦部の制憲権論は、法理論・憲法理論上の一論点への解答という枠を超えて、第二次大戦後の立憲国家の構造をいかに捉えるかに関わる、体系上の意義を有する議論であったと考えられる。芦部は後に、「憲法制定権力、憲法改正国民投票、憲法改正権の限界および違憲立法審査権に関する諸論文」を、「憲法に内在し、または憲法の背後に宿る普遍の法理念ないし政治理念」の探求という同一の問題意識に基づくものとまとめている。(20)制憲権をも超える価値・原理を頂点とした法の階層構造を担保する仕組みとしての違憲審査制の研究が、その後の日本国憲法下の解釈論の発展に決定的な寄与をもたらしたことは改めて繰り返すまでもない。(21)そこで芦部が新たに導入した道具立てが、彼の制憲権論の理論的基礎と完全に整合しているのか、いくらか議論の余地が残るのだとしても。(22)

3　歴史的役割の終焉？

こうした芦部・制憲権論の最大の弱点は、制憲権を超越した価値・原理の存在を客観的に論証しうるのか、これは畢竟一種の自然法論ではないのか、という点にあると考えられる。芦部自身、この種の批判を意識して、これは「実定法の外にある自然法を前提とする国法学を志向するものでは必ずしもな」く、「普遍の法理念といっても、それは実定憲法に内在する価値であ」(傍点原文)ることを強調する。[23] もっとも、実定憲法を超越した権力をも拘束する価値・原理の存在を論証するのに、それは自然法ではなく実定憲法に内在した価値であるというのは、何も説明していないに等しい。とは言え、法秩序の究極的根拠が何かという、もしかしたらパラドックスでしかありえない問い[24]に、終局的な解決を与えなかったことを以て芦部を非難するのは、いくらか酷であるとも言えよう。むしろ重要なのは、制憲権という「イデオロギー的概念[25]」の再構成によって、上述のような憲法構造の転換が基礎づけられた点にこそある、と考えることもできる。

もっとも、そうだとするとここには新たな疑問が生じる。仮に芦部の時代にあっては、19世紀の実証主義国法学から離脱するためにシュミット流の制憲権論を経由する必要があったとしても、現代型の立憲国家が(少なくとも理念上)定着した現在、我々が同様の思考経路を辿る必要はあるのか。法の階層化やその実質的理解に基づく憲法構造自体は、制憲権論を用いなければ説明できないというものではない。こうした構造が既に受容された世界で、その外部に全てを覆しうる全能の権力の存在を想定することに、いかなる法学上の意味があるのか。道徳哲学上の正当化という見地から憲法の全体を一貫した形で描こうとする理論的試みが、この意味での憲法制定権力論を憲法学から消去すべきことを主張するのは、一定の理由のあることであると思われる。[26]

結局のところ、芦部の制憲権論は憲法の転換期に特有の議論として、既にその歴史的役割を終えたと見るべきなのだろうか。が、そう結論を下すにはまだ少し早いように思われる。ここには、芦部・制憲権論の意義についてまだ答えられていない問題が残されているからである。この点を検討するのが、次の課題である。

Ⅱ 「政治」という問い

1 「問い」の再構成

芦部の制憲権論には以上の検討では汲み尽くされていない意味がありはしないか。この問題を考えるためには、それがそもそもいかなる「問い」に答えようとする議論だったかを再構成する必要がある。芦部は、その制憲権論の母胎となった初期の「国法学」講義の意図を次のように説明している。

「第一に、憲法それ自体が一定の歴史と環境のもとで作られた複雑な構造を持つ法であり、憲法上の基本概念も政治的・社会的な現実との関連で具体的に形成されたものであるから、憲法の存在構造を明らかにするには、規範的考察だけでなく歴史的・政治学的・社会学的考察を必要とすること、その意味で、ケルゼンとは反対に、むしろ「対象が方法を決定する」と考えるべきであること、つまり「唯一の方法の帝国主義は、どの精神科学の領域でも無収穫であることを免れない」こと(ヘルマン・ヘラー)、第二にしかし、対象の政治性と方法の政治性を混同し、ワイマール末期の政治法学のように、憲法の規範性を主観的な政治観によって歪曲してはならないこと、第三に、憲法に内在し、または憲法の背後に宿る普遍の法理念ないし政治理念の存在を認識しなければならないこと、という三つの基本的な観点がとられた。(27)」

戦間期のドイツ語圏憲法学の問題状況を強く意識したこれら三つの論点は、内容的にも相互に関連している。当時、ケルゼンによる法の純粋理論の登場は、これと異なる立場に立つ論者にも方法論上の自覚を迫った。ここでケルゼンと異なり、意識的に国家の「政治的・社会的な現実」を考察対象に取り込む立場を選択する場合(第一)、法の政治性という問題、すなわち法が必ずしも常に自律的な存在ではなく、政治によって生み出され、また時に政治によって破られ歪められるという問題に学問としていかに向き合うのか(第二)、この政治自体を枠づける規範的な原理や理念が本当に存在しないのか(第三)、といった問題が浮上する。すなわち、前記の芦部の三つの論点は、いずれもあるひとつの中心的な問いに関係している。それは、憲法と政治の関係をどう考えるべきなのか、という問いである。「政治と法の交叉点に位する」憲法制定権力という論点も、こうした連関の一部に他ならない。

言うまでもなく、芦部が何の前提もなしに単独でこの論点にたどり着いたと考えるべきではない。まさにこの戦間期の知的動揺の中に自ら身を置いた先行世代(それは芦部にとって師の世代でもある)の格闘が、1950年代に「国法学」を講じる若き芦部の眼前に先行業績として存在していた以上、芦部の前記の問題意識もまた、これに対する芦部なりの受容と応答として捉えるのが理に適っている。

2 日本憲法学と「政治」

日本憲法学史の流れを改めて確認するなら、一方の側の美濃部達吉(1873—1948)、佐々木惣一(1878—1965)、他方の側の上杉慎吉(1878—1929)など1870年代生まれの世代[28]が、大正から昭和初期における憲法学の中核を担ったとすれば、その次の団塊を形成するのは、清宮四郎(1898—1989)、宮沢俊義(1899—1976)、黒田覚(1900—1990)、それに法哲学者の尾高朝雄(1899—1956)など1900年前後に生まれた世代である。美濃部・佐々木らが、第一次世界大戦前のベル・エポックのヨーロッパに留学し、そこで隆盛を誇った諸学説を各人なりの形で摂取したとすれば、この世紀転換期世代は第一次大戦後のヨーロッパと出会い、戦間期の精神史的・文化的動揺の影響を受けながら学問的な自己形成を遂げていく。とりわけドイツ語圏でそれまでの標準学説が新しい世代による厳しい批判に晒される中（その急先鋒の一人はケルゼンであり、彼らの学問はケルゼンの純粋法学といかに向き合うかという問いに多かれ少なかれ刻印されている点に共通の特徴を有することになる）、彼らには自分たちの師が前提とした学問的枠組みを当然の出発点にするという選択肢は最初から封じられている。彼らがいかに各人各様の形で自力で自らの学問構想を探り当てようと試み、戦中の時期を潜り抜け、第二次大戦後の主力世代として日本国憲法下の学説形成に寄与したかについては、近年特に石川健治によって刺激的な読み直しの作業が進められており[29]、本稿はこれに何かを付け加える意図はない。ただ、本稿の主題との関係でとりわけ忘れられてはならないのは、この宮沢・尾高・黒田が１９３０年代にそれぞれの形で「政治」という主題と取り組んでおり、彼らの弟子世代である芦部の戦後の「国法学」構想もまた、恐らくはこれと無関係なものとして理解されるべきではない、という点である。

宮沢は、論文「公法学における政治」（１９３２年）で、この「政治」をキーワードにワイマール共和国におけるドイツ憲法学の変貌を活写している[30]。宮沢がここで描き出すのは、ゲルバーとラーバントによって樹立されたビスマルク帝国期公法学の法律学的方法——更には「公法学的概念構成から「政治」を全く排斥しようとする点においてラーバントと系統を同じくする者」としてのケルゼンを含めて——が、若い世代による全面的な攻撃に晒されている、という事態である。これらの論者（カウフマン、トリーペル、スメントからケルロイター、ライプホルツまで）に対する宮沢の検討を特徴付けるのは、「こうした「政治的」傾向に属する学説においては、……その著者たちの主観的政治観が、従来の諸学説におけるよりも、一そう強くまたは露骨に表れているという事実」、すなわち「それらの学説において、理論的認識が著者の主観的政治観によって、従来よりははなはだしい程度において、いわばゆがめられているという事実」（傍点原文）への着眼である[31]。宮沢はその原因を「破綻と動揺のみが支配している」ような「大戦争後のドイツの政治的状態」に見出した上で、これに一定の理解を示す一方、同時に「私もケルゼンと共に「科学の全価値は科学が政治との結合の誘惑に耐える力を保持するか否かによって或いは存立し或いは失われてしまう」ことを信ずるものである」、とも述べる。[32] この自身の両義的評価に対して、宮沢が思考の深化によって一定の理論的解決を与えたと見られるのが、6年後の論文「法および法学と政治」(1938年)である。[33] そこでの鍵となるのは、「法」と「法学」の区別である。すなわち、「法」は政治的である。自由主義は、抽象的・普遍的な法を念頭に人の支配ではなく法の支配を要求し、この法を統治者の政治的意思から自律的であるという意味で非政治的なものと観念した。が、理論的に考えるなら個別的・具体的な法も統治者の恣意的な命令も法でありうるはずであり、自由主義の法理解自体もまた一定の政治的立場から構成されたものにすぎない。「法はどのような場合にも政治によって作られ、そして政治によって動かされる」という意味で、「法は本質的に政治的なものである」。[34] では、「法学」はこの法にどう向き合うのか。「法学の研究において、対象たる法がかように政治的な性格をもつことに即して、すなわち、政治的なものをその視野の内におきつつ、法を考察する方法を政治的と呼ぶならば、法学の方法はつねに政治的なものでなくてはならない」。宮沢はこうした見地からラーバントとケルゼンを「法学の対象に即しない非科学的な方法」と断ずる。[35] が、他方で、法解釈と区別された意味での法の科学が、客観的認識(「目前の一時的な政治価値とは違った永遠の真理価値」)にのみ奉仕すべきものである以上、科学が政治に支配され歪められる事態は、科学の自殺である。[36] かくして宮沢は、法と法学の混淆を戒め、法の政治性を究明すべき法学の非政治性を弁証することで、19世紀以来の法理解が厳しい批判に晒され、法と国家のあり方が激しく動揺する時代状況の中で、眼前の「政治」に目を閉ざすことなく自己の学問的な足場を確保しうる方策を見定めようとしたものと思われる。上述の芦部の第二の論点が、ほとんどここでの宮沢の立場(本来もう少しニュアンスのある読み方ができるはずのワイマール期憲法学に対するかなり思い切りの良い読解も含めて)のパラフレーズであることは、もはや贅言を要しまい。

が、仮に「法はどのような場合にも政治によって作られ、そして政治によって動かされる」のだとして、それは法が裸の実力に委ねられてしまうことを意味するのか。政治自体の中に、これを枠づける規範的な理念が存在しはしないか。尾高朝雄が論文「国家に於ける法と政治」(1934年)で論じるのはこうした問題である。[37] 些か晦渋なその論理の骨格のみを取り出すなら、新カント派の方法論を退けて実在国家の総合的把握を掲げる尾高は、法と政治を静態と動態という国家の異なる次元として捉える。国家の持続を保障する意味の世界に属する法が、同時に事実的対象に「定礎」する必要があると考える尾高は、[38] 法を事実から完全に切断するケルゼンの立場を拒絶するが、他方この法自体の分析に際してはケルゼンに対する内在的批判という思考経路を採用する。この際に尾高が着目するのは、ケルゼンにおける一次規範と二次規範の区別である。一次規範とは、例えば「窃盗行為を犯したものは一定の刑に処せられるべし」のように、一定の制約要件の充足を国家の強制行為という効果と結びつける命題であるのに対して、二次規範とは「他人の財物を窃取すべからず」のように人々に一定の行態を命じる社会的規範をいう。ケルゼンによれば、一次規範こそが真の意味での法であり、二次規範は人々が国家の強制行為を回避しようと欲することから生じるその派生物にすぎない。ところが、この一次規範の体系としての法秩序は、法段階説に従えばその妥当性の根拠を遡上していった最上位に根本規範の存在を前提とせざるをえないが、この根本規範は例えば「君主、国民総会、議会等の法的権威が命じるように行動すべし」にせよ、「合意は遵守されなければならない」にせよ、一次規範の形で記述することができず、明らかに二次規範の特質を有する。かように一次規範の体系の頂点に、「道徳規範と本質を一にする非法的規範」としての二次規範が登場せざるをえない点に、尾高はケルゼンの体系の破綻を見るとともに、「純粋法学が根本規範と呼ぶ所のものは、本質上、国家存立の基礎に横わる特定の実践的理念の第二次規範の形式に由る自己表現に他ならぬ」と結論する。尾高によれば、この国家の存立を支える実質的理念は法体系の基礎を提供するのみでなく、政治をも指導する。「根本規範は国家の観念的核心を形成しつつ、同時に法を制約し、政治を指導する」のであって、「法と政治は従って同一根源から出でる」のである。[39] こうして、政治を単なる赤裸々な事実力と見るのではなく、「力を伴う所の理念」ないしは「常に必ず何等かの実践的理念によって精神的に意義づけられた力」とする立場に到達した尾高は、シュミットが制憲権を「それ自体は何等の規範的拘束にも服さない事実力」と見るのを批判して、「かように国家の同一性の根拠として想定された「憲法定立権力」は、本質上明らかに一の理念であって、単なる事実とは異なるのである」、と主張する。(40) 以上のような1930年代の尾高の基本的な考え方は、(41) 第二次大戦後の新たな与件の下で、『法の窮極に在るもの』(1947年)などの著作を通して更に再論・展開されていく。(42) 上述の芦部の第三の論点が、(どこまで直接念頭に置いているかは現時点では確定しがたいものの)こうした尾高の示す方向性とも響き合う関係にあることは間違いない。

こうした「政治」をめぐる問題連関を、より具体的な憲法学の体系形成のレベルにまで落とし込むことを試みた論者に、黒田覚がいる。この点での黒田の態度を特徴づけるのは、シュミットに対する両義的態度であるように思われる。すなわち一方で、黒田は著書『日本憲法論』(1937年)や論文「憲法制定権力論」(1938年)などを通じ、ビスマルク帝国期ドイツの国家法人説とここにおける国家主権説を批判してシュミットに示唆を受けた憲法制定権力説を導入するが、この際に主権的権力を単なる実力ではなく、権力的契機と正当性的契機の結合したものと見る。(43) こうした議論は、「政治」を力と理念の結合と見る上述の尾高とも共同戦線を組むものであったと同時に、戦後の芦部にとっても直接の先行業績としての意味を持ったものと思われる。他方、黒田は論文「多元的国家論と政治概念」(1934年)や「『政治』をめぐる諸問題」(1937年)などで、シュミットにおける「政治的なもの」が戦争など国家の対外関係を主たる念頭に構想されていることを批判し、この点でヘラーらの議論に接続しつつ、国家の対内的な統一形成という契機を念頭に「政治」概念の再構成を図っていく。(44) この論点は、さしあたって教科書的な体系形成に結実する前段階の構想として、むしろ黒田の時局への関与にとって重要な意義を獲得していくことになる。(45)

3　戦後への継承

以上に瞥見した1930年代の議論は、1950年代の芦部にとって決して有効性を失った過去の議論ではなかったものと思われる。この世紀転換期世代が戦後初期の憲法論争や憲法解釈を主導した点にもそれは表れている。シュミット流の憲法制定権力論を下敷きに、君主主権の明治憲法から国民主権の日本国憲法への転換を法的意味での革命と構成する宮沢の「8月革命説」は、法の政治性に照準を合わせた概念枠組みによって憲法変動を説明しつつ、同時に対象への内面的距離を保ち、自らの主観的願望が議論に混入することを避けようと試みる点で、宮沢自身の1938年の方法論的立場の戦後的現実への適用とも位置づけられうる(46)。他方、この種の主権論が力による法の支配を認める立場を含意する点を批判し、法の理念としてのノモスの主権を説く尾高の議論もまた、戦前・戦中と戦後とのあらゆる価値の転換にも拘わらず、説明の道具立てや力点の変化はあれ、議論の構造自体は法と政治の基礎にある実質的理念を説く自身の1934年の立場との連続性を維持している(47)。宮沢・尾高論争とは、「政治」という主題にいかに向き合うかをめぐる1930年代の両者の思考の差異が(48)、戦後の問題状況の中で改めて顕在化したものとして理解されるべきである。

こうした論争の記憶もまだ鮮明な中で書かれた芦部の憲法制定権力論は、従って世紀転換期世代の諸議論に対する芦部なりの解答として読むことのできる側面をも有しているように思われる。ノモス主権論が主権の主体を曖昧にする危険を孕むとすれば、芦部は誰が主権者かという問いを回避せずに正面から受け止めるが、他方で宮沢説が「勝てば官軍」的な裸の実力の支配を承認する危険に対しては、制憲権をも制約する価値・原理の存在が説かれる。そして、この主権ないし制憲権の性質自体に関しては、黒田が導入した権力的契機と正当性的契機の結合という説明を取り入れるのである(49)。ここから基礎づけられた法の実質的な階層性を説明する際に、芦部の前には清宮四郎の法の段階構造に関する長年の思考の蓄積が存在しており、実際に芦部は清宮の根本規範論に好意的に接続することができた(50)。芦部の議論は、この意味でこれら先行世代の様々な試みへの見事な応答とも評しうるように思われる。

芦部・制憲権論が１９３０年代以来の「政治」という主題をめぐる議論へのひとつの解答として捉えうるとすれば、それが歴史的役割を終えたか否かという上述の問いも、この「政治」という主題に今日いかなる意味が残されているか、という問いへと置き換えることができる。紙幅の都合でごく簡略なスケッチにとどめざるをえないが[51]、最後にこの点を検討しよう。

Ⅲ　「政治」の現れる場所

1　「政治」の多義性

憲法学が「政治」を問うことにどのような意味があったのか。それは、第一次大戦によって19世紀的近代の理想が挫折を経験し、政治的・経済的混乱とも相俟って反合理主義や反近代主義が吹き荒れた戦間期ヨーロッパにおける熱病のひとつであり、今日では有効性を失った議論にすぎないと見るべきか。が、仮にこの時期の議論にそうした面の読み取れることが確かだとしても、そこに真剣に受け止めるべき正しい核心が存在する可能性までが否定されるわけではない。確かに、ここでは「政治」や「政治的なもの」の語が論者や文脈によって相当多義的に用いられ、議論の見通しが悪くなることで、反合理主義的な印象が一層強められる（「政治法学」！）。が、縺れた議論を解きほぐし整理するなら、そこには元来性質を異にする様々な論点にまたがる形で、何か共通の核が見出しうるように思われる。それは一言で言えば、法の自律性に対する問い直しである。

例えば、政治に対する法の中立性を標榜し、この法による公権力の制御を説く法治国家思想が、それ自体特定の（「自由主義的」な）「政治的」立場を前提とするのではないか、との宮沢が言及する論点は、できる限り中立的な形で言い換えるなら、法が全体社会の中の自立した要素として自らに固有の論理に従って作動し、これが国家の統治過程をも対象に収めるという状態自体が、その実現過程の中で何らかの正当化根拠を武器に推進されたはずであり、その根拠は常に問い直しに向けて開かれている、という問題を指示している。これは、必ずしも反自由主義的なイデオロギーに左袒しない現代の論者にとっても、それ自体として決して無意味な問いではない。

他方、「政治」はこれとは全く別の問題との関連でも論じられる。憲法解釈の方法がそれである。トリーペルが憲法解釈における利益衡量や目的論などの「政治的」考慮の必要性を説けば、若手の論者が新たな「精神科学的」方法を主張するなど、これが当時の重要争点であったことは、宮沢も紹介する通りである。この論点もまた、前記とは別の形で法の自律性に関わっている。ラーバントが掲げたように、歴史的・政治的・哲学的考察を排除して専ら論理に依拠したドグマーティクが、法＝法学の自律性を確保するとかつて考えられたのだとすれば、憲法解釈がかような概念法学の枠を超えた諸要因を考慮に入れざるをえない現代的事態は、法のあり方それ自体を問い直す契機として認識されうる。「政治」＝法と異なる何かの関与が問題とされる所以でもある。現在の目から見れば、これは自己準拠のみでなく外部準拠もまた法の作動に必要であるという論点に関わっている。[52]憲法解釈に際して法の外部を新たな形で参照するよう求めるかような議論は、結局のところ伝来の論理性・概念性という要素と総合・止揚される形で、戦後の解釈論へと引き継がれていく。解釈論の対象領域と論証作法が急激に拡がる時代状況の中、論者の主観的価値判断が方法論的に十分制御されない形で噴出する危険が当時表面化したことは恐らく間違いないが、そのことを以てこうした議論の意義が全て否定されるわけではない。

これらと並んで、法の自律性が問題化される更に別の論点が、憲法制定権力である。

2　憲法を破る政治、憲法の中の政治

公権力を法によって予め規律し制限するのが法治国家の企図であるとすれば、それにも拘わらず法によって拘束しえない権力が出現せざるをえない局面こそは、法の自己完結性の限界を顕在化させる法理論上の意味を持つ。こうした思考を体現するシュミットが第一に着目するのは、法秩序の機能前提である平常状態が失われた局面で、これを回復するために呼び出される独裁ないし例外的権力の存在である。憲法や法律上の非常事態権限や戒厳は、性質上要件効果の形で羈束し切ることが困難なかかる権力をなお法治国家的に枠づけようとする試みの行われる場となる。が、他にも法に拘束されない権力が存在する。既存の実定法秩序を破り、無から新しい憲法を創出する革命状況がそれである。この憲法制定権が、憲法よりも更に上位、いわば法秩序の最上位の審級に位置することは、それがしばしば優れた意味で「政治」の顕現する場として扱われる（そして芦部のように、時にその危険を何とか規範的に封じ込めようと試みられる）重要な理由であるように思われる。

が、「政治」の現れる場所は法秩序全体の存続が問われるこうした特別な場に限られるのだろうか。憲法によって枠づけられた日常の政治の場にも、「法を動かす政治」という問題は姿を現す。イェリネックが主題化した憲法変遷という現象の大部分はこうした局面に関わるし、スメントがその初期段階で着目した憲法慣習を含め、統合理論が視野に収める現象の多くもまた同様である。様々な憲政のアクターが織り成す相互作用の中で、憲法規範はこのアクターたちの手でしばしばその意味を変化させていく。加えて、そもそもワイマール共和国が崩壊に追い込まれたのは、既存の法秩序に拘束されない新たな革命の主体の登場よりむしろ、この日常の憲政が憲法の想定する形で機能せず自壊したことに起因する面が大きい。上述のシュミットも、共和国が終焉に近づくほど、彼自身の元来の理論構想には恐らく含まれていなかったこの日常レベルの政治メカニズムが持つ内在的問題に向き合わざるをえなくなっていく。

この問題は、恐らく次のように考えることができるものと思われる。憲法は統治が行われる際に遵守されるべき組

織・手続・権限のルールを設定する。が、現実の憲政におけるアクターは、自己に固有の利害関心を持ちつつ相互作用を展開する。ここに生じる相互連関を仮に「政治」と呼ぶなら、この政治には法のルールだけでは把捉しえないある種の固有法則性があることを認めざるをえない。この政治の展開が、時に憲法の企図を裏切り、憲法のルールを変質させ、また稀に(憲法の欠缺や憲法の機能前提の喪失などを契機として)法の規律を超えた権力を生じさせ、甚だしきは(既存の憲法体制の枠内では解決しえない問題に直面することなどを契機に)憲法を転覆させるのだとすれば、「憲法を破る政治」と「憲法の中の政治」は全く異質なものではなく、連続する面があると考えることができる。換言すれば、憲法が国の統治を規律するとき、そこには政治という法にとって異質な存在が(例外状態に限らず)常に影のように付随し、時に法に干渉する。この憲法と政治の関わりが問題化するほど、憲法学にとっては政治の特性をいかに捉え、これを憲法理論や憲法解釈の中へとどのような形で取り込みうるかが問われることになると考えられる。すなわち政治はこの連関でも、法の自律性のあり方に反省を迫る主題として登場することになる(54)。

3　環境と進化

以上のように考えることができるなら、「政治」という主題を単純に過去のものと見るべきではないように思われる。法が全体社会の自立した構成要素として機能し続ける限り、その根拠への問いや、(政治にせよ経済にせよ宗教にせよ)法の外部に存在する社会の他の構成要素との関係への問いは、(例えば解釈論で思考の負荷を軽減する等のために)不可視化されることはあっても、消え去ることはない。現在の我々が同じ問題を考える際には、問いの立て方も解答のあり方も戦間期とはかなり異なるものになるのだとしても。

もしも芦部の憲法制定権力論が今なお重要だとすれば、それはこの「政治」という法の外部への問いに解答を与える試みが、最初に述べた立憲国家の内的な構造変動を導くという連関のあり方を、強く体現しているためであると考えられる。19世紀型立憲主義から現在の立憲主義への変化は、政治を制御するメカニズムの進化として理解しうる面も有している。前者が議会を中心に憲政のプロセスを形式的に整序しようとするなら、後者では政治に対する憲法的制御のあり方は階層化・実質化・司法化などを通じてより複雑なものへと変化している。戦後日本がこの理念上の転換を現実化することに十分成功したのか否か、この構造の枠内で法の外部たる社会の変動にいかに対応すべきか、かかる構造転換にもかかわらずここに残存する問題とは何であり、これを超えた新たな構造的進化が必要となるのはいかなる場合なのか。こうした問いを前にするとき、我々は戦後期に芦部が直面したのと通底する問題に現在なりの形で直面していると言うことができる。こうした歴史的脈絡を自覚化することが、我々自身の抱える問題をより良く理解することに資すると考えられる限りで、芦部の議論は今後も我々が時に応じて立ち返るべき基準点のひとつであり続けるものと思われる。

(1) 美濃部達吉『憲法撮要〔第5版〕』(有斐閣、1935年)59—60頁。
(2) 参照、佐々木惣一『立憲非立憲』(弘文堂、1918年)。
(3) 芦部信喜(高橋和之補訂)『憲法〔第8版〕』(岩波書店、2023年)423—425頁。
(4) 同・11—13頁。
(5) 芦部は違憲審査制を憲法保障の章に位置づける。同・第18章。
(6) Vgl. Christoph Schönberger, Der Vorrang der Verfassung, in: Ivo Appel/Georg Hermes/Christoph Schönberger (Hrsg.), Öffentliches Recht im offenen Staat. Festschrift für Rainer Wahl zum 70. Geburtstag, Berlin 2011, S. 385ff.
(7) 参照、山元一『現代フランス憲法理論』(信山社、2014年)。
(8) 特に憲法改正限界論に関して、幅広い国際比較の試みとして参照、ヤニヴ・ロズナイ(山元一＝横大道聡監訳)『憲法改正が「違憲」になるとき』(弘文堂、2021年)。
(9) 参照、中村民雄「欧州人権条約のイギリスのコモン・ロー憲法原則への影響」早法87巻3号(2012年)659頁以下。

（10）後に、芦部信喜「憲法制定権力」同『憲法制定権力』（東京大学出版会、１９８３年）3頁以下に収録。本稿ではこの単行本から引用する。
（11）同・３１７頁。
（12）芦部信喜『憲法と議会政』（東京大学出版会、１９７１年）i頁。
（13）芦部・前掲注10・3頁。
（14）同・29―33頁。
（15）同・3頁、36―38頁。
（16）こうした近代革命への回帰は戦後期の日本で孤立した現象ではなく、恐らくはここに「近代的思惟」（丸山眞男）の復活のひとつの現れを見て取ることができるように思われる。
（17）同・4―29頁。
（18）同・i―ii頁。
（19）同・41―42頁。
（20）芦部・前掲注12・ii頁。
（21）代表して参照、芦部信喜『憲法訴訟の理論』（有斐閣、１９７３年）。
（22）参照、石川健治「憲法学の過去・現在・未来」横田耕一＝高見勝利編『ブリッジブック憲法』（信山社、２００２年）２７４頁以下、２９０―２９１頁。
（23）芦部・前掲注10・３１６頁。
（24）Vgl. Niklas Luhmann, Das Recht der Gesellschaft, Frankfurt am Main 1995, Kap. 5.（馬場靖雄＝上村隆広＝江口厚仁訳『社会の法1』法政大学出版会、２００３年、第5章）
（25）芦部・前掲注10・4頁。
（26）参照、長谷部恭男「憲法制定権力の消去可能性について」同編『岩波講座・憲法6　憲法と時間』（岩波書店、２００７年）51頁以下。
（27）芦部・前掲注12・i―ii頁。
（28）その他、１８７０年代生まれの憲法学者として、筧克彦（１８７２―１９６１）、市村光恵（１８７５―１９２８）、野村淳治（1876―1950）、佐藤丑次郎（1877―1940）など。
(29) 参照、石川健治「コスモス」酒井哲哉編『「帝国」日本の学知第1巻　「帝国」編成の系譜』（岩波書店、2006年）171頁以下、同「統治のヒストーリク」奥平康弘＝樋口陽一編『危機の憲法学』（弘文堂、2013年）15頁以下、同「「京城」の清宮四郎」酒井哲哉＝松田利彦編『帝国日本と植民地大学』（ゆまに書房、2014年）305頁以下、同「窮極の旅」同編『学問／政治／憲法　連環と緊張』（岩波書店、2014年）1頁以下。
(30) 宮沢俊義「公法学における政治」同『公法の原理』（有斐閣、1967年）43頁以下。
(31) 同・54―55頁。
(32) 同・67―68頁。
(33) 宮沢俊義「法および法学と政治」同・前掲注30・107頁以下。
(34) 同・133頁。
(35) 同・134―135頁。
(36) 同・136―137頁。
(37) 尾高朝雄「国家に於ける法と政治」京城帝国大学法学会編『国家の研究』（刀江書院、1934年）29頁以下。
(38) Vgl. Tomoo Otaka, Grundlegung der Lehre vom sozialen Verband, Wien 1932.
(39) 尾高・前掲注37・77―80頁。
(40) 同・81―84頁。
(41) 更に参照、尾高朝雄『国家構造論』（岩波書店、1936年）229―261頁。
(42) 参照、尾高朝雄『法の窮極に在るもの』（有斐閣、1947年）、同『法の窮極にあるものについての再論』（勁草書房、1949年）。
(43) 参照、黒田覚「主権概念と正当性」論叢35巻1号（1936年）1頁以下、同『日本憲法論・上』（弘文堂、1937年）、同「憲法制定権力論」佐々木惣一還暦記念『憲法及行政法の諸問題』（有斐閣、1938年）23頁以下。
(44) 参照、黒田覚「多元的国家論と政治概念」論叢31巻6号（1934年）931頁以下、同「『政治』をめぐる諸問題」思想185号（1937年）429頁以下。
(45) 参照、黒田覚『国防国家の理論』（弘文堂、1941年）。分析として参照、石川健治「国家・国民主権と多元的社会」樋

口陽一編『講座憲法学2　主権と国際社会』(日本評論社、1994年)71頁以下、特に79—85頁。
(46)　参照、宮沢俊義「国民主権と天皇制」同『憲法の原理』(岩波書店、1967年)281頁以下。但し本稿とは異なる理解として、例えば石川健治は、ウィーン学派の文脈の中で革命を捉えていた宮沢が、まさに尾高との論争の中でシュミットの憲法制定権力論への「翻身」を遂げた、という見立てを示す。石川健治「八月革命・70年後」辻村みよ子＝長谷部恭男＝石川健治＝愛敬浩二編『「国家と法」の主要問題』(日本評論社、2018年)5頁以下。
(47)　参照、尾高朝雄『国民主権と天皇制』(青林書院、1954年)。
(48)　かつて宮沢が結論部分で尾高に言及し(宮沢・前掲注33・145頁)、尾高が理論と実践の混淆に対する宮沢と同様の懸念を示していた(尾高・前掲注37・89—94頁)ことに鑑みると、1930年代の文脈では両者に一種の共同戦線が成立していたとも見られる。
(49)　参照、芦部・前掲注10・43頁。また参照、芦部信喜『憲法学I憲法総論』(有斐閣、1992年)242—249頁、同・前掲注3・41—43頁。
(50)　参照、芦部・前掲注10・47頁注14。また参照、清宮四郎『憲法I〔第3版〕』(有斐閣、1979年)30—38頁。
(51)　この論点の本格的な検討は改めて別稿で行うことを予定している。
(52)　ドイツ的伝統における法と法学の同一化及びこれに対する近時の批判に関しては参照、Christoph Schönberger, Der "German Approach", Tübingen 2015.
(53)　Vgl. Niklas Luhmann, Beobachtungen der Moderne, 2. Aufl., Wiesbaden 2006, S. 35–38.
(54)　以上につき参照、林知更「「政治」という他者(上・下)」法時95巻10号(2023年)68頁以下、11号(同年)110頁以下。もちろんここでも、かような「政治」の転写に際して論者の主観的価値観が混入する危険があることは、ケルゼンの批判する通りである。

第二章　芦部信喜の八月革命

西村裕一

Ⅰ　問題

1　憲法の自律性原則

本章に与えられたテーマは、「憲法は日本国民にとって「押しつけ」だったのか」というものであった。この問いに対する芦部信喜の解答は、ある意味では「イエス」である。けれども、「日本国憲法は占領下、総司令部によって押しつけられた外国製憲法であるから、自主独立の立場で新しい憲法を制定すべきだ」と説く「押しつけ憲法」論[1]に対しては、芦部は明確に「ノー」の姿勢を貫いた。その理由は、晩年の体系書によれば[2]、以下の通りである。

「日本の最終の政治形態は、国民の自由に表明する意思によって決定されるべきものとする」、という憲法自律性の原則は、日本国憲法の場合、総司令部による原案の作成と提示、およびその後の強力な指導という……成立史から考えると、たしかに必ずしも十分に充足されたとは言いがたい。しかし、総司令部からの強要的要素があったとしても、直ちに憲法の自律性原則が無視されたわけではない……[3]。

この文章によれば、日本国憲法については、憲法の自律性原則が十分に充足されたわけではないが、全く否定されたわけでもないということになる。このように、十分に充足されなくても否定されるわけではないと考えることができた背景には、憲法の自律性についての次のような理解があろう。すなわち、「もともと憲法の自律性とは、外国の支配・圧力から完全に自由な状態で憲法が制定ないし改正されることを意味するのではない」ということに加えて、「自由な国民意思による決定という意味の自律性原則が完全な形で実現されることは、ほとんどない」という理解である。(4) 憲法の自律性原則を、このように相対化して理解するのであれば、憲法制定過程において「総司令部からの強要的要素」という「押しつけの要素があったとしても、それがただちに全面改正の理由になるかは、きわめて問題である」(5) という結論に至ることも、それほど不自然ではないように思われる。

しかしながら、ここまで憲法の自律性原則を相対化するのであれば、日本国憲法について憲法制定の自律性が損なわれていないことに拘る芦部の態度は、かえって奇異にも感じられる。とりわけ、憲法の自律性原則が、共通憲法ないし憲法の一般原理と呼ばれるような、憲法「に内在する理念と近代憲法から現代憲法への進化を支配する歴史的な原理」によって本来的に制約されているのであれば、(6) 日本国憲法がそのような理念および歴史的原理に沿った内容を備えていることを論証することによって、「押しつけ憲法」論に対抗するという道も採り得たのではないか。にも拘らず芦部が、それに止まらずに憲法制定の自律性をも主張したのは、「国民の参画が全く欠けた手続で成立した憲法については、いかに憲法で国民の制憲権の思想が確認されていても、それだけで直ちに正当性……の証(あかし)を立てることはできない」(7) と、彼が考えていたからであろう。要するに、「日本国民は……この憲法を確定する」という憲法前文1項の宣言が何らかの意味で歴史的な事実だと言えなければ、日本国憲法の正当性を根拠づけることはできない(8) というのが芦部の見解であり、それゆえに、日本国憲法についても民定憲法であると見なすことができる程度には自律性を備えている必要があったのではないかと思われる。

ここまでの叙述から分かるように、芦部によれば、日本国憲法の正当性は、日本国民によって確定されたという歴史的事実によって支えられていた。なぜなら、芦部において、憲法秩序の正当性は、憲法が現代立憲主義の基本原理に基づいているという実質的要件に加えて、憲法が民主的に成立したという手続的要件をも満たしていなければならず、それゆえ、日本国憲法が効力を有するためには、憲法の自律性原則が不完全でも維持されていなければならないからである。(9) もちろん、このような議論の理論的な背景として、先の引用文でも触れられていたように、芦部の説く憲法制定権力論が存することは言うまでもない。すなわち、「実質的憲法論」の立場を選択した芦部の議論によれば、「人間人格不可侵の原則(個人尊厳の原理)」によって支えられた「根本規範」が憲法制定権力をも拘束するところ、そのような根本規範は個人の尊厳から派生する「国民主権」の原理を内包していることから、制憲権の主体は国民でしかありえないというのである。(10)

2　八月革命説

(1)　民主的正当性

もっとも、制憲権の主体が国民であると認めることと、現実に憲法が国民の手によって制定されることとは、必ずしも同じではない。そのことを自覚していたのが、八月革命説の主唱者である宮沢俊義であった。すなわち、宮沢は、日本国憲法の制定手続には、国民の代表者とは言えない貴族院が衆議院と同じ資格で参加していたことや、天皇の裁可が必要とされていたことなどに言及した上で、次のように説くのである。

「日本国民は……この憲法を確定する」という句は、したがって、他の諸国の憲法の同じような文句のように、憲法の制定手続の事実上の経過をのべたものとはいえない。それは、せいぜい日本国憲法は民定憲法の建前をとるものであり、将来その改正はすべて国民またはその代表者によってなされるべきものとする趣旨をあらわすだけの意味しかもたない、と解するほかはない[11]。

このように民定性を全くの建前とする宮沢は、八月革命説を説いた際にも、専ら「根本建前」としての主権に着目していたのであって、憲法制定に国民が実際に参与するか否かについては問題にしていない[12]。したがって、国民によって現実に制定されたという歴史的事実こそが日本国憲法の正当性を根拠づけると考える芦部の立場によれば、このような八月革命説からは「直ちに、〔現行憲法が〕民主的正当性をもつ憲法だという結論をひきだすことはできない[13]」ということになる。逆に言えば、芦部が「現行憲法生誕の法理を民主的原理に忠実な形でほぼ矛盾なく説明しうる点および日本国憲法の民定憲法性を明らかにすることができる点で、八月革命説に与する」と断言するのは、八月革命説を「ポツダム宣言受諾から新憲法制定までの事実の経過とは結びつかない新憲法成立の法理を説明する解釈理論」と理解する限りにおいてであった[14]。このように見ると、八月革命説に対する芦部の態度は、思いの外アンビバレントなものであったことが窺えよう[15]。

このことは、1950年代から60年代前半の時期を振り返った芦部に、「私が助教授の時代から教授になりたての頃、すべての憲法研究者に何らかの対応を迫った憲法改正問題の重さが、ひしひしと甦ってくる[16]」と言わしめるような政治情勢と、一面において、おそらく無関係ではない[17]。とりわけ、八月革命説について本格的な検討を加えた「現行憲法の正当性」が公表された1962年5月には、その前年に憲法調査会による3年半にわたる調査の成果である『憲法制定の経過に関する小委員会報告書』が作成されていたこともあり[18]、「現行憲法は一つのあらしの中にあった[19]」。それゆえ芦部は、全面改正論の等しく強調する論拠であり[20]、当該報告書においても中心的な論点となっていた「押しつけ憲法」論に、対峙しなければならなかったのである。ところが、日本国憲法の制定が占領軍の「押しつけ」であったかどうかは「事実の評価の問題に帰着する」から、[21]「事実」を視野の外に置く宮沢の八月革命説[22]と「押しつけ憲法」論とは、そもそも議論が嚙み合っていない。さらに、より根本的な問題として、憲法制定の性格を「押しつけ」られたものと見るかどうかは「政治的立場の対立に帰着する問題であ」るとすれば、「押しつけ憲法」論を説く人々にとって、日本国憲法の正当性は、八月革命説のような「法律論だけでは割り切れない問題」だったであろう。[23]

(2) 「うまれ」と「はたらき」

このように、当時すでに「通説として確固たる地位をしめるに至っ」ていた八月革命説[24]は、「押しつけ憲法」論に対抗して日本国憲法の正当性を弁証するという点では、必ずしも十分であるとは言い難い側面を持っていた。もとより、宮沢が日本国憲法の正当性という問題を看過していたわけではない。よく知られるように、宮沢によれば、「憲法の正邪曲直を判定する基準」である憲法の「名」の根拠は、その「うまれ」にではなく「はたらき」に求めなければならないという。[25]とはいえ、これを逆に言えば、宮沢は日本国憲法の「うまれ」に瑕疵があったことは認めていたということでもある。

憲法改正を主張する人が、「押しつけられたものだ、」というのは、決して事実無根をいっているのではない。それは率直に認めなければならない。ただ、おしつけられたものだけれども、幸いに非常にいい内容のものだから、このまま維持した方がいいというふうに考えるのなら、筋が通っている。[26]

しかし、先に述べたとおり、芦部はこのような見解には与せず、あくまで「うまれ」による日本国憲法の正当化に拘った。かくして芦部は、「押しつけ憲法」論による批判から日本国憲法を救い出すべく、「事実」の領野へと足を踏み入れていったのである。

Ⅱ　解答

1　民定性への疑念

けれども、その芦部を待っていたのは、日本国憲法が「国民の自由に表明する意思」によって制定されたとは言い難いという「事実」であった。

(1)　占領という事実

まず、宮沢と同じく、芦部も占領軍による「押しつけ」の存在は肯定せざるを得なかった。それは、「押しつけ憲法」論の中心的な根拠となっていた「天皇脅迫」説[27]について、芦部が――宮沢の見解に同調する形で[28]――1946年2月13日の会談におけるホイットニーの発言が「『警告』以上の不可争的な強い圧力」であることを認めていた[29]、というだけではない。そもそも「占領という異常な環境の中で、占領軍の原案に基づき、明治憲法の改正という形式で成立している点は、たしかに日本国憲法を国民主権ないし国民の憲法制定権力の発動による民定憲法と見なすことを困難にする[30]」というのが、芦部の認識だったのである。

もとより、芦部は、占領体制とはポツダム宣言を憲法とし、マッカーサー(と極東委員会)を主権者とする絶対主義的支配体制であり、したがって日本国憲法の法的な制定者はマッカーサー(と極東委員会)である[31]、といった主張に膝を屈するわけではない[32]。1960年代後半から活発化する八月革命説の「護教的色彩」を論うかような見解に対し、宮沢は、「国家主権ないし国家の立法権(いわゆる憲法制定権力をも含めて)を国家法秩序の最終的根拠と見るのは、正しくない」として、国家主権を相対化するという回答を予め用意していた[33]。このような立場からすれば、国家主権のコロラリーである内政自己決定の原則にも拘らず、「文明のための介入」も許されるという帰結が導かれることになるだろう[34]。そして、かかる宮沢の見解に対して、芦部は賛意を表明していたのである[35]。

そうであるとすれば、芦部の「国民主権」観念は、「国際法上の制約をはじめからかぶったものとしての「国民主権[36]」であったと解することができよう[37]。実際、芦部によれば、「ポツダム宣言の言う民主的かつ平和的政治形態の樹立、あるいは基本的人権尊重の建前は、近代憲法の進化を支配する一般原理を明らかにしたもので、この原理に基づいて憲法を制定することは、国家が近代化するための言わば必須の前提」であることも、日本国憲法の自律性を弁証するための根拠の一つとして挙げられていた[38]。しかし、先の引用から分かるように、占領を「quaestio juris」と捉えた宮沢の理解とは異なり、芦部における占領とは「事実の問題」で(も)あったものと思われる。それゆえに、芦部にとって占領は、日本国憲法の民定性を揺るがしかねないものだったのであろう。

(2) 憲法制定議会

さらに、憲法制定の自律性を弁証するものとしてしばしば挙げられる第90回帝国議会(特別議会)における憲法改正草案の審議についても、もちろん芦部は言及する。そこで語られている、「完全な普通選挙の下で、21年4月、憲法改正草案を審議するための特別議会の議員が国民によって選挙され、そこで草案が審議の対象になり、法律的には審議の自由に対する拘束はなかった[39]」といった事実を見る限り、日本国憲法が「押しつけ」られたものとは言い難いようにも思われる[40]。ところが、芦部によれば、「憲法制定会議としての性格を特別議会にみとめること」は、あくまで

「法律論として」許容されるにすぎず、制憲権の「はたらき」に即してみる限り、現行憲法の民主的正当化にとっては不十分であるという。なぜなら、「マッカーサー草案の発表後十分の時間的余裕も与えられずに選挙が行われたこと」や「占領下の異常に困難な政治的・経済的・社会的状況の下での選挙であったこと」などに加えて、新憲法に対して「国民が直接の意思表示をする機会〔が〕与えられなかった」からだ、というのが芦部の見立てであった。(41)

かくして、憲法制定過程に現れた「事実」を丹念に検討した芦部は、「憲法前文の宣言は……現行憲法を真の民定憲法たらしめる現実的意味をもったもの」ではないという結論に一旦は着地する。(42) それでは、日本国憲法の民主的正当性を基礎づけることはできないのであろうか。

2 国民意識への着目

しかし芦部は、そのように論じた直後に、「けれども」で始まる以下の文章を続ける。

けれども、マッカーサー草案の発表前後の時期において、すでにかなりの国民の意識の中に、松本草案と比較にならない――というより現行憲法の価値体系に近い――新しい憲法のイメージが描かれていたこと、さらに現行憲法が、施行後、年を重ねるごとに、国民の中に国民の憲法として定着しつつあることは、いくつもの世論調査・憲法意識の研究によって明らかにされている。〔中略〕現行憲法にもみられる、かような憲法の原理に対する国民の忠誠、ここに、現行憲法の――成立手続における欠陥を治癒する――民主的正当性の根拠を求めることができるであろう。(43)

すなわち、「国民の意識」においては制定前から日本国憲法の「価値体系」は支持されており、しかも、その支持は施行後も強まりこそすれ弱まることはないという事実によって、日本国憲法の民定性を弁証する――これが、「押しつけ憲法」論に対する芦部の解答であろう。もとより後年になると、ここで述べられている理由のほかに、「在野の知識人による明治憲法改正案の中に……総司令部案にかなり参照されたものもあったこと」や、「最終段階では政府もまた、総司令部案の基本的な思想と制度を積極的に自己の案であるかのごとく支持するようになっていたこと」といった理由も挙げられるようになるが、(44)これらはいずれも、制憲当時の「国民の意識」を補強するものであると理解し得るように思われる。

芦部がこのような主張を行うことができた方法論上の背景として、政府が「憲法に関する世論調査」(45)を開始した１９５６年頃を転機に、国民の憲法意識に関する研究が進展したという事情を指摘できよう。こうして国民意識の存在が可視化されたことにより、「多数党とは国民の多数意見の結実であ(46)」るという立場に基づいて、「日本国憲法の定めた根本見地は、実際政治の上ですなおに実現されているとはいえない」から、「日本国憲法の定めた民主的政治は未だ日本国民の間に定着していないとする見解(47)は、論駁されることになったのである。実際のところ、１９６０年頃を境として日本国憲法が国民の間に「定着」していったという説明は、現在においても広く受け入れられているように思われる。(48)

たしかに、「戦後の日本政府は、当時としては止むを得なかったとはいえ、……ポツダム宣言の歴史的意味を十分理解することができず、みずからの手でその趣旨に沿う近代憲法を作ることが不可能であった(49)」。それに対し、当時の国民が明治憲法の「原理」ではなく日本国憲法の「原理」を支持していたというのは、同時代に生きていた者の偽らざる実感であったのではないか。これを換言すれば、日本国憲法を「押しつけ」られたのは、「一部の特権的支配層とその代弁的イデオローグたち」なのであって、大多数の国民ではなかったということを意味するだろう。(50)このような理解を通して、憲法制定過程における「事実」は、日本国憲法の民定性と「本質的な矛盾はない」と結論づけら

れることになるのである。(51)

Ⅲ　検討

1　国家主権と国民主権

ここまでの行論から分かるように、芦部にとって憲法制定の自律性を判断する際に重要であったのは、日本という国家の対外的独立性(国家主権)ではなく、日本国民の自由意思が毀損されていないかどうか(国民主権)であったと言えよう。この点は、「現行憲法の正当性」(1962年)から「日本憲法史」(1984年)にかけての、用語法の微妙な変化にも表れているように思われる。すなわち、前者においては、ポツダム宣言12項の内容である「日本国の最終的の政治形態はポツダム宣言にしたがい日本国国民の自由に表明する意思により決定せらるべきものとす」が「内政自己決定の原則(dogma of internal self-determination)」とされた上で、現行憲法成立経過の国際法的側面について「内政自己決定の原則」という項目が立てられ、その中で憲法の自主性(constitutional autonomy)が論じられていた。(52)それに対して後者では、「憲法の自律性ないし自主性(constitutional autonomy)」が「原則」へと格上げされ、ポツダム宣言12項の内容に「憲法自律性の原則」という名称が与えられる一方で、「内政不干渉の原則」は当該原則を国際法の観点から述べたものと理解されているようである。(53)要するに、二本の論考を隔てるおよそ20年の間に「内政自己決定の原則」から「憲法自律性の原則」への関心の移動が看取されるところ、これは――やや牽強付会かもしれないが――、国家主権よりも国民主権を重視するという視点に立っていることに、芦部自身が自覚的になったためであると推測することもできるかもしれない。(54)

2 事実の規範力

いずれにせよ、日本国憲法は、国民の自由意思によって制定されたものとは言えないが、国民の自由意思によって支持されたものであるから成立手続の欠陥が治癒され、それによって手続的要件が満たされて日本国憲法の民主的正当性も認められるというのが、芦部の見立てであったと思われる。このような見解に対しては、もちろん、事実の問題として、日本国憲法が制定から一貫して支持されてきたのかという疑問があり得よう。[55] しかし、理論的により重要な問題は、宮沢と同様に芦部においても、日本国憲法の民定性はフィクションとして措定されていたにすぎないのではないか、という点にあるように思われる。

この点、宮沢によれば、ポツダム宣言の受諾によって、日本憲法の「根本建前」が「神勅主権主義」から「国民主権主義」へと変革されたものの、新しい建前に抵触しない限度で明治憲法は依然として効力を有しているのであるから、明治憲法73条の手続によって憲法改正を行うことは「当然」かつ「適当」であるという。[56] それに対し、前述の通り「全国民のうち政治的決断をなしうる有権者がみずから、または直接の代表者を通じて、憲法制定に参画すべきだ」と考える芦部にとって、明治憲法73条は「便宜借用」されたまでであり、[57] 国民の制憲権が発動したものとは理解されていなかった。そうであるとすれば、少なくとも制定時点において、日本国憲法は——違法ではないとしても[58]——十全な正当性を備えていなかったと考えるのが自然であろう。だからこそ、芦部は、「憲法施行後、時を重ねるごとに、憲法の基本原則は国民生活の中にしみわたり、「国民の憲法」としての性格を強めるようになった」という事実によって、日本国憲法の民主的正当性を補完しなければならなかったものと解される。[59]

ところで、芦部によれば、この「便宜借用」という言葉の出典は清宮四郎であるが、[60] 彼もまた、現行憲法が「法的拘束力をもって今日まで現実に通用している事実」を挙げて、日本国憲法無効論に反駁していた。[61] このように、日本国憲法の効力を根拠づけるに際して、それが国民に「定着」しているという事実を重視するという主張は、清宮が新たな装いによって基礎づけた「事実の規範力」[62]の原理と親和的であるようにも感じられる。実際のところ、芦部は、「憲法の効力を支える究極の根拠」は「手続と実質の両面にわたる民主的正当性」にあるとしつつも、そのような正当性を有するという条件の下において、「事実の規範力」による日本国憲法の正当化を認めていた。[63]他方で、芦部は宮沢の八月革命説について、法の目的を「安定性」ないし「正義」に求めているという意味において[64]「あらわな「事実の規範力」説」ではないとしつつも、それが「一種の「勝てば官軍」の論理」であることは否定していない。[65]そうであるとすれば、一方における批判的な態度にも拘わらず、芦部はこの点に宮沢との一致点を見出そうとしていたのだろうか。

3　国民の中に生きる憲法

(1)　芦部の場合

もとより、芦部はイェリネックの「事実の規範力」説をそのまま肯定していたわけではなく、イェリネックを批判する尾高朝雄の議論を引用して、自身の「考え方と趣旨を同じくする」と評していた。[66]すなわち、尾高によれば、「事実が事実そのものの力によつて法に転化するのではなく、法に内在する目的が、非法の素材を法に化成せしめてゐるのである」。[67]その上で、芦部は、尾高の言う法の「目的」――それは「価値」ないし「理念」と言い換えることもできる[68]――の中に、「現代立憲主義の基本原理」という実質的な価値ないし理念を見出したということができよう。[69]

とはいえこのことは、尾高や芦部の議論において、規範と事実が完全に峻別されていたということを意味するわけではない。すなわち、尾高によれば、以下のように、「規範と事実との間には、本質の相違があると同時に、また本質的に密接な相互牽連の関係が存在する」というのである。

「約束を守れ」と云ふ規範は、万人約束を守らざる社会にも観念的に存在する、と考へられ得るけれども、万人約束を守らざる社会にその規範が実在する、と云ふことは出来ない。約束を守る事実行為は、「約束を守れ」と云ふ規範の基底に在つて、此の規範の実在性を基礎づける。故に、規範と事実との間に存する……関係は、事実による規範の実在的「底礎」(Fundierung)の連関である。〔中略〕観念的な法規範は、事実生活過程の底礎を受けることによつて、歴史的現代的に実在する法となり、そこにその「実定性」(Positivität)を発揮する。(70)

翻って、規範と事実という観点から芦部の議論を見ると、そこでは「生ける憲法」の観念が重視されていることに気づく。芦部によれば、憲法とは「時代や社会の変転に即応する十分フレックシブルな解釈が要求される「生ける」文書であ」り、「動態的で進化発展する統治の道具」すなわち「国民生活の車」である。このように、憲法が「進化発展する「生ける」文書」であるとすれば、「憲法の解釈は憲法典の文言にその現代的意味……を与える作業」となるところ、そのためには「既成の理論に見出されない生ける原則の発見が必要」であるから、憲法解釈においては立法事実を含む「事実の分析・論証がきわめて重要な意味を果たす」ことになるという。(71)「生ける法の体系」を持つためには「法は事実から生ずる」という法則が普及しなければならないというブランダイスの言葉を、芦部が好意的に紹介しているのも、(72)このような憲法観を背景として理解することができよう。

もとより、憲法調査会会長であった高柳賢三のように、「生ける憲法」というアプローチから「社会学的解釈」という方法を強調すると、「解釈改憲論」に陥るおそれがあることは否定できない。(73)しかしながら、「憲法の核心および憲法に絶対必要な本来の姿を保持する必要性」による「限界を認めることは、「生ける憲法」の観念と決して矛盾するものではな」く、「憲法のイデアルな面、すなわち近代憲法の中につねに現実さるべく規範化されている理念を正しくふまえた上での「社会学的解釈」」を行うことが必要である、と芦部は言う。(74)このように、憲法規範には「法の理念」が内在しているのであるが、ここで重要なのは、この理念が「憲法の定める国家制度に生命を吹きこみ、国家権力に正当性の根拠を与える主権者(国民)の意思として顕現する」という点である。すなわち、「憲法は国家権力をこの意味の「法の理念」の実現に奉仕せしめる客観的なきずな」であるから、「憲法は、書かれた文字すなわち「規範」として存在するだけでなく、有権的解釈を通じて現に生きる「制度」としても存在するし、さらに、「国民の中に生きる憲法」としての意義をもつことを忘れてはなら」ず、にも拘らず「この国民の憲法に対する忠誠を無視することは、さきに述べた憲法規範に内在する法の理念を否定することにほかならない」のである。[75] このような見方は、「憲法秩序に対する国民の忠誠の度合、憲法価値に対する熱意や冷淡さ、憲法現象に対する関心の有無などによって、ある国民が現実にいかなる憲法をもつかが決定される」[76]という憲法観とも通じるものがあると思われるが、「国民の憲法」として定着しているという事実によって日本国憲法の民主的正当性を弁証しようという芦部の見解が、かような憲法観と不可分であることは容易に看取できるのではないだろうか。[77]

(2) 宮沢の場合

それに対し、日本国憲法の正当性をめぐる宮沢の議論において、憲法に対する国民の意識という論点の存在感は、あまり大きくないようにも感じられる。例えば宮沢は、法の効力および実定性の根拠を法の「目的」に求める尾高の議論に賛同しつつ、その内容の一つとして「安定性」を挙げていた。[78] たしかに、このような議論には、「マイトがライトであるということを認める態度である」[79]と批判されてもやむを得ない側面があることは否定できない。とはいえ、すでに述べたように、憲法の正当性の根拠を「はたらき」に求めていたことを考えると、宮沢の議論は単なる「勝てば官軍」の論理ではなかった可能性もあるように思われる。この問題を考える上で参考になるのが、イェリネックが「事実の規範力」によって説明しようとした、「実力によつて一挙に法の廃絶・更生が行はれる場合」――革命やクーデターもそれに含まれる[80]――についての、尾高による説明である。

歴史上、単なる事実力が既存の法秩序を破砕したと見える多くの場合にも、よく考察すれば、既存の政治機構や法秩序の中に宿弊が山積してゐたからこそ、――したがつて、現状の打破を待望する要求が人心を次第に強く支配し、かへつて実力の行使に新たな正当性の根拠が認められてゐたからこそ、――さやうな変革が成就され得てゐるのである。およそ、社会を動かし歴史を作る「実力」には、全く無意味無目的の力といふものはあり得ない。歴史を進展せしめる力は、窮極において精神の力である。[81]

「憲法の廃止」に当たる変革が生じた場合に、手続的要件および実質的要件を条件として「事実の規範力」が認められるという芦部の議論[82]の背景にあるのは、このような理解であったと思われる。そして、革命が成就するためには「実力」に加えて「人心」を支配する「正当性」がなくてはならないという尾高の議論を踏まえると、八月革命もまた、明治憲法の「はたらき」よりも日本国憲法の「はたらき」の方が国民に支持されたからこそ成就したのだ、と考えることができよう。他方で、宮沢もまた、実定法が合法であることは、それが正当であることを保障するわけではないと認識していたのであった。そうであるとすれば、宮沢が憲法の正当性の根拠を「はたらき」に求めたのも、日本国憲法が「国民の憲法」として受け入れられるための条件を解明するためであったと解する余地もあるのではないだろうか。[83]

(3) おわりに

以上を要するに、芦部の議論においては、明示的な記述とは裏腹に、日本国憲法の正当性を根拠づけるために「うまれ」は必ずしも重要ではなかったのではないかというのが、本章が辿り着いた仮説である。その当否は読者に委ねるほかはないが、芦部が言うように、明治憲法の「原理」よりも日本国憲法の「原理」の方がよいものであるということには、多くの国民が同意するところではないだろうか。周知のとおり、このような議論には「自然法」論であるという批判が向けられてきたが、「個人の尊厳」を基本原理としているわけではない明治憲法にもおそらく憲法としての効力を認めていた以上、芦部の立場をそのように解する必要はないように思われる。これは推測するしかないが、彼の議論の背景にあったのは――日本国憲法の場合とパラレルに考えれば――、たしかに明治憲法は国民が制定したものではないけれども、徳川政権の「原理」に比べれば明治憲法の「原理」の方が立憲的であり（実質的要件）、したがって当時の国民はそれに忠誠を誓ったのだという（手続的要件）、至って穏当な歴史観だったのではないだろうか。

もっとも、「事実の規範力の理論に類する考え方」によって――厳格な条件を付しつつではあるが――憲法の変遷を認めていた[84]ように、「生ける憲法」という憲法観を採用する以上、芦部の議論において、「実定性」と「理念性」のバランス[85]が前者に傾く可能性は潜在的に秘められていたものと解される。近時、この封印された争点が俄かに浮上しているが[86]、しかし、それは本章の課題ではない。

【付記】　本研究はＪＳＰＳ科研費 JP20K01266、ＪＳＰＳ科研費 20H01418 の助成を受けたものである。

（1）　参照、芦部信喜『憲法学Ⅰ　憲法総論』（有斐閣、１９９２年）１７６頁、１７８頁注（７）。
（2）　もっとも、以下の議論の初出は、芦部信喜「日本憲法史（３）」法教48号（１９８４年）30頁以下であり、しかもその立場は、同「現行憲法の正当性」思想４５５号（１９６２年）42頁以下から基本的には変わっていないと思われる。
（3）　芦部・前掲注（１）１８９頁。
（4）　参照、芦部・前掲注（１）１８９―１９０頁。

（5）芦部信喜著・高橋和之補訂『憲法〔第8版〕』（岩波書店、2023年）26頁。
（6）参照、芦部・前掲注（1）189頁。
（7）芦部・前掲注（1）192頁注（2）。
（8）本章では芦部の用法に倣い、legitimacy, Legitimität, légitimité の日本語訳については「正当性」と表記する。参照、芦部・前掲注（1）196頁。
（9）参照、芦部・前掲注（1）197頁。
（10）参照、高橋和之「芦部憲法学の理論的諸前提」ジュリ1169号（1999年）19頁以下。
（11）宮沢俊義著・芦部信喜補訂『全訂　日本国憲法』（日本評論社、1978年）36頁。
（12）参照、日比野勤「現行憲法成立の法理」大石眞＝石川健治編『憲法の争点』（有斐閣、2008年）11頁。
（13）芦部信喜「現行憲法の正当性」（1962年）同『憲法制定権力』（東京大学出版会、1983年）163頁。
（14）参照、芦部・前掲注（13）『憲法制定権力』341頁。
（15）芦部・前掲注（1）181―182頁注（1）が参照を指示する、丸山健「日本国憲法制定の法理」ジュリ638号（1977年）84頁も、八月革命説を批判する学説として芦部の所説を紹介している。
（16）芦部信喜『憲法叢説1　憲法と憲法学』（信山社、1994年）vi頁。芦部が助教授に昇任したのは1952年、教授に昇任したのは1963年である。
（17）もちろん、すでに述べたとおり、本文のような議論の理論的な背景には、「制憲権理論の真の意味は、全国民のうち政治的決断をなしうる有権者がみずから、または直接の代表者を通じて、憲法制定に参画すべきだという面にある」という芦部の憲法制定権力論があるが、この点については第一部第一章の課題であるので本章では割愛する。参照、芦部信喜「憲法制定権力」（1961年）同・前掲注（13）『憲法制定権力』43頁。
（18）参照、佐藤功「憲法調査会の報告書（11）」ジュリ237号（1961年）38頁。
（19）芦部信喜「改憲問題のゆくえ」（1963年）同・前掲注（13）『憲法制定権力』302頁。
（20）参照、芦部信喜「憲法改正論議」（1957年）同・前掲注（13）『憲法制定権力』251頁以下。
（21）参照、佐藤功『憲法研究入門〈上〉』（日本評論社、1964年）111頁。
（22）もちろんこのことは、宮沢自身が「事実」を視野の外に置いていたということを意味するわけではない。「占領下の主権・統治権の制限という事態に対するリアルな認識を有する宮沢にとって、新憲法が純日本製でない〈une constitution octroyée〉であることは自明の事柄であった」（高見勝利『宮沢俊義の憲法学史的研究』〔有斐閣、２０００年〕３３５頁）ことは、後述するとおりである。

(23) 参照、佐藤・前掲注(21)１３４―１３５頁。

(24) 参照、芦部・前掲注(13)「現行憲法の正当性」１６３頁。

(25) 参照、宮沢俊義『憲法の原理』（岩波書店、１９６７年）４０８頁以下。

(26) 宮沢俊義ほか『憲法改正』（有斐閣、１９５６年）16頁〔宮沢発言〕。

(27) 参照、廣田直美『内閣憲法調査会の軌跡』（日本評論社、２０１７年）26頁以下。

(28) 参照、宮沢俊義「日本国憲法おしつけ論について」ジュリ５２８号（１９７３年）96頁以下。

(29) 参照、芦部・前掲注(1)１７６―１７８頁。なお、この箇所の初出は、同「日本憲法史(2)」法教47号（１９８４年）12―13頁である。

(30) 芦部・前掲注(1)１９１頁。

(31) 参照、長尾龍一『日本憲法思想史』（講談社、１９９６年）２０１―２０７頁。

(32) 参照、芦部・前掲注(13)『憲法制定権力』３４２頁。

(33) 参照、宮沢・前掲注(11)８０９―８１０頁。

(34) 参照、樋口陽一ほか『憲法Ⅰ』（青林書院、１９９４年）17―18頁〔樋口〕。

(35) 参照、芦部・前掲注(1)１９２頁注(4)。

(36) 参照、樋口陽一『近代憲法学にとっての論理と価値』（日本評論社、１９９４年）68頁。

(37) 芦部自身の言葉によれば、「近代立憲主義国家が成立し、国家主権に言う主権と君主主権・国民主権に言う主権の意味が概念上明確に区別されるようになってからは、国家主権が条約などによって大きく制限される場合でも、国民主権そのものはそれとして存続し機能しうる、と一般に考えられてきたのではなかろうか。私はその考え方が主権論としては妥当であると解する」（芦部信喜「憲法学50年を顧みて」〔１９９７年〕同『宗教・人権・憲法学』〔有斐閣、１９９９年〕３００頁）。

(38) 参照、芦部・前掲注(1)１９０頁。

(39) 芦部・前掲注(1)１９１頁。

(40) 参照、安念潤司「憲法と憲法学」樋口陽一編著『ホーンブック　憲法〔改訂版〕』(北樹出版、2000年)54―55頁。
(41) 参照、芦部・前掲注(13)「現行憲法の正当性」165―166頁。
(42) 参照、芦部・前掲注(13)「現行憲法の正当性」166頁。
(43) 芦部・前掲注(13)「現行憲法の正当性」166―167頁。
(44) 参照、芦部・前掲注(1)190―191頁。
(45) 参照、上野裕久『国民の憲法意識』(勁草書房、1970年)2―6頁。
(46) 岸信介『岸信介回顧録』(廣済堂出版、1983年)241頁。
(47) 参照、憲法調査会第60回総会議事録(1961年)4頁〔大石義雄発言〕。
(48) 参照、安念潤司「日本国憲法の意義と運営」長谷部恭男編『岩波講座　憲法6　憲法と時間』(岩波書店、2007年)142頁以下。
(49) 芦部・前掲注(1)190頁。
(50) 参照、小林直樹『日本における憲法動態の分析』(岩波書店、1963年)61頁。
(51) 参照、芦部・前掲注(1)191頁。
(52) 参照、芦部・前掲注(13)「現行憲法の正当性」153―154頁。
(53) 参照、芦部・前掲注(1)181頁以下。
(54) もっとも、「憲法の自律性の原則」という用語は、芦部信喜「憲法の廃棄と改正」(1963年)同・前掲注(13)『憲法制定権力』137頁注(5)においてすでに登場しており、その内容は国民と議会の「審議の自由」に求められている。
(55) 参照、境家史郎『憲法と世論』(筑摩書房、2017年)。
(56) 参照、宮沢・前掲注(25)388―389頁。
(57) 参照、芦部・前掲注(1)194頁。
(58) 参照、芦部・前掲注(1)193頁。
(59) 参照、芦部・前掲注(1)191頁。
(60) 参照、芦部・前掲注(1)195頁注(2)。
(61) 参照、清宮四郎『憲法I〔第3版〕』(有斐閣、1979年)52頁。

(62) 参照、清宮四郎『憲法と国家の理論』(講談社、２０２１年)３１４頁以下。
(63) 参照、芦部・前掲注(１)１９７頁。
(64) 参照、芦部信喜「宮沢憲法学の特質」(１９７７年)同・前掲注(13)『憲法制定権力』２０３頁。
(65) 参照、芦部・前掲注(37)２９９頁。
(66) 参照、芦部・前掲注(１)１９８頁注(７)。
(67) 尾高朝雄『実定法秩序論』(岩波書店、１９４２年)１８２頁。
(68) 参照、尾高・前掲注(67)２８２—２８３頁。
(69) 参照、芦部・前掲注(１)１９７頁。
(70) 尾高朝雄「事実の規範力」国家50巻９号(１９３６年)56—58頁。
(71) 参照、芦部信喜「憲法の解釈と「生ける憲法」の観念」(１９６５年)同・前掲注(16)41頁以下。
(72) 参照、芦部信喜「「法は事実から生ずる」」(１９７６年)同・前掲注(16)１８８頁以下。
(73) 参照、佐藤功「高柳先生の憲法学」自由９巻９号(１９６７年)36頁以下。
(74) 参照、芦部・前掲注(71)44頁。
(75) 参照、芦部信喜「改憲論と憲法の変遷および保障」(１９６２年)同・前掲注(16)17頁。
(76) 小林直樹『日本国憲法の問題状況』(岩波書店、１９６４年)49頁。
(77) 逆に言えば、憲法が「国民の精神」の中にも見出されるという点に積極的な意義を認めないのが、(少なくとも)当時の改憲論であった。現在では護憲論にエリーティズムというレッテルが貼られることが多いが、「衆愚意識」を持っているという批判はもともと改憲論者に向けられていたものだったという事実は記憶しておくべきであろう。参照、芦部・前掲注(75)18頁。
(78) 参照、宮沢俊義『憲法論集』(有斐閣、１９７８年)２５９—２６０頁。
(79) 尾高朝雄「ラートブルフの法哲学」尾高朝雄＝碧海純一『ラートブルフ著作集　別巻　ラートブルフの法哲学』(東京大学出版会、１９６０年)81頁。
(80) 参照、尾高・前掲注(67)１７１—１７３頁。
(81) 尾高・前掲注(67)１７４—１７５頁。
(82) 参照、芦部・前掲注(54)１３０—１３１頁、１３９—１４０頁。

(83) 参照、高見勝利「実定憲法秩序の転換と「八月革命」言説」長谷部編・前掲注(48)109頁、126頁。

(84) 参照、芦部・前掲注(75)23―24頁、同「憲法の改正と変遷」(1963年)同・前掲注(13)『憲法制定権力』146―147頁。

(85) 参照、芦部信喜「実定性と理念性をめぐって」(1983年)同『憲法叢説3 憲政評論』(信山社、1995年)237頁以下。

(86) たしかに、日本国憲法が国民の中に「定着」していると言うのであれば、少なくともある時点からは、自衛隊も「定着」していると考えざるを得ないであろう。参照、芦部信喜「平和憲法五十年の歩み」芦部信喜生誕100周年記念『われは往く』(長野県伊那北高等学校同窓会、2023年)35―38頁。なお、芦部による政治的マニフェスト説の再検討という論点については、宍戸常寿ほか編著『戦後憲法学の70年を語る』(日本評論社、2020年)272―276頁[高見勝利発言]が、参照されるべきである。

第三章　9条解釈
——岐路と軌跡

長谷部恭男

Ⅰ　問題の設定

1　芦部信喜教授の9条論

芦部信喜教授は、体系書『憲法学Ⅰ』の第7章「平和主義」で、日本国憲法9条に関する解釈論を展開する。概略は次の通りである。(1)

9条1項は「戦争」「武力の行使」および「武力による威嚇」(以下「戦争等」と略す。)の放棄に、「国際紛争を解決する手段としては」という条件をつけている。これは、国際法の通常の用語例からすると、「侵略の手段として」という意味である(257頁)。したがって、1項は、侵略戦争等を放棄しているものの、自衛や制裁の戦争等は放棄していない。

しかし、2項冒頭の「前項の目的を達するため」という文言は、1項の「日本国民は、正義と秩序を基調とする国際平和を誠実に希求し」という文言を受けており、したがって、「戦力」は全面的に不保持としている。戦力を保持しない以上、自衛目的や制裁目的の戦争等も放棄されていることになる（259頁）。

2項前段で保持しないとされる「戦力」は、「軍隊（外敵の攻撃に対して実力をもって抵抗し、国土を防衛することを目的として設けられた人的および物的手段の組織体）および有事の際にそれに転化できる程度の実力部隊」のすべてを指す（269頁）。現在の自衛隊は、その人員・装備・編成の実態に即して判断するかぎり、「『戦力』に該当すると言わざるをえない」（270頁）。

2項後段で否認されている「交戦権」の意味については争いがあるが、1項および2項によって戦争等が全面的に放棄されているとの立場からすれば、いずれの意味をとるかはさして重要な問題ではない（285頁）。

こうした議論の特徴は、1項からほとんど意義が失われていることにある。1項でかろうじて意味を持つのは、「日本国民は、正義と秩序を基調とする国際平和を誠実に希求し」という戦力不保持の「動機」を示す（はずの）文言であり、「国際紛争を解決する手段として」の戦争等の放棄という文言には、放棄の対象を限定する意義が否定される。

しかし以下で説明するように、「国際紛争を解決する手段として」という文言には、9条全体の趣旨を方向付ける核心的な意義がある。芦部教授は、その手掛かりとなる議論の存在に気づいていた。教授は、「国際紛争解決のための戦争は通常は侵略戦争のことだと言われるが……「国際紛争で法的あるいは政治的に適法かつ正当な理由が自国側にあると考える場合（必ずしも自衛の場合に該当しない）に、国家として訴えることのできる戦争も含まれる、という有力な学説がある」とし、国際法学者である高野雄一教授が『日本国憲法体系』に寄せた論稿を引用している(2)。ただ芦部教授は、この「有力な学説」に9条全体の理解を方向付ける意義があることを自覚していなかったと思われる。

2　前　史——パリ不戦条約

9条1項は、「国際紛争を解決する手段として」の戦争等を永久に放棄すると定める。この文言は、前述のように、戦争等のうち侵略目的のものを放棄した条項として理解され、しかもそれが国際法上の慣用であるかのように語られることが多い。高野教授は、こうした理解が不正確であることを指摘する。(3)

フーゴー・グロティウス以来の伝統的な国際法において、「戦争」は複数の国家が対等の立場において関係国間の紛争、つまり国際紛争を解決する手段として捉えられてきた。公正中立な裁判官を必ずしも見出し得なかった国際社会では、国家間の紛争は「決闘」によって決着をつけるしかない。言い換えれば、勝った側の主張が正当なものとして認められる。戦争は、「力は正義なり」とする国際社会における裁判外紛争処理の手段であった。(4)

グロティウスは正戦論者であった。戦争には、正当な根拠(just cause)が必要だとする。訴訟を提起する際、請求の原因を示す必要があるのと同様である。開戦の根拠は宣戦布告の文書に示される。請求の原因が訴状で明らかにされるのと同様である。布告を受けた側も、宣戦を布告して自国の正当性を主張する。訴訟の被告が答弁書や反訴の訴状で自身の正当性を明らかにするのと同様である。国家間の紛争は、裁判ではなく決闘、つまり戦争によっていずれの主張が正当であるか決着がつく。「戦争」とは「武力による争論の状況」にほかならず、このことはラテン語の「戦争 *Bellum*」が「決闘 *Duellum*」に由来することからも基礎づけられる。(5)

いずれの国家が客観的に正当かを問うことが意味をなさない以上、戦争は結局、各「国家の政策の手段」に帰着する。グロティウスの著作ではなお、自衛や自国の領土の回復など、戦争開始の実体的正当性の有無が検討の対象となっていたが、一八世紀以降はそれも忘れ去られるに至った。(6)

常識的に考えるならば、戦争は強い方が勝つのであって正しい方が勝つわけではない。しかし、戦争が裁判に代替する紛争解決手段である「決闘」である以上、その結果は「正当な結論」として受け入れる必要がある。「勝者の正義」がまかり通るわけである。グロティウス以降の国際法上の戦争観は、そうしたものであった(7)。

こうした戦争観を根本的に転換したのは、1928年にパリで調印された不戦条約である。同条約の1条は「国際紛争解決ノ為戦争ニ訴フルコトヲ非トシ且其ノ相互関係ニ於テ国家ノ政策ノ手段トシテノ戦争ヲ抛棄スルコト」を締約国に求めた。国家が対等の立場で紛争を解決するために行なう「決闘」である戦争は違法とされた。ただし、戦争に至らない武力の行使は明示的には禁止されておらず(8)、とりわけ急迫不正の武力攻撃に対処する自衛のための武力の行使または武力による威嚇は許容されるものと理解されていた(9)。当時における自衛のための武力の行使は、現在における個別的自衛権の行使である。

芦部教授は、「国際紛争を解決する手段として」という文言が国際法の慣用上は侵略的という意味で用いられるとし、先例としてパリ不戦条約を挙げるが(10)、同条約の成立の経緯と趣旨からすれば、この文言は、文字通り「国家間の紛争を解決する手段として」という意味で理解されるべきである。国際紛争を解決する手段という概念は、国家が対等な立場で戦争や武力の行使を通じて紛争を解決する「決闘」としての意味を持つ。そこでいう「戦争」とは、パリ不戦条約が想定していた戦争、つまり複数の国家が相手国を圧倒し、勝者の満足する和平の条件を押しつけるために武力をもって行う闘争である(11)。

戦争はすべからく国際紛争を解決する手段であるから、戦争が禁止される以上、自衛目的を標榜する戦争を含めて、あらゆる戦争が禁止される(12)。国際紛争解決の手段でない戦争は、観念し得ない。他方、武力の行使と武力による威嚇については、それが国際紛争の解決手段であれば9条1項によって禁止されるが、それ以外の目的であれば、本条によっては許容される可能性がある。とはいえ、現在では国連憲章によって、侵略行為等に対する国際の平和と安全を維持し又は回復する措置は、安全保障理事会を中心とする国連の集団的措置に集約され、各国が独自の判断で行使し得るのは51条の規定する個別的および集団的自衛権へと限定されている。

「国際紛争を解決する手段」および「戦争」に関する以上のような理解を念頭に置くことで、9条に関するさまざまな論点を整理し、本条全体の趣旨を整合的に理解することが可能となる。芦部説を含む従来の学説の多くはこれらの点について不正確な理解から出発しており、それが本条に関する言説の歪みをもたらしてきた。

出発点とすべき前提はもう一つある。日本国憲法は、9条を置いているほかは、武力の行使を許容する規定も、そのための組織やその指揮権限に関する規定も置いていない。つまり、武力の行使とその遂行能力について、憲法が想定しているベースラインはゼロである。それにもかかわらず、武力の行使が許容されるとすれば、それを特に正当化する理由が必要となる。それを提示し、許容される武力行使の範囲を示すのは有権解釈の役割となる。公権力による基本権の制約が原則として許されず、それを許容するには正当化が必要であることと同様である。

3　制定の経緯

(1)　マッカーサー・ノートから総司令部案へ

9条の原型は、連合軍総司令官であったダグラス・マッカーサーが、1946年2月、総司令部による憲法草案の起草を決意した際、草案に盛り込むべき基本原則として示したいわゆるマッカーサー・ノートの第二原則である。内容は次の通りである[13]。

国権の発動たる戦争は、廃止する。日本は、紛争解決のための手段としての戦争、さらに自己の安全を保持するための手段としての戦争をも、放棄する。日本は、その防衛と保護を、今や世界を動かしつつある崇高な理想に委ねる。

日本が陸海空軍を持つ権能は、将来も与えられることはなく、交戦権が日本軍に与えられることもない。

この第二原則は日本政府に手交された総司令部案では、次のような形となった[14]。

国権の発動たる戦争は、廃止する。いかなる国であれ他の国との間の紛争解決の手段としては、武力による威嚇または武力の行使は、永久に放棄する。

陸軍、海軍、空軍又はその他の戦力を持つ権能は、将来も与えられることはなく、交戦権が国に与えられることもない。

マッカーサー・ノートと異なり、自衛の手段としての戦争の放棄にかかる文言が削除され、自衛のための武力の行使または武力による威嚇の余地を残す文案となっている。自衛権の行使を認容はするものの明示的にはそれに触れなかった不戦条約と同様の考え方で起草されていることをうかがわせる[15]。第二段については、違いはない。「交戦権 rights of belligerency」という概念について、民政局メンバーのハッシーとラウエルは、マッカーサー元帥一流の特異の用語であると述べている[16]。

(2) 憲法改正要綱から帝国議会の審議へ

日本政府の作成した憲法改正草案要綱では、次のように「紛争解決の手段(紛争ノ解決ノ具)」ということばが、武力による威嚇と武力の行使だけでなく、戦争にもかかるようになっている[17]。

国ノ主権ノ発動トシテ行フ戦争及武力ニ依ル威嚇又ハ武力ノ行使ヲ他国トノ間ノ紛争ノ解決ノ具トスルコトハ永久ニ之ヲ抛棄スルコト

陸海空軍其ノ他ノ戦力ノ保持ハ之ヲ許サズ国ノ交戦権ハ之ヲ認メザルコト

また、要綱の段階から、対応する英文で「交戦権」は right of belligerency と単数形で表記されるようになった[18]。衆議院での審議において、1項について、平和を念願する態度を積極的に打ち出すべきだとの意向が各党派から示され、冒頭に「日本国民は、正義と秩序を基調とする国際平和を誠実に希求し」との文言が加えられると同時に、2項の冒頭に「前項の目的を達するため」という文言が加えられた。憲法改正案特別委員会小委員会の芦田均小委員長の提案によるもので、芦田修正と呼ばれる。

総司令部内部では芦田修正について、日本が defense force を保持し得ることを明確化するものとの認識が抱かれていたことが報告されている[19]。この修正後、貴族院の審議段階で、極東委員会からの強い要請であるとの総司令部からの申し入れで、現在の66条2項にあたる文民条項が加えられた。吉田茂首相はこの点について、芦田修正のために文民条項を入れざるを得なくなったと説明している[20]。第Ⅲ節で改めて検討するが、国際紛争を解決する手段たる決闘としての戦争を遂行する能力を保持しないとする9条2項前段の主旨からして、「前項の目的を達するため」という文言の有無は、同項の理解を大きく左右するものとは言えず、せいぜい主旨を「明確化」するにとどまるものと考えられる。

第90回帝国議会の審議においては、吉田首相から戦争放棄の意義について、次のような答弁がなされている[21]。

戦争抛棄に関する憲法草案の条項に於きまして、国家正当防衛権に依る戦争は正当なりとせらるるようであるが、私は斯くの如きことを認むることが有害であると思うのであります。近年の戦争は多くは国家防衛権の名に於て行われたることは顕著なる事実であります。故に正当防衛権を認むることが偶ゝ戦争を誘発する所以であると思うのであります。又交戦権抛棄に関する草案の条項の期するところは、国際平和団体の樹立にあるのであります。国際平和団体の樹立に依って、凡ゆる侵略を目的とする戦争を防止しようとするのであります。併しながら、正当防衛に依る戦争が若しありとするならば、其の前提に於て、侵略を目的とする、戦争を目的とした国があることを前提としなければならぬのであります。故に正当防衛、国家の防衛権に依る戦争を認むると云うことは、偶ゝ戦争を誘発する有害な考えであるのみならず、若し平和団体が、国際団体が樹立された場合に於きましては、正当防衛権を認むるということそれ自身が有害であると思うのであります。

国際平和団体、つまり国際連合の樹立によって侵略戦争は防止され、したがって正当防衛としての戦争という観念自体が有害無益となるという前提は、その後の国際社会の現実に照らすと理想に走っているかに見受けられるが、それでもここで吉田が否定しているのは、あくまで正当防衛権による「戦争」であることに注意する必要がある[22]。自衛権としての武力は、攻撃を撃退し阻止するために必要な最小限度で行使される。戦争に勝利し敵を無力化するためではない。なお、吉田の答弁を聞いた法制局第二部長の佐藤達夫は、「自衛権までも否定したように誤解されるおそれがありはしないか」と懸念し、その後の政府答弁で軌道の修正をはかったと述べている[23]。

「戦争」と「武力による威嚇又は武力の行使」の区別について、金森徳次郎国務大臣は、「『戦争』と云う言葉は、自ずから国際法的にも一定の意義がある」とする一方、「武力の行使」は、「戦争と云う段階迄行かない」状態であり、「武力に依る威嚇」とは、「現実の武力の行使の段階に至っていない状況」であると説明している[24]。

さらに金森は、「他国との間の紛争の解決の手段として」という文言について、「特別に何物をも含むと云う訳でない、此の文字の示しまする通りの内容を茲に規定した趣旨であります」と答弁しており、侵略的との意味合いを示唆していない[25]。文字通りの、国家間の紛争の解決手段という、伝統的な国際法上の戦争概念に即した理解をうかがわせる。

帝国議会の審議において、吉田や金森は、1項によって自衛戦争は放棄されていないが、2項によって放棄されることになると説明している[26]。

政府が日本国憲法の公布と同じ日（1946年11月3日）に刊行した『新憲法の解説』[27]は、「戦争の放棄」に関する解説部分で、「日本が国際連合に加入する場合を考えるならば、国際連合憲章第51条には、明らかに自衛権を認めている」とし、「自己防衛」の方法がなくなるわけではないとする。ここで9条の下でも認められると政府が述べる「自衛権」は、「自己防衛」のための自衛権、つまり個別的自衛権である。占領下にあった当時の日本政府が集団的自衛権行使の可能性を想定していたとは、およそ考えられない。

4　本条の法規範性

9条の身分については、それが国家機関を拘束する法規範なのか、それとも法規範性を有しない政治的宣言にとどまるかについて、見解の対立がある。マッカーサー・ノートを受けた民政局のスタッフは、当初、戦争放棄に関する文章を前文の一部としようとしたことが報告されている[28]。法規範としての拘束力を弱めようとの配慮がうかがえる。結局、マッカーサーの強い意向で、現在の9条にあたる条文は本文に置かれることになった。

また、46年2月22日に行なわれた総司令部案に関する日本政府と総司令部との会談では、松本烝治が戦争放棄を独立の一章とするのではなく、前文の中に入れてはどうかと提案し、それに対してハッシーは「あなたのお考えはよく分かりますが、私達は、戦争放棄は基本法の本体に記しておくべきだと思います。というのは、そうすれば、この条項は真に力強いものとなるからです」と答えている。[29] 民政局のスタッフも、もともと9条は前文的性格を持つものと考えており、位置を本文に移しても、そうした性格が変化するとまでは彼らは考えていなかったのではないかと田中英夫は推測している。[30]

本条は政治的宣言にすぎないとの学説もある一方、[31] 本条には高度の政治的判断を伴う理想が込められているため、裁判規範性は希薄であるとし、結局は主権者である国民の政治意思の決定の基礎となる規範（政治規範）として機能するにとどまるとの説もある。[32] Ⅵで述べるように、最晩年の芦部教授は、こうした立場に接近した。

学説の大勢、政府の有権解釈および判例は、本条には法規範としての身分があり、それに反する国家行為は違憲無効となるとの態度をとる。[33] しかし、起草・制定に関与した人々の発言からもうかがわれるように、いわゆる原理(principle)と準則(rule)との対比で言えば、本条には原理としての色彩が濃く、そのため具体的な国家行為の合憲性を判定するには、有権解釈を通じて準則を抽出する必要がある。[34] その際、日本国憲法の根底にある立憲主義と矛盾する解釈となっていないかが、第一に問われるべき問題である。

Ⅱ　国際紛争を解決する手段としての戦争等の放棄

前述したように9条1項にいう「国際紛争を解決する手段として」という文言は、多くの学説によって「侵略的aggressive」という意味に理解されており、[35] 同項は「いわゆる侵略戦争」が「永久に放棄されることを定めた」とする砂川事件大法廷判決も（最大判昭和34・12・16刑集13巻13号3225頁）、同じ理解に立脚しているものと考えられる。

Ⅰ－2で述べたようにこの理解は不正確である。国際法の伝統において、戦争は複数の国が対等な立場で相互間の紛争に決着をつけるために行なう「決闘」であると観念されてきた。本項でもこの観念がそのまま受け継がれているのであり、侵略的なものに限定する理由は見当たらない。侵略戦争を明示的に禁止するイタリア憲法(11条)やドイツ基本法(26条1項)とは、文言上の明らかな違いがある。政府の有権解釈も、「国際紛争と申しますのは、一般には国家間で特定の問題について意見を異にし、互いに自己の意見を主張して譲らず対立している状態をいう」としている。(36)

こうした不正確な理解が拡散したのは、第二次大戦後のニュルンベルクおよび東京の国際軍事法廷において、不戦条約を根拠として、侵略戦争の計画・準備・遂行が戦争犯罪とされたことに起因するものと考えられる。(37) 横田喜三郎は、そのことを前提に、不戦条約で禁止された戦争とは「実質的に見れば、侵略的戦争にほかならない」との解釈論を展開する。(38) しかしながら、何が戦争犯罪と目されるかと、「国際紛争を解決する手段」という文言が何を意味するかは、おのずと別個の問題である。

不戦条約の発案者であるサーモン・レヴィンソンは、同条約による禁止の対象を侵略戦争に限定すべきでないとし、それを受けて、アメリカのケロッグ国務長官は、同条約に関する上院外交委員会での証言で、「侵略」を正確に定義することは不可能であり定義する必要もないとしている。(39)

佐々木惣一もこの文言を侵略的との意味に理解していると言われることがあるが、彼はそうした理解を明示的には述べていない。9条1項は「他国から突如不法の侵撃を受けたとき国会の議決により自衛上、これに対抗して戦争することは憲法上差支ない」とするにとどまる。(40) この文言を明示的に侵略的という意味に解した上で自衛目的、制裁目的の戦争は放棄されていないと説くのは、芦田均である。(41)

しかし、高野雄一教授が指摘するように、自衛を目的とするものであっても、国際法上の戦争であれば、それは自衛行為にとどまるはずはない。「それが自衛行為にとどまる限りは、「戦争」の性格と相容れないし、それが「戦争」であれば本質的に自衛行為の限界にとどまらない」。(42) 同じことは、制裁を目的とする場合にも妥当するはずである。「国際紛争を解決する手段として」という文言を国際法上は「侵略的な」との意味であると理解しながらも、本条

1項ではすべての戦争、武力による威嚇および武力の行使が放棄されているとする説もある。[43] 戦争がすべて放棄されているのはその通りであろうが、武力による威嚇および武力の行使については、そのすべてが国際紛争を解決する手段であるわけではない。少なくとも自衛目的のものは、本項によっては禁止されていないと考える余地がある。

日本国憲法の英訳文を根拠に、「国際紛争を解決する手段として」という文言がかかるのは武力による威嚇と武力の行使のみであり、したがって戦争は全面的に禁止されているとの説もあるが、[44] 戦争はすべからく国際紛争を解決する手段であるから、この文言が「戦争」にかかるとしても戦争は全面的に禁止されていることとなる。日本国憲法の正文は日本語であるから、それを根拠として考えるべきであろう。この文言が戦争にかかるか否かは、さして重要な問題ではない。

不戦条約は国際紛争を解決する手段としての戦争を違法化したが、国連憲章2条は、戦争が違法であることを前提とした上で、国際紛争を解決する手段としては平和的手段のみを認め、武力の行使と武力による威嚇を一般的に禁止している。本項も国際紛争を解決する手段としての武力の行使および武力による威嚇を戦争一般に加えて禁止している。ただし、国連憲章は、国際の平和と安全を維持か又は回復することを目的とする武力の行使および武力による威嚇を、安全保障理事会を中心とする集団的措置に集約している。

結論としては、9条1項によって戦争は、自衛や制裁を目的とするものを含めてすべて放棄されており、武力による威嚇および武力の行使については、国際紛争を解決する手段——つまり「決闘」の手段——である限りで放棄されていることになる。決闘の手段である以上、自国の満足する条件の下での勝利を目指すことになる点で、戦争と区別することは、至難となる。他方、国際紛争を解決する手段ではないもの、少なくとも自衛目的のものは、本項によっては全面的に禁止されてはいない。

Ⅲ　戦力の不保持

9条2項前段にいう「戦力 war potential」に国際法上定まった意味はない。「陸海空軍」という同項の例示および日常用語に照らして、軍備あるいは戦争遂行能力という意味で一般に捉えられている[45]。

同項冒頭の「前項の目的を達するため」という文言が何を指すかという論点との関係で、本項前段で保持が禁じられた戦力が何かについては、以下のような見解の対立がある。

第一に、「前項の目的」とは、国際紛争を解決する手段としての戦争、武力による威嚇および武力の行使を放棄するという目的であり、その限りで戦力の保持が禁止されているとの説がある。前述の佐々木惣一および芦田均の説はこれである。この立場からすると、自衛権を行使するためであれば戦力を保持することも許される。佐々木は自衛戦争は許されるとし、芦田は自衛戦争および制裁目的の戦争は許されるとしており、その限りでの戦争遂行能力の保持も認められるとの立場である。しかしながら、およそ国際紛争を解決するための――勝利するための――戦争遂行能力である以上、自衛のための(あるいは制裁のための)戦力とそれ以外の戦力とを区別することは不可能であろう。結局のところ、あらゆる戦争遂行能力を肯定することになり、本項前段の意義は無に帰することになる。

第二に、「前項の目的」とは、「正義と秩序を基調とする国際平和を誠実に希求」することを指しており、したがって、戦力の保持はすべて禁止されているとの説がある。①前述のように、「前項の目的を達するため」という文言は、「正義と秩序を基調とする国際平和を誠実に希求し」との文言と同時に、衆議院の審議過程で新たに付け加えられたものであり、制憲者意思としてこのように解することが自然であること、②「前項の目的を達するため」という文言は、2項を規定する動機を示すものであって、戦力不保持の条件を示すものとは考えにくいこと、③憲法上66条2

項の文民条項を除くとそもそも軍の存在を前提とした規定が見当たらないことを論拠とする。多くの学説はこの立場をとる。[46]

政府見解も基本的にこの立場をとるが、[47]自衛権の行使を認める立場から、自衛権を行使するための必要最小限度の自衛力は憲法で保持を禁じられた戦力ではないとする。[48]政府は、かつては戦力とは近代戦争遂行能力であるとしてきたが、近代戦争遂行能力とは戦力の単なる言い換えにすぎず、むしろ保持を禁じられている実力は何かという面から説明すべきだとの考え方から、現在ではこうした説明をしていない。[49]

1項で戦争が全面的に放棄されている以上、自衛目的の戦争を遂行する能力も含め、戦争遂行能力たる戦力は、2項で保持が全面的に禁止されているはずである。佐々木説および芦田説は成立する余地がない。決闘は勝った側を「正しい」と認める紛争解決手段である。「決闘」たる戦争を遂行する能力の保持を認めれば、それが各国間での果てしない軍拡競争をもたらすことは見易い道理である。戦力の保持を全面的に禁止することには、十分な合理的理由がある。

残る問題は、Ⅴで述べるように、急迫不正の侵害行為に武力を行使して対処する必要最小限度の能力、つまり自衛力の保持が許容されるか否かとなる。なお、2014年7月まで、政府が本条の下でも許容されるとした自衛権は、個別的自衛権であった。そのことを前提として、戦力不保持の要求の意味も理解する必要がある。集団的自衛権を行使する能力も自衛力に含まれるとすれば、自衛力の内容も根本的に変動することとなる。

Ⅳ　交戦権の否定

9条2項後段にいう「交戦権」についても、国際法上定まった意味はない。Ⅰ-3-(1)で述べたように、総司令部民政局メンバーの説明によれば、これはマッカーサー独自の特異な用語である。

学説上は、これを①戦争を開始し遂行する権利(英語のwar power、フランス語のdroit de guerre)とする見解[50]と、②敵国との通商を禁止する権利、自国内の敵国民財産を管理する権利、敵国・中立国の船舶を臨検・拿捕・接収する権利、占領地の行政を行なう権利など、戦争を遂行する国家に認められる諸権利(belligerent rights)とする見解[51]とがある。政府は②の立場をとる[52]。

国際紛争を解決する手段である戦争が1項で否定されている以上――そして戦争がすべて国際紛争を解決する手段である以上――2項後段で改めて①を否定することに意味はないのではないかとの疑義が提起されることがある[53]が、戦争を遂行する権利なるものは、つまるところは戦争を遂行する国家に認められる諸権利の総体である(所有権が、所有する物件を占有し使用する権利、違法な侵入を排除・予防する権利、所有する物件を譲渡する権利等の総体であるように)。①を改めて否定することに意味がないのであれば、②を改めて否定することにも意味はないであろう。Ⅰ－2で述べた戦争放棄の前史を勘案するならば、そもそも国際紛争を解決する手段として「決闘」たる戦争に訴える権利(正当原因)は無いこと、国際紛争はすべて平和的手段によって解決されるべきこと――つまり「決闘」としての戦争に関する限りius ad bellumは存在する余地がないこと――を確認することに、意味がないとは言えない。結局のところ、①と②の双方が否定されていると考えるべきこととなろう[54]。

なお、政府見解のように、自衛権の行使は本条の下でも認められるとの立場をとるならば、戦争を遂行する国家に認められる諸権利のうち、急迫不正の侵害への対処として必要最小限の範囲内のものは認められると考えざるを得ない。少なくとも敵兵を武器で殺傷する権利なしで自衛権を行使することは不可能である。また、侵害国への武器・弾薬の輸送を阻止するために船舶を臨検し、武器・弾薬を押収する権利は認められるべきであろう。戦争を遂行する国家に認められてきた諸権利の否定と自衛権の行使に伴う限りにおいて必要にして最小限の権利の肯定とはレベルの異

なる問題と考えるべきことになる。(55)

V　自衛権および自衛力

1　個別的自衛権

(1)　個別的自衛権行使の条件

政府は9条の下においても個別的自衛権の行使は許容されるとし、それに伴って、戦力に至らない自衛力は保持が禁じられていないとしてきた。(56) 他方で、2014年7月までは、自国と密接な関係にある外国に対する武力攻撃を自国が直接攻撃されていないにもかかわらず実力で阻止する権利である集団的自衛権の行使は本条の下では許容されず、それを許容するには本条の改正が必要であるとしてきた。(57) 後者の問題については、V-2で後述する。

かつての政府見解によると、個別的自衛権の行使については、次の3要件を満たす必要があった。①わが国に急迫不正の侵害がある、②ほかに全くこれを防衛する手段がない、③防衛は必要な限度にとどめなければならない。(58) 自衛権の行使は、国際法上の戦争（自衛戦争を含む）とは別のものであり、本条の下では自衛権を行使することはできるが、自衛戦争を行なうことはできない。(59)

I～IVで述べたところからすれば、2014年7月までの政府見解のように、戦争が全面的に禁止され、戦力の保持も全面的に禁止されているとする一方で、自国に対する急迫不正の侵害がある場合に限って、必要最小限度で武力を行使して侵害に対処し得るとする考え方には十分な理由があると思われる。国の防衛に関して情報をすべて公開して審議することは非現実的であるし、国の防衛に関する議論は非合理的な情念によって左右されがちである。冷静な議論と十分な情報にもとづく理性的な判断の余地が限られ、かつ、失敗が一般国民に膨大なコストを課す安全保障の問題に関して、武力行使および保持し得る実力の範囲を憲法で予め限定することは、合理的な自己拘束——非合理な判断をしがちな状況で、自身の判断の余地を予め限定する仕掛け——と言うことができる。[60] もっとも、現状の自衛隊の組織および規模が、必要最小限度の範囲内であるか否かは、別途議論する必要がある。

(2) 武力なき自衛権

芦部説をはじめとする学説の多くは武力を用いた自衛権の行使は、本条の下では許されず、そのための実力組織である自衛力は、2項前段で保持を禁止される戦力にあたり、その保持は許されないとする。[61] 武力を用いた自衛権の行使を否定する学説も、自衛権自体の存在は認められるとする。[62] しかし、武力を用いることは許容されないため、武力なき自衛権のみが認められることになる。武力なき自衛権が何を意味するかであるが、①警察官・民衆などが、自己ないし国民の安全を守るために事実上侵略者に実力で抵抗することを意味するか、[63] ②ガンジー流の非暴力非服従による抵抗のみが許されると考えるかであろう。

このうち②の立場は、日本国憲法の根底にある近代立憲主義(modern constitutionalism)、つまり多様で相互に両立せず、ときには比較不能でさえある価値観・世界観の公平な共存を実現しようとする理念と両立し得ないのではないかとの疑いがある。国民の生命・財産の保全は、いかなる国家であっても、その第一義的な任務として標榜するものである。その任務を放棄して、ただ外敵による侵略を放置し、それを耐え忍ぶことを国民に要求することは、それが人としての「善き生き方(あるいは善き死に方)」であるとの特定の価値観(純粋平和主義＝pure pacifism)を国民全体に強要するに等しい。

こうした疑念に対しては、武力で国土・国民を防衛すると、そうした特定の価値観にもとづく生き方を否定することになるとの反論が提起されることがあるが、純粋平和主義はそもそも個人レベルの信念であって、常備軍を備えた社会においても個人的に純粋平和主義に献身して生きることは十分に可能である。つまり、個人レベルで純粋な平和主義にのっとって生きることは近代立憲主義国家でも可能であるが、純粋平和主義国家に近代立憲主義はあり得ない。近代立憲主義国家でイスラム原理主義者として生きることは可能であるが、イスラム原理主義国家に近代立憲主義があり得ないのと同様である。両者は非対称の関係にある。

他方、①の立場は、国民にゲリラ戦を強いることである。この場合、ゲリラ戦に参加しないことも可能ではあるが、国際人道法の基本原則である、正当な攻撃対象である戦闘員とそうではない非戦闘員との区別を意図的に不明瞭とするゲリラ戦が、一般市民にとってきわめて悲惨な帰結をもたらすことは、広く知られている。国を守るためであれば、戦闘員・非戦闘員の区別にかかわらず、そうした悲惨な帰結を甘受すべきであるとの特定の価値観を全国民に押しつけることを前提としない限り、ゲリラ戦への突入を当初から前提とする国家の樹立は困難であろう。この立場も近代立憲主義とは両立し得ないことになる。

結局のところ、武力なき自衛権論は(自衛権否定論も)、近代立憲主義とは両立し得ない[64]。そもそも日本国憲法の基底にあるものが近代立憲主義である以上、近代立憲主義自体を武力攻撃から防御しない選択はあり得ない。ここに至るまで縷々述べてきたように、そもそも武力なき自衛権論は、「国際紛争を解決する手段」としての戦争等の放棄という9条の核心的な観念に関する不正確な理解の上に成り立っている。出発早々に遭遇した岐路を正確に認識することなく、誤った軌道を走り続けた末にたどりついた終着点である。

(3) PKO活動への参加

国際連合の平和維持活動に自衛隊が参加することが、政府の言う自衛のための実力の行使の範囲を超えることとならないかが問題とされてきた。政府は、平和維持活動での「武力の行使」は違憲であるが、平和維持活動に参加する自衛隊員が自己防衛のために「武器を使用」することは許されるとし、(65) いわゆるＰＫＯ協力法(国際連合平和維持活動等に対する協力に関する法律)24条1項でも、自己又は自己と共に現場に所在する他の隊員の生命又は身体を防衛するためやむを得ない必要があると認める相当の理由がある場合には、その事態に応じ合理的に必要と判断される限度で、小型武器を使用することができるとしている。

同法の成立当初、同法附則2条により、自衛隊の参加する国際平和協力業務は、選挙の監視・管理、医療、被災民の救出、輸送・通信・建設業務等の救援活動および後方支援業務に限られ、武力紛争の停止の遵守状況や武装解除履行の監視などのいわゆる平和維持軍(ＰＫＦ)への自衛隊の部隊としての参加も、①紛争当事者間に停戦の合意があり、②自衛隊の参加に紛争当事者の同意があり、③平和維持軍の活動が中立的に行なわれ、④以上の条件が満たされなくなった場合に自衛隊は撤収し、⑤自衛のためやむを得ない場合に必要最小限で武器を使用し得る、という五原則の下では憲法に反しないとの立場をとっており――裏返して言うならば、外国の部隊が行なう武力行使と一体化するようなことはしない――これらの原則と対応する文言は、ＰＫＯ協力法の中に見られる(3条1号、6条1項13項等)。なお、２０１５年9月30日のＰＫＯ協力法の改正により、いわゆる「駆けつけ警護」が自衛隊の任務に加えられた(3条5号ラ、26条2項)。

なお、芦部教授は、自衛隊の存在自体が憲法に違反しているためＰＫＯ活動を含む海外出動を許容するためには、当然、憲法の改正が必要となるとしていた。(66)

2　集団的自衛権

1で述べたように、政府は一貫して9条の下で許容されるのは個別的自衛権に限られ、集団的自衛権の行使を認めるには本条の改正が必要であると、繰り返し説明してきた。集団的自衛権は「自衛権」と呼ばれてはいるものの、他国が武力攻撃を受けた場合に、被害国からの要請に応じて武力を行使する権利であり、日本にとっての自己防衛の手段とは言い難いものである。政府が個別的自衛権と集団的自衛権とを区別し、後者を否定していたことには、十分な理由がある。

ところが、２０１４年7月1日の「国の存立を全うし、国民を守るための切れ目のない安全保障法制の整備について」と題する閣議決定（以下「２０１４年閣議決定」）で、政府はこの見解を変更し、集団的自衛権の「部分的な」行使を認めた。２０１４年閣議決定は、政府の憲法解釈には「論理的整合性」と「法的安定性」が要求されるとし、「論理的整合性」を保つには、従来の政府見解の「基本的な論理の枠内」にあることが求められるとする。それは、当然のことであろう。

同閣議決定は、我が国と密接な関係にある他国に対する武力攻撃が発生し、「これにより我が国の存立が脅かされ、国民の生命、自由及び幸福追求の権利が根底から覆される明白な危険」がある場合には、当該他国を防衛するための集団的自衛権の行使も許容されるとしている(67)。

これは、個別的自衛権の行使のみが憲法上、認められるとの従来の政府見解を示す資料(68)にあらわれる文言の一部を借用して、集団的自衛権の行使が限定的に認められるかのように言い繕おうとするかに見受けられる。しかし、同意見書は、「必要な自衛の措置をとること」ができるのは、「あくまで外国の武力攻撃によって国民の生命、自由及び幸福追求の権利が根底からくつがえされるという急迫、不正の事態に対処し、国民のこれらの権利を護るための止むを得ない措置としてはじめて容認されるもの」だとし、したがって、「わが憲法の下で武力行使を行うことが許されるのは、わが国に対する急迫、不正の侵害に対処する場合に限られるのであって、したがって、他国に加えられた武力攻撃を阻止することをその内容とするいわゆる集団的自衛権の行使は憲法上許されないといわざるを得ない」と明言している。

自国を防衛するための個別的自衛権と、他国を防衛するために他国の要請に応じて武力を行使する集団的自衛権とは、その本質を異にしており、前者のみが許されるとするその論拠を、後者の行使を容認する論拠とするのは背理である[69]。

2014年閣議決定は、政府の憲法解釈には「論理的整合性」と「法的安定性」が要求されるとしながら、「法的安定性」については、何ら語るところがない。しかし、ホルムズ海峡での機雷掃海活動が許容されるか否かについて、連立を組む与党の党首(安倍晋三自民党総裁(当時)と山口那津男公明党代表)間でも見解が異なることを見れば[70]、集団的自衛権の行使に関して明確な限界が存在しないことは明らかである。「我が国の存立が脅かされ、国民の生命、自由及び幸福追求の権利が根底から覆される明白な危険」という、いかにも限定的に見える法案の文言と地球の裏側まで自衛隊を派遣しようとする政府の意図との間には、常人の理解を超えた乖離があり、この文言が持つはずの限定的な役割は実際には否定されている。

2014年閣議決定の提示する憲法解釈には、「論理的整合性」も「法的安定性」も欠如している。このような破綻した論理にもとづいて、長年にわたりくりかえし政府によって表明され国民に対する約束としての性格を帯びる、個別的自衛権の行使のみが現在の憲法9条の下で認められるとの有権解釈を同閣議決定が変動させたことには、十分な正当化根拠が示されておらず、深刻な問題があると言わざるを得ない。

しかも、その結果、いかなる場合にどの程度までの武力の行使が許容されるかに関する従来の緻密な政府解釈は根底から揺るがされることとなった。現状は、名宛人の行動を明確に方向づける法として機能する有権解釈が存在しない状態に陥っている。道理の通らない解釈変更により、内閣法制局の有権解釈機関としての権威も、深く傷ついた。国民に対して、集団的自衛権の行使を認めるには憲法の改正が必要であると長年にわたり繰り返し説明してきた以上、憲法改正手続をとることが求められていたはずである。硬性憲法を有する国家では、通常の政治過程で可能なことと、

憲法改正手続を経てはじめて可能なこととの間には、厳然たる区別があってしかるべきである。(71)

Ⅵ 結論

芦部教授は、『憲法学Ⅰ』刊行の3年後にあたる1995年10月、母校である伊那中学校・伊那北高等学校創立70周年を記念する講演会の終わり近くで、高柳賢三の政治的マニフェスト説を改めて取り上げ、次のように述べた。(72)

私は、9条はそういう単なる政治的な宣言、政策宣言ではなくて、為政者を法的〔に〕拘束する規範だと今まで考えてきたのですが、そう考えますと、憲法を改正するか、自衛隊を解消する方向で考えるか、しない限り、憲法の規範と現実との矛盾を解くことはできません。しかし、核兵器廃絶とか、国連改革とか、さらに日米安保の見直しとか、21世紀へ向けて日本が世界に対してメッセージを送る基盤になるのは、非武装平和の憲法をおいて他にありません。そこで、それをより強く世界に訴えていく、しかし一方で必要最小限の自衛力も当分の間、暫定的に認める、そういう立場を探るためには、政治的マニフェスト説の今日的意義を再検討しなければならないのではなかろうか、私はそう考えるようになりました。

政治的マニフェスト説をとると明言されているわけではない。しかし、方針の大きな転換であることは否定のしようがない。

苦悩の末の結論である。しかし、憲法の規範と現実の矛盾を解く途は、9条の条文に当初から内在していた。出発早々に遭遇していたはずの岐路を正確に見定めていれば、この方針転換は必要なかったはずである。

(1) 芦部信喜『憲法学Ⅰ』(有斐閣、１９９２年)。同書は、「月刊法学教室」での１９８６年の連載を土台にしている。
(2) 芦部(注１)２５８頁注３。同じ論点を指摘するものとして、芦部信喜監修『注釈憲法(1)』(有斐閣、２０００年)４００—０１頁[高見勝利]がある。
(3) 高野雄一「憲法第９条——国際法的に見た戦争放棄条項」『宮沢俊義先生還暦記念日本国憲法体系』第２巻(有斐閣、１９６５年)１２９頁。
(4) 高野(注３)１１４頁、祖川武夫『国際法と戦争違法化』(信山社、２００４年)１１２頁。カール・シュミットは、グロティウスの前提について、次のように語る。「戦争が正当原因からだけ遂行されてよいということ」は、「まったく自明なことである。なぜならば、あらゆる主権者は、自己は正しいと主張するからであり、また、あらゆる主権者は、宣伝的な理由からだけでも、まったくそれとは別のことをいうことができないからである。そしてまた、いかなる上位の決断審級も存在しないから」である(カール・シュミット『大地のノモス』新田邦夫訳(慈学社、２００７年)１８９—９０頁)。
(5) Hugo Grotius, *The Rights of War and Peace*(Richard Tuck ed, Liberty Fund 2005)Book I 134–35[I.I.II.1] and Book II 393[II.I.II.1]. グロティウスにとって、「戦争は第一義的には、司法的救済の存在しない場合における法的請求権の執行手段(*executio iuris*)であった」とする Benjamin Straumann, *Roman Law in the State of Nature: The Classical Foundations of Hugo Grotius' Natural Law*(Belinda Cooper trans, Cambridge University Press 2015)147 参照。
(6) Quincy Wright, *A Study of War*(Abridged 2nd edn, Louise Leonard Wrights ed, University of Chicago Press 1964)367; Andrew Clapham, *War*(Oxford University Press 2021)22–23 and 80–83.
(7) Oona Hathaway and Scott Shapiro, *The Internationalists: And Their Plan to Outlaw War*(Allen Lane 2017)part I; 長谷部恭男『憲法の階梯』(有斐閣、２０２１年)１５１—５５頁。
(8) 「一切ノ紛争又ハ紛議」の解決を「平和的手段」によることを求める同条約２条が武力の行使をも禁じているとの理解もある(Clapham(n 6)105)。
(9) Hathaway and Shapiro(n 7)123 and 126–27; Clapham(n 6)105; 立作太郎「不戦条約の国際法観」国際28巻10号(１９２８年)、高野(注３)１１５—１６頁、長谷部(注７)１５５—５６頁。
(10) 芦部(注１)２５７頁。

(11) Lassa Oppenheim, *International Law*, vol II(7th edn, Hersch Lauterpacht ed, Longmans 1952)202; see Clapham (n 6)28.
(12) 高野(注3)130頁。
(13) 高柳賢三＝大友一郎＝田中英夫編著『日本国憲法制定の過程』Ⅰ(有斐閣、1972年)98—100頁。
(14) 高柳ほか(注13)Ⅰ272—73頁。
(15) 高柳ほか(注13)Ⅱ135—36頁。
(16) 高柳ほか(注13)Ⅱ136頁。
(17) 佐藤達夫『日本国憲法成立史』第3巻(有斐閣、1994年)190頁。
(18) 高柳ほか(注13)Ⅱ139頁。
(19) 憲法調査会『憲法制定の経過に関する小委員会報告書』(1964年)504—05頁、高柳ほか(注13)Ⅱ140頁、田中英夫『憲法制定過程覚え書』(有斐閣、1979年)106頁。
(20) 憲法調査会(注19)537頁、高柳ほか(注13)Ⅱ140頁。
(21) 1946年6月28日衆議院憲法改正案特別委員会(清水伸編著『逐条日本国憲法審議録〔増訂版〕』第2巻(日本世論調査研究所、1976年)42頁)。
(22) 木村草太『増補版 自衛隊と憲法』(晶文社、2022年)71—76頁。
(23) 佐藤達夫『日本国憲法誕生記』(中公文庫、1999年)130頁。法学協会『註解日本国憲法』上(有斐閣、1953年)242頁も、制憲議会で政府が否定したのは、自衛戦争であって、自衛権を否定したか否かは明らかでなく、むしろそれを肯定していたように見える点があるとする。
(24) 1946年9月13日貴族院憲法改正案特別委員会(清水(注21)45頁)。
(25) 1946年7月4日衆議院憲法改正案特別委員会(清水(注21)46頁)。
(26) 1946年9月13日貴族院憲法改正案特別委員会(清水(注21)46頁、80頁〔金森〕)、1946年6月26日衆議院委員会(清水(注21)82頁〔吉田〕)。
(27) 高見勝利編『あたらしい憲法のはなし 他2篇』(岩波現代文庫、2013年)再録。
(28) 田中(注19)102頁。
(29) 田中(注19)108—09頁。

(30) 田中(注19)１１０—１１頁。
(31) 高柳賢三「平和・九条・再軍備」ジュリ25号(１９５３年)２頁。
(32) 伊藤正己『憲法〔第３版〕』(弘文堂、１９９５年)１６９頁。
(33) 芦部(注１)２９６—９９頁。
(34) 原理と準則の対比については、さしあたり、長谷部恭男『憲法の理性〔増補新装版〕』(東京大学出版会、２０１６年)４—５頁参照。
(35) 法学協会(注23)２１３頁、佐藤功『ポケット註釈全書〔新版〕』上(有斐閣、１９８３年)１１４頁、芦部(注１)２５７頁、山本草二『国際法〔新版補訂〕』(有斐閣、１９９７年)７０６頁。
(36) １９９８年５月14日衆議院安全保障委員会・秋山収内閣法制局第一部長答弁(浅野一郎＝杉原泰雄監修『憲法答弁集１９４７〜１９９９』(信山社、２００３年)45頁)。
(37) Hans Kelsen, *Principles of International Law* (Rinehart & Co. 1952) 137–38; Gary Solis, *The Law of Armed Conflict: International Humanitarian Law in War* (3rd edn, Cambridge University Press 2022) 71.
(38) 横田喜三郎『戦争犯罪論』(有斐閣、１９４７年)79—83頁。
(39) Hathaway and Shapiro (n 7) 123–27. See also 'Further Correspondence with the Government of the United States respecting the United States Proposal for the Renunciation of War, June 23, 1928' at https://avalon.law.yale.edu/20th_century/kbbr.asp
(40) 佐々木惣一『改訂日本国憲法論』(有斐閣、１９５２年)２３１頁。同『憲法学論文選・三』(有斐閣、１９５７年)32頁、55頁も同旨。
(41) 芦田均『新憲法解釈』(ダイヤモンド社、１９４６年)36頁。
(42) 高野(注３)１３３頁。See also Clapham (n 6) 139–42.
(43) 宮沢俊義『全訂日本国憲法』(日本評論社、１９７８年)１６１—６４頁、清宮四郎『憲法Ⅰ〔第３版〕』(有斐閣、１９７９年)１１１—１２頁、樋口陽一『憲法〔第４版〕』(勁草書房、２０２１年)１３６—３７頁。
(44) 佐藤幸治『日本国憲法論〔第２版〕』(成文堂、２０２０年)１０７—０８頁。
(45) 宮沢(注43)１６７頁、清宮(注43)１１３頁、芦部(注１)２６９頁、樋口(注43)１４１頁。

(46) 法学協会(注23)222頁、宮沢(注43)166頁、清宮(注43)113頁、佐藤功(注35)116—17頁、芦部(注1)261頁。
(47) 1946年9月13日貴族院憲法改正特別委員会・金森徳次郎答弁(清水(注21)62頁)、1973年9月13日参議院内閣委員会・角田礼次郎内閣法制局第一部長答弁(浅野＝杉原(注36)49頁)、1951年10月17日参議院本会議・大橋武夫法務総裁答弁(浅野＝杉原(注36)45—46頁)。
(48) 1958年4月18日参議院内閣委員会・林修三内閣法制局長官答弁(浅野＝杉原(注36)47頁)。
(49) 1972年11月13日参議院予算委員会・吉国一郎内閣法制局長官答弁(浅野＝杉原(注36)47—48頁)。
(50) 法学協会(注23)218頁、清宮(注43)116頁。
(51) 宮沢(注43)176頁、佐々木(注40)235頁、佐藤功(注35)135頁、芦部(注1)284頁、樋口(注43)142頁。
(52) 1981年4月16日衆議院本会議提出政府答弁書(浅野＝杉原(注36)78—79頁)。
(53) 宮沢(注43)175—76頁。
(54) 鵜飼信成『憲法』(岩波文庫、2022年)88頁。
(55) Clapham (n 6) 329は、現在の国際法の下では、伝統的に交戦国に認められてきた諸権利は、自衛権の行使の範囲内でのみ認められるべきだとする。
(56) 1953年7月25日参議院予算委員会・木村篤太郎国務大臣答弁(浅野＝杉原(注36)84頁)、1954年12月22日衆議院予算委員会・大村清一防衛庁長官答弁(浅野＝杉原(注36)85頁)。グロティウスは、自衛(self-defence)のために武力をもって武力に反撃することは、正当であるだけでなく必要でもあるとする(Hugo Grotius, *Commentary on the Law of Prize and Booty* (Martine Julia van Ittersum ed, Liberty Fund 2006) 103 [VII])。
(57) 1980年10月28日政府答弁書(浅野＝杉原(注36)86頁)、1981年5月29日政府答弁書(浅野＝杉原(注36)123頁)、1983年2月22日衆議院予算委員会・角田礼次郎内閣法制局長官答弁(浅野＝杉原(注36)126頁)。
(58) 1969年3月10日参議院予算委員会・高辻正巳内閣法制局長官答弁(浅野＝杉原(注36)89頁)。
(59) 1973年9月18日参議院内閣委員会・角田礼次郎内閣法制局第一部長答弁(浅野＝杉原(注36)89頁)。
(60) 長谷部恭男『憲法〔第8版〕』(新世社、2022年)65—67頁。
(61) 法学協会(注23)243頁、宮沢(注43)173頁、清宮(注43)115頁、芦部(注1)270頁、芦部信喜『憲法〔第8版〕』

（岩波書店、２０２３年）62―63頁、樋口陽一ほか『注解法律学全集　憲法Ⅰ』（青林書院、１９９４年）１５９頁［樋口］。これに対し、本条1項ではすべての戦争が放棄されているとの前提から、2項前段ではすべての戦力の保持が禁止されている一方、自衛権を行使するための武力の行使は認められるとの説として、佐藤幸治（注44）１１３―１４頁がある。

(62)　自衛権そのものが否定されているとする少数説として、山内敏弘『平和憲法の理論』（日本評論社、１９９２年）第3章がある。

(63)　法学協会（注23）２４４頁、芦部（注1）２６６―６７頁。

(64)　以上については、長谷部恭男『憲法と平和を問いなおす』（ちくま新書、２００４年）第8章、同『戦争と法』（文藝春秋、２０２０年）32―35頁参照。問わざるを得ないのは、芦部教授の9条解釈のみならず、その近代立憲主義理解でもある。

(65)　１９９１年11月18日衆議院国際平和協力特別委員会政府統一見解（浅野＝杉原（注36）１７２―７３頁）。

(66)　芦部（注1）２８１頁。

(67)　２０１５年9月19日に可決成立した「我が国及び国際社会の平和及び安全の確保に資するための自衛隊法等の一部を改正する法律」によって、内閣総理大臣が自衛隊に出動を命じることができる場合として、この文言が自衛隊法76条1項に付け加えられている。

(68)　１９７２年10月14日参議院決算委員会「集団的自衛権と憲法との関係」に関する内閣法制局提出資料（阪田雅裕編著『政府の憲法解釈』（有斐閣、２０１３年）55―56頁）。

(69)　長谷部恭男編『検証・安保法案――どこが憲法違反か』（有斐閣、２０１５年）35頁以下の元内閣法制局長官大森政輔氏の発言および宮﨑礼壹「台湾有事と集団的自衛権」世界９５９号（２０２２年7月号）１０８―０９頁参照。

(70)　安倍首相（当時）は、本件閣議決定の際の記者会見において、ホルムズ海峡が封鎖された場合を存立危機事態――我が国の存立が脅かされ、国民の生命、自由及び幸福追求の権利が根底から覆される明白な危険のある事態――にあたると述べたが、２０１５年9月14日の参議院平和安全法制特別委員会の審議では、公明党の山口那津男代表の質疑に応じて、そうした場合に存立危機事態が「現実の問題として発生することを具体的に想定しているものではない」としている。さらに、岸田文雄外務大臣（当時）は、２０１４年7月14日の衆議院予算委員会において、アメリカ軍に対する攻撃は存立危機事態にあたる可能性が高いと述べたが、一方、横畠裕介内閣法制局長官（当時）は、２０１４年10月16日の参議院外交防衛委員会で、米軍への攻撃が日米同盟を揺るがすおそれがあるというだけでは、存立危機事態にはあたらないとした（朝日新聞２０１４年10月26日）。

(71) なお、令和5年(2023年)12月5日に下した判決で、仙台高等裁判所は、2014年閣議決定による解釈変更の結果が憲法9条1項の下で許される武力の行使の限界を超えると解する余地はあるものの、他国に対する武力攻撃の発生を契機とする武力の行使は、我が国が武力攻撃を受けた場合と同様な深刻、重大な被害が及ぶことが明らかな状況が、客観的、合理的に判断して認められる場合に限られるという厳格かつ限定的な解釈の下に運用されるのであれば、変更後の解釈の下での集団的自衛権の行使の違憲性が明白であると断定することまではできないとした。しかし、他国への攻撃によって我が国が武力攻撃を受けた場合と同様な深刻、重大な被害が及ぶことが明らかな状況は、現実には存在しないはずである。この判決は実は集団的自衛権の現実の行使を否定しており、その結果として2014年の解釈変更を明白に違憲と断定することまではできないとしているものと考えられる。この点については、長谷部恭男「存立危機事態の存立可能性」世界982号(2024年6月号)73頁以下参照。

(72) 「平和憲法五十年の歩み――その回顧と展望」『芦部信喜生誕100周年記念 われは往く――伊那北高等学校同窓会が所蔵する芦部関係資料』(長野県伊那北高等学校同窓会、2023年)38頁。この講演の存在を広く知らしめたのは、渡辺秀樹氏である。同氏の『芦部信喜 平和への憲法学』(岩波書店、2020年)38―39頁参照。

第四章　公共の福祉

石川健治

全て端緒は困難である。之はあらゆる科学に妥当する。[1]

序　À la recherche du *nomos* perdu

芦部信喜は、元来、ノモス主権論の支持者であった。

この事実は、1946年11月15日に脱稿された若書きの論文、「新憲法とわれらの覚悟」が最近になって発掘されたことで、明らかになった。そこでは、「忌むべき「民主主義的独裁主義」」「を不可能ならしむる唯一の鉤は」、「「全テノ人間及神々ノ王タルノモス（正しき統治の理念）」（ピンダロス）を天皇の「象徴」に見る国民主権」にある、と断言されているのである（傍点は芦部）[2]。法哲学者・尾高朝雄によるノモス主権論の初出論文は、同年10月1日付けで刊行されたばかりであった[3]。多くの読者を混乱させた「ノモス」コンセプトを即座に把捉し、「正しき統治の理念」という尾高法哲学のキー・ワードでさらりと要約してみせたあたり、よほどの愛読者でなければできない芸当である。

本稿はここに照準する。「公共の福祉」論のあるべき居場所を探るために、である。

尾高のいう「人間共同生活の根本の正しいあり方としてのノモス」の内実は、公正な配分秩序である。そのことは、フィヒテ『封鎖商業国家』を導きの糸として、国民に健康で文化的な最低限度の生活を保障できる、公正な配分秩序を追究した戦前の（問題的な）努力のなかにも、あるいは、社会民主主義とりわけ協同組合主義のなかに自由主義とも共産主義とも違う第三の道を探った戦後の努力のなかにも、明らかに見出される。[4] それらを踏まえて、「ギリシャ語のノモス（nomos）は、ネメイン（nemein）から転化した。ネメインは分けることであり、配分することである。したがって、ノモスは配分せられたものである。……それ故に、最もひろい意味での「もの」を各人に配分し、その配分の関係を維持して行く法則が、すなわち法にほかならない」、と総括しているのである。[5]

配分秩序の「正しさ」を決定する法の「理念」については、「世にこれほどむづかしい問題はない」としつつ、「人間の「平等」」「人間の「平等の福祉」」「公共の福祉」「共同の福祉（bonum commune）」などとパラフレーズしている。[6] さらに、「理想主義者」フィヒテと「実利主義者」ベンサムをあえて「同列に置いて」、「目標そのもの」ではなく「目標に到達する」「方法」を論じ、[7]「公共の福祉」を「最大多数の最大幸福」と言い換えさえしている。[8] にもかかわらず、尾高が「政治の矩」「法の窮極に在るもの」「ノモス」などと勿体をつけているのは、それに尽きない問題があると直観しているからである。たとえば、法の理念そのものよりも、理念についての適合態度（fitting attitude）を重視しており、[9] 彼は「適格性」「筋道にかなう」などの表現で主題化しようと試みている。[10] また、そうした普遍の理念に立脚しつつも、これに民族生活の特殊性を加味し、普遍と特殊、合理性と非合理性の「調和」（pax）を図る必要性をも強調している。[11] けれども、そうした余剰をひとまず脇においていえば、ノモスとは、配分秩序の指導理念としての公共の福祉のことだ、といってよい。

そうした正しい統治の理念としての「ノモス」は、その後の芦部信喜が、ノモス主権論批判の宮沢俊義の門を敲いたことによって、見失われてしまったのだろうか。そうではないことは、芦部自身が証言している。「私の場合は、国家法人説ともかかわって説かれた自己制限説には反対の立場をとりまして、権力には法による拘束が内在しているということを主張したりしたものですから、ここらあたりは尾高先生の「法の窮極に在るもの」の影響があったかもしれません」[12]。しかも、芦部が併せて参考にしたのは、尾高の親友であり理論的同伴者であった黒田覚の見解であり、〈服従根拠を示して意味づけられた力・正当化された力でなければ、実力(Macht)であっても「権力(Gewalt)」の名に値しない〉という観点から、(権)力的契機(Machtsmoment)よりも正当性的契機(Legitimitätsmoment)を重視するものであった。芦部は、プラットフォームとしては宮沢・八月革命説を支持したが、そこにおける憲法制定権力論は変型的ノモス主権論であって、尾高の熱烈なファンであった過去を捨てたわけではないのである。

それでは、「自由国家的公共の福祉」と「社会国家的公共の福祉」の対比で有名な「内在的制約説」を初めて定式化したコンメンタール『日本国憲法』をはじめ、恩師・宮沢の誠実な協力者として振る舞った「公共の福祉」論において、芦部の内なるノモス主権論は、どのような発展を遂げたのか。この点、芦部が「公共の福祉」論に与えた最終見解と目されるのは、「各個の人権について具体的に行われる一定の制約が内在的制約ないし外在的制約として正当化されるものか否か」は、「各個の権利・自由の性質なり規制の目的・態様の相違を考慮して構成される、人権制約の限界を画定する基準によって判定することが要請される」のであって、「「公共の福祉」の原理そのものとは別に」考えられるべきだ、というものであった(傍点は芦部)。そして、「この点の論議は」——「一元的外在制約説」・「内在・外在二元的制約説」・「一元的内在制約説」という——従来の「三説では必ずしも自覚的に取りあげられていない」、と指摘される[13]。

本稿は、さしあたり別論とされた「「公共の福祉」の原理」論の行方を追跡することを通じて、芦部憲法学をその俗流化から救出しようとする試みである。

I　若き芦部信喜の思想

1　復員学徒と尾高朝雄

「政治をして正しい政治たらしめるものは何か」という問いこそ、尾高朝雄が戦時中に執筆した論文「法の窮極に在るもの」の主題であった。「政治は無条件の力ではなく、条件付けられた力」だからである。[14] そうした観点から、「『被支配者』による法の根幹の破砕」としての「革命」や「現実の『支配者』が強行する憲法の破砕」としての「クウ・デタア」を論じた。「この力の根柢を把握することを措いては、法の窮極に在るものを明らかにする道はあり得ない」と述べて、「奥底の扉をもう一つ啓く鍵」を求めて已まない尾高の行論に、[15] 芦部青年は強く惹かれていた。

ここで「正しさ」とは、特定の「善」とは区別された、あらゆる「善」の前提条件としての「正義」の謂である。もともと尾高は、カント的ア・プリオリを信用しなかったデュルケームの徒として出発したのであり、[16] 法哲学に転じた後も、社会内在的な正義の内容は社会構成の変化により変容する、と考えていた。[17] そうした変容の例証が、イギリスにおける社会民主主義への支持の拡がりであり、[18] ベンサム主義的な「個人本位の正義」からフェビアン協会が推進する「社会本位の正義」への移り行きに対して、尾高は法思想史学の観点から充分な注意を払っていた。[19]

ただし、「鳴る鐘には音色がある」ように、ここで問われる「正しさ」とは、「特殊の政治社会の生活秩序を基礎づけている具体的な正しさ」でなくてはならない。「鳴るのは鐘であって、撞木ではない」以上、政治の「正しさ」は、「国民の実践生活」や「国民大衆の隠れた心の叫び」に根ざしたものである必要がある。[20] 「政治の矩」の強度を担保するために、かねてそのように説いてきた尾高が、戦後の制憲過程においては、親友・宮沢俊義の「八月革命」説に直面する。そこでは、「国民が死を賭して護るべき絶対価値として通用していた」はずの国体の断絶が、冷淡な筆致で語られていた。

これに対して尾高は、沈黙してはいられなかった。宮沢説を「純粋の法理論からいえば」「当然の主張」と評価しつつも、「国民感情」「国民精神」にも配慮して、新憲法の制定に「できるだけ建設的な意義を与え」る必要性を強調した。[21] 意味賦与(Sinngebung)は、彼の現象学的社会学のキー・コンセプトである。[22] そうした尾高の主張は、「絶対天皇制護持者」(傍点は芦部)ではないと断わりながらも、「各務原から笑って飛び立った特攻隊員の一筋な心が思い出され」ると綴る「復員学徒」の芦部には、[23] 響くものがあった。

2 臼井吉見・田邊元・農地改革

ここで見逃せないのが、芦部がこの時期、雑誌『展望』の読者であった、という事実である。[24] 編集長は、旧制伊那中学時代の恩師、臼井吉見であり、「都会の知識青年と農村社会との架橋」「私小説と社会小説の高い結合」を力説して、農村における文化運動を鼓舞する旧師の「展望」欄が目当てだったのであろう。[25] けれども、同誌第3号(46年3月刊)で接した田邊元「政治哲学の急務」は、農地改革に直面していた地方名望家の長男に強いインパクトを与えた。
西田幾多郎と並び称された京都学派の巨頭が、「自由民主主義」でも「共産主義」でもなく、それらの「否定的媒介たる高次の課題」としての「社会民主主義」を、世界史的課題であると同時に敗戦国日本に「特有なる課題」であることを指摘した同論文は、そうした「社会民主主義の出発点は工場労働者解放と同時に、否寧ろそれよりも先に、農民解放、土地所有制限に存すとすることが、連帯民主主義の要求する所ではないか」、と読者に問うていた。この問いかけを正面から受け止めた芦部は、農地所有権を、ほかの誰よりも真剣に考えた経験をもつ憲法学者である。[26]
彼は早速、自身が郷里で編集するガリ版刷りの雑誌『行人』第1巻第2号(1946年4月刊)に、「今や民主革命の大旗の下、農業解放の鐘が鳴る」と訴えて、「農業社会主義化の覚書」と題する詳細な読書ノートを寄稿している。

ただし、それは、「マルクス的な推論式の必然性を云うのではな」い。また、「極端なる社会的統制論は極端なる個人的自由主義の弊害と共に消滅し去るべきである」。そこで芦部は昭和戦前期に農地改革を論じ、日本主導の第一次農地改革にも影響を与えた農学者・那須浩に倣って[27]、「個人的創意」を衰退させない限度の「必要本位の生産」が、農業者の「個性」と「社会性」を「並び発達せしめ」、「結果の享受に於ても正当なる割前を受くる」ような社会を、理想とした。

学生時代に来栖三郎の民法第三部で提出した論文においても、農地所有権に関する研究報告(「農地相続に関する若干の問題」)を行い、「農業経済の資本主義化が農民の共同生活団体に対しても大きな影響を与えずにはおかない現在」、決して「家の維持」ではなく「農地の細分化の防止」の観点から、戦後相続法改正の眼目たる「均分相続」を退けて「農地に於ける一子相続の意義」を強調した。注目すべきは、来栖から高く評価された同論文で引用したポルタリスの言を[28]、アメリカ留学から帰国後の1962年になって、あえてエピグラフとして再録し、自由権条項に関する改憲論議全般を論評したことである。そして、その締め括りの論点として「農業資産の一子相続」を論じ、「素人論議」と謙遜しながらも、実に15年越しの総括を加えた。必ずしも農地の細分化は生じていないなど客観情勢の変化もあり、ここでは、「農業資産の特例について憲法上特別の規定を設ける必要性はない」という結論に落ち着いている[29]。

3　ノモス主権・精神革命・社会政策

さて、そのように芦部を触発した田邊論文は、同時に、そうした「理性の論理」としての社会民主主義と、天皇制の存続を願う多数国民の「感情意志」とを媒介する必要を説いていた。一方では、天皇も道徳的には戦争責任を免れないと指摘して、皇室が率先して「無所有の立場」を自ら選ぶとともに、天皇自身も「その本質たる絶対無の象徴として、進んで国民をその無の媒介にまで指導せられることが願わしかった」、と注文をつけてはいる。しかし、他方で、そうした「絶対無」の象徴としての天皇を、理論的に再定位しようとしていたのである。

それゆえ、芦部が「農村社会主義の必然性」を導き出したのと同じ論文から、尾高朝雄は、「絶対無であるが故に、かえってその中に万象を宿す」天皇を「一つの鏡」として捉える見方を、引き出すことができた(30)。鏡に映る「正しい統治の理念」が、「天皇の側に「有る」と見るところに、他力本願・他者依存の盲従性がつちかわれる」のに対し、「これを、国民自らの側に「有る」と観じて、わが努力を以て不断にこの理念を実現しようとするのは、国民の政治的自覚の第一歩である」、と彼は述べている(31)。件の芦部「覚悟」論文において、「新憲法をしてその成果を発揮せしむるものは国民の正しき政治活動以外はない」と力説して、郷里の青年たちに対し「主体的意識の覚醒」を訴える論旨が、「ノモスを天皇の「象徴」に見る国民主権」論と両立できた理由はそこにある。

「精神革命と社会政策」という芦部の二重のスローガンも、ノモス＝社会民主主義という補助線を引いて、はじめてその狙いが理解されよう。そこにいう「精神革命」とは、国家宗教としての神道の廃止がもたらした「魂の空虚」を満たすべく、それにかわる「聖なるもの」を新たに模索すべきだと説いた、南原繁の主張にほかならない。芦部・精神的自由論の起点は、表現の自由というよりは、「魂の自由(geistige Freiheit)」の主張であった。同年11月3日に、南原が新憲法の公布を記念して行った歴史的な総長講演で、「新たな意義の国体の生誕を祝し、これを育成」すべく「日本的民主主義」の実現を説いた熱弁は、尾高論文と相俟って芦部青年の「覚悟」を決めることになる(32)。

ちょうど「覚悟」論文を脱稿した頃から、それまで貴族院での憲法審議などで休講がちだった、宮沢俊義の憲法講義も漸く本格化し(33)、芦部はやがて宮沢憲法学への傾倒を強めていったものと思われる。けれども、初出のノモス論の末尾で予告された通り、単行本の『法の窮極に在るもの』が翌47年4月10日付けで刊行されるや否や、芦部は全編を精読し、早くも同月23日にはこれを読了している(34)。自ら書き込んだエピグラフが、マルクスと尾高とに共通する「窮極に在るもの」の追究姿勢への、芦部の共感の深さを物語っていた。

II　国家目的論のゆくえ

1　芦部国法学

「公共の福祉」は、法の理念である以上に、国家目的論がその本籍地である。近代以前のヨーロッパにおいて、およそ政治社会は、公共の福祉（公共善）の実現を目的とする共同体でなくてはならない、と考えられてきたので、目的的団体としての国家の叙述にも、人民の幸福や福祉への言及が必須であった。特に絶対主義の時代には、公共の福祉の名において、専制君主の重商主義的な行政が正当化されるとともに、強大な権力が国民の生活を隅々まで規律しようとしたのである。そうした規律権力は警察（Polizei）と呼ばれた。この時代における福祉国家（Wohlfahrtsstaat）とは、すなわち絶対主義国家であり、その別名が警察国家（Polizeistaat）であった[35]。

こうした国家のあり方を否定するために登場したのが、法治国家や自由国家（「夜警国家」）と呼ばれる、消極的な国家観である。「法」を目的とする国家の建前は、「福祉」を目的とする国家のあり方を排除する関係にあり、「公共の福祉」概念は衰滅した。国家はあくまで必要悪であり、その作用範囲としての警察も、必要最小限度の秩序の維持という、消極的な目的に限定された。

けれども、市場の自己調整機能（「見えざる手」）への信頼が失われ（市場の失敗）、国家による政策的な市場介入が要請されるとともに、階級対立など社会問題が顕在化したため、人間らしい生活を国民がおくっているかどうか、具体的に国家がケアするよう求められるようになって、再び国家目的としての福祉（welfare）が脚光を浴びる。それが福祉国家・社会国家と呼ばれる積極的な国家観である。戦後当初も日本の法学的国家論の通説は、国家を「人」のカテゴリーで捉える国家法人説であったから、「公共の福祉」は再び国家目的論のトポスに返り咲くことになった。

芦部国法学においても、当初に書きつけられた講義プランには、国家目的論が含まれていた。大きく分けると「緒論」「第一門　憲法総論（国法汎論）」「附録」の三部門からなる、その講義の「緒論」はさらに、「第一章　国家に関する概論」「第二章　法の本質、観念及強制」「第三章　国家と法との関係」「第四章　国家学及び法律学の中における憲法学（国法学）の地位」からなっている。これらのうち、「第一章　国家に関する概論」はさらに、「第一節　社会現象としての国家の本質」「第二節　国家の観念」「第三節　国家の目的」「第四節　国家存在の是認理由」「第五節　国家と地方団体との区別」に分説されている。この「第三節」が、国家目的論にあてられていたものと思われる。けれども、この節そのものが、芦部の構想から忽然と姿を消すことになる。

2　第三の道

〈方法としての法学〉の基本的なレパートリーは、〈客観法のコンセプト（法秩序ないし法体系・法制度・法命題）〉もしくは〈主観法のコンセプト（人・物・関係）〉に、ほぼ尽きている。そこで、法学的国家論は、それらのコンセプトを国家にあてはめることになるわけだが、なかでも最も使い勝手が良いのが、〈主観法のコンセプト〉のひとつである法律学上の「人」コンセプトをあてはめる、国家＝法人説である。

それには、営造物法人型と社団法人型の二種類があり、設置者＝君主が外側から設置目的を与える営造物法人よりも、設立目的に向けて構成員＝国民が合同行為を行った結果としての社団法人の図式の方が、より民主的で近代国家にふさわしい。大正デモクラシーの追い風に乗って立憲主義憲法学を通説に押し上げたのが、美濃部達吉らの国家＝社団法人説である。(36) その際に見逃してはならないのは、美濃部自身も強調する通り、国家法人説の方が、団体主義的な日本の国柄に、むしろ適合的であるという消息である。(37)

そうした国家法人説に対抗しようと思えば、主観法を構成する「人」以外のコンセプトを、国家に当てはめることが考えられる。とりわけ、「人」と正対するコンセプトである「物」を用いることで、法学的国家論のオルタナティヴを明示し、激突の構図をつくることができる。それが天皇主権説である。〈法律学上の「物」〉とは、「人」が保持する権利の、「客体」を意味する。国家＝「物」説が念頭におく天皇とは、支配(Herrschaft)の客体としての国家に相対する、一方的な支配者(Herrscher)としての天皇像である。[38]

だが、それは、いかにもヨーロッパ的な絶対君主像であり、君民共治的な日本の国柄に適合していたかどうかには、もともと疑問の余地があった。純理派の穂積八束が創始した天皇主権説が、帝国憲法下で支配的な見解になり得なかったのは、拭い切れないバタ臭さに理由があったというべきであり、穂積の跡を襲った上杉愼吉が、明治末年に美濃部との論争に敗れたのも無理はなかった。[39]天皇主権説を公定学説にするには、国体明徴声明を繰り返して、天皇機関説を権力的に追い落とす必要があった。それが1935年の天皇機関説事件である。

これに対して、あえて難易度の高い第三の「関係」コンセプトに挑戦することで、立憲主義憲法学を再起させようとしたのが、当時は京城学派として名を馳せていた尾高朝雄であった。尾高は、通説たる美濃部説が「主として政治上の意味合いから否認されたため」、憲法学全体が「萎縮状態に陥っている」と指摘し、「かかる状態は学問的にも国家的にも不健全であり、その理論的解決がなんとか試みられなくてはならぬ」と述べて、仙台に向けて旅立つ僚友・清宮四郎への手向けとした。[40]結論から先にいえば、芦部信喜がこだわったのは、この方向である。

美濃部的な国家法人説を克服するには、法学的認識の対象を客観法に絞ることで、法人もろともに主観法コンセプト全体を蒸発させてしまう方法もある。法内容ではなく法形式の方が本質的だと考えるハンス・ケルゼンは、客観法上の法命題に照準を合わせることにより、すべての主観法上のコンセプトを、法形式的＝法本質的な概念としては否認した。「本質概念としての法人格」とは、客観法上の「法規範の統一的複合体」以外のものを意味しえず、「そうした精神的統一体を「人格」と呼んで、擬人的な表現を用いるのは、原始社会以来、つねに人間の思惟を支配したアニミズムの結果であり、かつ、アニミズムにもとづく言語の擬人的性質の結果である」と述べて（たとえば『憲法大意』（1949年）3頁）、国家の法人格性を法本質概念としては否定した宮沢俊義は、このケルゼンの構案に拠っている。

しかし、それで批判になっていると考えるケルゼンや宮沢の方に、問題があると尾高は考える。国家は法・社会・政治にまたがった意味複合体であって、もっと立体的・複合的な考察が必要だからである。芦部国法学は、恩師の宮沢ではなく、そうした尾高を選んだ。それに拠ってこそ、国家法人説を退治して立憲民主制仕様の国法学にヴァージョンアップする、という己の歴史的使命を果たせると考えたのである。

宮沢還暦記念企画のために、憲法制定権力論に没頭した時期においては、国内政治的には改憲論の時代であったこともあって、講義内容も、一般国家学よりは（カール・シュミットの意味での）憲法理論（Verfassungslehre）に傾倒しているように見えていた（昭和33年度講義録や、翌年度の講義内容を収めた昭和37年1月刊の『国法学教材』）。それは国家法人説に対する代替理論としての意味合いを、たしかに有していたが、(41) その場合にも、実は尾高説ベースの憲法制定権力論であったことについては、すでに述べた通りである。憲法制定権力論をまとめた後、したがってアメリカ留学を経て憲法訴訟論に舵を切った後の芦部・国法学講義は（昭和36年度講義録、特にその前半）、かつての構成に復帰し、再び尾高説へのコミットメントを明らかにしている。

3　尾高＝デュギー

法学的国家論としての国家法人説の前提には、社団としての国家の実体を把握する、社会学的国家論がある。美濃部が依拠したのは、ゲオルク・イェリネックの国家社会学であり、認識主観が客体を一方的に裁断する、カント的な構成に基づいていた。ケルゼンは、それに認識される法規範のかたまりを、擬人化して団体と捉えているにすぎないと指摘して、学問としての社会学の存立自体を認めない。しかし、ケルゼンの反社会学的社会学を現象学的方法に基づいて克服し、アルフレート・シュッツとともに現象学的社会学を樹立したのが、尾高の仕事であった[42]。

そこでは、主観か客観か、という不倶戴天の対抗関係が意識の内在面に還元され、単一意識面に投影された主観と客観は、もはや一方が他方を支配する関係ではなく、意識する側の〈多様なノエシス〉と意識される側の〈単一のノエマ〉の間を往還する、相互関係になる。実在界は、もはや悟性によって一方的に切り刻まれる索漠たる世界ではなく、「意味に充たされた世界」として深く広く充実化される。そのようにして、多数主観の永い共同作業に基づいて、客観的に構成された精神成態（意味的存在）としての国家――客観法上の「制度」コンセプトを用いれば、意味複合体としての「国家制度[43]」――は、同時に事実に底礎することによって、社会的実在となっている。

しかも、そうした国家の構造連関を、変動する治者＝主体と被治者＝客体の「関係」ではなく、意味的全体性としての国家とその部分の「関係」として解明した。ここでも、主観と客観の垂直的対抗を、単一意識面に投影されたノエシスとノエマの水平的な相互関係として捉える、現象学的方法のアナロジーが、尾高の確信の支えになっていた。これにより、〈関係としての国家〉の中心核を、「国家における部分」ではなく「国家における全体」の方におくことができる。ここに、〈関係としての国家〉論にとって最大の弱点である、国家の同一性・連続性の根拠を求めるカギを発見した尾高は、一気に『実定法秩序論』の完成に向かうことになった[44]。

そこでキー・コンセプトになるのが、「公共の福祉」である。ただし、それは、「国家の目的」を論ずるためではない。国家に内在する「法による拘束」の機制を解明するために、しかもルソーを導きの星として追究される点に特色がある[45]。とりわけ、ルソーのいう「常に「公共の福祉」(bien commun)を実現しようとするところの国民の「総意」(volonté générale)」が、「正しい立法意志」として語られ、法の形相として論理的に先行させられている点が重要である。そこに着目して、ノモス主権論の原型を、ルソーのなかから発掘しようとするのである。そうした「公共の福祉」の理念のもとで追求されるのは、法目的に加えて道徳・政治・経済・技術・宗教・学問などの諸目的の「総合調和」である。個別国家に先行する「国家制度」の形相としての、この「総合調和」という筋道こそが、後年の「政治の矩」であり pax であり、ノモスに相当する。[46] そうした尾高の「公共の福祉」論は、他の論者とは体系的な位置価が異なっていた。そのことに、気がついていた数少ない一人が、芦部信喜にほかならない。

国家＝「関係」説による立憲主義再建の糸口をつかんだ尾高本人にとって、友軍はジョルジュ・ルナールの制度理論[47]や、「新たなベンタム主義」としてのフェビアン社会主義であり、[48] それらの研究に力を入れてゆくことになる。これに対して、芦部はむしろ尾高とレオン・デュギーとの親和性に着目した。デュルケームの発見した社会連帯の原理と分業社会の構造によって、予め人々が嵌め込まれている客観法(droit objectif)――まさにノモス――を解明するデュギーこそは、法の窮極を探り当てようとする尾高朝雄の同行者だとみられたわけである。芦部「国法学」講義を聴講した当時の学生のノートには、尾高とデュギーを等号で結んでいるものがある。

たしかに尾高は、かつてデュルケームの徒として出発した社会学者として、「法律社会学」を超えて広義の社会規範を対象とする、壮大な「規範社会学」を構想した。[49] 方法的「個人」主義(ウェーバー)と方法的「社会」主義(デュルケーム)のアポリアを抜け出すために、現象学に転じたものの、デュギーの路線に向かう可能性を孕んではいたのである。また、スペンサー的な社会有機体論や社会進化論に飽き足りず、デュルケームの分業社会論や社会連帯論を基礎として、統治者(gouvernants)と被治者(governés)とが職能的に分化した政治社会としての国家を論じたデュギー国家論は、[50] 統治「関係」説への志向を示していた。有機的連帯の域にまで到達した近代分業社会の社会連帯を土台に、法規則(règle de droit, Rechtsregel)として実在する客観法に服した結果、統治者は命令ではなく役務(service)をこととする存在となり、主権に代わって公役務(service public)が公法の基礎概念になる、というデュギーの論旨は、尾高の主権否定論――ノモスとしての「公共の福祉」とその実現「責任」への改鋳――と軌を一にするものである。[51]

目的論的判断力をもつ主観が、国家を目的団体として認識するために不可欠な、〈国家目的としての「公共の福祉」〉は、かくして芦部においても、国家に先行するノモスの法内容となり、共通の行動原理として国家に内在化される。これに併せて、国家目的論は、芦部国法学の章立てから姿を消すことになった。「関係」説の線で遂行された芦部の法学的国家論は、憲法制定権力説とは異なり公刊に至らなかったが、憲法訴訟論にフィールドを移して後も、基本的には維持されていたようである。

後年、芦部は、次のように語っている。「尾高先生は、イェリネックの国家法人説を鋭く批判されています。国家の法概念は、イェリネックのいう権利主体説ではなく権利関係説、先生はこれを統治権関係説と言い換えておりますが、この統治権関係説によって初めて矛盾なく説明できる旨、説いておられますが、私も結局、権利関係説が最も妥当であるという立場をとりました。憲法学では国家をガバメントとしてとらえる、そのガバメントと一般国民との統治関係という側面を前景に出して、国家権力、あるいは主権の権力的契機をリアルに認識することが必要だと考えたからです。ただ、私の場合は、国家法人説ともかかわって説かれた自己制限説には反対の立場をとりまして、権力には法による拘束が内在しているということを主張したりしたものですから、ここらあたりは尾高先生の『法の窮極に在るもの』の影響があったかもしれません……」[52]。

1983年12月公刊の『憲法制定権力』(東京大学出版会)を踏まえて、同年11月から月刊法学教室で連載が開始された「憲法講義ノート」は、シュミット『憲法理論』に倣っていきなり「憲法の意味」から説き起こされており、これが有斐閣版『憲法学』に引き継がれている。けれども岩波版『憲法』の場合は、前身が放送大学の授業科目『国家と法I』の印刷教材であった経緯から、当初より第1頁のテーマが「国家と法」であり、これが未完におわった芦部国法学の墓標になった。そこは、「公役務」論としての「公共の福祉」論が本来居るべきであった、特別な場所である。

現行教科書の「人権の限界」論の構成は、戦後憲法学における「公共の福祉」論のトポスを反映したものではあるが、伝統ある「公共の福祉」論に本来ふさわしい場所ではなく、それがゆえに、「公共の福祉」論は「人権の限界」

論そのものを攪乱してもいる。芦部自身が指摘するように、「公共の福祉」論と「各個の権利・自由の性質なり規制の目的・態様の相違を考慮して構成される、人権規制の限界を画定する基準」論とは切り離される必要があり、現代憲法学の体系は、「人権の限界」論としての「公共の福祉」論を、そろそろ卒業すべきであろう(53)。

Ⅲ 「公共の福祉」論の再構成

1 「公共の福祉」責任と「国家からの自由」

統治者と被治者が分化して以降、統治は、「分業社会においては、これを通じて社会の存続と発展に寄与する社会的機能分担の活動たる性質を有し(54)」、統治者には、公役務を組織し、その管理を確定し、統制する義務が課せられる。現代の公法は、公役務の組織と管理のための法規則の総体であり、法律は役務ないし組織を規定する一方、行政行為は常に管理行為に分類され、国家責任はそれに伴う事故に備えた保険に相当する。レオン・デュギーが描き出す、そうした未来予想図を踏まえて尾高朝雄は、これからの公法学が、旧来の「主権」概念を「公共の奉仕(service public)」概念に、「権力」概念を「責任」概念に、置き換えることになるのは必定だと考えた(強制秩序のサンクションは、それとは別次元の論点になる)。「官吏は国民の「公僕」であって、「政府は国民の福祉のために不断に奉仕すべき義務がある」のと同様、「主権者」の座に就いた国民にも、他力本願ではなく、自ら進んで「公共の福祉」を実現する「責任」がある。かかるノモス主権論を宮沢俊義が受けつけなかったのは、ただ単にデュギーを読んで理解できなかったからだろう、というのが尾高の本音だったのではないか(55)。

ほかならぬ日本国憲法自体が、デュギーのいう公法の transformation を実証している。曰く、立法権をも含む公権力全般が「公共の福祉に反しない」よう義務づけられ(13条後段)、統治者の「公共の福祉」責任(Gemeinwohlverantwortung）が主題化される一方[56]、額面上は「主権者」になった以上、国民一人ひとりが、「公共の福祉」を実現すべく「不断の努力」をする責任を負うことになるのも、当然である（12条前段）。「最大の尊重を必要とする」とされた個人の人権といえども（13条）、「将来の国民」のために「過去の国民」から「信託」されたものである以上（97条）、受託者としての「現在の国民」は、いわば善管注意義務を負うのであって、それを「濫用」することは決して許されない（12条後段）。このようにしてみると、法形式としての「主権」や「権利」は、ものの見事に「責任」や「義務」に置き換えられているではないか[57]。

そうした尾高の立論を最も良く理解していたのが、宮沢の跡を襲うことになった芦部信喜にほかならない。もちろん、「主権」概念を、尾高のように、「責任」概念に代置することまではしなかった。その代わりに、尾高の理論的同伴者として[58]、単なる社会的実力（Macht）ではなく「正当化された力（legitimierte Macht）」を主題化していた、黒田覚の主権論に倣うことになった。けれども、それは、法的拘束から自由な主権者を、政治社会に「ヌキ身で常駐」させるためでは[59]、決してなかった。ノモス＝公役務の実現に際して必ず伴うはずの軋轢に、リアルな表現を与えるためには、（権）力的契機（Macht-Moment）を度外視すべきではないと考えただけのことである。実際、「主権」に「公役務」を代置しようとするデュギーもまた、権力的契機を否定してはいなかった。むしろ、支配権の存在を率直に認めたうえで、それを国家の公法上の権利（droit）として位置づける国家法人説を退け、その代わりに、統治者の社会的機能分担（function sociale）として再定位しているだけなのである[60]。

けれども、尾高やデュギーに依拠することにより、芦部国法学は、「国家からの自由」を確保できない構造になっている。尾高の場合、〈国家における「全体」（ノモスそのものであり、中核には「公共の福祉」がある）〉と、〈「部分」としての国民〉との「関係」が軸になるが、「全体」と「部分」の関係は「機関としての身分（能動的身分）」の基礎づけには適していても、「国家から自由な」国民の地位を説明できない。「その自由は、国家に、お、け、る自由、国家の、認、め、る自由であって、国家からの自由ではない」(傍点は尾高)。「それは高度の自由経済の自由性といえども、国家の法制度としての自由であり、法の規制を受けぬという意味での自由ではないのと同様である」[61]。

デュギーの場合も、国家の公法上の権利(としての支配権)や国家の自己拘束論を退治しようとする余り、国民の公法上の権利もろともに権利=主観法コンセプトを消去してしまった。国家の支配権を、社会的(social)に分担する権限=作用(fonction)として説明できる代償として、国民の権利もまた、社会的(social)な義務(fonction)に転化させられた。職業選択を通じた個性の実現は、いまや個人の権利ではなく社会的義務であり[62]、財産権もまた、自由な処分権ではなく富者の社会的な義務として、公共に奉仕すべきものとなった。デュギー自身は、この議論をもってサンディカリズムを受容しようと試みた人であったが、デュギーの議論は、ナチスによって都合良く引用されて、「公益は私益に勝る」全体主義の流れに奉仕させられることになった[63]。

この点、芦部が克服しようとした国家法人論によれば、国民は、国家法人の構成員(Mitglied)としての身分――この資格において、権利保障サービスを含む、国家の積極的作為を請求することができる(積極的身分)――とは別に、国民一人ひとりの法人格の承認=国家の自己拘束を通じて成立した[64]、国家から自由な空間において、国家とは無関係(indifferent)に生きる身分(消極的身分)を確保できていた。これに対して、芦部国法学は、国家法人説を退治する代わりに、「国家からの自由」を手放さざるを得ない、という代償を払うことになった。その埋め合わせ(compensation)として、芦部憲法学が、ことあるごとに「国家からの自由」を強調せざるを得なくなったのは、必然である[65]。ただし、その理論的な裏付けについては、これまた未完のままにおわった。

2 「人間の尊厳」と「公共の福祉」

この点で注目されるのが、樋口陽一がごく最近になって行った、問題提起である[66]。2012年版の自民党改憲草案

13条が示す「公益及び公の秩序」と、現13条の「公共の福祉」とは内容的に区別されるべきであり、後者の文言は、「個人の自己決定という決定形式をもってしても手をふれてはならぬ「人間の尊厳」という実質の存在を示している」、という。そこで呈示されたのは、13条後段の「幸福追求権」から導かれる個人の自己決定権を、同じ13条後段の「公共の福祉」から導かれる普遍的原理としての「人間の尊厳(Menschenwürde)」によって掣肘する構図である。「人間に値する生存(menschenwürdiges Dasein)＝尊厳ある人間としての現存在」を国家目標に掲げたワイマール憲法に倣い、経済的自由の制約を通じて社会的公正をめざした日本国憲法における、「公共の福祉」本来の規範意味を恢復する企てでもある。それは、単なる「法律の留保」を超えて「〈公共の福祉に「枠附け」られた法律〉の留保」を企図した、憲法13条の論理構造に最も適合的な解釈論になっている。

とりわけ、憲法13条の存在理由は、国家や民族という「全体」の悠久の生のために、「部分」としての国民一人ひとりの生を蕩尽した、かつての全体主義と、きっぱり手を切るところにある。[67] そのためには、〈現に生きている人間〉の地位を最高位におくことで、(この点では、過去の言説に対して、[68] 尾高自身も責任を負わなくてはならないところの)既存のノモス的秩序を、逆転させなくてはならない。ノモスとしての「公共の福祉」には、まずもって「人間の尊厳」原理が打ち込まれている必要があり、樋口の問題提起は時宜にかなったものだということができる。

もちろん、これは、広中俊雄「人間の尊厳」論との長期にわたる対質の末に辿り着いた、[69] 樋口「個人の尊厳」論の新境地である。しかし、同時に、憲法制定権力をもってしても手をふれてはならぬ「人間の尊厳」という実質の存在を強調した、芦部流の憲法制定権力論と呼応するものでもあった。「法による拘束」こそが、単なる社会的実力(Macht)と、「正当化された実力」としての権力(Gewalt)とを分けるのであり、「人間の尊厳」原理による拘束こそが、憲法制定権力(verfassungsgebende Gewalt)の勝義の「権力」性を根拠づけると考える、芦部国法学の理路を辿りながら、樋口はその弱点を補完する一手を繰り出したことになる。

3　公共の福祉・自由国家・社会国家

この場合の「公共の福祉」は、私益のみならず「公益又は公の秩序」とも内容的には区別されていることが重要である。かくして、私益とも公益とも区別されることになった「公共の福祉」の居場所は、どこにあるのか。それは、〈私益・対・私益〉、〈私益・対・公益〉、〈公益・対・公益〉のそれぞれの局面における衝突や競合を、「人間の尊厳」の見地から「総合調和」させる原理、という位置づけにならざるを得ないであろう。

その際、私益は、衝突するばかりではなく、競合することによって公益に資するのが、市場メカニズムの妙である。「自由国家」的「公共の福祉」という──論者・宮沢俊義の歴史感覚のなさを露呈した──形容矛盾に意味があるとすれば、それは、見えざる手に期待する市場メカニズムの別名としてであろう。そこでは当事者間の価値比較を放棄して個人における効用の序列のみを考え(序数的効用理論)、しかもloserがいないことを前提としたうえで、gainerが可能な限り効用を増加させる選択こそが、社会厚生(social welfare)を増加させる、さしあたり最も効率的な資源配分になる(つまりパレート最適(pareto optimum)と評価される)。

たしかに、誰かを不利にすることなくして、もはや誰もこれ以上有利にはできない状態は、最適な資源配分のための必要条件になっているが、それは十分条件ではない。パレート最適でなければならないが、パレート最適であればそれでよいということには、ならないのである。そのうえ、gainerとloserとが同時に発生する場合には、パレート最適の原理は妥当しない。そのため、現代の厚生経済学は、補償(compensation)というコンセプトを導入して分析を継続し[70]、ある政策を実行したときに、gainerからloserへ適切な補償が行われさえすれば全員の効用が高められる場合(カルドア基準)、政策を実行しなければ、個人間でどのような補償を行おうと、実行した場合よりも全員の効用を高めることは決してできない場合(ヒックス基準)、あるいは、カルドアとヒックスの両方の意味で改善になっている場合（シトフスキー基準）、など最適な資源配分を実現するための判断基準を発展させてきている。応用厚生経済学の費用便益分析は、こうした補償原理（compensation principle）の考察に依拠するものである。

けれども、初期条件を争わないまま「自由国家的公共の福祉」に最適選択を委ねても、最適な所得分配（最大にすべき社会的厚生関数）についての規範的要請が出てこない。社会的厚生関数は選択の問題であり、民主的な立法過程に委ねざるを得ないのだが、そこに「政治の矩」はないのかというのが、結局はここでの問題になる。この点、日本国憲法においては「公共の福祉」という「政治の矩」があり、それゆえ、社会的厚生関数の選択は、あくまで憲法が設定した軌道のうえで行われなければならない。これが「社会国家的公共の福祉」の示唆する論点である。樋口説を踏まえるならば、その際「現に生きている人間の尊厳」が、序数的に優先されなくてはならないということになる。もっとも、その一方で、「人間の尊厳」には、「過去の国民」からの「信託」を受けた「現在の国民」の「責任」という、別の「政治の矩」も存在するから（憲法97条）、世代間の実質的公平も踏まえる必要がある。(71)

そうした「公共の福祉」の実質的概念の追究が、直接に影響するのは財政権の行使の仕方である。市場の失敗を理由とする公共財の供給は、「自由国家的公共の福祉」の段階においても要請される。さらに、「社会国家的公共の福祉」においては、医療、介護、義務教育などのいわゆるメリット財（価値財）についても、「人間の尊厳」の観点からの財政支出をすることが憲法上要請される。ただし、これらに対しては、日本国憲法に9条と89条という財政権の限界規定があることが、もう一つの「政治の矩」を形成していることも忘れてはならない。政治的権力と軍事的権力の分離（9条）、政治的権力と宗教的権力の分離、政治的権力と経済的権力の分離（89条）を目的として、これらの領域での財政支出そのものが、たとえ立法府の決定によるものであろうとも、カテゴリカルに禁止されている。慈善事業が金権腐敗の温床になったアメリカ諸州の経験を踏まえた89条後段を筆頭に、戦後それぞれの条文について解釈を工夫して抜け道がつくられてきたが、それら諸規定の主旨は、もっと重視される必要があるだろう。(72)

結　The False Antinomy

イギリスのウィリアム・ブラックストーンは、公的法関係と私的法関係を区別し、前者の代表が government の法関係であると述べた。国法関係と訳したいところではあるが、ブラックストーンは国家法人説を採らないので、そこに包括的な State は想定されていない。統治者（governors, magistrates）と被治者（governed, people）とが、〈法関係としての government〉を構成する。[73] そして、government が専制的にならないためには、統治者の側で、立法権（legislative authority）と執行権（executive authority）を同一人に握らせないことが重要で、それによって自由を確保することができる、というのである。これを否定的に引用するイェリネック『一般国家学』を通じて、[74]「関係」説とブラックストーンの存在を知った芦部信喜は、しきりにブラックストーンの名前を出すことになる。実際にブラックストーンを深く検討した形跡はなく、『一般国家学』の受け売りをしているにすぎない可能性も否定できないが、経験主義的な叙述の文法に魅力を感じていたのは事実であろうし、アメリカ留学後はその傾向が一層強まったように思われる。既に引用したように、尾高のいう「国家における全体」を広義の「ガバメント」と同視することで、アメリカ政治学の政治過程論との接合を企てた形跡もある。[75]

しかし、イェリネックの批判するブラックストーンの理論的弱点——国家ないし government の統一性・連続性の不在——を克服するためには、結局は、尾高ないしデュギーを理論的支柱とせざるを得なかった。尾高は「国家における全体」に、デュギーは「公役務」に、それぞれ統一性・連続性の核をつくり、〈統治関係の統治者サイドの端点〉と〈統治関係の同一性の帰属点〉の双方の役割を課すことによって、それぞれ難易度の高い「関係」説による国家論を成立させたのである。日本国憲法の採用した「公共の福祉」は、「国家における全体」や「公役務」を包括的に表現するのに適した概念であるといえる。

かくして、芦部信喜がめざした「関係」説的な国家論においては、「人」説であれば人格的同一性に相当する部分を、理念ないし行動原理としての「公共の福祉」論が担保することになる。しかし、国家法人における「統治権の総攬者」の解釈がそうである以上に、理念としての「公共の福祉」については、その支担者(Träger)が問題となる[76]。芦部は、少なくとも憲法制定権力について、「支担者」論点にきわめて自覚的な論者であり、エームケの指摘を承けて、pouvoir constituant それ自体とその「担当者」の区別を重視していた[77]。同様のことを、本来は、「公共の福祉」についても論じなければならなかった。

立憲君主制であれば、君主が「公共の福祉」を支担者として担う、という説明が可能だが[78]、象徴天皇制の場合、天皇は理念の「体現者」ではあっても「支担者」にはなり得ない。日本国憲法において、「公共の福祉」の実現に従事する「機関」(国会・内閣・有権者団など)とは別に「支担者」を探すとすれば、責任をもって「公共の福祉」を実現する「支担者」は、国民一人ひとりということになる。主権者国民の「覚醒」「精神革命」を求めた芦部青年の問題意識は、初めから、この論点に起因する言説の磁場のなかにあったということができる。

そのうえで、本稿は、客観憲法上の「公共の福祉」について、実質的概念を求める最近の動きに言及してきたのであったが[79]、それと切り分けて論じられなければならないのが、主観憲法論である。ナチス期への反省から立ち上がった「人間の尊厳」論は、まず何よりも、デュギーが国家法人論もろともに押し流してしまった主観法としての人権論を、客観憲法上の「公共の福祉」論と区別されたところに恢復するためのものであったはずである。「法人としての国家」に「公共の福祉」を代置するとしても、その支担者を主題化し、能動的身分(status activus)・積極的身分(status positivus)・消極的身分(status negativus)を、それぞれの水準で論じなくてはならない[80]。

残念ながら、国家法人説退治に勤しむ余りに、法学的国家論の代案を客観法論のデュギーに丸投げしたままでおわったために、芦部国法学と芦部人権論の理論的接点は発見されなかった。[81] 芦部憲法学が最初期に企てていた、公共の福祉と基本的人権の誤ったアンチノミーの克服の企てもまた、未完におわったのである。[82] 違憲審査の基準を指導する原理と具体的な基準の検討が、[83]「公共の福祉」論を脇におき、実作を積み重ねる形で進められたのは、そのためだったというべきだろう。[84] 本稿は、憲法訴訟論への注力と引き換えに棚上げされた「公共の福祉」論というトポスに対して、論者のいかほどの思いが遺されたのかを、未完の芦部国法学から辿ろうとする企ての、最初の試行である。

(1) 若き芦部信喜が、尾高朝雄『法の窮極に在るもの』(有斐閣・法学選書、１９４７年4月)に、自ら書き込んだエピグラフ(学習院大学法経図書センター芦部文庫蔵)。原典は、カール・マルクス『資本論・第一巻』の初版まえがき(Aller Anfang ist schwer, gilt in jeder Wissenschaft.)。翻訳は、河上肇＝宮川実訳の岩波文庫版(岩波書店、１９２７年)から採られている(同書9頁)。なお、以下に示す原資料の多くは未だ整理中であるため、所在を明示するのは別の機会をまちたい。

(2) 自らが編集する雑誌『伊那春秋』4号(謄写版刷、１９４７年2月)に掲載された。芦部の謦咳に接した人々には、敗戦直後の「文化運動」の思い出話のなかで、そのタイトルだけが伝えられていたものだが、最近になって発掘され話題になった。参照、芦部信喜「新憲法とわれらの覚悟」世界９５６号(岩波書店、２０２２年)１９２頁以下。

(3) 参照、尾高朝雄「国民主権と天皇制」国家60巻10号(国家学会、１９４６年)２１４頁以下。

(4) 参照、石川健治「解説」尾高朝雄『国民主権と天皇制』(講談社学術文庫、２０１９年)２８０頁以下。

(5) 参照、尾高朝雄『法思想史序説』(弘文堂、１９５０年)2頁。

(6) 参照、尾高・前掲(4)69頁以下。

(7) 参照、尾高・前掲(4)76頁注4。

(8) 参照、尾高朝雄「公共の福祉とは何か」国会2巻12号(国会社、１９４９年)10頁以下。

(9) Cf. G. Schönrich, Kant's Theory of Dignity: A Fitting-Attitude Analysis of a Value, in: Y. Kato/G. Schönrich (eds.), Kant's Concept of Dignity, 2020, p. 49ff. 尾高は、そこにいうＦＡ理論の先駆者でもあるのである。

(10) 参照、尾高朝雄『法の窮極に在るもの(新版)』(有斐閣、１９５５年)１５９頁。

(11) 参照、尾高・前掲(10)217頁、225頁。なお、この時期の尾高は、東京大学法学部所蔵のドイツ語抄訳版で、アウグスティヌス『神の国』を読んでおり、尾高・前掲(10)32頁で、「調和と秩序」にラテン語でpax＝平和の語を添えている。『実定法秩序論』に結実する戦時中の思索のキーワードである「調和」「秩序」と、paxとが結びついたのである。さらに、弟子の碧海純一から薦められたバートランド・ラッセル『西洋哲学史』に触発されて、「常に不幸な被圧迫者に対して強くアピールする」「ユダヤ的歴史観」が、アウグスティヌスを通じてキリスト教に、マルクスを通じて社会主義に流れ込んだ、という連関を重視するようになった結果、「国と国とが互に他国の上に悪魔の国のレッテルをはり合うことをやめない限り、誠の平和が確立される日はない」と力説するに至る。参照、尾高朝雄「神の国と悪魔の国」国家67巻9・10号(1954年)443頁以下、特に467頁以下。

(12) 参照、芦部信喜＝高見勝利「国法学から憲法訴訟論へ――芦部憲法学の形成と展開」大石眞＝高見勝利＝長尾龍一編『対談集・憲法史の面白さ』(信山社、1998年)251頁以下、特に261頁。

(13) 参照、芦部信喜『憲法学Ⅱ――人権総論』(有斐閣、1994年)198頁。

(14) ともに傍点は尾高。1944年12月に脱稿していたが、雑誌の都合で公刊時期は戦後にずれ込み、普遍性と特殊性の調和を訴えた尾高の天皇論の公表は、昭和天皇の「人間宣言」と重なることになった。参照、尾高朝雄「法の窮極に在るもの(一、二・完)」国家60巻1号(1946年1月)1頁以下、同60巻2号(1946年2月)96頁以下、特に122頁。

(15) 参照、尾高・前掲(14)60巻2号101頁、102頁、105頁、115頁。

(16) 参照、尾高朝雄「原始信仰の社会統制作用」(謄写版刷、1924年)。

(17) 参照、尾高朝雄「社会構成の三様式」法律春秋4巻1号(南郊社、1929年)10頁以下。この小論は、独文著書に先立って執筆された、一般向けの平易な解説として注目される。この段階の尾高は、なお結論を保留しており、「世界全体が重大な社会的転換期に逢着して居る現代に生活する」読者に対して、共同社会(Gemeinschaft)や利益社会(Gesellschaft)に続く「第三の社会形態をば、同時に現実的なものと信じた」ヘーゲルの「規模雄大な肯定説」が正しいか、それとも、人類の社会生活は「永遠に利益社会化の過程を辿って止まない」とするテンニエスの「一種の悲観論」が正しいか、と問いかけていた。

(18) 尾高の同僚・清宮四郎もまた、別の経路からではあるが、フェビアン協会の都市社会主義に強い関心を抱いていた。参照、石川健治「自治を学問する」自研100巻2号(第一法規、2024年)1頁以下。

(19) 尾高が「法思想史」の雛形として精読した、イギリスの憲法学者ダイシーの『法と世論』第2版は、著者の信奉するベンサム主義がすでに過去のものとなったことを確認するとともに、ほかならぬベンサム主義の立法的改革の遺産の上に立って、フェビアン社会主義による漸進的な社会改良が進んだ結果、フランスに酷似した行政法と行政国家——かつてダイシー憲法学が断固として排除しようとしたもの——が現出した事実を指摘している。Cf. A. V. Dicey, Lectures on the relation between law & public opinion in England during the nineteenth century, 2. ed., 1914, xliii. この指摘を承けた尾高は、晩年のダイシーがフォローできなかったものも含めて、フェビアン社会主義の文献を読み漁っている。なお、彼らの主張をダイシーは collectivism と形容したが、同時代人のひとりがこれを「協同主義」と訳していたことには留意すべきである。参照、高橋清吾『政治思想の変遷(改訂版)』(章華社、1932年)565頁以下。

(20) 参照、尾高・前掲(14)60巻2号117頁、122頁。

(21) 参照、尾高・前掲(3)216頁以下、220頁以下。

(22) 参照、尾高朝雄『国家構造論』(岩波書店、1936年)104頁。同108頁注二で補説されているように、現象学の意識分析における「意味賦与の作用」と「意味」との関係が、純粋意識面における内在的関係であるのに対して、ここでは、「意味賦与」という言葉を実在論的(ontologisch)に転用して、一般に精神的意味を客観化して成立せしめる働き(der objective Sinnbildungsakt)を指す概念として用いている。Vgl. T. Otaka, Grundlegung der Lehre vom sozialen Verband, 1932, S. 96.

(23) 参照、芦部信喜「敗戦さまざま」行人創刊号(謄写版刷、1946年2月)。もし視力さえ良ければ、芦部自身も向こう側にいたはずであった。参照、渡辺秀樹『芦部信喜——平和への憲法学』(岩波書店、2020年)13頁以下。

(24) 翌47年には梅本克己による主体性論争の舞台となるこの雑誌が、芦部のマルクスへの関心を喚起したかどうかは不明であるが、全く無関係であるとは考えにくい。この時期の芦部の「時間割」によれば、政治学科の学生らしく、法律系の講義は民法第2部・商法第1部・国際法第2部・労働法のみで、あとは毎日みっちりと政治系の講義を受ける一方、農業政策・社会政策・統計学・金融論(鈴木武雄)・経済史(大塚久雄)など経済学部提供の講義にも出ていた。共産主義批判の尾高朝雄のファンとして社会民主主義の線に留まっていたことは確実であるが、毎週土曜日は25番教室で商業政策・政治学の講義を聴いた後、「唯研」に参加して資本論を読んでいた模様である。

(25) 参照、臼井吉見「展望」『展望』第1号(筑摩書房、1946年1月)62頁以下。

(26) そういう目でみると、若き芦部が農地改革関連の判例評釈を積極的に引き受けている事実にも、違った照明があてられることになるだろう。参照、芦部信喜「農地委員会がひとたび取り消した農地買収計画と同じ内容の買収計画を定めても適法とされる一事例」法協72巻5号（1955年）547頁以下、同「自作農創設特別措置法施行令第一八条第二号による農地売渡相手方の決定と農地委員会の裁量権——自作地をいわゆる仮装自作地と誤認してなされた農地買収処分の効力」法協73巻6号（1957年）782頁以下。

(27) 参照、那須浩『農村問題と社会理想』（岩波書店、1924年）335頁以下。

(28) 「ひとは荒廃地にならば無造作に鎌を入れることもできるが、耕された土地にあっては、有用な作物をからす有害な植物だけを除去らなくてはならない」。学生論文における引用を一字一句改変せずに再録したところに、問題意識の首尾一貫性を誇る、稿者芦部の密かな自負心が感じられる。原典は、野田良之「ポルタリスとその『フランス民法典序論』（二）」法協64巻7号（1946年7月）443頁以下、454頁。

(29) 参照、芦部信喜「憲法改正の問題点・第三章　国民の権利及び義務（その一）・自由権——憲法一〇条から二四条まで」ジュリ241号（有斐閣、1962年）44頁以下、特に51頁以下。

(30) 弁証法をめぐって哲学的立場こそ分かれたとはいえ、田邊元は、事実上の田邊門下生といってよい尾高朝雄にとって、恩師的存在である。彼が京都学派の門を敲くきっかけとなったのは、田邊の『科学概論』であった。参照、石川健治「コスモス」酒井哲哉編『岩波講座・「帝国」日本の学知』第1巻（岩波書店、2006年）171頁以下、特に180頁。他方で、田邊も尾高から強い刺戟を受けており、ウィーン留学中の尾高から謹呈された独文の「法律学における理論と実践」抜刷には、徹底した書き込みがなされている（T. Otaka, Theorie und Praxis in der Rechtswissenschaft, Sonderabdruck aus Band X, Heft 1, der Zeitschrift für öffentliches Recht. 群馬大学中央図書館田辺文庫蔵）。尾高に刺戟された田邊は、そこに引用されたギールケやイェリネックやケルゼンの著作を、憲法学者が顔色を失うほどの精度で読み抜いており、最新の国家学や政治哲学の文献に田邊が親しむきっかけになった。田邊元は、方法的に偏狭なケルゼンよりも、「綿密公平なる国法学者」イェリネックの方を高く評価した。新カント派ゆえに弁証法こそ用いないが、ヘーゲルへの充分な親和性をもっているからである。参照、田邊元「社会存在の論理」同『田辺元全集第6巻（「種の論理」論文集第1）』（筑摩書房、1963年）51頁以下、特に151頁以下。この主張は「政治哲学の急務」でも繰り返されている。尾高が『国家構造論』に、田邊が『種の論理』にそれぞれ至るまでの時期において、両者の間に存在した相互的影響関係は、重かつ大である。二人はそれぞれ「内在的超越」の思想家として、普遍的「道義」を、「国体の本義」や「肇国の思想」という特殊日本的文脈との内在的な連絡をつけた上で、同時代の読者に提供し続けた経緯がある。

（31）参照、尾高朝雄『国民主権と天皇制』（国立書院、1947年10月）168頁および171頁注2。もっとも、芦部も用いる「他力本願」の表現がみえる同書が刊行されたのは、芦部「覚悟」論文から11か月後のことであり、学習院大学芦部文庫所蔵の同書に——『法の窮極に在るもの』とは対照的に——書き込みは一切なされていない、という事実も指摘しておく必要がある。

（32）参照、南原「新憲法発布」同『文化と国家——南原繁演述集』（東京大学出版会、1957年）58頁以下。かつて、「信仰は社会の経」「規範は社会の緯」であって、「歴史は、信と矩とを経緯とする堅確なる社会態容の裡にその歩みを進めるであろう」と述べた尾高が（参照、尾高「原始信仰の社会統制作用」（謄写版刷、1924年）473頁、475頁）、ここでは専ら「政治の矩」を訴えているのに対して、無教会主義のキリスト者・南原は、尾高のいう「信」の問題についても積極的に言及した。これを受けて芦部は、「聖なるもの」についても今後読者とともに考えてみたい、と論を結んでいる。

（33）参照、芦部＝高見・前掲（12）251頁以下。

（34）やはり戦時中に書かれた論文（同「法における政治の契機」法時15巻10号［1943年］2頁以下や同「国家緊急権の問題」法協62巻9号［1944年］893頁以下）を論旨に織り込む形で再編されている。

（35）法律家には懲戒権力（Disziplinargewalt）として知られる規律（訓練）権力（pouvoir disciplinaire）の拡がりについては、参照、重田園江『フーコーの風向き——近代国家の系譜学』（青土社、2020年）、特に83頁以下。

（36）構成員のいない社団は存在しないが、他の種類の社団にはない、国家＝社団に固有の特徴は、固有の領土（＝国土）と、被治者に対する支配権＝指揮命令権（＝国権）を有している点にある。このようにして、国民・国土・国権の三要素から国家＝社団を定義する仕方を、国家三要素説という。さらに、そうした社団法人としての国家が、「主権」という形容を独占することによって（国家主権説）、それまで頂点＝「主権者」の座をめぐって政治的に争ってきた君主と国民の双方が、「主権」論の法的使用を禁止される。やむなく彼らは、国家＝法人の定款としての「憲法」に準拠して自己主張をすべく、あたかも吸い込まれるようにして、それぞれ憲法の定める国家機関に就任してゆく。憲法に準拠した立憲主義的権力を構成するために、これほど巧みな説明の仕方は、それまで存在していなかった。

（37）その際に、「最高機関」の定めを定款におくことは、法人が法人格としての統一性を維持するための、論理必然的な要請であって、いかなる法人にも最高機関は存在する。法人としての大日本帝国において、その機関の意思が最終的に帝国全体の意思と見做されるような「最高機関」が、天皇以外にあり得ないことは自明の理であった。この点を捉えて天皇機関説と俗称されたのは、国家法人説にとって不幸なことであった。

(38) 天皇の支配の客体＝「物」としての国家は、国民と国土の二要素からなるが、ルイ14世に倣って「朕は国家なり(L'État, c'est moi!)」という定式に固執すれば、支配者としての「天皇即ち国家」という国家一要素説になり、国民と国土はそうした国家主権の客体として位置づけられる。いずれの場合も、法学的国家論の型としては、「人」コンセプトを拒否した、「物」コンセプトによる国家論の類型に属する。国家であれ君主であれ、主権者＝絶対者には原理的に抗うことができないという酷薄な現実を、赤裸々に描くのがこの説の狙いであり、支配者に対する立憲主義的統制の企ては、すべてイリュージョンとして雲散霧消する。

(39) 参照、星島二郎編『最近憲法論——上杉博士対美濃部博士』(実業之日本社、1913年)。

(40) 参照、祖川武夫「雑録・法律研究会(第7回例会)」京城帝国大学法学会論集第12冊第2号(1941年)345頁以下。

(41) 参照、石川健治「前衛への衝迫と正統からの離脱」憲法問題8(三省堂、1997年)105頁以下特に111頁以下。

(42) 参照、石川・前掲(4)280頁以下。

(43) 尾高は、最初期から客観法上の「制度」コンセプトを用いて、「国家制度一般の学」としての「一般国家学」という定式を用いている。参照、「学界消息・国家研究会」公法雑誌1巻1号(1935年)130頁以下。また、尾高・前掲(10)3頁は、「国家は一つの法制度である。国家は法によって組織された国民生活共同体である。この巨大な法制度については、古くから氷炭相容れざる両極端の考え方が対立している。すなわち、積極の尖端には、……国家至上主義があり、消極の先鋒には、……無政府主義がある」、と述べている。当初はどの程度自覚的だったかどうか不明であるが、特にジョルジュ・ルナールのカトリック的な制度理論には本格的に取り組んでおり(ルナールの師モーリス・オーリウについては、時折引用する程度)、自身の議論と「制度理論」との連絡をつけようと企てていたのは間違いない。

(44) 参照、尾高朝雄『実定法秩序論』(岩波書店、1942年)特に445頁以下。

(45) 参照、尾高・前掲(10)48頁以下、227頁以下。

(46) 外地で活躍する尾高は、擬似的な血縁共同体(Blutgemeinschaft)として国家を捉える内向きの家族国家イデオロギーを退け、共通の作業目的のために諸民族が協働する作業共同体(Werkgemeinschaft)として「帝国」を捉えようとした。Vgl. F. Wieser, Das Gesetz der Macht, 1926, S. 17ff. そこにいう作業理念は、形相化の所産として得られる全体化的コンセプトであって、「国家における全体」と呼ばれる。他方で、論理的に先行する「全体」＝理念といえども、「部分」としての国民を連帯化せしめて、はじめて自己の実現に成功する。国民の資格において、諸般の法目的を実現しつつ生活している人々は、「国家における全体」の「部分」として、社会的な機能分担を引き受けることになる。「部分」としてのみ位置づけられた国民には、もはや国家と無関係に生きる余地がないのであって、社会的役割や道義的責任を引き受けるという意味で、「最小限度の国家機関人」と形容される。参照、尾高・前掲(44)431頁以下。天皇機関説事件以降、跼蹐させられていた「憲法上の自由権もしくは基本権」については、「部分」としての「国民」の「潑剌たる自己経営」の基礎として、正当化される。「全体」としての国家理念の発展には、「部分」の活躍は欠かせないからであり、「国家目的」のための「自発的奉仕」も期待される。それが、戦時中にあっても許容可能な、立憲主義の道筋であったわけである(尾高・前掲500頁、568頁)。そうしたなか、戦後西ドイツでも散見される制度的自由論を尾高は展開するが(Vgl. P. Häberle, Die Wesensgehaltgarantie des Artikel 19 Abs. 2 GG, zugleich ein Beitrag zum institutionellen Verständnis der Grundrechte und zur Lehre vom Gesetzesvorbehalt, 2. Aufl. 1972.)、イェリネックが確保しようとした、国家から無関係な個人の自由領域(Indifferenz)は、そこには存立し得ない。参照、石川健治「インディフェレンツ——〈私〉の憲法学」比較法学42巻2号(早稲田大学比較法研究所、2009年)145頁以下(早稲田大学比較法研究所編『比較法と法律学——新世紀を展望して』[成文堂、2010年]339頁以下)。

(47) 制度理論においては、国家そのものを「人」コンセプトで把握するか「物」コンセプトで把捉するかで、もはや血道をあげる必要はない。尾高が精読したのは、G. Renard, La théorie de l'institution, 1930. 参照、石崎政一郎「紹介批評・ルナール『制度の哲学』(一—三・完)」法学10巻6号640頁以下、10巻7号765頁以下、10巻9号979頁以下(1941年)。

(48) 宮沢俊義は、自らの「公共の福祉」論のなかで、「公共の福祉という概念が「時代により、歴史の段階によって、さまざまのちがった役わりを演じてきたこと」の説明として尾高朝雄の文章を引用し、「正しい意味での個人主義が根を下していない社会でこのような概念を濫用することは、戦前および戦争中のような「滅私奉公主義」に接近する危険をもはらみ得る」と警告しているが、これに続けて尾高自身が展開したのは、「正しい意味での個人主義が十分に成熟しているイギリスの社会」において、「自由放任の手段によってではなく、社会経済の力を団体的にコントロオルするという方法によるところの新らしいベンタム主義」としての「フェビアン社会主義」であった。参照、宮沢俊義『憲法Ⅱ(新版)』(有斐閣法律学全集、1971年)233頁以下、尾高朝雄「「公共の福祉」思想の消失と再現」法協69巻1号(1951年)30頁以下。

(49) 参照、尾高・前掲(16)1頁以下。

(50) Cf. L. Duguit, L'Etat, les gouvernants et le agents, 1903. 尾高朝雄『改訂法哲学』(日本評論社、1937年)253頁には、

明らかにデュギーを下敷きにした叙述がみられる。

(51) 参照、尾高・前掲(4)208頁以下。

(52) 参照、芦部＝高見・前掲(12)261頁。

(53) 本稿筆者が編集・執筆した、自治体法務検定委員会編『自治体法務検定公式テキスト　基本法務編』(第一法規、最新版2024年)の「第一章　憲法」では、かねて、「公共の福祉」論を「第五節　国民の権利の保護」から切り離して、「第一節　憲法と地方公務員」に移動する工夫を試みている。その際、「第一節」の「二　国家・憲法・公務員」に国家目的論の項目を設けることも検討したが、どうしても国家法人説にコミットせざるを得なくなるため、憲法15条2項の「全体の奉仕者」としての公務員に引きつけて、「(4)公務員と「公共の福祉」」の項目を用意し、宮沢俊義・内在的制約説などの解説を行うことにした。「国家における全体」という観点では尾高説を、「公共の奉仕(service public)」という観点ではデュギー説をそれぞれ意識した構成だが、案外座りが良いのに驚いている。

(54) 参照、最大判昭和50年4月30日民集29巻4号572頁以下。

(55) 参照、尾高・前掲(4)77頁註五。

(56) Vgl. Ch. Link, Staatszwecke im Verfassungsstaat — nach 40 Jahren Grundgesetz, in: VVDStRL 48(1989), S. 7ff. bes. 19ff.

(57) もっとも、デュギーの想定する公役務の代表例は、戦争、警察、司法であって(Cf. L. Duguit, Les transformations du droit public, 3. T., 1925, p. 48)、日本国憲法の「公共の福祉」は、これに対して法内容的な制限を伴っていることになる。

(58) 参照、黒田覚『日本憲法論上』(弘文堂書房、1937年)93頁註12。尾高との出会いについて、「東大卒業後京大文学部で社会学を専攻していた彼は、京大助教授になりたてで、ケルゼンに夢中だった私を、研究室に訪ねてきてくれた」と語るのは、黒田覚「思い出」ジュリ増刊『宮沢憲法学の全体像――宮沢俊義先生追悼』(有斐閣、1977年)165頁。他方で、「思い切りドイツのビールを飲もうとの下心」から、「京都以来の飲み友達」である尾高のベルリン来訪を、指折り数えて待つ黒田の姿を描くのは、尾高朝雄「中欧の夏」朝鮮及満洲333号(朝鮮及満洲社、1935年)42頁以下、43頁。

(59) 参照、樋口陽一『近代立憲主義と現代国家』(勁草書房、1973年)302頁。

(60) Cf. Duguit, op. cit., p. 39f.

(61) 参照、尾高・前掲(44)431頁以下。

(62) 参照、石川健治「薬事法違憲判決」長谷部恭男＝石川健治＝宍戸常寿編『憲法判例百選Ⅰ〔第7版〕』(有斐閣、2019年)198頁以下。

(63) 近年の文献としては、cf. P. Babie/J. Viven-Wilksch (eds.), Léon Duguit and the social obligation norm of property: a translation and global exploration, 2019.

(64) 参照、石川健治「承認と自己拘束——流動する国家像・市民像と憲法学」岩波講座『現代の法Ⅰ(現代国家と法)』(岩波書店、1997年)31頁以下。

(65) 参照、芦部信喜「人権論五〇年を回想して」同『宗教・人権・憲法学』(有斐閣、1999年)230頁以下。

(66) 参照、樋口陽一『憲法〔第4版〕』(勁草書房、2021年)207頁以下。この問題を、樋口憲法学の内在的展開に即して、論究するのは、小島慎司「人権と公共の福祉」法時95巻11号(2023年)119頁以下。

(67) 参照、石川健治「「存在権」の誕生」學鐙114巻4号(丸善出版、2017年)34頁以下。

(68) 参照、尾高朝雄『国体の本義と内鮮一体』(国民総力朝鮮連盟防衛指導部、1941年)。

(69) 参照、樋口陽一「人間の尊厳vs人権?——ペリュシュ判決を素材として」同『憲法という作為——「人」と「市民」の連関と緊張』(岩波書店、2009年)124頁以下。

(70) 参照、石川健治「自分のことは自分で決める——国家・社会・個人」樋口陽一編『ホーンブック憲法(改訂版)』(北樹出版、2000年)178頁。

(71) 参照、鈴村興太郎＝吉原直毅「責任と補償——厚生経済学の新しいパラダイム」経済研究51巻2号(2000年)162頁以下。なお、この文脈で、ロールズ型の社会厚生関数を支持する形になっているのが、蟻川恒正「「個人の尊厳」という逆接続」『憲法問題33』(日本評論社、2022年)140頁以下、である。

(72) 参照、石川健治「「真ノ立憲」と「名義ノ立憲」」木村草太ほか『「改憲」の論点』(集英社、2018年)211頁以下。

(73) Cf. W. Blackstone, Commentaries on the Laws of England, 1. ed., Book the First, Chapter the Second, 1765, p. 142.

(74) Vgl. G. Jellinek, Allgemeine Staatslehre, 3. Aufl., 1919, S. 167 Anm. 1. 彼の Lieblingsbuch である『公権論』は、ブラックストーンを「関係」説の論者として引用しておらず、芦部が、もっぱら『一般国家学』を通じて「関係」説の存在を知ったことがわかる。

(75) 参照、芦部信喜「憲法の政治学的研究」『図書194』(岩波書店、1965年)24頁以下。

(76)「保持者」、「担当者」、「もち手」などの訳語も試されているが、ここでは、京城学派の翻訳を用いておくことにする。参照、ハンス・ケルゼン（清宮四郎訳）『一般国家学』（岩波書店、１９３６年）、尾高・前掲(50)２５３頁、３２４頁。

(77) 参照、芦部信喜『憲法制定権力』（東京大学出版会、１９８３年）37頁。ここでは、トレーガーを「担当者」と呼んでいる（これは黒田覚流である）。

(78) もちろん、イェリネックや美濃部のような例外的な論者は、〈方法としての法学〉にとって、正統性の論点が見えていては方法的に不純であると考えて、「支担者」の論点そのものを、法学的国家論の体系から消去してしまった。しかし、それほど方法意識の高くない論者にとっては、君主が国家全体の支担者であるのは当然であった。

(79) 関連して、参照、石川健治「学界展望〈憲法〉Michael Anderheiden, Gemeinwohl in Republik und Union (Mohr Siebeck, 2006)」国家１３３巻３・４号（２０２０年）２７７頁以下。

(80) Vgl. S. Kirste, Einführung in die Rechtsphilosophie, 2010, S. 145ff. あわせて参照、石川健治「人権論の視座転換――あるいは「身分」の構造転換」ジュリ１２２２号（２００２年）２頁以下。

(81) 参照、石川健治「憲法学の過去・現在・未来」横田耕一＝高見勝利編『ブリッジブック憲法』（信山社、２００３年）２７４頁以下、特に２９０頁以下。

(82) 芦部信喜「議院の国政調査権（1）――アメリカにおけるその発展と法理」国家68巻３・４号（１９５４年）１５８頁以下、特に１９１頁以下、に関連して、芦部が依拠した、L. B. Boudin, Congressional and Agency Investigations, 35 Va. L. Rev. 143(1949)の克明なノート（「調査と個人の自由権」所収）には、「公共の福祉と基本的人権」の項目があり、「両者は互いに衝突することなく併立しうるばかりではない。互に補足しあうのである。個人の自由は全体の自由に必要となる」というボーディンの論旨に対して、強い共感が示されている。

(83) 最初期の例としては、河原畯一郎「違憲審査の基準について――立法政策の審査はできないか」ジュリ１１６号（１９５６年）16頁以下、がある。

(84) 未完の芦部国法学と区別された芦部人権論において、「公共の福祉」論についての言及が頗るあっさりしたものになっているのには、充分な理由があるというべきだろう。参照、芦部信喜『現代人権論――違憲判断の基準』（有斐閣、１９７４年）。

第五章　基本権の制約を正当化する法理
――違憲審査基準論か構造化された比例原則か

井上典之

はじめに――不可侵の人権に対する制約根拠としての「公共の福祉」

日本国憲法における人権の保障は、大日本帝国憲法での「法律の留保」付きの「外見的人権宣言」とは異なり、自由権も社会権もともに、「人間の尊厳」原理に由来する自然権的な権利として保障されており、その固有性・不可侵性・普遍性という特徴を持つ最高法規としての実定憲法上の自由・権利であるとの特性が強調される[1]。この日本国憲法上の人権の観念は11条の条文で最もよく具体化されているといわれ、基本的人権とは、「人間が社会を構成する自律的な個人として自由と生存を確保し、その尊厳性を維持するため、それに必要な一定の権利が当然に人間に固有するものであることを前提として認め、そのように憲法以前に成立していると考えられる権利を憲法が実体的な法的権利として確認したもの、と言うことができる[2]」とされる。そのような理解から、「日本国憲法は、人間が生まれながらに有すると考えられる基本的人権を「侵すことのできない永久の権利」、つまり、法律によっても、さらに憲法改正によっても、侵してはならない権利として、絶対的に保障する考え方をとっている[3]」として、日本国憲法97条が

「最高法規」の冒頭でそのような基本的人権の永久不可侵性を宣言することによって、硬性憲法の建前、そこから当然に派生する憲法の形式的最高法規性（98条1項）の実質的根拠を明らかにするとの見解が提示されることになる。[4]

しかし、憲法上保障されている基本的人権が「永久不可侵のもの」であるとしても、それが無制約の状態で絶対的に保障され続けるというわけではないこともまた、当然のことのように考えられている。[5] この点は、基本的人権の保障を世界史上初めて宣言したフランス人権宣言（1789年の「人および市民の権利に関する宣言」）の1条が「人は、自由かつ権利において平等なものとして出生し、かつ生存する」ことを宣言し、2条が「あらゆる政治的結合の目的は、人間の生まれながらの、かつ時効によって消滅することのない自然権の保全である」としながらも、4条では「自由とは、他人を害しないすべてのことをなしうることに存する。したがって各人の自然権の行使は、社会の他の構成員にこれらと同一の権利の享有を確保すること以外の限界を持たない」として基本的人権の行使にも一定の限界があることを確認している。人権が個々人に保障されるものであるとすれば、個人は社会の中で他者と関係を持ちながら生きていくものである以上、社会との関係を無視して生存することはできず、その結果、個人の人権も他者の人権との関係で制約される可能性を認めざるを得ないことになる。そして、日本国憲法は、これに関連して、個々の人権に個別的に制限の根拠を規定せず、「公共の福祉」による制約がある旨を一般的に定めることになる。

「侵すことができない永久の権利」である憲法上の権利も絶対無制約ではない、「侵すことができない」というのは制限されないという意味ではなく、理由のない制限を受けることはない、日本国憲法の条文上の観点からは、憲法上の自由・権利は、「公共の福祉」に反しない限り、国政の上で尊重される（13条）というのはそのような意味で解釈できるとされる。[6] そのためか、初期の最高裁判決は、例えば憲法21条に関連して、それは「基本的人権の1つとして言論の自由」を保障しており、侵すことのできない永久の権利として「立法によっても妄りに制限されないもの」ではあるが、「言論の自由といえども、国民の無制約な恣意のまゝに許されるものではなく、常に公共の福祉によって調整されなければならぬのである」[7]として、簡単に人権制約を許された合憲のものと判定していた。このような初期最高裁の判断は、最近でも都立高校の卒業式においてビラを配布し、大声で国歌斉唱に反対する意見を叫んだために当該卒業式の開会を遅れさせ、円滑な卒業式の遂行を妨害した教諭を威力業務妨害罪（刑法２３４条）で処罰しようとした事件で先例として引用され、「表現の自由は、民主主義社会において特に重要な権利として尊重されなければならないが、憲法21条1項も、表現の自由を絶対無制限に保障したものではなく、公共の福祉のため必要かつ合理的な制限を是認するものであって、たとえ意見を外部に発表するための手段であっても、その手段が他人の権利を不当に害するようなものは許されない」として踏襲されて、簡単に規制としての刑法２３４条適用を合憲と結論づけている[8]。そこで、初期の最高裁の判断の問題を解決しようとして、憲法上の自由・権利の制限に対する憲法上の実質的正当化理由となる「公共の福祉」とは何かが問題とされ、これについては、一元的外在制約説、内在・外在二元的制約説、一元的内在制約説とその法的意味についての見解が展開されているが、このような「公共の福祉」が問題とされる領域を限定することによって対応しようとする「いずれの説をとっても、基本権が制限可能とされている点にかわりはないし、制限事由に具体性が乏しい点も変わりない」[9]との問題点が指摘されることになる。

以上のような問題を踏まえ、公共の福祉論はその抽象的な観念の内容の妥当領域を限定しようとすることに本質的な課題があるのではなく、憲法上の自由・権利も公共の福祉によって制限される（大前提）、法律は憲法上の自由・権利を制限しているけれども、これは公共の福祉を実現するためのものである（小前提）、したがって制限は合憲である（結論）といった公共の福祉の使い方としての三段論法に問題があるのではないかとする視点が展開されていくことになる。日本の最高裁も、まだ一部には残るものの、昭和30年代までの手法[10]としての公共の福祉論を大上段にふりかざした三段論法的な違憲審査の方法からは少しずつ変化しているということができる。ただ、現在でもまだ十分にその考え方が活かされているとはいえないが、裁判規範としての憲法規範を生きた憲法とするために、人権の裁判的保障を一つの柱とする「法の支配」の原理を十分に生かすことを目指して展開された憲法訴訟論[11]の主要な内容である二重の基準論から出発する違憲審査基準論を検討することなしには、憲法上の自由・権利に対する規制の正当性判定の手法は適切に理解できないし、公共の福祉論を克服したとは十分にいえないであろう。そこで、本稿は、憲法上の規範が裁判規範として本当に違憲審査の場面で活かされるようになるにはどうすればよいのかを考える一つの方法として、憲法訴訟論において展開されてきた違憲審査基準論の内容を再確認し、そのうえで、憲法上の自由・権利に対する制約の正当性判定手法として近年提唱されている三段階審査として展開される比例原則の利用の適否について考察していくことにする。

Ⅰ　二重の基準から細分化された違憲審査基準論へ

1　出発点としての「二重の基準」論

憲法訴訟論での違憲審査基準論の出発点は、個別的比較衡量の問題点を克服し、一元的内在制約説の趣旨を具体的な違憲審査の基準として準則化しようとして提唱された「二重の基準」論である[12]。公共の福祉という抽象的な原理によって憲法上の自由・権利の制限の憲法適合性を判定する考え方とは異なる、個々の事件における具体的状況を踏まえて対立する利益を衡量しながら妥当な結論を導き出そうとする方法としての個別的比較衡量論は、優れた一面を有していることは否定できないけれども、国家の利益が優先されがちな憲法の領域では根本的な問題があるとして提唱[13]されるのが、憲法上の自由・権利の性質に応じて規制の憲法適合性を判定するための基準の厳格度を変えようとする「二重の基準」論である。この「二重の基準」論は、アメリカの憲法判例で確立されたものとして、「人権カタログのなかで、精神的自由は立憲民主政の政治過程にとって不可欠の権利であるから、それは経済的自由に比べて優越的地位を占めるとし、したがって、人権を規制する法律の違憲審査にあたって、経済的自由の規制立法に関して適用される「合理性」の基準……は、精神的自由の規制立法については妥当せず、より厳格な基準によって審査されなければならないとする理論[14]」として日本では紹介されている。

この「二重の基準」論を支える論拠として第一に展開されるのは、議会制民主主義という普遍的価値（日本国憲法前文第一段）に依拠する民主的政治過程論にあるとされる。すなわち、「民主的な政治過程が正常な機能を維持している限り、それによって不賢明な立法を除去ないし矯正することは可能であるから、裁判所は立法府の裁量を広く認め無干渉政策をとることも許されるが、精神的自由の規制や政治的に支配的な多数者による少数者の権利の無視ないし侵害をもたらす立法は、民主的な政治過程そのものの機能を阻害し、裁判所の介入がなければ右立法の改廃を不可能にしてしまうものであるから、裁判所の積極的かつ厳格な審査によって速やかに正常な政治過程の回復をはからなければ、人権の保障を実現することはできなくなる[15]」という点に、規制立法の憲法適合性審査における基準の区別を正当化する論拠を求めるのである。ただ、この論拠は、精神的自由や少数者の権利が経済的自由よりも深く人間人格の尊厳性に根ざす基本的性格を持つが故に厳格な審査が要求されるという、「人権それ自体の優劣に基礎をおく」正当化論ではないことも確認され、経済的自由もまた主権者としての自律的な市民の育成にとっては重要性を持つことを踏まえ、民主的政治過程論が「無限定の多数決主義理念と結びついて適用されると、一定の基本的諸権利を多数者の意思の外におくという人権宣言の目的そのものが崩壊する危険もある[16]」との指摘も付言されることになる。

もう一つ、この「二重の基準」論を支える論拠とされるのが、裁判所の能力論である。それは、「通常、裁判所が諸々の複雑な利益の調整と政策的な判断を必要とする経済的自由規制立法の合憲性審査を行うには必ずしも適切な機関ではない[17]」というものである。ここでも、「二重の基準」論を支える理論的根拠は、社会・経済政策の問題と関連することが多い経済的自由の規制と比較して、裁判所の審査能力の問題が大きくはない精神的自由の規制の場合を区別して考えるという点で、裁判所という国家機関の能力の違いを審査基準の区別の論拠としているだけで、経済的自由に対して精神的自由の持つ価値が優越しているということを基礎にした正当化論ではないということが確認できる。その意味で、憲法上の自由・権利の性質に応じて規制の憲法適合性を判定するための基準の厳格度を変えるとする「二重の基準」論は、確かに民主制とのかかわりや国家機関としての裁判所の能力の違いを正当化の論拠として用いているけれども、単純に精神的自由の方が経済的自由よりも価値として優越していることから導かれる規制立法の憲法適合性判定のための審査基準の区別論にはなっていないということが明らかとなる。

なお、この「二重の基準」論の日本での萌芽となる判断は、表現の自由に対する規制が問題とされた最高裁のサド「悪徳の栄え」事件[18]の田中二郎裁判官の反対意見であることが指摘される[19]。そこでは、表現の自由や学問の自由は憲法の保障する他の多くの基本的人権とは異なり、まさしく民主主義の基礎をなし、これを成り立たしめている極めて重要なものであって、「公共の福祉」の要請という名目の下に自由に制限することは許されず、公共の福祉の要請に基づき法律によって制限されることが予想されている職業選択の自由や居住移転の自由などとは、その性質を異にするとされている。その後、最高裁の多数意見も、小売商業調整特別措置法事件[20]で、個人の経済活動の自由に関して、少なくとも福祉国家理念の下に政策的考慮から加えられる積極的規制については、精神的自由等に対する規制と異なり、広範な立法府の裁量を前提とする「明白の原則」の適用を明らかにしている。しかし、日本国憲法下における立法ないし立法過程の実状との関連において考えれば、経済的自由に対する規制立法に対して与えられる強度の合憲性推定原則は認めるべきではなく、「明白の原則」について、それが違憲審査権を実質的に放棄する趣旨のものであってはならないとの注意が喚起される[21]。これに関連して、薬事法による薬局の適正配置規制が問題となった事件[22]で、最高裁は、経済活動の自由に対する規制について、職業の自由については精神的自由に比較して公権力による規制の要請が強いが、警察目的からの消極的規制については、積極的規制の場合よりも厳格な基準としての「重要な公共の利益のために必要かつ合理的な措置であり、かつ、よりゆるやかな手段で規制目的を達成できるか否か」によって合憲性が判定されなければならないとの判断を下すに至る。この判断からも分かる通り、「二重の基準と言っても、現代国家における人権状況を踏まえて考えると、精神的自由と経済的自由の保障の程度が段階的にまったく違う、という意味」ではなく、「両者は保障の程度をほぼ同じくする領域も含む」[23]こともあるうえに、現代の憲法では社会権や13条を根拠とするプライバシーの権利などの新しい人権も登場しているので、二重の基準ではなく、「権利や自由の内容・形態、規制の目的・態様等によってさらに判定基準を細かく考え」ていかなければならないとされる[24]ことになる。

2　三種の違憲審査基準論

以上のような精神的自由と経済的自由を区別して、精神的自由に対する規制については厳格な審査を、経済的自由に対する規制については緩やかな審査を行うとする「二重の基準」論では、多種多様な権利・自由、また様々な規制態様に対応できないのではないかという問題が指摘され、憲法適合性判定のための基準を細分化していく審査基準論が提唱されていくことになる[25]。そして、現在のところ、権利・自由に対する規制の憲法適合性判定の基準としては、「厳格な審査」基準、「厳格な合理性の(中間)審査」基準、「合理性の審査(緩やかな)」基準の三種の違憲審査基準が語られることになる。

この三種の違憲審査基準論では、それぞれの基準の下で規制の立法目的、立法目的達成手段、目的と手段の整合性をそれぞれ審査することになるが、基準の厳緩度に応じてそれぞれの場面で問題とされる事柄が変化することになる。まず、「厳格な審査」基準では、立法目的として設定される権利・利益が極めて重要度の高いもの(真にやむを得ない利益)か否か、目的達成手段については規制される権利・自由に対して必要最小限度にとどまっているか否か、目的と手段の整合性については必要不可欠の関係があるか否かが審査される。次に、「厳格な合理性の(中間)審査」基準では、立法目的として設定される権利・利益が重要性のあるものと認められるか否か、目的達成手段については権利・自由に対してより制限的でない代替的手段がないか否か、目的と手段の整合性については実質的関連性があるか否かが審査される。最後に、「合理性の審査(緩やかな)」基準では、立法目的として一応正当な利益といえるものがあるか否か、目的達成手段については権利・利益に対して著しく不合理であるか否か、失われる利益が得られる利益よりも大きくないか否か、目的と手段の整合性については合理的関連性のないことが明白であるか否かが審査される。[26] そして、この三種の違憲審査基準が適用される領域としては、「厳格な審査」基準については「人間の人格的生存の基本にかかわること、また他の人権の基礎を構成するものであること、あるいはその政府による規制に対する鋭敏性に照らして、その制約の正当性は厳密かつ慎重に審査されるべきであり、その制約の正当性も原則として規制する側が立証(論証)すべき」とされている。「厳格な合理性の(中間)審査」基準は、人格的生存の基本にはかかわらないような精神的自由や人身の自由、消極目的による経済活動の自由規制等であり、ここでも制約の正当性は権利・利益を制約する政府側が立証(論証)すべきだとされる。最後に、「合理性の審査(緩やかな)」基準については、上記二つの基準が適用されないような権利・自由(例えば、積極目的での経済的自由に対する規制など)に関わるもので、ここでの権利・自由に対する制約は立法部において多数決原理によって決定されるべき政策的問題であるから、よほど明白に合理性を欠くと判断されない限り違憲とはならない[27]とされる。

このような三種の違憲審査基準論は、「二重の基準」論を否定するものではない。「二重の基準そのものは、代議的自治および社会福祉国家の憲法原則、経済的規制における違憲審査における司法手続の能力の限界、「公共の福祉」を特に強調する憲法22条・29条の趣旨などの諸点を考え合わせれば、わが憲法の下でも妥当する[28]」が、人権として保障される内容が豊富になり、人権価値にも微妙な濃淡や区別がみられるようになった現代国家では、精神的自由と経済的自由という単純な二分法の手法は緩和される必要があり、問題となる憲法上の自由・権利の性質や規制のあり方等によって憲法適合性の判定基準を決めていこうとするものになっている。そして、上述の審査基準を具体的な規制立法に適用する際には、立法を支える広範な社会的・経済的諸事実(いわゆる立法事実)の存否を検討していくことになり、機械的に審査基準をあてはめれば規制の憲法適合性に関する結論がおのずから出てくるというものではないことは確かであろうが、その守備範囲が比較的明確とされる「厳格な審査」基準や「合理性の審査(緩やかな)」基準の場合には、それらの審査基準の適用が決まれば、事実上、結果も決まってくるのではないかという疑問が提起される。すなわち、「厳格な審査」基準を適用すると、「裁判所は、目的・手段の双方において、立法者の判断に踏み込み、その根拠を厳しく問い直すことになる」ため、憲法上の自由・権利に対する規制は違憲と評価せざるを得なくなり、他方、「合理性の審査(緩やかな)」基準が適用されれば、「裁判所は、目的・手段の双方において、立法者の判断を尊重し、よほど不合理なことが見当たらない限り、基本権制限を合憲と評価しなければならない」ことになる。これでは、規制に対する憲法適合性審査を柔軟に行おうとして提唱された三種の違憲審査基準が、基準の硬直化を抱え込んでしまうことになるというのである。[29] それを回避するために両極にある「厳格な審査」基準と「合理性の審査(緩やかな)」基準の中間に位置づけられる「厳格な合理性の(中間)審査」基準は、両極の適用領域以外の状況で登場するということで客観的に単独で適用領域が決まらず、さらに柔軟な対応を可能にするという点で、規制の憲法適合性を評価する裁判所の主観的判断を取り込む可能性を秘めている。

さらに、「二重の基準」論を支える憲法上の論拠が民主的政治過程論や裁判所の能力論であるとすれば、[30] 審査基準の厳緩の決定は、人間の人格価値とのかかわりという憲法上の自由・権利そのものを基準として三種の違憲審査基準の適用領域を決定づけようとする見解とはずれてくることになる。特に、「二重の基準」論のある種の主要内容となる精神的自由の「優越的地位」論は、確かに論拠とされる国民主権原理や民主主義とのかかわり、個人主義(人格)的価値、自由主義的価値論などから精神的自由の重要性は論証できても、それが経済的自由に対比してより重要であることの立証には成功していない[31]とされることもあり、人格的価値論や民主的政治過程論では、違憲審査基準の厳緩を決定できないのではないか、また、審査能力の欠如という論拠についても、経済的自由の規制に対する緩やかな審査には必ずしも結びつかない[32]として、三種の違憲審査基準論の根底にある「二重の基準」論それ自体についての問題点が提起される。それと同時に、ここで取り上げた違憲審査基準論に対しては、「憲法問題に対する際の一般的アプローチ」としての違憲審査基準論に依拠していずれかの審査基準を当てはめれば、結論を得られるとすることを当然のように考える風潮があり、「違憲審査基準論を憲法判断のためのある種の作法としてだけでなく、実体的にも絶対的なものととらえ、具体的に提起される憲法問題について定型的にそれを適用すれば違憲・合憲の結論を導き出すことができるかのような誤解が存する[33]」との批判が提起できる。そのために、アメリカの憲法判例を参照した違憲審査基準論とは違う憲法問題の論証方法はないのかを模索するために、日本の最高裁判例を説明するには適しているのではないかと考えられるドイツの連邦憲法裁判所で用いられている比例原則を用いた実体的な三段階審査の手法が紹介され、日本の判例分析の手法として展開されるようになっている。

Ⅱ　三段階審査による比例原則の適用

「二重の基準」論をベースにする三種の違憲審査基準論絶対主義とでもいうべき憲法理解に対して、日本の最高裁は、明示的に違憲審査基準に言及することなく、憲法の実体的判断を下している。それでは、違憲審査基準論に依拠することなく、最高裁は、具体的事案の中で提起される憲法問題、特に憲法上の自由・権利の規制法律に対して、どのように憲法上の実体的判断をどのような理由から展開しているのであろうか。ここで、最初に考えるべきは、最高裁による憲法上の自由・権利に対する規制法律の違憲審査の構造である。最高裁は、多くの憲法事案で、以下のような方法で違憲審査権を行使している。すなわち、「最高裁が具体的事件解決のためにどのように違憲審査権を行使するのかを、段階的に分解してみれば以下のようになる。まず、下級審で認定された事実および当該認定事実への適用法令の内容に基づき、①憲法違反とされる法令がどのような憲法規範と抵触するのかの問題が設定され、②適用される憲法の規範命題（憲法判断の方法も含む）を提示し、③適用法令を解釈したうえで、④解釈された法令に憲法の規範命題を適用し、⑤合憲・違憲の判断を導出するという5段階に分類することができる[34]」ということである。この違憲審査の構造は、五段階に区別してはいるものの、実は、①の憲法問題の確定から②での適用される憲法規範の内容を提示し、③で具体的に憲法上の自由・権利を侵害するとされている適用法令の内容が解釈によって示され、そして④で問題の法令に憲法規範が適用されて⑤で結論が導出されるという大きく分ければ三段階の構造になっている。

この日本の最高裁が展開する違憲審査権行使の構造は、ドイツの憲法裁判で実践されている三段階審査の手法に非常によく似ている。そこでは、憲法が保障する自由を侵害からの防御権ととらえ、同時に、「国家からの自由」の保障にとって重要なのは《原則としての自由》と《例外としての制限》という原則―例外の関係であるということを前提に[35]、「審査の第1段階においてそれぞれの憲法上の権利の保障範囲を画定し（保護領域）、第2段階において、その憲法上の権利に対して《正当化を要する制限》といえるだけの強さの干渉が加えられたかを確認する。そして、第3段階で、憲法上の権利に対する制限が例外的に正当化されるべき憲法上の条件を充足しているのかが審査される。換言すれば、①原則が何であるかを明らかにし、②法律または処分等が原則に対する例外に当たることを確認し、③正当化されうる例外であるかを吟味する[36]」という三段階での審査手法である。そして、この三段階審査の手法は、「人権は本来、人に固有のものであり、不可侵であるという自然権思想を背景としつつも、それとはひとまず区別された限定的な法的権利として「憲法上の権利」ととらえることが有益」で、そのような「憲法上の権利の中でも典型的な自由権の解釈枠組みを考えてみることが意義のあること」であって、「こうした解釈枠組みが「防御権構成」とか「三段階図式」

とかの名の下で」構築されていると指摘[37]されることになる。

この三段階審査と呼ばれる手法は、「論証の形を教えるものであり、論証において何を重視すべきかは、事案との対話の中で具体的に考えて」いくしかなく、「審査の過程において検討すべきことを検討し、検討すべきでないものが紛れ込まないことを担保して、論証に明証性と検証可能性を与える」ものであって、「三段階審査は、切れ味ではなく、愚直さを売りにした手法である[38]」とされる。そのために、「二重の基準」論をベースにした違憲審査基準論のように人格的価値や民主的政治過程といったものが憲法判断に際して初めから重視されるというわけではない。また、審査をする前から審査対象となる事柄となる対抗利益の重要性や、法令で用いられている手段の強弱が決め手となるような手法になっているわけでもなく、その意味で、第三段階の制限の正当性判断においては、個別的比較衡量論と同様に何を決め手とするのかについての裁判官の主観が入りやすいとの批判[39]もあるが、ドイツの三段階審査では、その点をできるだけ可視化・検証可能にするように、戦後のドイツ基本法の下で憲法上の法原則とされた「比例原則」を用いることで、対立する利益を調整し、憲法上の権利に対する過度の侵害を違憲として排除していこうと考えることになる[40]。以下において、三段階審査の手法がそれぞれの段階でどのような問題を取り上げて、どのように行われるのかを概観していくことにする。

いわゆる「防御権構成」での審査の作法は、まずいかなる権利に対する制限が問題になるのかを確認し、その制限を正当化するための要件が充足されているのか否かを審査するという手順で展開される。すなわち、「保護領域→制限→正当化と進むことから、三段階審査と呼ばれる[41]」ということになる。そして、そこでの第一段階になるのが保護領域の画定とされる。憲法上の自由・権利のカタログは、人間の有する非定形で包括的な自由をいくつかの観点から類型化したものであるため、具体的な自由の行使およびそれに対する制限がどの憲法上の自由・権利の保護領域にかかわるのかを一義的に明らかにできない場合が考えられる。そこで、規制が加えられている行為がいかなる憲法上の自由・権利の保護領域に含まれるのかがまず確定されなければならない。この場合、「表現」や「職業」のように、ある活動の自由を保障するものと、「生命」や「人格権」のように、ある状態ないし法益を保全するものとがある。どちらの場合も、重要なことは、憲法上の自由・権利の保護領域を憲法より下位の法律から帰結してはならず、憲法上の自由・権利の保護領域は、憲法自体からその条文の解釈によって画定されなければならないということである。それと同時に、自由が自己決定の内容を含むものである以上、自由の保障は、ある行為を行う自由とともにそれを行わない自由も含んでいるという点も、保護領域を考える場合には重要になる。この保護領域の画定には二重の機能があり、保護領域に含まれる行為等に規制が加えられている場合には、その規制の正当化が要求されるという積極的機能と、保護領域に含まれない行為等の規制の場合にはその正当化が不要になるという消極的機能である。そのうえで、後者の消極的機能を勘案すれば、第一段階では、憲法上の自由・権利の「一応の」保護領域を広くとらえたうえで、制限の正当性の審査へと導くことが必要ではないかと指摘される。規制が問題ないと結論づけられたとしても、「結果的に保護されなかった」ということと「もともと保護されていない」ということとは憲法適合性審査における意味は全く異なるからである。保護領域に含まれない行為に対する規制は憲法上の正当化を必要としないというのでは、なぜ問題として制限されている行為が保護領域に含まれないのかを説得力をもって論証しなければならないが、それは、保護領域に含まれるが制限が憲法上正当化できるという論証の内容とは異なってくるために、保護領域からの除外については慎重な検討が必要とされる。三段階審査の手法における第一段階では、保護領域を広くとらえておくことが、規制の憲法適合性審査においては基本とされる。この過程で問題となる例が、表現の自由に対する規制に際して提唱される「定義づけ衡量」であり、慎重な衡量の結果として合憲的に規制できる表現内容を類型的に定義し、それを表現の自由の保護領域から排除するということになるからである(42)。

第二段階では、原則に対する例外の存在の確認になる。すなわち、保護領域に対する国家の介入行為が、規制する目的でのものか、強制権の発動になっているか、法形式をもってなされたのかということの確認である。最近では、それだけにとどまらず、国家の作用形式が多様化していることから、非権力的・間接的手段であっても「制限」の概念に含まれるとされている[43]。そのうえで、自由・権利に対する制限の形式的要件として、法律あるいは国家の具体的措置が保護領域に対する制約を加えているか否かが確認される。憲法上の自由・権利に対する規制は、国民の代表者である立法者に対してのみに与えられた権限である。したがって、憲法上の自由・権利に対する制限は常に法律によらなければならない。但しここでは、問題の制限が法律に根拠を有していても、「法律そのものによる」のか、それとも「法律に基づく措置」によるのかの区別は必要とされ[44]、いずれも制限の根拠が法律にあることになるが、原則に対する例外として正当化を必要としている国家行為が何かをはっきりさせておくことは必要である。したがって、法律に基づかない制限は、それだけで違憲ということになる（この場合、憲法41条違反）。なお、法律に基づく規制でなければならないというのは、大日本帝国憲法での「法律の留保」とは異なる。「法律の留保」は、憲法上の権利・自由の内容が法律で認められた範囲内のものにすぎないという点で、そこでは法律は自由・権利に対する規制ではなく、憲法上の自由・権利として保護されるものの内容を提示するものととらえられるのである。

以上のように、いかなる憲法上の自由・権利に対するどのような制限が問題になるのかが確認されたら、第三段階では、問題の制限が、原則に対する例外として認められるのか、すなわち制限が正当化のための要件を充足しているのか否かの判定が行われることになる。いわゆる自由・権利に対する制限の実質的正当化の問題である。ここでは、違憲審査基準論と同様に、規制目的の正当性・重要性を審査した後、規制手段の正当性判定方法としての比例原則の適用が行われる。そして、規制されている憲法上の自由・権利の意義や制限の強度に応じて、比例原則の厳格な適用と緩やかな適用が区別され、それが一般には審査密度の濃淡という表現で示される。日本の最高裁は、違憲審査の場面で比例原則という言葉を用いることは少ないが、一般的に規制の合理性・必要性という用語で違憲審査を行い、実質的には比例原則と審査密度を組み合わせる形での規制の憲法適合性の判定を行っていると解されている[45]。比例原則適用前のフィルターとしての機能を持つ目的審査では、自由・権利規制のための保護法益となる「公共の福祉」の内容として、他者の自由・権利に基づく法益なのか、権利以外の憲法条項に基礎を持つ法益なのか、立法者が定立した法律レベルの法益なのかを具体的に確認し、恣意的な目的や憲法に適合しない目的、憲法上の自由・権利の意義や制限の重大性に見合わない目的による制限を阻止するとの側面からの審査が行われる。ここで、規制目的に相応の正当性・重要性が認められると、次に目的・手段の関係を審査する比例原則の適用になる。それは、手段が規制目的の実現を促進しているか否かの手段の適合性、手段が規制目的実現に効果を持つのか否か、自由・権利に対して制限的でない他の手段が存在しないか否かの手段の必要性、手段によって得られる利益と失われる利益が均衡しているか否かの狭義の比例性の三点を審査するものになる[46]。そして、重要な自由・権利に対する強力な制限であれば、特段の事情がない限り、比例原則が厳格に適用され、自由・権利の重要性、制限の強力性の変化に応じて、比例原則の適用が緩められていくことになる。つまり、ここでの審査密度は、保護領域の画定において確認される憲法上の自由・権利の重要度、制限の確認で認定される制限の強度に応じて決定されていくことになり、その密度の濃淡に応じて立法者の判断に踏み込むべき度合いが変化していくのである[47]。

まとめ

以上の議論から分かることを踏まえて、ここまでの憲法上の自由・権利に対する制約を正当化する準則についての内容をまとめることにする。芦部教授による裁判規範としての憲法規範を生きた憲法とするために展開された憲法訴訟論の中での「二重の基準」論は、精神的自由の重要性から出発して、制限される憲法上の自由・権利の違いに応じて違憲審査の場面での審査密度に差異がある点を喚起し、部分的には裁判所で実践された点で評価を与えることができる一方で、権利の性質に応じて三種の違憲審査基準論へと展開されることでそれを絶対視してしまうといった問題点を孕んでいた。しかし、「日本の判例は審査基準を明確にすることなく、個別的比較衡量を多用[48]」したことから、アメリカの憲法判例に依拠する審査基準論ではなく、「思考を手助けする[49]」手法としてのドイツの憲法裁判で用いられる三段階審査での比例原則の適用へと変化していった。そこには、「一定の基準を設定し裁判官の主観的判断を可能な限り拘束した方がよい[50]」と考える三種の違憲審査基準論と、「硬直的な図式やマニュアルではなく、……事案に含まれる問題点を発見するプロセス[51]」を提示するドイツ式の三段階審査の議論の比較のような論点が含まれているが、前者が議会制民主主義を基礎にする統治体制の中での裁判所の役割から違憲審査の基準の厳緩を決めようとするのに対して、過度に民主的政治過程の尊重に依拠する日本の最高裁の態度から、果たして三種の違憲審査基準論でよいのかという問題も提起できる[52]。コモンロー裁判所として「裁判所の法創造機能を広く認める」アメリカの連邦最高裁で展開される三種の違憲審査基準は、ある種の裁判所による立法としての意味を持つ可能性がある[53]。成文法主義の下でできるだけ裁判所の権限行使を抑制しようとする日本の裁判所で、三種の違憲審査基準論がうまく機能していないことにも理由があるのだろう。

その点を考慮して、憲法上の自由・権利を保障する規定は「きわめて抽象度が高く、解釈の役割は大きき」く、「適用すべき条文と、条文を適用されるべき生の事実は、限りなく離れている」ために、「その隔たりを埋めるには、抽象的な条文と具体的事実との間で視線を何度も往復し、その権利の意義と事案の特徴を意識した論証をしていかなければならない[54]」という観点で展開されたのが、ドイツ式の比例原則を用いた三段階審査の手法である。この手法を用いれば、確かにある程度まで、日本の憲法判例と呼ばれる最高裁の判断について説明が可能になる。ただ、この三段階審査の手法は、三種の違憲審査基準論のように憲法上の自由・権利に対する規制を違憲・合憲と直截に判断できるものではない。また、この手法は、憲法判断を下すことが主目的となるドイツの連邦憲法裁判所で用いられているものであることから、具体的事件の解決を主目的とする付随的違憲審査制をとる日本の裁判所でどこまで有効に利用できるのかも考慮する必要がある。いずれにしても、日本の憲法判例というものをうまく理解し、今後、どのように裁判規範としての憲法規範を活かしていくのかを考えるためには、まず、日本において憲法判例といえるものが何かを明らかにし、その分析を進めていくことが重要になってくるのではないだろうか。[55] 審査基準なのか、審査の作法なのかということだけが問題ではないという点を最後に指摘しておきたい。

(1) 芦部信喜著・高橋和之補訂『憲法〔第7版〕』(岩波書店、2019年)80—82頁参照。

(2) 芦部(高橋補訂)・前掲注(1)82頁参照。そこでは、基本的人権を自然権的権利ととらえても、「人権を承認する根拠に造物主や自然法を持ち出す必要はなく、……「人間の固有の尊厳に由来する」と考えれば足りる」との説明が付け加えられている。

(3) 芦部(高橋補訂)・前掲注(1)99頁参照。

(4) 芦部(高橋補訂)・前掲注(1)12頁参照。

(5) この説明の仕方では「人権は不可侵であるが、絶対無制限ではない」ということになるが、この説明は「日本語として理解が困難」として、基本的人権も憲法に取り込まれて基本権となり、人権と基本権を区別して、人権は不可侵であるけれども、実定憲法上の権利である基本権は絶対無制約ではないと考える方が良いとする見解もある。渡辺康行＝宍戸常寿＝松本和彦＝工藤達朗『憲法Ⅰ基本権』(日本評論社、2016年)16頁(工藤執筆)参照。

(6) 市川正人＝井上典之「公共の福祉と違憲審査基準」井上典之＝小山剛＝山元一編『憲法学説に聞く』(日本評論社、2004年)43—45頁(市川発言)参照。

(7) この判断は、いわゆる食糧緊急措置令事件(最大判昭和24年5月18日刑集3巻6号839頁)で示されている。

(8) 最判平成23年7月7日刑集65巻5号619頁。なお、この事件は情報発信行為を刑法234条の犯罪として処罰することの可否が争われたもので、適用法令の憲法適合性それ自体が争われたものではないが、問題の情報発信行為が簡単に公共の福祉に反するものとして犯罪処罰が可能と判断している点で、ここに取り上げておく。
(9) 渡辺＝宍戸＝松本＝工藤・前掲注(5)74頁(工藤執筆)参照。
(10) 昭和30年代までの代表的な手法は、前掲注(7)で挙げた食糧緊急措置令事件が代表的な先例となって表現の「自由は極めて重要なものであるが、しかしやはり公共の福祉によって制限される」として、わいせつ文書とされる出版物は公共の福祉に反するから、規制されても憲法違反ではないと判断したチャタレー事件(最大判昭和32年3月13日刑集11巻3号997頁)が、抽象的で包括的な概念である「公共の福祉」を憲法上の自由・権利制限の一般的な正当化理由として示す典型例となっている。
(11) 憲法訴訟論のこのようなとらえ方は、芦部先生の憲法訴訟論の出発点とでもいうべき『憲法訴訟の理論』(有斐閣、1973年)の「はしがき」1—2頁で展開されている。
(12) 芦部(高橋補訂)・前掲注(1)104頁参照。
(13) 芦部(高橋補訂)・前掲注(1)103頁参照。そこでは、この個別的比較衡量の手法の有用性を認めて、同じ程度に重要な憲法上の自由・権利が衝突し、その調整を行うような、裁判所が仲裁者として働くような場合に限定して用いるのが良い、とされている。
(14) 芦部(高橋補訂)・前掲注(1)105頁参照。
(15) 芦部信喜『憲法訴訟の現代的展開』(有斐閣、1981年)79—80頁参照。
(16) 芦部・前掲注(15)81頁参照。
(17) 芦部・前掲注(15)82—83頁参照。これら「二重の基準」論を支える二つの根拠については芦部(高橋補訂)・前掲注(1)202—203頁も参照。
(18) 最大判昭和44年10月15日刑集23巻10号1239頁。
(19) 芦部・前掲注(15)66頁参照。
(20) 最大判昭和47年11月22日刑集26巻9号586頁。
(21) 芦部・前掲注(15)67頁参照。
(22) 最大判昭和50年4月30日民集29巻4号572頁。
(23) 芦部(高橋補訂)・前掲注(1)203頁参照。
(24) 芦部(高橋補訂)・前掲注(1)105頁参照。

(25) 渋谷秀樹＝赤坂正浩『憲法1人権〔第8版〕』(有斐閣、2022年)364頁(渋谷執筆)参照。

(26) 渋谷＝赤坂・前掲注(25)364―365頁(渋谷執筆)参照。なお、ここで提唱される三種の違憲審査基準の中間審査基準となる「厳格な合理性の基準」については、厳格な審査基準と緩やかな審査基準の中間に位置するものとしてアメリカの憲法判例で用いられたアプローチとされ、この中間審査基準によって実質的な憲法適合性審査が目的および手段の審査として展開されていることの紹介として、芦部・前掲注(15)98―109頁参照。

(27) 渋谷＝赤坂・前掲注(25)367―369頁(渋谷執筆)参照。なお、ここでは、「厳格な合理性の(中間)審査」基準の適用の場面での経済的自由に対する規制が問題になる場合、規制されている私人の側が制約の不当性(すなわち違憲性)を立証(論証)しなければならないとしているが、通常、「厳格な合理性の(中間)審査」基準の場合、「厳格な審査」基準同様、違憲性の推定が働き規制する側が正当性の立証(論証)責任を負うと考えられている。

(28) 芦部・前掲注(15)111頁参照。

(29) この点の指摘については、渡辺＝宍戸＝松本＝工藤・前掲注(5)79頁(工藤執筆)参照。

(30) この点、単純な二重の基準に基づいて法令の憲法適合性審査を行っているわけではないことを示した日本の最高裁の薬事法の薬局の適正配置規制事件(前掲・注22)での審査基準が、規制目的二分論からだけではなく、「職業の人格的価値との関連性を重視した」人格的アプローチの手法を内包していると考えることができる。この点については、井上典之『憲法判例に聞く』(日本評論社、2008年)187―197頁参照。

(31) 棟居快行『人権論の新構成』(信山社、1992年)241―245頁参照。

(32) 棟居快行『憲法学再論』(信山社、2001年)410―412頁参照。

(33) 井上・前掲注(30)2頁参照。

(34) 井上典之「憲法判例と憲法解釈――最高裁の憲法判断とその先例性」公法81号(2019年)7頁参照。

(35) 小山剛『「憲法上の権利」の作法〔第3版〕』(尚学社、2016年)12頁参照。なお、この内容は「防御権の作法」との節の前段階で提示され、「憲法上の権利の中心は、自由権」であり、「自由権規定は、国家の侵害に対抗する市民の「防御権(Abwehrrechte)」を保障する」との記述から始まる。

(36) 小山・前掲注(35)4―5頁参照。

(37) 宍戸常寿『憲法 解釈論の応用と展開〔第2版〕』(日本評論社、2014年)27頁参照。

(38) 小山・前掲注(35)7頁参照。
(39) このような批判が考えられることの指摘としては、芦部(高橋補訂)・前掲注(1)107頁参照。
(40) 比例原則についてのこの説明は、小山・前掲注(35)70頁参照。この比例原則が、警察比例の原則から行政法の一般原理となり、現在では「立法権まで拘束する憲法上の原則になるに至った」点の指摘については、宍戸・前掲注(37)17頁参照。
(41) 小山・前掲注(35)14頁参照。
(42) ここでの説明内容を具体的に展開するものとして、小山・前掲注(35)24―26頁参照。
(43) 小山・前掲注(35)36頁参照。
(44) 渡辺＝宍戸＝松本＝工藤・前掲注(5)69―70頁(工藤執筆)参照。なお、小山・前掲注(35)47―48頁でも、同趣のことが記述されている。
(45) 小山・前掲注(35)63―65頁参照。なお、この点に関連して、棟居快行＝小山剛「経済的自由権と規制二分論」・井上＝小山＝山元・前掲注(6)115頁(棟居発言)も参照。
(46) 小山・前掲注(35)70頁参照。なお、比例原則の内容に関する同種の説明として、渡辺＝宍戸＝松本＝工藤・前掲注(5)76―77頁(工藤執筆)も参照。
(47) 渡辺＝宍戸＝松本＝工藤・前掲注(5)78頁(工藤執筆)参照。
(48) 芦部(高橋補訂)・前掲注(1)106頁参照。
(49) 宍戸・前掲注(37)27頁参照。
(50) 芦部(高橋補訂)・前掲注(1)107頁参照。
(51) 宍戸・前掲注(37)27―28頁参照。
(52) この点は、芦部先生自身も問題と感じていた可能性を示唆することがある。例えば、芦部・前掲注(15)111頁では、審査基準の差異があることを明らかにした判例の立場は評価できるが、「問題は優越的地位にある精神的自由の領域で、はたしてそれにふさわしい基準が判例上準則化されているかにある」と指摘している。
(53) この点の指摘は、芦部(高橋補訂)・前掲注(1)107頁参照。
(54) 小山・前掲注(35)3頁参照。
(55) この点の指摘として、井上・前掲注(34)19―20頁参照。

第六章　人権の私人間適用
――State Action 理論の活路・基本権保護義務という要路

西村枝美

はじめに

日本国憲法上の権利（以下では芦部にならい、「人権」という）は対国家の権利であるが、私人による人権侵害的行為にも効力を拡張するという現在の通説の土台を築いたのは、芦部の多くの業績のうちの一つである。[1]芦部は、アメリカの state action 理論、ドイツの間接的第三者効力説、そして直接的第三者効力説の趣旨をすべて取り込む説を展開した。すなわち、まずは、人権保障の本旨は第一次的には対国家権力にあることを曖昧にしないために、また私的自治領域での人権規定の効力の相対化を認めるゆえに、間接適用説を中心に据える。[2]それにとどまらず、規定の文言・沿革、趣旨・目的および機能等に照らして一部の人権規定には直接適用を認め、[3]さらに間接適用説では憲法問題にできないと芦部が考える「純然たる事実行為に基づく私的な人権侵害行為」には state action 理論を参照する。[4]

芦部は自分の立場について次のように説明している。「私はいわゆる間接効力説を中心に据えながら、問題をすべて直接効力か間接効力かの二者択一で割り切らないで、人権を侵害する私的行為の性質上の相違に応じて、個々具体的に多様な角度から、人権保障の精神を実現するような法的構成を試みることが必要である、という立場を採りました」[5]。

ただ、芦部説は通説とされる間接適用説を説明する際必ず参照されていながら、決してわかりやすい構造ではなく意図が見通し難い地帯が複数ある。本稿ではそれらを取り上げる。

I State Action 理論の位置づけ

アメリカの判例法理のうち国家同視説と芦部が呼ぶ state action に関する理論とは、公権力と私的行為のかかり合いが「密接」であったり私的行為が「『公的性格』が強度のもの」であったりする場合に限り私人の行為を国家のそれと同視し、憲法の規制に服させるものである[6]。芦部は、この理論が連邦制度ゆえのものであり日本の法制度には適合しないとの批判に対し、「私的行為と公権力行為とを区別するラインを引くことを主たる目的として、判例上発展した」ものであって、「わが国でも決して『場ちがい』ではない」と反論する[7]。確かに「場ちがい」ではないかもしれないが、なぜ、この理論は「純然たる事実行為に基づく私的な人権侵害行為」の場合に用いるべき[8]なのかが不明である。

ドイツで近年、私人でも「特定の状況では国家と同等の基本権拘束[9]」がなされるという「新しいアプローチ[10]」を連邦憲法裁判所が採用した、と議論が巻き起こっている。これを参照することで、state action 理論の位置づけの再考を試みる。

1 「国家と同等」の私人への基本権拘束――ドイツ

(1) 前哨戦――フラポート判決

ドイツでの「新しいアプローチ」の先駆けとなったのは、フランクフルト空港の管理会社Y（州と市が52％株式保有）に対し、公衆にアクセス可能な空港のエントランスホールでの集会を容認しなければならないとした連邦憲法裁判所の判決である（フラポート判決）[11]。この判決の注目点は、国家によって管理されている私法形式での半官半民企業であれば、国家完全所有の企業と同様、基本権の直接拘束に服し、株式の過半数を国家が保有するYはその直接拘束対象であると判示したことである[12]。この判決は民営化が基本権拘束からの解放を意味しないことを示しており、その影響は広範囲に波及しうる[13]。だが、同時にもう一つの種がまかれた。基本権拘束の有無において「決定的なのは公共部門への私人の属し方ではなく、社会における位置づけである」[14]と受け取られたのである。なぜなら傍論部分にて純粋な私人でも、基本権拘束が国家のそれと「接近、ないし同等」[15]になる可能性に触れたからである。すなわち、公共的な街頭などでのコミュニケーションが、今日ショッピングセンター、ショッピングアーケード、その他の出会いの場所となる「さらなる諸フォーラム」によって「ますます補完されている」場合、集会の自由はそのような諸施設の交流エリアでも排除されない、と言及したのである[16]。このフラポート判決は、その後、純粋な私企業が管理権を持つ町の中心街広場での集会を認めた連邦憲法裁判所第一法廷第三部会の決定（缶ビール・フラッシュモブ決定）にて参照され、「私人が、実際に伝統的に国家が行っているのと同等の義務や保障を行う立場に成長している場合には、私人は基本権の間接的第三者効力の手法で、その固有の基本権にかかわらず国家に相似してあるいは国家と同じく広く義務づけられうる」との判示を支えることになる[17]。

(2) 私人への憲法による特別な法的責任――スタジアム入場禁止決定

こうした私人への国家と同等の基本権拘束という論点の中で学説の議論の中心にいるのがスタジアム入場禁止決定

である。[18] サッカーチーム運営会社Yから約2年間ドイツ全領域でのすべてのサッカーイベントへ入場禁止をされた過激ファングループに属するX(16歳)が基本権侵害を主張し争った事件である。連邦憲法裁判所の決定の注目点その一は、平等取扱いの要請(基本法3条1項)により、スタジアム入場禁止が恣意的ではなく、客観的理由に基づくことを要求したことである。連邦憲法裁判所は、基本法3条1項からは私人の法関係への平等取扱いを要請する間接的第三者効力は生じないとしつつも、「特定の状況 spezifische Konstellationen」ではそれが生じうるとしたのである。その「特定の状況」を引き起こす決め手となるのは、「主催者が、自身の判断で属性問わず不特定多数の客にオープンにしているイベントから、管理権に基づき一方的に排除し、かつその排除が当事者にとって社会生活への参加に著しく影響する」性格を持つことである。その場合には、管理権を有する私人は「憲法により特別な法的責任」を負い、「私人は管理権――別の諸事例ではおそらく独占または構造的優位性――から帰結される決定権を、特定の人々に客観的根拠なくそのようなイベントから排除するために、行使してはならない」とした。[19] 注目点その二は、適正手続を要求したことである。基本法3条1項による客観的根拠の要請は「手続的要請」と結びついており、スタジアム運営者は状況を明らかにするために「期待可能な諸努力」をしなければならず、ここには「原則当事者への事前の聴聞が含まれる」としたのである(ただし理由のあるケースならばまずは聴聞なしで決定したうえで、あとで追完することも可能とし、民事裁判所は、違法性判断に際し、「イベントの大衆性だけでなく、暴力的なファングループによってもたらされる特定の脅威や、スタジアム来訪から排除された人々の利益」を考慮しなければならないとした[20])。

この決定は確かに純粋な私企業であるYが基本権に直接拘束されるとは述べていない。[21] しかし「「用心深い」とすらいっていいほどの抑制にもかかわらず」[22]、学説は一定の場合には私人が国家と同等の基本権拘束を受けると判示したと受け止めている。なぜなら、私法は、「私的自治の及ぶ行為には恣意コントロールを包括的に追加することができないように、契約強制の要請をする際にはきわめて詳細な構成要件をおくという特徴がある」にもかかわらず、そうした規定のない領域で恣意禁止(平等取扱い)を要請したからであり、また通常の契約締結拒否に際して「私人に「手続法」上の要請をすることは私法には未知」だからである[23](なお連邦憲法裁判所は、本件の場合の事前の聴聞義務は、私法上の根拠がないことは認めているが、類似の手続権が認められた専門裁判所での民事判例を挙げ、この義務が公法特有ではないとしている[24])。平等取扱いの要請や事前の聴聞義務が私法上の準拠点を欠いている以上、間接的第三者効力という言い回しは「もはや意味のある内容を持たない空疎な決まり文句になる[25]」。

こうした一連の連邦憲法裁判所の判断は、Facebookなどの大規模ソーシャルメディアによるアカウント停止の要件や手続、Schufa(民間信用調査会社)のいわゆる信用スコアへの照会や削除請求権などの領域に波及することが指摘されている[26]。

2 「特定の状況」の要件――学説の整理

私人には通常課せられない憲法上の法的責任を生じさせる「特定の状況」とは何かについての学説の整理を二つ紹介する。

グライナー/カッレ[27]は、連邦憲法裁判所のいう「特定の状況」とは、両当事者間の「権力落差」によって特徴づけられているとし、これは、①決定「権力」という意味だけではなく、②社会生活の参加のためのアクセスの意義という基準も基礎にあるとする。そしてこの「権力落差」の判断基準の中核は「構造的劣位性」にあるとする(グライナー/カッレは、「構造的劣位性」概念を連邦憲法裁判所が用いた基本権保護義務論採用諸事例もこの「特定の状況」の一領域に含めている[28])。

他方、ヘルガートは、連邦憲法裁判所よりも範囲を限定する提言をしている[29]。彼は、連邦憲法裁判所自身は、基準①(一般公衆に開かれている)、という射程の広い基準を補完するために、基準②(社会生活への参加のためにその出入りが不可欠である)を挙げているとしつつ、この基準は「実践に役立つ限界づけとして適切とはいえない」とする。そしてむしろ私法上の(法)人への基本権拘束は、(法)人が、例えば株式の過半数を保有されることによって機能的に国家に分類されうるか、国家的な影響力の可能性が存在する場合に説得力を持つ、とする。またそれ以外にも国家と同等の基本権拘束が生じうるが、それは、以前は公的に運営されていた領域(幼稚園、病院など)からの「国家の撤退に対する反作用」の領域であるとする。したがって水道事業の民営化のように生活インフラに関わる基本的諸機能からの排除が問題となる場合には国家と同等の基本権拘束の問題となるが、サッカーイベントには基本的生活インフラの一部として「生活に不可欠」といえる要素がない、としてスタジアム入場禁止決定を批判する。

3 小括

フラポート判決は、基本権の直接拘束と間接拘束の違いを以下のように説明していた。前者は「原則的な市民への説明責任に依拠」しているが、後者は、「市民の自由な領域の調整のためであり、したがって最初から相対的である」(30)。間接的にしか基本権に拘束されない私人には、そもそも市民への説明責任は課されていない。対立する利益との調整の必要性があるだけである。しかし、万人に開かれている(べき)はずの社会参加から、私人を、構造的に優位にある私人が一方的に排除した場合、その説明責任を引き起こす。

こうしたドイツでの事例は、アメリカでの state action 理論が示す基準と思考の運びが重なる。ただ、芦部と異なり、国家と同視された私人への基本権直接拘束は、ドイツでは「純然たる事実行為に基づく私的な人権侵害行為」と結びつけられていない。間接的第三者効力が妥当しうる領域での行為にも、基本権の作用を上書きするために用いられている。フラポート判決のように、私法形式であっても国によって管理されている場合には国家と同じく基本権の直接拘束に服させるために。またスタジアム入場禁止決定のように、基本権主体である私人でも「特定の状況」では間接的第三者効力の形式を外観上用いながら自己の行為への説明責任を課すために。こうしてみると、state action理論の思考は、「純然たる事実行為」の領域に限って発動されるような性質のものではなく、私法領域全体に対して私人には通常課せられない憲法上の法的責任を生じさせるべき場合があることを基礎づけるためのものだったのではないか。state action 理論を、「純然たる事実行為」領域から解放すべきである。

Ⅱ 「純然たる事実行為」の位置づけ

1 芦部が念頭に置いていたもの

state action 理論をⅠ－3のように位置づけるなら、残った「純然たる事実行為に基づく私的な人権侵害行為」のほうはどうなるのだろう。そもそも芦部が考えている「純然たる事実行為」とは何だろうか。確かにこれは民法的な区分であるところの、法律行為に対する事実行為である可能性もある。しかし、おそらくこの「純然たる事実行為」で芦部が念頭に置いていたのは、そうした民法的な区分ではない。なぜなら芦部は、「純然たる事実行為」以外の領域を法律行為として一括せず、価値を充塡する規範の性質の違い（民法90条などの民法、墓地埋葬法といった行政法規や学則等の各団体の内部規則）に着目して分類しているからであり、また「純然たる事実行為」領域を民法709条などの不法行為法による間接適用説ではカバーできないと結論づけているからである。(31) そうすると「純然たる事実行為」とは、価値を充塡する何らかの規範がある場合と、ない場合、という区分をしたうえで、その後者、と見るべきであろう。そういう分類としてみたときに、価値を充塡する規範が欠如している場合、私人の人権侵害的行為にどう対応するかにつき日本の憲法学はほとんど論じていないことに気づかされる。

2　価値充塡する規範がない場合――ドイツ

ドイツで価値を充塡できる規範がない場合、どうしているか、というと、答えは明確である。憲法適合的法形成[32]が発動する。ドイツの伝統的法学方法論に従い、解釈と法形成とを概念上区別する場合[33]、間接適用説が問題にしているのは、基本的に前者に関わる[34]。後者は、事件に適用すべき制定法が欠如している場合、その欠缺補充のために行われる。この法形成を、法律の欠缺補充ではなく、憲法価値を実現するために行うのが憲法適合的法形成である[35]。

芦部もこの憲法適合的法形成に相当する領域についてデューリッヒが言及している部分を紹介している。デューリッヒは、基本権の私法規範への価値充塡の強度を三段階にわけ、その第三段階の領域については以下のように述べている(芦部の要約を引用する)。「基本法1条1項・2条1項のような、憲法の価値体系を方向づける、憲法的に命ぜられた価値保護のための基準点(Orientierungspunkte)が私法の権利保障システムにおいて欠けている場合に、その価値保護の欠缺を充足する」、と[36]。もっともデューリッヒはこの第三段階の含意を十分に深めようとはしなかったが[37]。

ただこの第三段階での価値充塡方法は、間接的第三者効力説採用との整合性が問われうる。ベッケンフェルデは、デューリッヒが私法の独自性の尊重を説き直接的第三者効力を強く批判したにもかかわらず、この第三段階の領域では憲法において承認された個人の価値を第三者侵害から保護するために「憲法の直接的作用を肯定」しているちぐはぐさを指摘している[38]。しかしながら、憲法適合的法形成を肯定することが直ちに間接的第三者効力説採用と齟齬をきたすとは限らない。法形成に際しても私法との対話が不要となるわけではなく、ドイツにおいては立法者の意図や価値判断を超える憲法適合的法形成は許されない、とする学説が広くみられるからである[39]。その一人であるシュテルンは、憲法適合的法形成と憲法適合的解釈との区別は困難であることを認めつつも、裁判所が「もはや法の解釈者にとどまるのではなく、自らを法の創造者に昇格させる」ため、立法者の価値判断に反する憲法適合的法形成は許されないとしている[40]。

こうした法形成と憲法の関係は、憲法的観点からの法の欠缺補充だけでなく、裁判所による法形成を憲法違反として止める形でも現れうる。民事裁判は原則として憲法が要請する最小限度を超えて、個人の法的地位を法形成の手法で強化できる。[41] そうであっても、法形成が対立する当事者に著しい権利侵害を引き起こす場合などは法形成の限界を超える。[42] 日本においても裁判所による法形成の広さを示す例として、譲渡担保などの非典型担保がある。これは民法上規定された担保制度では(債権者から見て)時間と経費がかかることを理由にして当事者間で実際に用いられている手法を、判例で担保として解釈するようになったものである。[43] この民法教科書に一章は割かれている一大領域を憲法の観点からどう位置づけるのか考える価値はあると思われる。こうした裁判所による法形成の領域において、時に法形成が人権を著しく侵害する場合には憲法違反としたり、[44] 逆に人権保障のために憲法に基づき法形成を要請したりする役割が憲法にはある。

3 小括

デューリッヒを参照して間接適用説を主張した芦部は、人権規定の私法への作用方法につき、デューリッヒが第二段階に割り振った一般条項への価値充塡方式に加え欠缺補充という第三段階も存在することを認識していた。芦部は、デューリッヒが展開しなかったその第三段階をアメリカの参照により補おうとしたのではないか。ただ、そのアメリカの理論は、確かに法形成を要請する可能性が高い一領域であるものの、法形成全般に対する憲法の役割があることを示す理論ではなかった。

Ⅲ　基本権保護義務論の位置づけ

1　芦部が袂を分かつ理由

芦部は、ドイツでの最近の通説的見解が「私の今までの考え方と基本的に違う」と述べる。客観的価値秩序の側面が益々強調され、国の基本権保護義務が「間接効力説を支える最も重要な論拠」とされる点が、である。そして、「国の実体を具体的に問うことなく」国の基本権保護義務論が説かれていることに対し、「日本の伝統と戦後の憲法状況下では、人権に不当な国家権力の介入を招く恐れが大きくなる」ことを挙げて、「日本の問題を考えるうえでより適切」なのはシュリンクやベッケンフェルデの立場とする。(45)

芦部が基本権保護義務論に消極的な理由は、ベッケンフェルデらへの共感から推して、配分原理、すなわち国は原理的に限定されたものであり、社会は原理的に限定されないものであるという自由主義的法治国家観に基づく配分原理(46)にこの基本権保護義務論が適合しないからであろう。芦部は「憲法の最もすぐれた特徴」を「国家権力を制限して国民の権利・自由を守ることを目的とする」立憲的意味に見出している。(47)この憲法の屋台骨は芦部に人権の私人間適用問題にも直接適用説ではなく間接適用説を中心に据えさせた。基本権保護義務論も、人権の性格を、国家権力を制限するものから、市民の自由領域への介入を要請するものにし、「基本権機能を正反対のものに変える」(48)。主軸を直接適用説に置かなかった理由と同様に、基本権保護義務論を中核に据えることはできない、ということであろう。

2　三つの当惑

(1)　芦部説と配分原理との隔たり

こうした芦部の主張は基本姿勢としては納得できるが、同時に当惑も生じる。その一つ目は、「日本の問題を考えるうえでより適切」と芦部が述べたシュリンクやベッケンフェルデが芦部説と同じ立場に分類不能なことである。シュリンクとベッケンフェルデの共通点は、原理としての基本権への危惧から、基本権に客観的価値秩序の領域があることへの承認自体を避け、憲法の射程を国家と市民の関係に限定することである[49]。他方芦部は、その客観的価値秩序に依拠して、憲法が国家と市民の関係だけでなく全法領域の価値決定を行っているとして間接適用説を主張している[50]。またベッケンフェルデらが堅持する配分原理からは、論証責任の不平等な配分も帰結する。すなわち、国は自由に介入する際、その行為を正当化しなければならないが、社会は自由の行使を正当化する必要がない[51]。したがってベッケンフェルデなら、自己の行為を正当化しなければならない主体を、国家、これに加えてＩ－２でのヘルガートのように、国家の株式保有率が過半数を超えている企業や国家が担うべき業務から撤退した領域に限定するはずであり、スタジアム運営会社やFacebookのように、国家ではなく社会に属する主体にまでその行為に正当化を要求するのは、配分原理に反するとするのは明白である[52]。他方、芦部は、純粋な私企業にも公共性がある場合には連邦憲法の規律に服させた１９６０年代のstate action理論を肯定的に参照し、特定の状況下では公法の論理で、社会の規律に乗り出すことを選択した。

そもそも第三者効力問題におけるシュリンクの立論は、裁判所による介入とみた防御機能的構成を採用する点で芦部が「妥当ではない」とした司法的執行の理論の無限解釈に近似しており[53]、ベッケンフェルデのそれは、社会問題の解決を議会の領分とするものであり裁判でも基本法ではなく各法領域の一般原則に委ねる点で、新無適用説と称される高橋和之説と実質同一である[54]。芦部説とも実際にはきわめて距離があるものの推挙をどう受け止めればよいのだろうか。

(2) 芦部説と基本権保護義務論との両立可能性

当惑の二つ目は、ドイツでの最近の通説的見解なるものは、確かに芦部のいうとおり、「保護義務論が第三者効力論の前提を築く[55]」とするが、実際には主張内容がばらばらであり、その中には芦部の懸念を一定免れている説があるように思われることである。例えば、他領域で登場した保護義務論を第三者効力問題にとって「決定的かつ全面的[56]」にした論者であるカナーリスの説では、保護という要素は複数ある基本権機能の一つとして登場するにすぎず、国家の始原的任務としての市民の保護は、基本権諸機能のうちの保護要請機能を基礎づけるためにだけ登場する[57]。私法領域への基本権の作用全体を基礎づける論拠は、基本権保護義務論ではなく、実定法解釈によって端的に導出される[58]。カナーリスの理論は、基本権保護義務論というより、基本権機能論[59]と呼ぶ方が適確である。

しかもこの説は、基本権の矛先を私人ではなく国家機関が制定した規範に向けるため、間接的にせよ私人の統制を狙う間接適用説より、芦部の憲法観に近いのではないかとすら思われる。つまり、カナーリスは、私法規範に対する基本権の直接適用で立論する。法律は基本権が直接適用される。そしてその法律は事件への適用に際し必然的に裁判所の補完を必要としている。したがって、その裁判所の補完部分、すなわち裁判所が解釈や法形成により判断の基礎においた命題(レイシオデシデンダイ)に対しても基本権の直接適用を主張し、こう考えれば、間接的第三者効力のようなあいまいな概念を経由しなくて済む、とする[60]。芦部も、「上訴審で下級審の判決(民法解釈)の違憲を争うことも許されてよい[61]」と指摘しており、まさにこうした裁判所による解釈や法形成に対する憲法適合性審査に憲法の役割ありとしたのがカナーリスである。

この説は、芦部説と相容れないものではないのではないか。

(3) 間接的第三者効力のバージョンアップとしての側面への未回答

三つ目の当惑は、ドイツでの最近の通説的見解なるものが、基本権保護義務論を受け入れたのにはそれなりの理由があり、その理由から芦部説も逃れられないと思われることである。芦部は基本権保護義務論の範囲や程度が「そもそも限定することがきわめて難しい」と懸念を示した。[62] しかしこの懸念はそっくりそのまま芦部の主張する間接適用説にも当てはまる。なぜなら、ドイツにおいて、第三者効力論を基本権保護義務で支えようとするのは、客観的価値秩序というあいまいな概念でそれを支えることへの疑念からであり、[63] 基本権諸機能での説明が主流となるのは、価値の照射効という非法律学的概念を使用せず、国家と市民の二極関係以外の多極的法関係を捉えようとするからであり、[64] 自由への介入による保護を認めるのは、複雑化する現代社会においては自由主義的法治国家観への賛意がもはや社会の自律的解決能力にすべて委ねることを意味しないとの現状認識[65]からである。こうしたドイツの学説状況からは、単に間接的第三者効力というだけでは私法と基本権の関係に「完全に対処するのには不十分」[66]という大きな流れが見て取れる。

基本権保護義務論ないし基本権機能論は間接的第三者効力のバージョンアップという側面を有している。間接適用説が内包する理論のあいまいさを補完するという点で、芦部説にも無関係ではないにもかかわらず、芦部は自説への波及効果部分を等閑視してはいないか。

3　小括

芦部が基本権保護義務論を中心に据えることを拒否したとしても、作用のありようを「価値の充塡」としか説明しない間接適用説には、もはやとどまることはできまい。

おわりに

本稿では、通説といわれつつも難解な芦部説に、補助線を引くことを試みた。state action 理論の思考を「純然たる事実行為」領域から解放し、領域横断的に、私人には通常課されない憲法上の法的責任を引き起こすトリガーとして位置づけた。他方、「純然たる事実行為」のほうは、民法にいう法律行為に対比される事実行為ではなく、法律の欠缺領域と位置づけしなおし、憲法適合的法形成が発動する場とした。

自由主義的法治国家観に基づく配分原理を支持する芦部は、自説がこの原理に組しているというなら説明が必要であるにもかかわらずそれをしていない。他方、国家の保護義務論が配分原理に対立するとは限らない。配分原理を体現しつつ、基本権保護義務論ないし基本権機能論への態度表明を行う理論のさらなる構築が求められよう。

(1) 芦部信喜の憲法の私人間適用問題にかかわる主要な文献は以下の通りである。『現代人権論』(有斐閣、1974年)からは①「人権保障規定の私人間における効力」(初出1964年)3頁以下、および②「私人間における基本的人権の保障」(初出1968年)49頁以下。『憲法訴訟の現代的展開』(有斐閣、1981年)からは、③「私人間における人権の効力」(初出1975年)361頁以下、および④「私的団体に対する人権規定の効力」(初出1978年)381頁以下。『宗教・人権・憲法学』(有斐閣、1999年)からは、⑤「人権論五〇年を回想して」(初出1997年)217頁以下。また、「自分の考え方を総括するつもりで書いた」⑤224頁注(5)とされているのは、⑥「私人間における人権の保障」芦部信喜編『憲法Ⅱ人権(1)』(有斐閣、1978年)39頁以下。他に、全体像がわかるものとして⑦『憲法学Ⅱ人権総論』(有斐閣、1994年)279頁以下。

(2) 前掲注(1)②58頁以下、前掲注(1)⑥67頁以下。

(3) 前掲注(1)②72頁以下、前掲注(1)⑥74頁以下。

(4) 前掲注(1)②71、76頁以下、前掲注(1)⑥89、97頁以下。

(5) 前掲注(1)⑤225頁、前掲注(1)②92頁、前掲注(1)④382頁。

(6) 前掲注(1)③362頁。前掲注(1)①23頁以下、前掲注(1)③366頁以下、前掲注(1)④381頁以下、前掲注(1)⑥97頁以下。日本での具体例については前掲注(1)②76頁以下、前掲注(1)⑤227頁以下、芦部信喜『演習憲法〔新版〕』(有斐閣、1988年)35頁以下。

(7) 前掲注(1)③365頁以下、前掲注(1)⑤224頁以下。

(8) 前掲注(1)②71頁、前掲注(1)⑥89頁。

(9) Fabian Michl, Situativ staatsgleiche Grundrechtsbindung privater Akteure, JZ 2018, S. 910(911).

(10) Simon Jobst, Konsequenzen einer unmittelbaren Grundrechtsbindung Privater, NJW 2020, S. 11(16).

(11) BVerfGE 128, 226(243ff.). 基本権主体性の観点から、石村修『基本権の展開』(尚学社、2017年)56頁以下、宮森征司『自治体事業と公私協働』(日本評論社、2023年)45頁以下。集会の自由の観点から、岡田俊幸「私有地における集会の自由」日法85巻2号(2019年)175頁以下、門田美貴「私有地における集会の自由と管理権」法学政治学論究128号(2021年)132頁以下、毛利透「集会の自由」同編『講座 立憲主義と憲法学第3巻人権Ⅱ』(信山社、2022年)254頁以下など。

(12) BVerfGE 128, 226(244f., 250). 学説との異同につきChristian Burkiczak, Grundrechtswirkungen zwischen Privaten, in: Becker/Lange(Hrsg.), Linien der Rechtsprechung des Bundesverfassungsgerichts, Bd. 3, 2014, S. 115(134).

(13) Johannes Masing, Grundrechtsschutz trotz Privatisierung, in: FS für Bryde, 2013, S. 409ff.; Cristoph Enders, Anmerkung, JZ 2011, S. 577(578ff.).

(14) Jobst(Anm. 10), S. 16.

(15) BVerfGE 128, 226(249).

(16) BVerfGE 128, 226(251f.).

(17) BVerfG, NJW 2015, 2485. 小山剛「私有地における集会の自由と基本権の私人間効力」自研96巻11号(2020年)154頁以下。

(18) BVerfGE 148, 267(278f.). 玉蟲由樹「一般的平等原則の私法への照射効」自研95巻4号(2019年)154頁以下、木村俊夫「ドイツ連邦憲法裁判所における基本権の実質的直接効力説の衝撃」熊法１４８号（２０２０年）１頁以下。

(19) BVerfGE 148, 267(283f.).

(20) BVerfGE 148, 267(285f., 286f.).

(21) ただし「諸状況の不可避性、両当事者間の不均衡、特定の給付の社会的意義もしくは一方の社会的権力性」がある場合には間接的第三者効力が重要な役割を果たす、と述べ、フラポート判決と基本権保護義務を用いた保証契約判決(BVerfGE 89, 214)を引用している。BVerfGE 148, 267(281).

(22) Michl(Anm. 9), S. 912.

(23) Alexander Hellgardt, Wer hat Angst vor der unmittelbaren Drittwirkung?, JZ 2018, S. 901(902).

(24) BVerfGE 148, 267(286).

(25) Hellgardt(Anm. 23), S. 902.

(26) Jobst(Anm. 10), S. 13ff.; Tristan Barczak, Konstitutionalisierung der Privatrechtsordnung, in: Scheffczyk/Wolter (Hrsg.), Linien der Rechtsprechung des Bundesverfassungsgerichts, Bd. 4, 2017, S. 91(114).

(27) Stefan Greiner/Ansgar Kalle, Gleichbehandlung als Produkt der Freiheits- oder der Gleichheitsrechte?, JZ 2022, S. 542ff. なお、基本法３条１項ではなく自由権で立論し、その制限の正当化を領域理論に基づき行うのがこの論考のもう一つの柱である。

(28) Greiner/Kalle(Anm. 27), S. 545ff. 同様に基本権保護義務との連関を指摘する Christoph Smets, Die Stadionverbotsentscheidung des BverfG und die Umwälzung der Grundrechtssicherung auf Private, NVwZ 2019, S. 34(35f.).

(29) Hellgardt(Anm. 23), S. 909.

(30) BVerfGE 128, 226(249).

(31) 前掲注（１）②67頁以下、前掲注（１）⑦２９６頁以下、前掲注（１）⑥85頁以下。また、前掲注（１）⑤２２４頁以下参照。

(32) Detlef Christoph Göldner, Verfassungsprinzip und Privatrechtsnorm in der verfassungskonformen Auslegung und Rechtsfortbildung, 1969, S. 71ff.; Claus-Wilhelm Canaris, Die verfassungskonforme Auslegung und Rechtsfortbildung im System der Juristischen Methodenlehre, in: FS für Kramer, 2004, S. 141(155ff.); Reinhold Zippelius, Verfassungskonforme Auslegung von Gesetzen, in: Stack(Hrsg.), Bundesverfassungsgericht und Grundgesetz, Bd. II, 1976, S. 108(121ff.); Marietta

Auer, Die primärrechtskonforme Auslegung, in: Neuer(Hrsg.), Grundrechte und Privatrecht aus rechtsvergleichender Sicht, 2007, S. 27(41ff.).

(33) Karl Larenz, Methodenlehre der Rechtswissenschaft, 6. Aufl., 1991, S. 312ff., 366ff. なお、解釈と法形成は本質的な相違はなく同じ思考の段階わけにすぎない。Ders., S. 366. ドイツにおける法形成につき、北村幸也『裁判と法律のあいだ』(成文堂、２０２０年)など。

(34) 憲法適合的解釈、憲法志向的解釈については、Klaus Schlaich/Stefan Korioth, Das Bundesverfassungsgericht, 12. Aufl. 2021, Rn. 440ff.; Helmut Simon, Die verfassungskonforme Gesetzesauslegung, EuGRZ 1974, S. 85ff.; Klaus Stern, Das Staatsrecht der Bundesrepublik Deutschland, Bd. 1, 2. Aufl. 1984, S. 135ff; Thomas M. J. Möllers, Juristische Methodenlehre, 5. Aufl. 2023, § 11 Rn. 50ff., 59ff. 實原隆志「憲法適合的解釈についての比較法的検討　ドイツ」比較78号(２０１６年)63頁以下、山田哲史「ドイツにおける憲法適合的解釈の位相」土井真一編著『憲法適合的解釈の比較研究』(有斐閣、２０１８年)１０５頁以下など。民事事件については、原島啓之「司法の法律および憲法への二重拘束と憲法適合的解釈(１)(２・完)」阪法71巻1号(２０２１年)99頁以下、72巻1号(２０２２年)１２５頁以下。

(35) Auer(Anm. 32), S. 42. Vgl. Canaris(Anm. 32), S. 155ff. なお憲法の直接適用になるとは限らない。一般条項援用による欠缺補充につき、広中俊雄『民法解釈方法に関する十二講』(有斐閣、１９９７年)73頁以下参照。

(36) Günter Dürig, in: Maunz/Dürig, Grundgesetz Kommentar, 45. EL 2002, Art. 1 Rn. 133. 前掲注(１)⑥82頁。

(37) Klaus Stern, Das Staatsrecht der Bundesrepublik Deutschland, Bd. III/1, 1988, S. 1558.

(38) E・-W・ベッケンフェルデ(鈴木秀美訳)「基本法制定四〇周年を経た基本権解釈の現在」同(初宿正典編訳)『現代国家と憲法・自由・民主制』(風行社、１９９９年)３６０頁。

(39) Jörg Neuner, Die Rechtsfindung contra legem, 2. Aufl. 2005, S. 130; Zippelius(Anm. 32), S. 121; Auer(Anm. 32), S. 42ff.; Andreas Voßkuhle, Theorie und Praxis der verfassungskonformen Auslegung von Gesetzen durch Fachgerichte, AöR 125 (2000), S. 177(197f.).

(40) Klaus Stern, Anmerkung, NJW 1958, S. 1435.

(41) BVerfGE 138, 377(392).

(42) BVerfGE 138, 377(385ff.).

(43) 道垣内弘人『担保物権法〔第4版〕』(有斐閣、2017年)272、309頁。判例、学説の流れにつき同「非典型担保総論」森田修編集『新注釈民法(7)』(有斐閣、2019年)438頁以下。他に木庭顕『法学再入門』(有斐閣、2016年)108頁以下参照。

(44) 条理による欠缺補充の文脈で、広中俊雄『新版民法綱要第一巻』(創文社、1989年)75頁。

(45) 前掲注(1)⑤229、230、232頁。保護義務論についてはJosef Isensee, Das Grundrecht auf Sicherheit, 1983; Johannes Dietlein, Die Lehre von den grundrechtlichen Schutzpflichten, 2. Aufl., 2005; Christian Calliess, Schutzpflichten, in: Merten/Papier (Hrsg.), Handbuch der Grundrechte, Bd. II, 2006, § 44 S. 963ff. 小山剛『基本権保護の法理』(成文堂、1998年)。私法領域については、Claus-Wilhelm Canaris, Grundrechte und Privatrecht, AcP 184 (1984), S. 201 (225ff.); Matthias Ruffert, Vorrang der Verfassung und Eigenständigkeit des Privatrechts, 2001. 山本敬三「現代社会におけるリベラリズムと私的自治(1)(2・完)」論叢133巻4号、5号(1993年)各1頁以下など。

(46) E・-W・ベッケンフェルデ(小山剛訳)「基本権理論と基本権解釈」前掲注書(38)299頁以下。Bernhard Schlink, Freiheit durch Eingriffsabwehr, EuGRZ 1984, S. 457 (467). 配分原理についてはC・シュミット(尾吹善人訳)『憲法理論』(創文社、1972年)159、197頁。

(47) 芦部信喜(高橋和之補訂)『憲法〔第8版〕』(岩波書店、2023年)5頁。

(48) Rupp-v. Brünneck/Simon, BVerfGE 39, 1 (68, 73). 保護義務論のリーディングケースでの少数意見である。

(49) Ernst-Wolfgang Böckenförde, Zur Kritik der Wertbegründung des Rechts, in: Ders., Recht, Staat, Freiheit, 1991, S. 67ff. ベルンハルト・シュリンク(高田敏=松本和彦共訳)「原理としての基本権?」阪法42巻1号(1992年)245頁以下。

(50) 前掲注(1)②52頁、前掲注(1)⑥41頁。

(51) Schlink (Anm. 46), S. 467.

(52) E・-W・ベッケンフェルデ(樺島博志訳)「現代の民主制的社会国家における国家と社会の区別の意義」前掲注書(38)82頁以下。

(53) Schlink (Anm. 46), S. 464. 前掲注(1)②91頁。

(54) ベッケンフェルデ・前掲注(38)379頁以下。高橋和之『立憲主義と日本国憲法〔第五版〕』(有斐閣、2020年)118頁。

(55) Josef Isensee, Das Grundrecht als Abwehrrecht und als staatliche Schutzpflicht, in: Kirchhof/Isensee(Hrsg.), Handbuch des Staatsrechts, Bd. IX, 3. Aufl., 2011, § 191 Rn. 251; Stern(Anm. 37), S. 1560. 連邦憲法裁判所の言葉遣いは保護義務と間接的第三者効力の要素が相互に混ざり合っているが、学説は「正当にも」両者を並列関係に置いていないとするBurkiczak(Anm. 12), S. 138.

(56) Ruffert(Anm. 45), S. 21.

(57) Canaris(Anm. 45), S. 226.

(58) 基本権の名宛人を国家とする基本法1条3項をメインに、補助的に連邦憲法裁判所の裁判管轄権の規定（基本法93条1項4a号）により導出される。Claus-Wilhelm Canaris, Grundrechte und Privatrecht, 1999, S. 23ff.

(59) 私法と基本権関係の問題は「様々な基本権機能の連結によってのみ克服できる」（強調ママ）とするCanaris(Anm. 45), S. 228.

(60) Canaris(Anm. 58), S. 16ff.

(61) 前掲注（1）①16頁。

(62) 前掲注（1）⑤230頁。

(63) Isensee(Anm. 55), Rn. 169. その保護義務は、国家の権力独占と裏表関係にある国家市民の平和義務と国家の安全確保任務に支えられている。Ders., Rn. 35, 185ff. したがって契約領域での社会的経済的格差にまで保護義務を拡張することを批判する。Ders., Rn. 196ff. 他に、コンテクストと切り離されたまま、ただ客観的価値秩序を主張するより、市民社会での自己規律の機能不全という「具体的危機にフォーカス」した基本権保護義務論のほうがより適切だとする、Mathias Honer, Die Grundrechtswirkung zwischen Privaten, DÖV 2023, S. 411ff.

(64) Canaris(Anm. 58), S. 30ff.; Ruffert(Anm. 45), S. 61ff.; Stern(Anm. 37), S. 1561; Matthias Jestaedt, Meinungsfreiheit, in: Merten/Papier(Hrsg.), Handbuch der Grundrechte, Bd. IV, 2011, § 102, Rn. 29ff.; Burkiczak(Anm. 12), S. 136ff.

(65) 配分原理を、介入による保護の否定ではなく、そうした介入に際しての予測可能性、明確性、輪郭性の保障にあるとするRainer Wahl/Johannes Masing, Schutz durch Eingriff, JZ 1990, S. 553(563). もちろんこれは国家の万能性への承認も意味しない。Vgl. Karl-Heinz Ladeur, Kritik der Abwägung in der Grundrechtsdogmatik, 2004, S. 31ff.

(66) Stern(Anm. 37), S. 1563.

第二部　基本権各論

第一章　包括的基本権論
――論争における芦部信喜の位置

渡辺康行

はじめに

憲法13条は、「憲法の基本価値を宣言する重要な位置を占めており、その意味をどの様に理解するかは論者の人権論、ひいては憲法論の構造を規定するほどの重要な意味をもっている」[1]、といわれることがある。この事情は芦部信喜にとっても同様であるはずだが、芦部が13条について論稿を執筆するのは、かなり遅い時期だった。13条との比較を意識した、合衆国憲法修正9条に関する論稿が公表されたのは、1983年(60歳)である[2]。日本国憲法13条に関するまとまった叙述は[3]、さらに1991年の法学教室誌上の連載「憲法講義ノート」を待たなければならなかった[4]。その理由は定かではないが、あえて想像をたくましくすれば、後述するように恩師宮沢俊義が13条について消極的な見解だったことからの影響があるのだろうか。あるいは、芦部が自己の憲法学の体系化を試みたのがこの時期だったためであろうか(『憲法』の初版は1993年に公刊された)。

本稿は13条論を扱うものであるが、前記のような指摘を踏まえて、13条の個別具体的な解釈論よりはむしろ、その背後にある基本的な考え方に重点を置いた検討を試みる。本稿はまず、芦部の「人権論」に影響を与えた宮沢俊義と、13条論に影響を与えた佐藤幸治の所論を確認した上で、芦部の人格的利益説を概説する(Ⅰ)。また、人格的利益説と対置される一般的自由説について、阪本昌成と戸波江二の所論を検討する(Ⅱ)。それを踏まえて、これらをめぐる学説の展開について概観し、また13条論の基礎にある「人権論」「人間像」などに関する議論にも簡単に触れたい(Ⅲ)。13条後段が規定する幸福追求権については、(5) 1990年代を中心に憲法学では華々しい論争が繰り広げられた。一般に芦部は論争を好まなかったのであるが、この論争にもかかわっていない。本稿は、芦部を論争のなかに位置づけようとする試みである。(6)

Ⅰ　人格的利益説

社会の変化に伴って、憲法上の権利として列挙されていない権利を、「新しい人権」として承認することが必要だと解されるようになり、その根拠規定が13条後段だと考えられている。現在、13条後段によって保障される幸福追求権について、通説とされるのは、その内容として承認されるために、人格的生存に不可欠ないし重要といった限定を設ける人格的利益説である。その代表的論者は佐藤幸治と芦部であるが、本節では戦後憲法学の出発点である宮沢を含めて、それぞれの「人権」の基礎づけ方に言及した上で、憲法13条に関する基本的見解を確認する。

1　出発点としての宮沢俊義

宮沢俊義は、「人権」を「『人間性』からいわば論理必然的に生ずる権利」、「人間がただ人間であるということにのみもとづいて、当然に、もっていると考えられる権利」、だという。また「今日多くの国では、人権を承認する根拠として、もはや特に神や、自然法をもち出す必要はなく、「人間性」とか、「人間の尊厳」とかによってそれを根拠づけることでじゅうぶんだと考えている」、「ここにいう「人間」は抽象的な人間一般ではなくて、具体的な個々の人間を意味するのであるから、ここにいう人間主義は、また個人主義……でもある」、とされた。(7)

宮沢は、イェリネックとケルゼンを参照しながら、国民の国法に対する関係を整理している。そのなかで「自由」と「自由権」を区別していることが、本稿の主題である包括的基本権とかかわっている。「自由」とは、国民が「国法に対していわば無関係な関係」に立つことである。人は、例えば散歩する自由があるが、「この意味の「自由」はまったく国法の禁止の不存在の反射にすぎないから、国民がどの範囲まで、この意味で「自由」であるかは、ひとえに国法の規定の結果として定まることであり、そこに憲法上の限界」はない。これに対して、「憲法上、国民の利益にまで、ある種の国法の定立（処分を含む）が禁止される場合がある」。「この場合、国民は、国法に対して、消極的な受益関係に立つ」。「この関係における国民の地位を―単なる自由と区別して―自由権と呼ぶことにする」。(8)

宮沢の所説に対しては、「憲法上の権利のカタログに記載されたものが自由権でそれ以外が「単なる自由」だという区分論は、包括的基本権の存在を認めた途端に破綻する」、と指摘されることがある。(9)ところが宮沢自身は、こう述べていた。「日本国憲法は、その第11条ないし第13条および第97条に、人権宣言の一般原理ともいうべきものを定めている」。しかし、「憲法第11条ないし第13条および第97条を純然たるプログラム的規定ないし法的マニフェストとのみ見ることは、正当ではあるまい」。「憲法の条項で具体的に保障されている人権と同じ性質をもつ権利について、それについての特別の条項がないとき、解釈上、憲法のこれらの規定を根拠とすることが要請される場合もあろう」。(10)宮沢はその例として、憲法13条を根拠として「個人のみだりに撮影されない自由」を認めた判決に言及していた。これが宮沢の到達したところであったが、その出発点と平仄があっているか否かという問題は残る。次に扱う佐藤幸治は、おそらくそこに疑念を抱いていた。

2　佐藤幸治の人格的自律権説

憲法13条論に関して、それまでの憲法学に重要な転換をもたらしたのが佐藤幸治である。佐藤の「人格的自律権」論は「人権の基礎づけ」として重要であるだけではなく、「統治構造・過程のあり方をも含めた憲法全体の根幹ないし「要《かなめ》」にかかわる」ものだった。[11] しかしここでは本稿のテーマに限定して扱う。

佐藤は、宮沢が「人権」の根拠について「「人間性」とか、「人間の尊厳」とかによってそれを根拠づけることでじゅうぶんだと考えている」とすることに対して、「果たしてそうなのか、そもそも人権が論理必然的に生ずるとされる「人間性」「人間の尊厳」とは何か、さらに、この「人権の概念」は、日本国憲法第3章の各種規定の理解にどのような関係・意義をもつのか、等々の疑問が生じ」、なかでも「日本国憲法11条ないし13条および97条について、「人権宣言の一般原理」を定めたものと位置づけている点に」疑念を抱いた、と回想している。[12]

そこで佐藤は、「日本国憲法にいう「基本的人権」とは、人間(個人)それ自体と社会・国家との関係のあり方に関するどのような根本的理解(道徳理論(moral theory))に立っているかを問わなければならない」、という。[13] その手がかりとされたのが憲法13条であり、その前段でいう「個人の尊重」ないし「個人の尊厳」(24条2項)は、「一人ひとりの人間(個人)が、自由・自律という尊厳性を表象する「人格」主体、「権利主体」として(端的にいえば、人格的自律の存在として)、他者と協働しつつ、それぞれのかけがえない生の形成を目指す、いわば〝自己の生の作者〟として己の道を歩む、ということを最大限尊重しようとする趣旨である」、という著名な見解が示された。「そして憲法は、人がそのような存在として自己を主張し、そのような存在としてあり続けるうえで重要な権利」を13条後段で「幸福追求権」として「包括的に保障しようとしている」。「憲法が導入の前提とする「基本的人権」とは、このような道徳理論上の権利、端的にいえば「道徳的権利(moral rights)」であることを意味する」。[14] このようにして佐藤は、「基本的人権」を道徳理論によって基礎づけ、そのような「基本的人権」が憲法典によって憲法的世界に取り込まれている、とする。その道徳理論の手がかりは、循環論的ではあるが、13条に求められていた。

13条前段でいう「個人として尊重される」とは、「個人の尊重」「個人の尊厳」の原理「人格の尊厳」の原理のことであり、14条と相まって「日本国憲法が「人格」原理を基礎とすることを明らかにする」[15]。13条前段の「個人の尊厳」は「客観的な原理・規範」であり、「後段の「幸福追求権」は、前段の「個人の尊重(尊厳)」原理を受けて、人格的自律の存在として自己を主張し、そのような存在であり続けるうえで重要な権利・自由を包括的に保障する権利(包括的基本的人権)である」。「幸福追求権は「基幹的な人格的自律権」と称しうるもの」であり、「憲法第3章が掲げる各種基本的人権は、この「基幹的な人格的自律権」から流出派生しつつ、それぞれ独自の歴史的背景と構造を担っている」。「個別的規定によってカバーされず、かつ人格的自律性にとって重要なものが、なお13条によって保障される」[16]。「この補充的保障の対象となるものを、狭義の「人格的自律権」と呼ぶ」。「補充的保障対象とされるのは、憲法各条項で保障される個別的基本的人権と匹敵する独自の内実・カテゴリー性をもつことが前提とされている」[17]。このように佐藤において、人権の基礎づけ論は13条論と理論的に密接に関連していた。

3　芦部信喜の人格的利益説

芦部は、憲法11条が定める「この憲法が国民に保障する基本的人権」とは、「人間が社会を構成する自律的な個人としてその自由と生存を確保し、もって人間の尊厳性を維持するため、それに必要な一定の権利が当然に人間に固有するものであることを前提として認め、そのように憲法以前に成立していると考えられる権利を憲法が実定的な法的権利として確認し、これを不当な侵害から擁護する、という趣旨を示したもの」だという。そしてこの説明は、かつて宮沢が人権を「人間の尊厳」によって根拠づけたことと同趣旨だとしている[18]。

芦部は、「人権が個人尊重の原理を根拠とし、人間性に基づいて認められるものだとすれば、保障される人権は憲法に列挙されたものに限定されるわけではない」、「社会の変革にともない、人の人格的存在としての生存に基本的な権利・自由として憲法上保護するに値し、認めることが必要だと考えられる場合には、ただ「道徳的権利」ないし「理念的権利」とも言うべき抽象的な利益の段階にとどまっていたものが、新しく法の保護に値する「法的権利」として保障されるようになることもありうる」として、その憲法上の根拠を13条に求めている(19)。このように芦部は、宮沢の人権の基礎づけ論に依拠しつつ、「新しい人権」の導出可能性を説いた。それと対応して宮沢説の位置づけについても、佐藤とは異なり、「幸福追求権の権利性を間接的に否定する立場」ではないと、好意的に見る(20)。

13条について、芦部は通説を説明するというスタイルで叙述している。「憲法13条は、国民の権利意識の高揚とも相俟って、1970年代には、憲法に列挙されていない新しい人権を憲法上基礎づける根拠規定として、それ自体独自に具体的権利を保障する規定である、とする通説が形成されることになった」。13条前段と後段を一体として捉え、幸福追求権とは、「『個人の尊重』原理との結びつきで生ずる、人格的生存に不可欠の権利・自由を包摂する包括的な権利である」と解し、「人間として自律的に存在するうえで欠くべからざる権利・自由の内容を具体的に明らかにすることを試みる通説的な見解」が妥当である(21)。「幸福追求権の内容として認められるために必要な要件を厳格にしぼれば、……立法措置がとられていない場合に一定の法的利益に憲法上の保護を与えても、右のおそれ(「人権のインフレ化」—引用者)を極小化することは可能であり、またそれと対比すれば、人権の固有性の原則をいかす利益のほうが、はるかに大きいのではあるまいか。この限度で裁判官に、憲法に内在する人権価値を実現するため一定の法創造的機能を認めても、それによって裁判の民主主義的正当性は決して失われるものではない(22)」。つまり、佐藤は人権の基礎づけ論から13条後段の保護領域に関する理論を導いていたのに対して、芦部は理論的というよりは実践的・解釈論的な観点からそれを論じていたのである(23)。

4 小括

宮沢は人権を「人間の尊厳」によって基礎づけたのに対して、佐藤は道徳理論による人権の基礎づけを試みた。この点に関して芦部は、社会権をも含めた広義の「人権」が「人間であることに基づいて当然に享有すると考えられる不可侵の権利であることを正当化するには、最近議論の多い道徳哲学ないし政治哲学の成果を考慮に入れ……ることも有用であろう。それは、結局、「人権」の根拠を「人間の尊厳性」に求める考えに立ち至る」、という。[24] 両者を結合させたような結論ではあるが、芦部は佐藤ほど「現代人権論」にコミットしていなかったことは明らかである。

13条に関して、宮沢の時代のように具体的権利性を否定する見解は、その後はほぼなくなった。現在の論点は、13条の構造理解や後段で保障される権利の範囲、保障のあり方などである。佐藤の憲法学は「人格的自律」を中核概念としている。芦部も「自律的な個人」を述べるものの、芦部においては、「自律」という概念にこだわった議論が展開されているわけではない。「芦部の13条論において、「自律」の概念は、解釈論上、殆ど有為的な働きをしていない」と評されるのは、[25] 適切である。そもそも芦部は、「人格」という概念に、佐藤ほど深い思い入れがあるわけではないように思われる。また、佐藤が幸福追求権を「基幹な人格的自律権」と呼ぶのに対して、芦部は「個人の人格的生存に不可欠な利益を内容とする権利の総体」だと説明する。[26] そのため、人格的利益説という一般的な名称は、芦部説によりふさわしい。もっぱら佐藤の見解を指す場合は、人格的自律権説と呼ぶべきであろう。前記と関連して、佐藤は幸福追求権から個別的基本権が流出・派生すると捉えているのに対して、芦部は13条を一般法、個別的基本権を特別法とする捉え方をしていた点にも、[27] 若干の違いがある。この点については前者の方が理論的により突き詰めた考え方である。[28] とはいえ、補充的保障対象となるものを、それぞれの仕方で人格的生存にとって基本的な権利・自由に限定している点に、広義で人格的利益説と括られる両者の共通性が存在する。ただし限定の仕方が、理論的か実践的かという違いがあることは、前述したとおりである。

人格的利益説では13条後段によって保護されない自由が出てくる。次節で扱う一般的自由説はこれを批判するのであるが、佐藤や芦部においても、そのような自由が無制限に制約可能だと考えられているわけではない。この点が宮沢との違いである。佐藤は、「規制の目的・態様いかんによっては、確立された個別的人権の保障を全うさせるために政策的・手段的に該権利に付随した主観的利益として憲法上保護すべき場合がありうる」として、「憲法〇条の精神に照らし……」の論法を挙げている。(29) 芦部も、「平等原則や比例原則（権利・自由の規制は社会公共の障害を除去するために必要最小限度にとどまらなければならないとする原則）とのかかわりで、憲法上問題となることもありうる」、(30) という。ただし、佐藤は権利論的構成をとるのに対して、芦部は近年の学説が説く客観法的側面への着目（Ⅲ－3参照）の先駆ともいえる考え方である点には違いがある。(31)

Ⅱ　一般的自由説

人格的利益説と伝統的に対比されてきたのが、一般的自由説である。人格的生存などにとっての重要性などを問題とせず、13条後段の保障を個別の憲法上の権利規定によってはカバーされていない自由一般に広く及ぼそうとする考え方である。もっとも一般的自由説と括られる学説の間でもその内容は様々であるが、ここでは本稿が重視している法解釈の基礎理論的な背景を探るという観点から、阪本昌成と戸波江二の所論を取り上げる。

1　反「人格主義」に基づく一般的自由説──阪本昌成

阪本は、宮沢による「人間性」に訴える人権の基礎づけ論は、「自然法・自然権の焼き直しにすぎない」と批判する。「人格」や「理性」といった、「道徳的な意味あいをもつ要素を強調しながら、道徳理論によって人権を支えよう」とするその後の学説傾向についても、「個人にとって合理的であると立証されえないものは、人権ではないと一蹴されるおそれがある」、という懸念を示す。その上で阪本が示すのが、「人権や自由の基盤は、ありのままの人間の生存を経験論的に直視したうえで、語られねばならない[32]」、という立場である。

このような見地は、阪本特有の13条論を導き出す。阪本も、佐藤や芦部などと同様に、13条後段について、前段の「個人の尊重」を具体化したもので、個々の基本権を補充する包括的権利を保障したものであるとする。その上で阪本は、佐藤の見解に対して、「〝自らの生の作者である〟という曖昧で困難な概念から、幸福追求権の具体的権利性を支えることとは、さらに曖昧で困難な業である」、「憲法の依拠する人間像を「人格的自律の存在としての人間」と捉えること、また、「人格的自律」から「幸福」追求権を道徳理論で支えることは、現実的でもなければ、理論的でもない[33]」、等々の批判を繰り出す。そこで対置された阪本自身の立場は、「人間の個別性を重視する」ものであり、「R・ノージックのいうように、人間は感じかたから生活様式まで、それぞれに異なって、独自的な存在である点に、人間の特異性がある」と考える。法や憲法典の存在理由は、「各人が、有限知のなかで、それぞれの個別性を基礎にしながら、自由にその自己愛を最大化できるよう共通の条件を整備することにある」、という[34]。その結果として、「他者からの外的強制を受けることなく、その個別・多様性をもつ各人がその自己愛を追求する自由こそ、「個人の尊重原則」の意味である」、「13条後段をもって、憲法典上の個々の自由権規定の間隙を埋める一般的自由権の根拠規定であるとみる一般的自由権説」が妥当である、という結論に至る[35]。このように阪本において、人権の基礎づけ論と13条論は理論的に密接な関係にあった[36]。

2 「人格主義」を維持した一般的自由説——戸波江二

戸波は、「基本的人権」とは「人間が生まれながらにしてもっている権利」、「生来の前国家的な権利」だという。そして、「このような人権観は、歴史的には、近代自然法思想の説いた「自然権」の思想に由来」すると、宮沢・芦部的な説明を採用する。[37] しかし他方では、「個人の尊重は、人間のあるがままの生活や人間存在そのものを保障しようとする。人間は常に人格的に生きるわけではなく、生きたいように自由に生きることがある」と阪本を思わせる論述を行い、日本国憲法は「人間の生活全体ないしは人間そのものを保護しようとしている」[38]、と論ずる。宮沢、芦部による人権基礎づけ論を維持しつつ、一般的自由を導く戸波の柔軟さの要因はここにある。[39]

人格的利益説と一般的自由説との対立について、戸波は後者に賛同する。つまり、「人格的生存に不可欠」という人格的利益説の判断基準は不明確であり、「近代立憲主義の理念に照らせば、個人の自由は広く保護されなければならない」という観点から、「たとえ個人の行為に人格的価値が認められない行為であっても、国家は正当な理由なく制限してはならないのであって、その意味で、憲法上の保護は個人の自由な行為に広く及ぶと解するのが妥当である」、という。「人権のインフレ」という懸念に対して、戸波は、13条が保障しているのは自己決定権であり、オートバイに乗る自由やシートベルトをつけないで運転する自由などは「独自の人権」ではなく、「オートバイに乗るかどうか、シートベルトをつけるかどうかという自由な決定が自己決定権の保護領域に含まれ、人権の行使として憲法上の保護を受ける」と説明する。また、「自己決定権を広く解したとしても、制限が直ちにすべて違憲となるわけではない。とくに、人間の人格的生存に関わらない自由の制限の合憲性については、必ずしも厳格な審査は必要なく、規制の必要性・合理性をゆるやかに審査すれば足りる[40]」。このように、戸波による一般的自由説の一つの特徴は、「一般的自由のうちで、人格に関する行為とそうでないものとの間で違憲審査の厳格度に段階をつける」ところにある。[41] これは前述した芦部の発想を「違憲審査の厳格度」という場面で取り入れようとするものであった。

3 小括

一般的自由説といっても、本稿で取り上げた阪本、戸波は13条後段が文字通りに一般的な自由を保障していると解しているわけではない。阪本は、「自由な行為の限界を識別するための形式的な境界線」として「「他者への危害」を与える行為」を禁止する「加害原理」があることを述べていた。[42] 戸波も、「殺人の自由、強盗の自由などの犯罪行為は、憲法上の自由とはいえない」、という。[43] このように、一般的自由説をとりつつも無限定な一般的自由説ではないという点では共通するものの、両者の違いは大きい。戸波は前述のように、幸福追求権の保護領域判断に際して、殺人の自由などを排除している。これに対して阪本では、「保護領域からの除外」という趣旨はない。阪本にとっては、そもそも「法によって保護されている自由（一般的自由）は、その全体像を露わにすることはなく、失われた局面ごとに、その姿の一部を表す」ものである。[44] 自己決定権の一内容として「一般的自由」があるとされるわけではない。[45] 幸福追求権は、「各人がその独自の目的を追求する活動過程と領域とを国家として開放しておくことを保障したもの」であり、一般的自由説は、「自由の実体を詮索する理論ではなく、自由を制約する国家行為の正当性を問う理論」である。[46] こう定式化されると、阪本の見解は、次節で扱う「違憲の強制からの自由」という構成をとる近時の学説動向と接近したものと位置づけられうる。[47] しかし実は戸波も、先に紹介したように（注40の本文）、「たとえ個人の行為に人格的価値が認められない行為であっても、国家は正当な理由なく制限してはならない」とも論じていた。戸波にも実体的自由論とは別の側面を見出すことができる。これらから、「違憲の強制からの自由」説は、一般的自由説を再構成したものであることがわかる。

阪本は、「ありのままの人間の生存を経験論的に直視」することから、「各人がその自己愛を追求する自由」を説いた。これに対して戸波は、「人権の基本思想」という点では人格的利益説を否定するものではない。[48] そのため「両者は質的に異なる基盤に立っている」[49]、といわれることもある。阪本の人間像に対して、人格的自律権説の側は、「そのときそのときの自律」と「人生設計全般にわたる包括的ないし設計的自律」を区別した上で、前者のみを語る阪本の人間像を一面的だと批判する[50]。またそもそも「「ありのままの人間」の特性によってどうして規範的な権利を基礎づけうるのか」、という根本的な疑問もある[51]。戸波に対しては、日本国憲法が保障する「基本的人権」は、「いわゆる「切り札」としての機能を発揮することを期待されているもので、それだけに特定性・明確性を備えた類型性をもっていなければならず、一般的自由といったいい方と適合しにくい[52]」、とされる。また、人格的自律権説に対して、人格的生存に不可欠かどうかで区別することの困難性を批判しながら、「なぜ保護の程度を決定するときだけ、人格的生存に不可欠かどうかで区別することが許されるのか[53]」、という疑問もついて回る。そのため、「違憲の強制からの自由」という観点への重点移動は、これらの疑問を回避する道筋となる。

Ⅲ　憲法13条をめぐる諸学説の展開

1　13条前段と後段の切断——長谷部恭男

これまで扱った諸学説は、13条前段と後段を連続的・統一的に理解するものだった。これに対して、両者を切り離して理解する見解もある。その代表が長谷部恭男である。長谷部は、まず13条後段で保障する幸福追求権を「いわゆる一般的な行動の自由」を指す、と解している。つまり、こうである。「憲法13条後段は、国家権力が公共の福祉の許す範囲内でのみ行使されるよう、国民に対して一般的自由を与え、国家権力の側にこの自由の制約を正当化すべき責任を課して、司法部にこの限定を監視する任務を与えた」。また個人は「理性的に自らの行動を判断し得る主体として想定されている」ことから、「個人の行動を国家が制約しようとする際には、なぜ制約するのか、その正当化理由を国家の存立根拠である社会全体の利益（公共の福祉）に照らして説明する必要がある」[54]。

　これに対して、「個人の自律の核心にかかわる、公共の福祉による制限を受けない権利は、個人の尊重を規定する憲法13条前段によって保障されている」。というのも、「同条後段と異なって、前段には、公共の福祉による制限が付されていない」ためである。この考え方によると、13条前段は通説が説くような「客観的な原理・規範」ではなく、「個人の自律を保障する「切り札」としての権利の存在を一般的に宣言した原則的条文」だとされる。そこで問題となるのが、「どれが同条の前段によって保障される切り札としての権利であり、どれが後段によって保障される、公共の福祉の一環としての権利」か、である[55]。長谷部の特徴は、この問いに、「個人の自律に基づく「切り札」としての権利は、個々人の具体的な行動の自由を直接に保障するよりはむしろ、特定の理由に基づいて政府が行動すること自体を禁止するもの」と、視点を制約の理由に置いて考えることにある。「特定の理由」とは、「個人の人格の根源的平等性」を否定することであり、「自分の選択した生き方や考え方が根本的に誤っているからという理由」によって権利を制約することである。「人権」という言葉は様々な意味で用いられるが、「個人の自律を根拠とする「切り札」としての権利のみを人権と呼ぶのがより適切である[56]」、と論じられる。

　この見解をめぐっては多くの議論があったが[57]、ここでは人格的利益説の代表として本稿が取り上げた二人がいかに受け止めたかに触れるにとどめる。佐藤は、「共感できるところもあるが」としつつも、13条前段と後段を連続的・統一的に捉えてきた「基本的な考えは簡単には譲れない」、という[58]。また芦部は、「人権というよび名を限定的に使うことによって「切札としての人権」を確保しようとする立場」に対して、「哲学的ないし理念的な意義はきわめて大きい」としつつ、「人権の呼び名を個人が生まれながら、国家成立前の自然状態においても享有していたはずの権利という、人権本来の意味に限定して捉えることが、国際人権規約等に謳われた人権や20世紀諸国の憲法に宣言された人権の観念と、いかに接合するのか、また、実定憲法の解釈論にとっていかなる有効な具体的意味をもちうるのか、という点において、疑問を禁じえない」、という[59]。いずれにしてもここでは、具体的な帰結というよりは「人権」や「憲法上の権利」という概念の用法、および「法的論理構成の在り方」が問題とされている[60]。

2 プロセス的憲法観からの13条論——松井茂記

従来の憲法学説とはまったく異なった人間像を提示したのが松井茂記である。「一般的自由権説であれ、人格的自律権説であれ、そこで前提とされている前社会的・没政治的な個人観が、日本国憲法の前提とする個人観かどうか疑問の余地がありうる。実際、アメリカでは、共和主義の立場から、人間は本質的に社会的であり、政治的であるという個人観が有力に主張されている。「人間の尊厳」といい、「人格的自律」といい、そこには、社会的な「自己」定義は含まれていなくてもよいのであろうか。人間が人間であるということは、そのような社会的・政治的な側面をも含んでいないのであろうか。ただ単にほっておいてくれというだけではなく、共同体の事項を共同体で決定するということも、人間の本質と考えなくてもよいのであろうか」、という[61]。

そしてこのような人間像から、新たな13条論が展開された。「憲法の保障する基本的人権は、人間が憲法以前に持っているとされる自然権ではなく」、「統治を行っていく上で不可欠な政治的参加の権利」である。「そうだとすれば、明文根拠を欠く基本的人権として憲法13条の幸福追求権から導くことが許されるのは、そのような政治的参加に不可欠な権利に限られ、自己決定権と呼ばれるような権利は、それには当らない以上、そもそも基本的人権として裁判所が認めることは許されない」[62]。松井自身は、一見したほどには権利保障を軽視する意図はないようである。従来、生命や身体の処分に関わる自己決定権とされてきたもののなかには、憲法13条の「生命」、「自由」の問題とすることができるものがあり、また家族や性関係に関する決定は憲法24条によって保護されている、などとされる[63]。

とはいえ松井の所論には、批判も多かった[64]。ここでも人格的利益説の代表的論者による「プロセス理論」に対する批判を紹介するにとどめる。佐藤は次の3点に疑問を呈する。①「日本国憲法の制定過程、個別条項の表現や構造などに照らし、それが保障する権利・自由の多くが実体的性格を有すると解されるにもかかわらず、何故に民主主義的な政治参加にかかわるプロセス的権利と敢えて説明しなければならないのか」、②日本国憲法を、「何故に一人ひとりの「人間」としての権利・自由を定めたものではなく、「政治的市民」としての政治参加にかかわるプロセス的権利であると敢えて説明しなければならないのか」、③アメリカの場合はともかく、違憲審査に関する明文規定をもつ日本国憲法の下で、「何故に司法審査制を民主主義と両立させるべく憲法が定めるのは政治参加にかかわるプロセス的権利であると敢えて説明しなければならないのか」、という。(65) 松井による「プロセス理論」という問題提起の意義は認められているものの、これをそのままの形で受け入れた学説はなく、その13条論も同様である。

3 「違憲の強制からの自由」説——小山剛

包括的基本権の保護領域について、主観的権利の射程としてではなく、「憲法の客観法的側面に着目し、違憲の強制を受けないことの保障」として構成する学説動向がある。(66) その代表的論者として、ここでは小山剛を取り上げる。その論旨はおよそ次のようである。憲法による明文の保障がない利益や自由のうちで、「憲法による明文の保障がある権利と同等の重要性を持ち、輪郭が比較的明瞭なもの」、例えばプライバシー権については、「独立した基本権として観念」するのが合理的である。他方で、「そこからこぼれ落ちた行為であっても、国家が恣意的な動機・合理性のない手段で規制を加えることができると考えるべきではない。一般的自由は、そのような諸々の行為に対して、正当な根拠のない規制からの保護を与えるものである」。「このように理解された一般的自由は、いわゆる「新しい人権」とは無関係である。一般的自由は、新しい主観的権利を創設するものではなく、形式的・実質的に憲法に違反した規制からの保護を与えるにとどまる」。したがって、一般的自由説に対して従来加えられてきた批判は、この構成には当てはまらない。例えば、「反射的利益との区別が不明確になる」という批判に対して、「一般的自由は、自己の行為に制約が加わる限りにおいて、憲法に反する国家行為の違憲性を問題とするもの」だ、という。[67]

先に紹介した長谷部説と小山説は、しばしば、13条後段を公権力の行使の限界を画する客観法の側面を重視して捉える点で類似性がある、と位置づけられている。[68] 前述したように(Ⅱ-3参照)、阪本の一般的行為自由説も、「自由の実体を詮索する理論ではなく、自由を制約する国家行為の正当性を問う理論」として定式化されている。こうしたことからは、この学説傾向は現在有力化しつつあるようである。[69] もちろん、13条前段に関する長谷部による「切り札」としての権利という考え方のように、これらの見解の間における違いも大きい。

4　若干の検討

(1)　人格的利益説と一般的自由説の接近

本節では、人格的利益説と一般的自由説との対立という図式とは異なった意味合いをもつ見解を紹介したが、前記の図式によった議論も継続している。通説とみられる人格的利益説に対しては、「新しい人権」の認定判断の難しさは別としても、例えば、「伝統的な人権がけっして道徳的に高く評価される行為だけを保護対象としてきたわけではなく、他人からみれば無意味な行為や愚かな行為も保護してきたこととバランスがとれない。また、人格的利益説が、「人格的生存」にとって不可欠な行為・状態・法的地位であるか否かの判断を本人に委ねる趣旨であれば、人格的利益説は実質的には一般的自由説と変わりがない」、といった指摘があった。[70] 他方で、本稿で扱ったような(限定的な)一般的自由説に対しても、例えば、「そもそも法的議論として「自由そのものに対する権利」という考え方が成り立つのか」[71]、「権利の制約の合憲性を審査する際に比較衡量を行う限りは、当該行為に対する規範的価値評価を回避し得ず、また、権利の補充的保障の際の権利の類型化や違憲審査基準の選択においても、権利に内在する価値を考慮する必要性がある」、といったことが指摘された。[72]

しかし人格的利益説に立つ土井真一も、13条後段の保障範囲を過度に限定することには反対している。[73] そもそも首唱者である佐藤幸治自身が、13条の補充的保障対象となるものについて、従来は「人格的生存に不可欠なもの」と述べていたが、「「不可欠」という表現が厳しすぎるという印象が生ずるのであれば本意ではない」として、「不可欠ないし重要なもの」と表現を直した。[74] さらに現在では、「人格的自律の存在として自己を主張し、そのような存在であり続けるうえで重要な権利・自由」と述べている。[75] また土井は、「問題となる自由が人格的生存に資するもの、あるいは、人格的生存に合理的関連を有するものである限り、「幸福追求権」規定の保護範囲に含まれると解される。そして実際には、保障を推定した上で、自己または他者の人格的生存を害するものを控除するという消極的な手法をとることになろう」、という。[76] ここまで緩和されると、人格的利益説と一般的自由説の解釈論上の帰結はかなり縮小してくる。[77] さらに人格的利益説においても、前述したように（I－4）、幸福追求権によって保護されない権利も無制限に制約可能とされるわけではないため、両説における解釈論上の帰結の違いはさらに縮小する。[78]

なお人格的利益説を前提とする論者のなかには、「「人格的生存に必要な権利」という要件から演繹的に自己の望む権利を引き出そうとすると、異なる権利の間で水掛け論になってしまう」ことから、「まず判例をよく分析して帰納的に考えるという道筋」を推奨する傾向も有力に存在する。[79] 従来の判例は「人格的生存に不可欠」という表現を用いているわけではなかったため、この学説動向を人格的利益説の柔軟化と位置づけることもできるだろう。[80]

(2) 「違憲の強制からの自由」説をめぐって

「違憲の強制からの自由」説に対しては、批判論も出されている。元々の形態における一般的自由説からは、「憲法上の保護が及ぶとするのであれば、端的に人権の侵害と構成する」方がよい、という見方が出されうる。[81] より内在的な疑問としては、付随的違憲審査制を前提とすれば、「違憲の制限を受けないという制約が、自由ないし権利でないならば、その規範に違反する政府の行為があっても、それだけでは訴えを起こして法律の違憲性を争えないことになる」、「とすれば、結局のところ、違憲的な制限を受けないという制限を包括的な自由ないし権利と考えざるを得ないことになるのではないか」、とすれば、「この立場は一般的行為自由権説と同じ立場に至る」、といわれる[82]。

これらは重要な事柄にかかわる。前者に関しては先に紹介したところであるが（Ⅲ－3）、後者に関して、「一般的自由は、自己の行為に制約が加わる限りにおいて、憲法に反する国家行為の違憲性を問題とするもの」とされていることに注意が必要である。客観法的側面とはいわれるものの、純然たる客観法違反と構成されているわけではない[83]。つまり、ここで「違憲の強制からの自由」は、権利なのか客観法なのか、両側面を併存するものなのか、が問題となっている。論者により理解が異なっている可能性があるが、多くの場合、客観法という構成に重点を置きつつも、両側面を併存するものと考えられているのではないか。この点は、この見解が一般的自由説を幸福追求権の保障範囲に関する見解から、恣意的な国家活動の禁止の要請へと再構成したものであるという評価とは[84]、相反しない見方である。ただし、「違憲の強制からの自由」説は、ある行為が幸福追求権によって保障されないとしても、法律の留保や平等原則、比例原則に違反してはならないという趣旨と理解できるため、人格的利益説とも接合するものである[85]。そして、このことを先駆的に示しているのが芦部の見解であった（Ⅰ－4参照）。芦部説が現在でも意義を失ってはいない一例である。

(3)　人間像に関する論争

幸福追求権に関する現在の諸学説は、具体的な結論にはそれほど違いをもたらさない。にもかかわらずこれまで様々な議論が続けられてきた要因の一つは、背景に人権観や人間像にかかわる見解の違いがあったためである。佐藤幸治の人格的自律権説は、ほぼ同じ時期に示された樋口陽一の「反結社型個人主義」と共に、「強い個人」「人格的・理性的な個人」を前提していると理解された[86]。人格的自律権説に対する代表的な批判は、先に扱った阪本による「反人格主義」からのものである（Ⅱ-1）。樋口に対しては、「弱者の人権こそ大切ではないか」「自己決定のできない幼児や、そういう状態に置かれた病人や老人の人権こそ重要ではないか」、といった批判があった[87]。

この議論は本稿では扱いきれない大きな問題であるが[88]、ここでも両者における批判論に対する応答の仕方の対照性に着目したい。佐藤は、「理性の一定の枢要な役割を否定しては共生・協働は不可能であり、ひいては「人格的自律権」もその存続の基盤を失うことになる」として、「理性」という要素の重要性を再確認する[89]。他方で、「自律した個人も〝挫折する〟ことがある」という観点から生存権を論じたり[90]、成熟した判断能力をもたない未成年者に対する積極的措置や権利性について論じたり、さらには成年者にして「判断能力が十分でない個人」に対応する制度について論じたりしている[91]。このように佐藤にとって、「具体的人間」が関心対象であり、解釈論的・政策論的な対応も試みられた[92]。これに対して樋口は、「弱者が弱者のままでは、それによって担われる「権利」は、恩恵的、慈恵的な性格にとどまる」、「弱者が弱者のままでは「自由」にはならない」、「「権利のための闘争」を担おうとする弱者、その意味で、「強者であろうとする弱者」、という擬制のうえにはじめて、「人」権主体は成り立つ」、などと論ずる[93]。このように樋口は「強い個人」がフィクション、擬制であることを前提として、硬質で美しい規範的理論を組み立てているのである[94]。これらに対して「違憲の強制からの自由」説は、公権力の行使の限界を画することを指向するものであるため、背後に人間像を置く必要がない。このことは、結着のつかない論争から距離をとることができるという利点がある一方で、「人権」論の基本的な問いを回避し、技巧的な印象を与えかねないことにもなる。

それでは芦部はどうだったか。芦部も宮沢を受け継いで人格的要素を基本として人権論を論ずる代表的な研究者である[95]。しかし幸福追求権に関する憲法学の論争において、芦部の人間像などが取り立てて扱われることは少なかった。

これは、芦部は佐藤とは異なり、道徳理論や政治哲学の議論には深入りせず、「人格的自律」にこだわりをもった解釈論を展開しているわけでもなかったことによる。芦部は、「憲法解釈はもちろん哲学それ自体ではない[96]」、という基本線を維持し続けた。

結びに代えて

芦部は、「実務とあまり離れすぎた憲法論を追求すると、……それは議論の領域だけに咲く花であって、どんなに美しくみえても、社会的な要請に応えることのできる憲法論として実を結ぶことはできないのではないか」、と述べていた[97]。宮沢の憲法学を基本的に受け継ぎながら、道徳理論や政治哲学の議論には深入りせず、「人格的自律」にもそれほどこだわりをもたない芦部の13条解釈論は、それほど美しいものでも、研究者を魅了するものでもなかった。しかし、人格的利益説と一般的自由説が、近年、芦部が説いていた地点の延長線上で歩み寄りつつあることが示すように、芦部による配慮の行き届いた穏健な解釈論は現在でも生き続けている。ただしそれが「実務」にどの程度影響を与えることができたのかについては、別個の検討が必要である[98]。仮に、実務には受け入れられなかったが、学説としては一定の存在感を保ち続けているというのがこれまでの状況だとしたら、芦部はそれをどう考えるだろうか。

(1) 高橋和之「すべての国民を「個人として尊重」する意味」小早川光郎＝宇賀克也編『行政法の発展と変革　上巻　塩野宏先生古稀記念』(有斐閣、2001年)271頁。

(2) 芦部信喜「包括的基本権条項の裁判規範性」(1983年)、現在、同『人権と憲法訴訟』(有斐閣、1994年)39頁以下。

(3) 簡単な叙述は、芦部信喜『憲法判例を読む』(岩波書店、1987年)125頁以下にある。この時点では、裁判官の法形成をあまりに広く認めすぎると、「かえって人権体系を崩す」という側面が重視されていた(130―131頁)。

（4） 芦部信喜「包括的基本権（1）―（6）」（1991年）、現在、同『憲法学Ⅱ人権総論』（有斐閣、1994年）328頁以下。本稿では、書籍版を検討の素材とする。

（5） なお、13条を包括的基本権と捉える立場（芦部）と、13条・14条を「包括的基本的人権」と捉える立場（佐藤幸治）があるが、本書は芦部憲法学を論ずるものであるため、前者に従う。

（6） 本稿筆者はかつて、「人権理論の変容」『岩波講座現代の法1　現代国家と法』（岩波書店、1997年）65頁以下、という論稿を執筆したことがある。本稿は、幸福追求権を素材とした、同論文の続編という性格をもつ。

（7） 宮沢俊義『憲法Ⅱ〔新版再版〕』（有斐閣、1974年）77―79頁。強調は原文。以下同じ。

（8） 宮沢・前掲注（7）91頁。

（9） 長谷部恭男『憲法の理性〔増補新装版〕』（東京大学出版会、2016年）106頁。包括的基本権の存在を認める学説においても、単なる自由と自由権の区別を維持する例は珍しくないため、本文の指摘の真意は別途の検討を要する。包括的基本権の存在を認めても、人格的利益説をとる場合は単なる自由と自由権の区別は残りうるのに対して、一般的自由説をとる場合は区別がなくなる、という趣旨であろうか。

（10） 宮沢・前掲注（7）211頁、216頁。参照、最大判昭和44年12月24日刑集23巻12号1625頁。念のため再言すると、本節で宮沢を扱っているのは、人格的利益説の先駆者という趣旨ではない。「個人のみだりに撮影されない自由」を認めるに際しても、特別な説明はなかった。

（11） 佐藤幸治『現代国家と人権』（有斐閣、2008年）78頁。

（12） 佐藤幸治『現代立憲主義と人権の意義』（有斐閣、2023年）77頁。

（13） 佐藤幸治『日本国憲法論〔第2版〕』（成文堂、2020年）129頁。

（14） 佐藤・前掲注（13）139―140頁。

（15） 佐藤・前掲注（13）195頁。本文で示したように、佐藤は「人格」という概念をきわめて重視している。代表的な文章を一つ引用する。「「すべて国民は、個人として尊重される」といっても、その意味は、個々の人間がそのまま尊いというよりも、一人ひとりがもつ人格性の故に尊厳なる存在であると解すべき」である。樋口陽一ほか『憲法Ⅰ』（青林書院、1994年）250頁（佐藤）。

（16） 佐藤・前掲注（13）196―197頁。

(17) 佐藤・前掲注(13)200頁。
(18) 芦部・前掲注(4)56―57頁。
(19) 芦部・前掲注(4)59―60頁。
(20) 芦部・前掲注(4)331―332頁。
(21) 芦部・前掲注(4)338―339頁。ここで通説として引用しているのが、佐藤の所説である。
(22) 芦部・前掲注(4)341頁。注3で紹介した芦部の見解とは、基本的な論旨は同一であるものの(それは「要件を厳格にしぼ」るという姿勢に見られる)、重点の置き方に違いがあるように思われる。
(23) 早瀬勝明『憲法13条解釈をどうやって客観化するか』(大学教育出版、2011年)28―33頁。
(24) 芦部・前掲注(4)54頁。
(25) 小泉良幸「憲法13条論の現在」憲法研究4号(2019年)35頁。
(26) 芦部信喜(高橋和之補訂)『憲法〔第8版〕』(岩波書店、2023年)123頁。なお佐藤は当初、「古くから使われてきた「人格的生存」という用語」を用いており、その見解を芦部が採用した。その後佐藤が「人格的自律」という用語を使うようになってからも、芦部は「人格的生存」という表現を使い続け、それが広まったという。参照、曽我部真裕「個人の尊重と生命、自由及び幸福追求に対する権利(1)」法教484号(2021年)63頁(注7)。
(27) 芦部・前掲注(4)344頁。一般法と特別法という捉え方は、種谷春洋の見解であった。参照、芦部信喜編『憲法Ⅱ人権(2)』(有斐閣、1978年)138頁(種谷)。佐藤もかつてはこの見解に依拠していたが、「基幹的な人格的自律権」という着想を得ることにより説明を変えたことについて、佐藤・前掲注(11)101頁。
(28) 長谷部恭男編『注釈日本国憲法(2)』(有斐閣、2017年)91―93頁(土井真一)。
(29) 佐藤・前掲注(13)198頁。佐藤の「人格的自律」は人権の基礎づけ論とかかわっているため、13条後段の保障範囲を広げる場合にも理論的な説明が必要となる。参照、早瀬・前掲注(23)37頁
(30) 芦部・前掲注(26)124頁。
(31) 柴田憲司「かわいいは正義」宍戸常寿編著『憲法演習ノート21〔第2版〕』(弘文堂、2020年)71頁。小泉・前掲注(25)32頁(注4)は、佐藤は「流出派生」の論理を一貫させるために「権利論的構成」を採用するが、客観法審査の必要性も認めているとする。参照、佐藤・前掲注(11)108―109頁。

(32) 阪本昌成『憲法理論Ⅱ』(成文堂、1993年)62—67頁。
(33) 阪本・前掲注(32)238—239頁。
(34) 阪本・前掲注(32)69頁。本文のように阪本が「人間の個別性」を重視することと、前掲注(15)で紹介した「一人ひとりがもつ人格性」を強調する佐藤は、対照的である。
(35) 阪本・前掲注(32)240頁。
(36) 早瀬・前掲注(23)34—35頁。早瀬が指摘するように、佐藤と阪本は多くの違いにもかかわらず、本文の点では共通している。
(37) 戸波江二『憲法〔新版〕』(ぎょうせい、1998年)111頁。
(38) 戸波・前掲注(37)122頁。戸波江二「幸福追求権の構造」公法58号(1996年)11頁は、「日本国憲法の前提する人間像は、理念的には自律的に行動する理性的な個人にとくに重きを置きつつも、現実の社会のなかで生きている社会的経済的弱者をも広く視野に入れ、人間存在そのものを前提としていると解すべき」、という。また、幸福追求権は個人の尊重原理の展開であり、そこから列挙されていない権利が導き出される、と説明する。
(39) 戸波は、「私見はきわめて折衷的・妥協的である。しかし、各論者の指摘はそれぞれ妥当な部分を含んでおり、それらを総合するかたちで人権論ないし人間像を形成すべきである」、と論じている、戸波・前掲注(38)22頁(注27)。
(40) 戸波・前掲注(37)176—178頁、戸波江二＝小山剛「幸福追求権と自己決定権」井上典之ほか編『憲法学説に聞く』(日本評論社、2004年)10—11頁(戸波)。戸波説の背後にあるのは、ドイツ連邦憲法裁判所の判例法理に関する研究である。戸波江二「自己決定権の意義と射程」樋口陽一＝高橋和之編『現代立憲主義の展開　上　芦部信喜先生古稀祝賀』(有斐閣、1993年)325頁。早瀬・前掲注(23)35頁は、阪本には人権基礎づけ論と13条論の連続性があるが、戸波にはない、という対比を行っている。さらに早瀬は、戸波の主張に「理論的な裏付けはない」、と酷評する(47頁)。
(41) 戸波・前掲注(37)187—188頁。
(42) 阪本・前掲注(32)169—170頁。
(43) 戸波・前掲注(37)178頁。戸波は、「他者加害の禁止は、本来は人権制限の正当化の局面で働くが、きわめて明瞭な他者への侵襲はそもそも一般的自由の保護領域からのぞかれるべき」、とする。戸波・前掲注(38)18頁。
(44) 阪本・前掲注(32)72頁。
(45) 丸山敦裕「憲法13条論における一般的自由説とその周辺」松井茂記ほか編『自由の法理　阪本昌成先生古稀記念論文集』

（成文堂、２０１５年）５９１頁。

(46)　阪本昌成『憲法2基本権クラシック〔第4版〕』（有信堂、２０１１年）１０７頁。

(47)　丸山・前掲注(45)５９６頁。

(48)　戸波江二「自己決定権の意義と範囲」法教１５８号（１９９３年）42頁。

(49)　佐藤・前掲注(11)１０５頁。

(50)　佐藤幸治『日本国憲法と「法の支配」』（有斐閣、２００２年）１３７頁、巻美矢紀「自己決定権に関する一試論」本郷法政紀要６号（１９９７年）３７５頁。

(51)　佐藤・前掲注(50)１６０頁。

(52)　佐藤・前掲注(11)１０７頁。本文における佐藤による「切り札」としての「基本的人権」という用語法は、Ⅲ－１で扱う長谷部恭男とは異なるものである。

(53)　松井茂記「自己決定権について(2・完)」阪法45巻5号（１９９５年）７６３頁。また曽我部・前掲注(26)68―69頁（注40）。こうした批判に対して、戸波は、「それは人権かどうかではなく、人権とされたものないし人権保障の及ぶ行為のなかでの違憲審査基準の問題なので、困難は相対的に少ない」という。戸波・前掲注(38)24頁（注24）。

(54)　長谷部恭男『憲法〔第8版〕』（新世社、２０２２年）１４８―１４９頁。

(55)　長谷部・前掲注(54)１４９―１５０頁。

(56)　長谷部・前掲注(54)１１５―１１６頁。

(57)　もっとも注目された論争として、高橋・前掲注(1)２９２頁以下と、それに対する反論である、長谷部・前掲注(9)１０２頁以下がある。両者の間にはいくつかの違いもあるものの、国家が「あなたの生き方は根本的に誤っている」という理由を正面から掲げることは考えにくいため、偽装工作を抑止する努力が必要だ、という点では一致している。

(58)　佐藤・前掲注(11)１１４―１１６頁。さらに佐藤・前掲注(12)87―88頁。

(59)　芦部信喜『宗教・人権・憲法学』（有斐閣、１９９９年）２４０頁。本文で引用した文章に続けて、芦部は、「それについては、未公刊であるが、『注釈憲法』第2巻（有斐閣）所収の第11条注釈で触れたので、併せて参照を乞いたい」、と記している。しかし、残念ながら、同書は現在でも未公刊のままである。

(60)　長谷部編・前掲注(28)81頁（土井）。戸波は、「『切り札としての人権』という比喩的な表現は、少なくとも人権解釈の論理的な説明としては本来不適当です。たとえば裁判所が判決のなかで、「切り札としての人権」という言葉を使うことはちょっと考えられません」という。戸波＝小山・前掲注(40)21頁。芦部が言いたいことも、この趣旨だったのではないかと思われる。

(61) 松井・前掲注(53)776頁。

(62) 松井・前掲注(53)778頁。

(63) 松井・前掲注(53)779頁、松井茂記『日本国憲法〔第4版〕』(有斐閣、2022年)347頁以下。「基本的人権」と認められないのは、「ライフスタイルに関わる自己決定権」である。

(64) 例えば、阪口正二郎『立憲主義と民主主義』(日本評論社、2001年)131頁以下、長谷部編・前掲注(28)101—102頁(土井)など。

(65) 佐藤・前掲注(11)122頁。その上で佐藤は、松井の「プロセス的人権観」は、「最終的な射程が「人権」の観念の否定に至る」という。なおこの指摘は、土井真一「司法審査の民主主義的正当性と「憲法」の観念」米沢広一ほか編『現代立憲主義と司法権　佐藤幸治先生還暦記念』(青林書院、1998年)141頁による批判を引き継ぐものであり、そうした懸念は広く共有されている。例えば芦部も「プロセス理論」に類似した問題点を指摘していた。とくに、「この理論が前提とする民主政の過程ないし代表民主政が、多数者支配主義的民主主義(マジョリタリアン・デモクラシー)論であること、それに大きな比重を置き、それが他の価値よりも優先するという憲法観に立脚するものであること」、である。芦部・前掲注(2)104頁。

(66) 小山剛『「憲法上の権利」の作法〔第3版〕』(尚学社、2016年)95頁。その他、松本和彦「基本的人権の「保護領域」」小山剛＝駒村圭吾編『論点探究　憲法〔第2版〕』(弘文堂、2013年)112頁、中曽久雄「列挙されていない権利の保障の意義」愛媛39巻3・4号(2013年)128頁、櫻井智章『判例で読む憲法〔改訂版〕』(北樹出版、2019年)200頁など。

(67) 小山・前掲注(66)94—97頁。

(68) 山本龍彦「自己決定」新井誠編著『ディベート憲法』(信山社、2014年)62頁、栗田佳泰『リベラル・ナショナリズム憲法学』(法律文化社、2020年)267頁、松井茂記『尊厳死および安楽死を求める権利』(日本評論社、2021年)139頁、中曽久雄「列挙されていない権利の保障は何を意味するのか」憲法理論研究会編『変動する社会と憲法』(敬文堂、2013年)156頁、曽我部・前掲注(26)65頁など。

(69) 宍戸常寿『憲法　解釈論の応用と展開〔第2版〕』(日本評論社、2014年)18—19頁など。

(70) 赤坂正浩『憲法講義(人権)』(信山社、2011年)270頁。戸波・前掲注(38)10頁は、「高校生の染毛やバイク乗車もまた、人格的自律とは関係がなくても、本人にとっては「自己の幸福を追求して懸命に生きる」ことでありうる」、という。また、「幸福追求権から「人格的生存に不可欠の権利」のみが導出されるのであれば、その権利の制限の合憲性には厳格な審査が要求されるはず」なのに、必ずしもそうなっていない、ともいう(15頁)。

(71) 樋口ほか・前掲注(15)263頁(佐藤)。

(72) 長谷部編・前掲注(28)104頁(土井)。

(73) 長谷部編・前掲注(28)104頁(土井)。

(74) 佐藤・前掲注(11)100頁。

(75) 佐藤・前掲注(13)196頁。この文章は、注16の本文で既に紹介した。なお芦部は「不可欠」という表現を採用していたが(I－3参照)、これは佐藤が軟化する以前の記述である。なお教科書では、「憲法上の権利と言えるかどうかは、特定の行為が個人の人格的生存に不可欠であることのほか、その行為を社会が伝統的に個人の自律的決定に委ねられたものと考えているか、その行為は多数の国民が行おうと思えば行うことができるか、行っても他人の基本権を侵害するおそれがないかなど、種々の要素を考慮して慎重に決定しなければならない」」、と述べる。芦部・前掲注(26)124―125頁。芦部は判断に際しての考慮要素を示すという形で説明しているのではあるが、かなり限定的であることは見てとれる。

(76) 長谷部編・前掲注(28)104―105頁(土井)。

(77) 曽我部・前掲注(26)68頁、齊藤正彰「人格的利益説の終焉?」北法73巻2号(2022年)290頁、294頁など。

(78) 松原光宏「幸福追求権の射程」小山剛＝駒村圭吾編『論点探求　憲法〔第2版〕』(弘文堂、2013年)119頁、安西文雄ほか『憲法学読本〔第3版〕』(有斐閣、2018年)91頁(巻美矢紀)など多数。ただし佐藤は、自説と戸波説との実質的違いについて、「意外と小さいのかもしれない」としつつ、「13条の「幸福追求権」に雑然と様々な「自由」を持ち込むべきではなく、憲法の保障する「権利」、すなわち「基本的人権」にふさわしい構成をとるべき」だと論じている。佐藤・前掲注(11)109頁。前掲注(52)の本文も同趣旨。この点に関して、本稿前掲注(29)を参照。

(79) 高井裕之「幸福追求権」法教357号(2010年)35頁。その他、田近肇「包括的基本権」曽我部真裕ほか編『憲法論点教室〔第2版〕』(日本評論社、2020年)115―116頁など。

(80) 中曽久雄「列挙されていない権利の保障をめぐる議論の新たな展開」愛媛41巻1・2号(2015年)94頁以下。ただし、高井の見解は、裁判所は原則として民法や刑法の解釈で紛争を解決できる場合に憲法を援用すべきではないという構想の一環であるため、本文のような位置づけは表面的かもしれない。高井裕之「憲法と医事法との関係についての覚書」米沢ほか編・前掲注(65)296頁以下参照。巻美矢紀「「憲法上の権利」の守備範囲」法教323号(2007年)15頁以下は、「憲法上の権利」の「守備範囲の拡張に対する謙抑」として高井説を支持している。

(81) 戸波・前掲注(38)16頁。なおこの批判は、「違憲の強制からの自由」説ではなく、人格的利益説において人格的生存にかかわらない権利の制約に対する司法審査を認める立場に向けられたものである。しかし、いずれの見解においても輪郭が明瞭なものは権利として構成されるため、決定的な批判ではない。また戸波も、「違憲の強制からの自由」説に近似した見解を示すこともあった(Ⅱ‐3参照)。さらに、戸波＝小山・前掲注(40)14頁。

(82) 松井・前掲注(68)154—155頁。長谷部編・前掲注(28)106—107頁(土井)も、類似した指摘だと思われる。

(83) 柴田・前掲注(31)74頁。

(84) 安西ほか・前掲注(78)91頁(巻)。本稿もこのように理解してきた(Ⅱ‐3を参照)。

(85) その例として前掲注(84)で触れた巻のほか、宍戸・前掲注(69)24頁、新井誠ほか『憲法Ⅱ 人権〔第2版〕』(日本評論社、2021年)44—45頁(横大道聡)、山本龍彦「判批」宍戸常寿＝曽我部真裕編『判例プラクティス 憲法〔第3版〕』(信山社、2022年)39頁など。これに対して、西村枝美「一般的行為の自由」長谷部恭男編『人権の射程』(法律文化社、2010年)235頁は、「人格的利益説が、憲法上の権利外に追放されたものを、「公権力の行使のあり方」として再度包摂することには、無理が伴う」、と論ずる。

(86) 佐藤自身も、自身の見解が樋口と「同一線上」にある、と述べている。佐藤・前掲注(50)159頁。

(87) 本文は、樋口陽一『国法学 人権原論〔補訂〕』(有斐閣、2007年)66頁による。近時の文献としては、石埼学『人権の変遷』(日本評論社、2007年)27頁以下、笹沼弘志『ホームレスと自立／排除』(大月書店、2008年)47頁以下、玉蟲由樹『人間の尊厳保障の法理』(尚学社、2013年)36頁以下、岡田順太『関係性の憲法理論』(丸善プラネット、2015年)59頁以下、杉山有沙『障害者の自律／自立と憲法』(弘文堂、2024年)165頁以下、朱穎嬌『尊厳の法理論』(弘文堂、2024年)1頁以下など。

(88) 渡辺・前掲注(6)74頁以下。そこで論じたように、佐藤は「親・結社的個人主義」の立場であり、両者の問題関心の出発点はかなり異なっている。樋口と佐藤の「個人の尊厳」論を比較検討した研究として、淺野博宣「憲法解釈における「個人の尊厳」の意義とその現れ」法時96巻5号(2024年)92頁。

(89) 佐藤・前掲注(12)94頁。
(90) 佐藤・前掲注(11)181頁。
(91) 佐藤・前掲注(13)155―157頁。なお、長谷部編・前掲注(28)75―76頁(土井)も参照。
(92) 佐藤・前掲注(11)42頁。このような関心を受け継いだ研究として、竹中勲『憲法上の自己決定権』(成文堂、2010年)、尾形健「「自律」をめぐる法理論の諸相」菊池馨実編『自立支援と社会保障』(日本加除出版、2008年)43頁など多数。
(93) 樋口・前掲注(87)68―69頁。
(94) 笹沼・前掲注(87)48頁は、樋口は、「弱者が強くなるための条件を積極的に描こうとせず、あえてとにかく頑張れという道徳論的な主張をおこなうにとどまっている」というのであるが、曲解ではないか。
(95) 例えば、玉蟲・前掲注(87)37頁以下は、「人格的・理性的な要素を強調する見解」として、宮沢、芦部、佐藤、戸波、樋口を取り上げて、批判の対象としている。
(96) 芦部・前掲注(4)57頁。
(97) 芦部・前掲注(59)258頁。
(98) 判例にも変化がある。最大決令和5年10月25日民集77巻7号1792頁は、「自己の意思に反して身体への侵襲を受けない自由」を13条によって保障されていると認める際に、「人格的生存に関わる重要な権利」という性格づけを行っている。これは従来にはなかったことである。13条から導いた「新しい人権」によって法律を違憲と判断するためには、このような人格的利益説を想起させる性格づけが必要だと考えたのであろう。

第二章　投票価値の平等について

安西文雄

I　判例のあり方と学説(1)——形成期

1　判例のあり方——その1

投票価値の平等は、日本国憲法下における最大の論争点のひとつである。それは法の領域のみならず、政治の領域においても困難な課題を提起し、人々の関心を惹きつけてきた。そして、現時点においてこの問題に関わる判例の展開を俯瞰してみるならば、いくぶん大胆な区分けであるが、判例理論の形成期(おおむね20世紀の段階)と、展開期(おおむね21世紀に入ってから)に分けることができるように思われる。

この投票価値の較差を争う訴訟において、いわば〝原風景〟——それも克服すべき原風景——をなすのは、最高裁判所(以下、最高裁)の参議院議員選挙に関わる昭和39年大法廷判決(1)である。この判決において最高裁は、まず「憲法14条、44条その他の条項においても、議員定数を選挙区別の選挙人の人口数に比例して配分すべきことを積極的に命じている規定は存在しない」とする。投票価値の平等について、明示的な憲法上の要請ととらえていない。ところが続けて、「選挙区の議員数について、選挙人の選挙権の享有に極端な不平等を生じさせるような場合は格別」という留保を付しつつ、「各選挙区に如何なる割合で議員数を配分するかは、立法府である国会の権限に属する立法政策の問題であって、議員数の配分が選挙人の人口に比例していないという一事だけで、憲法14条1項に反し無効であると断ずることはできない」とする。たいへん広い立法裁量を認めているが、司法審査およびその結果としての違憲判断の余地を認めていることに留意したい。

ちなみに、この判決における斎藤朔郎裁判官の意見は、多数意見について砂川事件最高裁判決[2]と同様の考え方とみる。一見極めて明白に違憲無効と認められない限り、司法審査の範囲外とする立場である。しかし、多数意見が統治行為論――そのうちの砂川判決のタイプ――をとったとみることには、やはり躊躇を覚える。広い立法裁量論であろう。ともあれ、司法審査について極めて抑制的、という原風景が存在したわけである。

ところが衆議院議員選挙に関わる昭和51年大法廷判決[3]において、最高裁は判例論理を組みかえ、かつ、その後の判例理論の骨格をなすものを提示した。

(1) 判旨はまず、「各選挙人の投票の価値の平等もまた、憲法の要求するところである」と認めた。昭和39年大法廷判決の立場からの大きな変更である。ところで、この投票価値とは本来、かなり包括的な概念でありうる。[4]「各投票が選挙の結果に及ぼす影響力」ととらえるならば、それは当該選挙区における立候補者数や棄権率などにより左右されるはずである。であるのに、あえて議員一議席当たりの有権者数というように単純化したのは、概念を意図的にスリム化することにより、司法的に対処しうる側面に問題点を限定する試みの所産であろうと推察される。

ただし、その投票価値の平等については、「国会が正当に考慮することのできる重要な政策的目的ないしは理由」との間で調整的に実現されるべきものと位置づける。こういった論理の運びからすれば、憲法上の要請である投票価値の平等は、政策的考慮事項よりも上位に位置づけられるはず、という基本的認識が必ずしも貫かれていないことが看取される。[5]

(2)次に判旨は、投票価値の較差が許容限度を超え、かつ「合理的期間内における是正が……行われない場合に始めて」議員定数配分規定が違憲となる、と判示する。こうして本判決において、いわば突如として合理的期間論が登場した。[6]

判旨をたどってみれば、この理論は立法裁量論に由来するものと思われる。「社会の急激な変化や、その一つのあらわれとしての人口の都市集中化の現象などが生じた場合、これをどのように評価し、……政治における安定の要請をも考慮しながら、これを選挙区割や議員定数配分にどのように反映させるかも、国会における高度に政策的な考慮要素の一つであることを失わない」としている。立法裁量を投票価値の平等より上位におき、その裁量の下でどの程度の投票価値の平等を、どのようなタイミングで実現していくかも考慮しうる、ととらえているのである。つまり立法裁量優位型の思考である。[7] さらに、この合理的期間論の現実的機能を考えてみるならば、司法府が立法府に対し較差問題の深刻さに応じたシグナルを送ることを可能ならしめるものといえよう。[8]

(3)判旨はさらに、公職選挙法上の定数配分規定が違憲であるとき、当該選挙の効力につき言及する。いわゆる事情判決の法理により、選挙は無効としないという。この法理をここでも持ち出すことにはやや無理があるが[9]、現実的には違憲警告判決の機能をもたせる手法となっている。[10]

2　判例のあり方――その2

さて、参議院についてはどうであろうか。ここにおいては、衆議院に関わる判例理論を参酌しつつ、参議院の特殊性を前面におし出した論理構築がなされている。

まず、(1)参議院においても「各選挙人の投票の有する価値の平等」は憲法上の要請であるとされる。ただし、この平等は大きな譲歩を求められる。なぜならば、第一に、参議院議員は半数ごとに改選される(憲法46条)ので、各選挙区の定数を偶数にする必要があるからであり、第二に、参議院選挙区選出議員は事実上都道府県代表的性格をもつため、都道府県のまとまりが選挙区となるという特性があるからである。

こうして、例えば参議院議員選挙に関する平成8年大法廷判決(最大判平成8・9・11民集50巻8号2283頁)などにおいては、6倍あたりが許容限度のラインであると示唆された。[11]

(2) 次に、投票価値の較差が「到底看過することができないと認められる程度の……著しい不平等状態」となり、かつそれが相当期間経過したとき、「初めて議員定数の配分の定めが憲法に違反するに至る」。最高裁はここで、注意深くことばを区分し、衆議院については合理的期間、参議院については相当期間という概念を用いている。その違いであるが、相当期間の方がより長期であると推測される。[12]

(3) さらに、公職選挙法上の規定が違憲であるとき、参議院においてもいわゆる事情判決の法理が妥当するかであるが、この点は不明である。これまで最高裁が扱った事案のなかで、投票価値の較差が許容限度を超えたとしたものはあるが、相当期間を経過したと判断したことがないからである。

3 学説

以上のように判例理論が形成されていったが、この時期、学説は比較法的知見をベースにしつつ、判例に対し影響を与えた。そういった学説の中心的存在として、芦部信喜の説を位置づけることができよう。そもそも投票価値の平等が憲法上の要請か否かに関しては、見解の相違があった。平等の原則が要請するのは、当該選挙区内における候補者の当落に影響を与えることについての平等に限定されるという考え方も存在したのである。[13] これに対し芦部は、「それがはたして憲法の正しい解釈であるかを疑う」と強く批判しつつ、「各選挙区における投票価値の平等原則は、いわゆる選挙の平等のもっとも重要な内容であり、憲法の保障する法の下の平等が当然に要求する原則」[14] であると主張した。

芦部のこの立場が、1960年代のアメリカにおける一連の議席配分不均衡是正判決[15]に影響を受けていることは明らかである。さらに、この問題を扱う司法府が〝政治の茂み〟に足をとられることのないよう、司法的に実現すべきことがらを明確化・単純化して提示すべく実践的工夫を尽くしている点にも留意したい。まず、投票価値の平等という概念の組み立てである。さきに言及したように、選挙結果に及ぼす影響力であれば、当該選挙区における立候補者数や棄権率など実にさまざまな要素が関わってくるはずであるが、それらは無視し、議員一議席当たりの有権者数に焦点を絞った。さらに投票価値平等の実現に関わる指標であるが、「約2対1以上の格差があってはならない[16]」という明確な基準を提示した。2対1に至れば実質的に1人の有権者が他の有権者の2票分もつのと同じになってしまうからだ、という。

較差の許容限度については諸説ある[17]。ただし、衆議院については「考慮されてしかるべき非人口的要素を広汎に容認している[18]」点が憂慮されると指摘され、参議院についてはさらに、選挙区選出議員が事実上都道府県代表的性格を有するという点は政策上の考慮にすぎないのに、これを理由として憲法上の要請である投票価値の平等の要請に対して譲歩を求めるのは法論理上不当ではないか、などが批判された。これらは、次第に学説において共有されるものとなっていった。

Ⅱ　判例のあり方と学説(2)――展開期

1　判例のあり方

以上みてきた形成期における判断枠組みを踏襲しつつ、判例は世紀の変わり目ごろからさらなる展開を示している。

まず、衆議院について。平成6年に選挙制度改革が行われ、それまでの中選挙区制は小選挙区比例代表並立制へと移行した。その際に制定された衆議院議員選挙区画定審議会設置法（以下、区画審設置法）3条は、その第1項でまず投票価値の較差が最大でも2倍以上にならないようにすべきことを、そして第2項で、各都道府県にまず1議席を別枠として付与し（いわゆる一人別枠制）、その余の議席について各都道府県に人口に比例して配分することを、それぞれ求めた。第1項は投票価値の平等を実現する方向に作用するが、第2項はそれを阻害する方向に作用する。そこでそもそも一人別枠制を定めること自体合憲なのか、が問われることとなった。

最高裁は、平成11年大法廷判決[19]以来、一人別枠制は、「相対的に人口の少ない県に定数を多めに配分し、人口の少ない県に居住する国民の意見をも十分に国政に反映させることができるようにすること」、つまり過疎地配慮論をもって説明可能だとしてきた。

しかし平成23年大法廷判決[20]に至ってこの立場を転換する。衆議院議員は「全国民を代表して国政に関与することが要請されているのであり、相対的に人口の少ない地域に対する配慮はそのような活動の中で全国的な視野から……考慮されるべき事柄」だという。そして、この判決は一人別枠方式の根拠について、いわゆる激変緩和論の立場を採用した。新しい選挙制度を導入することによって「人口の少ない県における定数が急激かつ大幅に削減されることになるため、国政における安定性、連続性の確保を図る」ものだというのである。そうだとすれば「その合理性に時間的な限界」があることを認めざるをえない。判決においては、既にその時間的限界を超え、「合理性は失われていた」のであるから、激変緩和のための一人別枠制は許されないものと判断された。立法裁量の過程統制の考え方を用いて判断を下したものと解される[21]。

なおこの判決の後、各都道府県への定数配分方式としてアダムズ方式が採用され（改正後の区画審設置法3条2項）、その下で較差の縮小もみられるため、最高裁も選挙区割規定が憲法に反するということはできないと判示している[22]。

では、参議院についてはどうか。最高裁は平成16年大法廷判決(23)のころから、較差の許容限度につき厳しい立場をとるようになっていった(24)。

こういった傾向の下では、形成期における判例論理の問題点が次第に明確に意識されるようになる。先述したように、参議院選挙区選出議員が事実上都道府県代表的性格をもつという点は、あくまで政策上の考慮である。憲法は都道府県を選挙区のまとまりとすべきだとはしていない。であるのに、この考慮をもって、憲法上の要請である投票価値の平等に対し譲歩を迫るのは法論理的に適切でない。そうだとすれば、投票価値の平等を実現するため、「国会において、都道府県を単位として各選挙区の定数を設定する現行の方式をしかるべき形で改めるなどの具体的な改正案の検討と集約(25)」がなされるべきことが要請されることとなる。

こうした最高裁の判決を受けて国会も公職選挙法改正（２０１５年）で応じ、２か所で合区が行われた（島根県と鳥取県、徳島県と高知県）。そしてこの改革によって投票価値の較差は、約5倍から3倍程度に縮小したのであり、この点は評価される。

しかし、この合区の下で実際に選挙を行ってみた結果、それ特有の問題点が浮上することとなった。２つの県を合わせた選挙区（A県とB県）において、候補者はどちらかの県（たとえばA県）に地盤をもつことが多い。となれば、他方の県（B県）の有権者は当該選挙に関心をもてなくなり、棄権したり、あるいは無効票を投ずるに至る。

こういった新たに浮上した問題点に対し、どう対処したらよいのか。立法府において選挙制度自体の変更を含め真摯に検討を行うしかない。２０１８年の公職選挙法改正によって導入された参議院比例代表選挙の特定枠（同86条の3第1項後段）などは、そういった方向での工夫の一環といえよう(26)。そこで最高裁としては、立法府がこのような課題を解決するため努力を続けているか否かにより、投票価値の較差が許容限度内か否かを判断していくという方向性をとっている——相当期間経過の問題ではなく、較差が許容限度内か否かの判断であることに注意——。たとえば平成29

年大法廷判決[27]においては、(1)平成27年改正公職選挙法により合区という新たな手法を導入し、長らく5倍程度であった較差が3倍程度になったこと、のみならず、(2)平成27年改正公職選挙法附則で当該課題につき引き続き検討を行い、必ず結論をえるとしていること、など立法府の努力を考慮し、よって投票価値の較差は著しい不平等とはいえない、としている。

2　学説の対応

これまでみてきたように、この時期の判例は投票価値の平等を貫くという、形成期以来の課題に取りくみつつ――形成期よりもより厳しく平等を求める傾向が認められる――、投票価値の平等を貫くことに起因する新たな問題点についても対処しなければならなくなった。問題点は複雑化したわけである。

こういった問題状況の検討において、学説が指導性を発揮しているとは思われない。この点が、判例理論の構築に影響を与えることができた形成期と異なる状況である。判例は苦しみながら右往左往する。学説は後追い的にそれを解説する。こういうあり方の下、衆議院についても参議院についても、理論的問題を十分解明できないでいる。

まず衆議院の場合、一人別枠制の根拠として、かつてあげられたのが過疎地配慮論であったが、これが平成23年大法廷判決によって否定された。否定の根拠とされたのは、議員はそもそも全国民の代表であるから、全国的視野で過疎地への配慮をすればよいということである。これは一見理がとおっている。しかし、実はこれは過疎地配慮論の否定の根拠とはなりがたい。人口の少ない県に比較的手厚く議席を配分しても――つまり過疎地への配慮をしても――、いったん選出された議員は全国民の代表であり、全国的視野から過疎地への配慮をすることになる。つまり同一の理由づけが過疎地配慮論を肯定する根拠ともなりそうなのである。この点、どう考えたらよいのか。

また参議院の場合、近時、立法府において選挙の仕組みそれ自体の改革に向けて真摯な努力がなされているか否かを考慮に入れて、投票価値の較差が許容限度内か否かが検討されている。そもそも合理的期間が徒過しているか否か判断する際に、立法府の努力を考慮することは理解可能である。しかしながら、投票価値の較差が許容限度内か否かは客観的に判断されるものではなかろうか。であるのに立法府の努力という主観的事情によって較差が許容限度内か否かを判断するということは[28]、理論的に可能なことなのだろうか。

Ⅲ　考察の手がかり(1)——選挙権のとらえ方

1　Pamela Karlan の選挙権論

判例上の疑問点を考究する手がかりを求めて、選挙権に関しエネルギッシュに議論を展開する Pamela Karlan の論考を検討してみたい。

Karlan によれば、そもそも選挙権は複層的なあり方をもつものととらえられる。まず、参加としての選挙(voting as participation)がある[29]。選挙当日に一票を投ずることができることであり、たとえば有権者登録の際に条件を付ける(読み書きテスト、一定期間以上の居住要件)などの問題はここに関わる。本稿では参加のステージと呼ぼう。

次に、集計としての選挙(voting as aggregation)がある[30]。いったん投じられた票が集計され、当選者が選出されるプロセスであり、ここにおいては各有権者が、その投票により自らが選好する候補者を選出しうるよう公正な可能性を保障されるべきこととなる。本稿では集計のステージと呼ぼう。

そして第三に、統治としての選挙(voting as governance)がある[31]。当選した議員によって構成される議会と有権者との継続的なつながり、そして有権者の意向・利益が議会にどのように反映されるかが問題となる。本稿では統治のステージと呼ぼう。

わが国の投票価値の較差問題に対応するのは、アメリカにおいては投票希釈化のうち、量的投票希釈化(quantitative vote dilution)である。[32] これは Karlan の論ずる選挙権の複層的理解のうち、どこに関わるのであろうか。まず、集計のステージにおいてとらえることが可能であろう。いったん投じられた票が集計されるプロセスにおいて、選挙区ごとに一票の重みが異なるとすれば、どの選挙区に居住する有権者かによって自らが選好する候補者を選出する可能性が異なるからである。もちろんこういった理解は可能であるが、もうひとつ、参加のステージにおいて把握することも可能である。各有権者が一票を投ずるにあたり、その一票の重みに較差がある、つまり不平等な参加になっているという論点理解である。

2　わが国における投票価値の平等

以上検討した選挙権の複層的理解を前提とすれば、わが国における投票価値の平等論が、実は参加のステージに強く傾斜した形で組み立てられたものであることに気づかされる。投票価値平等について、各人の投じる一票の重みが均等でなければならないと論じられることが多いが、それは投票時点に焦点を当てた議論なのである。

もっとも、投票価値の平等について、かつて芦部はアメリカの諸判例から、複数の基準を紹介していたのであり、この点は留意される。芦部によれば、[33] 次のような三種類の方法がある。

(1)「議員一人当り人口の最高選挙区と最低選挙区との人口比」。つまり最大較差による。

(2)「議員一人当り全国平均人口(全国人口総数を総定数で除した数)の下での一票の値を一〇〇とした場合、各選挙区での一票の値がもつ偏差値(一〇〇の上下何%の偏差まで認めるかの問題)」。

(3)「総定数議員の過半数を選出するのに必要な最小人口数と全国人口総数との比率」。

昭和51年大法廷判決において、多数意見は上記(1)に依拠し、岡原昌男裁判官ほかの反対意見はおおむね(2)をとっている。ただし、芦部が人口数で考えているのに対し、同裁判官らは選挙人数で考えている点は異なる。ともあれ、これらはともに参加のステージに軸足をおいたものといえる。これらに対し(3)は統治のステージに軸足をおいたものであった。

ところが判例の展開期になると論点が複雑になり、投票価値の平等以外にさまざまな派生的問題点が顕在化した。衆議院については一人別枠制の合憲性に関わる議論がある。さきに言及したように最高裁は当初、過疎地配慮論によって説明した。過疎地に居住する有権者の発言権確保であるから、これは統治のステージに関わる。とすれば、統治のステージにおける考慮のため参加のステージにおける選挙権の保障に対しある程度の調整を要求すること、つまり選挙権の構成要素である参加と統治の両ステージの間における相互調整ととらえるべきこととなる。そして、トータルにとらえた選挙権というものの保障という見地から、過疎地配慮論が主張されたわけである。

ところが実際には、過疎地配慮論では説明がつかない。過疎地(人口の相対的に少ない県)であるのに手厚く議席配分されていない県がある一方で、手厚く議席配分されている県がすべて過疎地というわけではない(34)。こういう事情があるからこそ、過疎地配慮論は実情にそぐわないものというしかなく、したがって激変緩和論にとってかわられたのであろう。

また、参議院については選挙区の合区をめぐる議論がある。投票価値の平等を実現するため合区という手法をとったのであるが、その結果、有権者のなかに選挙への関心を失う者が出現し、弊害が生じている。

こういった合区は、参加のステージでとらえた投票価値平等の実現のための措置であるが、その結果、選挙区の一部の有権者が投票しても自らの意向が議会に反映されないと憂慮するに至るのであるから、ここに統治のステージの問題が生じたこととなる。このようにみてくると、これまた選挙権の構成要素相互間の調整が求められるものと把握することができよう。

つまり衆議院においても参議院においても、判例の展開期における課題は複雑化している。投票価値の平等を実現すべきだという要請は当然としても、それにとどまらず、投票価値の平等を実現していくとき、選挙権の構成要素のうち、あるものの実現に支障を生ずることがあるのであり、選挙権の構成要素相互間の調整が難しい課題として浮上してきている。

そもそも判例理論の形成期においては、投票価値の平等を司法的に扱いうるものとすべく、選挙権に関する議論を参加のステージに限定し単純化する傾向があった。それは形成期においては適切な戦略であった。ところが展開期における検討課題をみるとき、そういった限定、単純化がかえって視野の狭さを招来し、私たちが直面している課題の全体像の理解を妨げてすらいる状況にあるように思われる。[35]

Ⅳ　考察の手がかり(2)——憲法的価値の司法的過小執行の理論

1　Lawrence Sager の司法的過小執行の理論

アメリカにおいては、若干の人権領域で憲法的価値の司法的過小執行の理論が論じられることがある。[36] この理論に関する有力な論者である Lawrence Sager の説くところによれば、[37] 憲法規範が求めているところの全体に至るまで、司法府が実現しているとは必ずしもいえない。憲法規範は、司法府による実現、政治部門による実現など、さまざまなアクターにおける実現に依拠するのであり、これらが全体として総合されてはじめて憲法的価値がトータルに実現されていくのだという。

Sager は、司法的過小執行の現実の例として政治問題(political question)の法理をあげる。[38] 憲法規範は存在するが、しかしその実現はあげて政治部門に委ねられるのであり、司法的に執行しうる部分は存在しない。つまり司法的過小執行の極端な場合と位置づけられる。

また Sager は、司法審査に関する古典的存在である James Thayer の論考も例としてとりあげる。[39] Thayer はここで「明白な誤りのルール」[40](the rule of clear mistake)を論ずる。立法府の行為は憲法に違反することが明白で、それが合理的な疑いを容れないほどに至っている場合にのみ無効と判断されるべきだとする。憲法に反するものすべてを司法府が違憲無効と判断するのではなく、明らかな誤りがあったときのみ、つまり明白に違憲である場合のみ司法府は立法府の判断を否定するというわけであり、ここに、憲法の規範そのものと司法的に執行できる憲法規範の範囲とを区分けし、司法的に執行される範囲は憲法規範のすべてに及ぶわけではない、とする考え方が看取されるという。

2　わが国の場合

さて、この司法的過小執行の理論であるが、わが国の実務を理解する際にも参酌しうるのではなかろうか。わが国においても統治行為の理論が論じられる。これまでの例をあげるならば、さきに若干言及した砂川判決や苫米地判決[41]である。これらの事案の場合、憲法規範それ自体は存在する。しかし司法的には、「一見極めて明白に違憲無効」といえる場合にまで極端に執行を限定したり、あるいはまったく執行しなかったりするのである。[42]

さらに考察を展開するならば、小売市場判決[43]などはどうであろうか。この判決では明白の原則が論じられた。立法府が裁量を逸脱し、著しく不合理であることが明白な場合にのみ違憲とするという。ここで「著しく」不合理であること、それが「明白」であること、というように、大幅に司法府が抑制的な立場をとっている。それは、司法府としてこの領域に関し過小執行の立場にたったもの、とみることができるのではあるまいか。

以上の前提作業の成果をもとにして、選挙権の問題に立ち戻ろう。このような政治プロセスに関わる権利が問題になる場合、一般的には司法府が積極的にのり出して政治プロセスの歪みを是正すべきである、と論じられることが多い。確かにそういった働きかけは必要であるが、最終的には立法府が法律を制定・改正することにより救済するしかない。つまり司法府が単独で処理することはできず、立法府の作業を期待するしかない。司法府の判断に立法府が従わなければ、司法府の権威は深刻な危機に陥るわけであり、そういったことは慎重に避ける必要がある。こうした司法府の立場からして、憲法規範を一定程度過小執行することになりはしないだろうか。

とすれば、芦部が主唱した較差限界2倍論(もっとも参議院についてはもう少し緩和する)[44]について、どうとらえるべきか、いまいちど考え直してみる必要がありそうである。憲法規範それ自体が2倍未満を要請していると解するべき(A説)だろうか。それとも、憲法規範それ自体としてはあくまで投票価値の完全な平等を求めているのであり、選挙区割りの技術的困難さに由来するやむをえない平等からの乖離以外は認めないのだが、司法府としてはこの規範につき過小執行せざるをえない。司法府の判断を立法府が無視することのないよう、実現すべきコアの部分のみに限定したラインで判断せざるをえない。そういった司法的過小執行を考慮に入れたものが、投票価値較差2倍未満論なのだとみるべき(B説)だろうか。

現時点でSagerの理論を参酌してとらえ直してみれば、やはり司法的過小執行を考慮に入れたB説の立場ではなかったか、と推察される。

こういった知見をもとにするならば、較差が2倍以上になってはならないとする通説(芦部説)と、投票価値の原則完全平等を求める有力説は、実は見解が異なっていたというより、議論の〝場〟が異なっていただけではないか。有力説は憲法規範そのものが求めるところを語っていたのであり、通説は憲法規範そのものではなく、司法的過小執行を前提にして司法的に実現すべきラインを論じていたわけである。

さらに、この司法的過小執行の理論を前提とするならば、最高裁の判例が示すところを超えて、政治部門は投票価値の平等につきより厳しく追求すべきであったといえる。司法府が過小執行にとどまっているのに乗じて、政治部門までそのラインにとどまるとすれば、それは怠慢とのそしりを免れない。つまりこれまでの実例が示すような、最高裁の違憲判断に対応して国会が弥縫策として是正を小出しにしてきたあり方は、憲法的価値の実現のあり方として適切ではなかったわけである。

そして、参議院選挙区選挙における合区の問題である。投票価値の平等を追求するため合区という手法をとったが、合区にはそれ固有の弊害が伴うことが判明した。そこでいったいどのような選挙の仕組みを採用すればよいのか、立法府は困難な課題に直面することとなった。このような局面で最高裁は、立法府が投票価値平等の実現に向けて誠実に努力をしていることをも考慮し、投票価値の較差を許容限度内とする判断を下している。ここで立法府の主観的事情を考慮することの許容性が疑問として浮上する。

これに対しても、司法的過小執行の理論によって説明が可能となるかもしれない。立法府において投票価値の較差を是正すべく、選挙の仕組みをどうすべきか試行錯誤がなされているとして、そういった作業が誠実になされていることを〝条件〟として、司法府としては投票価値の平等の要請につき、暫定的に過小執行している、という仮説である。過小執行をすることによって、較差が許容限度を逸脱しているとの判断を回避し、立法府に選挙の仕組みの改編という困難な作業を行う〝いとま〟を付与している、とみるわけである。暫定的過小執行のための条件が充足されているか否かという観点から、司法府は立法府における真摯な努力をチェックするわけである(45)。

V　まとめにかえて

投票価値の平等を扱う判例は、ふり返れば昭和39年大法廷判決以来、約60年の歳月を閲している。その間、日本国憲法下におけるまぎれもなく最大級の関心事のひとつであった。さらにその歳月は、大きく分ければ、20世紀の段階である判例理論の形成期と、21世紀に入ってからの展開期に分けられるように思われる。

芦部は、判例の形成期において学説のオピニオン・リーダーであり続けた。比較法的な動向に示唆を受け、学説の基礎づくりに大きな役割を果たすとともに判例のあり方にも影響を及ぼした。

21世紀になって判例は展開期に入った。ここにおいて形成期との連続性と非連続性が併存するようになる。判例上投票価値の平等に向けてさらなる努力が積み重ねられていったが、それは形成期の判例との連続性を示すものであり、かつ芦部が望んだ方向でもあった。しかし、形成期にはなかった課題が発生することとなった。これらについてはいまだ明確な方向性が定まっていない面もある。芦部を含め先人たちの残した業績に学びつつ、それに続く世代が考究を重ねていくしかないであろう。(46)

(1) 最大判昭和39・2・5民集18巻2号270頁。

(2) 最大判昭和34・12・16刑集13巻13号3225頁。

(3) 最大判昭和51・4・14民集30巻3号223頁。

(4) 安念潤司「いわゆる定数訴訟について(2)」成蹊25号(1987年)61頁は、「定数訴訟を象徴するスローガンとなった『投票価値』の平等という言葉も、51年判決以前の段階に限ってみれば、裁判所の判文中にはあまり見当たらないことに注意する必要があろう」と指摘する(63―64頁)。そして「『投票価値』はいくつかの意味上の層からなる概念である」という。まず、「少なくとも同一の選挙区内では、すべての選挙人が候補者の当選に等しく貢献し得る」ことであり、さらには、「死票とならない可能性」をもその概念のうちにとり込むことも考えるならば、かなり多義的となる。「議論の文脈に応じた多様な用法を許す言葉」なのだという(72頁)。

また、淺野博宣「投票価値の平等について」安西文雄ほか『憲法学の現代的論点〔第2版〕』(有斐閣、2009年)439頁も、「投票価値の平等は、選挙における平等の中の一部分である」(448頁)とし、「なぜ投票価値の平等だけを特に取り出して司法審査の領分と考えられるのか、という疑問」(449頁)を提示していることが注目される。

さらに参照、高橋和之「議員定数配分の不平等」奥平康弘＝杉原泰雄編『憲法学4〔統治機構の基本問題Ⅰ〕』（有斐閣、1976年）98頁、105―106頁。高橋はここで、「投票価値の平等」と「投じられた票の価値の平等」を区別して論じており、興味深い。ただし一般的にはこの区別はなかなか認識されがたいものではなかろうか。

（5）安念・前出注（4）において、「結局、『投票価値』の平等は、突き詰めていえば、一定の制度を選択した立法者にとっての自己拘束の原理としてしか意味をもたないのではなかろうか」（89頁）と指摘されている点が参照される。

（6）安念潤司「いわゆる定数訴訟について（3）」成蹊26号（1988年）39頁によれば、「合理的期間論は、……実用的な判例法理としては、51年判決において突如として出現すると同時に完全に定着した」（46頁）という。

（7）参照、安西文雄「司法審査と立法裁量論」立教47号（1997年）1頁、11頁。ここにおいて憲法優位型思考と立法裁量優位型思考とを対比して考察した。前者は、憲法が立法裁量の上位に位置し、立法裁量を統制するととらえるものであり、後者は、立法裁量の下位に人権ないし憲法上の価値がおかれ、裁量において考慮されるもののひとつとしてこれを扱う、というあり方である。

（8）このようにして司法府と立法府との〝対話〟がなされていくわけである。佐々木雅寿『対話的違憲審査の理論』（三省堂、2013年）27頁によれば、最高裁と国会や政治部門との憲法的対話には「一回的な対話」と「継続的な対話」の二種類があるとされる。投票価値の較差をめぐる訴訟およびそれに関する政治部門の対処は、「継続的な対話」の好例といえよう。

（9）公職選挙法219条1項は、選挙関係訴訟に事情判決を規定する行政事件訴訟法31条を準用しないとしている。

（10）野中俊彦『憲法訴訟の原理と技術』（有斐閣、1995年）378頁は、「『事情判決』の方法は、……最高裁が創出した実質的な違憲確認ないし宣言判決の方法であるという見方は、今日多くの学説の共有するところ」であると指摘する。

（11）参照、安西文雄「立法裁量論と参議院選挙区における投票価値の平等」法教196号（1997年）26頁、28頁。

（12）安西・前出注（11）30頁。

（13）野村敬造「選挙に関する憲法上の原則」清宮四郎＝佐藤功編『憲法講座3〔国会・内閣〕』（有斐閣、1964年）129頁、137―138頁。

（14）芦部信喜『憲法訴訟の理論』（有斐閣、1973年）第Ⅴ論文214頁（初出はジュリ296号（1964年））。

（15）具体的には、Baker v. Carr, 369 U.S. 186 (1962); Wesberry v. Sanders, 376 U.S. 1 (1964); Reynolds v. Sims, 377 U.S. 533 (1964)である。なお、Wesberry v. Sandersに関しては、芦部自身が評釈を書いている。芦部『憲法と議会政』（東京大学出版

会、1971年）454頁（初出は、アメリカ法1965創刊号）。

(16) 芦部信喜『憲法訴訟の現代的展開』（有斐閣、1981年）第Ⅷ論文324頁（初出はジュリ617号（1976年））。なお、芦部によればさらに、「人口比例からの原則からの乖離を正当化する理由の挙証責任は、表現の自由の場合に準じ、公権力の側にあると解すべき」であるとされる。

なお、こういった芦部の立場が示されているものとしてほかに、芦部・前出注（15）379―380頁、同・前出注（14）221頁など。

(17) 辻村みよ子は、投票価値の平等を徹底し、「原則はあくまで一対一でなければならない」、そして「一対一の原則をこえる限りは、それを正当化する十分な理由」が立証されなければならない、と主張する。辻村『「権利」としての選挙権』（勁草書房、1989年）192頁、同『選挙権と国民主権』（日本評論社、2015年）85頁。衆議院に関して、このように厳格な立場をとるものとして、たとえば平成30年大法廷判決（最大判平成30・12・19民集72巻6号1240頁）における鬼丸かおる裁判官の反対意見、山本庸幸裁判官の反対意見などがあげられる。これに対し、1対2に至ってはならないとするのが通説（主要な論者は芦部）である。

(18) 芦部・前出注（16）319―320頁。

(19) 最大判平成11・11・10民集53巻8号1441頁。

(20) 最大判平成23・3・23民集65巻2号755頁。

(21) 参照、安西文雄「判批」長谷部恭男ほか編『憲法判例百選Ⅱ〔第7版〕』（有斐閣、2019年）332頁、332―333頁。

(22) 最大判平成30・12・19民集72巻6号1240頁、最大判令和5・1・25民集77巻1号1頁（較差は2倍を超えていたが、是正されることが予定されているとして合憲判断を下している）。

(23) 最大判平成16・1・14民集58巻1号56頁。

(24) 参照、最大判平成21・9・30民集63巻7号1520頁、1526―1527頁。

(25) 最大判平成26・11・26民集68巻9号1363頁、1381頁。なお、この種の最高裁から国会に対するメッセージは、まず平成21年大法廷判決・前出注（24）において表明され、さらに平成24年大法廷判決（最大判平成24・10・17民集66巻10号3357頁）、そして平成26年大法廷判決、と続いた。平成24年大法廷判決以降は、投票価値の較差につき「違憲の問題が生ずる程度の著しい不平等状態」に至っているとしており、その下で是正の方向性を国会に対し示唆するものとなっている。なお、安念潤司「参議院定数配分不均衡訴訟の来し方」論ジュリ36号（２０２１年）２１６頁、２２０頁は、参議院選挙制度の設計思想の読み替えがなされたものとみている。

(26) なお、これにつき安念・前出注(25)２２３頁は、「あからさまな党利党略の産物」と評する。

(27) 最大判平成29・9・27民集71巻7号１１３９頁。

(28) 藤井樹也「立法者の努力を評価する司法判断」戸松秀典＝野坂泰司編『憲法訴訟の現状分析』（有斐閣、２０１２年）４０６頁、４１１―４１２頁は、参議院の投票較差を争う訴訟に関し、「最高裁による立法者の努力を評価する司法判断が、合理的期間論にとどまらず、客観的な違憲状態の判断にも及んでいる」と指摘する。また、曽我部真裕「投票価値の平等」法教４８８号（２０２１年）65頁、71頁は、「較差の許容限度は客観的に判断されるべきで、このような立法者の努力を考慮すること、ないし『違憲の主観化』について、学説の評価は定まっていないようである」という。

(29) Pamela S. Karlan, *The Rights to Vote: Some Pessimism about Formalism*, 71 Tex. L. Rev. 1705, 1709–12 (1993).

(30) *Id.* at 1712–16.

(31) *Id.* at 1716–19. ちなみにKarlanによれば、Reynolds v. Sims, 377 U.S. 533につき、実は統治のステージを扱ったものと理解しうるという。投票価値の較差ゆえに、有権者がその投票によって選出した議員たちの議会内での発言力が、他の有権者グループの選出した議員たちの発言力によって不当に凌駕されるという問題があるからである。Karlan, *supra* note 29, at 1717–18.

(32) アメリカにおける投票希釈化は、量的投票希釈化と質的投票希釈化に分けられる。後者は、たとえばマイノリティの集住地域をバラバラに分断し、それらをマジョリティの集住地域に付加するなどして選挙区（それも小選挙区）を構成することにより、マイノリティの政治的発言力を弱体化する試みである。こうした質的投票希釈化は参加のステージでとらえることはできない。各有権者は皆一票を投ずるのであり、かつその重みも等しい。しかし、マイノリティ側に立つ候補者たちは多くの小選挙区で敗北することとなるわけである。つまり集計または統治のステージでとらえるしかない。この質的投票希釈化については、参照、安西文雄「選挙権の平等に関わる多層構造――アメリカにおけるマイノリティの投票希釈問題をてがかりに」長谷部恭男ほか編『現代立憲主義の諸相〔下〕』（有斐閣、２０１３年）７０３頁。

(33) 芦部・前出注(15)５２７―５２８頁。

(34) 平成11年大法廷判決・前出注(19)における河合伸一裁判官ほかの反対意見がこの点を指摘している。一人別枠方式をとったことによって宮城県や熊本県が議席増の恩恵を受けているが、富山県、石川県、和歌山県、鳥取県、宮崎県はそういった恩恵を受けていない。こうしてみると、過疎地配慮論は実態にそぐわないことが理解される。

(35) 長尾一紘「小選挙区制の合憲性」法教163号(1994年)17頁、18頁は、小選挙区制について、いわゆる三乗比の法則がはたらくため、「選挙における平等と自由の侵害」は重大なものであると指摘する。有権者の意向と議会の議員構成とくいちがいが大きいというわけである。とすれば、この考え方は、統治のステージに議論の舞台を設定したものということができよう。

(36) これに関しては、安西文雄「信教の自由――アメリカにおける展開とわが国への示唆」山本龍彦＝大林啓吾編『違憲審査基準――アメリカ憲法判例の現在』(弘文堂、2018年)147頁、156―159頁において、信教の自由の領域につき論じた。

(37) Lawrence G. Sager, *Fair Measure: The Legal Status of Underenforced Constitutional Norms*, 91 HARV. L. REV. 1212, 1221 (1978); LAWRENCE S. SAGER, JUSTICE IN PLAINCLOTHES: A THEORY OF AMERICAN CONSTITUTIONAL PRACTICE, 6, 87, 93(Yale Univ. Press 2004).

(38) Sager, *supra* note 37, at 1224–27.

(39) *Id.* at 1222–24.

(40) James B. Thayer, *The Origin and Scope of the American Doctrine of Constitutional Law*, 7 HARV. L. REV. 129, 140(1893).

(41) 最大判昭和35・6・8民集14巻7号1206頁。

(42) 統治行為の理論は、高度の政治性のゆえに裁判所の審査権が及ばないとするものである。ところが砂川判決は、「一見極めて明白に違憲無効であると認められない限りは、裁判所の司法審査権の範囲外」であるとしており、極めて限定的ながら司法審査の余地を認めている。そこで、一種変わり種の統治行為論ということになるが、本文で論じたように、司法的過小執行という視点でとらえてみれば、砂川判決における論理も、苫米地判決の論理と連続的にとらえることができよう。

(43) 最大判昭和47・11・22刑集26巻9号586頁。

(44) 芦部信喜『演習憲法〔新版〕』(有斐閣、1988年)66―67頁。

(45) 藤井・前出注(28)421頁は、「立法部が擬人化され、司法部にとって一種の説得すべき相手方と観念されると、ダイレクトな違憲判断によらずに、立法部に対するさまざまな配慮や判決理由中の穏健な働きかけを通じて、いわば『なかなか言うことを聞かない相手方に言うことを聞かせる』という発想が生じる」と指摘しており、興味深い。

(46) 実は、投票価値の平等を問題にする訴訟のとらえ方自体に、もともと基本的な問題が伏在している。争いの実体は選挙権の平等の擁護を求める訴訟、よって主観訴訟であるのに、公職選挙法上の客観訴訟の形式を借用している。この点を理論的に純化すべきだという見解には十分な説得力があり、今後、学説上も実務上も検討が続けられていくであろう。参照、令和5年大法廷判決・前出注(22)における宇賀克也裁判官の反対意見、芦部信喜＝高橋和之補訂『憲法〔第8版〕』(岩波書店、2023年)155—156頁など。

第三章　芦部憲法学と政教分離訴訟

野坂泰司

I　芦部信喜の政教分離論

芦部憲法学は、憲法の全領域にわたってそこに生起する諸問題に関する議論をリードし、その研究成果の多くが今日も学界において通説的な地位を保っている。憲法の政教分離原則をめぐる諸問題についての芦部の見解もその一例である。

日本国憲法は、その20条で、「信教の自由は、何人に対してもこれを保障する」(1項前段)と定めるだけでなく、さらに、「何人も、宗教上の行為、祝典、儀式又は行事に参加することを強制されない」(2項)として、信教の自由を手厚く保障する姿勢を示すとともに、これといわば抱き合わせのような形で、「宗教団体」に対して、「国から特権を受け、又は政治上の権力を行使してはならない」(1項後段)こと、「国及びその機関」に対しては、「宗教教育その他いかなる宗教的活動もしてはならない」(3項)こと、そしてまた89条で、「公金その他の公の財産は、宗教上の組織若しくは団体の使用、便益若しくは維持のため、……これを支出し、又はその利用に供してはならない」ことを謳っている。この国家と宗教(団体)の関係を規律する諸規定に示された原則は一般に政教分離原則と呼ばれ、その規範的意味をめぐって多くの議論が積み重ねられてきたことは周知のところである。

この政教分離原則に関する芦部の見解は、大要、次のようなものであった。

1　政教分離原則の意味

政教分離の原則とは、国家と宗教の分離の原則であり、伝統的な信教の自由と密接不可分の関係にある。もっとも、国家が宗教に対してどのような態度をとるかは、国により時代により異なるのであって、イギリスのように、国教制度を建前としつつ国教以外の宗教に対して広汎な宗教的寛容を認める型もあれば、アメリカのように、国家と宗教を厳格に分離し、相互に干渉しないことを主義とする型もある。日本国憲法における政教分離原則は、アメリカ型に属し、国家と宗教との厳格な分離を定めるものである。[1]このように解する根拠は、日本国憲法の(広義の)信教の自由の保障規定が何よりも明治憲法における信教の自由の保障がきわめて不十分なものに終わったことの反省の上に立って制定されたものであるという歴史的事実に見出される。[2]ただし、芦部は、日本国憲法における政教分離原則がアメリカ型の厳格分離を定めたものであるとしても、「政教分離と狭義の信教の自由との関係をいかに考えるかによって、厳格分離の意味内容は流動的な要素をかなり含んでいる」[3]ことに注意を喚起することを忘れていない。

芦部によれば、政教分離原則は、国家の宗教的中立性の原則と言い換えてもよい。しかし、「宗教的中立性とは、国家の宗教とのかかわり合いを、いかなる形態のものであれ、すべて排除する趣旨の原則ではない」[4]。国家が宗教といかなる場合に、いかなる限度で、かかわることが認められるかが、政教分離を考える上で最も困難な問題である。この問題を具体的に検討するためには、宗教的中立性というときの「中立性」の概念に二つの必ずしも両立し難い観念が含まれており、そのいずれに重点を置くかによって宗教的中立性の具体的な意味に重要な相違が生まれることを明らかにしなければならないとされる。その二つの観念とは、「不介入」(non-involvement)と「公平」(impartiality)である。前者を貫こうとすれば、国家は宗教に対して一切援助してはならないという帰結が導かれ、後者を貫こうとすれば、国家は宗教を理由として差別することなく平等に援助を与えるべきであるという帰結が導かれることとなろう。しかし、事はそれほど単純ではなく、「不介入」と「公平」というこの二つの要素の意味は、具体的状況に応じて考えなければならないというのが芦部の立場である[5]。

2 政教分離原則の法的性格

政教分離原則の法的性格をめぐっては幾つかの見解が対立するが、実はこの点に関する芦部自身の立場は必ずしも明確ではない。芦部は、「政教分離規定を安易に「いわゆる制度的保障の規定」と解することには、疑問がもたれる」[6]として、津地鎮祭訴訟の最高裁大法廷判決[7](以下「地鎮祭判決」という)が「元来、政教分離規定は、いわゆる制度的保障の規定であって、信教の自由そのものを直接保障するものではなく、国家と宗教との分離を制度として保障することにより、間接的に信教の自由の保障を確保しようとするものである」と述べたことを厳しく批判している。そこには、「ドイツのワイマール憲法下で説かれた伝統的な制度的保障の理論を継承するもの」として捉えられた「いわゆる制度的保障の理論」は、日本国憲法の人権規定を解釈するための理論としては、その意義をほとんど失っているという認識が前提とされている[8]。もっとも、芦部は、かかる理論の適用を全面的に否定しているわけではない。立法によっても奪うことのできない「制度の核心」の内容が明確で、かつ、制度と個人の権利自由との関係も論理的ないし合目的的に密接であるものに限ってはこの理論を用いることを認めている[9](その例としては、大学の自治や私有財産制が挙げられている[10])。政教分離に関しても、芦部は、津地鎮祭訴訟の控訴審判決[11]が、政教分離を制度的保障と解しながら、政教分離の目的を「信教の自由に対する保障を制度的に補強し確保する」ことに見出し、「信教の自由は政教の分離なくして完全に確保することは不可能である」と述べていることを妥当と評しているが、それは、芦部が政教分離と狭義の信教の自由を、「分離は自由を保障し自由は分離を要請する」という相互に密接不可分の関係にあるものとして、統一的に把握することを正当と考えるためである[12]。

かくして、芦部にとって、政教分離規定は、それを制度的保障の規定と呼ぶかどうかは問題ではなく、いかにしてそれを人権保障のために機能せしめるかが主たる関心事であったように思われる。それでも芦部は、政教分離規定を人権保障規定と捉える立場には与しない。政教分離原則に違反する行為が狭義の信教の自由を侵害したと解されるとき、はじめて政教分離原則違反を裁判で争うことができるとされる[13]。政教分離は狭義の信教の自由の保障を確保するための制度ないし原則にとどまるということであろうか。

3　政教分離原則の限界

日本国憲法の政教分離原則は「きわめて厳格なもの」と解すべきであるが、それは国家と宗教とのかかわり合いを一切否定する趣旨ではなく、したがって、上述の宗教的中立性の概念に含まれる「不介入」と「公平」という二つの要素のうち、「不介入」の要素に重点を置きつつ、宗教の果たす社会的役割や個人(特に少数者)の信教の自由の確保の重要性にも配慮して、「公平」(すなわち、便益供与)の要素との妥協ないし調和を図る必要がある、というのが芦部の政教分離論の骨子であった。この妥協ないし調和によって政教分離原則の限界が画されることになる。そして、この限界を判断する基準として芦部が提唱するのが、いわゆる目的効果基準[14]である。

この目的効果基準は、アメリカの政教分離訴訟(合衆国憲法第1修正の国教禁止条項(Establishment Clause)違反をめぐる訴訟)において合衆国最高裁判所が1971年以来用いてきたレモン・テスト[15](Lemon test)に範を採ったものである。よく知られているように、レモン・テストは、①制定法は「世俗的な立法目的」をもたねばならない、②その「主たる、または主要な効果」(principal or primary effect)が宗教を助長も抑制もしないものでなければならない、③制定法は宗教に対する政府の「過度のかかわり合い」(excessive entanglement)を促進するものであってはならない、という三つの関門を設け、そのどれか一つでも通過できなければ当該制定法は違憲となる、とするものである。[16] 芦部は、レモン・テストを基本的に厳格な基準と捉え、アメリカの判例では、1980年代から90年代にかけて大きな流れとしては、相当に厳しく適用されてきたとの認識を示している。[17] ただし、芦部が検討の対象としたアメリカの政教分離訴訟に関する判例は概ね1960年代から80年代までのものであり、それ以上には分析が及んでいないことは注意を要する。

芦部は、日本の政教分離訴訟における判例が政教分離の限界をアメリカの判例理論に倣って目的と効果に即して判断する手法を取り入れているとの認識に立ちつつ、アメリカの判例と対比すると、日本の判例は「基準をかなり緩和して」[18]おり、その適用は「かなり厳しさに欠けるものがある」[19]と指摘し、典型的な例として地鎮祭判決を挙げてその論旨を厳しく批判する。

芦部は、地鎮祭判決の論旨は少なくとも次の二つの点でアメリカの判例理論とは異なるという。一つは、「目的」と「効果」の二つの基準によって判断するかのような構造になっており、「過度のかかわり合い」の要件に独自の意義を認める趣旨が判文上明らかでなく、三つの要件のうち一つでもクリアできない国家行為は違憲とされるのかどうかも明示されていないことである。もう一つは、「当該行為の行われる場所、一般人の宗教的評価、行為者の意図、目的及び宗教的意識の有無、程度」等々広汎にわたる「諸般の事情」が考慮要素とされ、しかも、最終的には「社会通念」に従って判断する建前になっていることである。[20] 問題は、そのような差異があるものとして、日本の判例理論のありようをどのように評価するかということであろう。

芦部は地鎮祭判決を厳しく批判するものの、問題は、目的効果基準そのものにあるのではなく、「むしろ、津地鎮祭判決が、本来は国家と宗教との分離を厳格に要求するはずの同基準の意味を相対化し、それをより緩やかに適用していることにある」[21](原文強調)という。そして、判例の説示に「過度のかかわり合い」の要件を読み込み、判例のいう目的効果基準を「三つの分枝(prongs)によって構成されると解すること」は可能であるし、また、「一般人の宗教的評価」等々の「諸般の事情」もそのすべてを必ず審査しなければならない趣旨ではないから、「とくに個人ないし宗教的少数者の信教の自由が争点となる場合などに、できるかぎり客観的な、そして、宗教的少数者にアウトサイダーであることを感じさせないようなものに、要件をしぼる解釈を行うこと」も許されるとし、アメリカの判例理論の考え方を参考に基準の厳格度を高め、それを適用していくことは判例変更なしに可能であり、そうすることがむしろ憲法上要請されていると解することができると主張する。[22]

こうして、芦部は、自衛官合祀訴訟や箕面忠魂碑・慰霊祭訴訟で合憲判断を下した最高裁判決を、目的効果基準の形式的な、あるいは緩やかな適用によって事件を処理した例として批判するとともに、愛媛玉串料訴訟で違憲判断を下した最高裁判決や一連の靖国訴訟で違憲判断を下した若干の下級審判決を、目的効果基準を厳格に適用した例として高く評価するのである。[23]

芦部が上記の三要件から成る目的効果基準を掲げて、いわゆる靖国懇(「閣僚の靖国神社参拝問題に関する懇談会」)において公式参拝違憲論を貫いたことはここに特記しておくべきであろう。[24] 芦部にとって公式参拝違憲論は学問的良心に従って譲ることのできない一線であった。

Ⅱ　アメリカの判例理論

芦部の唱道する目的効果基準は、アメリカの判例で用いられたレモン・テストをモデルとするものである。レモン・テストをモデルとするのは、このテストが国家と宗教の厳格な分離の限界を判断するのに有効適切なものである

（アメリカの政教分離訴訟においてもそうであったし、アメリカ型の厳格分離の原則を採用した日本国憲法の下での訴訟においてもそうである）との芦部の確信に基づく。しかし、レモン・テストは、アメリカの政教分離訴訟において、１９７０年代から８０年代にはたしかに用いられていたが、その後合衆国最高裁ではほとんど用いられなくなり、今日では明確に放棄されるに至っている。それが何によるものなのかを解明することは、わが国の問題を考えるにあたっても避けて通ることのできない課題であると思われる。

そこで、以下においては、当のアメリカの政教分離訴訟におけるレモン・テストのありように改めて光を当て、その意義と問題点を確認することとしたい。

1　レモン・テストの登場とその後の展開

(1)　レモン・テストは、（その多くが宗教系の）私立の小中学校で世俗の教科を教える教師の俸給を補い、あるいは教科書のような世俗の教育備品等の購入費用に充てるため補助金を支出する旨を定めたペンシルヴェニア、ロード・アイランド両州法の憲法適合性が争われた１９７１年の事件で初めて定式化されたものである。合衆国最高裁は、このテストに基づき両州法を違憲と判断したが、興味深いのは、その判断過程である。法廷意見（バーガァ首席裁判官執筆）は、まず、いずれの制定法も世俗的な教育の質を向上させることを「目的」とすることは明白であるとしたものの、その「主たる、または主要な効果」については判断する必要がないとしてこれを判断していない。最高裁が問題にしたのは、制定法がもたらす「累積的なインパクト」(cumulative impact)であった。最高裁は、宗教系私立学校における教員構成や教育課程の実態を踏まえ、制定法の仕組みの下での補助金交付が「包括的、識別的、持続的な州の監視」(comprehensive, discriminating, and continuing state surveillance)を余儀なくさせるとし、このことが政府と宗教との「過度のかかわり合い」を促進するものと結論づけた。[25]すなわち、そこでは、制定法の建前はどうあれ、本件のような宗教系私立学校（生徒の大半が選択したのがカトリックの学校であり、宗教的権威に服従し、校舎内では宗教的行事も行われている）への補助金交付は、宗教に対する政府の積極的関与抜きにはその本来の目的を達成することができないと判断されているのであって、補助金交付の対象となる宗教系私立学校の性格や目的が結論を左右しているといえよう。

(2) レモン判決から2年後のナイクィスト判決[26]において、合衆国最高裁は、レモン・テストを適用して、①低所得の地域にある（その多くが宗教系の）私立学校に対する光熱費や施設維持費を賄うための補助金支出と②当該学校に子どもを通わせる家庭に対する授業料の援助や減税措置を行うニューヨーク州法を違憲無効とした。レモン判決に続いて、厳格分離の姿勢が貫かれたように見える。ただし、レモン・テストを適用しての判断過程は少し異なる。法廷意見（パウエル裁判官執筆）は、健全で安全な教育環境の保持という立法の「目的」は適切で十分世俗的なものであるとしつつ、この立法の措置は宗教を助長する「主要な効果」をもつと断定し、「過度のかかわり合い」については判断するまでもないとした[27]。しかし、本判決には、①はともかく②は合憲であるとする反対意見[28]（バーガァ首席裁判官、レンクィスト裁判官）、①②とも合憲とする反対意見[29]（ホワイト裁判官）が付されている。何をもって「主要な効果」と見るかについて最高裁裁判官の間で意見が一致していない。法廷意見は、「主要な効果」とは「直接的・即時的な効果[30]」(direct and immediate effect)を指すとしているものの、それが何を意味するかは直ちに明らかではないといわなければならない。

上記①の光熱費や施設維持費に関する助成は、たしかに宗教系の学校に対する便益供与といえるかもしれないが、それ自体は宗教的内容を有するわけではない（その点では、合憲とされた先例である1947年のエヴァスン判決[31]におけるバス通学の助成の事例に類似する）。また、②の授業料の補助は、直接的には生徒に便益を与えるものであって、学校に便益を与えるものではないともいえよう（その点では、やはり合憲とされた先例である1968年のアレン判決[32]における教科書の無償貸与の事例に類似する。特に、そこでは、審査対象の立法の目的と主要な効果が宗教を助長しまたは抑制するかどうかを問というのが、レモン・テストの原初的形態とでもいうべきテストが用いられていることに留意すべきであろう）。ナイクィスト判決の法廷意見はこれら先例との区別に腐心しているが、それを首尾よく成し遂げることができているかどうか、判例理論の論理一貫性が問われるところである。

というう、1963年のシェンプ判決[33]で合衆国最高裁によって初めて打ち出された、レモン・テストの原初的形態とでもいうべき

(3) 宗教系の学校への援助に係る事例としては、さらに、1985年の次の二つの事件が注目される。――①公立学校の教員が（そのほとんどが宗教系の）私立学校においてコア・カリキュラムの補習授業を行うプログラムと②私立学校の教員がパートタイムの公務員として放課後に公立学校やその他の場所で、子どもたちや社会人に向けて美術工芸や語学、演劇などのコミュニティ教育を行うプログラムの憲法適合性が争われたボール事件[34]と、初等中等教育に関する1965年の連邦法に基づき、低所得家庭の教育の機会に恵まれない子どもたちのために公立学校の教員を教区学校に派遣し、その俸給を公金で賄うというニューヨーク市のプログラムの憲法適合性が争われたアギラー事件[35]である。

合衆国最高裁は、いずれの事件においても、レモン・テストを適用して、当該プログラムは国教禁止条項に違反し無効と判示した。前者のボール事件の法廷意見（ブレナン裁判官執筆）は、①②のプログラムの「目的」が世俗的なものであることを認めた上で、それらは宗教を助長する「主要な効果」をもつと断定した[36]（「過度のかかわり合い」については判断していない[37]）。もっとも、その「効果」判断は、プログラムが政府と宗教の象徴的結びつきをもたらし、生徒や一般の人々に政府が宗教を支援しているというメッセージを与える惧れがあることや、生徒に宗教教育を施すこととなる実質的な危険があることなどを根拠とするものであった[38]。厳格分離を更に一歩進めた感があるが、その論旨はやや観念的な印象を免れない。この点で、実際の教育現場の経験に照らしてそのような危険は見出せないとする反対意見[39]（①は合憲であるとするオコナァ裁判官、①②とも合憲であるとするレンクィスト裁判官）はそれなりの説得力をもつように思われる。

一方、後者のアギラー事件の法廷意見（ブレナン裁判官執筆）は、ニューヨーク市のプログラムが宗教学校における授

業を監視するシステムを導入していた点を捉えて、このような監視システム自体が不可避的に「過度のかかわり合い」をもたらすと断定している。[40]このシステムが宗教教育を防止するという市側の主張は一蹴された。たとえ援助が宗教を助長する「主要な効果」をもたないとしても、このような監視システムは宗派間の政治的分裂を増大させる危険があり、認められないというのである。[41]ここでも違憲の結論を導くにあたって十分な論拠が提示されているかどうかについて議論の余地があると思われる（本判決にはバーガァ首席裁判官ら4人の裁判官の反対意見[42]がある。特に、オコナァ裁判官反対意見[43]がこの点に関して参照に値しよう）。

(4) この厳格な援助禁止の姿勢は、80年代後半に入って一転する。大学で聖職者を目指して学ぶ視覚障害者に州の奨学金を交付することの憲法適合性が争われた1986年のウイッタース事件[44]において、合衆国最高裁は、レモン・テストを適用して、州の助成プログラムの「目的」は世俗的なものであることを認定した上で、「効果」については、援助が宗教組織に便益をもたらすことになるとしても、それは受給者の私的な選択の結果にすぎないとして、プログラムは宗教を助長するものではないと結論した（サーグッド・マーシャル裁判官執筆の法廷意見。驚いたことに、この結論は裁判官の全員一致であった）。ローマンカトリックの高校に通う聴覚障害者の生徒に公費で手話通訳のサービスを提供することの憲法適合性が争われた1993年のゾブレスト事件[45]では、最高裁は、直接レモン・テストに触れることなく、ウイッタース判決の推論がここでも当てはまるとして、宗教にかかわりなく一定の条件を満たした市民に中立的に便益を供与する政府のプログラムは国教禁止条項に違反しないと判断した。2000年代に入ると、低所得家庭の子どもたちのための公的支援の憲法適合性が争われた2002年のゼルマン事件[46]で、最高裁は、授業料援助（voucher）プログラムは、その条件が宗教学校と世俗の学校の間で中立的であって、かつ、政府の資金が政府ではなく、家庭の独立した決定の結果としてのみ私立の宗教学校に流れるのである限り、宗教学校を含むことに憲法上の問題はないと結論した。そこでは、法廷意見（レンクィスト首席裁判官執筆）は、一応レモン・テストの枠組みを前提として、妥当な世俗「目的」を持つプログラムが宗教を助長または抑制する「効果」をもつかどうかという問いに答える形をとりながら、中立性と私的選択の原則が確保されていることを理由に、これを消極に解する結論を導いている。レモン・テストの「効果」判断を新たな基準に基づいて行っているといえなくもないが、レモン・テストの適用というには、80年代の先例に比べると、かなりその様相を異にしていることは否めない。

(5) レモン・テストに関しては、すでに1984年の時点で、かつてレモン判決の法廷意見を執筆したバーガァ首席裁判官自身が、「キリスト生誕像」(crèche)を含む、市が所有し維持するクリスマス展示を国教禁止条項に違反しないと判示したリンチ判決[47]の法廷意見において、国家と宗教との関係が国教禁止条項違反となるかどうかという「このセンシティヴな領域」ではレモン・テストのような「単一のテスト」が常に妥当するわけではなく、審査対象となる特定の関係を取り巻くあらゆる状況を勘案すべき旨を強調していたことが注目される[48]。実際、ネブラスカ州議会の開会時の聖職者による祈りに対する公金支出を合憲としたマーシュ判決[49]を始め、レモン・テストを用いることなく処理された事例は決して少なくない[50]。

リンチ判決は、問題のクリスマス展示について、下級審がレモン・テストを用いて違憲の判断を下したのに対し、「生誕像」はクリスマス・シーズンのコンテクストの中で捉えられるべきであり(展示目的の世俗性は肯定できる)、「生誕像」の展示が宗教に便益を与えるとしても、それは「間接的、遠隔的または付随的」(indirect, remote, or incidental)なものにすぎず、「宗教の助長でも後押しでもない」と結論した[51]。このリンチ判決には、レモン・テストの修正版ないし発展型ともいうべきエンドースメント・テスト(endorsement test)(それについては、すぐ後で触れる)を提示して法廷意見に同調するオコナァ裁判官の同意意見[52]が付されており、法廷意見の論旨にもその影響がうかがわれる[53]。

1989年のアレゲニー判決[54]は、①郡庁舎の大階段に設置された「キリスト生誕像」と②庁舎外にクリスマスツリーなどとともに置かれたユダヤ教の「大燭台」(menorah)について、①を違憲、②を合憲と判断したが、①の判断に関して辛うじて成立した法廷意見(ブラックマン裁判官執筆)が、レモン・テストを前提とした上で、政府行為が宗教を「後押し」する目的や効果をもつかどうかを最高裁が問うようになってきたことは違憲の政府行為の定義を精錬したものとして、この展開を肯定的に捉えているのに反し[55]、レモン・テストないしエンドースメント・テストに対しては、ケネディ裁判官がその反対意見の中で判断基準として不適切であるとしてこれを厳しく批判しており[56]、この反対意見には3名の裁判官(レンクィスト、ホワイト、スカリア)が同調している(彼らは、憲法上の争点に関しては、①②とも合憲という立場である)。一方、別の3裁判官(ブレナン、マーシャル、スティーブンズ)は、レモン・テストないしエンドースメント・テストの採用には同意しつつも、それによれば①②とも違憲になるべきものと主張している[57]。

(6) このように、レモン・テストは、合衆国最高裁において一貫して用いられてきたわけではなく、また、それが用いられた場合でも、その妥当性は繰り返し論議の的となってきたのであった。そして、この状況は、2019年、2022年と相次ぐ最高裁判決により一つの転機を迎える。2019年のアメリカ在郷軍人会判決[58]では、レモン・テストを不適切な判断基準として批判する意見が初めて最高裁の相対多数を形成するに至った[59]。また、2022年のブレマートン判決[60]では、レモン・テストとその派生物であるエンドースメント・テストを「野心的、抽象的、かつ非歴史的」(ambitious, abstract and ahistorical)アプロウチとして、合衆国最高裁において「とうの昔に放棄」されたもの[61]とする意見がついに法廷意見(ゴーサッチ裁判官執筆)となった。前者は、公有地上に置かれた第1次世界大戦の戦没者を顕彰するラテン十字架は国教禁止条項に違反しないと判断したものであり、後者は、公立高校のフットボール・コーチが試合後に行った祈りは国教禁止条項に違反しないと判断したものであるが、いずれもその判断にあたって歴史的慣行や伝統を重視する点に特徴がある。

2 レモン・テストの問題点

(1) レモン判決の法廷意見を執筆したバーガァ首席裁判官は、レモン・テストを「長年にわたって合衆国最高裁により発展せしめられてきた累積的標識」[62]から抽出したものとしてこれを提示している。しかし、そこで言及された最高裁の先例は1947年以降のものに限られており[63]、このことがレモン・テストの「非歴史性」を問う一つの根拠となっているように思われる。たしかに、レモン・テストを提示するにあたって法廷意見は、その前提となる国教禁止条項の求めるものが何であるかについてごく簡単にしか述べておらず、同条項を含む第1修正の制定者の意図を引き合いに出しながらも、それを歴史的資料に基づいて丹念に論証するというようなことはしていない(レモン判決が引用する各先例においてもほぼ同様である)。そのため、レモン・テストは高々1947年以降の最高裁の意見に基づくものにすぎないとの批判を許すことになったものであろう。

しかし、より根本的な問題は、レモン・テストが政教分離の多様な局面に対応しうる論理一貫した判断基準たりえているだろうかということである。結論からいえば、このテストを構成する各要件は、必ずしもその首尾一貫した適用を保証するものではなかったと思われる[64]。

(2) まず第一に、レモン・テストでは「世俗目的」が要求される。しかし、目的が「世俗的」なものか否かを厳密に線引きすることは決して容易な作業ではない。合衆国最高裁も「目的」については、それが「もっぱら世俗的」(exclusively secular)であることを要しないと述べている[65]。政府の行為の理由がたまたま特定の、あるいはあらゆる宗教の教義と一致することはありえないことではない。そのような場合に国教禁止条項が当該行為を禁止するものではないということは、すでに1960年代から最高裁内部の有力な見解であった[66]。重要なことは、表明された「世俗」目的が「言葉通り」(sincere)のものであって、「見せかけ」(sham)のものでないこと、宗教的な目的が「顕著」(preeminent)なものでないことである[67]。実際、アメリカの判例において、目的審査だけで違憲とされた例は数えるほどしかない[68]。そのような事例は、宗教的な目的であることが明白と認定されたものに限られる。

エンドースメント・テストが目的の要件について、「政府の現実の目的が宗教を後押しするか、または否認することであるかどうか」「政府が宗教の後押しや否認のメッセージを伝えようと意図しているかどうか」[69]を問うという形にレモン・テストを修正したのは、より直截に、目的が「宗教的」であるかどうかに焦点を当てようとしたものと解することができよう。しかし、それによって問題が解決したわけではない。アメリカの政教分離訴訟では、目的審査について制定法の文言や制定経過、法制定後の関係者の証言等が判断材料とされているが、事件に応じてその取り上げ方や重点の置き所が異なっており、そこに原則化されたアプローチがないとの批判も見られる[70]。

(3) 第二に、「効果」の要件である。これについては、宗教を助長または抑制する「主たる、または主要な」効果があるかどうかが問題とされる。では、「主要な」効果とはどのようなものを指すのであろうか。ある論者たちは、たとえば、政府が宗教学校にコンピュータや教科書を公費で支給するとき、「主要な効果」とは教育を促進することであるか、それとも宗教を助長することであるかと問うている[71]。先に触れたナイクィスト判決は、「主要な効果」とは宗教を助長する「直接的・即時的な」効果のことをいうとし、宗教組織にとって有利な「間接的・付随的」(remote and incidental)効果は問題にならない旨述べていた[72]。しかし、この両者を実際上どのように区別するかが問題である。「主要な効果」の要件は、政府の行為が宗教の助長または抑制となるかどうかを、それに照らして判断する基準となるべきものを明確にしない限り、独立した要件として有効に機能しないであろう。ところが、合衆国最高裁は、宗教に対する便益供与たりうるもののうち、どれが許容され、どれが宗教の助長として許されないものであるか、また、なぜそのように判断するのかについて、首尾一貫した形で説明を尽くしてきたとはいい難い。

エンドースメント・テストは、レモン・テストの「主要な効果」の有無に替えて、「政府の現実の目的の如何にかかわらず、実際に審査の対象となっている〔政府の〕行為が〔宗教の〕後押しや否認のメッセージを伝えるものであるかどうか」[73]を問うことにより、判断基準の明確化を図ったものといえよう。ここで「後押し」とは、「政府の行為が特定宗教を信じない者に対し政治的共同体の正規のメンバーではない部外者であるとのメッセージを送り、信じる者に対しては政治的共同体のメンバーとして厚遇される部内者であるとのメッセージを送る」ことをいい、「否認」とはその反対のメッセージを送ることをいう。(74) これは、よく考え抜かれた定式だと思われる。しかし、それはまた新たな問題を提起するものでもあった。すなわち、エンドースメント・テストは、政府の行為がどのように見えるかという外観を重視するが、それは一体誰の目を通しての外観であるかという問題である。(75) この点について、エンドースメント・テストを提示したオコナァ裁判官は、審査の対象となる制定法の条文、制定経過、執行状況や宗教の自由行使条項の諸価値に通暁した「客観的観察者」(objective observer)の目を通して判断すべき旨を説いていた。(76) この「客観的観察者」は、のちに「合理的観察者」(reasonable observer)と言い換えられているが、(77) いずれにしても、相対立する見立ての中でどれが「合理的な」ものであるかを、このような虚構の人格の判断に依拠することによって適切に決定できるであろうか。芦部が支持するトライブの「合理的な非信奉者」(“reasonable non-adherent”)(78) についても同様の問題が当てはまるといえよう。もしも現実の人々に実際どう見えるかということから切り離されたならば、エンドースメント・テストは、結局裁判官がどう見るかに帰着することになろうという趣旨の指摘(79)が正鵠を射ていると思われる。

(4) 第三に、「過度のかかわり合い」の要件である。この要件は、そもそも政府と宗教との「かかわり合い」とはどのようなことを指すのか、また、何をもって「かかわり合い」が「過度」ということになるのかが必ずしも明確ではなく、独立の要件としての有効性には疑問がある。

この「過度のかかわり合い」の要件は、政府の決定により宗派対立から政治的分裂がもたらされることを懸念し、これを回避するために導入されたものであった。(80) しかし、オコナァ裁判官が指摘した通り、(81) このような「政治的分裂の潜勢力」(potential for political divisiveness)を推し量ることはあまりに思弁的で、適切ではないであろう。オコナァ裁判官は、国教禁止条項が政府に禁止する行為を、〈宗教諸組織への「過度のかかわり合い」〉(宗教諸組織の独立に対する政府の干渉や宗教諸組織に対する統治権力へのアクセスの付与等〉と〈政府による宗教の後押しや否認という「より直接的な侵害」〉に区別し、「過度のかかわり合い」の要件を前者の行為について判断する場合に限定するとともに、政治的分裂自体がその判断根拠となることを否定した。[82] これは、後者の「より直接的な侵害」行為について判断する場合には「過度のかかわり合い」の要件は不要であることを正当にも宣言したものと解される。

実際、「過度のかかわり合い」の要件は、政府の財政援助の場面では不合理な事態を招く。学校教育への公的助成が特定宗教の助長とならないようにするために政府が監視を行うと、そのような監視自体が「過度のかかわり合い」として許されない(先に検討したレモン判決やアギラー判決を参照)というのでは、政府の対応も困難をきわめるであろう。このように「効果」と「過度のかかわり合い」の各要件の関係については、最高裁内部でも、これを「解決し難い矛盾」[83](insoluble paradox)あるいは「理不尽な論証」[84](“Catch-22” argument)をもたらすとする批判や、そこに「困難なディレンマ」[85](difficult dilemma)があるとする認識が示されている。

レモン判決に先立つ1970年のウォルツ判決(同じくバーガァ首席裁判官が法廷意見を執筆)では、立法目的が宗教の公定(国教化)、後援または支援を目指すものでないことが確定できたとしても、さらにその効果が宗教に対する政府の過度のかかわり合いとならないことを確かめなければならないとされており、「過度のかかわり合い」が「効果」要件の内容として捉えられていたことが分かる。[86] ところが、翌年のレモン判決は、なぜか「過度のかかわり合い」を「効果」とは別の独立した要件として設定した。そのことによってレモン・テストが三つの独立した関門を持つ厳格な審査基準として有効に機能するようになったかどうかは、やはり疑問だといわなければならない。

(5) 今日、アメリカの政教分離訴訟において、レモン・テスト(その派生物たるエンドースメント・テストも)が合衆国最高裁を構成する多数派の裁判官たちによって否認されていることは先に触れた通りである。レモン判決自体の判例変更は明言されてはいないが、レモン・テストが復活する可能性は低いと思われる。[87] しかし、合衆国最高裁は、レモン・テストに替わる、より明確な判断基準を提示しえているわけではない。ブレマートン判決では「歴史的慣行と理解」(historical practices and understandings)[88]に照らして判断すべき旨が説かれているものの、この判断手法が当該事件においてもその結論を導く上で十分説得的であったかどうかは疑問の余地がある。合衆国最高裁が政教分離の多様な局面を意識し、具体的な文脈に即した対応を模索しているのだとしたらそれは正しい方向を示すものと思われるが、その行く末はまだ見通せない。

Ⅲ　日本の判例理論

日本の政教分離訴訟においても、判例の目的効果基準は、その登場以来、基準自体の妥当性やその適用の仕方をめぐって繰り返し批判にさらされてきた(そのような批判は最高裁裁判官の中にも見られたところである)。しかし、そのような批判にもかかわらず、アメリカのレモン・テストとは違って、目的効果基準は、日本の政教分離訴訟において一貫して採用され、今日に至っている[89]。

では、判例の目的効果基準とはどのようなものであるか。このことは改めて問うまでもないことのように思われるかもしれない。しかし、目的効果基準をめぐる従来の議論を見ると、目的効果基準に関する判例の自己理解と批判論の理解との間には微妙なずれがあり、そのため議論がかみ合っていないところがあるように思われるのである。判例の目的効果基準を肯定するにせよ否定するにせよ、議論の出発点として、まずは、目的効果基準とは何かを、判例自身の語るところに即して、それ自体として正確に見定めることが肝要であろう[90]。

1　判例の目的効果基準の論理構造

(1)　目的効果基準は、地鎮祭判決において初めて提示された。最高裁は、政教分離原則が現実の国家制度として具現される場合には、国家が宗教とある程度のかかわり合いをもたざるをえないことを前提として、そのかかわり合いが「いかなる場合にいかなる限度で許されないこととなるか」が問題となるとし、「許されない」行為を「〔わが国の社会的・文化的〕諸条件に照らし相当とされる限度を超えるもの」と定義づけた。(91) このことが憲法の政教分離原則を緩和するものであるとして批判の的となったことは周知のところである。

ただ、最高裁は、その前段で、わが国における国家神道の歴史的経験や宗教的雑居性という宗教事情に鑑み、「国家といかなる宗教との結びつきも排除するため」憲法に政教分離規定を設けたものであるとし、憲法は「国家と宗教との完全な分離を理想とし、国家の非宗教性ないし宗教的中立性を確保しようとしたもの」と述べているのであって、(92) 先の批判は必ずしも当たっていないと思われる。最高裁の理解においても、政教分離原則の下、国家と宗教との「結びつき」は許されない。しかし、その一方で、現実には、国家が宗教と「かかわり合い」をもつことを全面的に否定することはできない。そのような「かかわり合い」の中で何が政教分離原則に照らして許されない「かかわり合い」であるかをいかにして特定すればよいかが最高裁の問題意識であったと解される。これは、アメリカのウォルツ判決が宗教の公定(国教化)や宗教への干渉という政府に対して明白に禁止された行為を別にすれば、国家と宗教との間に両者を分離する明確な一線が引けるわけではないという趣旨を述べていたことを彷彿とさせる。(93) レモン判決も、政府が宗教組織と何らかの関連を持つことは不可避であり、両者を分かつ線は、曖昧、不明瞭で、移ろいやすいものであることに注意を促している。(94) こうして見ると、地鎮祭判決が政教分離原則とその限界の捉え方に関してウォルツ判決やレモン判決の影響を受けていることは否めないように思われる。問題は、そこから先である。

(2)　地鎮祭判決は、政教分離原則に関する上記のような理解を前提として、憲法20条3項が禁止する「宗教的活動」

とは、宗教とのかかわり合いをもたらす国家行為のうち、そのかかわり合いがわが国の社会的・文化的諸条件に照らし相当とされる限度を超えるものに限られるとし、「当該行為の目的が宗教的意義をもち、その効果が宗教に対する援助、助長、促進又は圧迫、干渉等になるような行為」をいうものと解すべきであるとした[95]。そこで、憲法20条3項違反が争われる事件においては、ある国家行為の「目的」が宗教的意義をもつかどうか、また、その「効果」が宗教を援助、助長等するものとなるかどうかが問われることとなり、それに答えることが目的効果基準の適用による判断として受け止められてきたと思われる。

しかし、ここで注意を要するのは、ある国家行為が上記の「宗教的活動」に当たるかどうかを検討するにあたっては、「諸般の事情を考慮し、社会通念に従って、客観的に判断しなければならない」とされていることである。ここにいう「諸般の事情」には、当該行為者の「意図、目的」、一般人に対する「効果、影響」のほか、当該行為者の「宗教的意識の有無、程度」や一般人の「宗教的評価」など、実に多岐にわたる要素が含まれている[96]。しかも、そこに掲げられた諸要素は例示にすぎないと解されるから、それ以外の様々な事情が考慮の対象となりうることが前提とされている。この点に判例の判断基準の大きな特徴があり、また、この判断基準が「基準」としては不明確ではないかとの批判を招くことになる要因があったといえよう。

重要なことは、この諸般の事情の総合考慮こそが判例の判断基準の本体部分だということである。ある国家行為についてその「目的」と「効果」をそれぞれ独立したチェックポイントとして検討していくというよりも、先行する諸般の事情の総合考慮を通じて当該行為が——その「目的」が宗教的意義をもち、「効果」が宗教を援助、助長等することとなる行為、と定義された——憲法20条3項の禁止する「宗教的活動」に該当するかどうかを問うというのが判例の趣旨であると解されるのである。

(3) 地鎮祭判決は、以上の判断基準を用いて、津市が主催した起工式について、その目的は「専ら世俗的なもの」

と認められ、その効果は神道の援助、助長等となるようなものとは認められないとして、憲法20条3項の禁止する宗教的活動には該当しないと結論した。問題は、諸般の事情の総合考慮がどのように行われたかであるが、その過程は必ずしも明瞭とはいえない。ただ、判旨を辿ると、次のようである。最高裁は、まず、①起工式(地鎮祭)は、今日ではもはや宗教的意義がほとんど認められなくなった建築上の儀礼と化していると断じ、そのことに基づいて、②一般人および本件起工式を主催した市長以下の関係者の意識においては、起工式を世俗的行事と評価し、これにさしたる宗教的意義を認めなかったものと考えられるとし、そこから、③本件起工式を主催した市長以下の関係者は、一般の建築主と同様に、きわめて世俗的な目的により起工式を行ったものと考えられ、また、そのような起工式が参列者および一般人の宗教的関心を特に高めることとなるものとは考えられず、これにより神道を援助、助長、促進するような効果をもたらすことになるとも認められないという判断を導いている[97]。このように、そこでは①の判断が決定的なものとなっており、②③を規定しているように見える。

(4) 同じ構造は、その後の政教分離訴訟の諸判決にも認められる。たとえば、わが国の政教分離訴訟において最高裁が初めて違憲判断を下した愛媛玉串料訴訟判決[98](以下「玉串料判決」という)は、県による靖国神社または護国神社への玉串料等の奉納について、その目的は宗教的意義をもつことを免れず、その効果は特定宗教に対する援助、助長、促進になるとしたが、この判断を下すにあたって、最高裁は、まず、①神社自体がその境内において挙行する恒例の重要な祭祀に際して各神社が宗教的意義を有すると考えていることが明らかな玉串料等の奉納を行うことは、時代の推移によってすでにその宗教的意義が希薄化し、慣習化した社会的儀礼にすぎないものになっているとまでは到底いうことができないと断じ、そのことに基づいて、②一般人が本件の玉串料等の奉納を社会的儀礼の一つにすぎないと評価しているとは考え難く、また、そうであれば、玉串料等の奉納者においても、それが宗教的意義を有するものであるという意識を大なり小なりもたざるをえない、としている[99]。ここでも、①の判断が決定的な意味をもっていることが分かる。特定宗教団体がその宗教施設内において実施する宗教行事に地方公共団体がそれ自体宗教的意義をもつ玉串料等の奉納という形でかかわり合いをもつことは、建築現場において土地の平安堅固、工事の無事安全等を祈願するために行う儀式である起工式を地方公共団体が主催することと同列に論じることはできないということであろう。後者の起工式自体は、今日では宗教的意義がほとんど認められなくなった建築上の儀礼と化しており、たとえそれが特定宗教の方式に則って行われるとしても、そこに特別の意義があるわけではないというのが最高裁の考え方であると思われる。

箕面忠魂碑・慰霊祭訴訟判決[100]では、最高裁は、市が行った忠魂碑の移設・再建のための土地の買い受け、忠魂碑の移設・再建、遺族会に対する土地の無償貸与の各行為について、本件忠魂碑は戦前戦後を通じて戦没者記念碑的な性格のものであって、「神道等の特定の宗教とのかかわりは、少なくとも戦後においては希薄」であるとし、そのことに基づいて、本件忠魂碑に関して市が行った上記の各行為の目的は「専ら世俗的なもの」であり、その効果は特定宗教の援助、助長等に当たらないと判示し、また、忠魂碑の前で遺族会が主催する慰霊祭に市教育長が参列したことについては、忠魂碑は戦没者記念碑的な性格のものであり、遺族会は「特定の宗教の信仰、礼拝又は普及等の宗教的活動を行うことを本来の目的とする団体」ではなく、遺族会が主催する慰霊祭は地元出身戦没者の慰霊・追悼のために神式または仏式の宗教行事として隔年交代で行われていることを認定し、そのことに基づいて、本件慰霊祭への市教育長の参列は、その目的は戦没者遺族に対する社会的儀礼を尽くすという「専ら世俗的なもの」であり、その効果も特定の宗教に対する援助、助長等になるような行為とは認められないと判示している。本件慰霊祭はあくまで戦没者の慰霊・追悼のための行事であって、それが特定宗教の方式に則って行われるとしてもそこに特別の意義があるわけではないということであろう。

同様の考え方は、大分主基斎田抜穂の儀違憲訴訟[101]、鹿児島大嘗祭違憲訴訟[102]、神奈川即位礼正殿の儀・大嘗祭違憲訴訟[103]における各最高裁判決にも見て取ることができる。最高裁は、大嘗祭やその一部を構成する一連の儀式の一つである主基田抜穂の儀は、神道の儀式に則って行われたものであるが、皇位継承に伴い通常行われてきた皇室の伝統儀式であるとして、これらの儀式への県知事らの参列の目的は「日本国及び日本国民統合の象徴」たる天皇に対して社会的儀礼を尽くすというものであり、その効果も特定の宗教に対する援助、助長等になるようなものではないと述べている。

大阪地蔵像訴訟[104]においても、最高裁は、本件のような寺院外に存する「地蔵像の帯有する宗教性は希薄なものとなって」おり、本件各町会は宗教的活動を目的とする団体ではなく、その本件各地蔵像の維持運営に関する行為も「宗教的色彩の希薄な伝統的習俗的行事」にとどまるとし、そのことに基づいて、市が各町会に対して地蔵像の建立または移設のため市有地の無償使用を承認するなどした行為は、「その目的及び効果にかんがみ、……憲法20条3項あるいは89条の規定に違反するものではない」と判断した。また、自衛官合祀訴訟[105]においては、最高裁が判断対象としたのは、合祀(護国神社が行う)でも合祀申請(隊友会の単独行為とされた)でもなく、合祀申請に至る過程において国がした事務的な協力と性格づけられた行為であったから、そのような行為が、その目的および効果に鑑みて、憲法20条3項にいう宗教的活動とまではいえないという帰結を導くことは、さほど困難ではなかったと思われる。

(5) このように、日本の政教分離訴訟における主要な最高裁判決において違憲判断と合憲判断を分けたものは、国または地方公共団体の関与の対象がどこまで強く宗教性を帯びているかについての判断であるといってよいであろう。最高裁は、そもそも対象の宗教性が希薄であるかどうか、また、宗教性が否定できないとしても、特定宗教団体がその宗教施設内で自ら主催する宗教行事のようなものか、それとも特定宗教の方式に則っているが非宗教団体が主催する戦没者追悼行事のようなものかを判断し、次いで、かかる対象(またはその一部)に国または地方公共団体が関与する行為の態様・性質を判断している。「一般人の評価」や「行為者の意識」もそこから推認されており、それに基づいて当該行為の「目的」と「効果」が一括判定され、「宗教的活動」に該当するか否かの結論が導かれている。その意味では、違憲判断を下した玉串料判決を含めて、最高裁の判断方法自体は地鎮祭判決以来一貫しており、違憲か合憲かの結論の違いを目的効果基準の適用の仕方が厳格であるか否かの違いとして説明することは、必ずしも適切ではないと思われる。

2 目的効果基準と「総合的判断の枠組み」

(1) 2010(平成22)年の砂川政教分離訴訟における二つの大法廷判決——空知太神社事件判決[106](以下「空知太判決」という)と富平神社事件判決[107](以下「富平判決」という)——は、従来の先例のように目的と効果に即した判断を明示するものではなかったため、最高裁が判断基準を変更したのではないかが論議の的となった。しかし、最高裁が政教分離訴訟における判断基準を根本的に改めたと見るのは妥当ではない。両判決には先例とは若干異なる説示が認められるものの、そこで用いられた判断方法は、従来の目的効果基準の適用による判断方法と本質的に異なるものではないと思われる[108]。

(2) まず、空知太判決であるが、この判決は、市が連合町内会に対しその所有地を無償で神社施設の敷地としての利用に供している行為が憲法89条、20条1項後段に違反すると判断したものである。このように政教分離訴訟において最高裁がもっぱら憲法89条の問題として事案を処理し(20条1項後段は副次的に言及されているにとどまる)、20条3項には全く触れていないということは、従来の先例と際立った対照を成している[109]。

しかし、最高裁が本件を憲法89条事案として処理しようとしたために従来とは異なる判断基準を用いたと見ることは適当ではない。かつて最高裁は、玉串料判決において、憲法89条が禁止する公金その他の公の財産を宗教上の組織または団体の使用、便益または維持のために支出することまたはその利用に供する行為についても、その該当性の有無を検討するにあたっては、憲法20条3項の場合と「同様の基準によって判断しなければならない[110]」と明言していたところであり、空知太判決は、この玉串料判決を地鎮祭判決とともに「当裁判所の判例」として引用し、これを踏襲する旨を明らかにしているからである[111]。最高裁には本件において判断基準を根本的に変更する意図はなかったと見るべきであろう。

空知太判決は、その「憲法判断の枠組み」において、「憲法89条も、公の財産の利用提供等における宗教とのかかわり合いが、我が国の社会的、文化的諸条件に照らし、信教の自由の保障の確保という制度の根本目的との関係で相当とされる限度を超えるものと認められる場合に、これを許さないとするものと解される[112]」と述べているが、これは地鎮祭判決が憲法の政教分離原則の意義について説いたことを、ほぼそのまま憲法89条に即して繰り返したものといえる。また、国公有地の無償提供が憲法89条に違反するか否かの判断にあたっては「当該宗教的施設の性格、当該土地が無償で当該施設の敷地としての用に供されるに至った経緯、当該無償提供の態様、これらに対する一般人の評価等、諸般の事情を考慮し、社会通念に照らして総合的に判断すべきもの[114]」と述べている箇所は、地鎮祭判決が提示した憲法20条3項違反の有無を判断するための枠組みを本件のような憲法89条の事案に即してアレンジしたものと見ることができよう。事案が異なる以上、考慮すべき要素として掲げられている事項は同一ではないが、「一般人の評価」を取り入れ、「諸般の事情を考慮し、社会通念に照らして総合的に判断すべきもの」とする点は、先例と何ら変わるところはない。

ただ、空知太判決には先例の説示にあった「目的及び効果にかんがみ」という語句がなくなっているという先例との重要な相違点があり、それがなぜかは明らかにしておく必要がある。結論からいえば、これは、政教分離訴訟における憲法判断で「目的及び効果」に過度に依存することのないように戒める趣旨でされたものと解するのが妥当であろう。元来政教分離の事案は多様であって、事案によっては特定の行為の目的と効果に即した判断を示すことが困難な場合もある。土地の利用提供が長年にわたる複雑な過程を経て継続的に行われてきた本件のような事案はまさにそれに当たる。(115)このことを最高裁は率直に認めたということであろう。(116)したがって、「目的及び効果にかんがみ」という語句がなくなったことは、目的と効果を判断の指標とすること自体を否定する趣旨ではないと思われる。事実、空知太判決においても、本件利用提供行為について、その当初の「目的」は「小学校敷地の拡張に協力した用地提供者に報いるという世俗的、公共的な」ものであって「本件神社を特別に保護、援助する」というものではなかったことや、その直接の「効果」として氏子集団が神社を利用した宗教的活動を行うことを容易ならしめていることが考慮されているのを見ることができる。(117)ただ、本件では、結論を特定の行為の目的と効果に集約して示すことができなかったということであろう。

本件神社施設は、鳥居、地神宮のほか、地域住民の集会場等として使用されている町内会館の一角に祠が設置され、建物の外壁に「神社」の表示があるという特異な態様のものであったが、空知太判決は、これを「一体として神道の神社施設に当たる」とし、そこで行われている諸行事も「宗教的行事として行われているもの」と認定した上で、「本件利用提供行為は、市が、何らの対価を得ることなく本件各土地上に宗教的施設を設置させ、本件氏子集団においてこれを利用して宗教的活動を行うことを容易にさせているもの」であり、「一般人の目から見て、市が特定の宗教に対して特別の便益を提供し、これを援助していると評価されてもやむを得ないもの(118)」と述べている。憲法89条、20条1項後段違反の結論は、これらの「事情を考慮し、社会通念に照らして総合的に判断」した結果として導かれているが、ここでも、対象の宗教性——本件神社物件が「明らかな宗教的施設」であること——が決定的な意味をもち、このような施設に対して町または市が土地の無償提供という形で「長期間にわたり継続的に便益を提供し続けていること」が相当限度を超えるものと判断されたことが分かる。

(3) 空知太判決と同日に出された富平判決は、市がその所有地を神社施設の敷地として無償提供しているという憲法の趣旨に適合しないおそれのある状態を是正解消するために、市が本件町内会と協議の上、市議会の議決を経て、本件町内会に問題の土地を譲与した行為が憲法20条3項、89条に違反しないと判断したものである。本件は、地方公共団体による一回限りの財務会計行為の憲法適合性が争われた事例であり、その意味では従来の政教分離訴訟と基本的に異なるものではなかった。しかし、判決は、憲法20条3項違反の主張を退けるにあたって、従来の裁判例のように、目的と効果に即した判断の仕方をしていない。それは、諸般の事情の総合考慮という点で先例と異なるところはないものの、その結果を目的と効果に集約して示すことが本件の場合は困難であったためと思われる。すなわち、本件譲与は、長年にわたり市有地が無償で神社施設の敷地としての用に供されているという「憲法89条及び20条1項後段の趣旨に適合しないおそれのある状態を是正解消するために」行われたものであるが、同時にそれは、本件町内会に一方的に利益を提供するという側面を有しており、ひいては、氏子に相当する地域住民の集団に対して神社敷地の無償使用の継続を可能にするという便益を及ぼすと評価されるものであった[119]。本件では、その宗教性が明白な対象に対する市の関与の態様・性質が慎重に考慮されており、本件各土地はもともと本件町内会の前身である団体が実質的に所有していたものであることや、本件神社施設の撤去は地域住民の集団によって守り伝えられてきた宗教的活動を著しく困難なものにしその信教の自由に重大な不利益を及ぼすであろうことなどの諸事情[120]が重視されたものと思われる。

(4) 2021(令和3)年の那覇孔子廟訴訟の大法廷判決[121](以下「孔子廟判決」という)は、那覇市の管理する都市公園内の国公有地上に設置された、儒教の祖である孔子等を祀った久米至聖廟の敷地の使用料を施設の所有者である一般社団法人久米崇聖会に対し免除した市長の行為が憲法20条3項の禁止する「宗教的活動」に該当すると判示したものである。この判決は、主として憲法89条事案を念頭に置いて構成された空知太判決の「憲法判断の枠組み」を、憲法20条3項事案にも当てはまるものとして再提示し、それに従って憲法判断を行い、上記の結論を導いている。空知太判決と同様に、政教分離原則の意義について述べた箇所には「目的及び効果にかんがみ」という語句は含まれていない。また、憲法20条3項違反の判断も、当該行為の「目的」は宗教的意義を有し、その「効果」は宗教の援助、助長等となる、とまとめた形で明示されていない。この点は同じく憲法20条3項違反の判断を下した玉串料判決と大きく異なる。

おそらくここでも最高裁は、憲法20条3項違反の結論を目的と効果に即して明示することに困難を感じたのであろう。もっとも、本件事案は、空知太判決のように長期間にわたる複雑な過程を経て継続した土地利用提供行為が対象となっているわけではなく、本件施設の設置許可とともに行われた公園使用料の全額免除処分の憲法適合性を問うものであるから、憲法判断の対象行為を特定し難いといった問題はなかったと思われる。

本件訴訟においても最高裁は、まず、市がかかわり合いをもつ対象施設の宗教性を判断し、次いで市のかかわり合いの態様・性質を判断している。特に対象施設の宗教性については先例と比べるとかなり丁寧に説示を行っているように見えるが、それは本件施設がこれまでのような神道や仏教の施設ではなく儒教に関連する施設であったためと考えられる。もっとも、本件施設の宗教性の肯定は、「その外観等に照らして、神体又は本尊に対する参拝を受け入れる社寺との類似性がある」こと、当該施設において「釋奠祭禮」という孔子の霊を崇め奉る宗教的意義を有する儀式が行われていること、前身に当たる施設が少なくとも明治維新以降社寺と同様の取扱いを受けていたことなどが根拠とされる[122]にとどまり、全く異論の余地なきものとまではいえないものであった[123]。判例において対象の宗教性の肯定はほとんどの場合決定的な意味をもつことからすると、事は重大である。これを宗教の定義を回避したままどこまで説得力をもって詰めていけるかが今後の裁判実務に課された課題であるといえよう[124]。

孔子廟判決は、本件施設の宗教性を認定した上で、本件免除は「参加人に本件施設を利用した宗教的活動を行うことを容易にするものであるということができ、その効果が間接的、付随的なものにとどまるとはいえない[125]」と述べており、本件免除が宗教を援助、助長等することとなる直接的な「効果」をもつことを認めたものといえる。他方、判決は、本件免除の「目的」については、それとして全く触れていない。わずかに、「本件免除がされた経緯」を語る中で、市が「本件施設の観光資源等としての意義」に着目し、または、「本件施設の歴史的価値」を認めて、使用料を免除することとした[126]というのみである。それでも、このような経緯から本件免除を行ったのだとすれば、市が観光振興や歴史・文化の保存を目的としていたと見ることも十分可能であると思われる。[127]

では、最高裁は、本件免除の「目的」を世俗的なものと見たのであろうか。それとも、本件免除の対象である本件施設の宗教性が否定できないものであることから、「目的」は世俗性と宗教性を併有するものと見たのであろうか。本件の場合、本件免除の「目的」を純然たる宗教的なものと見ることはできないであろう。アメリカのレモン・テストであれば、「目的」は世俗的なものと判定されるところである。孔子廟判決が「目的」に言及していないため確たることはいえないが、いずれにしても、従来の先例のように「目的」は「宗教的意義をもつ」と断言することは難しかったと思われる(従来そのようにいうことは世俗性の否定を含意していたと思われる)。そうだとすると、本判決は、一回的な作為的行為について、初めて、その「目的」と「効果」のうち、その一方の「効果」の関門をクリアできないことのみを根拠として違憲判断を下したものと見ることができるのではないか。

(5) 地鎮祭判決以来、判例は、政教分離訴訟においてそのほとんどを憲法20条3項の問題としてこれを取り扱い、一定の「目的」と「効果」で定義された「宗教的活動」に当たるか否かを判断してきたのであるが、その判断は諸般の事情の総合考慮によるものであった。空知太判決において従来の判例と異なるのは、この総合考慮の結果を特定行為の目的と効果に集約して示すことがなかったという点だけである。これを「総合的判断の枠組み」として従来の判例の目的効果基準と区別して論じることは適切ではないと考える。従来の判例の目的効果基準こそ「総合的判断の枠組み」にほかならないのだからである。空知太判決において最高裁は、事案によっては総合考慮の結果を目的と効果に集約して示すことが困難な場合があることを率直に認めるに至った(これは、ともすれば「目的」と「効果」の鋳型に嵌めて論じる従来の判例の姿勢を改めたことを意味するであろう)。そうだとすると、一定の「目的」と「効果」から成る従来の「宗教的活動」の定義の見直しは避けられないのではないかと思われる。

Ⅳ 結びに代えて

芦部の政教分離論は、学界に対して多大な影響を及ぼした。芦部は、憲法の政教分離原則を国家と宗教との厳格な分離を要請するものと解するが、その一方で、この原則は国家と宗教とのかかわり合いを一切許さないとする趣旨のものではないとし、宗教の社会的意義や個人の信教の自由の保障の確保に配慮しつつ、具体的な状況に応じて分離の限界を慎重に見極めなければならないと説いていた。これは、バランスのとれた妥当な見解であり、学説の多数の支持を得ているものと思われる。また、芦部は、この厳格な政教分離原則の限界を判定するための基準として、アメリカのレモン・テストをモデルとする三要件から成る目的効果基準を採用すべき旨を主張し、判例の目的効果基準を「基準を緩和する」ものとして厳しく批判した。この点に関しても、学説の多数がこれに同調し、同様の立場から裁判例の論評を行ってきたように見える。

一方、芦部の政教分離論の裁判実務に対する影響はどうであったか。政教分離原則の意義については、実は判例の理解は芦部説と大きく異なるものではないと思われる。また、芦部は、判例が憲法の政教分離規定を「いわゆる制度的保障の規定」と称したことを批判したが、空知太判決では、この表現はなくなっており、その後の孔子廟判決でも同様である。これが従来の判例の理解を変更したものであるか、それとも、本来の趣旨を明確にすべく余分な判示部分を削除しただけのことであるかは定かではないものの、少なくとも判文上は判例の説くところを芦部説に引きつけて読むことも可能になっていると思われる。

しかしながら、芦部が唱道した三要件から成る目的効果基準は、ついに最高裁の採用するところとはならなかった。本稿で論じたように、判例の目的効果基準は、芦部がモデルとしたレモン・テストとはその論理構造を異にするものであり、前者を後者に基づいて再構成しようとすることには無理があったと思われる。また、そもそもレモン・テストが判例の目的効果基準を再構成する上でのモデルとして適切であったかどうかという問題もある。ただ、このことは、判例の判断枠組みに問題がないということではもちろんない。

筆者は、かつて、「判例の目的効果基準は、「目的効果」基準というには、「目的」と「効果」が独自の関門として機能せしめられておらず、また、目的効果「基準」というには、総合考慮の対象となる諸要素をどのように評価すべきかについての明確な指針を欠くという問題をはらんでいる[128]」と述べたことがある。空知太判決以降、判例は、考慮すべき諸般の事情を個別具体の事案に即して、より丁寧に取り上げようとしているように見えるものの、その総合考慮の過程は依然として明瞭とはいい難い。国や地方公共団体がかかわり合いをもつ対象の施設について宗教性を問うとしても、これを一定の宗教的外形によってのみ判定することには自ずから限界があろう。また、判例は、一貫して、国や地方公共団体のかかわり合いの態様を見てその「効果」を判断しつつ、これを「一般人の評価」に帰せしめているる。しかし、宗教の援助、助長等となる「効果」があるかどうかを判断するのは裁判官であって、「一般人」ではない。そして、この「効果」判断の根拠はしばしば不分明である(ここにはレモン・テストに伴うのと同様の問題があると思われる)。たしかに、政教分離の多様な事案に適応する万能の定式などは存在しない。その意味では、判例が提示しているような具体の事案に即した諸般の事情の考慮は不可欠である。しかし、仮にそれが適切に行われたとしても、これを漠然と「総合的判断」に収斂せしめたのでは、判決は十分な説得力をもちえないであろう。問題は、目的効果基準か「総合的判断の枠組み」かではない。諸般の事情の考慮を通じて何がどう判断されたのか、その判断過程をより明確化し、真の「総合的」判断の内実を明らかにすることである。

(1) 芦部信喜『憲法〔第8版〕』(岩波書店、2023年)171―72頁参照。
(2) 芦部信喜『憲法学Ⅲ人権各論(1)』(有斐閣、1998年)119―21頁参照。
(3) 同146―67頁。
(4) 同151頁。
(5) 以上、同151―53頁参照。なお、参照、芦部信喜『宗教・人権・憲法学』(有斐閣、1999年)29―34頁。
(6) 芦部・前掲注(2)148頁。
(7) 最大判昭和52・7・13民集31巻4号533頁。
(8) 芦部・前掲注(2)148頁参照。この点に関しては、そもそも信教の自由を間接的に補強するための「制度的保障」として政教分離原則を位置づける立場を「伝統的な制度的保障の理論」に帰せしめること自体を根本的な誤りとして厳しく批判する、石川健治『自由と特権の距離〔増補版〕』(日本評論社、2007年)が教示に富む。
(9) 芦部・前掲注(2)148頁。
(10) 芦部信喜『憲法学Ⅱ人権総論』(有斐閣、1994年)93頁参照。
(11) 名古屋高判昭和46・5・14行集22巻5号680頁。
(12) 芦部・前掲注(2)150頁参照。
(13) 同右。
(14) 芦部は、この呼称を日米の判例理論に共通するものとして使用している。後述するところから明らかなように、本稿筆者は、日本の判例の判断基準を「目的効果基準」と呼ぶことには語弊があり、必ずしも適切ではないと考えている(後出Ⅲ参照)。しかし、「目的効果基準」という呼称は今日日本の政教分離訴訟の判例理論について一般的に用いられており、混乱を避けるため、以下本稿でも日本の判例理論についてこの呼称をそのまま用いることとする。
(15) *See* Lemon v. Kurtzman, 403 U. S. 602 (1971).
(16) *Id.* at 612–13.
(17) 芦部・前掲注(2)166頁参照。

(18) 同163頁。
(19) 同177頁。
(20) 同179頁。
(21) 同181頁。
(22) 同182頁。ここには、アメリカのエンドースメント・テストの考え方が取り入れられている。エンドースメント・テストとその問題点については、後述するところ(Ⅱ-2)を参照。
(23) 芦部・前掲注(2)183—99頁参照。
(24) 懇談会の概要と芦部の所感については、「靖国懇と私の立場」と題して公表されている(『緊急特集・靖国神社公式参拝』ジュリ848号(1985年)6頁。芦部・前掲注(5)95頁に再録)。なお、参照、芦部信喜＝奥平康弘「特別企画・靖国問題と憲法——靖国懇をめぐって」法時58巻1号6頁(1986年)、芦部信喜『憲法叢説(3)』(信山社、1995年)240頁。
(25) Lemon, 403 U. S. at 613–14, 615–22.
(26) Committee for Public Education and Religious Liberty v. Nyquist, 413 U. S. 756(1973).
(27) Nyquist, 413 U. S. at 779–80, 794.
(28) *Id.* at 798(Burger, C. J., concurring in part and dissenting in part); *id.* at 805(Rehnquist, J., dissenting in part).
(29) *Id.* at 813(White, J., dissenting).
(30) *Id.* at 783 n. 39.
(31) Everson v. Board of Education, 330 U. S. 1(1947).
(32) Board of Education v. Allen, 392 U. S. 236(1968).
(33) Abington School District v. Schempp, 374 U. S. 203(1963).
(34) School District of the City of Grand Rapids v. Ball, 473 U. S. 373(1985).
(35) Aguilar v. Felton, 473 U. S. 402(1985).
(36) Ball, 473 U. S. at 383, 397–98.
(37) *See id.* at 397 n. 14.
(38) *See id.* at 385–97.

(39)　*Id.* at 398, 399(O'Connor, J., concurring in the judgment in part and dissenting in part); *id.* at 400, 401(Rehnquist, J., dissenting).

(40)　Aguilar, 473 U. S. at 409, 410.

(41)　*Id.* at 409, 414.

(42)　*Id.* at 419(Burger, C. J., dissenting); *id.* at 420(Rehnquist, J., dissenting); *id.* at 421(O'Connor, J., dissenting); *id.* at 431(White, J., dissenting).

(43)　オコナァ裁判官は、政教分離訴訟において「かかわり合い」を独自の基準とすることの効用に疑問を呈するとともに、法廷意見による本件の「かかわり合い」の分析に対しても詳細な批判を展開している(*see id.* at 422–31)。アギラー判決とボール判決の一部は、Agostini v. Felton, 521 U. S. 203(1997)によって覆された(オコナァ裁判官が法廷意見を執筆)。

(44)　Witters v. Washington Department of Services for the Blind, 474 U. S. 481(1986).

(45)　Zobrest v. Catalina Foothills School District, 509 U. S. 1(1993).

(46)　Zelman v. Simmons-Harris, 536 U. S. 639(2002).

(47)　Lynch v. Donnelly, 465 U. S. 668(1984).

(48)　*See id.* at 678–79(quoting Lemon, 403 U. S. at 614).

(49)　Marsh v. Chambers, 463 U. S. 783(1983).ここでは、議会開会時の祈りは長年にわたり途切れることなく行われてきた慣行であることが重視されている。しかし、歴史的に行われてきたということが直ちに当該行為を正当化するものではないであろう。レモン・テストの適用が妥当でないとしても、歴史と伝統に訴えるアプロウチがその適切な代替物となりうるかどうかは別問題である。この点については、別に検討の機会をもちたい。なお、本判決には、本件にレモン・テストを適用すれば違憲の結論が導かれるとするブレナン裁判官の反対意見(マーシャル裁判官同調)(*id.* at 795)がある。

(50)　*See, e.g.*, Town of Greece v. Galloway, 572 U. S. 565(2014); Van Orden v. Perry, 545 U. S. 677(2005); Board of Education of Kiryas Joel Village School District v. Grumet, 512 U. S. 687(1994); Lee v. Weisman, 505 U. S. 577(1992); Larson v. Valente, 456 U. S. 228(1982).

(51)　*See* Lynch, 465 U. S. at 681, 683.

(52)　*Id.* at 687(O'Connor, J., concurring).

(53) *See id.* at 683. この点に関して、その翌年のウォレス判決(Wallace v. Jaffree, 472 U. S. 38〔1985〕)も参照。法廷意見(スティーブンズ裁判官執筆)は、公立学校の始業時に生徒が「瞑想または自主的な祈り」を行うための沈黙の時間を設けることを認めたアラバマ州法の定めは「明らかに世俗的な目的」を欠き、宗教を「後押し」するものと認定している。

(54) County of Allegheny v. ACLU Greater Pittsburgh Chapter, 492 U. S. 573(1989).

(55) *Id.* at 592.

(56) *Id.* at 655(Kennedy, J., concurring in the judgment in part and dissenting in part).

(57) *Id.* at 637(Brennan, J., concurring in part and dissenting in part); *id.* at 646(Stevens, J., concurring in part and dissenting in part). マーシャル裁判官はこの二つの意見に同調している。

(58) American Legion v. American Humanist Association, 139 S. Ct. 2067(2019).

(59) レモン・テスト批判が法廷意見とならなかったのは、ケイガン裁判官がこの部分には同調しなかったためである。彼女は、レモン・テストの厳格な適用が国教禁止条項に関するあらゆる問題を解決するわけではないことに同意しつつも、この領域での政府の行為を評価するにあたってレモン・テストが目的と効果に着目することには重要な意義がある旨の意見を述べている(*see id.* at 2094(Kagan, J., concurring))。一方、同じくリベラル派に属するブライヤ裁判官は、国教禁止条項違反の訴えを裁定するための「単一の定式」は存在しないとして、相対多数意見のレモン・テスト批判に同調している(*see id.* at 2090(Breyer, J., concurring))。本件に関する合衆国最高裁の判断は、かつてヴァン＝オーデン事件においてブライヤ裁判官が説いた、具体の事案に即した衡量的判断のアプローチに近いものがあると思われる(*see* Van Orden, 545 U. S. at 698(Breyer, J., concurring in the judgment))。

(60) Kennedy v. Bremerton School District, 142 S. Ct. 2407(2022).

(61) *Id.* at 2427.

(62) Lemon, 403 U. S. at 612.

(63) Everson v. Board of Education, 330 U. S. 1(1947)(最高裁は、十分な説明をすることなく、初めて国教禁止条項を第14修正を通じて州に適用した); Board of Education v. Allen, 392 U. S. 236(1968); Walz v. Tax Commission, 397 U. S. 664(1970).

(64) この点は、すでに、野坂泰司「いわゆる目的効果基準について」長谷部恭男ほか編『現代立憲主義の諸相(下)』(有斐閣、2013年)281頁、303—06頁で指摘したところである。以下は、これを若干敷衍するものである。なお、芦部は、レモン・テストを厳格分離の思想と結びついたものと受け止め、レモン・テストに対する批判をもっぱら便益供与派からする厳格分離派への批判の文脈で捉えているように見える（たとえば、芦部・前掲注（5）51―52頁参照）。しかし、レモン・テスト批判の意義をそのような文脈に限定して捉えることは適当ではないと考える。

（65） *See* Lynch, 465 U. S. at 681 n. 6.

（66） *See* Schempp, 374 U. S. at 303（Brennan, J., concurring）（quoting McGowan v. Maryland, 366 U. S. 420, 442（1961））.

（67） *See* Edwards v. Aguillard, 482 U. S. 578, 586–87, 590, 593（1987）; *id.* at 599（Powell, J., concurring）; Wallace, 472 U. S. at 75（O'Connor, J., concurring in the judgment）.

（68） *See* Epperson v. Arkansas, 393 U. S. 97, 103, 107（1968）（公立学校・大学における進化論教育の禁止）; Stone v. Graham, 449 U. S. 39, 41–42（1980）（公立学校における「十戒」の掲示）; Wallace, 472 U. S. at 40, 56, 58–59（1985）（公立学校における「瞑想または自主的な祈り」のための沈黙の時間の強制）（前掲注（53）参照）; Aguillard, 482 U. S. at 590, 592（1987）（公立学校における創造説の進化論との平等取扱いの強制）; Santa Fe Independent School District v. Doe, 530 U. S. 290, 306（2000）（フットボール試合前の生徒の自主的祈りの許容）; McCreary v. ACLU, 545 U. S. 844（2005）（郡庁舎における「十戒」の掲示）.

（69） Lynch, 465 U. S. at 690, 691（O'Connor, J., concurring）.

（70） *See* Josh Blackman, This Lemon Comes as a Lemon: The *Lemon* Test and the Pursuit of a Statute's Secular Purpose, 20 Geo. Mason U. Civ. Rts. L. J. 351, 388–410（2010）.

（71） *See* Nathan S. Chapman & Michael W. McConnell, Agreeing to Disagree: How the Establishment Clause Protects Religious Diversity and Freedom of Conscience 89（Oxford U. Pr., 2023）.

（72） Nyquist, 413 U. S. at 783 n. 39.

（73） Lynch, 465 U. S. at 690.

（74） *Id.* at 688.

（75） 観察者の視点の問題を多角的に検討したものとして、William P. Marshall, "We Know It When We See It": The Supreme Court and Establishment, 59 S. Cal. L. Rev. 495, 533–37（1986）; Steven D. Smith, Symbols, Perceptions, and Doctrinal Illusions: Establishment Neutrality and the "No Endorsement" Test, 86 Mich. L. Rev. 266, 291–95（1987）がある。*See also* Andrew Koppelman, Defending American Religious Neutrality 47–48（Harvard U. Pr., 2013）.

(76)　Wallace, 472 U. S. at 76, 83.

(77)　Witters, 474 U. S. at 493; County of Allegheny, 492 U. S. at 630–31.

(78)　芦部・前掲注(２)１７５頁参照。Laurence H. Tribe, American Constitutional Law 1293–96(Foundation Pr., 2d. ed. 1988).

(79)　Chapman & McConnell, *supra* note 71, at 165.

(80)　*See* Lemon, 403 U. S. at 622.

(81)　*See* Lynch, 465 U. S. at 689.

(82)　*See id.* at 687–90. *See also* Koppelman, *supra* note 75, at 46–47.

(83)　Lemon, 403 U. S. at 668(White, J., dissenting). *See also* Roemer v. Maryland Board of Public Works, 426 U. S. 736, 768–69(1976)(White, J., concurring in judgment).

(84)　Bowen v. Kendrick, 487 U. S. 589, 615(1988). *See also* Aguilar, 473 U. S. at 420–21(Rehnquist, J., dissenting).

(85)　Aguilar, 473 U. S. at 418(Powell, J., concurring). *See also* Jesse H. Choper, Securing Religious Liberty: Principles for Judicial Interpretation of the Religion Clauses 174–75(U. of Chicago Pr., 1995).

(86)　*See* Walz, 397 U. S. at 674.

(87)　その意味では、かつてスカリア裁判官が「繰り返し殺され埋められても、繰り返し墓から起き上がっては、そこら中を足を引き摺りながら歩き回る、レイトナイト・ショーのホラー映画に出てくる悪霊(ghoul)」(Lamb's Chapel v. Center Moriches Union Free School District, 508 U. S. 384, 398(1993)(Scalia, J., concurring in the judgment))に譬えて嘆いてみせたレモン・テストは、ついに葬り去られたといってよいかもしれない。

(88)　Bremerton, 142 S. Ct. at 2428(quoting Town of Greece, 572 U. S. at 576; American Legion, 139 S. Ct. at 2087(plurality opinion)).

(89)　砂川政教分離訴訟においてこの点に変更があったか否かは一つの問題である。この点については、後述する(Ⅲ－２⑴～⑶参照)。

(90)　その試みとして、野坂・前掲注(64)(特に、２８４―９３頁)がある。以下は、そこで論じた内容を補い、敷衍するものである。

(91) 民集31巻4号541頁。
(92) 同538―39頁。
(93) *See* Walz, 397 U. S. at 669–70.
(94) *See* Lemon, 403 U. S. at 614.
(95) 民集31巻4号541頁。
(96) 同541―42頁参照。
(97) 同543―44頁参照。
(98) 最大判平成9・4・2民集51巻4号1673頁。
(99) 同1682―85頁参照。
(100) 最三小判平成5・2・16民集47巻3号1687頁。
(101) 最三小判平成14・7・9判時1799号101頁。
(102) 最一小判平成14・7・11民集56巻6号1204頁。
(103) 最二小判平成16・6・28判時1890号41頁。
(104) 最一小判平成4・11・16判時1441号57頁。
(105) 最大判昭和63・6・1民集42巻5号277頁。
(106) 最大判平成22・1・20民集64巻1号1頁。
(107) 最大判平成22・1・20民集64巻1号128頁。
(108) このことはこれまでも繰り返し述べてきた(野坂泰司「判批」判評622号(判時2090号)(2010年)2頁、野坂・前掲注(64)300―19頁、野坂泰司『憲法基本判例を読み直す〔第2版〕』(有斐閣、2019年)214―20頁参照)。私見と同じ理解に立つと思われるものとして、野中俊彦ほか『憲法I〔第5版〕』(有斐閣、2012年)328頁〔中村睦男執筆〕、赤坂正浩「孔子廟違憲判決」憲法研究10号129頁(2022年)参照。
(109) 例外として、宗教法人である神社の境内入口まで通じている道路の改良工事のための公金支出を憲法89条に違反しないとした最二小判昭和63・12・16判時1362号41頁のほか、下級審裁判例では、宗教法人の所有する神社社殿の修復工事のための公金支出を憲法89条、20条1項後段に違反するとした高知地判平成10・7・17判時1699号67頁がある。

(110) 民集51巻4号1681頁。
(111) 民集64巻1号10—11頁。
(112) 同9頁。
(113) 「目的及び効果にかんがみ」という部分が省かれていることは先例との大きな違いである(このことについては、すぐあとの本文で述べる)。また、政教分離規定を「制度的保障の規定」とする表現もなくなっている。さらに、先例が政教分離原則を「国家の非宗教性ないし宗教的中立性」を求めるものとして、必ずしも同一の規範内容を有するものではない概念を併記していたところが、「国家が宗教的に中立であることを要求するいわゆる政教分離の原則」と整理されている。この点は、しかし、のちの那覇孔子廟訴訟判決(最大判令和3・2・24民集75巻2号29頁)では再び元の表現に戻っている。
(114) 民集64巻1号10頁。
(115) 本判決に関する調査官解説は、本件利用提供行為は「半世紀以上もの歴史を有する継続的行為」であること、「本件使用貸借契約の履行という作為的側面」とともに単なる現状放置という「不作為の側面」をも併有すること、継続中に旧来の施設の取壊しや土地の取得等の大きな事情の変化があり、本件各土地上での宗教的行為の態様やこれに対する町または市の対応も必ずしも一様ではなかったことを挙げて、このような無償提供行為については、「行為の目的を審査するといっても、どの時点におけるどの行為者の目的を問題とすればよいのか、効果を審査するといっても、どの時点における誰を基準とした効果を審査すればよいのかといった問題に直面せざるを得ない」と述べている(清野正彦・最判解民事篇平成22年度(上)1頁、40—41頁参照)。本件事案の特殊性に対する考慮がうかがえる。
(116) 空知太判決が事案ごとの多様な事情に応じた適切な処理を図るという方向に舵を切ったことは確かなことだと思われる。このことを調査官解説は、従来の判例の判断枠組みを「我が国の社会的、文化的諸条件に照らし相当な限度を超えるもの」に当たるか否かという「基底的判断枠組み部分」(①)と「宗教とのかかわり合いをもたらす行為の目的及び効果にかんがみ」という「着眼点提示部分」(②)とから成るものと捉えた上で、本判決は①を維持しながら、②について、必ずしも「目的及び効果」という着眼点に拘ることなく、当該事案に即した着眼点を抽出して判断することを是とするように変更を加えたものと説明している(清野・前掲注(115)40頁、43頁参照)。巧みな整理であり、本判決の理解に資するものと思われる。しかし、同解説が更に進んで、従来の判例もまた必ずしも目的と効果の二つの着眼点にのみ拘泥する趣旨のものではなかったと見ている点には一定の留保が必要であろう。諸般の事情の総合考慮を本質とする点でたしかに空知太判決も富平判決も従来の判例と些かも違いはない。しかし、従来の判例は、「目的及び効果にかんがみ」と明記し、憲法20条3項の「宗教的活動」を目的と効果で定義していたのであって、総合考慮の結果を「目的」と「効果」に集約して示すことを志向していたことは明らかだと思われる。そのことが結果としてその後の裁判例の「硬直化」を招くきっかけとなったことは否めないのではなかろうか。

(117) 民集64巻1号12頁参照。

(118) 同11―12頁。

(119) 同133―34頁参照。

(120) 同134―35頁参照。

(121) 最大判令和3・2・24民集75巻2号29頁。

(122) 同37―38頁参照。

(123) 林景一裁判官反対意見は、「外観のみで、宗教性を肯定し、これを前提に政教分離規定違反とすることは、いわば「牛刀をもって鶏を割く」の類というべきもの」(同45頁)と法廷意見を批判している。その前段の宗教性の認定に関する見解(同43―44頁)も参照に値しよう。

(124) この点に関して、「憲法上の「宗教」の構成要素ないしその特質」をより明確化していくことの必要性を説くものとして、山崎友也「孔子廟公有地無償使用事件上告審判決」法時93巻7号4頁(2021年)6頁参照。また、同様の問題意識に基づく比較法研究として、原田一明「英国チャリティ法における「宗教」概念」青井未帆ほか編『現代憲法学の理論と課題』(信山社、2023年)241頁参照。

(125) 民集75巻2号39頁。

(126) 同38頁。

(127) ちなみに、那覇地判平成30・4・13判自454号40頁(本件1審判決)は、本件設置許可等(都市公園の無償提供行為)のそもそもの目的が世俗的・公共的なものであったことは明らかとしつつ、そこには宗教的意義も含まれていたという言い方をしている(本件免除については、憲法89条、20条1項後段に加え、同条3項にも違反すると判示)。また、孔子廟判決後の孔子廟撤去を怠る事実の違法確認等請求事件に関する那覇地判令和4・3・23(LEX/DB 25592148)は、本件設置許可の目的は本件施設の歴史的文化的価値に着目してこれを公園施設の一部として用いるという世俗的・公共的なものであったとしている(本件設置許可は憲法20条1項後段、同条3項、89条に違反しないと判示)。福岡高那覇支判令和5・4・13(LEX/DB 25595144)

も、同旨の判示。
(128) 野坂・前掲注(64)324頁。

第四章　知る権利の「社会権的性格」をめぐって

曽我部真裕

はじめに

芦部信喜は、憲法研究者としてはいち早く知る権利の重要性に着目し、そこから国家の責務の存在を示唆するなど、現代の情報空間の状況における国家の憲法的役割を考察する際にヒントとなる視点をも提示していたともみることができる。

本稿では、憲法学における知る権利の研究状況をその初期を中心に概観し、芦部の知る権利論の特徴を確認する。その上で、現代に通じる視点を見出したい。

I　憲法学における「知る権利」論

1　ジャーナリズム及びマスコミ論における知る権利

もともと、憲法学で知る権利が論じられるようになったのには、ジャーナリズムやマスコミ論の影響が大きい(1)。とりわけ、第二次大戦後のアメリカのジャーナリズムで知る権利を求める運動が強力になされたことが重要であった。もっとも、この運動の背景には戦時中の言論統制や、戦後の冷戦体制における国際報道の不自由さといった各国共通の事情があり、同様の問題関心はアメリカ以外でも見られた。たとえば世界人権宣言19条は「すべての者は、意見及び表現の自由についての権利を有する。この権利には、干渉されることなく意見をもつ自由、並びにあらゆる方法によりかつ国境とのかかわりなく、情報及び考えを求め、受け及び伝える自由を含む。」としている。

日本では、1953年の新聞週間（毎年、10月1日からの1週間設定される）の標語として、「新聞の自由が守る知る権利」が掲げられた。このころ、ジャーナリズムにおいて知る権利の重要性を強調していた論者として、朝日新聞編集総長を経て東京大学新聞研究所所長となった千葉雄次郎がいる。千葉は、1954年に「国民の知る権利[(2)]」という講演を行ったほか、1958年にはこの問題に関する初めてのまとまった論考と見られる「新聞人の『知る権利』運動について[(3)]」を公表した。

2　憲法学における知る権利論

⑴　1950年代から60年代前半までの議論

前項での記述に照らせば、日本でも、1950年代には知る権利という用語は相当程度知られていたといってよい。一方、この時期の憲法学は、送り手の自由としての表現の自由論が本格的に立ち上がる時期であった[(4)]。そこでは、事前抑制禁止法理や明白かつ現在の危険法理などを中心に、アメリカの憲法判例の紹介がなされたが、知る権利を憲法論に取り込む議論は見られない。

もっとも、そこに知る権利に通じる視点がなかったわけではない。例えば、伊藤正己は、その記念碑的な作品『言論・出版の自由』のまえがきで、「これまでは言論・出版の自由といえば、話す人や書く人という国民のうちの比較的少数の人のもつ自由権と考えられてきた傾きがあったが、今日では、かかる意味をもつほかに、一そう重要なものとして、むしろ聴く人や読む人という国民全体の享有する権利として、この自由が把握されることになっている。[5]」と指摘している。ただ、同書では、それ以上にこの点が展開されるには至らなかった。

後述のように、芦部が1963年の論文において、「知る権利」という用語こそ用いなかったものの、内容的には知る権利論といってよい議論を展開したのはこうした状況においてであり、芦部の先駆性が認められる。

(2) 1960年代後半から1970年代の議論

1960年代後半から70年代はじめは、知る権利にとってとりわけ重要な時期である。日本では、1969年の「悪徳の栄え」事件最高裁判決[6]の個別意見において知る権利(知る自由)が言及されたことが注目されたことに続き、翌月の博多駅事件決定[7]では、多数意見にも「知る権利」が重要な概念として用いられた。社会的には、1972年に外務省秘密漏洩事件で西山太吉記者と取材源の事務官が逮捕され、国家秘密と知る権利との関係が大きく注目された。その前年の1971年にはアメリカでペンタゴンペーパーズ事件が発生し、同じく国家秘密と知る権利との関係が注目されていた。さらに、それに先立つ1966年には、アメリカで情報公開法(情報自由法)が制定されている。

こうした中、憲法学でも知る権利を扱う論文は増加したが、その経過に規定され、マスメディアとの関係よりも、取材・報道の自由や、情報公開制度との関係での議論が主流となる。この時期の主要な論者は、芦部のほか、奥平康弘、石村善治、清水英夫、佐藤幸治などであったが[8]、芦部は、放送規制との関係で知る権利の重要性を強調するなど、力点の置き方において他の論者と異なっていた。

(3) 1970年代末以降の議論

1970年代終わりになり、外務省秘密漏洩事件の最高裁決定[9]が出されるなどして、国家秘密と取材の自由・知る権利との対抗関係に関する議論が落ち着きをみせる一方、情報公開制度への関心が高まり、知る権利はこの文脈で論じられるようになっていく。

なお、1970年代の特に後半には、知る権利論と関連して、山口和秀や堀部政男を中心としてアクセス権論[10]が主張され、サンケイ新聞事件[11]として現実の訴訟でも争われて注目を集めたが、比較的短期間で関心が薄れてしまった。その後は、知る権利はその多面的な内容の整理の仕方も含めて一定程度収斂したものとして受容され、教科書等でも必ず言及されるようになっている[12]。

Ⅱ 芦部の知る権利論

1 緒論

前節では、知る権利の議論状況の推移を概観し、そこで芦部が主要な論者として貢献したことにも触れた。本節では、芦部自身の主張に焦点を当ててより詳しく紹介する。芦部が知る権利を熱心に論じたのは、1960年代初めから70年代終わりにかけてであった。その後は、知る権利そのものを主要なテーマとして扱う論考等はほとんど見られなくなるが、晩年の体系書において、重要な主張の変化があったことは見逃せない。

以下では、知る権利を論じた主要な論考を時系列に沿って確認する。

2 「表現の自由」(1963年)

芦部は、在外研究から帰国（1961年10月）し、本格的に人権論に取り組み始めてまもない1963年に公表した論文「表現の自由」[13]において、マスメディアの驚異的な発達状況に着目し、「この自由を単に『国家からの自由』という伝統的・古典的な個人権としてのみみることがいかに不完全であり、新しい観点からの検討がこの自由の本質なり限界を明らかにするために逸することのできない重要な論点だ」と指摘し、「聴く・読む・視る自由としての表現の自由」の意義を強調した[14]。次に紹介する1968年論文とは異なり、本論文では「知る権利」という語は自覚的には使われていないが、内容的には知る権利論が展開されており、先駆性が認められる[15]。

そして、「資本主義の高度化とマス・メディアの驚異的な発達は、意見発表の自由の主体と意見享受の自由の主体とを分離せしめた。その結果、民衆は現実には後者の自由しか享受できない状態におかれるに至った[16]。」という、芦部が後年に至るまで強調することになる認識を示し、「意見享受の自由を中核とする言論の自由の観念こそ民主主義憲法の本質を構成するものであり、この観念の重要性を認めることによって、言論の自由に与えられる『優越的地位』の真の根拠を明確にすることができる[17]。」という。

その上で、同論文は、こうした考え方の帰結のいくつかを提示する。例えば、従来、事実の報道の自由の基礎づけは、事実と意見との区別が困難であることが挙げられていたところ、意見享受の自由を中核とする言論の自由の観念からすれば、報道の自由が表現の自由のきわめて重要な一環をなすことになるという。そのほか、表現の自由を制約する法律の違憲訴訟において第三者の主張適格を基礎づけるとか、検閲禁止の意味を的確に評価することをも可能にするという[18]。

さらに注目されるのは、こうした表現の送り手と受け手との分離、マスメディアによる思想の自由市場の独占といった状況のもと、マスメディアが「公的機能」を果たしつつあるとし、そのことの憲法的意義についても検討されている点である。すなわち、「報道機関に真実報道の義務が存することは、おそらく異論なく肯定されてよかろう」。

「しかしながら、このような責任ないし義務は、実定法と無関係に、マス・コミの手段が果たす『公的機能』に由来する一般的な法的義務だと解すべきではない。」とされ、ドイツにおける「プレスの公的責務」論については、疑問とすべきだとされている。他方で、「出版・報道の自由の果たす公的機能に着目し、これをいわゆる制度的保障の概念でとらえることは、理論上可能であり、実際的意義もないではない。」としつつ、制度の保障の優位を強調して自由をその反射とみることになる危険性に注意を促している。(19) ドイツのこの議論への着目も当時としては珍しいものであったと思われる。

3 「現代における言論・出版の自由」(1968年)

1963年論文に続き、芦部が表現の自由について本格的に論じたのは、1968年、東京大学社会科学研究所の編集にかかる基本的人権に関する講座ものに収録された論文においてである。(20) この1968年論文は、標題の示す通り表現の自由の現代的意義に焦点が当てられており、芦部の後の主張の骨格をなすものとして重要である。本稿の関心からは、思想の自由市場論について過誤の修正を可能にするものとして再構成がなされているほか、(21) 知る権利について、1963年論文とは異なり、この用語を自覚的に用い、この用語を標題に含む項目を立てて正面から論じている点が注目される。

1968年論文における知る権利論では、のちの憲法学説で強調されることになる政府情報の公開制度への言及はなく、自由権としての知る自由に力点がおかれたうえで、その阻害要因としてのマスメディアによる情報独占が問題とされている。マスメディアによる情報独占に関する問題意識は芦部だけのものではなかったが、芦部の議論の特徴として本稿の関心から特に重要なのは、この問題の解決のために国家による積極的な方策の必要性が強調されている点である。

すなわち、「知る権利は――特に資本と国家権力からの独立に疑念が持たれている電波メディアとの関係において――それを守るための積極的な方策を必要とする段階にある(……)。マス・メディアの言論の自由を国家権力から守るという側面も、もとより重要であるが、現在はそれだけでは不十分で、『適切な情報に対する市民の権利をまもることも緊急の課題なのである』(22)」。また、「マス・メディアが独占化し、国民の知る権利が脅かされている現代社会においては、マス・メディアに対するなんらかの形の民主的規制の必要性を認めざるをえない。」が、「新聞の自由の特色は、なによりも国家の政治権力からの独立にある」から、「問題は、他のメディアと違って法的規制をうけざるをえないといわれる電波メディアについて生じる(23)」。

同論文は、それに続けて放送規制の根拠の問題に論を進めるが、それによれば、電波の有限性が決定的な理由ではないとしても、放送については画一化傾向があることが規制の理由になるという。独占と放送メディア内の過当競争とにより、画一化と質の低下がもたらされ、「そこで、報道機関の多元性だけでなく情報の多様性のための積極的な規制を必要とする要因が、本来メディアに内在している」とする。ただし、「新聞の場合は、新聞発行者が各頁の読者を極大化しようという動因に影響される程度は、はるかに少ない(24)」。さらに脚注ではより明確に、「日本の放送法制のもとにおいても、番組編成が通俗的なものに画一化する傾向が強いという電波メディアの特殊性が、電波の有限性という条件と結合し、国民の知る権利を保障するため、放送に対する一定の規制措置(たとえば……番組準則)を正当化するもっとも重要な理由になる(25)」としている。

4 「民主国家における知る権利と国家機密」(1972年)

前述のとおり、1960年代後半から70年代はじめは、知る権利にとってとりわけ重要な時期である。憲法学でも知る権利を扱う論文は増加したが、芦部がそれまで論じてきたようなマスメディアの独占問題との関係よりも、取材・報道の自由や、情報公開制度との関係での議論が主流となる。

芦部も、1970年から74年にかけて、知る権利に言及する論考等を複数公表した[26]。そこでは、上記のような研究動向の影響を受け、取材・報道の自由や情報公開制度への言及があるのは当然であるが、本稿の観点から特に注目されるのは、知る権利の法的性格及びそれに対応する国家の義務に関する議論である。

1971年の「言論・表現の自由の現代的状況」の公表のころから、芦部は知る権利の「社会権的性格」に言及しはじめるが、より本格的には、1974年の「言論の自由の現代的構造 『知る権利』を中心として」及び「『知る権利』の理論」において論じられている。ここでは、より包括的な後者によって確認しておこう。

まず、知る権利は複合的な性格をもつ。情報を受ける各国民の受動的な自由権として個人権的な側面を有するが、それにとどまらず、というよりも、むしろ第一義的には参政権的な性格(社会的機能)を有する。また、知る権利の行使を妨げる国家行為の排除を請求するという消極的な自由権であるにとどまらず、積極的な情報収集権、したがって政府に対して情報提供ないし公開を義務づける社会権的性格を有する[27]。

次に、社会権的性格の内容については、情報源に対して情報の公開ないし提供を要求する積極的な権利であると説明されている。情報の自由は本来伝統的な自由権の範疇に属するものではあるが、「民主的な政治過程にとって『まさに構成的な』意義を有する表現の自由の現代的形態として知る権利を認める以上、情報源として国家機関が圧倒的に重要な役割を占めるようになった現代国家においては、知る権利こそ、まさに一種の社会権的性格をもつものと解するのが正当であろう[28]」。もっとも、「実定法上の根拠なくして、個々の国民が当然に国に情報の提供ないし公開を請求する具体的権利を有するわけではないから、社会権的性格とは(……)可能な限り情報を国民に公開し、『一般に近づくことのできる情報源』――判例(BVerfGE, Bd. 27, S. 71)によれば、不特定多数の人に情報を提供するものであることが明らかであり、それが技術的にも適している場合の情報源を『通例』意味する――から妨げられずに知る国民の権利を実現するための積極的な施策を講ずる義務が政府にあることを意味する」[29]。

さらに、「『種々の相反するソースからの情報がもっとも広汎に流布される可能性』を確保するためには、国民の知る権利がマス・メディアに対する知る権利を含むことを明確にしておかなければならない」[30]（傍点は原文による）。もっとも、新聞に対して相争う意見に平等にスペースを提供する義務を課すようなことは行き過ぎであり、「国民の知る権利を充足させるための政府の積極的な義務にも一定の厳しい限界がある」[31]。

本稿の関心から注目されるのは、第一に、知る権利に対応する国家の義務として、自ら保有する情報を公開する義務のほか、「一般に近づくことのできる情報源」から妨げられずに知る国民の権利を実現するための積極的な施策を講ずる義務も認められていることである。第二に、知る権利にはマスメディアに対する知る権利も含まれることが明言されたうえで、その具体的な充足のための政府の積極的な義務が存在することが述べられている。この点は芦部説の際立った特徴であるように思われる。すなわち、マスメディアに対する知る権利を主張する論者は他にもいるが、多くは具体的権利を想定していた[32]。これに対し芦部は、本稿の最後に述べる通り、むしろ客観的な原理あるいは国家目標だと整理すべき内容を主張する点が特徴的である。

もっとも、こうした主張の内容は必ずしも明確ではない。例えば、「『一般に近づくことのできる情報源』から妨げられずに知る国民の権利を実現するための積極的な施策を講ずる義務」が何を意味するのかは不明確である。すなわち、「一般に近づくことのできる情報源から妨げられずに知る権利」は、いうまでもなくドイツ基本法5条1項に由来するものであるところ、ドイツではこの規定は自由権を保障するものであって、政府に対する情報公開請求権を導き出すことはできないとするのが通説だとされる[33]。そうすると、ここでいう「積極的な施策」とは何を想定しているのかは分かりにくい。

この点は、前記で第一として掲げた点と第二として掲げた点との関係の理解にも関わる。「積極的な施策」とは、マスメディア(これは「一般に近づくことのできる情報源」である)との関係で求められるものなのかもしれない。この点、「国民の知る権利に応える表現の自由の保障に新しい生命力を付与するため、政府に積極的な施策をとることが認められ(もしくは必要とされ)るようになったのは、(……)報道機関(とくに新聞・放送企業)の巨大化と寡占化という新しいマス・コミュニケーション状況にもとづく」(傍点は本稿筆者による)として、公平原則をはじめとする放送規制やアクセス権論に言及がある。[34] 前記の第一第二では「義務」とされていたのが、ここでの傍点部ではそのような表現になっていない点も気になるところであるが、芦部は、知る権利を実質的に充足するために、マスメディアに一定の規律を行うことが、憲法上の義務(責務)であると考えていたのだろう。もちろん、ここでの憲法上の義務は一般的なものであり、その実現方法には放送規制をはじめ、多種多様なものがある一方で、マスメディアの表現の自由と両立するものでなければならない。

5 「放送番組の編集基準と言論表現の自由」(1976年)

芦部は、早くから放送規制と知る権利とを関連させて理解してきたが、[35] 本格的に議論を展開したのは、1969年のアメリカ連邦最高裁レッド・ライオン判決を受けて執筆された[36]「放送番組の編集基準と言論表現の自由」(1976年)[37]においてである。そこでは、「国民の知る権利の観点から見れば、『政治的公平』『論争点の多角的解明』および『調和のとれた番組比率』の原則は(……)、いずれもそれ自体は知る権利の保障を確保し伸張する効果をもつものであるから、その憲法適合性を積極的に肯定することも許される」[38](傍点は原文による)とされ、番組準則の意義が積極的に肯定されていることが注目される。

それは、芦部においては、国の憲法上の責務を履行するための措置であるからであろう。すなわち、「このような規律を法律上定めても、番組編集の自由の原則を侵害せず検閲禁止の憲法の精神に反しない限り、それは知る権利の社会権的性格を充足するための国の責務に属し、違憲の問題を生ずることはない。[39]」(傍点は本稿筆者による)。また、「レッド・ライオン判決のいうように、『至上なのは視聴者の権利』すなわち国民の『知る権利』だとすれば、それを伸張するためのものである限り、放送番組の編集基準(番組準則)を法定するという一定の公的規制も、積極的に認められなければならない[40]」。

しかし、放送規制が国家の憲法上の責務の履行であるという視点は、後述のとおり、その後は影を潜める。

6 その後

(1) マスメディアに対する知る権利

その後、こうした芦部の主張の一部はトーンダウンしていく。特に、「マスメディアに対する知る権利」については、不当な国家介入を招くのではないかとの懸念があったものと思われる[41]。これを受けて、芦部は、「私企業的性格の強い報道機関に対しても、(対国家の場合と)同じような形でアクセス権とか知る権利とかが直ちに認められるわけではない[42]」とし、さらに、報道機関に対する知る権利は「あくまで理念的性格の権利で、国家の情報に対する知る権利のような開示請求権を、これも立法がないと具体化しませんが、当然に含むものではない」(傍点は原文による)ことを強調する[43]。

さらに、晩年の『憲法学Ⅲ』においては、「知る権利の最大とも言える特色は、それが情報を『受け取る』という消極的な権利であるにとどまらず、情報源(不特定多数の人に情報を提供するものであることが明らかで、かつそれが技術的にも適している場合の情報源のこと。具体的には、もっぱらと言ってよいほど、公権力機関を言う[44])に対して情報を『求める』積極的な権利だということにある。[45]」として、従来の見解を変更している。

また、同じ項目内の後の記述には、「なお、知る権利に請求権的・社会権的性格があるという理由から、公権力がメディアの性質の相違も考慮せず、国民の知る権利を実質化するという名目で、報道機関に対して規制を加えることが、直ちに正当化されるわけではないことを、付言しておく。国民の知る権利を充足するため努力する義務とは、報道機関の自主・自律を阻害するものであってはならないのである」としている。

こうした記述は、これまで紹介してきた従来の主張の骨格を見直さないまま部分的に修正するものであり、知る権利に対応して国家がどのような性格（具体的なもの、抽象的理念的なもの（「努力する義務」はこれに含まれるのだろうか。）の双方がありうる。）のどのような義務（自らの情報公開か、メディアに対する規制まで含むのか。）を負うのか、これまで以上に不明確となっている。

ただ、少なくとも、メディアとの関係で国民の知る権利を実質的に充足するための措置をとることが国家の憲法上の責務ないし努力義務であることは維持されていると理解することができよう。

(2) 放送規制について

放送規制についても、前項と類似の主張の変化がみられた。とりわけ、放送規制が国家の憲法上の責務の履行であるという視点は、その後は強調されなくなる。例えば、1994年に行われた講演[46]で、「表現の自由の価値・理念と放送規律との関係」についてまとまった言及をしているが、そこには知る権利の社会権的性格や国家の責務といった表現はみられない。そこでは、ポジティブな権利かネガティブな権利かという表現の自由の法的性質の問題と、自己実現・自己統治といった表現の自由を支える価値ないし理念の問題を検討したうえで、ネガティブ性と自己実現の価値を組み合わせるモデル（アメリカ型）と、ポジティブ性と自己統治の価値を組み合わせるモデル（ドイツ型）とを対置させている。そして、「私は、国民の知る権利を中心において表現の自由を考えていくことが必要だと考える点では、第2のモデルのポジティブな性格を重く考えます。」、他方、「放送については、規制緩和（……）の方向が、現代の高度情報化社会に相応しい」ため、「アメリカのＦＣＣ的なアプローチとドイツ的なアプローチの中間が望ましい、と考える」[47]。

ここでは、放送規制は表現の自由の価値に適合するものだとの基本線は維持されているが、かつてのように国家の責務として強調されることはもはやない。

ただ、『憲法学Ⅲ』では、放送規制の根拠として情報の多様性が挙げられ、「情報源が多元的であってはじめて情報の多様性が確保され、国民の知る権利が充足される」が、「多元的な情報源（報道機関）の間に自由競争の原則を支配させるだけで、国民の知る権利に応える情報の多様性が確保されるという保障は必ずしもない」とされる[48]。そして、同書では、「国民の知る権利を充足するため努力する義務」に言及されており[49]、知る権利を充足するための放送規制は、この努力義務の一環であるようにも見える。とはいえ、前述の通り、同書では、この努力義務が知る権利の全体像の中でどのように位置づけられているのか不明である。

7 小括

以上、芦部の知る権利論の概要を見てきた。芦部は、非常に早い段階で、知る権利を、表現の自由の再構成の文脈で取り入れた論者であった。また、１９６０年代末以降、知る権利は広く論じられるようになるが、その文脈が取材の自由との関係や、政府情報の公開、とりわけ情報公開法制定論を中心とするようになるなか、芦部はそれらと並んで、マスメディア、具体的には放送の規制のあり方との関係で知る権利を論じる傾向を示し、さらに、その意味での知る権利が、国家にどのような規範的な意味を持つのかについても触れている点でも特徴的である。

次節では、マスメディア規制との関係での知る権利に関する芦部の議論について若干の検討を行い、今日的意義を探る。

Ⅲ　芦部・知る権利論の今日的意義

1　マスメディア規制と知る権利

前述のとおり、芦部は、早くから放送規制と知る権利とを関連させて理解し、当初は、放送規制の合憲性を、「それ自体は知る権利の保障を確保し伸張する効果をもつものである」ことを理由に、積極的に肯定していた。放送規制が知る権利の実質的充足を目的とすること自体は、その後、学説上広く承認され、最高裁も近年、同旨を述べるに至っている。(50)ただ、芦部説の特徴は、放送規制を憲法の要請を受けたものだと捉えているように見える点である。すなわち、放送規制は単なる立法政策ではなく、メディアとの関係で国民の知る権利を実質的に充足するための措置をとることが、知る権利の社会権的性格を充足するための国家の憲法上の責務ないし努力義務であり、放送規制はその履行のための措置だと理解されているようであり、それが、上述のような合憲性の積極的肯定につながっているように思われる。

もちろん、知る権利の社会権的性格に対応する国の責務から、具体的な規制義務が導出されるわけではなく、規制手段に関する立法裁量は広いだろう。また、マスメディアの自由に対する不当な制約が許容されるわけではない。そこで、放送規制が上記のような国の責務に基づくものであったとしても、放送規制の根拠論は必要である。ただ、芦部においては、電波の有限性を前提に、番組画一化論が重視されている点に、知る権利との対応性が認められよう。

他方で、放送に関する憲法論が、放送規制の正当化に偏していることを指摘しなければならない。これは、従来の憲法学説一般の傾向であるが、放送規制を知る権利の社会権的性格に対応する国の責務の履行と位置付ける芦部においても同様である。しかし、このような芦部の立場からすれば、責務履行措置としてまず挙げられるべきは放送法によるＮＨＫ（日本放送協会）の設置であり、あるいは、民間放送事業者も含めたいわゆる二元的放送体制であるはずである。ＮＨＫは、「公共の福祉のために、あまねく日本全国において受信できるように豊かで、かつ、良い放送番組」（放送法15条）[51]の放送を行うために法律によって設置された法人であり、その設置はまさに、知る権利を充足するために国によってとられた措置にほかならない。ところが、管見の限り、芦部がこの点に明示的に触れた論考は見当たらない。このことは奇妙にも思えるが、いずれにしても、知る権利の社会権的性格について充分に展開されていない結果となっている。

2 「知る権利の社会権的性格」論後退の意味

ところで、これも前述のとおり、晩年の芦部は、知る権利の社会権的性格、とりわけマスメディアとの関係でのそれに関する主張を実質的に後退させていく。これは、主に、知る権利の社会権的性格を強調することが、国家のマスメディア規制に道を開くことを懸念したことのほか、放送の多チャンネル化といったメディア環境の変化にもよるものだと思われるが、これらの理由（特に前者）によって知る権利の社会権的性格の主張自体を後退させる必要があったのかは疑問である。もともと、知る権利の充足措置はマスメディアの自由の不当な制約にならない限りで認められるものであったはずだからである。

このことが問題であるのは、前述のＮＨＫの設置をはじめ、マスメディアの自由を害することなく知る権利を充足する措置は想定しうるところ、社会権的性格論の後退は、こうした措置の憲法との連関が失われることを意味するからである。憲法との連関が失われてしまえば、知る権利の充足措置は純粋に立法政策の問題となってしまい、国家が情報空間のありようについて常に関心をもち、国民の知る権利が充足されているか否かに注意を払う責務を憲法論として語ることができなくなってしまう。

芦部が、知る権利の社会権的性格を強調しながらも、その後、そのポテンシャルを十分に展開することなくトーンダウンしたことは、今日の目から見れば残念なことであったと言わなければならない。

3 「知る権利の社会権的性格」論の現代的意義

近時、本稿筆者は、国家は、情報空間に対して必要に応じた介入を行うことが憲法上の要請であるとの主張を行っている。(52) 芦部の議論について検討することがテーマである本稿ではそこでの主張を繰り返すことは控えるが、知る権利の充足を目的に国家が介入する憲法上の要請が存するという筆者の主張は、その根本において芦部の議論と共通するところがある。

もっとも、筆者の最近の主張は、マスメディアの独占による情報の画一化、過少供給ではなく、情報空間の中心がインターネットにシフトして情報量が爆発的に増加する一方で、マスメディアの影響力が低下して価値ある情報の選別が困難になっている現状に向けられたものであり、芦部の具体的問題意識とは全く異なるし、知る権利自体の内容も異なる。(53) しかし、芦部の知る権利論は、マスメディアの飛躍的発展という当時の状況を踏まえた再構成であり、表現の自由解釈が社会的状況を踏まえてなされるべきだとの基本的立場がとられていることからすれば、今日的状況を踏まえた上記の議論は、芦部の議論の延長線上に位置づけてよいものと思われる。

ただし、「知る権利の社会権的性格」という理論構成自体は、再構成の必要があると思われるので、最後にこの点について述べておく。知る権利の社会権的性格という構成についてはかねて「社会権」という用語法に関し、生存配慮という文脈から離れる点において不適当であるとの指摘があった。(54) この点については、「請求権的性格」と言い換えれば解決するようにも思われるが、より重要な問題は、知る権利に請求権的性格があるといっても、情報公開請求権のような場合とは異なり、マスメディア規制などを通じて知る権利の実質的な充足を求める文脈では、それを個人の権利として語ることはできない点にある。つまり、ここで問題となっているのは市民全体としての「権利」であり、法的には、その「権利」を充足する国家の責務という客観的な原理あるいは国家目標だと整理すべきものであろう。(55)

＊本稿では、次に挙げる芦部の著作を、それぞれ『現代人権論』『人権と議会政』『宗教・人権・憲法学』『憲法学Ⅲ』と表記する。芦部信喜『現代人権論』(有斐閣、１９７４年)、『人権と議会政』(有斐閣、１９９６年)、『宗教・人権・憲法学』(有斐閣、１９９９年)、『憲法学Ⅲ人権各論(１)(増補版)』(有斐閣、２０００年)。

(１) 芦部自身が知る権利論の歴史を振り返った記述として、芦部信喜「民主国家における知る権利と国家機密」ジュリ５０７号(１９７２年)16頁(『現代人権論』３９６頁)。

(２) 千葉雄次郎『知る権利　現代の新聞自由』(東京大学出版会、１９７２年)２７９頁。

(３) 千葉雄次郎「新聞人の『知る権利』の運動について」東京大学新聞研究所紀要７号(１９５８年)１頁(千葉・前掲注(２)１８７頁に改題の上所収)。

(４) まとまった研究としては、河原畯一郎『言論及び出版の自由』(有斐閣、１９５４年)、山本桂一「言論の自由(１)(２)」国家72巻11号(１９５８年)41頁、12号(同年)42頁、伊藤正己『言論・出版の自由』(岩波書店、１９５９年)、尾吹善人「思想・言論の自由(１)(２)」法学24巻２号(１９６０年)32頁、４号(同年)63頁(同『憲法の基礎理論と解釈』(信山社、２００７年)１８２頁)など。

(５) 伊藤・前掲注(４)ⅱ頁。また、１９６１年刊行の書籍でも「聴く自由として言論の自由を把握するみかたは、憲法の人権保障の構造におけるその自由の位置を明らかにするのに役立つ」とする(伊藤正己『言論の自由を守るために』(有信堂、１９６１年)54頁)。

(６) 最大判１９６９年10月15日刑集23巻10号１２３９頁。

(７) 最大決１９６９年11月26日刑集23巻11号１４９０頁。

(８) １９７０年代終わりまでの主要文献は、清水英夫「知る権利(法学文献案内②)」法セ２９２号(１９７９年)68頁に紹介されている。後年取りまとめられた個人の論文集のうち、知る権利に関する論考が集められたものとして、奥平康弘『表現の自由Ⅱ』(有斐閣、１９８３年)、石村善治『言論法研究Ⅱ』(信山社、１９９３年)がある。

(9) 最一小決1978年5月31日刑集32巻3号457頁。

(10) 山口和秀「表現の自由とマス・メディアへの『接近の権利』」岡法21巻3・4号(1972年)57頁、堀部政男『アクセス権』(東京大学出版会、1977年)。また、堀部も含む日本の学説に影響を与えた研究書の翻訳として、ジェローム・A・バロン(清水英夫ほか訳)『アクセス権』(日本評論社、1978年)。

(11) 最二小判1987年4月24日民集41巻3号490頁。なお、この事件では名誉毀損等の成立を前提としない反論権の成否が問題とされ、それとの関係でヨーロッパ各国で法制化されている反論権がアクセス権論の文脈で参照されたが、本稿筆者はかつて、こうした捉え方が不適切であることを指摘したことがある(曽我部真裕『反論権と表現の自由』(有斐閣、2013年)6頁)。

(12) もっとも、異質のものを一括りにして論じることの問題性に対する批判も根強い。比較的近年のものとして、村田尚紀「知る権利の構造と弁証　権利フェティシズムを超えて」関法60巻1号(2010年)160頁。

(13) 芦部信喜「表現の自由」清宮四郎＝佐藤功編『憲法講座第2巻』(有斐閣、1963年)141頁(『現代人権論』95頁)。以下、本論文を「1963年論文」とし、引用は『現代人権論』によって行う。

(14) 1963年論文96—97頁。

(15) 1965年に公表された奥平康弘「表現の自由」田中二郎編『日本国憲法体系第7巻基本的人権Ⅰ(宮沢俊義先生還暦記念)』(有斐閣、1965年)53頁(奥平康弘『表現の自由Ⅰ』(有斐閣、1983年)2頁)は、「知る権利」という用語を用い、やや立ち入った検討を行っている。

(16) 1963年論文97頁。

(17) 1963年論文98頁。

(18) 以上につき、1963年論文98—99頁。

(19) 以上につき、1963年論文102—103頁。

(20) 芦部信喜「現代における言論・出版の自由　その機能と限界の一断面」東京大学社会科学研究所編『基本的人権4(各論Ⅰ)』(東京大学出版会、1968年)177頁(『現代人権論』125頁)。以下、本論文を「1968年論文」とし、引用は『現代人権論』によって行う。

(21) 1968年論文141頁。

(22) 1968年論文192頁。なお、二重かぎかっこ部分は、マスメディアの社会的責任を主張して当時強い影響力のあったF・S・シーバートほか(内川芳美訳)『マス・コミの自由に関する四理論』(東京創元社、1959年)188頁の引用である。
(23) 1968年論文197頁。
(24) 以上につき、1968年論文200頁。
(25) 1968年論文205頁。
(26) 主なものとして、芦部信喜＝伊藤正己＝鴨良弼＝佐藤毅＝篠原一「(座談会)マスコミをめぐる諸問題」ジュリ449号(1970年)18頁、芦部信喜「報道の自由と米最高裁判決の意義」法時43巻11号(1971年)8頁(『現代人権論』343頁)、同「言論・表現の自由の現代的状況」新聞研究236号(1971年)7頁(『人権と議会政』3頁)、同「『知る権利』の理論」内川芳美ほか編『現代の社会とコミュニケーション3』(東京大学出版会、1974年)3頁(『人権と議会政』36頁)。以下、最後者の論文を「1974年論文」とし、引用は『人権と議会政』によって行う。
(27) 1974年論文50—51頁。
(28) 1974年論文52頁。
(29) 1974年論文52—53頁。
(30) 1974年論文59頁。
(31) 1974年論文53頁。
(32) 奥平康弘「『知る権利』の法的構成」ジュリ449号(1970年)50頁(奥平・前掲注(8)303頁)、石村善治「知る権利とマスコミ」ジュリ422号(1969年)63—64頁(石村・前掲注(8)15—17頁)など。
(33) 鈴木秀美＝三宅雄彦編『ガイドブック ドイツの憲法判例』(信山社、2021年)116頁(鈴木秀美執筆)。
(34) 1974年論文56—57頁。
(35) 1968年論文205頁。「日本の放送法制のもとにおいても、番組編成が通俗的なものに画一化する傾向が強いという電波メディアの特殊性が、電波の有限性という条件と結合し、国民の知る権利を保障するため、放送に対する一定の規制措置(たとえば放送法44条3項2号・4号、同条4項の番組準則)を正当化するもっとも重要な理由になる、と私は解する。」。
(36) Red Lion Broadcasting v. FCC, 395 U.S. 367 (1969).
(37) 芦部信喜「放送番組の編集基準と言論表現の自由 アメリカにおける論議を素材として」伊藤正己編『放送制度 その現状

と展望1』(日本放送出版協会、1976年)44頁(『人権と議会政』61頁)。以下、本論文を「1976年論文」とし、引用は『人権と議会政』によって行う。

(38) 1976年論文65頁。

(39) 1976年論文66頁。

(40) 1976年論文90頁。

(41) 参照、芦部信喜『演習憲法(新版)』(有斐閣、1988年)130―132頁。

(42) 芦部信喜「国民の知る権利」比較法政19・20号(1982年)453頁(芦部信喜『憲法叢説2人権と統治』(信山社、1995年)118頁)。

(43) 芦部・前掲注(41)132頁。

(44) ただし、この箇所に付された注では「もっとも、ドイツでは基本法5条に言う『情報源』は報道機関(プレス)を含むと解されている。これは、プレスの『公的責務』論(……)と関わる。わが憲法のもとでも観念的にはプレスを含むと解することはできるが、それを具体化する法律の制定はきわめて困難だという問題がある」と述べている(『憲法学Ⅲ』272頁)。ここからすれば、厳密には、理論そのものを修正したというよりは、説明の力点を変更したということではある。

(45) 『憲法学Ⅲ』270頁。

(46) 芦部信喜「放送の自由の規制と憲法 現代における表現の自由」横国4巻1号(1995年)1頁(『宗教・人権・憲法学』171頁)。

(47) 以上につき、『宗教・人権・憲法学』186―190頁。

(48) 『憲法学Ⅲ』303頁。

(49) 『憲法学Ⅲ』271頁。

(50) 最大判2017年12月6日民集71巻10号1817頁。「放送は、憲法21条が規定する表現の自由の保障の下で、国民の知る権利を実質的に充足し、健全な民主主義の発達に寄与するものとして、国民に広く普及されるべきものである。」。なお、判決は、このような放送の意義が放送法に反映したものにほかならないとしているので、上記の判示は、放送法の解釈を述べたものではなく、どの規範的次元での言明なのかが気になるところである。憲法の次元でのものだとすれば、芦部説に親和的であるようにも思われる。

(51) 本文で引用したのは現行法の規定であるが、その実質的内容は、NHKの番組編集準則として、1959年改正(昭和34年法律第30号)によって規定されていた(44条)。

(52) 曽我部真裕「表現の自由(4)インターネットがもたらした変容」法教492号(2021年)56―59頁、同「グローバル化と表現の自由 参照点としての思想の自由市場論の限界」横大道聡ほか編『グローバル化のなかで考える憲法』(弘文堂、2021年)214頁など。

(53) この点に関し、水谷瑛嗣郎「『国民の知る権利』の複線 ビッグデータ・AI時代に表面化する二つの『知る権利』」情報法制研究6号(2019年)57頁。

(54) たとえば、村田・前掲注(12)167頁。

(55) 実際、知る権利を国家目標あるいは目的プログラムの一例と位置付ける学説もある(小山剛「国家目的と国家目標規定」小山剛=駒村圭吾編『論点探究憲法〔第2版〕』(弘文堂、2013年)20頁)。

第五章　「明白かつ現在の危険」基準

――芦部の考察がインターネット時代にもちうる意味

毛利　透

はじめに

芦部信喜は、表現の自由について最終的に示した体系化において、「アメリカの判例・学説上、低い価値の言論(……)と称されて議論されている性表現、名誉毀損的表現、営利的表現、憎悪表現」について、「長期にわたって表現の自由の保障の外に置かれてきたもの」だが、何がそれにあたるかについては「できるかぎり憲法の保障を及ぼしていくことを志向する手法」で審査すべきだと述べる(1)。説得力ある叙述であるが、本稿は、このリストに、アメリカの判例史において憲法上保護されない表現のカテゴリーの一つとして、むしろその筆頭としてすら挙げられてきた(2)、違法行為を煽動する表現が含まれていないことに注目する。芦部は違法行為の煽動表現を、逆に――後述するように――「高い価値の言論」であると位置づけ、その規制に「厳格審査」を求めた。これは、彼が、すぐに述べるアメリカの判例・学説を念頭に、このカテゴリーで実際に問題になるのが、政府に対する異議申立てとしての違法行為(その究極の例が革命)の煽動という、政治的な活動に他ならないと考えていたからであろう。そして、かつてアメリカで、主にそのような表現活動への規制を限定するための判断枠組みとして発達したのが「明白かつ現在の危険」基準であった。芦部は、この基準を日本に導入するために、その対象となる煽動表現に「高い価値」を認めたのだと考えることもできよう。では、芦部は同基準をどのように理解していたのか。

また、本稿が後述するように、アメリカでは「明白かつ現在の危険」基準やその後継といえるブランデンバーグ基準に対し、インターネットによって激変した今日のメディア状況にそぐわないという指摘がかなり広くなされるに至っている。芦部の「明白かつ現在の危険」基準評価は、今日のこのような議論に何らかの示唆を与えうるであろうか。

本稿は、芦部の「明白かつ現在の危険」基準理解について改めて検討するとともに、それが今日もちうる意義について考えることを課題とする。まず、彼の同基準理解の特徴を、1960年代当時のアメリカ憲法学の議論状況との関係の中で把握する。そして、この理解からして、インターネットの出現・発展というメディア状況の激変が煽動表現規制の合憲性判断にいかなる問題を提起するかについての試論を述べたうえで、アメリカにおける実際の議論状況の検討を行う。そこではまず、ウォーレン・コート末期以後アメリカで煽動表現規制に適用されているブランデンバーグ基準について簡単に説明した後、そのインターネット上の表現への適用をめぐって判例・学説でなされている批判的議論を紹介・検討する。最後に、芦部の「明白かつ現在の危険」基準理解が今日の煽動表現規制の考察にとってもちうる意義について簡単に考察する。

I　芦部にとっての「明白かつ現在の危険」基準

1　叙述に現れている強いインパクト

芦部は「明白かつ現在の危険」基準を、「「ある禁止もしくは制限されるべき言論が、近い将来実質的害悪を惹起する蓋然性が明白であって、その害悪が時間的に緊急切迫しているとともに重大であり、しかも禁止もしくは制限がその害悪を避けるのに絶対必要な（すなわち制限の目的に合理的・実質的関係をもつと同時に適切な）手段である場合」に限って、言論の制限が正当化される」とするテストであると的確にまとめている。(3) 第二次世界大戦後まもなくアメリカ憲法の研究を始めた他の憲法学者と同様、芦部にとっても、「明白かつ現在の危険」基準は格別の意味合いをもっていた。

1937年の「憲法革命」によって経済的自由の規制立法への違憲審査が実質的に放棄された後、それとは対照的に、表現の自由の「優越的地位」を確保するための判例法理として確立されたかに見えた「明白かつ現在の危険」基準は、「コミュニケーションに対する政府の権力行使の合憲性を測るザ・基準（*the* criterion）」であった。(4) だからこそ、政府の暴力的破壊主張等を理由とするアメリカ合衆国共産党幹部への有罪判決を、共産党がもたらしうる害悪の重大性を理由として危険に求められる「現在」性要求を稀釈することで合憲と認めた、Dennis判決のヴィンソン相対多数意見(5)は、表現の自由保障全体に対する大打撃として受け止められた。その後、「明白かつ現在の危険」基準は連邦最高裁によってほとんど使われなくなり、比較衡量による判断が一般化する。そして、表現の自由を重視する衡量の積み重ねの中から、今日の我々が厳格審査基準として知る基準が定式化されるには、なお長い時間が必要であった。

芦部は、ウォーレン・コートにおける比較衡量論の発展を正確にフォローしていたが、(6) それでも研究者人生初期に「明白かつ現在の危険」基準から受けた強いインパクトが消え去ることはなかった。このことは、彼が研究の集大成において残した以下のような叙述から知ることができる。

> 内容規制のうち、右の類型（低価値表現のこと―引用者注記）以外の表現――一般に高い価値の表現（high value speech）と呼ばれるもの――に対する規制の合憲性は、たとえば違法行為を煽動する（incite）、ないし唱道する（ad-

vocate)表現を禁止する規制のように、煽動・唱道の概念につき定義づけ、範疇化のアプローチをも考慮しなければならない場合もあるが、一般に厳格審査(strict scrutiny)の基準と呼ばれる「やむにやまれぬ(……)公共的利益」(compelling public interest)の基準ないし「明白かつ現在の危険」(clear and present danger)の基準によって判断される。(7)

アメリカ憲法をバーガー・コート以降から勉強し始めた者——つまり今日の憲法研究者全員——は、厳格審査の基準といえば「やむにやまれぬ利益(compelling interest)の達成のために厳密に適合している(narrowly tailored)」か否かの基準のことだと即座に理解するから、前記叙述を「一般に厳格審査の基準と呼ばれる「やむにやまれぬ公共的利益」の基準」と「「明白かつ現在の危険」の基準」の並列だと読んでしまうところであるが、芦部にとって「厳格審査の基準」は「ないし」で結ばれた2基準を包含する上位概念であった。これは、すぐ後に彼が「「厳格審査」の基準として著名なものは、「明白かつ現在の危険」の基準である」(8)と明言しているところから明らかである。「明白かつ現在の危険」基準が、strict scrutiny という、同基準が判例で実際に用いられていた時代には影も形もなかった概念に包摂されている。アメリカの判例において「一般に厳格審査の基準と呼ばれる「やむにやまれぬ公共的利益」の基準」が妥当する時代になっても、芦部は、strict scrutiny によって「明白かつ現在の危険」基準が不要になったとは決して考えなかった。しかしその結果、いつの時代のどの国の「判断」の話をしているのか不明な叙述が残ることになってしまった。後述するように、芦部は結局同基準の適用範囲を特定分野の表現に限るべきだと結論するのであるが、それでもそれを単なる一場面で用いられる特殊な法理として遇することには踏み切れなかった。芦部の論述の不正確さや揺らぎからは、「明白かつ現在の危険」基準が若き日の彼に与えたインパクトが読み取れる。

2　1960年代の議論へのスタンス①——表現規制か行動規制か

「明白かつ現在の危険」基準が判例からほぼ姿を消す一方で、「国家権力よりも権利に大きな比重がおかれた上で価値の衡量が行なわれる」[9]（傍点原文）判決が積み重ねられつつあった[10]——しかし、なお「厳格審査基準」なるものは定式化されていない——1960年代において、アメリカでは、表現の自由保障のために「明白かつ現在の危険」基準はもはや不要であるとする立場と、同基準の復活を求める立場とが対立していた。前者の代表格で、「修正一条への制限の一般的なテストとしての明白かつ現在の危険は、受け入れられないと評価しなければならない。」と結論したのがトーマス・エマーソンであった[11]。

芦部は1968年の論文「現代における言論・出版の自由」において、彼の同基準への批判を長く引用したうえで、マーティン・シャピロに依拠しつつ反批判を行った。エマーソンの批判のうち理論的に最も重要なものは、同基準は言論が効果を発揮できそうになるとその禁止を許してしまうという点で、表現の自由保障の意義に反するという主張であろう。表現活動は人々の行動に影響を与えるために行うはずであるから、それが実効的であれば禁止してよいという論理は、表現の自由保障の根幹を否定しているのである。「表現が行動に影響を与える効果にもっぱら着目して形成された法的定式は、自由な表現の存続と両立しえない[12]」。これに対しシャピロは、そもそも同基準は「議会が防止する権限を有する重大な実質的害悪の危険」に向けられていることに注意を促す。そして、表現者に原則として自由を保障し、表現が「違法な行動に、その一部となるほどに密接に関連した場合」にのみ制約を認めるのが「明白かつ現在の危険」基準なのであるから、同基準はむしろ表現の自由保障の意義を体現しているのだ、とする[13]。芦部はこのシャピロの反批判を受けて、同基準は「言論そのものの多様性は、これを禁止していない」（傍点原文）との理解を示している[14]。

表現の自由保障の判断基準を表現・行動の区別——前者は制約不可、後者は制約可能——に帰着させる理論を提唱したエマーソンは、[15]「明白かつ現在の危険」基準は、行動への影響に着目して表現を禁止することを認めるから不当な基準だと評価したわけであるが、シャピロは、「明白かつ現在の危険」基準は「思想と行動の区別を強調し、政府が正当に処罰できるのは、人がすることであって、言うことではないということを、人民及びその代表者に思い出させる」と述べている。[16]シャピロにとって同基準は行動規制に他ならず、だからこそ修正一条解釈として説得的なのであった。エマーソンとシャピロ両者が修正一条に臨む態度は実は類似していたのであり、違いは「明白かつ現在の危険」基準の理解にあった。シャピロ及び芦部の同基準擁護の背景には、言論が即座に現実の効果を生むのは例外的な場合に限られるのであって、禁止をそのような場合に限定することは、むしろ言論そのものには完全な保障を及ぼすことを意味するという理解があるのだといえよう。

3　1960年代の議論へのスタンス②——比較衡量要素の肯定とその帰結

一方で、シャピロと芦部はともに、「明白かつ現在の危険」基準が対立する諸利益間の比較衡量を排除するわけではないことを認める点でも共通していた。エマーソンは、同基準が実際に用いられる際には「表現が行動を発生させる即座のインパクト」以外の衡量要素を含むことを批判したが、[17]シャピロ、そして芦部は、表現の自由の重要性を認めたうえでの衡量はむしろ同基準が内包する要素であると考えていた。阻止すべき害悪の重大性や表現規制の必要性を判断するには、諸利益の衡量は不可避であり、それは決して同基準の欠点を示すわけではない。[18]芦部が肯定的に参照した（執筆当時なお若手だった）ケネス・カーストの論文によれば、「即時性の要請は、立法者は不要な言論制限によって目的を達成する手段を選んではならないということの個別化された言い方なのである。「十分な討論の機会」や「討論によって虚偽と誤謬を暴く時間」があるのであれば、緊急性はなく、緊急性がないならば、立法者が抑圧的な手段を用いることは正当化できない」（強調原文）。カーストは、「明白かつ現在の危険」基準が、表現の自由制約において合憲性の推定は働かないことを前提に、「現実に即した事案ごとの」判断を求めることに意義を見出す。Dennis判決は、表現の自由の重要性に十分配慮しない衡量を行った点に問題があったのである。[19]

芦部は、この基準適用における衡量の不可避性から、その適用範囲の限定の必要性を導いている。[20] 一般的な審査基準としての復活を断念する点でシャピロから離れることになるが、[21] その背景には、「明白かつ現在の危険」基準が現にアメリカで使われていない以上、判例に取り入れられた過去もない日本でそれを一般的基準として導入することなど現実離れしているという判断もあったろう。だがそれとともに、「明白かつ現在の危険」基準が適切に使えるのは、通常なら「十分な討論の機会」が存在し、表現の自由保障が十分妥当する類型の表現について、その自由推定を否定するような事情があるかどうかを判断する場面であるという理論的判断もあったと思われる。「言論には言論で」という論理は、大原則としてはすべての表現活動に妥当するともいえるから、同基準が一時期表現の自由制約の一般的審査基準としての地位を得たことも決しておかしくはない。しかし、同基準が適用の際の衡量によってその名を実質的に裏切らないためには、たしかに適用範囲を限定する方が適切であろう。また、そのように厚く自由が保障される類型に属する表現であっても、そこから「明白かつ現在の危険」が発生するといえるのであれば、その禁止はもはや行動規制だといっても、さほど不自然ではなくなる。

1968年論文では限定の具体的内容について語らなかった芦部は、研究の集大成において、「たとえば、違法行為のせん動《あおる行為》を処罰する法律に関わる事件で、その合憲性ないし有罪・無罪を判定する審査基準として用いるなど」との限定を記している。[22] 周知のとおり、違法行為の煽動表現規制は、「明白かつ現在の危険」基準の出発点となった領域であり、この限定は結論としては誰でも言えることではある。だが、同基準を用いる際の衡量の不可避性を認めたうえで、その衡量を同基準の適用として適正に行える範囲を見定めて結論を導くという論理は、芦部独自のものだといいえる。

しかし、なぜ結論が「違法行為のせん動」ということになるのか、その論理が示されているわけではない。だが、その理由を推測することは難しくはない。芦部が同基準適用対象を「高い価値の言論」としていることからも、ここで想定されているのは、革命の提唱を典型とする、政治的目的のために暴力の活用を呼び掛ける政治的主張であろう。このような表現活動は、相当数の人々を説得できなければ実行に移せない。そのため、ほとんどの場合、表現から即座に害悪が発生することはない。革命の提唱は、現体制への根本的異議申立てとして保護されるべき政治的見解の表明を含んでおり、害悪が発生する前に討論によって反駁する時間が十分ある以上、表現の自由の行使として保障されるべきである。例外は、暴動を起こすつもりで、あるいは少なくとも暴動に至ることを予期して集まっている群衆に対して、直ちに暴動を起こすよう煽動するアジ演説のようなものに限られるであろう。これが、まさに「明白かつ現在の危険」が肯定される例外的場合の典型例ということになる。

4　適用範囲限定の論理がインターネット上の表現に示唆する課題

この、表現活動が相当数の人々を説得できなければ害悪が発生しない場合という限定は、「明白かつ現在の危険」基準の適用範囲を考えるうえで重要な点であろう。「違法行為のせん動」でいうところの「違法行為」は、煽動によって多数人を集めることで初めて可能になる行為、あるいは徴兵忌避のように多数人が同じ行為をすることで初めて政府への妨害としての意味をもつ行為が想定されているはずである。問題となるのがそのような害悪だからこそ、個別の表現からその害悪が直ちに発生することは通常はあり得ず、害悪発生の可能性に対しては反論の説得力で対抗するという表現の自由の大原則で対処すればよいと考えられるのである。これに対し、例えば特定の政治家に対し、「お前は外国の手先だ。いつの日かお前を殺してやる。」と述べる者がいたとすると、その主張は政治的思想の表明といえるかもしれないが、脅迫罪（日本では刑法222条1項）を免れるとは思えない。たしかに、殺人行為が近い将来行われる危険は低いかもしれない。しかし、発言者一人の判断で発言内容を実行できる以上、害悪発生の切迫性は、害悪の重大性や発言を禁止する必要性に実質的に影響しない。脅迫された者は、脅迫者さえその気になればいつでも襲われうるという不安に常時脅えることになるのだから[23]。

では、「政治家Aは外国の手先だ。真の愛国者なら誰でもいいから、あいつを殺してくれ。」という表現はどう考えるべきだろうか。これも「違法行為のせん動」といえるが、Aに対する殺人は多数人を説得しなくても、一人ないしごく少数の者がその気になれば十分可能である。この場合、この呼びかけが現実化する危険は、その説得力にかかっているとは必ずしもいえない。Aは、この主張をめぐる説得力の競い合いにかかわらず、それに少数でも応じる者がいれば自分の命が危ういという恐怖を抱き続けることになるからである。この言論の許容性を「明白かつ現在の危険」基準で判断するのは、それがAに与える恐怖との均衡を失しているということにならないか。

かつては、このような問題は現実には想定できなかった。脅迫行為は、犯罪なのだから当然であるが、秘密裏に当事者どうしでなされるのが通常の姿である。脅迫の相手を害してくれる者を公然と募るという行為も想定しづらかったし、そのような表現を効果的に拡散する媒体も存在しなかった。しかし、インターネットの発達は、このような状況を大きく変化させた。

もう一つ、インターネットの普及により、表現行為の危険性評価の前提が変化したのではないかという問題も意識されるようになってきた。ネット普及以前は、表現行為のインパクトは、それがなされた直後が最大であり、その後は低下すると考えられていたといえる。演説などの話し言葉はその典型であり、それが「現在の危険」を発生させなければ、その後新たに暴動などの害悪を引き起こす可能性はまずない。印刷物や放送番組も、そのインパクトは世に出た直後が最大であり、その後は逓減していく。だからこそ、危険思想の唱道であっても、「明白かつ現在の危険」が認められないのであれば、その自由を認めつつ、批判的議論を通じた人々の冷静な評価に委ねることが望ましい対応だといえるのである。しかし、インターネット上の表現には、このような従来の常識は必ずしも当てはまらない。

以下では、アメリカで煽動表現規制についての従来の考え方がインターネットの発達により揺らいでいる状況を、検討していくことにする。

Ⅱ　ブランデンバーグ基準の適用範囲をめぐる諸問題

1　ブランデンバーグ基準について

アメリカでは、周知のとおり、違法行為を煽動する表現の規制の合憲性については、ウォーレン・コート末期の Brandenburg 判決[24]以来、同判決で示されたブランデンバーグ基準を用いた審査がなされる。すなわち、「言論と出版の自由の憲法上の保障は、州が暴力の行使や法を破る行為の唱道(advocacy)を禁止できるのを以下の場合に限定する。それは、その唱道が差し迫った違法行為(imminent lawless action)を煽動しあるいは生み出すことに向けられており、かつそのような行為を煽動ないし生み出す蓋然性がある場合である」。ここでは、同判決の形成過程やその理解についての詳細な議論には立ち入らない[25]。同基準は、「表現の潜在的な効果に着目する「明白かつ現在の危険」の基準と、表現の内容に着目する「煽動」基準を組み合わせたものである[26]」という一般的理解に従っておくことにする。

ブランデンバーグ基準は「表現の自由を強力に保護する[27]」とされるが、そのような評価は、むしろ同基準が「明白かつ現在の危険」基準を取り込んでいるという理解を前提にして初めて成り立つものである。同基準の後段に含まれる「煽動する(incite)蓋然性」という要件は、規制範囲を広げる読み方が可能だが、実際には無視され、同基準は「差し迫った秩序妨害(disorder)(当該事案が道路占拠の呼びかけであったため—引用者注)を生み出すことを意図しており、かつそれを生み出す蓋然性がある」(強調原文)かどうかの審査として適用されている[28]。また、同基準は規制されうる表現が目指す行為を「違法行為」としか言っておらず、この点でも「実質的害悪」の防止という目的を求めていた「明白かつ現在の危険」基準よりも緩やかに解することが可能である。しかしここでも、それが「明白かつ現在の危険」基準の改良版だとするなら、念頭に置かれているのは「暴力の行使」[29]等の重大な「違法行為」が煽動される場合であり、少なくとも、「歩行者に対し芝生を歩いたり信号を無視して道路を横断したりすることを「煽動」するだけの言論を、州が処罰することは、憲法上許されないと確信をもって言うことができるはずである」[30]。

2　インターネット上の表現への適用を否定する主張

いずれにせよブランデンバーグ基準は、違法行為の煽動という危険な表現にも手厚い保護を与える、ウォーレン・コートの置き土産として、一般に高く評価されてきた。しかし、芦部の死後、21世紀に入ってからのインターネットの発達は、同基準の評価に影響を与えている。アメリカでは2001年に同時多発テロが発生したこともあり、その直後に、テロの脅威の増大をインターネットの発達と関連させ、ブランデンバーグ基準の見直しを求める論説がいくつか刊行された。

ブランデンバーグ基準からすれば、インターネット上で公表された暴力煽動が処罰可能とされることは考えにくい。暴力行使をためらわない過激な集団がインターネット上でその主張を公表していても、それが「差し迫った違法行為」を生み出す蓋然性があるとはいえないだろう。しかし、それでいいのか。インターネット上の表現の大きな特徴は、それが世界中の極めて多くの人々の目に触れ、しかも長く残るという点にある。「インターネットは、話者と受け手との間に新たなタイプの関係を生み出した。それは、従来の基準を機能不全にする」。ネット上では表現行為とそれに接する行為の間に同時性がなく、しかも同時性がなくてもメッセージ性を薄めずに、感情に訴えるような内容を伝えることができる。元々自己の確信のために暴力行為をいとわないつもりの人が、サーチエンジンを使ってたどり着いたページの煽動に触れ、即座の反応を示すかもしれない。もちろんそんな反応をする人の割合は非常に低いはずだが、従来のメディアに比べれば当該情報に接する人の母数が膨大であり、割合が低くとも絶対的な人数は無視できない危険がある。(31)

その後、インターネットはさらに発達し、特にソーシャル・メディアの広がりによって、コミュニケーション自体の質の変化が指摘されるようになってきた。人々はネット上で自分が気に入る内容のページのみにアクセスしがちであり、それに応じて議論のフォーラムも実際には分断される。このエコーチェンバーの中で、議論すればするほど過激な主張が支持を集める集団分極化が発生する。もしこのような認識が正しいなら、「十分な討論の機会」を認めることはむしろ害悪発生の危険を増大させることになるから、ネット上での危険な主張には早期の対処が迫られるということになる。まさにインターネット上の表現活動のこのような性質を早くから指摘していたキャス・サンスティンは、インターネット上のテロリストのプロパガンダについては、Dennis 判決の、危険の重大さを理由とする現在性要件の稀釈という比較衡量の手法の復活を支持している。「少なくとも、明白かつ現在の危険という基準を支持する論拠はかつてほど明らかではない――そして、それは今の時代にあまり適していないかもしれない(32)」。

他にも、ネット上での煽動表現規制に「差し迫った」という要件は不要だとの主張はなされている。ネットでは匿名での発言や視聴が可能であり、受け手に即座の反応が起きやすく、しかも同傾向の人々がオンライン上で集まってしまい反論の効果が期待できない。むしろ分極化により「そのコミュニティ内での暴力の通常化」が生じてしまい、現実の暴力行為が誘発されやすくなる。すでにそのような因果関係は社会心理学で示されており、対処の必要な段階になっている。また、「潜在的に有害な言論の話者は、コンピュータの画面の背後で、世界の裏側から暴力を煽動したり憎悪を広めたりでき、群衆や個人を煽動するために身をもって現れることから生じる身体への害悪やその他の帰結を恐れなくてよい」。ソーシャル・メディアで煽動するコストは減っているのに対し、その言論から生じる害悪のコストは増大している。このような状況下で、大昔にできた基準を墨守すべきではない[33]。

むろん、これに対しインターネット上の煽動表現にもブランデンバーグ基準を適用すべきだとする主張も有力になされている。インターネット上の表現活動の特徴はそのとおりだとしても、ブランデンバーグ基準は、他者を説得しようとする言論は保護されなければならないという表現の自由の根本原則の表れであり、ある言論を、それが人を説得する恐れを根拠に禁止できるのは例外的場合のみであるという建前を捨てるべきではない[34]。同様に、いつか暴力に訴えるようそそのかすというのは、まさにブランデンバーグ基準が守ろうとした表現類型であり、その根幹を否定すべきではない。ネットであろうとも、時間が危険を低下させることは期待できるし、期待すべきであるとする論者もいる[35]。

3 特定人に対する暴力行使の第三者への呼びかけは脅迫か煽動か

(1) 禁止しうる「真の脅迫」

このように、インターネットによるコミュニケーション環境の変化は、ブランデンバーグ基準の妥当性への批判的再検討の機運を高めているといえる。さらにこれと同時に、やはりネット上での表現の特性との関係で、同基準の適用範囲についての議論が活発になっている。ネット上での煽動は、ある日時にある場所に集まるよう呼び掛ける種類のものもあろうが、多くはそのような指示なく、受け手各自に暴力行使などを呼びかける内容である。必然的に、呼びかけの内容も、緻密な計画を必要とする大規模な破壊活動ではなく、個人あるいは少人数でもできる特定施設や特定人、あるいは特定のカテゴリーに属する人への暴力行使、すなわちテロが中心となる。これも違法行為の煽動ではあるが、ブランデンバーグ基準の適用範囲を狭めようとする者は、このテロ煽動は同基準の適用範囲外とすべき脅迫に他ならないと主張するのである。

脅迫も表現行為でありうるが[36]、これまで表現の自由の限界として真面目に論じられてきたわけではない。脅迫を犯罪として罰することが疑問視されないできたのは、その中での表現が相手の利益に脅威を与える旨を伝える手段にすぎず、言論で相手を説得しようとするわけではないからといえよう。また、脅迫は、犯罪行為として当事者間で秘密裏に行われることが常であり、表現の自由の問題として取り上げられる契機も乏しかった。

この問題についてアメリカでは、１９６６年にベトナム戦争への徴兵を受けた者が、反戦集会で「おれは行かない。おれにどうしても銃を持たせるというなら、最初に狙いたいのはL.B.J.だ。」と発言した者が、大統領への脅迫を処罰する連邦法によって起訴された事件のWatts判決[37]が先例とされる。L.B.J.が当時のリンドン・ジョンソン大統領を指すのは明らかであり、公然となされた発言が脅迫罪に問われるというまれな事件となった。Per curiamの最高裁判決は、脅迫罪の適用には修正一条の要請を考慮することが求められ、政府側は問題となった発言が政治的な誇張ではなく「真の「脅迫」」であることを証明しなければならないとする。政府や公務員への激しい攻撃は許容される。判決は、本件もそのような言葉による攻撃であると理解できるとし、有罪判決を破棄した。一見脅迫のように見える発言であっても、政治的な批判は広く許されなければならないという表現の自由保障の趣旨からして安易に処罰することは許されず、政治的な誇張ではなく本当に危害を加える意思があるという意味で「真の」脅迫であることの証明が必要だとされたのである。

その後、この「真の脅迫」該当性については、他の者や集団を脅す意図で、他人の土地や公共の場で十字架を焼却することを処罰する州法の合憲性が問題とされた、ヘイトスピーチ規制の文脈で取り上げられることの多いBlack判決[38]でも論じられた。同判決は、合憲的に処罰しうる「真の脅迫」を「特定の個人や集団に違法な暴力を行使する意図の真剣な表明を伝えようとする言明」と定義している。ただし判決は、被害者の恐怖からの保護の必要性を考慮すれば、話者が伝えた行為を本当に実行する意図を有していることは求められないとする。脅す意図と脅した内容を実行する意図とは異なり、処罰には前者で十分とされたのである。そして、当該州法はこの「真の脅迫」のうち、脅迫性の強い悪質な行為を選んで処罰するものとして合憲とされた(39)。

こうして、公然たる脅迫については、「真の脅迫」であれば規制できるという判例が確立したが、Watts判決でもBlack判決でも、脅迫表明の中で伝えられた行為を実行するつもりの者が話者自身だということは前提となっていた。むろん、実行するのが話者個人ではなく、話者と意思を通じた他者である場合もあるだろうが、脅迫者が行為実行に関わることは脅迫の当然の内容と考えられていた(40)。

(2) いくつかの裁判例

ア 中絶医の個人情報をネット上でさらす行為は脅迫か違法行為の煽動か

インターネットにより、このような理解は当然とはいえなくなった。ある者がネット上で公然と「Aを殺してくれ」と呼びかける表現はまれではなく、しかもそれは非常に多くの者の目に触れる以上、表現者が特に誰かと意を通じているわけではないとしても、Aにとっては自分の安全への真剣な脅威と感じられることが多い。これは脅迫ではないのか。この問題をネットが社会に普及し始めた頃に早くも示したのが、中絶反対派がネット上で多くの中絶医らの氏名、住所、写真といった情報を、WANTEDなどといった表示とともに公表したことが争われた事件である。

過去に、顔写真にWANTEDという表示が付されたポスターを作成された中絶医が殺されるという事件は複数起きていた。ネット上でこのようなかたちで個人情報を公開された中絶医らは、このページの作成者から脅迫を受けたとして損害賠償を求めたのである。この事件を扱った第9巡回区連邦控訴裁判所は、いったん民事責任を否定する判決を出したが(41)、全員法廷でこれを覆し、脅迫該当性を認めた(42)。

後者の法廷意見は、このような状況からして、ページ作成者には中絶医への脅迫の意図が認められ、中絶医らに

「自分たちに害悪を与える意図の真剣な表明」と受け取られることも予測できたはずだと認定する。法廷意見は、政治的表現の自由を保障するため「真の脅迫」概念は狭く解する必要があることは認める。また、被告は明示的な脅迫を行っておらず、自分たちが中絶医らに害悪を加える意図も表明していない。しかし、脅迫該当性を認めるためには、「被告が脅迫を実行する意図を有していることや、それが可能であることは、必要ではない。真の脅迫を認めるために必要な意図の唯一の要件は、被告が脅迫を意図的に、あるいはそれと知って伝えることである」。脅迫した者が実際にその行為を実行する意図を有しているかどうかは、被害者に与える害悪の程度に関係ないからである。本件の場合、状況からして、名前を挙げられた中絶医が被告の害意を認識するのは当然であり、被告自身が危害を加えるつもりは認定できなくても、脅迫といえる(43)。

これに対し、いったん出した判断を覆された裁判官らは、「真の脅迫とは、話者がコントロールする暴力や他の害悪を警告するものである」として真っ向から反論した。逆に、他者への働きかけは、表現の自由が保護しようとする表現そのものである。たしかに、誰から危害を加えられるかは被害者からすればどうでもいいことかもしれないが、修正一条の観点からは大問題である。本件では「原告らに害悪を加えるために、他の中絶への抵抗者らに武器をとるよう呼びかける」(強調原文)内容が問題となったと理解可能であるが、そのような他者への呼びかけはまさに修正一条で保障される政治的表現であり、ブランデンバーグ基準で許される限りでしか規制できない(44)。

つまり反対意見は、自分が相手に害悪を与えるつもりの言明が「脅迫」であり、相手に害悪を与えるよう他者に呼びかける言明は「唱道」ないし「煽動」としてブランデンバーグ基準で判断すべきという明確な線引きを行った。これに対し、被害者への害悪の防止を重視する法廷意見は、自分が実行するつもりがなくても、相手が脅えることを知ってなす場合には脅迫といえるとした。結果として、他者に違法行為をなすよう精神的に働きかける行為が、ブランデンバーグ基準を満たさなくても規制可能とされる場合が出てくることになる。こうして、他者への働きかけを利用する脅迫の憲法上の評価が争点として浮上することになった。

イ　脅迫該当性が否定された裁判例

２００８年の大統領選中に候補者であったバラク・オバマについて、ネット上に“Obama fk the nigger, he will have a 50 cal in the head soon.”や“shoot the nig.”という投稿をした者が、連邦法の定める大統領候補者への脅迫罪で起訴された事件では、同じ第9巡回区連邦控訴裁判所の判決は、投稿からは被告人本人がオバマを殺すという意図は読み取れず、かつ他者にそのように呼びかける行為は脅迫罪に該当しないとした。そして、この呼びかけはブランデンバーグ基準を満たすものでもないとされ、第一審の有罪判決は破棄された。しかし、この法廷意見に対しては、一部反対意見が、脅迫罪は脅迫者が自分で害悪を与えるつもりであることまでは求めないと反論していた[45]。

ウ　脅迫該当性が肯定された裁判例

他方、銃規制に強く反対する者が、ある銃規制を許容する判断を示した裁判官についてネット上に、「最終的な対応に値する（deserve the ultimate response）」、「死に値する。彼らの血は自由の樹を豊かに繁らせるだろう。何百万の人々の自由を確保するためには小さな犠牲だ。」などと投稿したことが脅迫罪に問われた事件で、第2巡回区連邦控訴裁判所はその成立を認めた。判決は、投稿の文脈からして、名指しされた裁判官が脅迫と受け取るのはもっともであり、その意図をもった表明だと解釈できるとする。脅迫者が自分で行為を実行する意思を持つことは必要ない。そうでなければ、脅迫者に脱法行為を許すことになってしまう。暴力の行使が含意されていれば十分である。脅迫罪にあたる以上、第三者に対する呼びかけであっても、ブランデンバーグ基準を満たす必要はない[46]。これに対しても反対意見があり、暴力行使を唱道するだけでは修正一条の保護から外れないというのが判例のはずであり、その保障範囲から外れる脅迫は、被害者が発言者本人の実行行為を恐れる場合でなければならないとする。本件は第三者への呼びかけであって、ブランデンバーグ基準で判断されるべき事例である(47)。

また、ある第10巡回区連邦控訴裁判所判決は、インターネット上の表現については脅迫と煽動の区別があいまいになることを認めつつ、それが非常に多くの人々の目に触れ、さらに同傾向の人々が集まるフォーラムでは発言者よりもさらに暴力的な者の目にとまる可能性があることなどからして、被害者の恐怖を防ぐためには、自分で害悪を与える意図のない者であっても脅迫罪に該当しうると解すべきだとしている(48)。

(3) 学説の傾向

このように、他者への呼びかけによる脅迫を「真の脅迫」と評価できるかについては、連邦控訴裁判所レベルの判断が分かれている状況であるが、近年はそれを肯定する判決例が増えつつある。学説上は、「真の脅迫」該当性を肯定し、これによりインターネット上の煽動表現にブランデンバーグ基準を適用することから生じる不都合を回避しようとする主張の方が強いように感じられる(49)。

これに対し、より緻密な考察を示したマーティン・レーディッシュとマシュー・フィッシャーによる論文は、「真の脅迫」と違法行為の唱道は相互排他的ではないことを認める。テロリストのメッセージは、「共感しようとする者を説得するとともに、潜在的犠牲者に恐怖を植えつける、二重の役割を果たしている」。このような言論――同論文は、これを「第三者脅迫(third-party threat)」と呼ぶ――の許容性をどう考えるべきか。同論文は、その表現としての価値は否定できない以上、規制範囲は限定して考える必要があるとしたうえで、対象者に当該表現を伝えること、当該表現で対象者への犯罪行為が明確に唱道されていること、対象者に自分がねらわれているとはっきり受け取られること、脅迫の内容が殺人や重度の傷害といった重大な害悪であること、対象者が特定人や特定集団であることといった要件を提唱している。[50] 要件は課すものの、やはり違法行為の煽動といえる類型の一部についてブランデンバーグ基準の適用を不要とすることを認める主張といえる。その理由は、インターネットの特徴からして、対象者が「ある第三者(a third party)が話者によって行動するよう説得されてしまうかもしれないと恐れるのはもっともだ[51]」という事情があり、第三者脅迫が相手に与える恐怖を防ぐ必要性が大きいということに求められるのであろう。

Ⅲ　芦部の考察がインターネット時代にもちうる意味

以上述べてきたように、アメリカでは、インターネット上の表現についてはブランデンバーグ基準の適用を否定する見解が学説上かなり強く提唱されるとともに、実務上も、脅迫罪の適用範囲を拡大するというかたちで、それを限定する判決が積み重ねられつつある。芦部が示唆していたように、「明白かつ現在の危険」基準やブランデンバーグ基準の適用は、裁判官がそれに伴う比較衡量を無理なく行える範囲にとどめることが望ましいのだとすれば、コミュニケーション環境の変化によってその範囲が変動することは十分ありうる。インターネットにより、一般人にも非常に多くの潜在的受け手に対する、インパクトを持続的に失わない表現活動が可能となったことは、たしかに煽動表現の危険性評価に影響を与えてもおかしくないであろう。しかし、他方で芦部は、表現の自由規制の合憲性を考える際には、二重の基準論の基本的立場、「言論の自由の優越的地位の理論ないしその精神[52]」を堅持しなければならないということにもこだわっていた。特に政治的表現については、他者に対する精神的働きかけの自由を広く保護するため、メッセージ内容に着目した規制は例外でなければならないという原則を維持すべき必要性は大きい。

個人的には、このような視点からすれば、インターネット上の煽動表現にもブランデンバーグ基準は適用されるということが出発点とされるべきであろうと思われる。集団分極化現象が否定できないとしても、だから「危険な傾向」しかない個々の表現行為を禁止してよいということにはならないと考えるべきであろう。対策は、より構造的な問題として論じられるべきである。ただし、「第三者脅迫」については、その危険性が必ずしも表現活動の説得力によって左右される問題ではなく、ネットによってそれに触れる母数が増大するとともに、「ある第三者」がそれに応じる危険性が高まることは否定できない。その意味で、アメリカの控訴裁判所レベルの判決動向は現実的な対応を示したものということが可能であろう。(53)

(1) 芦部信喜『憲法学Ⅲ(増補版)』(有斐閣、２０００年)４１０頁。「憎悪表現」がここに入っているのは不正確というべきであろう。
(2) *See* Erwin Chemerinsky, Constitutional Law 1076f. (6th ed. 2019). 樋口範雄『アメリカ憲法(第2版)』(弘文堂、２０２１年)３３９頁も参照。
(3) 芦部信喜『現代人権論』(有斐閣、１９７４年)１６８頁。
(4) Harry Kalven, Jr., "Uninhibited, Robust, and Wide-open", 67 Mich. L. Rev. 289, 297 (1968). 伊藤正己『言論・出版の自由』(岩波書店、１９５９年)２１９頁以下、河原畯一郎『言論及び出版の自由』(有斐閣、１９５４年)34頁以下など参照。
(5) Dennis v. U.S., 341 U.S. 494, 509–511 (1951).
(6) 芦部・前掲注(３)１７０―１７８頁、毛利透『表現の自由』(岩波書店、２００８年)83―95頁参照。
(7) 芦部・前掲注(１)４１１頁。引用文前半の「範疇化のアプローチ」は、後述するブランデンバーグ基準の前段の要件を意識したものであろう。なお、本稿の地の文では、「煽動」は、その中の一部が合憲的に規制されうる、「唱道」と重なる意味領域をもつ広い意味で用いている。芦部の用法も基本的に同じである。
(8) 同４１３頁。
(9) 芦部・前掲注(３)１７４頁。
(10) 毛利・前掲注(６)第5章は、この過程を延々と再現する。
(11) Thomas I. Emerson, Toward a General Theory of the First Amendment, 72 Yale L. J. 877, 912 (1963). 同基準に厳しい

立場をとったもう一人の有力な憲法学者は、ハリー・カルヴァンである。Kalven, *supra* note 4, at 297(「ウォーレン・コートにおけるその運勢の衰退は、知的進歩であると思える。」). この態度は、(彼の理解するところの)ウォーレン・コートに対する彼の高い評価の裏面であった。毛利・前掲注(６)１４５―１４７頁、２２２頁参照。彼は特に、New York Times Co. v. Sullivan, 376 U.S. 254(1964)が政府に対する名誉毀損としての seditious libel 罪を違憲と判示したことを、修正一条の核心を明示したと高く評価し、表現がなされた状況によって判断が左右されざるを得ない「明白かつ現在の危険」基準は、このような憲法解釈の基軸を与えられない点において維持するに値しないと考えていた。*See*, Harry Kalven, Jr., The New York Times Case, 1964 Sup. Ct. Rev. 191, 205f. 保護されるべき内容の表現が状況に依存して制約されうることに同基準の問題性を見出す点では、エマーソンの批判と共通している。

(12) Emerson, *id*. at 910f. 日本では奥平康弘が同趣旨の批判を行っていた。奥平康弘『表現の自由Ⅰ』(有斐閣、１９８３年)70頁。

(13) Martin Shapiro, Freedom of Speech: The Supreme Court and Judicial Review 122f. (1966).

(14) 芦部・前掲注(３)１６６頁。

(15) Emerson, *supra* note 11, at 917. エマーソンは、治安との関係での表現規制も、「行動と分かちがたく結びついた言論の行使は「行動」の一部とみなされるべきである」という判断枠組で解決可能だとする。*Id*. at 931-935. しかし、これは概念操作による強引な「解決」というべきであり、「明白かつ現在の危険」基準への自らの批判が自説に当てはまらないと解するのは難しい。

(16) Shapiro, *supra* note 13, at 115.

(17) Emerson, *supra* note 11, at 911.

(18) Shapiro, *supra* note 13, at 77f. 芦部・前掲注(３)１６８―１６９頁。学習院大学の芦部信喜文庫所蔵の本シャピロ著には精読の跡が残るが、特に本注で示した77頁付近には、下線が多く引かれているうえに、「衡量と危険テストは相矛盾しない」という書込みに加えて、「danger test と balancing とは密接な関係にある」(ただし、最後の2文字の判読には自信がない)と書かれた付箋がはられているなど、芦部が強い共感をもって読んだことがうかがえる。

(19) Kenneth Karst, The First Amendment and Harry Kalven, 13 UCLA L. Rev. 1, 11f. (1965). 本論文は、Sullivan 判決で修正一条の中核原理が見いだされたと喜び、「明白かつ現在の危険」基準は用済みだと断言するカルヴァン(注(11)参照)に対し、頭を冷やすよう忠告するものであった。

(20) 芦部・前掲注(3)168―169頁。

(21) シャピロについては、*see* Shapiro, *supra* note 13, at 108ff.

(22) 芦部・前掲注(1)420頁。

(23) Dennis 判決ヴィンソン相対多数意見は、実はここで挙げた例と似通った判断をしていたといえる。同意見は、共産党を一枚岩の特殊な集団とみなし、その気になればいつでも政府転覆の破壊行為を開始できる状態にあると認定していた。共産党幹部がいつ「その気」になるかは不明であるが、このような状況では、その「いつ」は言論の説得力によって左右される問題ではない。そうである以上、危険が present でないから規制で対処すべきではない、という論理も妥当しないということになる。*See* Dennis, 341 U.S. at 509–511.

(24) Brandenburg v. Ohio, 395 U.S. 444 (1969).

(25) 著者自身のかつての研究については、毛利・前掲注(6)193―197頁参照。ブランデンバーグ基準の内容については、木下智史「違憲審査基準としてのブランデンバーグ原則・再考」市川正人＝徐勝編著『現代における人権と平和の法的探求』(日本評論社、2011年)48頁、桧垣伸次「ブランデンバーグ基準に関する一考察」同法438号(2023年)507頁参照。

Brandenburg 判決当時のフォータス裁判官のロー・クラークの一人が、近年、判決原案を執筆した(が、政治的に強いられた辞職によって法廷意見に自分の名前を冠せなかった)フォータスが、Masses Publishing Co. v. Patten, 244 Fed. 535 (S.D.N.Y. 1917)でのハンド裁判官の意見を取り入れたという、巷間言われるような経緯が存在しないことを明確に証言している。「フォータス裁判官は、Brandenburg 判決を、明白かつ現在の危険テストの復興と明確化だととらえていた。……率直に言って、我々は Masses 判決やラーンド・ハンドのことはまったく考えていなかった。ジェラルド・ガンサー教授の、Brandenburg 判決は Masses 判決に由来しているという見方には、私は本当にとても驚かされた」(Martha A. Field, *Brandenburg v. Ohio* and Its Relationship to *Masses Publishing Co. v. Patten*, 50 Ariz. St. L. J. 791, 792 (2018))。両判決の関係については、上記桧垣論文を参照のこと。同論文は、著者の、両者の類似性は「後から見ればそのようにも言えるという程度のもの」という評価(毛利・前掲注(6)234頁注52)を肯定してくれている(527頁注94)。

(26) 桧垣・前掲注526頁。ブランデンバーグ基準が表現者の不法行為責任にも適用されることについて、木下・前注59、63頁参照。

(27)　桧垣・前掲注(25)５２７頁。

(28)　Hess v. Indiana, 414 U.S. 105, 109(1973). 基準後段は、フォータスの原案中の「現在の危険」という文言を嫌ったブレナンによって改稿された部分である(毛利・前掲注(６)１９５—１９６頁参照)。ブレナンは、十分な推敲の時間のないまま、前段の表現を単に繰り返したのではあるまいか。

(29)　NAACP v. Claiborne Hardware Co., 458 U.S. 886, 927(1982).

(30)　Laurence Tribe, American Constitutional Law 849(n. 59) (2nd ed. 1988).

(31)　John P. Cronan, The Next Challenge for the First Amendment, 51 Cath. U. L. Rev. 425, 428, 460–463(2002). Thomas E. Crocco, Inciting Terrorism on the Internet, 23 St. Louis U. Pub. L. Rev. 451, 477f., 481–483(2004)もネット上の表現への切迫性要件を批判する。

(32)　キャス・サンスティーン『#リパブリック』(伊達尚美訳、勁草書房、２０１８年)３２９—３３４頁。

(33)　Lauren E. Beausoleil, Free, Hateful, and Posted, 60 B. C. L. Rev. 2101, 2126–2135, 2139–2144(2019). *See also* Justin Hyland, Conspiracy Speech, 44 Hastings Comm. & Ent. L. J. 1, 14ff.(2021); Lyrissa Barnett Lidsky, Incendiary Speech and Social Media, 44 Tex. Tech L. Rev. 147(2011).

(34)　David S. Han, *Brandenburg* and Terrorism in the Digital Age, 85 Brook. L. Rev. 85, 103f.(2019).

(35)　Alan K. Chen, Free Speech and the Confluence of National Security and Internet Exceptionalism, 86 Fordham L. Rev. 379, 394–396(2017). *See also* Judge Lynn Adelman/Jon Deitrich, Extremist Speech and the Internet, 4 Harv. L. & Pol'y Rev. 361, 371–373(2010)(規制要件を緩和すれば、むしろマイノリティの表現がねらわれるだろうという、表現の自由論の王道も説く。).

(36)　当事者間だけで秘密になされるコミュニケーションを表現の自由の保護範囲に含めるべきかどうかには議論があるが、ここでは立ち入らない。本稿では、公然性を有する表現行為を議論の前提とする。

(37)　Watts v. U.S., 394 U.S. 705(1969). 同判決については、毛利・前掲注(６)１９３頁参照。

(38)　Virginia v. Black, 538 U.S. 343(2003).

(39)　*Black*, 538 U.S. at 359–363. ただし、十字架焼却行為自体を脅迫意図の「一応の証拠」とできるとする条文は違憲とされた。同判決については、毛利透『国家と自由の法理論』(岩波書店、２０２０年)３５９—３６１頁参照。

(40)「真の脅迫」に関しては、最近連邦最高裁が処罰に必要な主観的要件について判示したが、これも脅迫者本人が害悪を加える旨を伝えた事例であった。Counterman v. Colorado, 143 S. Ct. 2106(2023).

(41) Planned Parenthood v. American Coalition of Life Activists, 244 F.3d 1007(9th Cir. 2001).

(42) Planned Parenthood v. American Coalition of Life Activists, 290 F.3d 1058(9th Cir. 2002). ネットのページ名は「ニュルンベルク・ファイルズ(Nuremberg Files)」であり、この名の事件としても知られる。中絶医をナチスの戦争犯罪人と同一視する意味をもつ。本事件については、辻雄一郎『情報化社会の表現の自由』(日本評論社、２０１１年)１９４―１９９頁参照。

(43) *Planned Parenthood*, 290 F.3d at 1063, 1070f., 1075–1078.

(44) *Planned Parenthood*, 290 F.3d at 1089–1092(Kozinski, J., dissenting).

(45) U.S. v. Bagdasarian, 652 F.3d 1113(9th Cir. 2011). "a 50 cal" とは50口径の銃(のこの場合は弾丸)を意味する。また、ネオナチの白人至上主義者がネット上で、ヘイトスピーチに反対する運動をしている者について、住所などを公表したうえで殺すよう何度も呼びかけていた事件でも、第4巡回区連邦控訴裁判所は、被告人本人が殺すという意図が示されていない以上「真の脅迫」とはいえないとした(U.S. v. White, 670 F.3d 498(4th Cir. 2012))。

(46) U.S. v. Turner 720 F.3d 411, 414–425(2nd Cir. 2013). 脅迫された裁判官は、フランク・イースターブルックやリチャード・ポズナーといった有名人を含んでいた。

(47) *Turner*, 720 F.3d at 430–435(Pooler, J., dissenting).

(48) U.S. v. Wheeler, 776 F.3d 736, 745(10th Cir. 2015). ２０２１年1月6日の連邦議会襲撃事件直後に、ソーシャル・メディア上で "Kill your Senators" や "lets go, jan 20, bring your guns" などと投稿した者についても(1月20日はバイデン大統領の就任式が行われた日)、第2巡回区連邦控訴裁判所は、被告人のブランデンバーグ基準で判断すべきだという主張を退け、議員に対する脅迫罪の成立を認めた(U.S. v. Hunt, 82 F.4th 129(2nd Cir. 2023))。

(49) *See* Scott Hammack, The Internet Loophole, 36 Colum. J. L. & Soc. Probs. 65(2002); William Funk, Intimidation and the Internet, 110 Penn St. L. Rev. 579(2006); Alexander Tsesis, Inflammatory Speech, 97 Minn. L. Rev. 1145, 1170–1178(2013). 一方、Marc Rohr, "Threatening" Speech, 13 Rutgers J. L. & Pub. Pol'y 150, 167–173(2015)は、脅迫は行為者自らが害悪を与える意図をもつ場合に限るべきだが、特定人に害悪を与えるよう唱道する言論にはそもそもブランデンバーグ基準を適用すべきでないとして、同基準の適用範囲を正面から限定しようとする。実質論としては共感できるところの大きい主張だが、対象

人物に与える恐怖を処罰根拠にするのなら、それは結局「脅迫」ということになるのではなかろうか。
(50) Martin H. Redish/Matthew Fisher, Terrorizing Advocacy and the First Amendment, 86 Fordham L. Rev. 566, 568, 577ff. (2017). なお、最後の要件の「特定集団」について、同論文は「不信心者」や「アメリカ」は該当しないだろうとしつつ、「人種・宗教・民族集団」はあたる可能性が高いとする。しかし、これらの集団名を挙げるだけの暴力煽動が脅迫にあたるというのでは、実質的に集団自体に対するヘイトスピーチを脅迫罪で禁止することを認めることになる。脅迫罪は個人の法益を保護するための犯罪であり、特定の人種や民族への暴力煽動がその構成員個々人に害悪を与える意図を伝えていると解するのは、脅迫罪の適用範囲を拡張させすぎ、表現の自由を不当に制約する主張だというべきであろう。
(51) *Id.* at 578.
(52) 芦部・前掲注(3)175頁。
(53) 日本では判例上、煽動表現の処罰について表現の自由の観点からの限定が求められておらず、本稿での議論の前提を欠くことは周知のところである。他方、日本の脅迫罪(刑法222条1項)においては、行為者が「害を加える旨を告知」することが構成要件とされるが、ここで求められるのは「害悪の発生が何らかの形で行為者自身によって可能なものとされることを通知すること」だと解されている(井田良『講義刑法学・各論(第3版)』(有斐閣、2023年)155頁)。本稿で挙げた「第三者脅迫」では、被害者への害悪は行為者の行為によって発生しうる状態になる、あるいは少なくとも発生の可能性が増大する以上、可罰性は肯定されそうである。そうだとすると、日本ではむしろ、このような脅迫の場合、激しい態様の政治的主張の保護の観点からの表現の自由への配慮が求められるということになるのだろう。

第六章　表現の自由としての検閲？

駒村圭吾

Ⅰ　芦部流検閲概念論・再訪

1　判例と学説

いわゆる税関検査合憲判決[1]（1984年〈昭和59年〉）は、「検閲」につき、次のように定義した。

憲法21条2項にいう「検閲」とは、行政権が主体となつて、思想内容等の表現物を対象とし、その全部又は一部の発表の禁止を目的として、対象とされる一定の表現物につき網羅的一般的に、発表前にその内容を審査した上、不適当と認めるものの発表を禁止することを、その特質として備えるものを指すと解すべきである。

この定義は次のような文脈で語られた。すなわち、憲法21条が1項において表現の自由を広く保障する一般的な定めをおきつつ、2項前段において「検閲は、これをしてはならない」と特別の規定を配置したのは、憲法が、検閲なるものがその性質上表現の自由に対する「最も厳しい制約」であること、そして、このような検閲に対しては、公共の福祉を理由とする例外の許容を認めないこと、という文脈である。加えて、本判決は、出版法（明治26年法律第15号）、新聞紙法（明治42年法律第41号）、映画法（昭和14年法律第66号）、等による思想弾圧が旧憲法下で強力に展開された「歴史的経験」（右の法令の制度形態こそ忌むべき検閲プロトタイプなのだという見方も含みつつ）も指摘している。これら二つの文脈や経験から、前記の（学説によって狭隘と非難される）検閲定義がなされるとともに、それに対し21条2項前段は「検閲の絶対的禁止」を宣言していると本判決は結論付けた。検閲概念は狭く（したがって表現の自由の保障射程も狭く）設定するが、他方で、禁止要求は最強度のものとするという、それなりに合理性のあるバランスを最高裁はとった。

さて、学説はどうか。個々の所説の違いを措いて、前記の最高裁の定義との対照で言えば、大要、検閲の主体を「行政権」ではなく「公権力」一般に、検閲の対象を「思想内容」ではなく「表現内容」一般に、そして、方法を「発表前」のみならず「受領前」に、それぞれ広く捉えてきた。(2) 広義説と呼称されるこのような傾向に対して、狭義説とたびたび呼称される所説も唱えられてきた。この説は、21条1項の表現の自由の保障には「事前抑制の原則的禁止」が含まれることを当然の前提として、同条2項の「検閲」は、それと異なり、「表現行為……に先立ち行政権がその内容を事前に審査し、不適当と認める場合にその表現行為を禁止すること」と定義され、かかる検閲に該当する事前抑制には絶対禁止を要求するのが同条2項の趣旨である、とするものである。(3) 本説は、事前抑制と検閲を概念的に区分し、かつ、それぞれの禁止根拠を前者について1項、後者につき2項に振り分ける、いわゆる二元論に立つ。二元論の下で検閲概念の限定を企図する立場は、その主唱者である佐藤幸治が唱え出した1970年代後半には少数説にとどまっていたが、その後、多くの支持を受け、有力説になっていると見てよい。(4) 最高裁の検閲概念は、この二元論／狭義説の系譜に属するものである。

2　検閲概念論争の隘路

以上の検閲概念論争については個別に論ずべき点は多いが、ここでは次のことを指摘しておきたい。まず、狭義説とりわけ判例のような最狭義説に立つ場合、果たしてそのような検閲に該当する例があり得るのか、あるとしても旧憲法下の内務省による内閲的なものがせいぜいではないか、といった疑問がある[5]。そのようなものが制度化されることは皆無であると言い切ることもできないが、限界事例にしか適用が想定されない最狭義説に立つと、絶対禁止は極小化され、相対禁止を割り当てられた1項的局面が極大化されることになろう。他方、二元論を維持したまま、広義説に立つと絶対禁止が広く妥当することになる。そうなると、いきおい、「例外」の設定が次々と求められ1項の「事前抑制の原則的禁止」とさして変わらないものとなり、二元論を掘り崩すことになる。また、検閲対象を「思想内容」とおこうが「表現内容」とおこうが、依然として内容規制を前提としており、この点、内容中立規制にまで拡張したり、事前許可制のみならず事後統制や届出制にまで概念拡張が及ぶとすれば、そしてさらに、社会の構造的な沈黙の強制までも射程に入れるとすれば、「我々の社会生活では検閲はあらゆるところに認められる」[6]ことになり、ひいては、検閲禁止と表現の自由の保障の違いはほとんどなくなってしまうだろう。

21条1項と2項で、前者に事前抑制の一般形態と相対禁止を、後者に事前抑制の特殊形態と絶対禁止を振り分けるという二元論的思考方法は、条文構造的にも、また保障構造の階層化のためにも、解釈戦略としては有効であり、かつ生産的であると思われる。が、一般形態と特殊形態、相対禁止と絶対禁止といったマトリックスの中での綱引き、あるいは領域拡張のような争いに終始するならば、事前抑制や検閲という制限態様そのものの意味が希釈化され、21条論は平板化する可能性がある。このような議論過程の描写に、やや誇張があるにせよ一定の妥当性があるとすれば、それによって生まれた副作用は、結果的に、事前抑制論そのものが手薄になってしまったことではないだろうか。先の税関検査合憲判決では、税関検査は検閲に該当しないとされただけではなく、1項の観点から制度の憲法適合性を検討する論旨では、事前抑制についての言及はほとんどなされなかったことが思い出されるべきであろう[7]。

3　芦部の予言

芦部信喜は、広義説と狭義説の錯綜状況について、アメリカ判例における機能的検閲概念を参照・導入することで事態の打開を図ろうとした[8]。アメリカ判例では、検閲(censorship)と事前抑制(prior restraint)は概念上厳密に区別されているわけではなく、「事前」の概念も、情報受領者の知る権利の観点から発表前のみならず受領前も含めて議論されており、さらには、当該表現が裁判所によって保護に値しないものと適切に決定される前も「事前」に含める例があるように、概念の機能的拡張が行われている。また、事前の行政的抑制の概念も、情報発信者に事実上の抑止的効果を与えるものも含むと、ここでも同様である。こうして、芦部は、機能的概念拡張による事前抑制論の柔軟な解釈を——一定の限界も認識しつつ[9]——提唱した。1項と2項の二元論的構成を採用せず、検閲と事前抑制を区別せず、広義説的な構えを見せる芦部であるが、他方で、二元論の解釈論的意義を認め、また、典型的な検閲については絶対禁止を求めることで、「結論的には狭義説とほとんど異なるところはない」と告白している[10]。とは言え、二元論的な対抗図式の中で、検閲の概念画定ゲームを相対化させることで、事前抑制の原則的禁止論を如何にして構造化するかという、本来あるべき解釈論に論争を引き戻す役割を果たしたことは間違いないだろう。

が、本稿で強調したいのはその点ではない。機能的検閲概念論を展開する中で芦部が発したある観測にこそ注目すべきであると筆者は考えている。「実質的に事前検閲と同視し得る影響を表現の自由に与える場合」も検閲として構成する、広義説の一バージョンを引きながら、彼は次のように述べている[11]。

〔この説〕の趣旨を徹底させれば、マス・メディアの自主規制であっても、自主規制機関が公権力からインフォーマルな強い影響を受け、それを実質的に代弁するような形で一定の情報を言論市場から排除する場合には、その公権力の行為が検閲禁止の原則との関係で憲法問題を惹起することもありうることになる。（傍点筆者）

この言説に付した傍点部分に目を向ければ、そこには後に主題化され、今日最も議論が白熱している「代理による検閲／検閲代行（proxy censorship）」[12]あるいは「私的検閲（private censorship）」[13]が明確に予見されていることに気が付く。初出１９８６年の論文でこれに気が付いていたことはやはり慧眼と言わざるを得ない。この芦部の〝予言〟がどのような展開を見せたのか、本稿ではそれをトレースすることによって、事前抑制論の課題について一定の示唆を得たいと思う。

Ⅱ 「検閲代行」——censorship by proxy

1 S・クライマーの所説

(1) 検閲代行の横行とその危険性

検閲代行（censorship by proxy, proxy censorship）という名称で現代的な検閲問題を再浮上させたのは、アメリカの研究者、セス・クライマーである[14]。

インターネットの爆発的発達は情報環境（言論空間のあり方）を劇的に変えた。インターネットは文字通りネットワークのネットワークであり、やりとりされる情報の量、伝達の速度、流通の規模、等あらゆる点で既存の媒体をしのぐものである。同時にそれは、政府にとって、表現を規制するための従来型の手法が使いにくくなる情報世界の登場を意味する。情報発信者は、そのアイデンティティを秘匿することにより直接的制裁を回避し、かつ国家主権の領域を超えて発信を行えるし、仮に制裁可能だとしても、規模や速度の関係から膨大なコストを政府に強いることになる。また、受領者たちも、たとえどこかの情報チャネルがブロックされても、すぐに迂回路を発見し、かつ政府の手の届かない別の私的空間で情報流通を享受できる。このような事態は、政府にとり、情報発信者や情報受領者に照準した表現規制を高コストかつ意義の薄いものにさせ、むしろ、point of control を抑えることのできるＩＳＰなどのインターネット媒介者(Internet intermediaries)を検閲代行者(proxy censors)としてリクルートする手法を魅力的なものにする。しかも、その方が規制コストを外部化できるのだ。以上がクライマーの前提とする現状把握である。[15][16]

こうして、政府や公的機関は、プラットフォーム事業者(以下、ＰＦ事業者)などの情報流通過程を司る媒介者に直接的に表現規制を要求したり、間接的にそれを示唆することによって、言論規制を実効的かつ低コストで行うことができるようになった。かかる手法が多用されるゆえんである。

検閲代行の流行に対して、クライマーは4つの危険性を指摘している。[17]

第1に、エラーの危険性が高い点が挙げられる。サーチエンジンは、家族の写真をチャイルドポルノに、ＡＩＤＳ撲滅を呼び掛けるサイトを猥褻表現に、政治論評を「脅威」に、誤認してしまう。これは、公的セクターと違ってＰＦ事業者側には、制裁を免れたいというインセンティヴが利用者の表現の自由を保護するそれを上回って働くからである。なので、情報選別の正確さと安全性を保障するデュープロセスが手薄になり、また、規制の構造も可視化されず透明性は担保されない。比例原則に即した規制の制御も期待できない。

第2に、保護されるべき言論と保護に値しない言論を区別するコストが高いので、右でも言及があるように、検閲代行者は、誤認等を回避する施策を放棄し、危なっかしいものは自己防衛のために広く排除する姿勢に出る。

第3に、検閲代行者が、言論の選別コストを引き受けるとしても、その統制手段はウエブからの排除という荒っぽいものになりがちで、正確に仕立てられた(precisely tailored)手段を考案することはほぼない。発信者自身であれば責任を回避するために発信情報を編集し直してポストを継続しようとするが、ＰＦ事業者等はそこまでの手間はかけられず、言論選別が適切になされたとしても、保護されない言論にカテゴライズされれば、再編集の要求ではなくサイトからの排除というイージーな手法に出やすい。

第４に、検閲代行は、発信者と受領者に直接ターゲットした検閲よりも司法的統制を受けにくく、保護されるべき言論の排除が横行しやすい。外部団体からの排除要求に対して、司法を介さずに、即応してしまう。

(2) マッカーシズム期の対抗的法理の再召還

以上のような特徴を持つ検閲代行は、総じて、手続的にも実体的にも一定の規範的統制下におかれた公権力による表現規制よりも、得てして過酷なものになりやすい。(18) このような検閲代行にいかに対処すべきか。クライマーは１９５０年代のマッカーシズムの経験をここで呼び戻す。よく知られているように、マッカーシズムとはアメリカで発生した反共主義的政治運動である。ジョセフ・マッカーサー上院議員や、下院特別委員会として設置された非米活動特別委員会を中心として、共産主義者の摘発が行われ、「赤狩り」が横行した。そこで利用された手法は、共産主義者と疑われる者の氏名を列挙したブラックリスト——ハリウッド・ブラックリストが有名であるが——を公表することによって、私的セクターがそれに呼応して当該危険人物さらにはその関係者を解雇・排除するというものであった。(19) 要するに、表現のみならず表現者そのものを排除する過激な私的制裁を含む、検閲代行のプロトタイプである。

クライマーは、このマッカーシズムの潮流に対抗した50年代から60年代の裁判例を再検証することによって、検閲代行に対する規範的統制のあり方を模索する。匿名性で保護された個人情報の開示を強いるような措置に対し違憲性を指摘する判例(20)や、非直接的規制の浸潤に対して萎縮効果(chilling effect)の危険性を指摘することで応じようとする判例(21)が、マッカーシズムなるものへの法的抵抗として展開された。こうした判例の遺産から、クライマーは、特に、以下の2点を抽出して検閲代行問題に対処しようとしている。つまり、①付随的損害の法理（collateral damage doctrine）（規制対象を過度広汎に設定してしまうがために保護されるべき言論までが排除される可能性がある（collateral には〝とばっちりを受ける〟という意味がある）。かかる付随的な損害を受ける言論にも、より制限的でない代替手段の有無、正確に仕立てられた規制手段の要求、比例原則、等々の修正1条上の審査法理を及ぼすべきだという判例法理をクライマーはそう呼んでいるようである）[22]、②セーフ・ハーバー（safe harbor）の確保（情報流通機構の媒介者に、発信者や受領者の負うべき責任を肩代わりさせるような代位責任や厳格責任を課すことのない安全ルールの導入）[23]、が挙げられている。

2 検閲代行と自己検閲

(1) 検閲代行なのか、自己検閲なのか

以上のような50年代、60年代の反マッカーシズムが生んだ規範的レガシーを、ＰＦ事業者等の現代的媒介者による検閲代行に転用しようとするのが、クライマー論稿の眼目であった。

確かに、付随的損害の法理やセーフ・ハーバーの確保は検閲代行への対処方法として興味深い。しかしそれは、媒介者の行動が「検閲代行」と認定されることを前提とする。検閲代行あるいは代理による検閲は、proxy（代理人、代行者）が行う以上、それは principal（本人）や trustor（委託者）がいるはずである。つまり、政府と情報流通機構の媒介者との間に直接ないし間接の代理関係・代行関係が設定されていること、あるいはそれが直接的ないし間接的に強いられていることが必要である。そうであれば、代理だろうが代行だろうが、当該検閲類似の行為の憲法的問題は政府に帰責されることになり、従って、検閲に関する憲法論（修正1条等との適合性問題）を設定することが可能になり、また、可能でなければならない。が、他方で、以上のような関係性が政府と媒介者の間に存在しないのであれば、事態は、媒介者自身による単なる自己検閲（self-censorship）にとどまるはずである。そして、この点こそが、政府にとって

検閲代行が魅力的に映る理由を提供している。すなわち、政府は当該私人に検閲を強いるものではなく、また、それをそのかしているわけでもないと釈明できれば、事態は媒介事業者による自主規制にとどまり、政府は憲法的責任を回避することが可能になるからだ。仮に、検閲をほのめかすものであっても、本来の規制対象を超えた過剰排除などの付随的損害の発生はその私人の責任であると強弁できる(24)。

おそらく検閲代行というプラクティスの典型は、この最後のケース、つまり、公権力が私人たる媒介事業者に対して言論統制をほのめかし、媒介事業者がそれを半ば忖度して検閲的措置を実行する、というものであろう。

(2) Proxy か否かの判定方法

公権力と proxy の関係性が法的統制に値するものか否かをどう裁判所が判定するのか、その例を、クライマーが対象とする50年代・60年代の合衆国最高裁判例から拾い出し、一瞥しておこう。

まず、刑事法令を直接的に媒介事業者に適用する統制枠組が検閲代行問題を惹起させると指摘された例として、1959年の Smith v. California 事件判決(25)が挙げられる。そこでは、法的に猥褻物であるとされる書籍を書籍流通業者が販売用に単純に所持していれば、たとえその書籍の内容を知らなかったとしてもそれだけで、刑事罰に問うとする自治体条例が問題となった。ブレナン裁判官の法廷意見は、この仕組みを「絶対的刑事責任」とおいた上で、①正当に適用できる法理も、個人に表現の自由の行使をする気もちを阻喪させることによって同権利を制約するような「付随的効果(collateral effect)」が発生する状況、すなわち自由な言論の自主規制(a self-imposed restriction of free expression)を招いてしまいかねない状況、には適用できない(26)、②絶対的刑事責任の下では、流通業者は書籍へのパブリック・アクセスを自ら制限するようになり、猥褻物か否かの厳密な区別もせずに制限が拡大するおそれがあるが、これは「国家によって強制された書店の自己検閲(self-censorship)」に該当する(27)、と判断した。このように、本事案で問題となった制度は、法令によって強制された「自己検閲」に該当し、憲法上の問題を発生させていると認定された。つまり、法制度によって無理やり検閲代行が強いられるというパターンである。

次に、1963年のBantam Books, Inc. v. Sullivan事件判決[28]を取り上げる。青少年を有害図書から保護する委員会が州法により設置されたが、同委員会は、有害図書を選定した上で、それを青少年に販売・配布・展示することが「好ましくない(objectionable)」旨を書籍流通業者に「通知(notice)」する活動を行っていた。この通知には、流通業者の「協力」を求めることと、好ましくない書籍のリストは地元警察にも配布していること、が述べられている。これについて本判決は、かかる仕組みを「非公式な検閲(informal censorship)」と捉えて、修正14条に違反するものと判断した。ブレナン裁判官の法廷意見によれば、確かに流通業者には委員会の通知に従う法的義務はなく、通知を拒絶する自由があるはずである。しかし、刑事罰の可能性をちらつかせる公務員によって薄いヴェールを被された脅迫を人々は簡単に拒絶することはできないから、委員会の通知は事実上の命令(virtually as orders)である、とした[29]。本判決は、ある意味常識に照らした事実関係の認定によって、通知という単なる情報伝達が持つ強制的契機を重視し、本件の企ては「非公式な検閲」に該当するとしたのである。

マッカーシズムに対抗するアメリカ司法の理念的橋頭堡として「萎縮効果(chilling effect)」論が浮上してきたことを背景にしつつ[30]、ここに見た二つの判決では、検閲代行に対するそれぞれの憲法的警戒心が表明されている。二点ほど整理しておく。

まず、第1に、Smith事件判決が、法律によって検閲代行を強制されるケースであったのに対して、Bantam Books, Inc. 事件判決は、「通知」という情報提供行為や「協力要請」という非処分的な行為も強制的契機を持つ場合があり、かかる「事実上の命令」によって検閲代行を余儀なくされるケースを扱っている。最高裁は、非法律的、非処分的、非直接的なものでも、事実関係から強制的契機を読み取り、proxy性を析出する姿勢を明瞭にしている。

第2に、Smith 事件判決は、刑事罰を科する制度であったために、その限りでは刑事手続を踏む必要があるので手続的保護は与えられているケースである。他方、Bantam Books, Inc. 事件判決での「通知」や「協力要請」は、州法の下での公的機関による行為実践と判定されたので憲法の適用を受けることとなったが、それだけに、最高裁は、州政府の行為である以上、本来備えられるべき「手続的保障(procedural safeguards)」が欠如していたことを問題視し、修正14条のデュープロセスに違反すると結論づけている。検閲代行の決定的欠陥のひとつは、クレイマーも指摘していたように、事実上の言論統制を私人の自己検閲／自主規制に委ねることにより、法律に基づく適正手続が用意されず、その恣意性が統制されない点にある。

Ⅲ　コンテンツ・モデレーション問題

1　「媒介者」と「検閲」の現代的変容

マッカーシズム時代から60年代にかけての検閲代行事案は、主に、出版業界、映画産業、マスコミ、そして上に見た二つのアメリカ最高裁判例に出てくる書店を典型とする書籍等の流通業者などがターゲットとなっていた。これに対して、インターネットを基盤とする現代社会においては、上記のような「媒介者」の役割が希釈化し、むしろ情報の発信者と受領者が無媒介に交流する地平が開かれた……。とこのように語られることが通例であった。しかし、この点、成原慧によれば、発信者と受領者の間には、「ホスティング・プロバイダからＩＳＰ、検索エンジン、通信機器の製造者に到るまでインターネット上の情報流通を物理的・技術的に支える多くのプレイヤー」が新たな「媒介者」として関与している(31)。そして、これらのプレイヤーは、ローレンス・レッシグが言うところの「コード(code)」(32)を製造・管理することにより、ネット上のコミュニケーションを操作することができる(33)。

このような対比の下、成原は、60年代の中心的な「媒介者」による検閲代行は「社会規範という規制作用」を介して言論統制が行われたのに対し、現代のそれは、「コードという新たな規制作用」を介して行われるようになった、と整理している。[34]もっとも、コードの製造者や管理者がコードにバイ・デザインしようとするものは「社会規範」であるかもしれない。否、限られた製造者や管理者、あるいはPF事業を支配する企業家の個人的なイデオロギーかもしれない。恣意がまかり通りやすい環境が用意されているのが現状なのである。

いずれにしても、いくつかのPF事業者が情報流通空間を寡占する現代の状況下では、ごく限られた数の、それ故強大な力を発揮し得る「媒介者」たちが、流通すべき情報を選別できる土壌が出来上がっている。そして、それは言うまでもなく「検閲代行」が行われた場合の規模や影響力も以前より拡大・精緻化し、またその構造も高度に複雑化したと言ってよいだろう。本稿で見てきた検閲代行の例は、政府の検閲を代行する代理としての役割を法令によって強制される場合や、非法律的・非処分的・非直接的な手法によって検閲代行を事実上強いられる場合など、政府の企図する検閲を〝代行〟、〝代理〟するものであった。が、今日、議論が集中しているのは、そのようなケースではなく、PF事業者が自らのポリシーとコードによって実施する「自己検閲」ないし「自主規制」のケースであり、その典型例が次に見るコンテンツ・モデレーションである。

2　コンテンツ・モデレーションに対する法的統制

(1)　コンテンツ・モデレーションとは何か

コンテンツ・モデレーション(content moderation)とは、インターネット事業者がユーザ生成コンテンツについて自社の利用規則等に適合しているかどうかを判断すること、ないしそのプロセスあるいはシステムを指す。適合しない場合、投稿削除、アカウント凍結、非表示を含む表示制限等、多様な措置が採られる。[35]過激な書き込み、スパムの拡散、ハッカーの暗躍等に対処するものであるが、ある論者によれば、かかる仕組みは、それが検閲として非難されようが、コンテンツ・モデレーションとして受容されようが、いずれにしても実態は、「巨大な事前抑制のシステム(a vast system of prior restraint)」である[36]。

コンテンツ・モデレーションも多様である。ケイト・クロニックの分類によれば、①ユーザ生成コンテンツがアップロードされ、まさに公表されようとする直前にアルゴリズムによるスクリーニングが自動的に働いて人的関与を要しないタイプ(ex ante content moderation)、②コンテンツが公表された後に行われるタイプがあり、②はさらに二種類に分かれ、(a)過激派やテロリストの言論等についてＰＦ事業者が能動的に当該言論を探索した上でこれを制限するタイプ(ex post proactive manual content moderation)、(b)公表されたコンテンツにつき他の利用者がフラッグを立て、その適切性をリポートした場合に、これを受けてＰＦ事業者が内規に基づいて人的にこれを審査するタイプ(ex post reactive manual content moderation)、がある[37]。①の自動化された事前抑制は、アルゴリズムによるものとジオ・ブロッキング(geoblocking)によるものがある。前者は主に幼児ポルノや著作権侵害等への対策として行われるが、後者は、法や道徳が国や地域によって異なるため一定の対応が必要となり、ＩＰアドレスや通信遅延時間に基づいて物理的位置情報を探索して地理的ブロックをかける仕組みである(クロニックは後者をcollateral censorship(付随的検閲)とおいているので、一種の検閲代行と理解しているものと思われる[38])。

ＰＦに流れるユーザ生成コンテンツは膨大な数に上るので、アルゴリズムによる自動化された検閲や、フラッグ・システムによって利用者からの反応を利用することには合理性がある。②のタイプはコンテンツ・モデレーターと呼ばれる人員を多数雇用すると同時にトレーニングにも資源を投入している。

(2) なぜコンテンツ・モデレーションを行うのか

このような手の込んだモデレーションをなぜPF事業者は行うのか。クロニックは、その動機として、①表現の自由という規範に対するこだわり、②企業責任の自覚、③経済活動の向上のためユーザの求める規範を充足する必要、の三点を挙げる[39]。

PF事業者の proxy 化による検閲代行をテーマとするここでの関心から重要なのは、①との関連で、クロニックが、政府からの示唆や要請によって検閲代行（彼女は付随的検閲と言う）に加担することへの警戒があることを指摘している点である[40]。PF事業の初期段階において、言論経験（experiencing speech）はそれらの基軸ビジネスの副次的効果にすぎなかった。が、既存の言論メディアもネットに合流し、PFの存在感や規模感が飛躍的に大きくなると、PF事業者は自らを「言論プラットフォーム（speech platform）」と自認し始める[41]。表現の自由に対する意識が高まるなか、例えば、グーグルはユーチューブを傘下に置いたあたりから、コンテンツ・モデレーションのポリシー策定に取り掛かる。PFが強大な情報空間になると政府からの様々な干渉が行われるようになる。ウィキリークスやオキュパイ運動に関連し当局からのユーザ情報開示要求に（最終的には挫折したが）抵抗してきたPF事業者たちは、政府からのコンテンツ削除要請にも抗ってきた。例えば、タイ王室を侮辱することはタイでは犯罪であるが、2006年、ユーチューブ上に掲出されたそのようなコンテンツの削除をタイ政府から要求されたグーグルは、その担当者によると「単なるマンガのたぐいで、馬鹿々々しいフォトショップにすぎない」と感じ、当初は拒否の姿勢を採ったそうである。が、同担当者は徐々に、グローバルな表現空間における修正1条スタンダート（つまりアメリカ例外主義的なスタンダード）の特殊性に思いを致すようになったと言う。結局、グーグルは、タイ国内における当該コンテンツの排除に合意した（ただし、軍隊を批判する場合は例外とする条件で）[42]。

3　ＰＦ事業者の法的位置づけ——publisher, distributor, common carrier, or the new governor?

(1)　表現主体としてのＰＦ事業者？

ＰＦ事業者たちは、政府の要請に基づく検閲代行からユーザを守るために表現の自由の規範に忠実であろうとしてきた[43]。同時に、グローバル企業として自らの信奉する表現の自由規範が特殊アメリカ的なものであることも自覚しつつ、折り合いをつけ、妥協点を見出す努力もしてきた。このように、ユーザの表現の自由を守るために政府要請を拒絶、あるいは交渉して折り合いをつける中で、ＰＦ事業者は、自分たちが「オンライン上の表現を構築する広汎な自由(broad freedom to shape online expression)[44]」、憲法的に保護された「編集上の判断権(editorial judgment)[45]」、「コンテンツ・モデレーションをする権利(right to moderate content)[46]」を持つことを、すなわち自身が表現の自由の主体であるということを自覚し出したのではないか。政府の検閲代行に転落するのではなく、また、自主規制という消極的なコミットメントにとどまるのではなく、むしろ能動的に自らの権利自由の行使の一環としてコンテンツ・モデレーションを行うという方向に出つつあるのではないか。かかる《自主規制の自由》を後押しするものこそが、２－⑵で触れた、クロニックが指摘するところの他の二つの動機、すなわち、②企業責任の自覚、③経済活動の向上のためユーザの求める規範を充足する必要、であったのではないか。あるいは、これら二つの動機にとって《自主規制の自由》は憲法的正当性を提供しているのかもしれない(この論点については、Ⅳ－１で再び言及したい)。

(2)　ＰＦ事業者の法的位置づけ

このように、コンテンツ・モデレーション問題を取り巻く修正１条論は複雑な展開を遂げてきた。かかる状況下で、ＰＦ事業者の法的位置づけはどのように考えればいいのか。アメリカにおける試みを以下概観しておこう。

ＰＦ事業者は、修正１条を語る際の旧来の主体、つまり「国家機関」「放送事業者」「(新聞)編集者」のいずれにもにわかに該当しないところの、「オンライン上の言論をコントロールする私的な自主規制システム」である[47]。かかるPF事業者の法的位置づけを考える際には、飛躍的に高度化した現代の情報空間の言論主体を整序する際にたびたび用いられる分類概念、つまり、publisher、distributor、common carrier の3カテゴリーが便利である[48]。

Publisher とは、公表するコンテンツに対する編集権を有するが、かかるコンテンツに対する法的責任も負う主体で、新聞、雑誌、放送等がそれに該当すると言われる。Distributor とは、それが流通させるコンテンツに対する編集権は有さず、従って、かかるコンテンツに対する法的責任も負わないが、自らが扱うコンテンツが法的責任を発生させるものであることを知った場合はかかるコンテンツを排除ないし制限しなければ、その法的責任を追及される、いわゆる"notice-and-takedown"型の責任を負う主体で、書店、ニューススタンド、図書館などが該当する。Common carrier は、情報を送り届ける導管(conduit)に過ぎず、流れるコンテンツには関与できず、従って、それについての法的責任も負わない主体で、電話会社、人々が表現行為を行うことのある歩道等を管理する政府、選挙広告の放送を義務付けられている場合の放送事業者等がこれに該当する。

1990年代前半のアメリカでは、PF事業者がコンテンツに法的責任を負うか否かは、同事業者がコンテンツに編集権を行使しその適切性に応じて選別を実施している場合には、かかるコンテンツに対して責任を負うとされていた。例えば、編集権を行使しない CompuServe を distributor と見る裁判例[49]が出る一方で、編集権を行使する Prodigy を publisher と見て法的責任を負わせる裁判例[50]も見られ、前述のような理解が一般化していた。が、これでは下手に編集権など行使せず、流通する情報を放置しておいた方がいいというインセンティヴが働き、むしろインターネットの発展を阻害するのではないかと懸念された[51]。

(3) 通信品位法230条をめぐる解釈的混迷と「新たな統治者」論

かかる状況を打開するために制定されたのが通信品位法２３０条（§230 of the Communications Decency Act[52]（以下、ＣＤＡ））である。ＣＤＡ２３０条には「『善きサマリア人』による攻撃的素材のブロッキングならびにスクリーニングに対する保護」と題する条項が含まれており、それは、大要、①双方向的コンピュータ・サーヴィス（interactive computer service）のプロヴァイダならびにユーザは publisher あるいは speaker として扱われてはならない（従って、それらが負うべき法的責任を負わない）（§230(c)(1)）、②前項のプロヴァイダならびにユーザは、自らが猥褻、下品、過度に暴力的、等と判断した素材について、それが憲法上保護されるものか否かにかかわらず、アクセスや利用を制限する善意かつ自発的に取られるいかなる行為についても法的責任を負わない（§230(c)(2)）、と定めるものであった。ＰＦ事業者は、法的に publisher としては扱われず、ユーザ生成コンテンツについては全く法的責任（不法行為責任）を負わない上に、編集権を行使してかかるコンテンツを削除・制限することに対しても法的責任を負わないとされたのである。もっとも、編集権の行使によるコンテンツの選別（要するに検閲）はあくまで任意である。が、この２３０条がコンテンツ・モデレーションを奨励する構成になっていることも否定できない[53]。善意に基づく行動であれば、法に抵触しても責任を問わない聖書のたとえにならって、本条項が「善きサマリア人」条項と呼ばれるゆえんである。

１９９７年の Zeran v. America Online, Inc. 事件連邦控訴裁判決[54]は、ＣＤＡ２３０条を拡張解釈した。同判決は、プロヴァイダ等に法的責任を課すと過剰な自主規制が実行され、そのため豊かな言論空間に萎縮効果をもたらすことになるとして[55]、distributor に求められる“notice-and-takedown”型の責任も２３０条によって免責される、と解釈したのである。加えて、Zeran 判決は、ＰＦ事業者等にコンテンツにかかる法的責任を負わせると、かかるコンテンツが有害かどうかにかかわらず、通報に応じて広くそれを削除する「自然なインセンティヴ」が働くと述べているが[56]、ここに検閲代行や付随的検閲に対する同判決の警戒心が現れているとの指摘がある[57]。

かくして、ＣＤＡ２３０条と同条についての裁判所の解釈によって、ＰＦ事業者は、publisher でも distributor でもないとされた。また、プラットフォームは、確かに情報流通の「導管」である側面もあるが、決して「受け身の導管（passive conduit）」ではない。導管を超えた、開かれた言論空間そのものであることも明らかであるから、common carrier でもないことになる。[58] あるいは、前記のすべての相貌を複合したものなのかもしれない。この点、クロニックは、ＰＦ事業者を state／publisher／speaker の三幅対の中に位置づける見方（a triadic model）に立ち、「新たな統治者（The New Governors）」と捉える。[59] 「新たな統治者」とは、しっかりした企業統治体制を整え、グローバルなスケールでオープンなアクセスを保証しつつ、同時に、コンテンツ・モデレーションも行う「オンライン言論を統治する私的自主規制システム（private self-regulatory system to govern online speech）」[60] である。[61]

Ⅳ　ハイプ的循環における検閲論

1　表現の自由としての検閲？

このように、アメリカではＰＦ事業者の法的位置づけも、検閲代行論も、全く落ち着いていない。むしろ、混迷の度を増しているのが現状である。２０２４年3月現在、ＳＮＳのあり方を根底から変える可能性のある Gonzalez 訴訟が連邦最高裁に係属中であり、[62] バイデン大統領もプラットフォーム規制に前向きであると報じられている。[63]

近時、コンテンツ・モデレーションをめぐる憲法論がまたもや再燃しており、しかも、二つの裁判所で対照的な判断が下された。Ⅲ－3－(2)で見た90年代の議論状況を彷彿とさせるが、当時は法的な構成は共通しつつも事実認定とそれに基づく適用が異なるというレベルであったが、今回は、法的構成そのものが真っ向から対立している。

それらは、コンテンツ・モデレーションや検閲を制限・禁止する州法（案）をめぐる二つの差止請求訴訟である。[64]

２０２２年5月23日に下された NetChoice, LLC v. AG, Fla. 事件連邦控訴裁第11巡回区判決[65] では、保守系の政治言論に対する広汎な検閲がPF事業者によってなされたことを問題視したフロリダ州議会の法案の暫定的差止が請求された。同法案は、公職の候補者のアカウントに対するディプラットフォーム（かつて連邦議会議事堂襲撃事件の際、トランプ大統領のアカウントに対して行われたような凍結措置）を禁止するなど広汎にブロッキング等を制限し、また、コンテンツ・モデレーションの内規を公開することを要求するものであった。これに対し、第11巡回区裁判所は、大要、①PF事業者は如何にそれが巨大であっても「私人（private actors）」である、[66] ②従って、それらは修正1条の保護を受け、コンテンツ・モデレーションは編集権（editorial judgment）の行使として保護される行為である、[67] ③PF事業者の編集権の行使は、(a)内規や共同体規範に反するポストを削除すること、(b)コンテンツをどのようにディスプレイし、どのような優先順位で利用可能にするかをアレンジすること、の二つのやり方で実行される、[68] ④コンテンツ・モデレーションは、修正1条によって保護されたPF事業者の表現行為（expressive conduct）である、[69] 等の諸点を指摘して、法案の違憲性を確認した。

これとは対照的な判断が下されたのが、同年9月16日のNetChoice, LLC. v. Paxton事件連邦控訴裁第5巡回区判決である。[70] 本件では、PF事業者に対し、観点に基づく検閲（viewpoint-based censorship）を禁じ、コンテンツ・モデレーションの方針や実施状況の公開を要求するテキサス州法案が問題となった。第5巡回区裁判所は、大要、①CDA230条はPF事業者に内容規制的な検閲を認めてはいるが、その範囲は限定されており、見解基底的な検閲や地理基底的な検閲（viewpoint-based or geography-based censorship）については何も言及していない、[71] ②PF事業者はユーザ同士のコミュニケーションを可能とするプラットフォームであるから、common carrierとしての義務（＝アクセスを与える義務）を免れず、州法案はそれを同事業者に課しているにすぎない、[72] ③州法案は犯罪扇動的言論など修正1条の保護範囲から外れる言論の検閲は認めている、[73] ④本法廷は、修正1条から自由奔放な検閲の権利を導出しようとするPF事業者の主張を拒絶する、PF事業者は新聞社ではないし、検閲は言論ではない、[74] と述べて州法案を憲法適合的なものと判断した。

両者の間で対照的な論旨はいくつかあるが、ここで問題にしたいのは、ＰＦ事業者を修正１条上の権利主体と見るか否かである。第５巡回区はそうは見ず、むしろ common carrier と見ている。第11巡回区の方は、ＰＦ事業者を、ユーザの言論行為を代弁する者としてではなく、それ自体が表現の自由を行使し得る主体であると見、かつ、コンテンツ・モデレーションという名の〝検閲〟を編集権の行使と置き、ひいてはＰＦ事業そのものをキュレートし、ディスプレイする「表現行為」であるとの見方を示した。先に、Ⅲ－３の冒頭で、ＰＦ事業者それ自体を表現主体と見る傾向が台頭しつつあると述べたが、アメリカの現在地はまさにこの点をめぐって真っ二つに分かれている。

ＰＦ事業者を表現主体と見る考え方は、検閲問題に大きな影響を与える。クライマーは、ＰＦ事業者はある人にとっては編集者であっても、別の人には検閲者であると述べているが[75]、そこには、専門職能に裏打ちされた権利主体である editor の相貌と、権力的な響きのある censor のそれがＰＦ事業者という一個の主体に統合されていることが示唆されている。そして、コンテンツ・モデレーションは、編集権に基づくプロ的な作業であり、かつ個性的な表現行為であると第11巡回区裁判所は言ってのけていたが、クライマーの示唆するように、有体に言えば、それは検閲がプロの作業であり、表現行為でもあるということである。要するに、検閲は表現の自由にとっての最大の敵から、表現の自由の行使そのものと転換されつつある。《表現の自由としての検閲》が問題にされる局面に入ったのだ。

２　再び検閲概念論争に戻って

こうなると、芦部が予測した情報空間の近未来は、検閲概念論争にも大きな問題を提起するように思われる。

まず、第１に、検閲の主体を行政権と見るか、公権力全般と見るかという定義要素についてである。今や検閲の主体のメインは公権力ではなく、権力的相貌と権利主体的相貌の両面を持った巨大ＰＦ事業者である。私企業であることを与件とすれば、《表現の自由としての検閲》という主題設定を避けて通れないだろう。この点、ＰＦ事業者の私人としてのステータスを剝奪ないし希釈化して、同時に権利主体性をも減弱させ、表現の自由を主張する適格を相対化するか、私人としてのステータスを維持した上で、規制を構想するかが問われることになろう。(76) クロニックの「新たな統治者」論でも、ＰＦ事業者の私的ステータス(speaker としてのそれ)は完全否定されていない。

第2に、発表前・受領前という検閲の時間的な定義要素についてである。現代の情報空間はカオス的環境と言っていい。検閲的なものはいたるところに実装されている。アテンション・エコノミーの浸潤によって、アルゴリズムがネットユーザの検索履歴や「いいね！」を分析し、ユーザの潜在的関心に対応した情報が優先的に表示され、それに適合しない情報からは遠ざけられる仕組み(フィルター・バブル)は、そもそもある種の検閲ではないのか。ＰＦ事業者のコンテンツ・モデレーションのみならず、例えば、App Store による独自のモデレーション、個々のユーザが任意で行うブロッキングも検閲と呼べるかもしれない。また、モデレーションが内蔵されたアルゴリズムを用いた生成ＡＩを使って作成されるコンテンツを発信することは、検閲済みのコンテンツ発信と言えないだろうか。このようなある種の循環構造の中に私たちは生きている。シナン・アラルが言うところの「ハイプ・ループ」の循環的システムに埋め込まれることを私たちは宿命づけられていると言えよう。(77) あるいは、フェイスブック本部の壁に描かれていた《ソーシャル・ネットワークこそコンピュータである》の警句が示唆するように、私たちは巨大情報機構の中で分散的に情報の送受信をしている無数のノードにすぎないのかもしれない。そして、かかるハイプな循環的システムの中に検閲的なものが散在している情報空間では、発信者／受領者の区別も相対化し、また、発信前／受領前の区別も相対化される。

このように伝統的な検閲概念が定義要素としてきたものは両義性を帯びることとなり、循環構造の中で相対化される。そのようなカオスを前に、横行する検閲＝コンテンツ・モデレーションを放置しておくことは果たして適切か。

従前、優越的人権に数えられてきた表現の自由が、その最大の敵であったはずの検閲によって、それなりに行儀のいいものに仕立てられていくさまを傍観することにつき、検閲に加担しているというやましさを感じないのだとすれば、それは憲法的モラルを放棄することになりはしまいか。憲法的モラルを取り戻すためにも、傍観をやめきちんとした立法的措置で応ずるべきであるという声[78]には傾聴に値するものがある。

【付記】 Ⅳ－1で紹介した二つの連邦控訴裁判決は連邦最高裁に係属し、2024年2月26日に口頭弁論が開かれた。2024年7月1日、連邦最高裁はいずれの原判決も憲法適合性についての検討が不十分であるとしてそれぞれの連邦控訴裁に事件を差し戻した。再校の提出締め切りの3日前に下されたので、ここで取り上げることは不可能である。挙げて今後の課題としたい。

(1) 最大判昭和59年(1984年)12月12日民集38巻12号1308頁。

(2) 奥平康弘『表現の自由Ⅰ——理論と歴史』(有斐閣、1983年)112、243頁、芦部信喜『憲法学Ⅲ 人権各論(1)〔増補版〕』(有斐閣、2000年)362—363頁。

(3) 芦部信喜編『憲法Ⅱ 人権(1)』(有斐閣、1978年)487、592頁〔佐藤幸治執筆〕、佐藤幸治『日本国憲法論〔第2版〕』(成文堂、2020年)286頁。

(4) 芦部・前注(2)362頁。

(5) 長谷部恭男『憲法〔第8版〕』(新世社、2022年)220頁。

(6) 川岸令和「表現の事前抑制と検閲——表現の自由の源流、そしてその擁護のために」駒村圭吾＝鈴木秀美編『表現の自由Ⅰ——状況へ』(尚学社、2011年)193頁。

(7) 猥褻表現物の輸入に対する一切の禁止は、「わが国内における発表の機会が奪われるとともに、国民のこれに接する機会も失われ、知る自由が制限されることとなるのは否定し難い」が、「もともとその頒布、販売は国内において禁止されており、これについての発表の自由も知る自由も、他の一般の表現物の場合に比し、著しく制限されているのであつて、このことを考慮すれば、右のような制限もやむを得ないものとして是認せざるを得ない」と最高裁は述べたきりである。国内法においては、「単純所持」は認められているが、それについては水際防衛論(?)の観点からやむを得ないとされたにとどまる。

(8) 芦部信喜「機能的『検閲』概念の意義と限界――アメリカ法を素材として」芦部信喜＝清水睦編『日本国憲法の理論(佐藤功先生古稀記念)』(有斐閣、1986年)所収(後に、芦部信喜『人権と議会政』(有斐閣、1996年)に再録)。

(9) ある表現が裁判所によって保護に値しないものと適切に決定される前も「事前」に含めるという発想を受け入れると、「『事前』は本来の意味を失ってしまう」(傍点原文)と芦部は指摘する。また、司法判断を待つまでもなく憲法上の保護を受けない表現は、発表前に規制されても事前抑制を構成しないことになるとも述べている。芦部・前注(8)163頁(『人権と議会政』より)。

(10) 芦部・前注(8)153頁(『人権と議会政』より)。

(11) 芦部・前注(8)152頁(『人権と議会政』より)。

(12) Seth F. Kreimer, Censorship By Proxy: The First Amendment, Internet Intermediaries, and the Problem of the Weakest Link, 155 U. Penn. L. Rev. 11(2006).

(13) J. P. Messina, Private Censorship(Oxford Univ. Pr., 2023).

(14) Kreimer, supra note 12. 日本でクライマーの所説を紹介・分析するものとして、成原慧「代理人を介した表現規制とその変容」マス・コミュニケーション研究 no. 80(2012年)249頁、青井未帆「私人を介した表現の事前抑制――法的根拠の必要性について」学習院法務研究第7号(2013年)33頁がある。

(15) Jonathan Zittrain, Internet Points of Control, 44 B. C. L. Rev. 653(2003).

(16) Kreimer, supra note 12, at 13–28.

(17) Kreimer, supra note 12, at 28–33.

(18) Kreimer, supra note 12 at 65.

(19) 検閲代行が公的検閲よりも過酷なものになりやすいことを、マッカーシズム下での私的制裁と排除の連鎖は例証している。現代のキャンセルカルチャーに通ずるところがある。

(20) NAACP v. Alabama, 357 U.S. 449(1958).

(21) Kreimer, supra note 12, at 47–48. Vincent Blasi, The Pathological Perspective and the First Amendment, 85 Colum. L. Rev. 449, 482(1985)(ブラジは「萎縮効果」論をマッカーシズムに対抗する司法の姿勢を象徴するものと見ている)。

(22) Kreimer, supra note 12, at 68–79.

(23) Kreimer, supra note 12, at 79–100.
(24) Center for Democracy & Technology v. Papper 事件で展開された州政府側の主張はこのようなものであった(337 F. Supp. 2d 606, 651(E.D. Pa. 2004))。
(25) Smith v. California, 361 U.S. 147(1959).
(26) Id. at 150–151.
(27) Id. at 154.
(28) Bantam Books, Inc. v. Sullivan, 372 U.S. 58(1963).
(29) Id. at 68.
(30) 前注(21)参照。
(31) 成原・前注(14)２５９頁。
(32) Lawrence Lessig, Code: And Other Laws of Cyberspace ver. 2.0(Basic Books, 2006).
(33) 成原・前注(14)２５９—２６０頁。
(34) 成原・前注(14)２６３頁。この対比に、成原は、「社会の中心的な権力作用が、イデオロギーの統合や視線の内面化に立脚した『規律訓練型権力』から情報処理と技術に依存した『環境管理型権力』へと移行しつつある現象」を看取する(同２６３—２６４頁)。
(35) コンテンツ・モデレーションについては、水谷瑛嗣郎の一連の論稿を参照されたい。水谷瑛嗣郎「ソーシャルメディア・プラットフォームに対する憲法的ガバナンスの展望」法とコンピュータ41号(２０２３年)、水谷瑛嗣郎「プラットフォームを統治するのは誰か」Voice ５３７号(２０２２年)。英語では content moderation と表記されるのが通例であるが、日本語では「コンテンツ」と複数形で語られることが多い。ここでは日本の慣例にならう。
(36) Kyle Langvardt, Regulation Online Content Moderation, 106 Georgetown L. J. 1353, 1359(2018).
(37) Kate Klonick, The New Governors: The People, Rules, and Processes Governing Online Speech, 131 Harv. L. Rev. 1598, 1635–1639(2018).
(38) Id. at 1636 n. 263.
(39) Id. at 1617–1618.

(40) Id. at 1622.
(41) 元グーグル法務担当副社長のニコール・ウォン(Nicole Wong)の述懐。Id. at 1618–1619.
(42) Id. at 1623.
(43) このような見方を示すクロニックであるが、他方で、ＰＦ事業者が政府の要請を受け、また政府と協働して付随的検閲を行っている例は多くが文書化されて残っているという。が、詳細は言及されていない。Id. at 1622 n. 161. なお、Jack M. Balkin, Old-School/New-School Speech Regulation, 127 Harv. L. Rev. 2296, 2298–2299(2014)も参照。
(44) Klonick, supra note 37, at 1625.
(45) NetChoice, LLC v. AG, Fla., 34 F.4th 1196(11th Cir. May 23, 2022).
(46) Langvardt, supra note 36, at 1357.
(47) Klonick, supra note 37. at 1631.
(48) See, e.g., Eugene Volokh, 47 U.S.C. § 230 and the Publisher/Distributor/Platform Distinction, Volokh Conspiracy (5.28.2020 11:44 a.m.) (https://reason.com/volokh/2020/05/28/47-u-s-c-%C2%A7-230-and-the-publisher-distributor-platform-distinction/). ヴォロクは"platform"というカテゴリーを用いているが、本稿でのＰＦ事業者と概念的に区別するために、ここではそれとほぼ同じ意味で用いられる"common carrier"のカテゴリーを用いる。
(49) Cubby, Inc. v. CompuServe, Inc., 776 F. Supp. 135(S.D.N.Y. 1991).
(50) Stratton Oakmont, Inc. v. Prodigy Services Co., 1995 WL 323710(N.Y. Sup. Ct. May 24, 1995).
(51) Klonick, supra note 37, at 1605.
(52) 47 U.S.C. § 230(2012).
(53) Volokh, supra note 48.
(54) 129 F.3d 327(4th Cir. 1997).
(55) Id. at 331.
(56) Id. at 333.
(57) Klonick, supra note 37, at 1608.
(58) Id. at 1661.

(59) Id. at 1664.
(60) Id. at 1631.
(61) これに加えて、山本龍彦がＰＦ事業者を中世ヨーロッパにおけるカトリック教会と類似するものと見て、当時の封建社会における中間団体と〝国家〟との間で取り結ばれた戦略的関係形成の例にならい、政府はＰＦ事業者と「協約(コンコルダート)」を締結することを提案している(山本龍彦「近代主権国家とデジタル・プラットフォーム――リヴァイアサン対ビヒモス」山元一編『講座・立憲主義と憲法学Ⅰ　憲法の基礎理論』(信山社、２０２２年)１６４頁)。山本は、ＰＦ事業者の諸活動を〝制裁〟や〝課税〟と見立て、かつコード＝アルゴリズムを〝カノン法〟に相同する規範体系とおく。このレトリックにおいて想定されているのは「新しい中世」という状況設定であるが、それが当時の〝国家〟ではなく、主権的に統合され整備された現代の国家に果して妥当するものなのか。主権による統合平準化は役に立たないという前提があるように思える。コード＝アルゴリズムが規範的位相に立つことはローレンス・レッシグによりつとに指摘されているところであるが、教会の内部規範にとどまるカノン法との類比はそれとは異質であるように思う。なにより、ＰＦ事業者が営利企業である点がどこかに行ってしまっているのではないか。アテンション・エコノミーに対して年来批判的に構えてきた山本の立場からすると、敢えて営利企業としてのステータスを否定し、ＰＦ事業者を宗教共同体と置き直すことで、事態を打開しようということかもしれない。あるいは、ＰＦが人々の内心世界に浸潤して行くさまに、まさに宗教と同じ相貌を見ているのかもしれない。

なお、国家にとって情報は生命線であり、自然災害や戦争あるいはハッカーによる情報体系の崩壊リスクをヘッジするためにバックアップが必須になるが、それもクラウド・サーヴィスつまりＰＦ事業者次第となる。つまり、主権国家の首根っこは既にＰＦ事業者におさえられつつある、という見方もあり得よう。この点、クロニックの「新しい統治者」論や、別の論者による「機能的主権(functional sovereignty)」論(Frank Pasquale, The Black Box Society 140–168, 187–218 (2015))が興味深いが、〝統治者〟ということをレトリックではなく、現実理解としてより直截に用いるレヴェルに現在はあるとも言えよう。であれば、ＰＦ事業者を主権国家に対抗・競合する中間団体・巨大企業と見るのではなく、国家の主権と一体化するものと理解すること、つまり、憲法の統制下にしっかりと置かれるシステムと理解することが肝要ではないか。

(62) Brian Fung and Tierney Sneed, Supreme Court hears Gonzalez v. Google case against Big Tech, CNN Business (February 21, 2023) (https://edition.cnn.com/business/live-news/supreme-court-gonzalez-v-google-2-21-23/index.html).
(63) 中田敦「バイデン政権は『ＧＡＦＡ解体』に向かうか、続々と中枢入りする強硬派の主張とは」日経ＸＴＥＣＨ(２０２

1年3月19日)(https://xtech.nikkei.com/atcl/nxt/column/18/00692/031800051/)。
(64) 詳細は、水谷・前注(35)(「ソーシャルメディア・プラットフォームに対する憲法的ガバナンスの展望」)4―5頁参照。
(65) 34 F.4th 1196(11th Cir. May 23, 2022).
(66) Id. at 1203.
(67) Ibid.
(68) Id. at 1204.
(69) Id. at 1212–1214.
(70) 49 F.4th 439(5th Cir. Sept. 16, 2022).
(71) Id. at 468.
(72) Id. at 474–475, 478–479.
(73) Id. at 481.
(74) Id. at 494.
(75) Kreimer, supra note 12, at 57.
(76) 私企業に対する法的統制については、①競争法的な統制がすぐに思い当たるが、同時に、②公共役務提供者として職業遂行の自由を制限すること(薬事法違憲判決(最大判昭和50年(1975年)4月30日民集29巻4号572頁)も十分に考えられる。広汎な統制はこれらの方向でこそ可能かもしれない。ただし、《表現の自由としての検閲》に制限をかける場合は、その基本方針を法律で定めるとしても、その解釈と適用についてはPF事業者の自律性に委ねるべきである。
(77) シナン・アラル(夏目大訳)『デマの影響力』(ダイヤモンド社、2022年)111―146頁。
(78) Derek E. Bambauer, Orwell's Armchair, 79 U. Chi. L. Rev. 863, 944(2012).

第七章　憲法解釈としての猿払基準
――香城敏麿の「利益衡量の方法」について

青井未帆

はじめに

1　考察の対象

本稿に与えられたテーマは「猿払基準」である。この用語は、通例、猿払事件最高裁昭和49年判決(1)(以下「猿払判決」とする。)における、「公務員の政治的中立性を損うおそれのある公務員の政治的行為(の)禁止」が、憲法に照らして「合理的で必要やむをえない限度にとどまる」かを、①「禁止の目的」、②「この目的と禁止される政治的行為との関連性」、③「政治的行為を禁止することにより得られる利益と禁止することにより失われる利益との均衡」の3点から判断する「基準」を指す。

芦部信喜はこれを「公務員の政治活動の一律全面禁止(表現内容規制)の合憲性審査の基準」として「合理的関連性の基準」(2)とも呼び、強く批判した。もっとも、当該事件の担当調査官であった香城敏麿は、後でも触れるとおり、芦部とは異なった関心の下で「合理的関連性の基準」という言葉を用いているものと思われる。本稿は香城の議論枠組みを振り返り、これを憲法解釈としての猿払基準という観点から検討したい。

2　猿払判決までの議論状況

国家公務員法（以下「国公法」とする。）は、「国家公務員たる職員について適用すべき各般の根本基準（職員の福祉及び利益を保護するための適切な措置を含む。）を確立し、職員がその職務の遂行に当り、最大の能率を発揮し得るように、民主的な方法で、選択され、且つ、指導さるべきことを定め、以て国民に対し、公務の民主的且つ能率的な運営を保障することを目的とする」（同法1条1項）ものであり、「もっぱら日本国憲法第73条にいう官吏に関する事務を掌理する基準を定めるもの」（同条2項）として、基本法の一つと位置付けられている。

もっとも、この法律には特殊な政治的刻印が打たれている。制定後1年の昭和23年に大改正され、労働基本権と政治活動の自由の規制が強化された。「日本を極東における反共基地たらしめるため早急に復興安定させる必要に迫られた連合国最高司令部の占領政策にもとづく。こういう占領下の特殊な政治的状況のもとで生まれた厳しい制限規定を、それと全く異なる状況にある現在、なお維持するに足る合理的根拠があるかどうかは問題である」と芦部は、猿払事件第一審（旭川地裁）で提出した鑑定意見書のなかで述べている。(3)

国公法102条1項は一般職の国家公務員について「職員は、政党又は政治的目的のために、寄附金その他の利益を求め、若しくは受領し、又は何らの方法を以てするを問わず、これらの行為に関与し、あるいは選挙権の行使を除く外、人事院規則で定める政治的行為をしてはならない」と規定し、この委任に基づき具体的に人事院規則14−7が、禁止される「政治的行為」を定める。(4) 同法102条1項に規定する禁止行為に対しては、服務規律違反を理由とする懲戒処分のみではなく、刑罰を科すことをも制度として予定している。

このような一律全面的な労働基本権と政治活動の自由の規制は、もとより合憲性が疑問視されていたが、初期の最高裁判例は「公共の福祉」や「全体の奉仕者」(憲法15条2項)を理由とする粗い議論により制限の合憲性を導いていた。[5]芦部は「憲法訴訟は具体的な当該事件を超え広く国民全体の人権にかかわるすぐれて一般的かつ公的な性格をもつことに鑑み[6]」、猿払事件第一審で上述の鑑定意見書を提出し、総理府統計局事件控訴審(東京高裁)で鑑定証人として意見を述べるなど、アメリカに学んだ新たな憲法解釈論、憲法判断の方法論、立法事実論等を展開して、表現の自由、政治的自由の確立のために尽力する。[7] 国公法におけるこのような包括的な制限では「公務員は法の禁止に触れることを警戒するのあまり、事実上極端に表現の自由、政治活動の自由を制約されることになるおそれが大きい[8](強調は引用者)」として、表現の自由の優越性を前提に「より制限的でない他の選びうる手段」の基準を合憲性判断基準とすべきと論陣をはったのであった。[9] そこでは、具体的な状況における被告人の特定の行為というよりも、表現の自由の原理的なレベルに、より大きな焦点が当てられていたことに注意しておきたい。[10]

時国康夫裁判長による猿払事件旭川地裁昭和43年判決[11]は、国公法１１０条1項19号が被告人の行為に適用される限度において、行為に対する制裁として合理的にして必要最小限の域を超えるものであり、憲法21条、31条に違反するとし、被告人は無罪であるとした。また原審も一審の判断は結論において妥当であると判示した。[12] 限定解釈による手法に芦部は疑問も呈したとはいえ、[13] このように判決に結実したことが、芦部の提唱した憲法訴訟論が人権論としてわが国で広く展開する一つの大きな画期となったことには多言を要しない。

しかし猿払事件[14]では、検察官が憲法解釈の誤りを主張して上告し、最高裁は公務員の労働基本権制限に関する全農林警職法事件と同様に抽象的・観念的な審査を行って、全面的な禁止を合憲と判断した。のちに芦部は「私の立法事実の考え方や、私が主張した違憲審査の基準は、すべて排斥されたのです[15]」と振り返っている。

3　猿払判決後

猿払判決は、香城によるアメリカ法研究を踏まえた重厚長大な調査官解説（以下、「香城解説」とする。[16]）と一体のものとして、芦部を筆頭に学界をあげて多方面から検証されることとなった。芦部が司会を務め、香城も中心メンバーの一人であったジュリスト誌上での1977（昭和52）年、1983（昭和58）年、1985（昭和60）年の3回の研究会（以下、「第1回研究会」、「第2回研究会」、「第3回研究会」とする。[17]）における議論の応酬や、関連する論点についての研究の蓄積がわが国の憲法訴訟論の発展に多大な貢献をし、今日に至るまで影響を及ぼしている。

猿払判決批判の先頭に立った芦部は「憲法解釈上の最大の問題点は、いうまでもなく、政治活動制限の範囲と程度（立法目的達成手段）の合憲性を判断するに当たって判決が用いた基準と、それにもとづいて展開した理論構成にある」として「判決が用いた基準」及び「理論構成」の問題点を指摘した。そして権利制約は「合理的で必要やむをえない限度にとどまるべき」ということを3点から検討するという「立場」について、「この立場は、判旨の全体から判断するかぎり、経済的自由の規制立法について典型的に用いられる「合理性」の基準と、性質は必ずしも同じではないにしても、それと実質的には異ならない[18]」とする。行動のもたらす弊害の防止という前提から出発するかぎり、「付随的制約の場合の利益衡量というのは、ほとんど利益衡量とは名ばかりで、立法目的が是認されると、抽象的で一般的なその目的との合理的関連性ということで簡単に規制が合憲化されてしまうおそれ（がある）[19]」。表現の自由の優越的地位に裏打ちされた二重の基準論の未定着が大いに批判された。

4　本稿での課題

その後の判例学説の蓄積を経て、猿払基準の評価も少しずつ変化してきている[20]。なかでも猿払判決や香城理論から一般的法理論としての装いを剝ぎ取る根本的な批判が注目される。たとえば、高橋和之は審査基準の要諦は「いわば利益衡量の仕方を指図し方向づける基準を設定することにより、裁判官の主観的判断を可能な限り限定しよう[21]」とするところにあるが、冒頭に挙げた猿払基準中の①と②は実際には機能するものではなく、結局のところ③における判断を裁判官の主観に委ねるものであり、審査基準の機能を果たさない「裸の衡量」であると分析している[22]。また、猿払基準はそもそも実体的な基準ではなく、法令に合憲の判定を与えるための「理由づけ」にすぎないとの指摘も蟻川恒正によりなされている[23]。「憲法15条2項の要請と憲法21条1項の保障とを本件において調整する」ことが「事案に対する判断」であり、それは「理論」ではない、と[24]。いずれも正当な指摘であると考える。

そのほかにも猿払基準に関する優れた論考が数多く存在するのであり、本稿がこれらに加えて何か意味のある議論をなしうるものか甚だ心許ない。とはいえ、わが国の憲法訴訟では、依然として確たる方法論が確立しているわけではないのであり、香城と芦部の置いた力点の違いに注意を払うことには、一定の意義があるものと考える。すなわち、香城が合憲性判定の前段階として、憲法を含む法の解釈実践を整理しようとしたのに対し、芦部は審査基準論の体系化に大きな関心を寄せていたものといえる。これは相当にベクトルの向きを異にする。

香城の憲法解釈の理論枠組みは、しばしば想定される〈違憲審査基準の定立→あてはめ〉という思考とは多分に異なる要素を含んでいる。この点、日本の判例は解釈によって憲法的紛争を処理することも多く、また審査基準のように見える基準を定立しても、基準に対応した厳しさで実際の審査を行なうわけでは、必ずしもない[25]。法令の意味内容を確定する法解釈という裁判官の本来的任務との関係で憲法訴訟を検討することは、まだ開かれた問いであるように思う。

本稿では、猿払判決と香城解説、芦部主催のジュリスト誌上での3回の研究会での発言、そして2004年に出版された香城の著作集『憲法解釈の法理[26]』で示されている判断枠組みを主たる対象として、猿払基準を考察する[27]。

Ⅰ　香城の「憲法解釈の法理」

香城は自身の著作集『憲法解釈の法理』のはしがきで、同書所収論文で重視した「憲法解釈の方法に関する問題」として次の6つを挙げている[28]（便宜上、イ、ロ、ハ……と振った。）。（イ）憲法の権利の内容を確定するための方法、（ロ）憲法上の権利をその本来の内容を超えて拡張的ないし創造的に解釈することを正統化する法原理、（ハ）憲法の権利と他の憲法の権利・価値が直接衝突する場合の優劣関係の決定方法（価値考量）〔内在的制約〕、（ニ）憲法の権利を立法等によって規制している場合の規制の合憲性判断方法（憲法上の利益考量＝具体的な状況における個別的な価値考量）、（ホ）憲法の権利の制約が合憲となる条件（違憲審査の基準・規制の態様分析の方法）、（ヘ）違憲審査を行う場合の対象、範囲、違憲判断の回避可能性、である。

香城の議論では定義的な言葉遣いや枠組みの設定がなされることが多く見られ、構築性が高いところに特徴がある。たとえば香城解説はその脚注3において、「基準」と「方法」という言葉の用法を分けた上で、猿払事件では議論が「複雑な方法によって展開されている」ことに注意を促していた[29]。以下では、この注意に従って言葉遣いに留意しながら、（ニ）を中心に、解釈方法論との関係で猿払基準を検討する。

1　憲法解釈と裁判官

香城は『憲法解釈の法理』の第一論文「憲法解釈と裁量[30]」において、憲法解釈の方法論を司法府の役割論から始めている。出発点は、裁判官の法解釈における裁量の性質である。「議会民主政においては、裁判官は、憲法および議会の定める法規範の適用をとおして権利の存否を判定すべきであって、自ら定める規準に照らしてこれを判定することは許されない[31]（強調は引用者）」という「自明の理念」があるにかかわらず、裁判官は法解釈上に裁量を有する。なぜかといえば、それは「法規範があらゆる事態につき自己完結的な記述をしていない」ためである[32]。もっとも、解釈上の裁量を有する場合でも「裁判官は、自らの規準すなわち政策に基づいて法解釈を下すことは許されず、法規範を含む全法体系の原理にしたがって法解釈を下す義務を負う[33]」。「原理の確定と序列化には価値の考量を含む高度の理論的分析が必要であり、しかも、これを完全に客観的に遂行することは至難なので、そこに自ずから創造的色彩のにじみ出ることは否定し難い[34]」。

「法規範を含む全法秩序の原理」というのであるから、法規範以外のものがどのような役回りを果たすかは重大であろう。別の箇所ではあるが、香城は憲法規範が柔軟であることの説明として価値関係的な原理を含むことを挙げており、そこでは、「社会倫理的な評価」や「慣習的道徳」といった言葉が用いられている[35]。これらに関する判断が、解釈上の裁量に大きな役割を担いうる構造であることを確認しておきたい。

「権利の存否の判定をめぐる憲法解釈の過程は、憲法規範に示されている原理とこれに対抗する原理とを識別し、それらの間の序列を明確にする過程[36]」であるところ、憲法解釈が必要となるのが上述の(ハ)と(ニ)である。(ニ)について、「考量すべき原理の確定と考量を通しての原理の序列化により、具体的な権利の存否を判定する[37]（強調は引用者）」ことが解釈におけるテストとなる。

香城によれば、違憲審査は次のように進められる。まず「争いになっている憲法上の権利がいかなる内容のものかについての判断」（「権利が憲法上認められるか」、「どの程度またはどの範囲まで及ぶのか」、「権利の性質がどうか」）をし、次に「一定の権利が憲法上認められ、一定の範囲、程度で保障されていると考えられる場合において、特定の立法目的を実現するために規制することが憲法上許されるのか」を判断する[38]。「法律に示された原理は、法律の目的とこれを達成するための手段とによって特定されるのが通常であるから[39]」目的・手段審査がなされる。

かかる理解を前提に、香城は憲法訴訟の問題とは、「ある立法目的を達成するためにどこまで国民の権利や自由を規制することが許されるのか、あるいは許されるとするとそれはどのような考え方に基づくのか」であり、「最も広い意味において利益衡量の問題に帰着する」という[40]。これは具体的な「事柄の利益状況」を前提とする[41]。また利益考量の実体は、規制によって得られる利益、失われる利益、規制対象行為と立法利益の関連性という三つの考慮要素のバランスである[42]。

すなわち香城の理解によれば、憲法訴訟で使われる利益衡量とは、三つの考慮要素のバランスに鑑みた原理の序列化による権利の存否判定であり、事柄の利益状況に応じて裁判官がなすべき憲法解釈である[43]。そして、その憲法解釈の過程は具体的な合憲性判断を超えて、訴訟物について、権利の存否の判定までの解釈を含んでいる。利益判断によって利益の均衡[44]に関する違憲判断の基準は変動するが、それを見定めるのが裁判官の役割ということであろう。

裁判官の任務において、憲法解釈は適用される法の解釈という営みの中に位置付けられる。そのことから当然であるとはいえ、審判の対象である権利は、必ずしも憲法上の権利利益そのものには限られないことに注意を払いたい。判定される権利とは概念的及び質的に異なり、範囲も広くなりうる権利が解釈段階で扱われるところ、序列化という操作によって、確定的に、訴訟物との関係で必要な以上に広い憲法解釈が示されるなら、問題を孕むことになる。

この点、たとえば香城解説のなかで、「もし一定の表現行為を禁止する法律が同条の自由を不当に制約するものではなく、したがって表現の自由を侵害するものではないと判断されるならば、その禁止行為に対しどのような制裁規定を設けても、……それによりもはや憲法21条の保護する自由を侵害する余地がない結果、同条に違反するものと判断されることはありえない」と述べられている[45]。憲法の原理レベルでの序列化という解釈は、行為の処罰自体の評価にも直結しているものと思われる。

右のような作業をする司法府は、したがって、制度構築に責任を負う立法府に対し、単に敬譲的であるのではなく、一定の価値判断に踏み込むことが想定されている。この点で、単純な立法裁量論とは立場を異にする。芦部も猿払判決について「多数意見の立場は、裁判官の価値衡量による判断を求めている点では、法的規制措置に「合理的な疑い」があるか否かを裁判官が独自に判断するという、……1940年頃までのアメリカ最高裁における保守派の考え方と軌を一にしている。そしてそのこと自体は、立法府の決定に強度の合憲性を推定する自由派の司法哲学がそのまま妥当しないと考えられる日本の憲法訴訟においては、一定の意義を有する違憲審査のあり方だということができる(強調は引用者)」と指摘していたことにも留意したい。(46)

2 憲法判断の方法・基準——レベル分け論

香城解説は、前述の通り「判断方法とこれに基づく判断基準」とを区別する。(47)「基準という言葉は多義的であり、一定の結論を下す際の標準となる分岐線という意味にも、これを導くための判断の方法ないしはアプローチという意味にも用いられるが、ここでは前者のみを基準と呼び、後者は方法と呼んで区別することとしたい(48)」と注記がつけられていた。

第2回研究会で香城は「憲法判断の方法や基準というものにはいくつかの違ったレベルの問題がある(49)」ことを示した。(50)同研究会やその他で示されている方法や基準を、推測も踏まえつつ表にまとめると次のようになる(次頁【表(憲法判断の方法・基準のレベル)】)。便宜的に各レベルにAからDを振った。CやDには、導き出すための手順や基準が必要であり、AやBはそのような役割を果たす。(51)

3 規制類型論について(暫定的な扱いとして)

なお、いわゆる規制類型論について、本稿は以下では重きを置かないこととしているが、その理由を述べておきた

【表(憲法判断の方法・基準のレベル)】

レベル	名称	例	説明
A	「一番抽象的なレベル」	目的・手段テスト	「基準というほどのものでもない」(第2回研究会33頁)
B	「もう少し具体的なレベル」	消極・積極規制，直接・間接規制，利益衡量論，より制限的でない他の手段の基準，必要最小限度論	「さらに具体的な判例の基準を導くための考慮要素と判断の手順を示す基準」「座標軸」(第2回研究会33頁) *合理的で必要やむを得ない限度の基準*(香城・前掲書52頁)(憲法上の権利その他の利益が問題となっている場合のみに関係する)
C	「一層具体化された，結論に近い基準」		「合憲，違憲の結論的判断に直結する基準」「中間命題」(第2回研究会33頁) *「公務員の政治的中立性を損うおそれのある公務員の政治的行為を禁止することは，それが合理的で必要やむを得ない限度にとどまるものである限り，憲法の許容するところである」(猿払判決)*
D	「結論的な判断としての基準」	ある規制が合憲だという判断，明白かつ現在の危険の原則，事前抑制の禁止，合理的関連性の基準	「明白現在の危険がある場合には表現の内容の規制が許されるといった基準で示される判断」，「権利の内容を示すことによって出される判断」(第2回研究会33頁) 「合理的で必要な行動類型規制の基準」(香城・前掲書65-66頁)

(筆者作成)

い。香城は、規制の類型として直接規制(内容的規制)/付随的・間接的規制(内容中立的規制)、積極的規制/消極的規制(以下、まとめて「規制類型論」とする。)という類型を展開するようになる。弊害を具体的に明らかにするための方法が消極規制と積極規制の別であり、被制約利益について重要なのは直接規制と付随的規制であると整理された[52]。香城はレベルBに規制類型論を位置付けており、関心は「規制のタイプをより細かく分けたうえで基準を導く[53]」こととしている。

周知のとおり、猿払判決でこの規制類型論(間接的・付随的規制)が文面上での一般的抽象的な議論を可能にさせる上で決定的な役割を果たしたのであり、表現の自由の優越的地位を基礎においた人権論の定着を不可能にするものとして、学説から強く批判されてきた[54]。まさに基軸となる働きをするものと扱われてきたといえる。

レベルBに配置されているにもかかわらず規制類型論が形式論理で、硬直的・決定的なものとして扱われるなら（実際、そう扱われたのだが）、利益衡量／憲法解釈過程は上滑りし、立法府の制度選択に名を借りた裁判所による判断の押し付けとなってしまう。「まともな利益衡量が行われる余地は極めて狭い[55]」という指摘がもっともである。

とはいえ香城も、第1回研究会で、直接的規制と付随的規制の区別について話題となった文脈で、「二つの規制のタイプを分けるということによって、一方では自動的に合憲になり、他方ではそうではないというものではなくて、やはり事柄の利益状況によってさらにその利益判断というものが必要になる場合がある（強調は引用者）」と述べていた[56]。また、「経済的自由についても、事柄の利益状況によって合憲の基準というものが違ってくるし、思想、表現の自由についても非常に大ざっぱな言い方をしますと二重基準が合理的であることは疑いないことだと思いますが具体的な利益状況によって変わってくる[57]（強調は引用者）」とも述べている。「事柄の利益状況」次第で規制類型論それ自体は、理論上は柔軟にも用いられうる概念なのではないのか。後にも見るように、猿払事件で「事柄の利益状況」の把握において、規制類型論と密接不可分である予防的法制[58]や制度的措置という判断が決定打となったところ、同じく国公法違反の罪に問われた平成24年の堀越事件ではそのような理解はとられなかった。むしろ類型論よりも、その前提にある裁判官の「認識」や「判断」に問題があると解しうる。そこで規制類型論をより柔軟に扱うことも不可能ではないと仮定して、本稿ではこの議論そのものの硬直性については括弧に入れて、判断枠組みの一要素として扱うにとどめる。

Ⅱ 「判例による利益較量の方法」

以上の枠組みを踏まえ、香城が「憲法解釈の方法に関する問題」として挙げたなかの四つ目である、(二)「憲法の権利を立法等によって規制している場合の規制の合憲性判断方法(憲法上の利益考量)」に進みたい。憲法上の「利益衡量論」を、香城はレベルBの例として挙げており、それは「さらに具体的な判例の基準を導くための考慮要素と判断の手順を示す基準」である。

香城が判例による利益較量の方法として整理するのが、目的審査と手段審査であり[59]、手段審査では三つの要素が強調される。第一に、制約利益が憲法上の価値であること、第二に、その制約利益実現と制約を受ける行為との関連性の程度、そして第三に、行為を制約することにより失われる利益の憲法上の価値である[60]。これは猿払基準の構造である。

そこで、猿払事件判決を例に、香城解説やレベル分け論を補足しながら考えると、次のようになる。猿払事件は「憲法規範自体に示されている原理と、国会が憲法上の立法権限に基づいて制定した法律に示されている原理とが対立する場合」であり、利益衡量論によってそれらを序列化することが求められる。そのため、考量すべき原理の確定と序列化を含む憲法解釈が必要となる。

第一に、表現の自由という憲法上の権利を一方に置いたときに、他方の制約利益として、行政の中立的運営が確保され、これに対する国民の信頼が維持されることは、憲法の要請にかなうものであり、公務員の政治的中立性が維持されることは、国民全体の重要な利益にほかならず、これは憲法上の価値である。本件では憲法上の権利その他の利益が問題となっている場合にのみ関連する「合理的で必要やむを得ない限度の基準」が妥当し[61](レベルBと理解する)、したがって公務員の政治的中立性を損うおそれのある公務員の政治的行為を禁止することは、それが合理的で必要やむを得ない限度にとどまるものである限り、憲法の許容するところである（レベルCと理解する）。

第二に、関連性について猿払事件は〈公務員の政治的行為のすべてが自由に放任→公務員の政治的中立性が損われる→職務の遂行ひいてはその属する行政機関の公務の運営に党派的偏向を招くおそれがある→行政の中立的運営に対する国民の信頼が損われる〉というロジックを立てている。さらに〈党派的偏向→政治的党派の行政への不当な介入を容易にする→行政の中立的運営が歪められる可能性が一層増大→行政組織の内部に深刻な政治的対立を醸成→行政の能率的で安定した運営を阻害→議会制民主主義の政治過程を経て決定された国の政策の忠実な遂行にも重大な支障をきたすおそれ→組織の内部規律のみによってはその弊害を防止することができない事態に立ち至る〉とする。そこで「右のような弊害の発生を防止するため、公務員の政治的中立性を損うおそれがあると認められる政治的行為を禁止することは、禁止目的との間に合理的な関連性があるものと認められるのであって、たとえその禁止が、公務員の職種・職務権限、勤務時間の内外、国の施設の利用の有無等を区別することなく、あるいは行政の中立的運営を直接、具体的に損う行為のみに限定されていないとしても、右の合理的な関連性が失われるものではない」。

守られる利益について猿払判決当該箇所では「公務員を含む国民全体の共同利益」とまとめられているが、合理的関連性の基準について説明する香城解説の箇所ではより直截に「規制により守ろうとする利益ないしは目的が、国の自立などにかかわる極めて重要なものであることを注視するところから出発する」と説明されている[62]。目的手段について「微妙な事実認識」が要求されるところから、「裁判所の独自の判断を立法府の判断に優越させるのは適当でなく、むしろ危険が伴う」という理解に基づき、目的の達成と合理的な関連性があると認められる限り合憲とすべきとする合理的関連性の審査でよい[63]（レベルDと理解する）。

合理的関連性の審査においては、事案が裁判所の判断になじまないとして立法府の判断に委ねられるが、単に委ねられるのではなく、実体的で決定的な憲法解釈論がさらに展開されている。香城解説は猿払事件の「本質的特徴」として、政治的行為の禁止は制度的な措置であるという「本判決の根幹をなす認識であり、判断[64]」と説明していた。これが裁判官の「認識」であり、「判断」であることに留意したい。

第三に利益衡量について、猿払事件判決では「公務員の政治的中立性を損うおそれのある行動類型に属する政治的行為を、これに内包される意見表明そのものの制約をねらいとしてではなく、その行動のもたらす弊害の防止をねらいとして禁止するときは、同時にそれにより意見表明の自由が制約されることにはなるが、それは、単に行動の禁止に伴う限度での間接的、付随的な制約に過ぎず、……他面、禁止により得られる利益は、公務員の政治的中立性を維持し、行政の中立的運営とこれに対する国民の信頼を確保するという国民全体の共同利益なのであるから、得られる利益は、失われる利益に比してさらに重要なものというべきであり、その禁止は利益の均衡を失するものではない」。制度的措置として行動の規制に係るという点も、香城解説では猿払事件の本質的特徴として挙げられ、「本判決の根幹をなす方法であり、価値判断[65]」と形容されている。

このように3点を確認し[66]、「行政の中立的運営とこれに対する国民の信頼を確保するため、公務員の政治的中立性を損うおそれがあって禁止をする必要があると合理的に認められる行動類型に属する政治的行為を、その行動のもたらす弊害の防止をねらいとして禁止することは、合理的で必要やむをえない限度にとどまるものである旨の基準を導き出している[67]」と香城解説はいう。香城はこれを「合理的で必要な行動類型規制の基準[68]」とも呼んでいる(レベルDと理解する)。そして、これが本件で問題とされている政治的行為に「あてはめ」られて、「『合理的で必要やむを得ない限度を超えるものとは認められず、憲法21条に違反するものということはできない』と結論する」とされた[69]。

香城が憲法訴訟における利益衡量の実体として示した内容は、先に掲げた【表】のレベルBに位置し、より具体的な基準を導く「方法」と位置づけられている。事柄の利益状況に応じる形でC、Dと具体的な基準が観念され、それが帰結であるというつくりであった。レベルAに置かれた目的手段審査も合わせるなら、猿払基準は、額面通りに受け取れば、利益衡量の方法そのものということになり(レベルB)、憲法解釈の一部をなすものであるが、合理的関連性があればよいという判断及び基準(レベルC)と密接不可分であり、必要性審査を免れる構造である。

Ⅲ 「認識」「判断」

そこで、結局、事態を決したのは、裁判官の主観的な認識だった。猿払事件の「事柄の利益状況」を把握する際に前提とされたのが、「本質的特徴」たる、政治的行為の禁止は制度的な措置であるという「本判決の根幹をなす認識であり、判断[70]」及びかかる制度的措置は行動の規制に係るという「本判決の根幹をなす方法であり、価値判断[71]」である。後者が前者の合憲性を基礎づける関係にある。「政治的行為は、必ずしも直接、具体的に行政の中立的運営とこれに対する国民の信頼を損うものとはいえないが、これを放任するときはおのずから公務員と行政組織の党派的偏向を招き、行政の中立的運営とこれに対する国民の信頼が損われるおそれがあるという特性の認識」が予防的法制を必要とするとされた[72]。香城曰く、「政治的行為の規制の場合には、個々の規制行為を見ればこれくらいは野放しにしても弊害は少ないのではないかという議論の成り立つこともありうる」が、「あの場合には、規制のねらいは個々の行為がもたらす直接の弊害の防止ということに向けられて(いない)[73]」。

制度的措置や予防的法制という言葉は猿払判決にはでてこないが、香城解説では決定的な要素として語られている。そして規制によって守ろうとするのが、「国の自立などにかかわる極めて重要な」利益や目的であることがポイントとなった。そういう場合には目的手段について微妙な事実認識が要求されるのだという[74]。

随所で語られた「認識」「判断」はある人の個別具体的な行為との関係で刑罰をみる時の比例性や均衡性を破る論

理であることに注目したい。猿払判決では、そのような論理が利益の均衡を多段で確認する利益衡量論の中核に置かれ、分析過程に決定的な重しをのせ(75)、合理的関連性があればよいという立場が引き出された(76)。

制度的措置・予防的規制論は、論理そのものとしては、むしろ「公務員の政治的中立性を損なうおそれ」を前倒し拡大して理解することと親和的である(77)。それをいわば実践した例が、堀越事件での公安警察による行動確認捜査であった(78)。休日に、国の施設を利用することなく、勤務地とは関係のない居住地付近で、匿名でビラを配布したことについて、禁じられた政治的行為に該当するとして、大掛かりな捜査が行われた。認定された事実によると、存在が明らかになった撮影済みのビデオカセットは、約33本ある。尾行撮影されたこれらの映像の中には、被告人以外の第三者の姿も含まれている。被告人が捜査員に監視されていなかったのは、自宅内にいる時だけであった。自宅や職場、日本共産党千代田地区委員会事務所もが捜索されて、文書等、そして千代田地区委員会事務所では党員に関する情報の入ったパソコンまでもが差押えられ、押収されている。比例性を破る論理が暴力的に現れた事件であったといえる。

「認識」なり「判断」は、利益の比例性及び均衡性を排除する強力なものであるが、何故に正当化されるのか。『憲法解釈の法理』の第一論文が裁判官の解釈上の裁量についてであったことが思い起こされる。曰く、「裁判官は、自らの規準すなわち政策に基づいて法解釈を下すことは許されず、法規範を含む全法体系の原理にしたがって法解釈を下す義務を負う(79)」。とすると、これは「偏向」裁判キャンペーンや青法協問題等「騒然とした情勢のなかで(80)」、国家の側から公務員制度、国家、国益を眺めた結果としての、香城の理解する「全法体系の原理」解釈であった(81)。裁判官がかかる解釈を示すことの難しさを示していよう。

堀越事件最判が合理的関連性の基準を放棄し、利益衡量論の名の下で個別具体的な危険を検討したのは、「事柄の利益状況」の前提とする「認識」や「判断」のレベルで変更が行われたことを示している。芦部が猿払事件第一審で旭川地裁に提出した鑑定意見書が問題にしたように、「事実上極端に表現の自由、政治活動の自由を制約されることになるおそれが大きい」からこそ、逆に手厚い保障を受けられる方向でルール化をすることに意味があるのであって、[82]予防的・制度的な理由による人権制約にこそ疑いの目が必要な理由である。堀越事件の行動確認捜査の実態は改めて、このことに注意を喚起するものである。[83]今日のリスク社会で、国家的利益のための予防的制度的な人権制約という手法は、目立つ形でも、目立たない形でも広まりを見せているが、裁判官の主観的認識の独善性を防ぐためにも、厳格審査を可能にするルールの実質化と説得力のある立法事実の検討手法が求められる。

まとめにかえて

本稿では、猿払基準の意義として、合憲性判定が憲法解釈を含む法解釈の一環であることを再認識させる点に注目した。法令解釈によって利益の均衡状態を確保するということは、わが国の判例において馴染み深い。たとえば堀越事件判決の解説を加えるなかで千葉勝美元裁判官は、「一般に、違憲審査の前段階で司法部による通常の法令の解釈が行われ、それが法令の意味内容を確定することになることの意味を考えると、本件のような処理は、司法部の持つ武器、すなわち目立たないが切れ味のよい刃物でもあるように感じるのは、私の自己弁護にすぎるであろうか？」[84]と述べていた。ともすると〈審査基準の定立→あてはめ〉が形式に流れてしまうことを考えるときに、裁判官の法解釈の一環としての憲法解釈という視点は重要であろう。

他方で本稿は、猿払基準の構造の抱える問題として、過度の決定性と硬直性を指摘した。[85]香城の議論においては本稿でいうレベルDの「結論的な判断としての基準」より前の法解釈過程がすべてであり、〈認識等の判断→解釈→結論〉という強い連鎖がある。法解釈のなかに憲法解釈が埋め込まれているところ、比例性や均衡性を破る多めの規制を妥当とする事実状況に基づく判断がなされた上で、猿払基準（利益考量）の名で確定度の高い原理の序列化の操作をすることは、訴訟物との関係で必要な以上に広い憲法解釈[86]が示されることになる。これはレベルＤの「結論的な判断としての基準」に直結するため、示された憲法解釈は過剰に包摂的となる傾向を持つ。憲法解釈として見る猿払基準の構想は、憲法解釈の方法や、憲法上の論点の提起の方法、そもそも審査基準として体系化が可能なのか[87]等の問題について、さらなる検討が必要であることを示していよう。

(1)　最大判昭和49年11月6日刑集28巻9号３９３頁。

(2)　芦部信喜『憲法〔第8版〕』（岩波書店、２０２３年）２２９―２３０頁、より詳しくは、芦部信喜「公務員の政治活動の自由の規制と「合理的関連性」基準」（『憲法訴訟の現代的展開』（有斐閣、１９８１年）所収）。なお、猿払判決では「合理的関連性基準」という言葉ではなく、規制目的と手段との間の「合理的な関連性」という言い回しをしている。

(3)　芦部信喜『現代人権論――違憲判断の基準』（Ⅶ論文「公務員の政治活動禁止の違憲性」）（有斐閣、１９７４年）２７４頁で触れられている。

(4)　猿払事件の控訴審で、人事院総裁を務めた浅井清も「「司令部が自分の出した案を非常に強硬に主張」し、現在では到底法律で定めることができないような案を人事院規則で強行させた旨を述べている」と証言している旨が芦部・前掲書（『現代人権論』）２７７頁で引用されている。

(5)　最大判昭和28年4月8日刑集7巻4号７７５頁等。

(6)　芦部・前掲書（『現代人権論』Ⅷ論文「公務員の政治活動規制立法の合憲性判定基準――「より制限的でない他の選びうる手段」の基準について」）２８３頁。

(7)　芦部信喜がアメリカ留学から帰国して最初に公刊した論稿である「憲法訴訟における当事者適格」ジュリ２６１―２６３号（１９６２年）、「合憲性推定の原則と立法事実の司法審査」清宮四郎博士退職記念『憲法の諸問題』（有斐閣、１９６３年）（『憲法訴訟の理論』（有斐閣、１９７３年）所収）など。

(8)　芦部・前掲書（『現代人権論』）２７８頁（鑑定意見書からの引用）。

(9)　芦部・前掲書（『現代人権論』Ⅷ論文（「公務員の政治活動規制立法の合憲性判定基準――「より制限的でない他の選びうる手段」の基準について」）、『憲法訴訟の現代的展開』Ⅴ論文（「公務員の政治活動の自由とＬＲＡ基準――猿払事件上告審における論議を中心として」)、Ⅵ論文(公務員の政治活動の自由の規制と「合理的関連性」基準――猿払事件最高裁判決の問題点))。

(10) 芦部・前掲書(『現代人権論』Ⅶ論文「公務員の政治活動禁止の違憲性」)。

(11) 旭川地判昭和43年3月25日刑集28巻9号676頁。

(12) 札幌高判昭和44年6月24日刑集28巻9号688頁。

(13) 芦部・前掲書(『現代人権論』Ⅶ論文「公務員の政治活動禁止の違憲性」)は、第一審のなした限定解釈について「表現の自由を争点とするこの種の事件では裁判所が行なってはならないことではなかろうか」として、過度広範・不明確ゆえに無効の法理の適用を論じている(特に278―282頁など。引用部分は282頁)。

(14) 最大判昭和48年4月25日刑集27巻4号547頁。

(15) 芦部信喜「憲法学45年――研究生活を顧みて」法教174号(1995年)18頁(『宗教・人権・憲法学』(有斐閣、1999年)所収、263頁)。

(16) 最判解刑事篇昭49年度165頁〔香城敏麿〕。同解説は香城敏麿『憲法解釈の法理――香城敏麿著作集Ⅰ』(信山社、2004年)に収められており、以下は同書からの引用である。

(17) 「〔研究会〕憲法判例の30年――学説と実務との関連において」(芦部信喜＝大野正男＝香城敏麿＝杉原泰雄＝園部逸夫)ジュリ638号(1977年)452頁、「〔研究会〕憲法判断の基準と方法」(芦部信喜＝川添利幸＝香城敏麿＝時国康夫＝戸松秀典＝山川洋一郎)ジュリ789号(1983年)14頁、「〔研究会〕憲法裁判の客観性と創造性」(芦部信喜＝香城敏麿＝佐藤幸治＝高橋和之)ジュリ835号(1985年)6頁。

(18) 芦部・前掲書(『憲法訴訟の現代的展開』Ⅵ論文)239頁。

(19) 第1回研究会・476頁〔芦部発言〕。

(20) 判例における転機として堀越事件最判(最判平成24年12月7日刑集66巻12号1337頁)が重要である。

(21) 高橋和之「審査基準論の理論的基礎(上)」ジュリ1363号(2008年)64頁。

(22) 高橋和之「審査基準論の理論的基礎(下)」ジュリ1364号(2008年)108頁。

(23) 蟻川恒正「合憲であることの定型的論証としての猿払基準」高橋和之先生古稀祝賀『現代立憲主義の諸相　下』(有斐閣、2013年)369頁。

（24）　蟻川・前掲論文注（23）393頁など。

（25）　たとえば、あはき師法最判（最判令和4年2月7日民集76巻2号101頁）は審査の基準として、立法府の判断が「著しく不合理であることが明白な場合でない限り、憲法22条1項の規定に違反しない」という緩やかな基準が立てられていたが、実際にとられた審査方法は、事実審でなされた各種統計データも含む具体的で詳細な事実認定に基づく立法事実を踏まえたものであった。これまで一般に、いわゆる明白性の基準は、裁判所が立ち入った審査をしない場合を指すものと理解されてきたため、最高裁の実際にとった審査は立てた基準よりも厳しいものであるように見える。

（26）　香城・前掲書。著作集Ⅱは『刑事訴訟法の構造』、著作集Ⅲは『刑法と行政刑法』であり、憲法論はそれぞれにわたっているが、本稿の主たる検討対象は著作集Ⅰとする。なお、これらの著作集は、「法解釈、法理解の方法という共通した目標を追い求めてきたつもり」とはしがきに記されている（「はしがき」vi頁）。

（27）　以下では、猿払判決と香城解説が少なくとも矛盾していないこと、氏の議論が一貫した体系内にあることをひとまず前提とする。

（28）　香城・前掲書（「はしがき」）vii—xi頁

（29）　香城・前掲書（香城解説）66頁。

（30）　初出は第1回研究会も掲載されたジュリスト638号（1977年）208頁である。

（31）　香城・前掲書（「憲法解釈と裁量」）6頁。

（32）　香城・前掲書（「憲法解釈と裁量」）6—7頁。

（33）　香城・前掲書（「憲法解釈と裁量」）8頁。そこでは原理（principle）と政策（policy）の区別について、Ronald Dworkin, *Hard Cases*, 88 Harv. L. Rev. (1975); Harry H. Wellington, *Common Law Rules and Constitutional Double Standards: Some Notes on Adjudication*, 83 Yale L. J. 221 (1973)が参照されている。

（34）　香城・前掲書（「憲法解釈と裁量」）8頁。

（35）　香城・前掲書（「憲法解釈と裁量」）15頁。

（36）　香城・前掲書（「憲法解釈と裁量」）9頁。

（37）　香城・前掲書（「憲法解釈と裁量」）12頁。

（38）　第2回研究会18頁［香城発言］。これは香城により「憲法判断の二つの類型」と呼ばれている。

(39) 香城・前掲書(「憲法解釈と裁量」)10頁。
(40) 第3回研究会10頁[香城発言]。
(41) 第1回研究会473頁[香城発言]など。
(42) 第3回研究会10頁、香城・前掲書(「人権に関する判例理論」〔初出は芦部信喜先生古稀祝賀『現代立憲主義の展開 下巻』(有斐閣、1993年)〕)29頁。
(43) なお香城の著作集第1巻のタイトルが『憲法解釈の法理』であることにも改めて注意を払いたい。
(44) 香城・前掲書(香城解説)50頁は「合憲性の判断基準として論じられているものの多くは、どのような場合に利益の均衡を失していないと判断するかについての基準にほかならない。」とする。
(45) 香城・前掲書(香城解説)102―103頁。猿払事件最大判は、第一審と原審いずれの判決も「たとえ公務員の政治的行為の禁止が憲法二一条に違反しないとしても、その行為のもたらす弊害が軽微なものについてまで一律に罰則を適用することは、同条に違反するというのであるが、違反行為がもたらす弊害の大小は、とりもなおさず違法性の強弱の問題にほかならないのであるから、このような見解は、違法性の程度の問題と憲法違反の有無の問題とを混同するものであつて、失当というほかはない」とし、また「被告人の本件行為につき罰則を適用する限度においてという限定を付して右罰則を違憲と判断するのであるが、これは、法令が当然に適用を予定している場合の一部につきその適用を違憲と判断するものであつて、ひつきよう法令の一部を違憲とするにひとし(い)」としていた。もっとも、ビラ配布事件をめぐる判決が典型的であるように、ある特定の事案に刑法等が適用されることについての違憲性が語られるようになっているのであり、このような前提はもはやとり得ない。
(46) 芦部・前掲書(『憲法訴訟の現代的展開』Ⅵ論文)248―249頁。
(47) 香城・前掲書(香城解説)47―48頁。
(48) 香城・前掲書(香城解説)66頁脚注3。
(49) 第2回研究会33頁[香城発言]。
(50) 香城の議論における基準の多義性・多層性に注目した論考として、曽我部真裕「猿払判決香城解説の検討――憲法学から」法時増刊『国公法事件上告審と最高裁判所』(日本評論社、2011年)121頁。
(51) なお第2回研究会33頁[香城発言]では、戸松秀典が研究会で示した立法裁量論の理解について、本稿の言い回しを使えば、レベルDかCとして示されたものだが、香城は「それを導き出すための手順なり基準なり」が必要と指摘している。宍戸常寿「「猿払基準」の再検討」法時83巻5号(2011年)21頁脚注4は、ここでの「香城の発言は、立法裁量論と香城理論の距離を暗示するものとして読まれるべきであろう」と注意を喚起する。

(52) 第2回研究会23—24頁[香城発言]など。

(53) 第2回研究会22頁[香城発言]。

(54) 最も仮借ない批判として、高橋・前掲論文注(21)(22)が参照されるべきである。

(55) 木下智史「体制維持のための憲法判断方法論構築——香城敏麿」『憲法学からみた最高裁判所裁判官——70年の軌跡』(日本評論社、2017年)93頁。木下は「衡量判断を形式的なものとすることにねらいがあった」とする。

(56) 第1回研究会474頁[香城発言]。

(57) 第1回研究会473頁[香城発言]。

(58) 香城は予防という創造的な言葉の及ぼしうる影響の範囲を十分に踏まえていたはずであり(違法捜査抑制の見地からの証拠能力排除等の議論など参照)、確信を持って予防的法制と位置付けたものと理解しうる。

(59) たとえば、香城・前掲書(「人権に関する判例理論」)29頁など。

(60) 同右。

(61) 香城・前掲書(香城解説)52頁。

(62) 香城・前掲書(香城解説)76頁。

(63) 香城・前掲書(香城解説)77頁。別の箇所で香城は、「猿払で、目的と手段の関連性をかなり重視。公務員の中立性を保障するためにどこまでが必要な規制なのかが実は一番大きな争点だったろう。それは精査されるのは当然」とも述べている(第1回研究会476頁)。こういう緩やかな関連性でよいというのが、考えられた末の判断である。

(64) 香城・前掲書(香城解説)48頁。

(65) 香城・前掲書(香城解説)49頁。

(66) 香城はこれら3点が「合憲性を判断する際の具体的な判定基準としてではなく、この基準を導くための方法として示されているものであることは、明らかであろう(香城・前掲書(香城解説)53頁)」とするが、蟻川・前掲論文注(23)は「(事後的な)「理由づけ」ないし「論証」という位置づけが与えられるにふさわしい」と論じる(引用は403頁)。

(67) 香城・前掲書(香城解説)51頁。
(68) 香城・前掲書(香城解説)65―66頁。
(69) 香城・前掲書(香城解説)52頁。
(70) 香城・前掲書(香城解説)48頁。
(71) 香城・前掲書(香城解説)49頁。
(72) 香城・前掲書(香城解説)56頁。
(73) 第2回研究会36頁[香城発言]。
(74) 香城・前掲書(香城解説)76―77頁。
(75) 香城は予防的法制であるために、公務員の中立性を制度として全体として維持する必要があることを理由に、全体としての国の利益対全体としての公務員の政治的中立として見ざるを得なかった旨を述べており(第2回研究会36頁)、予防的・制度的措置についての理解にあげてよることになる。
(76) たとえば第1回研究会でも「「公務員自体を含めた国民全体の共同利益」というおもりを比較の対象として置くとすれば、この重さは絶対的な価値を持つので、始めからバランスの結果は分かりきっている」ので、利益衡量説としては成立しないという批判がなされていたところである(465頁)[大野発言]。
(77) 世田谷事件東京高判(東京高判平成22年5月13日判タ1351号123頁)は、猿払判決を超えて、香城理論を実践した。いわく、「公務員及び行政組織の政治的中立性を維持し、ひいては行政の中立的運営とこれに対する国民の信頼を確保するための予防的な制度的措置であり、規制される特定の行動類型から生じる直接的、具体的な弊害を問題とするものではない」と述べ、政治的行為が「自由に放任されて累積していく場合に行政組織に現出される弊害」を、本件規制の目的は問題にするのである。
(78) 青井未帆「国家公務員の政治的行為の自由と刑事制裁」学習院法務研究6号(2012年)99―101頁において、行動確認捜査に関する認定された事実の詳細を引用している。
(79) 香城・前掲書(「憲法解釈と裁量」)8頁。
(80) 蟻川恒正「裁判官と行政官」駒村圭吾編著『テクストとしての判決――「近代」と「憲法」を読み解く』(有斐閣、2016年)144―145頁など。

(81) 高橋和之が指摘するように、「(香城によって)合理的関連性の基準が「国にとって本質的に重要な利益」を強調するのに対し、直接的・具体的関連性の基準が「国民の政治活動への参加の利益の重要性を強調」すると指摘されている点が注目される。つまり、前者は政府利益の観点を強調し、後者が人権の観点を強調するものであることが自認されているのである。……まさにこの点が猿払基準の本質的な特徴であり、問題点であるということになる」(ジュリ1364号112頁)。

(82) 芦部をはじめ多くの憲法学説は、表現の自由が「もろく壊れやすい権利」であることから、個別事案での均衡性や比例性を破っても多めに保障をすることを当然とする。ここにおいても個別の比例性が破られることは織り込まれているが、それは権利保護のためである。

(83) 堀越事件最判を経ても、国公法のような広汎な刑罰法規の下で、予防的な警察作用における法執行機関の恣意的裁量を規律するには至っておらず、つまり表現者への萎縮効果の除去はなされてはいないことには注意が必要である。

(84) 千葉勝美『違憲審査――その焦点の定め方』(有斐閣、2017年)75頁。

(85) 堀越事件最判に付された千葉裁判官の「一定の利益を確保しようとする目的のために制限が必要とされる程度と、制限される自由の内容及び性質、これに加えられる具体的制限の態様及び程度等を具体的に比較衡量するという「利益較量」の判断手法」を採りつつ「その際の判断指標として、事案に応じて一定の厳格な基準……ないしはその精神を併せ考慮(する)」は、香城のような憲法解釈の枠組みから硬直性、決定性を軽減する一つの方法と理解することもできよう。なお渡辺康行が、堀越判決が出される前に「最高裁が、その判例法理を整理するためには、この際「猿払基準」を放棄し、一般的な比較衡量論によって権利制約の正当化審査を統一することが最も簡明であろう」と指摘していたことが注目される(『憲法裁判の法理』(岩波書店、2022年)326頁。初出は「「合理的関連性の基準」の再検討」法律時報編集部編『国公法事件上告審と最高裁判所』(日本評論社、2011年))。

(86) 本稿では「訴訟物との関係で必要以上に広い憲法解釈」という言い回しをつかってきたが、そもそも必要な範囲の憲法解釈とは何かという問題がある。

(87) 駒村圭吾「さらば香城解説!?――平成24年国公法違反被告事件最高裁判決と憲法訴訟のこれから」前掲書注(23)438頁。

第八章　放送の自由・放送制度とデジタル社会

宍戸常寿

はじめに

『芦部信喜古稀祝賀　現代立憲主義の展開』(有斐閣、1993年)の下巻巻末に収められた「芦部信喜先生略歴」には、芦部が電波監理審議会委員を1982年から1991年まで務めたことが記されている。芦部の憲法学については、伝統的な国法学の研究とアメリカ憲法訴訟論及び人権論の構築の二つが言及されることが多いが、このような制度・実務への芦部のコミットメントの側面は、国家公務員の政治的行為の制限に関する訴訟への関与や靖國懇問題を除いては、必ずしも十分な光が当てられてこなかったように思われる。

改めて、平成の時代を代表する憲法の教科書である芦部の『憲法〔新版補訂版〕』(岩波書店、1999年)の表現の自由の章を開くと、「表現の自由の内容」の一項目として、「放送の自由」に関する記載(168―169頁)が簡にして的を射たものであることに気づかされる。通信の秘密については、その保障の趣旨をプライバシーの保護に寄せて理解する当時の学説の傾向を踏まえつつ、芦部の晩年当時に激しい論争となっていた通信傍受の憲法問題にも言及されている。

芦部の遺作である『憲法学Ⅲ　人権各論（1）〔増補版〕』（有斐閣、2000年）には、同様の体系的整理の下で、放送の自由に関して詳細な記載がある（301—314頁）。他方、通信の秘密については記載の便宜上か、集会・結社の自由の章に位置付けられてはいるが、独立の節を起こして、相当の分量を割いてまとまった説明がなされている（540—556頁）。

これらの記載からは、実定的な制度・実務やその課題を、憲法的観点から手際よく整理し、バランスよく分析する、着実な実定法学者としての芦部の一面が窺われる。また芦部は、一般国民がマス・メディアとの関係で情報の「受け手」となったという環境の下で、「知る権利」の観点から表現の自由論を再構成すべきであるとの理論的立場を取ったが(1)、その具体的な現れとして、アクセス権とともに放送の自由が位置付けられていたことが見て取れる。

このような放送の自由・通信の秘密に関する芦部の見解は、他の論点と同様に、四半世紀を経たいまもなお通説的見解を体現するものとして扱われている。他方、「芦部教授は伝統的な人権論の諸テーマだけではなく、科学技術の進展が生み出す先端的な憲法問題にも積極的に取り組んだ」との長谷部恭男の評にあるとおり(2)、芦部自身は、社会の変化やテクノロジーの進展、さらに実務の進展に伴う新しい憲法問題の登場とそれに伴う憲法の理解の見直しの必要性に、きわめて自覚的であった(3)。

そして、放送・通信制度に関連する表現の自由は、おそらくは婚姻・家族制度に関する法の下の平等と並んで、芦部『憲法』の記述の更新が最も求められる憲法の領域であろう。『憲法〔新版補訂版〕』と、高橋和之の補訂による最新の『憲法〔第8版〕』（岩波書店、2023年）を比較してみれば、放送の自由の下に「NHK受信料の法的問題」が加えられ（202—203頁）、さらに「インターネット上の表現の自由」の項目が立てられているが（203—207頁）、このことは、ポスト芦部の憲法学の直面する課題の一面を具体的に示すものであるように思われる。

以下では、放送制度を中心に、芦部の見解、その後の制度・実務及び学説の展開を略説することとしたい。

I　放送の自由論の展開

1　公法学と放送制度

芦部は晩年、１９７０年代に「放送通信制度研究会という、学者とＮＨＫの方々などを交えた研究会が設立され、私はそのメンバーに加えていただいて、情報化社会における放送制度、特に放送の自由についていろいろ議論したり、若干の論文を書いたりして、新しい分野の憲法問題に取り組んだ」と述懐している。(4) 芦部の放送制度に関する代表的な論文は、放送通信制度研究会の成果である「放送番組の編集基準と言論表現の自由」(１９７６年)であり、「アメリカの通信法改正問題――特に放送制度改革論議について」(１９７９年)とともに、他の表現の自由・知る権利に関連する論文と並んで、論文集『人権と議会政』(有斐閣、１９９６年)に収められている。(5) 同論文集のはしがきには、その後も、放送制度に関する研究会に参加したことが記されている。(6)

ところで、筆者自身が放送制度に関わるようになったのは、ＮＨＫ「デジタル時代の公共放送に関する勉強会」(２００２年―２００３年、長谷部恭男座長)に参加したのがきっかけであった。(7) 放送制度については、公法研究者が、総務省(旧郵政省)・ＮＨＫ・日本民間放送連盟といったアクターが直面する、新しい環境の変化に対応するための実務的課題の検討に関わる中で、新たな学説の展開が生まれてくることが多いが、(8) そうした伝統の形成を伊藤正己とともに担ったのが芦部と位置付けることができよう。

実際にも、衛星放送やケーブルテレビ等の「ニューメディア」の登場を見据えつつ、先の論文で基本的な姿勢が定まった後の芦部の放送の自由論の深化、そして放送の自由論をめぐるポスト芦部の学説の展開は、芦部が座長を務めた「放送問題総合研究会」報告書(１９８８年)を起点としている。(9) 以下では、芦部の放送の自由論の到達点と見ることができる、『憲法学Ⅲ　人権各論(1)〔増補版〕』の記述を確認しておくことにしたい。[10]

2　芦部の放送の自由論

【問題の所在】　放送は電波法により免許制の下に置かれるほか、放送法が政治的公平等の番組準則を定めるとともに、ＮＨＫの設立等を定めている。このような新聞には許されない特別の公的規制が放送に課されていることは、表現の自由との関係で特別の問題を惹起する。[11]

【放送の規制根拠】　多元的な情報源の間に自由競争の原則を支配させるだけで、国民の知る権利に応える情報の多様性が確保されるという保障はないが、それはメディアの性質が新聞と放送で異なるからである。[12]①放送用電波の有限希少性、②他のメディアに見られない放送の社会的影響力、③商業放送が自由競争に任せると番組が画一化する傾向があることは、相互に結びついて、放送の公的規制を正当化する理由になり得る。[13]

【部分規制論について】　電波の有限希少性を否定する一方で、印刷メディアを自由とし放送を規制することで国民の知る権利をよりよく充足できると説く「部分規制論」は、魅力的ではあるが、それだけで放送に対する規制を根拠付けられるものではなく、伝統的な規制根拠論と結びつけて考えるべきである。放送問題総合研究会の報告書は部分規制論を採用していない。[14]

【基本的情報公平提供論について】　基本的情報が社会全体に公平かつ低廉に提供され、情報の公平性や多様性が確保されるために、放送への一定の規律が許されるとする「基本的情報公平提供論」は、情報の多様性を確保し知る権利に応えることを志向する点で、③の画一化傾向論と同じ趣旨のものであるが、基本的情報の概念、またこの立場と結びつけて説かれる、「切札としての人権」論と公共の福祉に基づく権利の区別論には、学説上異論がある。[15]

【放送の自由の理解】　「国家からの自由」から出発しつつ国民の知る権利を重視するという立場から、放送事業者の自由に重点を置くアメリカ型の理解と、意見形成に「奉仕する自由」として理解するドイツ型の理解の中間に位置する自由として、放送の自由を理解すべきである。放送法に番組準則が定められつつ、それが倫理的意味の規定として運用されていることには合理性がある。[16]

3　長谷部恭男の反論とその後の学説

芦部が、自らの放送の自由論を彫琢するに当たって検討した伝統的な規制根拠論に対する新しい見解は、放送問題総合研究会の事務局を務めた、濱田純一と長谷部恭男の見解であった。より仔細に見ると、基本的情報公平提供論と奉仕する自由としての放送の自由の理解は濱田の[17]、そして部分規制論と基本的情報公平提供論のセットは長谷部の見解を、それぞれ念頭に置いていたと見ることができる。

このうち長谷部は、「切札としての人権」と公共の福祉に基づく権利の区別を前提に、マス・メディアの自由を後者に位置付けることを否定した、そうであるが故に放送規制の正当化として放送と印刷メディアの実体上の差異にこだわり続けた、と芦部の見解を分析した上で[18]、「切札としての人権」論の危険性と、有用性への疑いを指摘する芦部の立場に対して、自身の見解を擁護した[19]。その上で、伝統的な規制根拠論と結びつけることで、いわば部分規制論を補助的に援用しうるものと見た芦部とは反対に、放送用電波の有限希少性や社会的影響力に着目する議論は「物差し」にすぎず、その正当化根拠を明らかにしたのが放送問題総合研究会の報告書及び自身の見解であるとの説明を加えている[20]。

その後の学説は、放送・通信の連携・融合を踏まえて、基本的情報公平提供論を踏まえた放送の自由の理解をさらに進めて、社会において放送が果たすべき機能・役割から、放送規制の在り方を積極的に論じる傾向にある[21]。これに対して、部分規制論や放送の自由の制度的な理解を批判した上で、たとえば番組準則については意見の多様性を確保するための消極的規制として理解する見解も有力に唱えられている(22)。

このような学説の展開は、放送の自由を含む表現の自由を、国家からの自由を出発点としつつ、国民の知る権利の観点から再構成しようと試みた、芦部の見解の中に内在していた二つの契機のいずれを、技術・サービスや制度の変化の中で重視するかについての力点の違いでもあるように思われる。

Ⅱ　放送制度の展開

1988年の放送法改正は、放送法の構成を改めて、放送に関する通則規定を置き、放送普及基本計画制度を法定化し、さらに番組基準や放送番組審議会の設置を義務付けるなどした。芦部の放送制度論は、基本的にはこの1988年改正放送法及び衛星放送を導入した1989年改正放送法を前提としたものであった。芦部後の放送制度の展開は多岐にわたるが、ここでは大きく3点に絞ることにしたい。

1　2010年放送法改正

2010年放送法改正は、1950年に放送法が制定されて以来の「60年ぶりの大改正」と言われた。同改正は、放送・通信の連携・融合が進む中で、放送法・有線テレビジョン放送法・電気通信役務利用放送法・有線ラジオ放送法を放送法に統合するとともに、放送概念を従来のように無線通信によるものとは限らず、「公衆によつて直接受信されることを目的とする電気通信」の送信(2条1号)と定義し直した。また、ハード・ソフトの一致を前提としていた放送免許制から、既に衛星放送について導入されていたハード・ソフトの分離が原則へと移行した。

このような大改正の基礎となった情報通信審議会答申「通信・放送の総合的な法体系の在り方」(2009年)は、放送の社会的影響力・放送用電波の有限希少性といった伝統的な放送の規制根拠論に加えて、放送の機能・役割論をも展開しており、先述した学説の展開と同様の思考が、放送制度の展開を支えるようになったと見ることができよう。[23]

2 番組準則・放送行政の在り方をめぐる議論

番組準則違反を理由とする放送事業者への行政指導と、その前提として番組準則(2010年改正後の放送法4条)の性格が倫理的規範なのか法的拘束力を持つ規範かといった議論は、いわゆる椿発言問題(1993年)により、芦部の生前中から議論が高まっていた。そして第一次安倍政権において総務省による行政指導が多発したことを受けて、民主党政権下では、独立行政委員会による放送規制の導入(日本版FCC)の構想が検討された。

もっとも、先述した2010年放送法改正の際、政府は、放送法の番組準則への違反が繰り返されるといった例外的な場合には総務省は放送の業務の停止を命じうるとの見解を、維持した。[24] さらに総務省が設置した「今後のICT分野における国民の権利保障等の在り方を考えるフォーラム」(濱田純一座長)の議論を通じて、特定の監督機関の設置ではなく、表現の自由を守る「砦」を重層的に構築すべきであるとの方向性が示された。その後は、BPOそして番組審議機関の機能拡充に向けて、関係者の取組が進められている。[25]

第二次安倍政権の下で、2016年には政府は番組準則のうち政治的公平について、一つの番組ではなく放送事業者の番組全体を見て判断するとの従来の解釈を維持するとしつつ、一つの番組のみでも政治的公平を確保しているとは認められない極端なケースがあり得るとの統一見解を示した。逆に2018年には番組準則の削除を含む放送規制改革が政府内部で検討されたものの、民間放送事業者を含むメディアの強い反対を受けて撤回されるという経緯があった。

こうした論点について詳細に検討することはできないが、[26] 番組準則が、単に放送の自由を制限する、あるいは政府による介入の正当化根拠として機能しうるという消極的な側面だけではなく、特に地上波テレビジョン放送に関わる人々にとってのアイデンティティを同準則の内容が形成している側面も浮き彫りになったように思われる。そしていわゆるＮＨＫ番組改編訴訟判決（最判平成20・6・12民集62巻6号1656頁）が、放送法の規定について「放送事業者による放送は、国民の知る権利に奉仕するものとして表現の自由を規定した憲法21条の保障の下にあることを法律上明らかにするとともに、放送事業者による放送が公共の福祉に適合するように番組の編集に当たって遵守すべき事項を定め、これに基づいて放送事業者が自ら定めた番組基準に従って番組の編集が行われるという番組編集の自律性について規定したもの」との理解を示し、番組編集の自律（法3条）が改めてクローズアップされてきたことも、指摘しておきたい。

3　公共放送をめぐる議論

放送・通信の連携・融合が進む中で、世界各国の公共放送は、インターネットでの情報発信を拡大しており、日本でもＮＨＫのインターネット業務の活用とその拡大が議論されてきた。他方でＮＨＫの財源を支える受信料制度については、２０００年代にはＮＨＫの不祥事に起因して不払い数の増加が問題となったほか、受信料額の引き下げ、それらに関連してＮＨＫのガバナンスの改革が問題とされてきたところである。

２００７年放送法改正により、ＮＨＫの経営委員会の監督権限の明確化や監査委員会の制度が導入されたほか、既放送番組を電気通信回線を介して一般の利用に供する業務がＮＨＫの業務に追加され、２０１４年改正ではその範囲が拡大された。２０１９年放送法改正では、ＮＨＫによる放送番組の常時同時配信の実施を可能とするとともに、ＮＨＫの経営の適正を図るための制度改革が行われた。また２０２２年放送法改正では、受信料還元のための仕組み、受信契約未締結者に対する割増金制度が整備された。

この間、受信料制度判決（最大判平成29・12・6民集71巻10号1817頁）は、「放送は、憲法21条が規定する表現の自由の保障の下で、国民の知る権利を実質的に充足し、健全な民主主義の発達に寄与するものとして、国民に広く普及されるべきものである」と述べつつ、公共放送と民間放送の二元体制の意義を認めた上で、憲法21条の趣旨を具体化する制度についての立法裁量を肯定し、受信料制度は憲法違反ではないとの判断を示した。芦部自身も、先述のとおり放送の規律根拠として商業放送の番組画一化傾向を指摘し、また、二元体制に肯定的な評価を与えていた(27)。同判決は、先に述べた芦部の放送の自由論に含まれる二つの契機のうち、知る権利という積極的自由の実現の文脈を重視したものとも整理できよう。

芦部『憲法』の補訂に当たって高橋和之は「「表現を受け取らない自由」は精神的自由権であり、その制限の合憲性は立法裁量の問題として簡単に片付けうるものではない」と同判決に批判的なコメントを記したが、芦部であればどのように評釈しただろうか。違憲審査基準論の射程はもちろん、最高裁判所が法務大臣権限特例法により法務大臣の意見書を求めた点で、芦部憲法訴訟論にとっても格好の素材になったのではないかと思われる。

より俯瞰的な視点でみれば、芦部をはじめとする憲法研究者の一部にとって放送制度が重要な憲法問題として位置付けられてきたにもかかわらず、ドイツのように放送制度の在り方が憲法裁判として争われることが少なかった日本の状況を振りかえるとき、改めて芦部逝去後の憲法裁判が活性化したことを、同判決は想起させる。

Ⅲ　デジタル社会と表現の自由・放送制度

1　デジタル社会＝データ駆動型社会の到来

こうした芦部逝去後の放送制度の展開の通奏底流は、通信民営化（1985年）後の急速な通信サービスの発展による、放送をめぐる環境の激変である。芦部も前提にしていた放送と通信の線引きが2010年放送法改正によって動いたのは、その象徴といえる。以下では芦部憲法学と関係する限りで、現代の問題状況を簡潔に素描するにとどめざるをえない。(28)

芦部はもとより情報が社会生活においてもつ意義の増大を意識していたが(29)、芦部逝去から四半世紀後のデジタル社会は、データが大量に生成・流通・蓄積・分析・利用され、そのことに経済活動も国家の活動も依拠する、「データ駆動型社会」である。そうであればこそ、プライバシーないし個人データの保護が世界的にも重要な人権問題となっている。そして日本においては、データが流通する通信の世界を規律する通信の秘密の規定(憲法21条2項)の重要性が再発見され、同時にその限界が様々な場面で問題となっている。(30)

2　マス・メディア、放送の相対的な地位低下

インターネット、携帯電話そしてスマートフォンの普及、電子掲示板・ブログ、現在ではソーシャルメディアないしSNSの利用拡大、そして海外事業者が提供するプラットフォームサービスや動画配信サービスによって、芦部が知る権利を説いた当時とは、情報環境は一変している。

個人はもはやマス・メディアの発信する情報を受動的に受け取る一方的な「受け手」にとどまらず、能動的に情報を選択し、また放送と同程度の強力な発信をすることが可能になった。このような事態は、表現の自由・知る権利の観点からは評価されるべきことである一方で、インターネット上の違法・有害情報の増大に対応するため様々な施策がなされてきた。そうした展開を経て、芦部の時代にはまだ前景化されなかった、情報のボトルネックとなる「媒介者」をめぐる問題が、現在の憲法学において重視されるようになっている。(31)

情報化社会のフロントランナーであったはずの放送事業者は、放送のデジタル化、近時の視聴データの活用の取組

に見られるように、なんとかそのような動きについていこうとしており、さらにはデータジャーナリズムのような知る権利への取組の高度化が期待されている。しかし、芦部が放送の自由論を検討した放送の普及・拡大の時代とは異なり、現在は、若い世代を中心に視聴者のテレビ離れが顕著となり、放送ではなくインターネットを通じて番組の内容に接するという利用者が多くなった上に、そもそもジャーナリズムに基づくマス・メディアの報道に触れる頻度自体が、社会全体として相対的に減少している。このような中、人口減少・少子高齢化も相俟って、経営基盤の弱い後発のローカル局を中心に放送の持続可能性が危ぶまれる時代にもなっている。

先述したNHKのインターネット業務の拡大もこのような状況を踏まえて議論されてきたものであり、そのいわば到達点として、2024年に成立した放送法改正は、番組同時配信をNHKの必須業務としつつ、そのためにアプリを入れる等の行動を取ったインターネット利用者にも受信契約の締結を義務づける規定を含んでいる。しかし、同法案の検討の過程では、他のマス・メディアからの「民業圧迫」との批判が強く出され、NHKが任意業務の中で、受信契約の締結の有無を問わず無料でインターネット上で提供してきた「理解増進情報」が廃止されることになった。

芦部は、「西欧型の民主政は、複数政党が存在し、かつ、複数の報道機関すなわち情報源が多元的であることを不可欠の前提としている(32)」と指摘していた。国民の知る権利に奉仕するためのマス・メディアの多元性の確保に向けた方策は、現在では、憲法政策上の課題でもあると考えられる(33)。

3　偽情報対策、「デジタル立憲主義」

ソーシャルメディアないしSNSでは、プライバシーを含む利用者のデータを大量に取得・分析することを前提とした行動ターゲティング広告が猛威を振るい、「フィルターバブル」や「エコーチェンバー」現象が生じ、言論空間が分断され、健全な世論形成が懸念される現状にある。これに対応して、基本的情報の提供という放送が担ってきた機能も、質量ともに膨大な情報に晒されている個人の認知限界を踏まえて再評価されており、その上で既存の放送事業者がそうした機能をデジタル空間で果たし続けられるよう、いわゆるプロミネンス規制を導入すべきか等が議論されている。

ＥＵのデジタルサービス法は、膨大なデータを集積し、情報流通を媒介するアーキテクチャを設計・運用する超大規模プラットフォーム事業者に対して、偽情報対策等を含めた強い規律を課している。その背後に、従来、国家に求められてきた基本的人権の保障等の憲法的価値を、デジタル空間において国家に勝る影響力を持つデジタル・プラットフォーム事業者にも及ぼすべきであるという、「デジタル立憲主義」と呼ばれる思考の存在が指摘されている(34)。国境を超えたデジタル社会という新たな状況であれ、かつて社会的権力への警戒から私人間効力論を説いた芦部の問題意識がなおアクチュアリティを持っていることを示すものでもあろう(35)。

むすびに代えて

性同一性障害特例法事件決定（最大決令和５・10・25民集77巻７号１７９２頁）の宇賀克也裁判官反対意見には、次の一節がある。

「表現の自由や信教の自由を考えれば明らかなとおり、決してその外延は明確ではなく、憲法学者の研究の大部分は、憲法上基本的人権として明記された権利の外延についての様々な解釈の優劣に関するものといってよいと思われる。検索エンジンやＳＮＳの登場によって、表現の自由の外延について新たな議論が必要になったように、技術の進展等を含む社会情勢の変化に伴い、基本的人権の外延は変動の可能性を伴う」

マス・メディアが情報の「送り手」として強い地位を持ち、情報流通のボトルネックであった時代に、放送の自由の「外延」を論じることは、同時に表現の自由、ひいては民主主義社会における世論形成のあり方を論じることでもあった。芦部がその当時の情報環境を前提に議論したことをそのまま墨守するのではなく、現在のテクノロジーの発展や社会の変化に応じて、憲法の基本理念に立ち戻りつつそれを生かす議論を模索するのが、現在の憲法学が芦部の課題を正しく継承することになると、筆者は考えている。

(1) 芦部信喜(高橋和之補訂)『憲法〔第8版〕』(岩波書店、2023年)190頁。
(2) 長谷部恭男「芦部信喜教授の人権論——放送制度論を手掛かりとして」『憲法の理性〔増補新装版〕』(東京大学出版会、2016年)89頁。
(3) 芦部信喜「情報化社会における憲法問題」『宗教・人権・憲法学』(有斐閣、1999年)150頁以下。
(4) 芦部信喜「放送の自由の規制と憲法」『宗教・人権・憲法学』173頁。
(5) 芦部信喜『人権と議会政』(有斐閣、1996年)61頁以下、93頁以下。
(6) 芦部信喜「はしがき」『人権と議会政』ii頁。
(7) 同勉強会報告書については宍戸常寿「公共放送の「役割」と「制度」」ダニエル・フット＝長谷部恭男編『融ける境超える法4 メディアと制度』(東京大学出版会、2005年)141頁以下参照。
(8) ここではさしあたり塩野宏、堀部政男、濱田純一、多賀谷一照、長谷部恭男、鈴木秀美の名前を挙げるにとどめる。
(9) 同報告書については、長谷部恭男『権力への懐疑』(日本評論社、1991年)139頁以下、『テレビの憲法理論』(弘文堂、1992年)94頁以下参照。
(10) さらに芦部・前掲注(3)「情報化社会における憲法問題」、前掲注(4)「放送の自由の規制と憲法」も参照。
(11) 芦部信喜『憲法学Ⅲ 人権各論(1)〔増補版〕』(有斐閣、2000年)303頁。
(12) 芦部・前掲注(11)303頁。

(13) 芦部・前掲注(11)304―頁、311頁。
(14) 芦部・前掲注(11)307―310頁。
(15) 芦部・前掲注(11)310―311頁。
(16) 芦部・前掲注(11)311―312頁。
(17) 濱田純一『メディアの法理』(日本評論社、1990年)151頁以下。
(18) 長谷部・前掲注(2)94頁。
(19) 長谷部・前掲注(2)94―101頁。
(20) 長谷部・前掲注(2)101頁。
(21) さしあたり筆者自身のものとして宍戸常寿「放送の自由」大石眞＝石川健治編『憲法の争点』(有斐閣、2008年)120頁以下、「放送の規律根拠とその将来」日本民間放送連盟・研究所編『ネット・モバイル時代の放送――その可能性と将来像』(学文社、2012年)28頁以下。
(22) 高橋和之『人権研究1 表現の自由』(有斐閣、2022年)284頁以下。
(23) 宍戸・前掲注(21)「放送の規律根拠とその将来」31頁以下。
(24) 宍戸常寿「改正放送法と行政権限」法時83巻2号(2011年)88頁以下。
(25) 宍戸常寿「BPOの意義と課題」日本民間放送連盟・研究所編『ソーシャル化と放送メディア』(学文社、2016年)98頁以下、「番組審議会の役割と課題」日本民間放送連盟・研究所編『ネット配信の進展と放送メディア』(学文社、2018年)211頁以下参照。
(26) 川端和治『放送の自由――その公共性を問う』(岩波新書、2019年)参照。
(27) 芦部・前掲注(3)168頁。
(28) さしあたり宍戸常寿「表現の自由」樋口陽一ほか『憲法を学問する』(有斐閣、2019年)279頁以下、「デジタル社会と憲法」東京大学法学部「現代と法」委員会編『まだ、法学を知らない君へ――未来をひらく13講』(有斐閣、2022年)11頁以下参照。
(29) 芦部・前掲注(1)190頁、芦部・前掲注(3)150頁以下。
(30) 宍戸常寿「通信の秘密に関する覚書」長谷部恭男他編『高橋和之先生古稀記念　現代立憲主義の諸相　下』(有斐閣、20

13年）487頁以下参照。
(31) さしあたり曽我部真裕ほか『情報法概説〔第2版〕』（弘文堂、2019年）40頁以下（曽我部）。
(32) 芦部・前掲注(11)303頁。
(33) 宍戸常寿「マスメディアの持続可能性を守る」日本新聞協会『デジタル時代の新聞の公共性を考える』（新聞研究別冊、2022年）22頁以下参照。
(34) 山本健人「デジタル立憲主義と憲法学」情報法制研究13号（2023年）56頁以下。
(35) 芦部・前掲注(1)113頁以下。

【追記】 本稿脱稿後、石川健治教授の研究プロジェクトにおいて、ご遺族のご厚意により、芦部の残した資料を整理する機会に恵まれた。筆者の目を引いたのは、本稿冒頭に記した、会長在任中を含む電波監理審議会委員関係の資料が、丁寧に保存されていたことである。中には、いわゆる「やらせリンチ事件」（1985年）をめぐる当局の対応に関連するもの、衛星放送導入後の公共放送のあり方に関する芦部の考えを示唆する手書きメモのような貴重な資料も含まれている。芦部像を描き直す作業が、戦後憲法史・憲法学説史の新たな一面に光を当てる作業であると、改めて痛感したことを記しておきたい。

第九章　学問の自律と「国家の良心」
――芦部信喜の憲法23条論

松田　浩

はじめに――芦部憲法学における学問・教育論

芦部信喜が学問の自由について書き遺した作品は、決して多くはない。しかし、助手時代の終わりに足許で警備公安警察の内偵活動が発覚した１９５２年の東大ポポロ劇団（警察手帳）事件を皮切りとして、「暗い谷間」の戦前・戦中を潜り抜けた先達たちが文部省・学長の管理権限強化に反対した１９６２年の大学管理法論争、国の教育内容統制に憲法を武器として抵抗を試みた１９６５―９７年の３次にわたる家永教科書訴訟、東大を始めとして学生による大学占拠と警官隊の構内導入が大きな社会問題となった１９６８―６９年の大学紛争など、時代を画した諸事象と向き合うなかで、この主題への学問的省察を重ね、通説をリードする堅実な理論を築き上げてきた。(1) 本章は、芦部憲法学の周縁部にあるそうした業績を、憲法史・憲法学史のなかに位置づける作業を通して、この国の学問・教育にかかわる憲法論が辿ってきた道程と、そこで戦後派の well-balanced な「中央」を担った芦部の遺作がいまなおお指し示す課題の在り処を明らかにしてみたい。

Ⅰ　憲法裁判へのかかわりにみる芦部の実践的立場

まず、代表的な憲法裁判について、芦部がどのような批評と実践の取り組みを行っていたかを検討しよう。体系書・教科書・演習書等の一般的著述を除けば、本章の主題にかかわる著作はここに取り上げるいくつかの小品にほぼ限られている。

1　東大ポポロ劇団(警察手帳)事件

(1)　事件の発生と東京地裁判決

芦部が学問の自由について論攷を執筆したのは、1963年の東大ポポロ劇団事件最高裁判決批評[2]を以て嚆矢とする[3]。1952年2月20日、東京大学法文経25番教室において大学公認の劇団ポポロが大学当局の許可を得て演劇発表会を催していたところ、入場券を買い求めて会の模様を監視していた本富士警察署警備係員3名が学生らに捕らえられ、警察手帳を奪い取られる(後日返還)という事件が発生した。警察手帳から露見したのは長期にわたる恒常的な警備情報収集活動であって、「殆んど連日の如く大学構内に立入って、張込、尾行、密行、盗聴等の方法によって学内の情勢を視察し、学生、教職員の思想動向や背後関係の調査を為し」てきた実態であったが[4](一審の事実認定)、この騒動に際して教室から逃げようとする警察署員の腕を摑み、オーバーの襟に手をかけて手帳の提示を求める等の行為をした学生が、暴力行為等処罰に関する法律違反で起訴された[5]。

一審の東京地裁は、大学構内における警備情報収集活動の合法性を正面から問い、学内活動が「絶えず警察権力の監視と査察の下に置かれることを是認するには、学問の自由、大学の自治の持つ国法上の価値は余りにも貴重である」とし、「大学の研究、講義、演習、その他学生の自治活動等すべて」について、「大学内の秩序の維持は、緊急止むを得ない場合を除いて、第一次的には大学学長の責任において」自律的に処理されねばならず、それが困難ないし不可能な場合に「大学当局の要請により警察当局が出動しなければならない」とする。そして、緊急、不穏な学内情勢の認められないなかでの警官の本件学内立入りは、「学問の自由に対する憲法上の要請を看過し」ており、職務権限の範囲を逸脱した違法なものと断じた。被告人の行動は、つとに察知していた警官の違法な学内立入りを目の当りにして、将来これが繰り返されることを実効的に防止する手段として立入りの事実を明らかにしようとしたもので、日頃の憤懣が爆発したために「やや穏当を欠くもの」となったことは明らかであるが、そこには一定の節度が守られていた。そして、被告人の自由権擁護の行動の利益と警官の個人的利益を比較秤量すれば、警官の軽微な被害を犠牲にして確保された自由権上の利益の大きさと「憲法的秩序保全の国法上の価値の重さ」は、被告人の行為から違法性を取り去るに充分であるとして、無罪が言い渡された。(6)

(2) 最高裁判決と芦部の批評

二審の東京高裁も、一審の前記判旨とほぼ同じ理由によって検察側の控訴を棄却したが、(7) その7年後に最高裁大法廷は憲法23条解釈の誤りを理由として一審・二審の判決を破棄し、地裁に差し戻した。最高裁によれば、「学生の集会が真に学問的な研究またはその結果の発表のためのものでなく、実社会の政治的社会的活動に当る行為をする場合には、大学の有する特別の学問の自由と自治は享有しない」。また、「その集会が学生のみのものでなく、とくに一般の公衆の入場を許す場合には、むしろ公開の集会と見なされるべき」である。本件の発表会は、反植民地闘争デーの一環として行われ、内容も松川事件に取材し、同事件の資金カンパが行われ、さらに渋谷事件の報告もなされたのだから、「これらはすべて実社会の政治的社会的活動」に当たり、「本件集会はそれによってもはや真に学問的な研究と発表のためのものでなくな」った。また、会場には「学生および教職員以外の〔本件警察官を含む〕外来者が入場券を買って入場していた」のだから公開の集会またはこれに準じるものと見なされるべきであり、したがって、「本件の集会に警察官が立ち入ったことは、大学の学問の自由と自治を犯すものではない」と論断された。(8)

これに対して芦部はまず、大学の自治と警察権との関係について最高裁判決が何も語っていないことを指摘し、一審判決の説いた学長の第一次的責任による自律的学内秩序維持の原則を支持した上で、私服警官が連日の如く大学構内に立ち入り「実質上学問の自由が脅かされていた」にもかかわらず、最高裁判決は一連の「特高警察的な警備活動を不問に付している」と批判する。ついで、学問的活動と政治的社会的活動の区別は微妙かつ困難であるから、その判断は「大学の責任と良識にゆだねられている」と見るべきであり、大学が認めた集会を最高裁判決のいう理由だけで非学問的活動だと割り切り、警官の無断立ち入りを是認するのは「大学自治の侵犯をもたらす危険」があるとする。また、本来学内集会は非公開が建前であるから、「一般人が事実上混入できたというだけ」で、他に緊急の事情もないのに警備情報収集のための無断立ち入りが是認されるわけではないという。すなわち、芦部の立場は一審・二審判決の全面的な支持である。(9)

2 初期の家永教科書訴訟

(1) 第2次訴訟の提起と杉本判決

芦部が判例評釈のみならず、原告側の証人としてより直接的に裁判過程にかかわったのが家永教科書訴訟である。1970年に初めての判決が下された第2次訴訟は、東京教育大学の家永三郎教授が高校用教科書『新日本史〔五訂版〕』について改訂検定申請を行ったところ、記紀や日ソ中立条約等の記述にかかわる3件6箇所を検定不合格とされたため、1967年に不合格処分の取消しを求めた行政訴訟である。それ以前の検定不合格・条件付合格処分について1965年に提起されていた第1次訴訟(国家賠償請求訴訟)と並んで、教科書の記述内容を国が審査する検定制度の違憲・違法性が正面から争われた。

第2次訴訟一審判決(以下、杉本判決)の要点をまとめよう。(a)憲法26条においていわゆる子どもの学習権が保障され、これに対応して親を中心とする国民全体が子どもを教育する責務(「国民の教育の自由」)を担うものとし、国はこうした国民の教育責務の遂行を助成する責任を負い、そのための諸条件を整備する権能をもつが、「国家が教育内容に介入することは基本的には許されない」。(b)親ないし国民の教育責務は主として学校教師を通じて遂行されるので、教師の教育の自由もこれらと不可分一体をなすものであり、真理教育が要請され、教育的配慮をなすこと自体が学問的実践であることからすれば、憲法23条は教師に対して「自らの正当とする学問的見解を教授する自由をも保障している」。(c)学問の研究者が学校教材としての教科書を執筆・出版することは学問的見解の発表の一形態であって、憲法21条にいう出版の自由に属する。もっとも教科書は「単なる自己の主張する学説の発表の場であってはなら」ず、適切な教育的配慮が払われるべきであるが、この配慮は執筆者が「自主的に行なうべきもの」である。(d)憲法21条2項の検閲とは「公権力によって外に発表されるべき思想の内容を予じめ審査し、不適当と認めるときは、その発表を禁止するいわゆる事前審査」を意味し、教科書検定の法的性格は事前許可であるが、審査が思想内容に及ぶものでない限り、検閲には該当しない。ここでいう思想内容の審査とは政治思想の審査のみならず、学問的見解(学説)に対する審査も当然に含まれ、「史観や個々の歴史事象の評価などに対する審査はもとより、年代などについてもそれが歴史学上の評価にかかわるとき」には含まれる。検定制度自体が検閲に該当するとは断定できない。(e)憲法21条1項の表現の自由も「公共の福祉の見地からの必要かつ合理的制限に服する」が、教科書検定は国が「児童、生徒の心身の発達段階に応じ、必要かつ適切な教育を施し、教育の機会均等と教育水準の維持向上を図る」一環として行うものであり、その限度での出版の自由の制約は必要かつ合理的な制限に当たる。(f)教育基本法10条(旧規定、以下同じ）によって「教育の内的事項については、指導、助言等は別として、教育課程の大綱を定めるなど一定の限度を超えてこれに権力的に介入することは許され」ないから、教科書検定の審査は「教科書の誤記、誤植その他の客観的に明らかな誤り、教科書の造本その他教科書についての技術的事項および教科書内容が教育課程の大綱的基準の枠内にあるかの諸点にとどめられるべきもの」であり、この限度を超えて記述内容の当否にまで及ぶときは教基法違反となる。（g）本件各改訂箇所に対する被告の主張は、原告の歴史の見方、史実の認識・評価、教育的配慮等を国において否定するものであるから、本件各検定不合格処分は、思想（学問研究の成果）内容を事前審査するものであって憲法21条2項の禁ずる検閲に該当し、誤記、誤植その他の著者の学問的見解にかかわらない客観的に明白な誤りとはいえない記述内容の当否に介入するものであるから教基法10条に違反する。(10)

(2) 芦部の杉本判決批評

検定制度自体の違憲性はさておき、本件各処分の違憲・違法性を認めたこの画期的判決の翌年、芦部は2つの評釈を公表している。(11) ここでは判旨への賛否両論を努めて客観的に整理するという立場から評釈を行っているが、そこにも次のような芦部説の特徴を見出すことができる。第一に、判旨（a）（b）について「注目に値する新しい解釈」であり、「従来の通説に反省を迫る判示として注目される」と指摘し、基本的には肯定的に捉えている。第二に、判旨（c）については教科書出版の自由の保障条文をもっぱら憲法21条に求めたのは問題であり、判旨全体からすれば憲法23条によっても重畳的に保障されることになるはずで、これでは国民の教育権や教育の自由を論じた判旨（a）（b）との関連性を不明確にすると批判する。第三に、判旨（d）のいう検閲（思想内容の審査）と判旨（f）のいう検定（誤記・誤植等の審査）の区別は不明確さが残るが、芦部は「およそ内容的な審査はいっさい許されぬ」趣旨と理解してこれを支持する。しかし、そうだとすると判旨（e）で必要かつ合理的な制限を認めたのも「きわめて限定された意味」に解すべきで、表現の自由への制約を「合理性」の基準で判定することは妥当ではないと釘を刺す。このように判決の理論構成に対してはいくつもの疑問を呈しつつも、芦部は師・宮沢俊義の「結論だけは今後もおそらく動かないんじゃないか」という評価[(12)]をおおむね共有していた[(13)]。杉本判決の採用した処分違憲論はやがて芦部の自説ともなっていく。

3　後期の家永教科書訴訟

(1)　第1次訴訟の展開と芦部の憲法訴訟論

1980年代後期になると教科書訴訟における法的争点の重心は、四半世紀前の出発時点からすると大きく遷移していたが[(14)]、芦部が再び教科書訴訟に取り組むのはこの時期である[(15)]。1974年の第1次訴訟一審判決（以下、高津判決）は、杉本判決とは対照的に、現代公教育において私事性は捨象されており、国が法律に準拠して公教育を運営する権限のなかに「教科書その他の教材の取扱（教科書検定を含む。）等教育内容についての管理運営」も包含されるという立場を採った[(16)]。国の教育内容への介入の可否をめぐるこの対立は、1976年の旭川学力テスト事件最高裁大法廷判決によって折衷的な解決が図られる。すなわち、最高裁は子どもの学習権を認め、親の教育の自由や教師の教授の自由等を「一定の範囲」で肯定しながらも、それ以外の領域では憲法上、国が「子ども自身の利益の擁護のため、あるいは子どもの成長に対する社会公共の利益と関心にこたえるため、必要かつ相当と認められる範囲において、教育内容についてもこれを決定する権能を有する」と判示した[(17)]。

憲法と教基法10条の解釈において両義的曖昧さを残しながらも、この判決は以後の教育裁判における憲法論のあり方を大きく規定したが、教科書訴訟に関していえば学テ判決の判旨を高津判決の方向に引きつけて解釈する流れが定着していく。その起点であり極点でもある1986年の第1次訴訟二審判決（以下、鈴木判決）は、国の教育内容決定権を認めた学テ判決の前記判旨を援用しながら、同判決がその憲法的抑制として説いた判旨[(18)]には敢えて言及せず、教科書検定制度を国の特許行為と性格づけて、国民の教科書を出版する自由さえ否定した。そして検定運用の合憲・合法性も制度自体の合憲・合法性からほぼストレートに引き出し、さらに検定意見が「教育の中立・公正の確保及び教科用図書内容における一定水準の維持並びに教育的配慮の観点に基づいて示されたもので、基礎たる事実関係ないしその見解に相応の根拠がある限り」（傍点松田）、著しく不当なものとして裁量権の踰越・濫用にはならない、という検定裁量に極めて有利な判断基準を採用した。[19]

芦部は1990年に編著の一章において、この鈴木判決の審査手法を厳しく批判する。[20] 一つの問題は、立法事実論や運用実態論の扱い方が家永側主張と質的に異なり、この事件が憲法・法令の解釈を実証的に行うことによって結論を出すことが必要なタイプの憲法訴訟であるにもかかわらず、その「合憲・合法論がかなりの程度において、形式的・演繹的な論理構成である」点である。たとえば、高津判決も鈴木判決も①出版されてすでに市場にある図書を検定申請して差支えないこと、②不合格となっても一般図書として出版する自由はあること、などの「実際にはほとんどあり得ないケース」を理由として検閲該当性を否定した。[21] 芦部は、こうした形式主義を克服し、国の介入は「できるだけ抑制的であること」という学テ判決の原則を、運用実態に照らして具体的・機能的に検討する憲法判断方法の採用を要請する。もう一つの問題は、形式主義と結びついた「多数者意思に対する司法の敬譲の哲学」が顕著に見られる点である。鈴木判決のいう「相応の根拠」基準を採れば、教科書記述内容の当否は事実上あげて政治部門の裁量に委ねられることになり、憲法の趣旨・目的には適合しない。「いかに教科書という特別の性格の出版物であろうと、教科書の執筆は表現の自由に直接かかわる」ことを、芦部は特に強調する。

(2)　第3次訴訟の展開と芦部の法廷証言

第1次訴訟が上告審段階に入るなかで、1984年に新たな国賠訴訟として提起されていた第3次訴訟は、198

9年に一審判決(以下、加藤判決)が下された。加藤判決を鈴木判決と比較すると、検閲該当性を形式的論理で否定しているのは同一だが、学テ判決の援用は国の教育内容決定権能への抑制までを含み、一定のバランスを回復している。この特徴は検定制度の目的を、子どもの学習権を充足するための発達段階に応じた教育的配慮の必要という点まで明示する捉え方にも繋がっている。しかし、加藤判決は表現の自由の制約に厳格な審査を求める家永側の主張を斥け、「右の目的と制限を受ける表現行為とが合理的な関連性を有するとともに、右の制限の程度は、右の目的を達するために必要かつ相当な範囲にとどめられ」ているか否か、という緩やかな合理的関連性の基準を採用して、検定制度の憲法21条適合性を認めた。誤った知識や一方的な観念を植え付ける検定意見や、学問介入や思想審査を「目的」とする検定の違憲性を肯認しつつも、他方で、制度の合憲・合法性からストレートに適用上の合憲・合法性を導いた点では鈴木判決を踏襲している。[22]

一連の教科書訴訟で最後の証言の機会となるはずであった第3次訴訟控訴審段階で、芦部は家永側証人として東京高裁に出廷した。[23] 1992年4月20日に法廷で語られた内容は、後に雑誌論文となる。[24] ここで芦部は、「検定が憲法二一条に違反しないかどうか」が本件の中心的論点であると断言し、二重の基準論を十分に踏まえていない加藤判決に批判の矢を放つ。加藤判決の合理的関連性の基準は猿払基準と著しく近似しており、目的と手段の観念的・抽象的な関連性しか問題にしていない(目的が正当であれば、すべて合理的関連性が認められる可能性が大きい)が、これでは精神的自由に適用されるべき厳格な合理性の基準(そこでは事実に基づく実質的・具体的関連性の審査が求められる)とはいえない。また、制限の程度が目的達成にとって必要かつ相当な範囲にとどまっているかについても、原告側主張のより制限的でない他の選びうる手段の選択は「立法政策上の問題」であるとして、実質的な審査を行っていない。芦部によれば、加藤判決は「許容される目的のためには、国の教育の内容および方法に対する必要かつ合理的な介入は許される」という学テ基準ですべてを割り切ろうとする姿勢が強すぎるのであり、学校と直接関係のない教科書執筆者の表現の自由がかかわる問題では、「できるだけ抑制的であること」というもう一つの学テ基準が最大限尊重されねばならない。思想内容に介入するという検定の内容規制的要素に着目するならば、少なくとも厳格な合理性の基準による審査が必要である。

芦部は子どもの学習権・知る権利の充足とのかかわりで表現の自由が一定の制約を受けることを否定しないが、それでも思想内容の事前審査を核心とする検閲の禁止という大原則を骨抜きにしないよう釘を刺す。すなわち、杉本判決の説いた検定の内容的限界(審査を誤記、誤植等の明らかな誤り、教科書内容が大綱的基準の枠内か、等にとどめる)を原則とし、例外的に教基法の禁止する「政治教育」や「宗教教育」にわたる表現内容に限って修正意見を付すことは認められるが、それ以外は指導・助言的な必要最小限度の改善意見による検定のみが憲法上許容される。芦部は、人権保障の見地から、裁量権にバランスが傾く逸脱・濫用論による解決ではなく、適用違憲判決の活用を説いて法廷証言を締めくくった(25)。杉本判決の核心部分の意義を憲法訴訟論的に再確認する点で、見事な原点回帰といえるだろう。

Ⅱ　憲法史・憲法学史における芦部説の位相と現代的意義

ここからは前節で明らかとなった憲法裁判に対する芦部の実践的態度を、その背景にある大学社会史や憲法理論史と関連づけて、芦部学説の歴史的・現代的意義を追究してみよう。

1　学問の自律と警察権の限界

(1)　ポポロ事件と尾高理論

1952年のポポロ事件発生は、東大の教員・学生層に、特高警察を彷彿とさせる国の思想監視に対して猛然と反発する機運を醸成した。大学管理者として警察への抗議や国会対応、裁判証言に当たった矢内原忠雄総長や尾高朝雄学生委員長の公的言動は、大学知識人の立場を代弁するものとして広く共感を得ていた[26]。事件発生の年に若き法学部助教授となった芦部も、心情的に連帯していたうちの一人だったはずである。

尾高の事件に対する基本スタンスは、１９４９年発表の学問の自由論で既に確立していた[27]。尾高はそこで、共産主義者は教授の地位にあるべきではないと説いたイールズ演説にからみ、共産主義のどこに誤謬があるかはまずもって学問の世界で検討されるべきであると説いた。「およそ真理は、温室には育たない」から、「〔唯物弁証法と対決する〕試練の機会が他律的にのぞき去られることに対して抗議する権利」が必要であり、ここに学問の本質に基づく学問の自由の根拠がある。尾高によれば、「どこに学問活動と非学問活動との限界線を引き、どこにその限界線を逸脱した行為があったかを認定するという仕事は、学問の研究にもっぱら従事しているところの大学の自主的な判断と責任とにゆだねられる」のであり、「その判定基準を、政党抗争の場所である国会の立法で定めること、ましていわんや、その具体的適用を政府の行政措置にゆだねることは、最も危険である」。この立法府や行政機関の他律を排する学問（の府）の自律の主張は、憲法23条解釈論に大きな影響を与えた[28]。

ポポロ事件発生直後の法社会学会において尾高はこの考えを敷衍し、大学自治の二重構造を説いた[29]。尾高によれば、第一次的には教授会、評議会等の組織を持った研究教育機関としての大学が、施設の管理や学生の教育をするうえで行う前記の限界線の良識的な認定は尊重されるべきであり、これを基礎としつつ第二次的には正規の学課から文化活動にもわたる学生の自治活動においても学生自身の良識が尊重されねばならない。そこでの学生の判断は誤りや行き過ぎもあろうが、だからといってすぐに国法の強制力を及ぼすべきではなく、第一次的な権限を持つ大学当局が学生に対して助言・説得や、やむを得ない場合には禁止の措置をとることによって、「大学自身の力で大学の自主的な秩序を確立して行く」ことが大学の自治を守るゆえんであると強調した[30]。

(2) 芦部の警察権限界論

こうした大学の自律的秩序維持権を優先する捉え方は、警察権との関係では、学校構内における集会等の取締は「当該学校長が措置することを建前とし、要請があった場合警察がこれに協力すること」(昭和25年7月25日文部次官通達)という原則として公に承認されていたはずであった。ポポロ事件一審判決がこの原則を大学の自治の要請として認め、芦部もこれを支持したことは既に見たとおりである。ところが1969年の東大紛争において、この原則は事実上廃棄され、大学は「警察当局が公共の安全と秩序の維持上緊急と認めて大学構内において所要の措置をとる場合には、適切な協力体制をとること」(昭和44年4月21日「大学内における正常な秩序の維持について」)という新たな通達が出された[31]。これに危機感を抱いた芦部は警察権の限界論を整理し直し、①警備公安活動を行うため警官(特に私服)が大学の了解なしに構内に立入ることは原則として許されないこと、②正規の令状に基づく強制捜査を大学は拒否できないが、捜査は大学教職員の立会いの下に行われるべきこと、③それ以外の構内秩序回復のための出動は、緊急止むを得ない場合(人命・身体の危険、人権の重大な侵害等)を別として、原則として大学の自主的な判断に基づくべきこと、を主張した[32]。これらの限界は、芦部にとって学問の自律を確保するための最低線であっただろう。

2 教育内容への行政介入の限界

(1) 教授の自由論の旋回

戦後の有力学説では、学問の自由が一般私人に広く認められることの裏返しとして、これを教授の自由(教材、教課内容、教授方法の自由)とは概念上別個のものと解した。ただ、沿革を理由に大学における教授の自由は憲法23条の要請するところとしたが、下級学校においては「教育の本質上、教材や教課内容や教授方法の画一化が要求され」、教授の自由が制限されることを説いていた。[33] 1950年代の芦部も基本的にこの見解に従っていたが、1959年という比較的早い時期に、「教課内容、教材、教授方法に一定の画一的・合理的な基準」を設けるうえで、「右の基準を決定するのは熟達した専門の教育者であるべきである」と指摘したのは、[34] この領域でも学問の自律を尊重しようとする意欲を示している。

学校教師の教授の自由を完全に否定するかのような憲法学説とそれを引き写しにしたポポロ事件最高裁判決の傍論は、まず教育学者から厳しく批判を受け、1965年の家永教科書訴訟の提起によって本格的な法的争点となる。1970年の杉本判決が、真理教育の必要性や教育的配慮を行うことが学問（教育学）的実践であることを理由として、専門職である教師の教授の自由を憲法23条によって根拠付けたのは、法理論史上の大きな分水嶺となった。[35] 旭川学テ事件最高裁判決はこの杉本判決の判旨を一部受け容れて、教師が特定の意見のみの教授を強制されないという意味で、また教師と子どもの直接の人格的接触を通じ個性に応じて行われる教育の本質から教授の内容・方法に自由裁量の余地がなければならないという意味で、「一定の範囲における教授の自由」を認めた（ポポロ判決を実質的に変更した）が、他方、返す刀で児童生徒の批判能力の欠如、教師の強い支配力等を理由に「完全な教授の自由」は否定したので、ここにも折衷的な曖昧さが認められる。

(2) 芦部の行政介入限界論

芦部は学テ判決を実質的には否定説に近いと捉えており、杉本判決のように教師の教育（教授）の自由を憲法23条によって保障する積極説（ただし憲法26条も根拠となることを排除しない）を最終的に支持したが、[36] その具体的な範囲と限界を明らかにする課題は遂に果たされなかった。一方で、教科書訴訟で直接問われたのは、学校と直接関係のない教科書執筆者の自由であり、[37] 教室内の教師と異なり表現の自由（および学問の自由）がよりストレートに適用される事案であった。「熟達した専門の教育者」である大学教授の記述内容に対する検定という名の行政介入は、原則として倫理的な指導・助言にとどまるべきだという芦部の脳裏にあったのは、学問の自律を尊重して「学説の公定」(宮沢俊義)を避けるべきだという問題意識であろう。

3 大学管理制度の諸問題

(1) 大学管理法論争と教授会の自治

大学自治の戦後史において現在に至るまで持続的な危機のなかにあるのが、大学管理制度問題である。芦部が壮年期を迎えていた1960年代には、まだ戦前・戦中の大学弾圧の記憶が生々しさを失っておらず、設置者たる文部省に対して教授会の人事権を守ろうとする国立大学側の姿勢は健在であった。

戦後改革期に学校教育法が大学に「重要な事項を審議」する教授会必置規定を置き、教育公務員特例法が国公立大学において教授会・評議会という教員団組織による教員・学長・部局長の実質的人事権(任免権・懲戒権等)を保障したが、それ以上の大学管理法制定には至らなかった。

1962年になって、大学管理機関の組織・権限の明確化と設置者・管理者の監督権限強化を行い、とりわけ学長等の任命について文部大臣が候補者を著しく不適当と認めた場合に大学に再選考を求める拒否権を法制化しようとする文部省の動きが、国立大学協会を筆頭として大学関係者の激しい抵抗を受けたのが第2次大学管理法論争である(翌年に法案提出は見送られた)[38]。芦部はこの論争を回顧して、学長・教員等の選考は「大学の管理運営の基底をなす教授会の自治にまかされるべき」であり、この確立した慣行を大きく変更する試みは「大学の自由の死滅をもたらすおそれなしとしない」と指摘している。

(2) 大学の自治の憲法的地位

1963年のポポロ事件最高裁判決は、学長・教授その他の研究者の人事、施設と学生の管理についての大学の自治を説いたが、これを「学問の自由を保障するために、伝統的に」認められるものというのみで、実のところ明確に憲法上の保障を判示したわけではない[39]（ただし入江俊郎ら4裁判官の補足意見はこれを明確に判示した）。大管法論争の余燼が燻っているさなか、東大スタッフの座談会ではこの判旨が人事の自治を明言したことを評価する一方で、憲法的保障を確言しなかったことへの「もの足りなさ」が複数人から表明された[40]。しかしその後も、芦部を含む憲法学説の主流は、この判旨をなるべく有利に援用して大学自治の憲法上の地位を主張してきた[41]。

芦部の没後、2004年に始まる国公立大学法人化、2014年の学校教育法改正などにより、教授会の自治権は多くが法律上の保障を失い、国立大学においては学外者を含む法人組織（学長選考・監察会議など）や学長の管理権限強化が行われてきた（大学の「自治」から「自律」へ）[42]。それとともに文科省の支配力も強化され、2023年には文科大臣の承認を要する委員[43]（主として学外者を想定）からなる運営方針会議（中期目標・中期計画、予算に関して決定するなど強い権限を持つ）を特定国立大学法人に置くための国立大学法人法改正が成立した。いまや、教授会の自治を基底とする大学自治は憲法23条以外の支えを失い、実定法律上はフィクションと化しつつある[44]。

4 小括——芦部の学問の自律論

芦部は学問の自律を憲法23条解釈の中心に据え[45]、私立大学においても理事会が「教授会を上回る実質的権限をもつことは、大学の自治にとって危険である」（傍点芦部）といい、学生は教授とは地位も役割も異なるので、「大学自治の運営について要望し、批判し、あるいは反対する」権利を有するにとどまるとし、さらに先端科学技術研究のもたらす危険についても「研究者各自の自主的な判断に基づく自制」をまず求めた上で、「必要最小限度の国家的規律（法律による規制)」が例外的に許されるべきことを説いた。芦部のいう「研究教育者として当然遵守することが要求される基準」とは何かを具体的に研ぎ澄ませていく仕事は、なお我々に遺された課題であろう。(46)

Ⅲ 「国家の良心」と芦部憲法学の魂――むすびにかえて

「学問の本質は真理探究の精神にあり、そういう精神活動を伝統的に担った大学を中心とする高等学術研究機関こそ、いわば「国家の良心」として民主政の発展を支える基本である」(傍点芦部)。これは芦部が野田良之の説(47)を的確に要約し、体系書における憲法23条論の劈頭近くに置いた文章である。敗戦後、野田は国民的な精神革命の必要と、責任ある民主政に寄与する大学の重要性を説いた。――「理性ある個人の内面において、良心と恣意との断えざる緊張によって均衡ある人格が維持される。人間存在自体の抜き難い原罪を意識し、二律背反の苦悩を味わうことが必要なのである。真理を探究する者にとっては、自説が常に真理に反してはいまいかという反省を片時も欠くことはできない。人間は何人も有限存在であり、他人に対してこれこそは客観的真理であると強制する資格はない。真理とは各人の生き方そのものに外ならない。自己内部の二元的対立を維持することは、正に自己責任という辛い苦しい道である。国家についても同じで、国家の良心である大学は現実の国家の行動に対して、その内面的対立者として批判を怠ってはならない」(以上、要旨)。

こうした野田の所説は、1946年の新憲法公布の日に、平和民主日本の建設は国民による「聖なるもの」の新たな発見なくしては遂に不可能である」と講演で訴えかけ(48)、個々人の内奥における苦闘を通じた国民の性格転換を唱えた南原繁東大総長の言説(49)と近似している。南原は、真の人格個性の自覚を得るには「自己自身の矛盾を意識し、人間を超えた超主観的な絶対精神――「神の発見」と、それによる自己克服がなされなければならない」と説いた。

「元来「自由」の真義はかかる神的絶対者と結びつくものであって、人はかかる絶対者を本源的なものとして信じ承認するところ、少くともそれを否定せず、科学者といえどももはやその究め尽し得ざるものの前に畏敬の念を以て立ち停まるところに、人間の自由、一般に人類の自由がある」。

内心における二律背反を自覚した人間が、自分一個の生き方としての真理を追究するとき、そこに初めて真の主体性と責任意識が生まれる。こうした真理探究の精神には、精神の本質である自由が必要であり、同じ有限者である他者(国家)の抑圧を受け容れないとともに、人間を超えた絶対者＝無限者への畏敬の念によって自己を律していくことが要求される。こうした精神の弁証法は、野田や南原のようなプロテスタントではない家永によっても実は共有されていた。家永は教科書訴訟の意義を、「その時々の権力にすぎないという意味での国家の利益を超えた、人類永遠の運命、絶対無限者への畏敬による有限相対者のおごりへの警告」と捉えていたのである[50]。

芦部憲法学そのものにも、絶対者への畏れは確実に埋め込まれていたはずである[51]。大学が「国家の良心」たることを止め、只管「国家の侍女」に成り下がろうとする今日[52]、真理を愛する者は、野田が熱誠を込めて促したように《千萬人と雖も我ゆかん》という「絶大の勇気と殉教の精神」を以て踏みとどまることが求められているのだろう。

(1) 最後の最も体系的な叙述として、芦部信喜『憲法学Ⅲ 人権各論(1)〔増補版〕』(有斐閣、2000年)201—234頁、377—387頁(以下、特に断らない限り芦部説の検討は同書による)。参照、芦部信喜『憲法〔新版補訂版〕』(岩波書店、1999年)154—159頁、180—183頁、244—246頁。

(2) 芦部信喜「大学の自治と警察権——東大ポポロ劇団事件の判決の問題点」世界211号(1963年)178頁以下〔同『憲法叢説3 憲政評論』(信山社、1995年)57頁以下〕。

(3) ただしそれ以前に、芦部信喜「思想・良心・学問の自由」清宮四郎編『法律学演習講座 憲法』(青林書院、1954年)121頁以下〔改版として、清宮編『新法律学演習講座 憲法』(青林書院、1959年)126頁以下〕がある。

(4) 警察手帳の中身については、広中俊雄『警備公安警察の研究』(岩波書店、1973年)457頁以下を見よ。
(5) この事件の諸判決についてとりわけ、高柳信一『学問の自由』(岩波書店、1983年)269頁以下を見よ。
(6) 東京地判昭和29年5月11日判時26号3頁。
(7) 東京高判昭和31年5月8日高刑集9巻5号425頁。
(8) 最大判昭和38年5月22日刑集17巻4号370頁。
(9) 最高裁の差し戻しを受けた一審東京地裁は、①最高裁が「公開の集会」として行われた「実社会の政治的社会的活動」であることの根拠とした諸事実の存在に多くの疑問を呈しながら、結論としては最高裁判決に従って本件集会に「大学における学問の自由」の享受を否定し、②他方、本件集会への警察官の立入りは「集会の自由を行政権力が侵す程度に達したもの」としながら、超法規的違法性阻却の要件を厳格に捉え、被告人の為した行為の「ほかに適当な方法がなかった」とは認められないとして、有罪判決を下した(東京地判昭和40年6月26日下刑集7巻6号1275頁)。芦部はこの判決についても短い評釈を書き、①前提事実が大きく崩れた以上、最高裁判決の論理に従っても学問の自由侵害を認めることは可能だったはずであると批判し、②単に集会の自由の侵害と解する限り違法性阻却を認めるのは困難だろうが、本件立入りは「長期にわたる学内内偵活動の一環として行なわれた学問の自由および大学の自治を侵害する違法行為だと考えると(私はそう解すべきだと思う)、警官に理由を告げて退去を求め、あるいは大学当局を通じて警察に抗議を申し入れる等の手段によっては右自由を守ることは不可能もしくは著しく困難である」から違法性阻却される場合に当たると反対した。芦部信喜「ポポロ事件差戻し審判決の問題点」東京大学新聞1965年9月27日付(同『憲法叢説3　憲政評論』(信山社、1995年)62頁以下)。ここにも差戻し前の一審・二審判決を支持する芦部の姿勢は顕著である。参照、芦部信喜『憲法判例を読む』(岩波書店、1987年)175頁以下。
(10) 東京地判昭和45年7月17日行集21巻7号別冊1頁。
(11) 芦部信喜「教科書検定と出版の自由」別冊ジュリ・マスコミ判例百選(1971年)24頁以下、芦部信喜「いわゆる「家永教科書裁判」」ジュリ臨時増刊・昭和45年度重要判例解説(1971年)15頁以下(同『人権と議会政』(有斐閣、1996年)489頁以下)。
(12) 我妻栄ほか「〔ジュリストの目〕教育・教科書を考える」ジュリ461号(1970年)19頁(宮沢俊義発言)。
(13) 実際に第2次訴訟一審判決(畔上判決)も、本件各不合格処分は検定基準等によらずに裁量を逸脱し、前後の一貫性を欠く気ままに出た違法な行政行為であると認め、処分取消しを維持したが、検定制度自体(および本件各検定処分)についての憲法判断は回避した(東京高判昭和50年12月20日行集26巻12号1446頁)。

(14) その過程については、家永教科書訴訟弁護団編『家永教科書裁判——三二年にわたる弁護団活動の総括』(日本評論社、1998年)を見よ。

(15) 当時、教科書検定のあり方について「私の過去一五年間の経験では、とくに憲法第九条に関する部分の検定は行きすぎの感を禁じえない」と苦衷を吐露している。芦部信喜「「あの戦争」を思う」法教98号(1988年)5頁(同『憲法叢説1　憲法と憲法学』(信山社、1994年)236頁以下)。

(16) 東京地判昭和49年7月16日判時751号47頁。高津判決は教科書検定制度の違憲・違法性の主張をすべて斥けたが、検定の一部に違法な条件指示および修正意見の告知があったとして文部大臣の裁量権逸脱を認め、国に10万円の賠償を命じた。

(17) 最大判昭和51年5月21日刑集30巻5号615頁。

(18) 「教育内容に対する……国家的介入についてはできるだけ抑制的であることが要請される」し、「子どもが自由かつ独立の人格として成長することを妨げるような国家的介入、例えば、誤った知識や一方的な観念を子どもに植えつけるような内容の教育を施すことを強制するようなことは、憲法二六条、一三条の規定上からも許されない」(傍点松田)。

(19) 東京高判昭和61年3月19日判時1188号1頁。このような基準に拠れば、高津判決が裁判官の「再検定」によって違法性を認めた検定意見も、すべて「著しく不当」ではなくなり、家永側の全面敗訴となった。参照、兼子仁「教科書検定第一次訴訟・東京高裁判決の研究(上)・(下)」判評344号(1987年)2頁以下・345号(1987年)2頁以下。

(20) 芦部信喜「教科書裁判の憲法訴訟的意義と課題」同編『教科書裁判と憲法学』(学陽書房、1990年)3頁以下(同『人権と憲法訴訟』(有斐閣、1994年)275頁以下)。

(21) 時間軸でいえば高津判決と鈴木判決の間には、極端に狭い「検閲」定義を採った税関検査事件最高裁判決(最大判昭和59年12月12日民集38巻12号1308頁)がある。この事実は定義の広狭よりも、中核要素である「思想審査」の実態を認定する方法論に、検閲禁止規定解釈の不毛性がより多く起因していることを示唆するだろう。

(22) 東京地判平成元年10月3日判時臨増平成2年2月15日号3頁。加藤判決は、鈴木判決の「相応の根拠」論を採らず、学界の状況等に誤認があることなどにより事実の基礎を欠く場合等、裁量権逸脱の判断基準を明示し、検定意見1件を違法とした。

(23) 証言記録として、教科書検定訴訟を支援する全国連絡会編『家永・教科書裁判　第3次訴訟高裁編　第6巻　国家と教育・国側主張・判決』(民衆社、1996年)1頁以下を見よ。
(24) 芦部信喜「教科書訴訟と違憲審査のあり方——第三次訴訟控訴審証言」ジュリ1026号(1993年)35頁以下(同『人権と憲法訴訟』(有斐閣、1994年)295頁以下)。
(25) しかし、こうした芦部の議論は裁判所の受け容れるところとはならなかった。芦部証言の翌年、第1次訴訟最高裁判決(可部判決)は、憲法21条違反の主張を「よど号」記事抹消事件等で用いられた比較較量の手法で「やや安易」(芦部)に斥けるなど教科書検定制度の合憲性を確定させたほか、裁量権逸脱の判断基準については「看過し難い過誤」論を採り、鈴木判決の結論を維持した(最三判平成5年3月16日民集47巻5号3483頁)。第3次訴訟の二審判決(東京高判平成5年10月20日判時1473号3頁)および最高裁判決(最三判平成9年8月29日民集51巻7号2921頁)は、基本的にこの判断を踏襲している(ただし裁量逸脱の検定意見を、加藤判決より前者は2件、後者はさらに1件追加で認めた。また、前者が個別の検定意見ごとに適用違憲性の有無を審査したのは、結論はすべて消極であるにしても芦部証言の影響が認められよう。さらにいえば、後者の大野正男反対意見が修正意見と改善意見の違いを強調し、修正意見は重大な不利益処分になるので「原稿記述が修正意見のように修正しない限り教科書の記述として不適切であるという程度にまで達している」ことが適法性の条件になると厳格に解した点に、芦部説の間接的影響を読み取ることもできよう)。
(26) 当時の情勢については、遠山茂樹＝渡辺洋三編『ポポロ事件——黒い手帳は語る』(新興出版社、1964年)を見よ。
(27) 尾高朝雄「学問の自由」国家63巻7・8・9号(1949年)39頁以下。参照、尾高朝雄『自由論』(勁草書房、1952年)219頁以下。
(28) 参照、法学協会編『註解日本国憲法 上巻』(有斐閣、1953年)460—461頁。同旨、芦部・前掲注3、124頁〔改版131—133頁〕。
(29) 上原専祿＝尾高朝雄「〈討論〉学問の自由と大学の自治」法社会学3号(1953年)29頁以下(尾高報告)。
(30) これは矢内原の考えでもあった。参照、矢内原忠雄『大学について』(東京大学出版会、1973年[1952年])13頁以下。矢内原も尾高も警察手帳を奪う行為の行き過ぎ自体は一貫して認めている。
(31) 参照、奥平康弘『同時代への発言——憲法学徒として(上)』(東京大学出版会、1979年)219頁以下。
(32) 参照、芦部信喜「大学の自治と警察権」法教6号(第二期)(1974年)168頁(同『演習憲法〔新版〕』(有斐閣、1988年)163頁以下)。

(33) 法学協会編・前掲注28、459―460頁。
(34) 芦部・前掲注3〔改版〕、131頁。
(35) たとえば、高柳信一は杉本判決を機に、憲法的自由説から憲法23条説へと舵を切った形跡が認められる。参照、松田浩『知の共同体の法理――学問の自由の日米比較』(有信堂高文社、2023年)6―8頁。
(36) 奥平康弘「教育を受ける権利」芦部信喜編『憲法Ⅲ　人権(2)』(有斐閣、1981年)416頁以下の指摘以降、憲法学界で有力化した職務権限説についても、「教師を「公権力そのもの」とみるなら、大学の教師はより強い程度で国の agent と見なされる」のではないかと考える芦部は、支持しない。
(37) 芦部とは対極的に、教科書執筆者を政府の言論プログラムに協力を求められる専門家として捉える思考実験として、蟻川恒正「政府の言論の法理――教科書検定を素材として」駒村圭吾＝鈴木秀美編著『表現の自由Ⅰ――状況へ』(尚学社、2011年)417頁以下を見よ。
(38) その経緯と論点については、我妻栄ほか「〔座談会〕大学管理問題」ジュリ255号(1962年)6頁以下を見よ。参照、国立国会図書館調査立法考査局『大学管理問題に関する資料集』(1963年)。
(39) 横田喜三郎長官は判決当日の記者会見で、「学問の自由は憲法二十三条で規定されているが、大学の自治にはこのような規定はない」といい、大学の自治は「明治以来の長い伝統と教育公務員特例法などの法規にもとづいている」と語ったと報じられた(読売新聞昭和38年5月23日付)。
(40) 我妻栄ほか「〔座談会〕ポポロ事件最高裁判決をめぐって――学問の自由・大学の自治とその限界」ジュリ277号(1963年)16―18頁(田中二郎・我妻栄発言など)。
(41) 参照、宮沢俊義『憲法Ⅱ〔新版再版〕』(有斐閣、1974年)396―398頁。
(42) 参照、松田・前掲注35、127頁以下。
(43) 大学(法人)の「申出に基づいて」承認を行うという規定の拘束力について、「明らかに不適切と客観的に認められる場合を除き、承認を拒否することはできない」(令和5年11月7日盛山正仁文科大臣記者会見)とする長年の行政解釈も、「明らかに違法無効と客観的に認められる場合」(東京地判昭和48年5月1日訟月19巻8号32頁〔九大学長事務取扱発令延期事件〕)を超えた実質的判断権を認めることになるため、芦部を含めて憲法学説の大勢は反対してきた(傍点松田)。参照、松田浩「大学自治と学外者統治の間――2023年国立大学法人法改正について」法教526号(2024年)48―49頁。

(44) この際、芦部と同様に教授会自治を基底とする大学自治論を堅持していた広中俊雄が、教育公務員特例法の適用があった当時においても「大学自治＝慣習法」論を唱えていたことは改めて刮目に値する。広中俊雄『国家への関心と人間への関心——ある法学研究者の歩み』(日本評論社、1991年)164頁。つまり、自治の現実的保障は制定法の状況のみならず、各教員団の自覚と力量に多くがかかっているということである。

(45) これを良く継承するのは、長谷部恭男「第23条」同編『注釈日本国憲法(2)』(有斐閣、2017年)480頁以下であろう。

(46) 参照、松田・前掲注35、189頁以下。

(47) 野田良之「信仰・教育・学問」国家学会編『新憲法の研究』(有斐閣、1947年)91頁以下。その続編として、野田良之「学問・教育」国家72巻4号(1958年)68頁以下。ここでの検討はこの2著による。参照、野田良之「大学の自治の問題」大河内一男著者代表『日本の大学』(東京大学出版会、1968年)285頁以下。

(48) 芦部はこの講演を直に聴き、そのときに受けた感銘が戦後の出発点となったことについて、芦部信喜「新憲法とわれらの覚悟」世界956号(2022年)190頁以下を見よ。芦部信喜「法学を支えるもの」法教8号(1981年)5頁〔同『憲法叢説1　憲法と憲法学』(信山社、1994年)196頁以下〕に、南原への傾倒が綴られている。

(49) 南原繁『文化と国家〔新装版〕』(東京大学出版会、2007年〔1957年〕)3頁以下〔引用文は、9頁、66頁〕。

(50) 家永三郎『教科書裁判』(日本評論社、1981年)194頁。芦部の編著『教科書裁判と憲法学』(前掲注20)の「はしがき」vi頁には、編者を引き受けた理由の一つとして、家永の『日本思想史に於ける否定の論理の発達』(弘文堂、1940年)を旧制高校時代に「大変興味深く感銘を受けて読んだ」ことが挙げられている。この名著は、現世的で素朴な楽天的人生観が古代から日本社会の基底にあるなかで、「現実の否定と其の否定を契機として絶対肯定に還帰する弁証法的運動」が聖徳太子から親鸞へと思想的に発展していく過程を追跡したものである。家永の思想史理解でも、「やみがたき罪業が解消することの出来ぬ絶対の矛盾」に由来する絶対否定の要求においてこそ、「真に無限者への転換を喚起」されるのであった。*See*, Robert N. Bellah, *Imagining Japan: The Japanese Tradition and Its Modern Interpretation* 78 (University of California Press, 2003).

(51) 高橋和之は東大紛争期に芦部から学問の自由の大切さを説かれ、「先生がいま享受されている学問の自由が、実は他の多くの人の不自由の上に成り立っているのではないか」と反論したときの反応をこう書き留めている。「先生は、すぐ何か反論しようとされました。しかし、「それは……」、と言われたまま、後の言葉を飲み込み、しばらくの沈黙の後、ポソッと言われました。「確かにそういう面はあるな」。そして、唇を堅く結び、考え込むようにしてじっと窓の外を眺めておられました」。

高橋和之「弔辞」ジュリ1169号（1999年）78頁。

(52) 木庭顕「「大学10兆円ファンド」」法時95巻6号（2023年）56頁以下は、「奴隷王状態」という。

第一〇章　生存権

棟居快行

Ⅰ　芦部『憲法』における社会権・生存権

1　芦部説からの引用

芦部『憲法』は、社会権一般につき、「第五章　基本的人権の原理　三　人権の内容　1自由権・参政権・社会権(3)」において、以下のように述べた（本稿における引用文は傍点省略。番号は本稿筆者が便宜上付記した。）。

【1】「社会権は、資本主義の高度化にともなって生じた失業・貧困・労働条件の悪化などの弊害から、社会的・経済的弱者を守るために保障されるに至った二〇世紀的な人権である。それは、「国家による自由」とも言われ、社会的・経済的弱者が「人間に値する生活」を営むことができるように、国家の積極的な配慮を求めることのできる権利である。ただし、憲法の規定だけを根拠として権利の実現を裁判所に請求することのできる具体的権利ではない。裁判所に救済を求めることのできる具体的権利となるためには、立法による裏づけを必要とする。」

また、「第一三章　社会権」の冒頭では、以下のように述べている。

【2】「社会権は、二〇世紀になって、社会国家（福祉国家）の理想に基づき、とくに社会的・経済的弱者を保護し実質

的平等を実現するために保障されるに至った人権である。その内容は、国民が人間に値する生活を営むことを保障するものであり、法的にみると、それは国に対して一定の行為を要求する権利(作為請求権)である。この点で、国の介入の排除を目的とする権利(不作為請求権)である自由権とは性質を異にする。もっとも、社会権にも自由権的側面がある。」

なお同書は、生存権について、「第一三章　社会権　一　生存権」のうち「1　憲法二五条」では、「……この生存権の保障は、社会権の中で原則的な規定であり、国民が誰でも、人間的な生活を送ることができることを権利として宣言したものである。」と述べ、続けて、「2　生存権の法的性格」の(1)(2)(3)において、以下のように述べた。

【3】「もっとも、生存権は、先に述べたとおり(第五章三1(3)参照[＝前記【1】])国の積極的な配慮を求める権利であるが、「具体的な請求権」ではない。」「そのため、二五条は、国民の生存を確保すべき政治的・道義的義務を国に課したにとどまり、個々の国民に対して具体的権利を保障したものではない、と説かれることが多い。この見解を一般にプログラム規定説と言う。」

【4】「たしかに、生存権の内容は抽象的で不明確であるから、憲法二五条を直接の根拠にして生活扶助を請求する権利を導き出すことは難しい。生存権は、それを具体化する法律によってはじめて具体的な権利となる、と考えざるをえない。しかし、そのような内容の権利であっても「権利」と呼ぶことは可能であり、少しも差しつかえない(こう考える説を一般に抽象的権利説と言う)。抽象的権利説によれば、二五条は、国に立法・予算を通じて生存権を実現すべき法的義務を課していることになる。この考えを推し進めれば、二五条の生存権が生活保護法のような施行立法によって具体化されている場合には、憲法と生活保護法とを一体として捉え、生存権の具体的権利性を論ずることも許されるであろう。」

【5】「このように、二五条は、立法府に対して生存権を具体化する立法を行うべき法的義務を課していると解される

が、それならば、かりに国会がその義務を履行することを怠った場合、裁判所に対して不作為の違憲確認を求める訴えを提起できるかどうかと言えば、それには訴訟的に難しい多くの問題点がある(……)」。

【6】「以上のような立場から、生存権を具体化した生活保護法について考えると、朝日訴訟最高裁判決のように、最低限度の生活水準の内容が厚生〔労働〕大臣の裁量的決定にまったく委ねられているとする解釈は、はたして妥当かどうか、問題となる。何が最低限度の生活水準であるかは、特定の時代の特定の社会においては、ある程度客観的に決定できるので、それを下回る厚生〔労働〕大臣の基準設定は、違憲・違法となる場合があると解すべきであろう。」

2 芦部説の構成

以上に引用した芦部『憲法』(以下、芦部説と呼ぶ)による生存権の記述は、社会権について論じた【1】にすべて込められている。【1】は、以下のA、Bの二つの命題から成り立っている。

A「社会権は、……国家の積極的な配慮を求めることのできる権利である。」

B「ただし、……裁判所に救済を求めることのできる具体的権利となるためには、立法による裏づけを必要とする。」

ほぼ同じ記述は、生存権についても、【3】の冒頭で述べられている。

「もっとも、生存権は」、

a「国の積極的な配慮を求める権利であるが」、

b「「具体的な請求権」ではない。」

これらの記述は、何を意味するか。

もとよりプログラム規定説に立てば、A「国家の積極的な配慮を求めることのできる権利」ないしa「国の積極的な配慮を求める権利」は、前記【3】の「政治的・道義的義務を国に課したにとどま(る)」と解される。具体的請求権が否定されるBないしbは、その当然の帰結であって、あえて記述される必要もない。

これに対して、芦部説では、Aないしa(「国の積極的な配慮を求める権利」)の意味として、プログラム規定ではなく、法的権利であると唱えられる。そして、法的権利性の肯定という、いわば大命題を認めても、そこにはさらに、立法どまりの抽象的権利なのか、それとも裁判でも実現可能な具体的権利性があるのか、をめぐる二つの対立説がありうるとされる。

繰り返せば、芦部説は、「国の積極的な配慮を求める権利」を、一方では、法的には無意味な政治的・道義的義務にすぎないとみなす「プログラム規定説」には止め置かず、法的権利性を肯定する。他方で同説は、裁判で実現しうる具体的請求権ではない、という。この中間命題とも思われる抽象的権利説は、はたしてどこに置かれているのか。

この点につき同説は、【4】の中段で「二五条は、国に立法・予算を通じて生存権を実現すべき法的義務を課していることになる。」と述べ、その言い換えとして、【5】の冒頭で「このように、二五条は、立法府に対して生存権を具体化する立法を行うべき法的義務を課していると解される」と言う。と同時に、それに続いて、「かりに国会がその義務を履行することを怠った場合、裁判所に対して不作為の違憲確認を求める訴えを提起できるかどうかと言えば、それには訴訟的に難しい多くの問題点がある(……)」。

3　芦部説の要約

以上の芦部説の全体像を、筆者の理解なりにまとめ直すとすれば、以下のように見受けられる。

第一に、生存権とは何かについては、政治的・道義的義務どまりのプログラム規定説ではなく、かといってその対極にあるはずの、裁判上の請求権が一定程度なら可能な、その意味での、具体的権利説も採用されない。

第二に、そうであっても、「国の積極的な配慮を求める権利」としての生存権を、法的権利であるとみなすことは可能である。立法者の法的義務を、国民ないし個人の権利の側から言い換えれば、法的権利説としての抽象的権利説が成立しうる。

第三に、「国の積極的な配慮を求める権利」を、法的権利義務の意味するところととらえると、それは、立法者の国民ないし個人に対する法的な作為義務であって、それ以上ないしそれ以外のものではない。

第四に、それゆえ生存権においては、自由権のように憲法だけから当然に国の側に法的な不作為義務が成立するわけではなく、したがって、国民ないし個人の側にも、法的な不作為請求権を裁判上実現しうる、などとみなすことはできない。

第五に、立法者の法的な作為義務は、立法者の行為義務を法的にとらえることであるから、時間的ないし内容的にみて、立法者の裁量権からの逸脱濫用がないかぎり、ただちに国民ないし個人の具体的権利として、生存権の裁判上の請求権が成立することにはならない。

第六に、以上を反面から捉えなおせば、生活保護法のように、すでに立法者が一定の法的な作為義務を法で具体的に制定している場合には、国の行政作用に対して、その執行を求めることが可能である。その意味で、「生存権の具体的権利性」を認めうる。

4 「生存権を具体化した生活保護法」の意味

なお、前記【6】末尾で、「生存権を具体化した生活保護法」につき、「何が最低限度の生活水準であるかは、特定の時代の特定の社会においては、ある程度客観的に決定できるので、それを下回る厚生〔労働〕大臣の基準設定は、違憲・違法となる場合があると解すべき」と述べられている点を、どう理解するか。

同記載はあくまで、【6】冒頭での朝日訴訟判決の批判の理由付けとして、述べているように見受けられる。すなわち、「生存権を具体化した生活保護法」という記載によって、厚生〔労働〕大臣の保護基準設定行為の羈束性を、生活保護法上の受給権として支持する〔参照、第一三章一2注＊朝日訴訟〕ものの、芦部説が生活保護法の憲法上の役割を他の生存権関連の法律とことさらに区別しているものではない。

仮に芦部説が、生活保護法についてのみ裁量統制を強めるのが憲法25条1項の要請するところである、と主張しているのであれば、同説は、堀木訴訟大阪高裁昭和50年11月10日判決（行集26巻10・11号1268頁）における25条1項の「救貧施策」としての捉え方に共通することとなりうる。

しかしながら、同説は、「生存権」の冒頭部分の注で「第一項と第二項の関係」について、堀木訴訟のこの大阪高裁判決を取り上げ、「……厳格な司法審査が行われる旨を示唆した点で評価に値するものであるが、一項の救貧施策を生活保護法による公的扶助に限定し、他の施策をすべて防貧施策として広汎な立法裁量に委ねた点で問題があり、批判が一般に強い。」と述べている。

芦部説が「生存権を具体化した生活保護法」を指摘するからといって、堀木訴訟大阪高裁判決と同様に、生活保護法のみを25条1項と強く結びつけているわけではないことになろう。

さらに、芦部説による「生存権を具体化した生活保護法」の記載については、生活保護法の下での保護基準のいわゆる老齢加算が廃止されたことをめぐる、老齢加算廃止違憲訴訟をどう捉えるべきかも重視しうる。同訴訟で最高裁平成24年2月28日判決（民集66巻3号1240頁）は、「被保護者の期待的利益や生活への影響等の観点からみて裁量権の範囲の逸脱又はその濫用があると認められる場合に、生活保護法3条、8条2項の規定に違反し、違法となる」という一般論に基づき、「生活保護法3条又は8条2項の規定に違反するものではない以上、これと同様に憲法25条に違反するものでもない」と結論づけた。

この老齢加算廃止違憲訴訟最高裁判決を、芦部説における「生存権の具体的権利性」の観点からみると、どう捉えるべきか。生活保護法によって具体化されてきている保護基準を、段階的に減額し廃止する措置は、「生存権の具体的権利性」に反しており違憲違法であると見なし得るのか。それとも、裁量権の逸脱濫用か否かだけを(最高裁判決のように期待的利益や生活への配慮も織り込みつつ)考慮要素にすれば、それだけで合憲適法といいうるのか。芦部説をどう理解し、当該事案に応用するかは、学問的にも大きな課題といえよう。

以上で、芦部説それ自体の整理および分析を筆者なりに行った[1]。

以下では項目を改め、判断過程統制等についての近時の判例・学説の展開はあえて紹介せず、私見なりに、芦部説を受けてどのように生存権の抽象的権利性を展開しようとしてきたかにつき、一般にはよく知られていない既出の私見を通じて、提示してみることとする。

まず、「Ⅱ 生存権解釈の再定義(1)——権利としての生存権再考」では、芦部説である抽象的権利説を、客観的な生存権の範囲の結果論としてではなく、判断過程統制としていわば手続き論的に捉える。その際に、単なる裁量統制論の域に収まることをせずに、「権利としての生存権」として提起しようとしている。

また、「Ⅲ 生存権解釈の再定義(2)——授権規範としての生存権保障」では、「Ⅱ」とは正反対に、客観的な生存権の範囲の結果論を、憲法上の基本権規定一般の授権規範として生存権を捉えることによって試みている。

これらは、互いに矛盾し対立する学説であろうが、芦部説の抽象的権利説が、判断過程に着目してその厳格化を担っているのか(私見なりにそれを追求したのが以下の「Ⅱ」である)、それとも、一定の客観的結果的な保護範囲内で「生存権の具体的権利性」を認めるのか(以下の「Ⅲ」である)、前者の可能性が強いと思われるものの、それぞれの可能性を問い続けるほかはない。

Ⅱ　生存権解釈の再定義(1)──権利としての生存権再考

以下は、「日本障害法学会」が発行している学会誌『障害法』第3号(2019年11月)に掲載した拙稿「権利としての生存権再考──生存権 ver2＝合理的配慮請求権を生存権に逆輸入する試み」(同書25─30頁)の本文からの引用である。

1　客観的生活保護水準としての生存権(結果に重点を置く権利)

生存権の法的権利性という基本的な論点について、憲法上の生存権の権利性に熱心な憲法学としては従来、憲法25条1項の「健康で文化的な最低限度の生活を営む権利」を具体的権利として捉えることが可能かを論じてきた。また、仮に当該権利自体は抽象的権利どまりであるとしても、抽象的権利を立法・行政レベルで具体化したところの立法裁量・行政裁量は、そのときどきに文字通り自由に定められる自由裁量などではなく、羈束裁量的な厳格な統制と捉えるべきである、といった観点から、議論がなされてきた。

しかし、生活保護法を含む国民への積極的権利救済の分野において、遺憾ながら右肩下がりの状況に陥った今日においては、生活保護基準も当然のようにマイナスに改定されることになる。その場合に、憲法25条の1項ないし2項につき「制度後退禁止原則」などを主張しても、本体の生存権の権利性の脆弱さのゆえに、おのずと限界がある。

そこで、生活保護の現実の理解および承認のために、学問も多くはヨリ積極的に最低限度の生活保護の水準の客観的数字を目指すこととなる。もとより本稿も、こうした生活保護の水準としての生存権の憲法上の重要さに、基本的に惹かれるものである。生活保護法の客観的現実的レベルでの「右肩下がり」自体は、事実としては否定のしようもない。そこで、そのような経済全体のマイナス方向に逆らって、生活保護水準をどうやって維持するかに、学説の多くは精力をそそがざるを得なくなるわけである。

2　各人の生活実績への参加の期待可能性としての生存権（過程に重点を置く権利）

しかしながら他方で、本稿のいま一つの方向性として、いわば昨今の客観的な生活保護基準のマイナス方向はそれ自体が目的ではないと考える。各人各様に対して、いかに・どのような生活実績への参加が求められるべきかこそが、生活保護基準の有り様であるという発想の転換がまずあって、しかるのちにはじめて客観的にはマイナスもありうると見做すことにも、生存権ないし生活保護法の目線を置きたいのである。

もちろん生活保護のマイナス方向は、政治や行政にとっては日本の右肩下がりの失政を示し、それを叩く対象となるか、あるいはそれを誤魔化すために別の国民目線を跳ね上げようとするか、いずれにしても対症療法を生み出すものでしかない。そのままでは、生活保護の水準がヨリ悪化され、苦しむだけの貧困層が増えるばかりとなる。

しかし、理論的にはここでまず、憲法上の生存権の保障が、結果や万人向けの絶対的数字としての生活保護に（のみ）関心を示すのではなく、むしろ過程や各人向けの方法論としての生活保護に（も）関心を示すことが求められる。

結果的な数値療法に拘るかぎりでは、もう減額は収まりようがない。これに対して、各人各様の具体的なあるべき姿に発想を転換することで、結果価値のレベルにも十把一絡げの要請を回避することが可能となる。

結果的な数値療法の「ムダ」を防ぎ、各人各様に個別に必要な「数値」は何なのか。単なる生活保護の「数値」以外の、真に本人が望む期待可能性は何であるのか。このような一人一人の「生活保護」の必要性を詳細に割り出す（これは行政による国民各層の生存そのものの詳細な個別的分析を必要とする）ことによって、トータルの数値にとっては減額することとさえも可能となるのである。

このように、生活保護の一律の結果ではなく、各人各様になにを目指したいのかという過程に着目することが、憲法25条1項の生存権、すなわち「健康で文化的な最低限度の生活」に対する権利であると考えてみることとしよう。

3　13条「個人の尊重」を「個人の尊厳」でなく「人間の尊厳」と見る試み

以上と同じ事であるが、13条も25条と同様に、これまで特定の目線でのみ観察されてきた。すなわち、同条の文言はあくまで「個人の尊重」と明言しているのであって、個人の尊厳そのものを明示はしていない。にもかかわらず、13条がらみの人権論は「個人の尊厳」と称され、しかもその際に13条の解釈は既存の「25条生存権」と結びつけられ、生活保護の結果価値の要請に直結するかのように位置づけられてきた。

その結果、すでに25条1項の生存権を個人の尊厳の生活バージョンとして位置づけることにより、生存権についてのこれまでの結果価値の権利性の理解が、そのまま個人の尊厳それ自体にも説明されることになってきた。すなわち、生存権のみならず個人の尊厳までもが、生活価値をその過程でなく結果としてのみ把握してきた。そこで、一度は「個人の尊厳」による生存権ではなく、「人間の尊厳」という今一つの原点に戻ることが、新たな思考の可能性を許すことになるであろう。

繰り返せば、「個人の尊厳」という表現は、その言葉どおりの意味を素直に受け止めるとすれば、いかにも個人単位でその生活価値の「過程」を意識するかのようである。しかしながら、実際にはわが国の高度成長以降とくに、「個人」ごとの生活実現に向けた過程の保護としてではなく、単純に年齢や所得のみで規定された「国民」一般の数値目標が、「個人の尊厳」の生存権や生活保護のレベルでの理解とされてきたのである。

こうした事情に鑑みれば、個人の尊厳でなく、むしろ人間の尊厳の用語によってこそ、各人各様の過程をめぐる要請が求められるように思われるのである。

4 「過程に重点を置く権利」としての生存権は、合理的配慮請求権としての障害者差別禁止（の権利）と合一する

以上の生存権についての「結果」よりも「過程」に着目する視点は、生存権としては目新しく奇妙にさえ映るであろう。しかしながら、生存権を具体的に肯定する方法として、現状のように生活水準の客観的な低さという結果のみを判断するのではなく、障害者差別禁止のようにその結果につながった過程にも着目するとすればどうであろうか。仮に生活保護を結果のみに着目する視点でなく、障害者差別禁止と同様に、結果に至った過程にも着目するものとすれば、生活保護と障害者差別禁止とは、別次元どころか大きく共通することとなる。すなわち、障害者差別禁止についての合理的配慮請求権を、一般的に生活困窮者についても（あるいはそもそも何人との関係においても）成立する権利として、すなわち各人各様の《自己実現権》として、演繹することが求められるのである。

5 生存権 ver2＝「人間の尊厳」が各人各様の機会へのニーズの保障（「合理的配慮請求権」の一般化）を含むこと

いま述べたように、「合理的配慮請求権」を「自己実現権」として捉える場合には、福祉受給権としての生存権ではなく、人間の尊厳を維持する社会的インフラ（法制度を含む）へのアクセス権として、生存権 ver2 を再定義することが可能になる。

ここで仮に生存権 ver1 と呼んでおくところの生存権の通常の理解であれば、生存権にとっては国民各自の個性は、ある意味でどうでもよい（患者の個性が医師にとって最終的には問題外となるように）。すなわち、生存権が国民各自の「健康で文化的な最低限度の生活」の成否を論じる場合、「健康で文化的な最低限度」なるものは、国民各自が人格の独自性や、生活上の不便さに至った過去の経緯、家族との結びつきなどがどうであれ、現状の生活者・生存者としてのギリギリの基準を判定するものである。

これに対して、生存権ver2では、各人各様に「健康で文化的な最低限度の生活」があると考える。それは一律に金額で表せるものではなく、むしろ多様なベーシックなニーズに対応した多種多様な生活条件に対する給付請求権であり、金銭のみならず教育機会や労働機会、各種制度やサービスへの給付請求権ないしアクセス権を含む。同じことを国の側から見立てるならば、各人各様の「健康で文化的な最低限度の生活」を確保すべく、国は個人が必要な社会的インフラにアクセスしうる状態を、立法を通じて実現する法的義務を負うことになる。

6 「人間の尊厳」と「個人の尊厳」の逆説的な相違

個人の尊厳と生存権とを結びつけるこれまでの考え方(生存権Ver1)は、個人の尊厳を「個人」と称しつつ、実際には定型的に生存が脅かされる客観的価値のことを「個人の尊厳(に対する侵害)」と論じてきていた。これは「個人」の思考自体を、人一般(もちろん日本国民であるが)の物理的生物的生き様で把握していたからである。

これに対して「個人の尊厳」と区別されるべき「人間の尊厳」こそが、逆説に他ならないが、まさに現実具体的な「個人」を指して「人間」と呼ぶのである。人間の尊厳こそは、あるべき人間の理想像を基準とするが、理想像は各人各様にさまざまであるから、それに向かう各人の努力が軽蔑されないこと、封印されないことが、すなわち人間の尊厳の保障である。

人間の尊厳は、よりよい個人へと各人が努力する「成長発達権」、さらには各人なりの可能な理想像であるよりよい個人になる「自己実現権」を保障することとなる。すなわち、各人はその理想像に近づく努力を生かす機会が社会的インフラの不足により損なわれている場合には、国家の不作為により「成長発達権」さらには「自己実現権」が制約されていると見做しうることになる。

7　「合理的配慮請求権」の一般的把握、すなわち障害者の合理的配慮請求権を一般的な合理的配慮請求権からの派生命題として捉える

以上のように、生存権の保障それ自体を「人間の尊厳」の一環ととらえ、しかもその際の意味としては、個人個人の生き様の「過程」に対する権利の保障とすべきだと大胆に論じることとしよう。その場合、生存権は障害者に対する差別禁止権と別論ではもとよりなく、それればかりか生存権が一般論、障害者差別禁止権がそこになんとか含まれようとする個別論という大小の関係でさえない。むしろ、障害者の差別禁止権とは、人一般に対する各人各様の過程の権利（生存権はまさにこれだと解する）の保障一般を指して広く「人間の差別禁止権」がまず有り、その保障を特に障害者について述べることで「障害者の差別禁止権」と言うに過ぎない。障害者の権利が特殊なのではなく、人一般に対する「人間の尊厳」が障害者との関係でことさらに強調されるだけのことである。

個人が各人各様に不完全である（成りたい自分と現実の自分との間にギャップがあることを指す）ことから、各自の能力を自由に展開する機会の平等が各人に保障されるべきである。「合理的配慮請求権」は障害者に特有の現象などではなく、一般的に何人との関係においても、この機会の平等の実質的保障と理解しうる。「成長発達権」や「自己実現権」の制約が、国家の不作為によって発生していると考えられる場合には、その原状回復として「合理的配慮請求権」が発生する。

8　まとめに代えて

本稿の大げさで独自の目線は、要するに以下のとおりである。人間一般が有するこの「合理的配慮請求権」の障害者への当てはめとして、障害者差別解消法の「合理的配慮請求権」も捉えることができるのではないか。障害者の権

利は障害者にのみ特有の、一般的な生存権などとは無関係の異質な論法と思われてきた。
しかし、それは生存権＝生活保護受給権＝定型的物理的な結果価値の保障＝金銭給付請求権という、（おそらく高度成長期には当然視されてきた）定型的な「個人の尊厳」ゆえの悪弊であった。

もちろん、金銭給付がうまく保護されれば、そこで見られる「個人の尊厳」というカネの心配は、ただちに「人間の尊厳」という人それぞれの生き様を実現しえたであろう。しかしながら、生存権を金銭給付としての生活保護受給権と同一視してきたからこそ、国の財政悪化を背景とする減額措置もまた、政治行政に対してか弱い福祉受給権の現代のマイナス方向として、違憲論がなかなか構成できないでいる。

「制度後退禁止原則」という立論によって、こうした減額措置に真っ向から抵抗することを筆者はかねて行ってきた。しかし、どうにもならずに政治行政さらには判例レベル、そればかりか生存権の抽象的権利性という憲法論それ自体の消極性を直視する場合に、むしろこの生活保護受給権の一般的な弱さを転じて個人レベルでの過程論レベルの強さとして生存権を見做し得ないか。

そうすることで、従来特殊扱いされてきた障害者差別禁止に対する権利こそが、人間の尊厳として誰にとっても（いわゆる健常者にとっても）第一次的に肯定されることになる。結果価値としての金銭給付のみとして把握されてきた生活保護受給権（これまでの「生存権」）が主役であるべきではない。障害者差別禁止権の一般人への普遍化によって、生存権もまた再生しうるのであろう。

なお、こうした結果から過程への逆転の発想は、決して生存権を弱めるものではない。むしろ個人のさまざまの生き様を否定し、その代わりに生活の困窮という結果のみを国が金銭的に支えてきたこれまでの「生存権」こそが、個人らしい「人間の尊厳」を歪めてきたのである。

貧しくなる生存レベルの今日であるが、われわれは国の困窮さと国民に対する貧困扱いに、ただ苦しむばかりではない。むしろ、こうした減額化を逆手にとって、個人の生活実践の過程における各人各様の自由の拡大こそを、生存権の名の下に取得すべきであろう。

障害者差別禁止権という一見異質で小規模の事態や、人間の尊厳という大きな事態はいずれも、生存権のあるべき姿を両翼から連動する発想と思われる。本稿が、障害者法という設定と生活保護法や生存権という具体名とを連動させたのは、本来の姿へと生活保護法や生存権そのものを回復してゆくためのものであった。

こうした議論がただちに大方の理解を得ることは難しい。しかし、障害者法が特殊な一部の権利利益のみを対象とする各論などではない、ということだけは、伝わるものと考える。

Ⅲ　生存権解釈の再定義(2)——授権規範としての生存権保障

以下は、拙稿「基本権としての人権——「基本権訴訟その後」」(専法128号(2016年)199—241頁)の一部である。

1　生存権の保障形式——国の「行為」でなく「状態」に対する権利

すでに触れたように、生存権などの社会権の場合、憲法上の基本権は自然権という由来を持たない。その中身は純粋に立法委託(さらに「孫請け」としての行政委託)のみとなる。ただし、立法者の完全な自由裁量に丸投げされているわけでは毛頭ない。それでは、そもそも人権保障の一つとして憲法上に挙げられている意味がなく、せいぜい国家目標規定として立法行政の客観的な政治的責務を定めれば足りるし、それが誠実な憲法制定でもある。

25条1項は、「健康で文化的な最低限度の生活」を営む権利の保障という形で、一定の「状態」を保障している。

表現の自由や財産権保障のような自由権の保障は、国家権力による作為を禁止し不作為請求権を保障する権利(「保護範囲」を侵害から守る防御権)の体裁をとっており、あくまで国の「行為」を基本権保障の対象としている。これに対して、憲法上の基本権としての生存権は、国の生活扶助や医療扶助などの給付という行為に対する請求権の体裁をとっているように見えるものの、それが真の姿ではない。むしろそれは、端的に25条1項の「健康で文化的な最低限度の生活」という「状態」に対する権利として保障されているとみるべきなのである。

2　国の行為に着目する手法の顚末

不作為請求権を本体とする自由権保障の連想で、憲法上の基本権としての生存権の本体もまた、国の給付に対する作為請求権であると単純に考えると(具体的権利説)、作為義務の中身が具体性を欠くというお決まりの理屈で裁判上の実現は困難である。同じく国の生活保護行政という行為を、裁量統制論の強化によって実効的に統制しようとするよく見られる試みも、やはり国の行為を対象に据えている点では同類である。

すなわち具体的権利説からは百歩譲り、生存権立法の裁量統制という形が25条1項から導かれるせいいっぱいの憲法的規律であると考えても(裁量統制論)、立法・行政にあらかじめ生存権立法の水準についての専権的判断余地を認めたうえでなされるこうした隔靴搔痒の理屈では、現状の生活保護給付の水準を憲法論的に批判することは困難である。そればかりでなく、基準それ自体の切り下げに対して25条1項の法的権利性をタテにして厳格審査を要求すること(制度後退禁止原則)すら、裁量統制論では〈減額も専門技術的裁量の結果である〉という暗黙の前提のもとで、簡単に退けられることになりかねない。

これらの手法による生存権の実効的救済の限界は、やはり憲法上の基本権である生存権という権利の対象を、国の行為(作為・不作為)に置いている点に根本原因があるのではないか。自由権の場合と異なり、社会権で国の行為の有り様を基本権保障の中身と捉えてしまうと、立法・行政の裁量権行使の逸脱濫用の有無という相手の土俵に乗ることにならざるを得ない。これはしかし、社会権の宿命というわけではない。当然のように社会権においても国の行為(作為・不作為)だけに焦点を合わせるという思考様式の結果として、こうした国側有利の一方的な結果となってしまっているにすぎない。

3 「状態」に対する権利としての再構成

国の行為ではなく、「健康で文化的な最低限度の生活」という状態それ自体を権利の対象と素直に考えれば、基本権としての生存権の裁判的救済の新次元が見えてくるかもしれない。立法や行政による裁量権行使という「行為」、その帰結としての現行の制度からスタートする司法審査論でなく、あくまで憲法の条文に即して「健康で文化的な最低限度の生活」という「状態」からスタートする司法審査論が求められるということである。

もとより、やはり原点は25条1項自体の具体的法規範性の承認であり、ただしそれを国の生活扶助なりの個別的な金銭給付行為に対する「具体的請求権」と同視して捉えることの是非を再検討すべきだということになる。「状態に対する権利」としての生存権という基本権の本質に照らせば、「健康で文化的な最低限度の生活」と明らかに言いうる水準を原告側が具体的に立証し、その享受(「営む権利を有する。」!)を国側が立法・行政のさまざまな手段を駆使してとにかく実現する法的義務を負うことの確認が、具体的権利の本体とされるべきであろう。

この意味で、具体的権利説として以前から唱えられてきた「立法不作為の違憲確認説」は、半分は問題の核心を突いていたといいうる。同説は「不作為」という行為を対象に据える点では、具体的金銭給付請求権を認める見解と同様に「健康で文化的な最低限度の生活」という状態を見ていない。他方で同説は、立法不作為によって「健康で文化的な最低限度の生活」の状態が実現されず、それ以下の状態が継続しているという「違憲状態」の裁判上の確認を求めるのが真意であるとすれば、同説はどうやら「行為」ではなく「状態」を正確に見据えていたということになるのである。

4　生存権の裁判上の救済――国家権力のアンカーとしての司法

もっとも、生存権が「状態に対する権利」であるからといって、その裁判上の救済が「違憲確認」止まりでよい、ということには論理必然的になるものでない。最低限度の人間的生存の条件を享受しえているという状態への権利が、憲法上の基本権として成り立つのであれば、それを具体的に実現する法的義務を負うのは立法・行政ばかりでなく、その補完をなすべき司法もまたしかりである。

生存権保障ないしその実現の手段方法は、三権がそれぞれ自らの権力としての特性に合わせて選択しうるものの、立法・行政が25条1項の要請する「状態」を実現しえていないのであれば、アンカーとしての司法は金銭給付により一挙に「健康で文化的な最低限度の生活」という状態を原告側に提供すべきであろう。

司法にはさまざまの政策ツールはない。またアンカー役としては立法・行政による福祉政策の「判断過程」にボールを投げ返すよりも、25条1項の求める「状態」を割り込んでいることが証明されるかぎりで、それを埋め合わす一般的救済手段である金銭給付を判決で国に命じることが、その役柄にふさわしい。

このように、アンカーたる司法が生存権保障を実現する際の方法について、いわば消去法で考えると、得られる答えはやはり具体的な金銭給付判決（あるいはそれに相当するところの不利益処分取消判決）ということになるように思われるのである。

Ⅳ　再び芦部説に

芦部説を理解し、歴史的・概念的な理念から現実への適用まで、生存権の法的性格を抽象的権利として構成しようとするとき、その意味内容は、具体的な適用において改めてその深さが出てきうる。裁判上の具体的権利性は、もとより個別の事案ごとにその成否はさまざまでありうる。しかしながら、立法者が法的義務を負うということは、なすべきことをなさなかった立法者は、法的義務違反をしたものとみなされるのだから、あとは個別事案ごとに、立法者の法的義務違反が原告らの主観的権利・利益を侵害しているか、というケースバイケースの問題に移行するだけのようにも思われる。

ところが、立法者との関係では法的権利性を認めつつ、裁判所との関係では具体的権利性は(ただちには)認められないという、抽象的権利説を採用した芦部説は、20世紀の社会権・生存権を古典的な自由権と、歴史的・概念的に異なるのみならず、法的にも異なる規範として、取り扱った。

その結果、「法的権利だが具体的権利ではない。」という、一読するだけでは理解しにくい、しかしそこに「抽象的権利説」という名のもとに、その名のとおりに高度の憲法解釈の作法がなされた。しかしながら、多くの憲法学によるあれこれの具体的なあてはめは、少なくとも最高裁判例のレベルでの積極的結論を導き出すには至っていないように思われる。いまいちど、芦部説の観点からすれば、生存権解釈の何を捨て、その逆に何を得るのか、という理論的選択が今日なお求められている。

（1）　なお、芦部説の検討として、参照、高橋和之「生存権の法的性格論を読み直す」明治大学法科大学院論集12号（2013

年）1頁以下、渋谷秀樹「生存権と違憲審査」立教法務研究7号（2014年）25頁以下を掲げておく。生存権をめぐる学説については、さしあたり、長谷部恭男＝石川健治＝宍戸常寿編『憲法判例百選Ⅱ〔第7版〕』（有斐閣、2019年）289頁の引用文献参照。

第一一章　職業選択の自由をめぐる違憲審査のあり方

巻　美矢紀

はじめに

日本で2件目の法令違憲判決である1975年の薬事法違憲判決(最大判昭和50・4・30民集29巻4号572頁)は、いわゆる憲法訴訟論が展開されたものであり、そのパイオニアである芦部にとって、好意的に受けとめられた[1]。芦部によれば本判決の意義は、第一に、職業選択の自由の意味を明らかにしたこと、すなわち特に人格との関連性を示し、それを制約の程度と関連づけたこと、第二に、職業の自由に対する制約の合憲性の判断方法について、一般的な基準を示したこと、第三に、最大の特徴として、従来の判例にみられない新しい立場を打ちだしたこと、すなわち立法事実論を展開したこととされる。公衆浴場法判決(最大判昭和30・1・26刑集9巻1号89頁)を念頭に「広汎な具体的事実(社会的・経済的事実、心理学的・医学的事実等)の分析・評価を経た利益の衡量が軽視され、一定の理論・公式で形式的に解決され」ることが、「わが国の憲法訴訟の一つの大きな欠陥[2]」と考えていた芦部にとって、立法事実論の展開は本判決のまさに「最大の特徴」であったに違いない。また、芦部が、第一の実体論にも注目していたことは留意すべきである。

本稿の課題は、職業選択の自由をめぐる違憲審査のあり方であり、第二の点、すなわち職業選択の自由をめぐる違憲審査方法に関する一般的な基準と理解された、いわゆる規制目的二分論に焦点を当てることにしたい。規制目的二分論とは、上記薬事法違憲判決とその数年前に出された小売市場判決（最大判昭和47・11・22刑集26巻9号586頁）により形成されたとされる、職業の自由に関する合憲性審査の厳格度設定に関する判例理論である。すなわち、規制目的について前者での規制である「自由な職業活動が社会公共に対してもたらす弊害を防止するための消極的」目的と、後者での規制である「社会経済ないし経済政策上の積極的」な目的に二分し、消極目的には中間審査基準に当たる厳格な合理性の基準、積極目的には明白の原則を適用するというものである。

芦部は、二分論を高く評価し基本的に受容したものの、審査の厳格度の設定においては、規制目的だけでは不十分であるとして、規制態様による類型化の考え方を加味することを主張したが、(3) それはあくまで補足的なものであった。(4) 本稿は、規制目的を軸とした審査基準の芦部による基本的受容の理由について考察し、芦部の研究の意義と手法の特徴を明らかにすることにしたい。

Ⅰ　合憲性推定の原則

1　合憲性推定の原則とその根拠

二分論は、審査を客観化する目的手段審査からなる違憲審査基準をとるもので、裁判官の主観的判断の統制という観点からは、比較考量論より優れており、日本への違憲審査基準論の導入を主張してきた芦部をはじめとするアメリカ憲法研究者が歓迎したのは当然といえる。しかも、二分論の内容は、合憲性推定の原則、換言すれば二重の基準論という民主主義における司法審査のあり方を経済的自由の領域で基本的に示したものであった。

合憲性推定の原則とは、アメリカで違憲審査制が成立した当時からとられていた原則であり、マーシャル判事が示したように、「法律による憲法の侵害がすべての合理的な疑いを超えていることが確かめられるまで、その有効性を推定すること」であり、それは「法律を制定する立法部の賢明・誠実および愛国心に当然払われるべき相当の尊敬」によるものである。すなわち、この原則は、民主政の理論と権力分立の原理を基礎におく、司法の自己制限の一内容なのである。(5)民主政の理論とは、「法律に表明された国民の意思には憲法との矛盾がきわめて明白でないかぎり反対すべきではない」というもので、また権力分立の原理とは、「事実上新しい立法になるような、あまりにも新奇な憲法解釈を行って国会の権能を侵害すべきではない(6)」というものである。

合憲性推定の原則は、合理性の基準を意味するとされる。というのも、「基礎にある事実問題が立法の合憲性を条件づける」とすれば、議会の価値判断に合理的な事実の基礎が欠けている場合には上記原則が支配しないからである。(7)合憲性推定の基準となる合理性とは、法律の目的と手段との合理的連関であるが、留意すべきことは合理性を判断する主体として、「合理的人間」(reasonable man)(8)が前提とされており、推定は覆すことができるということである。なぜなら、ここでいう合理性とは、「共同社会の常識をはっきりと表現する擬制的な、しかし象徴的な「合理的人間」の精査に合格するものであり、それを判定するのは、いうまでもなく裁判所の義務だからである」。

2　合憲性推定の妥当範囲と程度

合憲性推定の原則は一般的に妥当するものと考えられていたが——実際にはLochner判決などの逸脱があるが——、ニューディール立法をめぐる政治部門と連邦最高裁との緊張を経て二重の基準論が形成されて、上記原則の妥当範囲は経済的自由の領域に限定され、「真に実用的な原則として確立する」。このことは芦部によれば、経済的自由の領域については「議会の事実認定と政策の選択が第一次的な重要性をもつことを司法部自身が確認した「劇的な転換」として、その意義を十分に評価しなければならない[9]」とされる。

芦部は、問題は、合憲性推定の強さであるとする。[10] この点、1955年のLee判決(Williamson v. Lee Optical Co., 348 U.S. 483)は、眼鏡商が眼科医の処方なしにレンズを複製することを禁止する州法の合憲性が争われたものであるが、多くの専門家により立法事実が存在しないことが主張されたにもかかわらず、「違憲を主張する当事者の精密な立証すら排除するほど強い合憲性の推定」を認めた。[11] 経済的自由の規制について裁判所は「手放し[12]」すなわち無審査であることを示したのである。

しかし、こうした強い合憲性の推定に対し芦部は反対する。[13] そもそも、アメリカでも強い推定は、すべての経済的自由に及ぶわけではなく、契約の自由のような、憲法上明文がなく実体的デュープロセス(修正14条)を根拠とするものに及ぶのであり、州際通商条項(第1章8節3項)には及ばない[14]し、また州憲法との関係でも及ばないことに留意すべきである。

芦部が強い推定に反対する理由は、「健全な常識からすれば合理的な根拠をもつとは思われない」立法事実の主張に対しては、「特段の根拠資料」が必要となるからである。[15] また「民主政治の発達がなお不十分で、立法の水準が低く、公共の福祉よりも寧ろ政党的利益に基いて行われるわが国においては」強い推定は「ややゆきすぎのきらい」があるからである。[16]

さらに、問題領域は異なるものの、尊属殺に関する田中二郎裁判官の見解、すなわち「見解の著しい差異が見られる時代においては、国会の多数の意見に従って制定された法律であることのゆえのみをもってただちに常に合憲と判断するわけにはいかない」との見解を芦部が引用していることも注目される。

Ⅱ　芦部による規制目的二分論の基本的受容

1　基本的受容の理由

芦部は司法審査の放棄に当たるような強い合憲性の推定に反対したが、経済的自由について合憲性推定の原則をとること自体は既述のとおり賛成していた。この点、小売市場判決、さらに薬事法違憲判決がより正確に、「職業の自由は、それ以外の憲法の保障する自由、殊にいわゆる精神的自由に比較して、公権力による規制の要請が強い」と述べたことが、二重の基準論を示したものと解され、実際、経済的自由の規制については立法裁量が前提とされたのである。

他方で、二分論の内容は、強い合憲性の推定に反対する芦部の主張に沿うもので理由としても納得のいくものだったのである。まず消極目的については、厳格な合理性の基準が適用され、強い合憲性の推定が明らかに排除されている。しかも、警察規制は「比例の原則によって制約される、という伝統的な学説の趣旨からいっても当然の帰結であるから、それ自体としてはほとんど異論はない」[17]としている。また積極目的については「事の性質上、広い立法裁量を認めざるをえない」が、明白の原則は、「審査権が建前として裁判所に留保されている」だけでなく、「事実、判決は規制目的と規制手段の両論にわたって審査」しており[18]、強い合憲性の推定をとっていないことが評価されたのである。

その後、二分論に対しては、規制目的による準則化の限界、すなわち規制目的の振り分けの困難性や、複合目的の存在が指摘されたが、芦部は次のとおりより説得的な理由を示し、二分論の基本的な妥当性や有用性を改めて肯定したのである。

「国の介入が弱く、その合理性・必要性の判断が司法過程にもなじむ消極的な警察規制と、国の介入がより強く、広汎な立法府の裁量が認められ、その合理性・必要性の判断が司法過程になじみにくい社会経済政策実施のための積極規制とを、規制目的によって大別することは、違憲判断の基準を準則化するための重要な一つの基本的な枠組みを提供すると考えられる(19)」。

2　芦部による補足

以上のように芦部は規制目的二分論を基本的には高く評価したが、他方で、自由競争秩序の下での競争制限を問題視した(20)。「もともと、混合体制とはいえ、自由競争を基本的な前提とする現在の資本主義経済秩序の下で、競争制限という形で一般の職業の自由を許可制によって規制するには、よほど重大な理由が存しなければならない(21)」からである。

既に言及したように、アメリカでも、強い合憲性の推定はあくまで水平的な権力分立が問題となる連邦憲法との関係で妥当するに過ぎない。実は州憲法との関連では、市場への新規参入制限であれ既存の許可営業間における一定の活動制限であれ、広く「競争制限規制」と呼ばれるものは、十分説得的な合理的理由がない限り違憲とされる場合が極めて多いのである(22)。

こうしたことから芦部は、経済的自由の規制に関する審査の厳格度の設定において、規制態様も「加味する」ことを主張したのである(23)。

Ⅲ　規制目的二分論に対する根本的批判

1　規制目的か規制の程度か――段階理論

芦部はアメリカの判例理論をふまえつつ、日米の制度や民主政の状況などの違いを考慮して、規制目的二分論を基本的に受容した。しかし、規制目的二分論には、ドイツ憲法研究者等から批判が向けられる。

既述の規制目的の振り分けの困難性等については、高橋和之が指摘するように、「消極目的を厳密に定義し、それ以外を積極目的とすることにすれば、いずれかに振り分けることが可能であり、それでも両方の性格を持つ事例が存在するというなら、それぞれの目的に関して審査すれば済むことである。重要なのは、そのような定義と審査基準の振り分けが違憲審査の目的にとって有用かどうかである(24)」。

この点、規制目的二分論の核心である、各規制目的に対応する審査基準の厳格度への違和感が示されていた(25)。すなわち、規制される側にとって、国民の生命・健康を守る消極目的による規制の方が、経済的弱者保護の名のもとに既得権益を保護する疑いのある広範な積極目的による規制よりも納得しやすいところ、前者が違憲になりうるのに対し後者がほぼ合憲になることへの違和感である(26)。特に競争制限、中でも新規参入規制のような職業選択の自由そのものを制限する強度の制限でさえ、積極目的であれば、明白の原則という緩やかな審査基準が適用されることに対し、消費者利益の保護の観点からも強い批判がなされたのである。

さらに、ドイツ憲法研究者からは、より根本的な批判として、そもそも審査基準の厳格度設定において規制目的を重視すること自体の妥当性について疑問が示された(27)。そもそも、消極目的・積極目的は行政法の損失補償との関係で示された概念であり、合憲性審査の厳格度設定においては、規制される憲法上の権利の性質や制限の程度を重視すべきだからである。当時既に西ドイツ憲法裁判所の薬局判決では、規制目的ではなく、規制態様による規制の程度を軸に審査密度を設定する、いわゆる段階理論が示されていたのである(28)。段階理論とは、①職業活動の内容・態様に対する規制と②事前規制を区別し、審査密度につき前者より後者の厳格度を高め、さらに②事前規制について(i)主観的条件（本人の資格・能力にもとづき課される要件）と(ii)客観的条件（距離制限など、本人の資格・能力と無関係に課せられる要件[29]）を区別し、前者より後者の厳格度を高めるというものである。重要なことは、こうした審査密度の段階設定は、実体論を基礎にしているということである。すなわち、当該規制態様の類型が、職業の自由の特に人格権的意義との関係で、制限としてどの程度の強さであるかにより、審査密度の段階設定がなされているのである[30]。

ドイツ憲法裁判所の薬局判決について芦部は、日本の薬事法違憲判決が出される前から、広く専門家の意見を聴取し精密な立法事実に依拠したものとして高く評価していた[31]。また薬事法違憲判決後もドイツの薬局判決について、芦部は自由競争秩序の下での競争制限を問題視する文脈で、アメリカの州憲法に関する判決とともに、「一般の職業について競争制限という形の規制が異例であることを明らかにした」判決[32]として評価している。

もっとも、覚道豊治は基本権の主体の側、すなわち自由の性質や規制態様を重視したのに対し[33]、芦部は規制目的二分論を基本的に受容し、あくまで補足として規制態様を加味するとの主張にとどまった。それはなぜか。

2 外国の判例との向き合い方と実践的な意図

規制態様ではなく規制目的を軸にした芦部の選択には、外国の判例との向き合い方、さらに実践的な意図がうかがえる。

まず、合憲性の判断枠組みとしてドイツ憲法裁判所がとる、いわゆる三段階審査の日本への導入をめぐり議論されたように、合憲性の判断方法を考えるにあたり、ドイツのような人格権を基礎にした実体的アプローチをとるか、あるいはアメリカのような政治部門と裁判所との役割分担を基礎にした機能的アプローチをとるかの選択が重要といわれる。もっとも、留意すべきことは、アメリカでは、松井茂記が示したように、すべての国家機関を拘束する合憲性に関する実体的判断基準と、裁判所を拘束する審査基準は区別されており、機能的アプローチは裁判所による審査基準であるということである[34]。

たしかに、アメリカで機能的アプローチがとられた理由としては、そもそも違憲審査制は憲法で明記されておらず判例によって確立したため司法審査の民主的正当性が問題とされてきたこと[35]、またニューディール立法をめぐる政治部門と司法部との緊張を経て司法部が経済的自由(実体的デュープロセスを根拠とするもの)の審査方法について態度転換を余儀なくされたことなど、アメリカ特有の事情もある。しかし、それにとどまらない理論的正当化が考えられる。

まず、違憲審査制度の異同である。ドイツでは抽象的違憲審査制がとられ違憲審査は憲法裁判所で集中的に行われている一方、日本ではアメリカと同様、付随的違憲審査制がとられ、具体的事件の解決に付随して通常裁判所の裁判官が違憲審査権を行使している。日本では違憲審査が憲法に明記されている[36]とはいえアメリカと同じ付随的違憲審査制をとるものと解されており、民主政や権力分立との関係をふまえた役割分担論を考慮せざるを得ない[37]。

また、判例理論とされる規制目的二分論の基本的受容の背景には、芦部の実践的な意図があったと思われる。棟居快行が指摘したように「いわゆる審査基準論を提唱された芦部先生の意図は、とくに精神的自由について、緻密な審査基準論を確立することで、極力厳格審査に持ち込むということであった」が、経済的自由という「芦部先生の意図せざる領域ではあるけれども、審査基準の本来の意図を実現した」。つまり、「憲法解釈という本来客観的な思考や論証になじみにくい解釈の分野において、中2階の定式」、すなわち規制目的ごとに審査基準を使い分けるという緻密な司法審査」が定式化され、「『公共の福祉』というあいまいなもの」を「可視化」「論証可能」にした[38]のである。小売市場判決は既述のとおり二重の基準論を経済的自由の側で明らかにし、「これからは精神的自由のほうで厳格審査に進んでいくのだと、こう期待した向きもあったはず」だが、厳格審査の方向は薬事法判決、すなわち経済的自由の中で示されたのである[39]。

こうした状況で、意図せざる領域とはいえ二重の基準論をふまえた審査基準論を示した判例を基本的に受容しつつ、判例理論を誘導すべく規制態様を加味することを主張し[40]、さらに審査基準論を精神的自由の領域で展開させようとする実践的な意図があったものと考えられよう。そもそも、外国の判例や理論を外在的に押しつけようとしても、制度や問題状況の違いなどからそのまま受け入れられるわけではない。芦部の基本的受容の背景には、日本の判例をふまえつつ、漸進的に「改善」していこうとする、現実主義的かつ野心的な意図がうかがえよう[41]。

もっとも、芦部は既述のとおり規制目的二分論をその核心部分において理論的に正当化しうると考えたからこそ、それを基本的に受容したのである。そこで、規制目的二分論の正当化について再考することにより、経済的自由の審査の厳格度設定において規制の目的と規制の程度どちらを軸にすべきか、より重視すべきか検討することにしたい。

Ⅳ　規制目的二分論の正当化の再考

1　酒類販売免許制判決の読み直し

審査の厳格度設定において規制目的を軸にする規制目的二分論の正当化として、酒類販売免許制判決（最判平成4・12・15民集46巻9号2829頁）での園部逸夫裁判官の補足意見、およびそれと同旨の調査官解説の「読み直し」が注目されている。同判決は、消極目的にも積極目的にも振り分けられない第三の目的である財政目的を示し、規制目的二分論の限界を示すものと位置づけられてきたが、規制目的に代わり得る指標として園部元裁判官らにより示された「立法事実の確実な把握の可能性」は、逆に規制目的二分論の基本的な正当性を示すものとして、再読されている。

園部補足意見によれば、「一般論として、経済的規制に対する司法審査の範囲は、規制の目的よりもそれぞれの規制を支える立法事実の確実な把握の可能性によって左右されることが多い[42]」。同様に、調査官解説によれば、「当該規制立法がどこまで立法事実に踏込んだ司法判断がなされるべき分野に属するのか、換言すれば、立法事実の把握、ひいては規制措置の必要性と合理性についての立法裁量をどの程度尊重すべき分野に属するのかを検討することこそが重要である」[43]とされる。

もっとも、注目すべきことは、調査官解説は他方で、「消極目的規制の場合には、立法事実として問題となるのが社会的害悪の存否に絞られることから、立法事実の一義的な把握が容易である一方、積極目的規制の場合には、立法事実として問題となる経済実態が複雑多岐に及ぶことになるから、立法事実の把握については立法府の裁量を尊重せざるを得ない」と述べていることである。この言明は、木下昌彦が指摘するように、「規制目的二分論は、事実認定方法としての審査基準を定める差し当たりの尺度としての意義を有している」(傍点筆者)ことを示している[44]。

2　小売市場判決の総論性

高橋もまた、「もともと規制目的二分論も「立法事実の確実な把握の可能性」に対する議論だったはず」と指摘している[45]。小売市場判決の次の一節を想起すべきである。

> 社会経済の分野において……主として立法政策の問題として、立法府の裁量的判断をまつほかはない。というのは、法的規制措置の必要の有無や法的規制措置の対象・手段・態様などを判断するにあたっては、その対象となる社会経済の実態についての正確な基礎資料が必要であり、具体的な法的規制措置が現実の社会経済にどのような影響を及ぼすか、その利害得失を洞察するとともに、広く社会経済政策全体との調和を考慮する等、相互に関連する諸条件についての適正な評価と判断が必要であって、このような評価と判断の機能は、まさに立法府の使命とするところであり、立法府こそがその機能を果たす適格を具えた国家機関であるというべきであるからである。

高橋はこの一節を次のように理解する。「これは、合憲性を支える立法事実の収集・認定は立法府により適合した機能であるという理解を基礎にしており、いわゆる「立法事実の存在の推定」を認めたということであろう。つまり、「合憲性の推定」原則の採用であり、二重の基準論と結びついた議論である」[46]。

近年の判例で職業の自由の規制に関して規制目的を問わず総論部分として引用されているのは、薬事法違憲判決の総論部分、すなわち職業の種類・規制目的・規制態様それぞれの多様性から合憲性について一律に論じることはできないとして比較考量を導出し、それは第一次的には立法府の権限・責務であるとして原則的な立法裁量を示す部分である[47]。しかし、比較考量について、何の根拠も示すことなく第一次的に立法府の権限・責務とすることは説得的ではないであろう。というのも、財産権規制に関する先例として引用されている証券取引法判決は、同様に各種多様性から比較考量を導出するものの、それを立法府の権限・責務とは明示しておらず、それゆえ、比較考量を裁判所による合憲性の判断方法として理解する見解が有力だからである。したがって、原則的な立法裁量の根拠を示したものとして、むしろ小売市場判決の上記一節こそが総論にふさわしいといえる[48]。

いずれにせよ、立法府の裁量を尊重すべき根拠は、「立法事実の収集・認定能力が必要であることに求められており、逆に言えば、そのような能力が司法権にあると判断しうる事例の場合は、「明白性の原則」を適用しないことが排除されていない」。この点、「少なくとも、消極規制を近代的規制原理として理念型的に厳格に定義すれば、消極規制については司法権による立法事実の把握は困難ではない」[49]。他方で、消極目的の限定により積極目的については広汎になることから、立法事実の把握が困難でないものと困難なものがあることになる[50]。とはいえ、高橋によれば、「このような理解が可能とすれば、規制目的二分論を全面的に否定することなく、先例を整合的に説明する途は残されているように思われる」[51]。

規制目的二分論について全面的否定の回避を超えて、その基本的正当性を示すためには、積極目的については、裁判所が原則として立法事実の把握が困難であること、すなわち裁判所の審査能力の限界を示す必要がある。もっとも、裁判官の恣意に対する拘束という審査基準の本来の趣旨からすれば、裁判所が立法事実の把握が事実上困難な分野であるとしても、裁判所が立法事実に立ち入って判断すべき分野はありうる。(52) 既述の酒類販売免許制判決に関する評釈において、長谷部恭男は園部補足意見に対し、「そもそも立法の違憲審査基準は、立法事実の立証責任の配分基準でもあり、したがって、立法事実の存否を確実に把握しえない場合は、立証責任に応じて合憲・違憲の結論が出るはずである。裁判所が立法事実を確実に把握しうるか否かによって違憲審査基準を変化させるならば、先取りした結論に合わせて基準を変えることになりかねない」と批判している。それゆえ、二分論の基本的正当性を検証するためには、積極目的について、そもそも裁判所が立法事実に立ち入って判断すべき分野かどうかを検討することにしたい。

その前に、規制目的として第三の目的を示すだけでなく、審査基準としても積極目的・消極目的いずれのそれとも異なる第三の基準を示したようにみえる酒類販売免許制判決について、どのように位置づけるべきか示しておく必要があろう。

3　財政目的の位置づけ——実効的な審査基準の数の観点から

審査基準は既述のとおり裁判官の恣意的判断を拘束しようとするものであるが、規制目的二分論は経済的自由について二つの基準を示し、厳格審査基準も適用されうる精神的自由も含めた全体としては三つの基準となり、裁判官に対する実効的な統制という観点からすると、審査基準の数としては妥当といえる。

審査基準は過少だと、事案の解決として妥当なものになりにくい。アメリカの判例では、かつては二重の基準論により基準はまさに二つであったが、厳格審査基準だとほぼ違憲となる一方、合理性の基準だとほぼ合憲となり、審査基準の選択段階でほぼ結論が決まり妥当な解決が図れないと批判された。こうして、二重の基準論にその後中間審査基準が加わり、3段階の審査基準となった経緯がある。他方で、審査基準は過剰だと、裁判官による操作可能性を増大させ、裁判官の恣意を実効的に拘束しえない。また訴訟当事者や法律家ひいては国民による予測や検証も困難となる。審査基準のカテゴリー数は、「カテゴリーへの正確な包摂自体のもたらす誤判の可能性と、カテゴリーへの包摂作業を誤る誤判の可能性を勘案して」決せられる必要があり、「過少であっても過剰であってもならない[53]」のである。

この点、第三の規制目的として財政目的を示した酒類販売免許制判決の場合、小売市場判決で示された明白の原則の内容のうち「明白」という文言が欠落していることが注目され、それは「立法裁量の範囲が積極目的の場合より若干狭いことを表現している」との見解を示す学説もみられた[54]。しかし、これに対し高橋は「審査の厳格度の違いを微妙に区分して多くの段階を設定しても、基準の採用を恣意的にし適用上の操作可能性を増大させるだけで、実際上は使い物にならないであろう。審査基準論をとる学説が、アメリカの判例理論を参考にしながら、基本的には三つの基準を設定していることには、それなりの理由があるのである[55]」と論じる。こうして高橋は「財政目的は積極目的の中に位置づけ、領域を限定した上でその下位分類[56]」として、経済的自由について規制目的を大きく消極目的と積極目的に二分し、また審査基準をあくまで二つとして、二分論を維持することを試みる。

それでは話を戻して、二分論の基本的正当性を検証するため、積極目的について、そもそも裁判所が立法事実に立ち入って判断すべき分野かどうかを検討することにしたい。

V　現代国家と経済——積極目的の再考

1　現代国家と積極目的の範囲

積極目的については、その範囲を経済的弱者保護に直結するものに限定する見解が主張され[57]、有力になった。憲法25条により生存権を保障している以上、「真の」弱者保護は必要であるが、小売市場事件で争われたように、弱者保護の名目での既得権益保護により、被規制者の営業の自由、さらに消費者利益までもが侵害されることを防止しようとの狙いであった。

この問題を考えるにあたって、現代国家の権限に関する高橋の次の指摘が重要である。現代国家の当初の介入は、「格差や貧困問題への対応が中心であり、他者を加害するものではないとみなしていた行為が実は他者加害であることを認識し、それに対応しうるものであった。弱者保護のための介入であり、その限りでは、他者加害原理の延長線上の問題と言ってよい。しかし、現代国家の介入は、そこに止まらない。一旦新たな秩序を形成するために国家が介入しうることを認めれば、現状に代わるべき「よりよい秩序」はいくらでも構想しうるから、それが「公共の福祉」＝公益であると論証しうる限り、「政策」問題であって憲法上の歯止めはない[58]」。

自由競争の国の象徴たるアメリカでも、労働者などの弱者を保護する社会経済立法だけでなく、20世紀には世界恐慌への対応として国家が経済のかじ取りまで行うニューディール立法が現れ、政治部門と裁判所との緊張関係を経て、二重の基準論が形成され、合憲性推定の原則が経済的自由に限定された既述の歴史を想起すべきであろう。

2　ロックナー判決の読み直し――民主的適格性

ニューディール立法以前に、ロックナー判決(Lochner v. New York, 198 U.S. 45〔1905〕)は、社会経済立法につき実体的デュープロセスにより保障される契約の自由を侵害するものとして違憲と判断したが、同判決の読み直しとしてのロックナー修正主義によれば、法廷意見は当該立法を州のポリスパワーの適切な行使ではない、すなわち建国期以来の伝統的な法理である、特殊利益を実現するクラス立法の禁止に反する、あるいは公共の利益に反すると判断したとされる[59]。

この点、小売市場判決は、既得権保護、すなわち特殊利益を実現し公益に反する立法を合憲としたものとして批判されたのであるが、積極目的の範囲を考えるにあたり、同判決の積極目的に関する、芦部の理解が興味深い。

判例のいう、福祉国家的理念にもとづく「国の責務」としての「積極的な社会経済政策」は、経済的劣位に立つ者の保護政策の意に限定されているのではない。「経済政策の根拠としての公共の福祉は、……国民全体を視野に置いた、人間にふさわしい生活の必要条件としての経済生活の安定・向上という意味の概念であって、小売商の企業的保護政策も、それが単に弱者なるが故のものではなく、国民経済の安定と発達にその存在の意義をもつという観点からのものでなくてはならない」であろう[60]。

判例の積極目的は、経済政策を含むもので、単に経済的劣位にある者の保護ではなく、「国民全体を視野に置いた」、「国民経済の安定と発達」という一般公益に資することまで求めているのである。もっとも、一般公益といっても、その侵害に対する防止ではなく、その積極的な増進は、高橋によれば、「経済的弱者の保護や経済の安定的あるいは戦略的成長の実現など、政治的考慮の優越した政策目標が背後にあることも多」く、裁判所の審査能力には限界があるから、立法府の裁量を尊重することもやむをえないとされる[61]。

重要なことは、こうした経済政策については少なくとも一般公益を増進するといえる限り、そもそも憲法上の限界を判断するにあたり依拠すべき憲法上の基準がないということである。それゆえ、立法裁量を認める根拠は、裁判所の審査能力の限界というより、依拠すべき憲法上の基準がない問題についての判断主体の適格性といえよう。

戦後の経済政策に関する日本の歴史を考えてみても、依拠すべき憲法上の基準がないことは明らかであろう。戦後は、官僚主導のもと強い業種に資源を集中投下することで高度経済成長と完全雇用を実現し、それにより国民一般の公益の増進に成功したといえる。しかし、バブル崩壊を受け、経済のグローバル化への対応として、新自由主義にもとづく規制緩和が行われた。だがその結果は、「失われた30年」と批判されている。

ロックナー判決反対意見で、かのホームズ裁判官が論じたように、憲法は自由放任主義であれ、社会ダーウィニズムであれ、経済に関する特定の理論を具体化するよう意図されていないのであり、裁判所はそれに依拠すべきではない。(62)

木下昌彦は、経済的自由の規制に関する立法裁量の根拠として、専門的技術性と民主的正当性の二つを指摘する。そして、立法事実の審査においては前者が妥当するものと考えられるが、「国会議員は政治献金や支援者らの意向に沿った立法事実の認定をしてしまう危険性」があることなどから、「基本的には裁判所が踏み込んで判断」すべきとする。他方で、「利益衡量のような価値判断の場面」には、「民主的正当性を有する国会に敬譲するという判断方法の在り方が適切」であるとする。(63)

もっとも、仮に裁判所が立法事実に踏込んだとしても、一般公益の増進については未来志向的であるがゆえに推量的な評価にならざるを得ない以上、著しく不合理であることの明白でない限り立法裁量を尊重することになると思われる。重要なことは、依拠すべき憲法上の基準のない経済政策については、判断主体として、民主的正統性を有し政治責任を負っている立法府が適格であるということである。

司法審査の民主的正当性をふまえた二重の基準論に関する正当化論は、民主的政治過程の維持・回復という裁判所の役割論として位置づけられてきたが、経済政策に関する判断主体の適格性に関わる議論としても位置付けられるのである。芦部も合憲性推定の原則との関係で、「議会の事実認定と政策の選択が第一次的な重要性をもつ(64)」と指摘していたことに留意すべきである。

もっとも、芦部は既述のとおりアメリカの合憲性の強い推定に反対し、小売市場判決がとった明白の原則を裁判所の審査を留保したものとして評価したのであり、その理由の一つとして、芦部は「日本の立法過程」の問題を指摘していた。芦部が言及するように、公衆浴場や薬局の適正配置規制は、当時としては珍しい議員立法で、内閣法制局等から違憲の疑いがあると指摘されながら、制定されたものであった。

たしかに、経済に関する立法については、ロビィ活動など議員に対する積極的な働きかけが行われやすい[65]。それゆえ常識からして、経験に照らし一般公益の侵害防止に資さない不合理な規制や、一般公益の増進やそれに資する弱者保護として著しく不合理であることの明白なものについては、もはや立法府の判断を尊重する理由はないであろう。

VI　経済的自由の性格——人格的アプローチの限界

1　経済秩序と経済的自由

経済政策について憲法上の限界を判断するにあたり依拠すべき憲法上の基準がないことは、経済的自由の性格にも関係している。長谷部が指摘してきたように、「市場取引を可能とするさまざまなルールが設定されて、はじめて職業活動をはじめとする経済活動は可能」となる。市場メカニズムを設定するための「規整」として民法や商法などがあるが、「規整」と「規制」を区別することは困難である[66]。

長谷部によれば、判例法のアングロ・サクソン諸国では、「市場メカニズムを支えている基本的な法原則は、いつ誰が作ったとも特定しにくい判例法で、不要な規制をどんどん外していけば、ベースラインとしての判例法に到達できる」と考えられている。これに対し、制定法国では、「市場メカニズムを支える法自体が制定法で、それも規制立法一般と同じように多様な利害が競合する多元的立法過程を経てできるわけだから、人為的な利害で汚れた規制を外そうとすると……何もなくなってしまって市場メカニズム自体、動かなくなってしまうかも」しれない。[67]

要するに、制定法国では、「「自生的秩序」なるものが憲法規範化していると確信できない」(傍点筆者)のである。[68] もっとも、このような確信は、ロックナー判決反対意見でホームズ判事が指摘したように、判例法の国アメリカですらなく、自由主義経済体制の枠に収まる限り、経済秩序の選択は民主的正統性をもち政治責任を負う立法府に委ねられることになる。

2 人格的アプローチの限界

こうした職業の自由の性格、さらに積極目的に関する原則的な広範な立法裁量からすると、少なくとも職業の自由との関係では、ドイツの人格的アプローチには限界があるといえよう。そもそも段階理論は、人格的アプローチにもとづき、すなわち人格＝自律の侵害に対する強さにより、選択と遂行の規制を区別し、さらに事前規制のもと主観的条件と客観的条件を区別して、審査密度を厳格化しているが、段階理論の内容についても問題が指摘されていた。

まず、距離制限の位置づけであるが、それについて段階理論はそもそも選択の規制とされるが、これに対し高橋は、「その職業を一定地域内で行うことを禁止するにすぎないと考えれば、遂行の規制であるが、その地域内では全面的に禁止するということに着目すれば、その地域内における選択の規制ともいえる」[69]としてその相対性を指摘する。

同様に選択の規制とされる資格制の位置づけについても、登記の代理行為を司法書士に限定した法を簡単に合憲として行政書士に否定した司法書士法事件判決(最判平成12・2・8刑集54巻2号1頁)は、多数の論者によって選択に対する規制ととらえられ批判されてきたが、近年では、業際問題として遂行に対する規制と解する見解も有力である。[70]「問題となる職業を「法的手続代理業」のように広くとらえれば……登記・供託の代理行為への制約は職業遂行上の制約となる」からである。[71] 他方で、タトゥーの彫り師に医師免許を要求する省令は、当該職業を事実上消失させるものであり、規制の強さは距離制限などより大きいといえる[72]。

そもそも、段階理論が第一に着目する遂行と選択の規制の区別について、「遂行の規制の形をとっていても、その職業の中核的な遂行態様を規制すれば、選択の規制と大差はない。したがって、選択と遂行の区別は相対的・量的であり、むしろ重要なのは「職業の自由」に対する規制の程度であると考えるのが実際的であろう」と指摘されている[73]。

以上の指摘は、段階づけが相対的なものであるという指摘にとどまるが、より根本的に職業の自由の合憲性審査において人格アプローチを重視することの問題も指摘されている。

高橋は、近代においてひとたび市場が確立すると、職業の自由については経済的側面より人格権的側面が前面に出てくると指摘するものの、「現実の規制の大部分は、経済活動の側面に着目してなされている[74]」ことに注意喚起する[75]。また棟居も、職業の自由の人格権としての展開である社会関係の形成や組織の形成などを高く評価しつつも[76]、「規制立法は個人の経済活動を狙い撃ちにするのではなく、主体が法人であれ個人であれ、当該業態等がもたらす社会的害悪等に着目して施行されるのであるから、法令の合憲性審査等も、誰に向けられているかよりも、どのような立法目的でどのような態様の経済活動に向けられているのか、に即して行われなければならない[77]」として、合憲性審査における人格権の重視には否定的である。

さらに、日本の判例との整合性という観点からすると、人格アプローチで重視される規制態様の考慮は比重としては二次的なものにとどまり、段階理論の影響は限定的なものにとどまる。例えば、酒類販売免許制判決は、立法裁量を統制する「事の性質」として、まず規制態様である許可制に着目し、薬事法判決を引用した上で強力な制限と位置づけ、審査の厳格度を高める方向性を見せる。しかし、結論としては積極目的の下部分類と位置づけられうる財政目的であることを理由に、審査の厳格度を緩和している[78]。

要するに、積極目的が、許可制という強力な制限による審査の厳格化の方向性を覆す、決定的な「切り札」と位置づけられ、規制目的こそが重視されているのである。しかも、それは現実との単なる妥協によるものではなく、既述の理論的正当化によるものであることに留意する必要がある。

おわりに

芦部が日本への導入を提唱してきた憲法訴訟論、すなわち立法事実の検証と結びついた客観化された審査基準論が展開されたのは、意図せざる職業の自由に関する領域であった。しかし、芦部は、アメリカの判例であれ、ドイツの判例であれ、そのまま直輸入するのではなく、理論的に正当化しうる部分を見極めつつ、日本の制度や問題状況に合わせて、再構成したものを主張したといえる。そしてそれはまた、実践的な意図から、日本の判例を前提にしつつ、それを誘導しようとしたものと考えられる。こうした芦部の戦略は、近年の判例の展開もふまえると、職業の自由に関して日本流の審査基準論を構築するものとして成功したといえよう。

(1) 芦部信喜「職業の自由の規制と「厳格な合理性」基準——薬局距離制限の違憲判決について」同『憲法訴訟の現代的展開』(有斐閣、1981年)(以下、「憲法訴訟」とする。)277頁、同「職業の自由の規制」同『人権と憲法訴訟』(有斐閣、1994年)(以下、「人権」とする。)401頁以下。
(2) 芦部信喜「合憲性推定の原則と立法事実の司法審査」同『憲法訴訟の理論』(有斐閣、1973年)(以下、「理論」とする。)148頁。カーストが示した立法事実に関する図式(規制によって得られる利益と失われる利益それぞれに関する具体的な考慮)は、「「合理性の基準」を具体化したものである」とする。理論156頁。
(3) 憲法訴訟301頁。
(4) 同書285頁。

（５）　理論１４３頁。

（６）　これらの点は、合理性の基準との関係で「裁判所に対する信頼」という観点からも説明されている。すなわち「立法機関の行為を否定するということを安易に行うと、裁判所に対する信頼も揺らぐことになります」。芦部信喜『憲法判例を読む』（岩波書店、１９８７年）２４４頁（以下、「憲法判例」とする。）。

（７）　理論１３４頁。

（８）　合理的人間をどう解するかにより、合憲性の推定の強度は変わる。セイヤーは理性を重視することから裁判所による審査を留保することになるのに対し、判例は一般人と解することから結果として裁判所による手放しの敬譲を意味することになる。理論１３４―３７頁。

（９）　理論１３６頁。

（10）　憲法判例２５４頁。

（11）　理論１６０頁。

（12）　憲法判例２４６頁。

（13）　人権４１１―１２頁。

（14）　憲法訴訟２９３頁注３）。

（15）　人権４１６頁。

（16）　理論１６０頁。

（17）　憲法訴訟２８８―８９頁。

（18）　憲法訴訟２９１頁、憲法判例２５２―５３頁。芦部は、日本では、アメリカと同じ当事者主義が原則であるものの、戦前の職権主義的な考え方も法制上まだ残っていることから、明白の原則も「裁判所がある程度審査できるし、審査すべきであるというふうに考えたほうがよいと思う」と述べている。憲法判例２５４頁。

（19）　憲法訴訟３０１頁。

（20）　憲法訴訟２８５頁注１）。憲法判例２５３頁。

（21）　憲法訴訟２８４頁。

（22）　憲法訴訟２８５頁、人権３６８頁。

(23) 人権407―08頁、芦部信喜(高橋和之補訂)『憲法〔第8版〕』(岩波書店、2023年)249頁。
(24) 高橋和之「職業の自由」同『人権研究2 経済活動の自由および社会権』(有斐閣、2022年)40頁。
(25) 戸波江二「職業の自由」法教57号(1985年)24―26頁。
(26) これに対し、長谷部恭男は、こうした見解を突き詰めると、民主的政治過程を維持するという司法審査の役割に基づいて審査基準がかわるという「二重の基準論」が根本からひっくり返りかねないとしている。同「経済規制立法の違憲審査基準」同『Interactive 憲法』(有斐閣、2006年)191頁。
(27) 覚道豊治・判批・民商74巻2号(1976年)308頁以下等参照。
(28) 石川健治「30年越しの問い」法教332号(2008年)58頁。
(29) 小山剛「職業の自由・移動の自由(2・完)」法セ720号(2015年)79頁。客観的条件につき、「本人の力ではいかんともなし得ない要件」という説明は「ミスリーディングである」とする。
(30) 石川・前掲注(28)62頁。
(31) 理論162―63頁。
(32) 憲法訴訟284―85頁。
(33) 覚道・前掲注(27)310―11頁。
(34) 松井茂記『二重の基準論』(有斐閣、1994年)50頁以下。
(35) 阪口正二郎『立憲主義と民主主義』(日本評論社、2001年)。
(36) 日本では違憲審査は憲法で明記されていることから、高橋和之は経済的自由の規制についても、原則としては立法事実を審査する通常審査を提唱する。同『立憲主義と日本国憲法〔第5版〕』(有斐閣、2020年)138―39頁。
(37) 長谷部恭男＝土井真一「〈対談〉憲法の学び方」法教375号(2011年)64―65頁。
(38) 棟居快行＝小山剛「経済的自由権と規制二分論」井上典之ほか編『憲法学説に聞く』(日本評論社、2004年)〔棟居快行〕113―14頁。
(39) 同書115頁。
(40) こうした芦部の姿勢は、政教分離原則に関してもうかがえる。すなわち、芦部は目的効果基準を基本的に受容し、その厳格な適用を主張したのである。芦部・前掲注(23)172―73頁。

(41)　Cf. Ronald Dworkin, *Law's Empire* (Harvard U.P., 1986).

(42)　園部逸夫「経済規制立法に関する違憲審査覚書」樋口陽一＝高橋和之編、芦部先生古稀祝賀『現代立憲主義の展開(下)』(有斐閣、1993年)187頁。

(43)　綿引万里子「判解」最判解民事篇平成4年度582頁。

(44)　木下昌彦「職業の自由事案における憲法判断の枠組み——平成4年酒類販売免許制判決調査官解説を読む」法時91巻5号(2019年)76頁以下、79頁。

(45)　高橋・前掲注(24)50頁。

(46)　高橋・前掲注(24)33—34頁。

(47)　要指導医薬品ネット販売規制(最判令和3・3・18裁時1764号1頁)、あん摩師等養成施設認定判決(最判令和4・2・7民集76巻2号101頁)を参照。

(48)　上田健介「職業選択の自由」曽我部真裕ほか編『憲法論点教室〔第2版〕』(日本評論社、2020年)155頁脚注(16)参照。

(49)　高橋・前掲注(24)50—51頁。

(50)　同旨のものとして、佐藤幸治『日本国憲法論』(成文堂、2011年)303頁参照。

(51)　高橋・前掲注(24)51頁。

(52)　長谷部恭男・判批・法協131巻9号(2014年)1425頁。

(53)　村山健太郎「二重の基準論の現在」法時91巻5号(2019年)23—24頁。

(54)　高橋・前掲注(24)47頁。

(55)　高橋・前掲注(24)47—48頁。

(56)　高橋・前掲注(24)48頁。

(57)　浦部法穂「財産権制限の法理」公法51号(1989年)90頁。

(58)　高橋・前掲注(24)25—26頁。

(59)　山本龍彦「偽の「公共の福祉」?——経済的自由規制と政治過程」中林暁生＋山本龍彦編『憲法判例のコンテクスト』(日本評論社、2019年)200—05頁。清水潤「ロックナー期憲法判例における「残余としての自由」」一橋法学10巻1号(2011年)183頁以下。

(60)高橋・前掲注(24)285頁。
(61)高橋・前掲注(36)283頁。この見解は、長谷部によれば、「誰が味方すべき弱者かを判断する能力において、裁判所には限界がある」として、自己の見解と異ならないものと解されている。長谷部・前掲注(26)189頁。
(62)Lochner v. New York, 198 U.S. 75 (1905).
(63)木下・前掲注(44)80頁。石川健治「営業の自由とその規制」大石眞＝石川健治編『憲法の争点〔新版〕』(有斐閣、2008年)151頁参照。
(64)理論136頁。
(65)木下・前掲注(44)80頁参照。
(66)長谷部恭男『憲法講話——24の入門講義』(有斐閣、2020年)142—43頁。
(67)長谷部・前掲注(26)187頁。長谷部恭男「それでも基準は二重である!」同『比較不能な価値の迷路〔増補版〕』(東京大学出版会、2018年)106—07頁。
(68)多田一路「経済的権利に関する判例の敬譲的判断の意味」憲法研究10号(2022年)207頁以下。
(69)高橋・前掲注(24)19頁。
(70)渡辺康行ほか編『憲法I〔第2版〕』(日本評論社、2023年)〔宍戸常寿〕348頁。
(71)多田・前掲注(68)211頁。多田が指摘するように、「まさに「登記」の専門家としての司法書士資格が法制度上位置づけられるのであって、登記及び供託代理業務はそれを非司法書士に許せばそもそも司法書士の資格の存在意義が消滅してしまうほど中核的な業務であろう」。同212頁。
(72)多田・前掲注(68)213頁。
(73)高橋・前掲注(24)19頁。
(74)高橋・前掲注(24)18頁。なお、高橋は「事案によって人格権等の非経済活動の側面の規制という意味が強い場合には、その側面の規制として分析する必要がある」としている。同注(4)。
(75)「人格的アプローチは、法人企業の営業の自由への22条1項の適用を否定する議論につながり得る」。石川・前掲注(28)62頁注(13)。人格アプローチにもとづく段階理論の影響が見られた薬事法事件は、薬品の一般販売に新規参入しようとしたスーパーマーケットという法人企業の営業の自由に対する規制が問題となったものであった。

（76）　棟居快行「「憲法と私法」二題――営業の自由、私人間効力論再訪」同『憲法の原理と解釈』（信山社、２０２０年）３７２頁。

（77）　棟居快行「第22条」芹沢斉ほか編『新基本法コンメンタール憲法』（日本評論社、２０１１年）１９９―２００頁。松本哲治「薬事法距離制限違憲判決――職業選択の自由と距離制限をともなう開設許可制」長谷部恭男編『論究憲法――憲法の過去から未来へ』（有斐閣、２０１７年）１０７頁。

（78）　同様の議論展開は、視覚障害者保護を目的とした、あん摩師養成施設設置等の認定制度に関する最近の合憲判決でも見られる。前掲注（47）参照。

第一二章　裁判を受ける権利

――訴訟と非訟の区分をめぐって

笹田栄司

はじめに

(1)　芦部信喜は、「『法の支配』の実現に不可欠な手段である『裁判を受ける権利』について、憲法概説書の説明は一般にきわめて不十分である[1]」と述べていたが、これは現在においても支持されるものである。その原因はいろいろあろうが、最大の要因は判例がほとんど動いていないことにある[2]。

非訟事件と訴訟事件を区分するのは「純然たる訴訟事件」である。最大決昭和35・7・6（以下、「昭和35年大法廷決定」とする。）は、「性質上純然たる訴訟事件につき、当事者の意思いかんに拘わらず終局的に、事実を確定し当事者の主張する権利義務の存否を確定するような裁判が、……公開の法廷における対審及び判決によってなされないとするならば、それは憲法82条に違反すると共に、同32条が基本的人権として裁判請求権を認めた趣旨をも没却する[3]」と判示している。この判例は現在も変わることなく引き継がれている（参照、最決平成23・9・30判時2131号64頁）。

芦部は、「伝統的な司法の観念では、手続の重要性について触れるところがほとんどない点も、問題である」として、「日本の判例は『裁判』を公開・対審・判決という三つの原則が保障される『純然たる訴訟事件』の裁判に限定するが、そのような解釈をとらず、『裁判』に広く非訟事件の裁判を含め、ただその『裁判』はそれぞれの事件にふさわしい適正な手続を伴うものでなければならない、と解する立場[4]」を採った。

(2) 本稿では、まず、判例における基点である昭和35年大法廷決定を取り上げ、「純然たる訴訟事件」が登場した経緯を確認し、合わせて判例に大きな影響を与えた兼子一及び我妻栄の見解を紹介する。そして、我妻説を芦部は32条の解釈を展開するなかで枠組みの一つとして用いていることを示す(Ⅰ)。次に、最大決昭和45・6・24以後の判例における非訟訴訟二分論の確立を示し(Ⅱ)、さらに、Ⅲにおいて家事審判手続で裁判官の裁量を統制する枠組みが欠如していることを明らかにし、家事審判手続においても裁判を受ける権利が保障されるべきとする折衷説の必要性を示す。最後に、非公開審理を採る「訴訟」(特許法105条の4第1項)という枠組みを解釈により認めた最決平成21・1・27が、訴訟非訟二分論から離れ、折衷説に接近していることを明らかにする(Ⅳ)。

Ⅰ　初期の判例と学説の対応

1　「純然たる訴訟事件」の登場

(1) 判例における「訴訟及び非訟の本質論」が兼子一の影響力を強く受けていることは、夙に指摘されるところである。兼子は、司法を、「具体的事件に対して、法を適用して、適法違法や権利関係を確定する冷静な判断作用[5]」とみて、それを、家事審判や非訟事件等、「専ら後見監督的な目的で具体的処置を命じるためにする裁判」、即ち、「本来は司法作用でなく、むしろ行政であるが、政策的又沿革的に裁判所の権限とされているもの[6]」から区別した。新堂幸司は、このような兼子の主張が「判例法の形成の理論的支柱となった」[7]と述べている。

最高裁判所は、昭和35年大法廷決定以前に、金銭債務臨時調停法（以下、金調法とする）7条の「調停に代わる裁判」を合憲としていた（最大決昭和31・10・31民集10巻10号1355頁。以下、「昭和31年大法廷決定」とする。）。昭和31年大法廷決定は、「調停に代わる裁判」は「裁判所」が行ったものであって、その裁判に対しては、「抗告、再抗告、特別抗告の途も開かれており抗告人の裁判を受ける権利の行使を妨げたことにならない」とした原審決定を正当とした。芦部はこの昭和31年大法廷決定の立場を「公開非公開政策説」と呼ぶ。そして、この説の主張する「訴訟手続によるか非訟手続によるかは『事件の性質・種類に応じて政策的に決定されてよい』とする考え方」について、「公開対審原則という伝統をあまりにも無視するもの」[8]と批判していた。

(2) 昭和35年大法廷決定は、金調法7条の「調停に代わる裁判」を違憲とした。「性質上純然たる訴訟事件につき、当事者の意思いかんに拘わらず終局的に、事実を確定し当事者の主張する権利義務の存否を確定するような裁判が、……公開の法廷における対審及び判決によつてなされないとするならば、それは憲法82条に違反すると共に、同32条が基本的人権として裁判請求権を認めた趣旨をも没却する」。「調停に代わる裁判」は、「これに対し即時抗告の途が認められていたにせよ、その裁判が確定した上は、確定判決と同一の効力をもつこととなるのであつて、結局当事者の意思いかんに拘わらず終局的になされる裁判といわざるを得ず、そしてその裁判は、公開の法廷における対審及び判決によつてなされるものではない」。この大法廷決定が、以後の判例の基準点となる。

2 折衷説の展開――我妻説の影響

(1) 芦部は、「『純然たる訴訟』に関する確認裁判は常に公開・対審・判決の訴訟手続によるを要するとする昭和35

年大法廷決定の立場（それ以降の判例の考え方）」のほうが、「公開非公開政策説」の立場をとる昭和31年大法廷決定よりも「はるかに説得力に富む[9]」と述べている。そのうえで、「訴訟事件公開説」の立場をとる昭和35年大法廷決定は「多数学説の支持を受けた画期的な判例変更ではある」が、「問題点も少なくないことに注意することが肝要」として、まず、「『純然たる訴訟事件』という基準がそれほど明確でないこと[10]」を指摘する。さらに、「判例を通じて言えるきわめて重要な論点」として、「訴訟の非訟化の限界を『純然たる訴訟事件』か『後見的な民事監督作用』かという一般的基準によって画一的に割り切りすぎるきらいがあること[11]」（傍点は原文）を第二の問題点として芦部は挙げている。

「純然たる訴訟事件」については後述するとして、芦部が「折衷説」と呼ぶ見解をみておこう。それは、「『実体的権利義務の存否の確認は本来訴訟手続によるべきであり、そこでは公開・対審の原則が不可欠である』という判例の考え方に修正を加え、公開・対審手続によらずに権利義務の存否を含めて終局的解決を図っても違憲でない法律関係の領域が広く存在することを積極的に認め、ただその場合、それらをすべて本来的な非訟手続によらしめず、事件の性質と内容に応じて適切な手続的保障を加味し（借地14ノ6Ⅱ参照）、公開・対審の原則を導入してゆくことを提唱する見解[12]」である。中野貞一郎は1984年の論稿で、折衷説を「現時の多数説[13]」と述べており、民事訴訟法学においても折衷説が支配的であったことがうかがわれる。

(2) 芦部は、折衷説の基盤が我妻栄の学説にあることを指摘する[14]。我妻は、訴訟と非訟との差異について、「裁判所の態度の差」、「手続の差」そして訴訟と非訟の両手続が対象とする「事項の差」の三点から論じ、「この三つの標準からする区別」が、「その後次第に大きなくい違いを示すようになつたところに問題の源泉が存在する[15]」という。つまり、本来、非訟事件とされた事項は、「(1)戸籍事務や、国の世話（Fürsorge）を必要とする私人への個別的な世話（後見人の選任・監督に類するVormundschaftsgericht の本来的な仕事など）、(2)重要な私法上の行為への国家の協力（証書の認証など)、(3)登記・登録などの公証事務」等に過ぎなかったので、訴訟と非訟の区別について明確に示すことができた。しかし、訴訟と非訟の両手続が対象とする「事項の差」について、訴訟事項から非訟事項への転換が増大するに伴い、両手続に対する「裁判所の態度」や両「手続の相違」をこれまで通りにしておいてよいのか、ということが問われるようになったと我妻は論じている[16]。

3 我妻説を踏まえた憲法32条解釈

(1) (最大決昭和40・6・30民集19巻4号1089頁(以下、「昭和40年大法廷決定」とする。)の)多数意見は、「当事者間においてすでに発生している権利義務についての存否の確認と、当事者間においてなお空白の状態にあるところについての権利義務の形成とを分け、前者をもって、本来訴訟手続によるべきものであり、そこでは対審構造は不可欠の手続だという[17]」(傍点は我妻)。この二つの領域を分ける基準として「純然たる訴訟事件」が判例によって示されるのが常だが、それは基準としての明確性が欠けている。我妻は、離婚制度を例にあげて、「実体法が、離婚原因を決定しその場合に限つて強制離婚を許す立場で定められておれば、その審理は訴訟でなければならないが、例えば当事者の一方的意思による離婚を認めその効果の発生を裁判所の許可にかけるという立場で定められておれば、非訟となる[18]」と説明する。「我妻博士がいみじくも指摘したとおり、『憲法が保障するのは、特定の審理手続(口頭弁論主義)であって、特定の事項(例えば離婚)についての審理形式ではない、ということになる』、といわざるを得ない[19]」と、芦部は述べている。結局のところ、我妻及び芦部が指摘するように、実体法の規定の仕方次第で訴訟にも非訟にもなる、との疑問が拭えないのである。

(2) 我妻の主張を踏まえて、芦部は折衷説を以下のように評価する。「口頭弁論主義ないし公開・対審原則の今日的意義を高く評価しつつ、一方では、公開非公開政策説を『伝統を無視している』として排斥し、他方では、憲法の保障する『裁判』をすべて公開・対審原則と結びつけて考える訴訟事件公開説を『あまりにも歴史の流れに目を掩うもの』だと批判する立場を採っている点に、この説の特色がある[20]」。そのうえで、芦部は、「緩和された口頭弁論主義[21]」、即ち、「対審構造の要素とされる諸々の手続のいくつかを事件の類型的性質に応じて適宜取り入れたような手続、をつくるべきだということになるが、そのような手続によって行われる裁判もまた憲法32条の『裁判』だ、ということになる[22]」と述べている。それを憲法解釈として展開するなら、「憲法32条の『裁判』は、広く非訟事件の裁判をも含み、82条の原則を『指導原理』としてそれぞれの事件の性質・内容に相応した適正な手続の保障を伴うものでなければならない[23]」というのである。

これまで見てきたように、「純然たる訴訟事件」が訴訟非訟を分ける基準となりえないこと、そして、非訟事件についてすべてを立法政策に委ね、あるいは裁判官の裁量に委ねることの問題性を踏まえるなら、折衷説が妥当であろう。ところで、判例のなかには、「通常訴訟による途」が留保されている点を合憲論の根拠とするものがある。この点について、訴訟非訟の峻別と合わせて次に検討する。

4　「訴訟非訟の峻別」と「通常の裁判を受ける途」

(1)　芦部は、夫婦同居審判及び婚姻費用分担の審判について、「問題は、訴訟事件は公開・対審・判決の手続によるという立場に立って」、その合憲性を導く場合に、「いかなる論理構成をとるかにある[24]」とする。

判例は、①「家庭裁判所が合目的的裁量によって権利関係を変更形成する非訟事件の裁判と、その論理的前提たる実体法上の権利関係の存否を確定する公開対審判決とを峻別[25]」(傍点は原文)し、②「夫婦同居審判では、同居の時期・場所・態様等についての具体的内容が審判の対象となるだけで、その前提たる同居義務の存否は実体的権利義務であり、別に訴訟で争える」[26]というものである。

(2) もう一つの見解は、折衷説と親和的な田中二郎裁判官反対意見である（参照、最大決昭和40・6・30民集19巻4号1114頁）。同反対意見は、判例①の「峻別論を鋭く批判して、事件の性質・内容によって通常訴訟が許されるかどうかを具体的に検討すべき」とし、また、②に関し、「夫婦関係の存続を前提とする以上」、婚姻費用分担について「訴訟で確定するを要しない（民760）」とする。そして、この見解は、「別に訴訟で争える」とする点について、「同居義務ないし費用分担義務に関する争いをその特殊性に基づいて家事審判事項とした現行法の趣旨を没却することになる、ときびしく批判する」[27]。芦部は、この田中二郎裁判官反対意見に代表される見解が、「理論的にも実際的にも妥当であり、有力な学説の支持を受けている」[28]と評価する。

5 芦部による検討の後に現れた判例

(1) 判例が合憲論の根拠とした「通常訴訟による途」について、最大決昭和45・12・16（民集24巻13号2099頁）以後の判例には、芦部は触れていない。その後の判例の動きをフォローしておこう。最大決昭和45・6・24以後は、借地法9条ノ3第1項による競落建物の敷地賃借権譲渡許可に関する事件において、「前提事項の存否を非訟事件手続において決定することは、民事訴訟による通常の裁判を受ける途を閉ざすことを意味するものではない」と判示した最決昭和49・9・27（集民112号755頁）が目に付く程度で、「通常訴訟による途」を合憲論の根拠とする判例は見当たらない。ただ、最判昭和61・3・13（民集40巻2号389頁）は、遺産分割審判に関する最大決昭和41・3・2（民集20巻3号360頁）を引いて、「遺産確認の訴」を認めている。右最大決は、「民事訴訟の判決主文でもって遺産の範囲」を「確認することの適法性を予定していたと解され、そのような理解によれば、本判決の結論はこの昭和41年決定の当然の帰結[29]」と評されている。

(2) 一方で、「通常訴訟による途」に触れない判例が登場する。親権者変更審判の合憲性が争われた事件で、最決昭和46・7・8（判時642号21頁）は、家事審判法9条1項乙類7号に規定されている親権者変更の「審判の性質は本質的に非訟事件の裁判であるから、公開の法廷における対審および判決によってする必要はない。このことは、当裁判所の累次の大法廷決定の趣旨に照らして明らかである（略）」とする[30]。本決定は、審判の性質が「本質的に非訟事件の裁判」であることのみに合憲論を根拠づけていると解する余地がある[31]。

Ⅱ　訴訟非訟二分論――「通常訴訟による途」の消失

1　倒産手続と裁判を受ける権利

(1) 倒産手続と裁判を受ける権利の関係について、破産宣告決定、及びこれに対する抗告を棄却する決定が、憲法82条、同32条に違反するかが争われた事件で、最大決昭和45・6・24（民集24巻6号610頁）は、破産宣告決定、及び抗告棄却決定は、「裁判所が当事者の意思いかんにかかわらず終局的に事実を確定し当事者の主張する実体的権利義務の存否を確定することを目的とする純然たる訴訟事件についての裁判とはいえない」こと、及び、破産宣告を受けた者も、「後日破産手続外で行なわれる純然たる訴訟事件としての別途訴訟においてその債権の存否を争う」ことができるとして、違憲ではないとした。

(2) この大法廷決定から20年あまりが経過した1991年、破産免責裁判手続が破産債権者に証言等の立証の機会を与えていないことが憲法32条違反と主張された事件で、最決平成3・2・21（金判866号26頁）は、「破産法における破産者の免責は、誠実な破産者に対する特典として、破産手続において、破産財団から弁済できなかつた債務につき特定のものを除いて破産者の責任を免除し、破産者を更生させることを目的とする制度である……ところ、右免責の裁判は、当事者の主張する実体的権利義務の存否を確定することを目的とする純然たる訴訟事件についての裁判ではなく、その性質は本質的に非訟事件についての裁判であるから、右免責の裁判が公開の法廷における対審を経ないでされるからといつて、破産法の右規定が憲法32条に違反するものでないことは、当裁判所の判例……の趣旨に照らして明らか」と判示した。

2 「本質的に非訟事件」の裁判における手続保障

(1) 最決平成3・2・21では、「別途訴訟において」が消失し、「性質が本質的に非訟事件」だけで合憲論を導いている。「純然たる訴訟事件」と「本質的に非訟事件」から成る「訴訟非訟二分論」[32]の完成である。本件では「別途訴訟」を行うことが意味をなさない。即ち、「免責の効果については自然債務説と債務消滅説が対立するが、いずれをとっても、訴え却下または請求棄却の判決がされることになり、破産債権者が訴訟手続で破産債権の存否を争う意義に乏しい[33]」のである。

かくして、「免責に関する裁判手続の合憲性は、かような訴訟非訟二分論によるのではなく、現行法の決定手続が破産債権者に裁判を受ける権利を実質的に保障したものといえるか否かを直裁に考察することにより、判断すべき[34]」との主張が出てくる。もっとも、この立場からしても、事件当時の破産手続については、「決定手続としては相当完備した手続的保障」が存在しており、当該手続が憲法32条に反するとまではいえない[35]。

(2) 本件においては、破産債権者が免責に異議のある場合は、「裁判所は、必ず破産者および異議申立人の意見を聴かなければならない(旧破366条の8)」等の規定があった[36]。ところが、現行の破産法は免責手続の合理化を図り、「破産者審尋期日を廃止するとともに、異議を述べた破産債権者の必要的意見聴取に代えてこれを任意的(8条2項)」[37]としている。そうした場合、「要は、真に必要な場合に裁判所の裁量による意見聴取の機会が運用において保障されるか否かにかかるというべきである」[38]。しかし、訴訟非訟二分論に立つ限り、裁判所の裁量をコントロールする仕組みは、訴訟を提起する側にはない。判例上、非訟事件においては、裁判を受ける権利は完全に排除されているのである。この問題は、次に取り上げる最決平成20・5・8判時2011号116頁(以下、「平成20年最決」とする。)において先鋭的に現れる[39]。

Ⅲ 審判手続において裁判官の裁量をコントロールする枠組みの欠如

1 婚姻費用分担審判に対する抗告審の変更決定に対する特別抗告事件(最決平成20・5・8判時2011号116頁)

(1) 婚姻費用の分担金の支払いを求める家事審判手続において、原々審がY(夫)の婚姻費用負担額を決定したところ、これに対しX(妻)は即時抗告し、原審は婚姻費用負担額を増額変更する決定を行った。ところが、原審は即時抗告の相手方たるYに対して、即時抗告の抗告状及び抗告理由書の写しを送付していなかった。Yは、原審が抗告状及び抗告理由書の副本を送達せず、反論の機会を与えることなく不利益な判断をしたことが憲法32条に反するとして、特別抗告に及んだ[40]。

最高裁判所は、「憲法32条所定の裁判を受ける権利が性質上固有の司法作用の対象となるべき純然たる訴訟事件につき裁判所の判断を求めることができる権利をいうものであることは、当裁判所の判例の趣旨とするところ」としたうえで、「本質的に非訟事件である婚姻費用の分担に関する処分の審判に対する抗告審において手続にかかわる機会を失う不利益は、同条所定の『裁判を受ける権利』とは直接の関係がないというべきであるから、原審が、抗告人（原審における相手方）に対し抗告状及び抗告理由書の副本を送達せず、反論の機会を与えることなく不利益な判断をしたことが同条所定の『裁判を受ける権利』を侵害したものであるということはでき」ない、と判示する。

もっとも、最高裁判所は原審の手続に問題があったことは認識している。「原審においては、抗告人に対して相手方から即時抗告があったことを知らせる措置が何ら執られていないことがうかがわれ、抗告人は原審において上記主張をする機会を逸していた」と判示し、「本件において原々審の審判を即時抗告の相手方である抗告人に不利益なものに変更するのであれば、家事審判手続の特質を損なわない範囲でできる限り抗告人にも攻撃防御の機会を与えるべきであり、少なくとも実務上一般に行われているように即時抗告の抗告状及び抗告理由書の写しを抗告人に送付するという配慮が必要であった」とする。

(2) 定番の訴訟非訟二分論に依拠して、最高裁判所は、家事審判手続において憲法32条違反はないことを確認する（したがって、特別抗告に理由はない）。本決定があげる昭和35年大法廷決定及び昭和40年大法廷決定は「訴訟事件の非訟化の限界」であるのに対し、本決定は「非訟事件の手続内部での手続保障のあり方」という違いはある。(41) しかし、多数意見は訴訟非訟二分論に基づき、その違いに憲法上の配慮をすることはなかった。

最高裁判所は、「家事審判手続の特質を損なわない範囲でできる限り抗告人にも攻撃防御の機会を与えるべき」と判示するが、それは、抗告人の権利としての構成ではなく、「配慮が必要」という言い回しからも明らかなように裁判所の裁量に委ねられている。「本件のように、原審での手続上の瑕疵が重大かつ明白(42)」であったとしても、抗告人の側にそれを争う訴訟上の手立てがないことは不合理であろう。訴訟非訟二分論に立つ限り、裁判を受ける権利の出番はないのである。この点について、本間靖規は、「手続関与権、弁論権が侵害された相手方の救済を憲法32条の規定を補完的に根拠とすることによって、特別抗告に乗せるということも考えられたのではないか(43)」と指摘している。

2　那須裁判官反対意見

(1)　本決定において注目されるのが那須裁判官反対意見である。同反対意見は、本件審判に関しては、「憲法32条の趣旨に照らし即時抗告により不利益な変更を受ける当事者が即時抗告の抗告状等の送付を受けるなどして反論の機会を与えられるべき相当の理由がある」とし、「このような当事者の利益はいわゆる審問請求権（当事者が裁判所に対して自己の見解を表明し、かつ、聴取される機会を与えられることを要求することができる権利）の核心部分を成すものであり、純然たる訴訟事件でない非訟事件についても憲法32条による『裁判を受ける権利』の保障の対象になる場合がある」とする。

(2)　多数意見が引く昭和35年及び昭和40年最高裁大法廷決定との関係について、同反対意見は、「真の争点は憲法82条の公開原則の問題とは直接の関係を有しない」のであって、「憲法82条が要求する公開の対象となる事件の範囲を区切る基準（同条2項では、裁判官の全員一致で非公開とする例外的処理の途も認められている）と憲法32条が要求する審問請求権ないし手続保障の適用範囲を区切る基準とは同一とは限らない」とする。憲法82条が関係しない憲法32条独自の領域の存在を認め、「『純然たる訴訟事件』以外にも乙類審判事件を中心にして憲法32条の審問請求権ないし手続保障の対象となるべき類型のものが存在することは否定しがたく、この点に関するかぎり、昭和35年最高裁決定はいずれ当審において変更されるべき」と同反対意見は述べている。この見解は、芦部が主張していた折衷説と重なる。

3　実務及び学説からの反応

(1)　実務の側からの反応を見ておこう。林道晴(現在は最高裁判所裁判官)は2013年の論考で、「学説では、この判決の結論に対する批判が強く、非訟事件の当事者の審尋請求権も憲法32条の『裁判を受ける権利』[44]の根幹をなすものとして保障されており、この事案ではその権利が侵害されているとの見解が有力である」と述べている。「学説上はすでに乗り越えられたかに見える[45]」二つの最高裁大法廷決定(最大決昭和35・7・6、最大決昭和40・6・30)を、本件決定はなぜ維持したのか。林道晴は次のように言う。「一般的な対審審理の規定を設けることが見送られた非訟事件手続や、決定手続の証拠調べに限った民事訴訟法187条しかない民事訴訟手続……においては、多種多様な事件があり」、「争訟性があり紛争性の高い事件」に限定するとしても「そうした事件を一義的に切り出すこと」の困難さ、さらに、切り出すことができたとしても「当事者の手続保障に必要な規定の内容は、事件の特性等に応じて一様でないこと」等から、「事件類型等に応じた分析が必要であり、憲法の規定(32条等)を直接の根拠とする一般的な審尋請求権を認めることには、なお躊躇を覚える[46]」。

(2)　最高裁判所は、「即時抗告の抗告状及び抗告理由書の写しを抗告人に送付するという配慮が必要」とするが、この「配慮」がない場合に、抗告人が取り得る法的対応について語るところはない。三木浩一は、本件における「審尋請求権の侵害の程度が軽微であるとは到底いえない」として、「最高裁としては、これを正面から受け止めて憲法判断をすべきであった[47]」と主張する。憲法32条を直接の根拠とする審尋請求権(法的聴聞権)を認め、原審がYにたいし反論の機会を与えることなく不利益な判断を行ったことを違憲とすることが本件では求められるのである。

裁判所が危惧するのは、法的聴聞権(審問請求権)を憲法上の権利と認めることで、家事審判事件に関連して抗告が多数提起され、裁判実務が混乱するのではないか、ということなのだろう。こういった危惧を払拭するには、判例の集積と、それを元にした立法化が求められるが（非訟事件手続法の改正、及び家事事件手続法の制定が本決定後に行われている。）、いずれにしろ、那須裁判官反対意見が示すように、最高裁判所が判例変更に踏み出すべきである。このことは、「弁論権を中心とする審尋請求権の根拠が憲法32条にあることについて、ほぼ意見の一致[48]」が民事訴訟法学説及び憲法学説に存在していることからも支持されよう[49]。

Ⅳ　仮の地位を定める仮処分と「純然たる訴訟事件」

1　仮の地位を定める仮処分は非訟か訴訟か

(1)　仮の地位を定める仮処分について、「純然たる訴訟事件」の形式に影響を与えた兼子は１９５３年、次のように述べていた。「民事関係についても、裁判所が法を適用して権利関係を確定するのでなく、専ら後見監督的な目的で具体的処置を命じるためにする裁判は、本来は司法作用でなく、むしろ行政であるが、……家事審判や非訟事件などがその例である。又紛争関係についてその解決に至るまでの仮の地位を定める仮処分（民訴法７６０条）も、この意味で非訟事件的といわれる[50]」。さらに裁判所による行政処分の執行停止も、「仮の地位を定める仮処分的なもの」として、「行政処分の効力を一時停止させる処分であつて、本案の終局判決をする権限に当然附随する権限に基くものとは観念できない[51]」とする。兼子にとって、仮の地位を定める仮処分や行政処分の執行停止が「純然たる訴訟事件」とは乖離したものであることは明らかだろう。

(2)　現在の民訴学説が、「仮の地位を定める仮処分を含め保全命令手続の全体を訴訟事件」と見ていることは疑いない[52]。しかし、訴訟非訟二分論にいう「訴訟」とは公開・対審・判決を標準装備するものである。これに対し、民事保全法は、民事保全に関する裁判について、「決定主義を採用し、口頭弁論または審尋の期日を開くかどうかは裁判所の裁量に委ね（3条）、さらに決定は簡略化された理由で足りる（16条）[53]」とする。両者の違いは決して小さくないだろう。この点に関わり、重要な判例が、次に取り上げる最決平成21・1・27民集63巻1号271頁（以下、「平成21年最決」とする。）である[54]。

2　「特許権の侵害差止仮処分事件における秘密保持命令の申立ての許否」（最決平成21・1・27）

(1)　特許法105条の4第1項は、特許権又は専用実施権の侵害に係る訴訟において、営業秘密を含む準備書面や証拠について、当該訴訟の追行の目的以外の目的で使用し、又は訴訟関係人以外の者に開示してはならない旨を裁判所が命ずることができる、と規定し、裁判所による上記秘密保持命令を受けた者がそれに違反した場合は5年以下の懲役又は500万円以下の罰金の刑罰が科せられる（特許法200条の2等）。債権者Aは、債務者Xによる液晶テレビ及び液晶モニターの輸入、販売等がAの特許権を侵害するとしてその差止め等を求めた（以下、「本件仮処分事件」という。）。

原審（知財高決平成20・7・7判時2015号127頁）は、「特許権又は専用実施権の侵害に係る訴訟」とは本案訴訟のみであって特許権仮処分命令事件は含まれないとして、Xの抗告を棄却した。その理由は次の通りである。「民事保全法の適用される民事保全手続においては、訴訟のように公開の法廷で審理されることが必須の要件ではなく（任意的口頭弁論、民事保全法3条）、非公開で審理されるのが通例であり、また本件のような仮地位仮処分事件である重大な事案であっても、債務者審尋の手続を経ることが絶対的な条件ではなく、仮処分申立ての目的を達することができない特段の事情があるときは、債務者を審尋することなく仮処分命令を発することさえできること（23条4項）、仮処分における証拠方法及び心証の程度は疎明であって（13条）、裁判所は、即時に取り調べることができる証拠調べしかすることができないこと（7条、民訴法188条）……等の、本案訴訟とは異なる事情がある」。さらに、秘密保持命令制度は、懲役刑を含む刑罰による抑止力をもって秘密保持の実効性を担保するものであるが、「刑罰法規の謙抑性及び明確性の趣旨に鑑みれば、実質的に処罰範囲の拡大を招来する法解釈は差し控えるべき」とする。

(2) 最高裁判所は、まず、特許権又は専用実施権の侵害に係る訴訟において秘密保持命令が設けられた理由を縷々説明した後、「特許権又は専用実施権の侵害差止めを求める仮処分事件は、仮処分命令の必要性の有無という本案訴訟とは異なる争点が存するが、その他の点では本案訴訟と争点を共通にするものであるから」、「上記仮処分事件においても秘密保持命令をすることができると解しても、迅速な処理が求められるなどの仮処分事件の性質に反するということもできない」。さらに、「特許法においては、『訴訟』という文言が、本案訴訟のみならず、民事保全事件を含むものとして用いられる場合もあり（同法54条2項、168条2項）、上記のような秘密保持命令の制度の趣旨に照らせば、特許権又は専用実施権の侵害差止めを求める仮処分事件は、特許法105条の4第1項柱書き本文に規定する『特許権又は専用実施権の侵害に係る訴訟』に該当し、上記仮処分事件においても、秘密保持命令の申立てをすることが許される」。判決理由は、①仮処分事件でも秘密保持命令の必要性が存在すること、及び、②特許法においては「訴訟」という文言が仮の地位を定める仮処分事件を含むものとして用いられる場合のあることに集約される。以下では、②について検討を行う。

3 訴訟（特許法54条2項）は仮の地位を定める仮処分を含むか

(1) 特許法54条2項は、「訴えの提起又は仮差押命令若しくは仮処分命令の申立てがあつた場合において、必要があると認めるときは、裁判所は、査定が確定するまでその訴訟手続を中止することができる」と規定するから、訴訟手続に「仮処分命令の申立てがあった場合」が含まれる。しかし、「訴訟」規定（特許法54条2項）の存在を原々審及び原審が承知していなかったわけではない。東京地裁知財部におけるプラクティスは、「訴訟」（特許法１０５条の４）とあることから、文言上、仮処分には適用されないとするものであり、原々審決定（東京地判平成20・4・14民集63巻1号２８０頁）は、「そのようなプラクティスを採用することを初めて明らかにした決定」であった(55)。また原審決定についての匿名コメントも、特許法にもとづく「秘密保護の制度は『訴訟』（公開が憲法上の原則とされている。憲法82条1項）を前提とし、文言上も『特許権又は専用実施権の侵害に係る訴訟』においてとして『訴訟』を前提とする規定振りとなっていることからすると、少なくとも立法者としては本規定が訴訟事件について適用されることを想定しており、民事保全事件について適用されることを予定していなかったであろうことが窺われる(56)」とする。

(2) 判例は、「訴訟には〈公開・対審・判決〉のフルスペックの保障が及ぶ反面、非訟には一切の保障がないという、いわばデジタル的イメージで硬直的に問題を捉えて(57)」きた。つまり、従来の判例理解からすると、原審決定も理由がないわけではない。Ⅲで取り上げた「平成20年最決」の8か月後に、同じ最高裁判所第三小法廷が、特許法においては「訴訟」は「民事保全事件」を含むとしたのが、「平成21年最決」である。したがって、訴訟非訟二分論の問題性は分かったうえでの判断と推測される。そのせいか、②についての最高裁判所の判示は形式的であって、説明不足の感が拭えない。「最決の説明は、地裁・高裁の結論を完全に逆転するもののわりには、なんともあっさりしている(58)」と評されているのである。また、本件仮処分事件における秘密保持命令申立ての許容について、それを評価したうえで、「迅速な処理が求められる仮処分事件の性質」に反しないとの実質的理由に基づく最高裁判所による「法文の文理を超えた法創造(59)」とする判例評釈もある。

4　平成21年最決と折衷説の接近

(1)「平成21年最決」は特許法54条2項及び168条2項の規定について、「訴訟」が仮処分事件を含むことを明らかにした。知財高等裁判所が指摘した「訴訟のように公開の法廷で審理されることが必須の要件ではなく（任意的口頭弁論、民事保全法3条）、非公開で審理されるのが通例」といった本案訴訟と仮地位仮処分事件との手続保障の異同について、「平成21年最決」は触れるところがない。

調査官解説は手続保障の異同について、「仮処分事件における秘密保持命令の申立ての許否を決する際に決定的な意味を有するものとはいい難い[60]」とする。つまり、「特許権等の侵害差止めを求める仮処分事件は、仮の地位を定める仮処分を求めるものであり、原則として、債務者の立ち会うことができる審尋の期日が設けられるなど、その手続は慎重に行われている。また、特許発明の技術的範囲の属否や、特許権の無効理由の有無について慎重な判断を要する事案においては、複数回の審尋期日が開かれ、双方の主張のやりとりがなされることになるなど、債権者、債務者が負う主張、立証上の負担は、本案訴訟とほとんど差がない[61]」という。もちろん、仮処分事件においては審理手続は公開されていないという点は前提である[62]。

(2)「平成21年最決」及び調査官解説を見るなら、「訴訟」（特許法105条の4第1項）に仮処分事件が含まれることを明らかにする[63]「本質的に非訟事件の裁判」と「純然たる訴訟事件」の対比こそが「訴訟非訟二分論」なのであるが、「平成21年最決」では、非公開審理であっても、特許権等の侵害差止めを求める仮処分事件は「訴訟」と解されている。訴訟と非訟の「間」に、もう一つのカテゴリーが想定されていると思われる。

こうしてみると、「平成21年最決」及び調査官解説と芦部らの主張する折衷説は、決して相容れないものではないことが分かる。「平成21年最決」の折衷説への接近である。折衷説によれば、「『緩和された口頭弁論主義』とでもいうべきもの、すなわち対審構造の要素とされる諸々の手続のいくつかを事件の類型的性質に応じて適宜取り入れたような手続もまた憲法32条の『裁判』[64]」なのである。憲法32条と82条の「裁判」を同義とするのではなく、憲法32条「裁判」は憲法82条「裁判」よりも広義と解して、公開・対審・判決のうち、公開のパーツを備えていない、あるいは判決のパーツを決定に置き換えた裁判も憲法32条の射程に含めるべきである。そこでは、審問請求権(法的聴聞権)が核になる。

おわりに

(1) 判例の基本的スタンスは、「憲法32条にいう裁判とは、同法82条にいう裁判と同様に、……固有の司法権の作用に属するもの、すなわち、裁判所が当事者の意思いかんにかかわらず終局的に事実を確定し当事者の主張する権利義務の存否を確定することを目的とする純然たる訴訟事件についての裁判のみをさす」(最大決昭和45・12・16民集24巻13号2099頁)というものである。純然たる訴訟事件と固有の司法権の作用を同一視する判例の構図は、司法権(憲法76条1項)と裁判を受ける権利(憲法32条)が、「法律上の争訟」(裁判所法3条1項)を媒介にして強固に結びつく「司法権＝法律上の争訟＝主観訴訟のトリアーデ[65]」として描かれる。それに、(憲法32条と82条の「裁判」を同義と解することで)憲法82条「裁判」が結びつく[66]。この構図について、芦部は、「法の解釈と適用という近代法的観念に重きを置きすぎる点に問題がある[67]」と指摘していたが、それによって射程距離の短い司法権が形成される。しかし、内容の空疎な「純然たる訴訟事件」を鍵概念にすることは、現代における司法の役割に鑑み、採るべきではない。

(2)「訴訟」(特許法54条2項)が「仮の地位を定める仮処分」を含むと解釈する「平成21年最決」に加えて、最近の立法には、判例と整合しないものが増えている。主観訴訟の枠に収まらない団体訴訟(消費者団体訴訟、消費者集合訴訟)、そして、C型肝炎救済特措法に基づく裁判所による「対象製剤の投与事実、因果関係及び症状の確認」、及び、「裁判所等が定める和解条項」(民訴法265条)は、訴訟を「機能的」に使って権利の実現を図る手法を採っており、当事者の「権利義務の確定」とは乖離している。[68] また、2011年に非訟事件手続法の改正及び家事事件手続法の制定が行われたが、その際、「利害関係人の手続保障の観点からみて十分な手続として整備されているか精査が試みられ[69]」た。それにより、「憲法32条は非訟事件には適用されないとする判例法理の基盤は変容を遂げつつある」。[70] ここに至り、判例変更の機は熟したというべきである。

(3) 以上の考察を、今後の司法に深く関わるであろうAIについて展開してみよう。司法のデジタル化が完了した暁には「AIの司法による活用」が争点となろう。[71]「固有の司法権の作用」は憲法76条を前提にすれば裁判官に留保される。一方、判例によれば、「固有の司法権の作用」に属しない裁判所の「すべての判断作用ないし法律行為」は憲法とは切り離される。しかし、AIの活用については、このような切り分けは危険である。裁判官の業務を支援するAIの活用が、「固有の司法権の作用」に関する裁判官の職権行使に影響を与える可能性[72]は容易に想定できるし、「固有の司法権の作用」に含まれない非訟事件におけるAIの活用が、利害関係人の手続保障を犠牲にして進展することもありうる。AIの司法における活用を論ずる際にも、訴訟非訟二分論に立脚した判例の転換が求められている。

(1) 芦部信喜『演習憲法　新版』(有斐閣、1988年)206頁。
(2) 参照、笹田栄司『裁判制度のパラダイムシフト Ⅰ』(判例時報社、2023年)62頁。

(3) 最大決昭和35・7・6民集14巻9号1657頁。
(4) 芦部信喜『人権と憲法訴訟』(有斐閣、1994年)37頁(初出は、「司法における権力性」『岩波講座　基本法学　6─権力』(1983年))。
(5) 兼子一『民事法研究　第二巻』(酒井書店、1954年)74頁。
(6) 兼子・前掲注(5)164頁。
(7) 新堂幸司「訴訟と非訟」ジュリ増刊『民事訴訟法の争点』(1979年)13頁。
(8)(9) 芦部・前掲注(1)210頁。
(10) 芦部・前掲注(1)211頁。
(11) 芦部・前掲注(1)212頁。
(12) 芦部信喜『憲法Ⅲ人権(2)』(有斐閣、1981年)315頁。
(13) 中野貞一郎『民事手続の現在問題』(判例タイムズ社、1999年)2頁(初出は「民事裁判と憲法」(『講座民事訴訟①』(弘文堂、1984年))。
(14) 芦部信喜「家庭裁判所の審判と憲法第32条および第82条」『続憲法演習』(有斐閣、1967年)135頁。
(15) 我妻栄「離婚と裁判手続」『民商法雑誌創刊25周年　上巻　私法学論集』(有斐閣、1959年)20頁。
(16) 我妻・前掲注(15)21頁。
(17) 我妻栄「判批　昭和40年6月30日最高裁大法廷決定」法協83巻2号(1966年)186頁。
(18) 我妻・前掲注(15)18頁。
(19) 芦部・前掲注(12)313頁。
(20) 芦部・前掲注(12)315頁以下。
(21) 我妻・前掲注(15)19頁。
(22)(23) 芦部・前掲注(12)316頁。
(24)(25) 芦部・前掲注(12)309頁。
(26) 芦部・前掲注(12)310頁。
(27) 芦部・前掲注(12)311頁。

(28) 芦部・前掲注(12)310頁。
(29) 山本克己「『遺産確認の訴え』の適否」『民法判例百選Ⅲ 親族・相続〔第2版〕』(2018年)118頁。
(30) 参照、笹田『司法の変容と憲法』(有斐閣、2008年)243頁以下。
(31) 傍点は笹田。参照、林屋礼二「「訴訟事件の非訟化」と裁判を受ける権利」『手続法の理論と実践 上巻』(法律文化社、1980年)78頁。
(32) 山本弘「破産法における破産者の免責の裁判と憲法32条」法教134号(1991年)76頁。
(33) 長谷部由紀子「倒産手続と憲法的保障(1)」『倒産判例百選〔第6版〕』(2021年)5頁。
(34)(35) 山本・前掲注(32)77頁。
(36)(37)(38) 青山善充「倒産手続と憲法的保障(1)」『倒産判例百選〔第5版〕』(2013年)5頁。
(39) 「平成20年最決」は笹田・前掲注(2)第3章第2で取り上げており、本稿でもそこでの分析を元にしていることをお断りしておく。
(40) 参照、笹田・前掲注(2)64頁。
(41) 本間靖規「平成20年最決判批」リマークス38号(2009年)128頁。
(42) 山田文「平成20年最決判批」速判解3号(2008年)156頁。
(43) 本間・前掲注(41)129頁。
(44) 林道晴「決定手続における対審審理による手続保障」『実務民事訴訟講座〔第3期〕第3巻』(日本評論社、2013年)215頁。参照、笹田・前掲注(2)66頁。
(45) 本間・前掲注(41)129頁。
(46) 林・前掲注(44)222頁。参照、笹田・前掲注(2)67頁。
(47) 三木浩一「平成20年最決判批」法研(慶應義塾大学)83巻10号(2010年)93頁。参照、宍戸常寿「平成20年最決判批」セレクト別冊342号(2008年)11頁。参照、笹田・前掲注(2)68頁。
(48) 本間・前掲注(41)129頁。
(49) 参照、佐々木雅寿「訴訟と非訟」ジュリ1400号(2010年)24頁。
(50)(51) 兼子・前掲注(5)164頁。参照、笹田・前掲注(30)134頁以下。

(52) 野村秀敏『民事保全法研究』(弘文堂、2001年)147頁。
(53) 笹田・前掲注(30)140頁。
(54) 「平成21年最決」については笹田・前掲注(2)第3章第4で取り上げており、本稿がそこでの検討と重複することをお断りしておく。
(55)(56) 判時2015号(2008年)127頁。
(57) 宍戸常寿『憲法 解釈論の応用と展開〔第2版〕』(日本評論社、2014年)201頁。
(58) 松本直樹「平成21年最決判批」別冊判タ29号(2010年)257頁。
(59) 安達栄司「平成21年最決判批」金判1326号(2009年)19頁。
(60) 最判解民平21(上)(2012年)98頁〔山田真紀〕。
(61) 最判解・前掲注(60)101頁以下。
(62) 参照、最判解・前掲注(60)100頁。
(63) 調査官解説は、民法847条4項、及び破産法44条1項の「訴訟」も、「仮処分事件等を含む」とする(最判解・前掲注(60)97頁)。
(64) 芦部・前掲注(12)316頁。
(65) 石川健治「トポスとしての権利侵害論」法教327号(2007年)49頁。さらに、亘理格「法律上の争訟と司法権の範囲」『行政法の新構想Ⅲ』(有斐閣、2008年)4頁以下も参照。
(66) 参照、笹田・前掲注(2)58頁以下。
(67) 芦部・前掲注(4)36頁。
(68) 参照、笹田・前掲注(2)31、47頁以下。
(69)(70) 高田裕成「訴訟と非訟」『民事訴訟法判例百選〔第6版〕』(2023年)5頁。
(71) J. Vasel, Künstliche Intelligenz in der Justiz, LTZ 2023, 179.
(72) J. Vasel(Anm. 71), 183.

第三部　国会と内閣

第一章　国民主権と代表制

小島慎司

はじめに

58年4月8日、東京都立大学で開かれた日本公法学会第21回総会で、当時日仏会館のフランス学長であったルネ・カピタンは、「デモクラシィの諸問題と日本憲法」と題する報告を行った。この報告でカピタンは、「代表の問題」について、「理論上から言えば、デモクラシィは直接的でなければならない筈です。市民は、その服さねばならない法律に対して、自らその同意を与え又は拒否することを求めらるべきです」と説き起こし、他方で、代表制が「デモクラシィの不完全さと逸脱の最も重大な原因の一つをなして」おり、代表の神話が「デモクラシィのさらされている最も恐るべき誘惑の一つ」だとして、プレビシットや共産主義のようにデモクラシィが「独裁制に転化する」のは「国民代表の作用によるのであります」、と述べた上で、次のように語った。

「このような重大な歪曲には到達しないとしても、議会政治もまた代表理論の影響をうけております。国会は、国民の代表だと考えられておりますから、国民主権を自分の手中にとりこもうという気になります。このような傾向はフランスの伝統では特に強く、いわば生れつきの病気ともいうべきものの根本原因をなし、これがフランスのデモクラシィを蝕み、周期的な危険に陥れるのです。

上に述べたことはもちろん議会制がデモクラシィと両立しないという意味ではありません。反対に、国会は、その公開の討議・討論を通じ、世論の形成と国民意思の結晶のための必要手段であります。しかし、主権は現実に国民にあり、当選人やその政党によって簒奪されないことが大切であります。これらの者の上位に、国民投票でも、選挙を通じての審判でもよいでしょうが、国民主権を表現する手続を実際に組織することが必要不可欠です。これこそデモクラシィの将来にとっての重大問題です[(1)]」。

現在、このカピタン報告を振り返って、「当時の学会では注目されることもなかった[(2)]」との評価がなされている。筆者も一般的にはそうであったとする評価に反対しないが、継続的に注目していた例外的な論者として、芦部信喜を挙げることはできそうである。芦部は、憲法改正条項の改正に関する憲法調査会の議論を分析する64年の論文でも、また、68年5月3日の講演会や75年5月2日の新聞への寄稿でも、カピタン報告を引用し、参考にしていたからである[(3)]。

カピタン報告は、国民主権が国民代表によって簒奪されるおそれがあることを指摘し、国民主権を表現する手続を設ける必要があることを訴えるものである。以下、これを「主権簒奪問題」と呼ぶとすれば、主権簒奪問題は、まさに宮沢俊義が描いた国民代表のイデオロギー的性格[(4)]に関わる。芦部にとっても、深い関心事項となるのは当然で、たびたび言及があるのも自然なことである。

もっとも、主権簒奪問題と芦部説との具体的な関わりは、著作に応じて微妙な違いを伴っており、その違いには問題となった論点やその論点が生じた時代状況が影響しているようにも思われる。それはいかなる違いなのだろうか。

本論文に与えられた課題は、国民主権と代表制についての芦部説の意味を歴史的、今日的に問い直すことである。この課題に対してはさまざまな角度からの接近の仕方が可能であろうが、筆者は、芦部が引用した文献に注意しながら、前記の問いを解くことで応じることにしたい。すなわち、まず、主権簒奪問題についての芦部説の対処の仕方を、憲法改正国民投票(→Ⅰ)、議会審議の空洞化と直接行動(→Ⅱ)、選挙の仕組みとその運用(→Ⅲ)という三つの論点に分けて描写する。その上で最後に、検討の成果を今日的な視点から見直して結びとしたい。

なお、芦部が国民代表の概念を分析する際に使う社会学的代表の概念は、スイス、ドイツなど複数の理論的起源があるにせよ、直接にはフランス語の概念を訳したものであるが、現在のフランスで法的代表・政治的代表・社会学的代表というような組み合わせの概念が一般に使用されるわけではないように見える。ただ、問題を「代表者と被代表者は全く同一の実体を形成するに過ぎないのか、それとも、両者は異なる実体を構成するのか」[5]というように定式化すれば、普遍性を持つ理論的な問題として現在も論じられ続けているところと重なる。社会学的代表は、後者の立場――理論家からは「不可能」[6]とさえいわれる二元説(dualisme)――に属する。[7]本論文の課題は、理論的には、芦部が戦後の日本においてなぜ、そして、いかにして、二元説という困難な道を進もうとしたのかを振り返る意味を持つと考えられる。

Ⅰ　憲法改正国民投票制

芦部は「社会学的代表」について語るとき、しばしば、デュヴェルジェが、さまざまな選挙制度の下での世論と議会の見解との関係を分析するにあたり、「選挙された者は、あたかも絵画が景色を描いているように、選挙人を代表する。代表とは、国民の政治的見解と国民が選定した代議士の政治的見解の類似(ressemblance)以外の何物でもない[8]」

と述べたことを引く[9]。芦部がデュヴェルジェの選挙制度の分析に52年頃から親しんでいたことも確かである[10]。

ただ、芦部が56年に、代表者の意思が国民の意思によって形成されるという「事実上の状態」、「ダイナミックな過程」を「社会的意味における民主主義」と呼んで、それに注目した際に、論じられた論点は憲法改正国民投票であった。この「社会的意味における民主主義」は、当時においても「社会学的代表」と等しいと理解されており[11]、50年代から60年代における「社会学的代表」のアクチュアルな論点の一つは、憲法改正国民投票であったといえる。

この論点を振り返る上では、論点の文脈、芦部の立場、先行する考察の蓄積の三つに留意するべきであろう。

1　論点の文脈

まず、論点の文脈である。56年に芦部が憲法改正国民投票制を論じたのは、当時、各政党の憲法改正案に、憲法96条を改正するさまざまな提案が含まれており、それを検討する必要があったからである。たとえば、憲法改正には、各議院の特別多数決と国民投票のいずれかでよいとする案(自由党案)、参議院(またはいずれかの議院)の賛成が過半数にとどまるときに国民投票を要するとする案(改進党案、緑風会案)、各議院において過半数で可決された場合には国民投票を要するが、各議院において3分の2以上の多数で可決された場合には要しないとする案(憲法研究会案)がそれである[12]。とりわけ問題になったのは、神川彦松を代表とし、藤田嗣雄、矢部貞治、大西邦敏、田上穣治、黒田覚、村瀬直養、田畑厳穂が加わる憲法研究会が表明した、各議院の特別多数決が持つ慎重さが「民意表明の要因に代置する力を有する[13]」という認識の是非である。

2　芦部の立場

芦部は、この憲法改正国民投票制の論点を、ナシオン主権かプープル主権かの選択の問題ではなく、「主権と代表の関係——すなわち政治的代表をめぐる国民と代議士の間の法的関係をいかに解するかという問題(14)——」として検討した。

フランスやドイツのように、国民と代表が同一であると考えられ「一つの心臓をもって呼吸しうる」国においては、強制的憲法改正国民投票制がなじまず、むしろプレビシットにつながるとして忌避されるのに対して、スイスのように国民と国民代表が「一つの心臓、一つの魂をもつものではなく、しばしばするどい対立関係に立つ」場合には、憲法改正国民投票制が要請される(15)——このような図式を芦部は前提に置いて、代表者の意思が国民の意思によって形成されるという「社会的意味における民主主義」、つまり、社会学的代表の考え方を前提に、スイス型の認識を支持する。そのため、特別多数決の慎重さが「民意表明の要因に代置する力を有する」という憲法研究会の認識は斥けられることになるわけである(16)。

このように、社会学的代表に相当する芦部の考え方は、憲法改正国民投票を必要的とする範囲を限定しようという憲法改正の提案に対抗する文脈に置かれるものであった。64年の憲法調査会報告書においても、改正手続の緩和が議論され、大西らは国民投票に付す場合を限定するべきであるとする意見を出しているところ(17)、芦部はこの時点でも改めて疑問を呈している(18)。

3　先行する考察の蓄積

留意すべき最後の点は、芦部の「社会的意味における民主主義」については当時の日本にすでに戦前からの理論的な考察の蓄積があったということである。戦前の宮沢の論文は当然であるが、それ以外に重要なのは、まずは、鵜飼信成の論文であり、次に、そこで検討の対象となり、先にも名前が出た矢部貞治の論文であろう。

まず、鵜飼は、49年の論文で、独裁者も国民代表を標榜するという宮沢の論文やカピタン報告の主題とも重なる論点を扱った上で、「代表される国民も、それを構成している各個人の意思の厳密な集積の上に、はじめてその現実的構造を示すものであるから、そのような全体を代表するということは、この個人意思を基礎とした構造を無視しては、あり得ない。そのためには、議員個人の、選挙人すなわち選挙区への拘束的な結びつきが排除されなければならないのであって、それが排除されてはじめて、全体としての国民の現実的構造に対応した、現実の代表機関、即ち議会、が考えられるのである[19]」という。命令委任の否定は、それを抽象的に観念してしまっては、独裁を基礎づけかねないものである。むしろ国民代表が、現実の社会において、個人の意思から出発していかに基礎づけられるのかを考えなければならない、というわけである。

同じ年に書かれた別の論文での鵜飼の表現でいえば、前記の代表理解が徹底されればもはや代表ではなく「直接民主主義」であり、「この意味で議会制度は、直接民主主義の原理による不断の批判にさらされることによって、はじめて民主主義たり得ているのである[20]」ということになる。この鵜飼の民主主義の理解を芦部は共有し、それを「社会的意味における民主主義」に接続させている[21]。

ところで、鵜飼が以上のことを述べるに際して、批判対象とした論者の一人に矢部がいる。鵜飼の論文では、矢部は独裁主義の代表理論の紹介者と位置づけられ[22]、代表が社会に存在する個別的意思の反映ではなく、政治的一体としての国民の意思と利益を目標とするのであると述べた[23]点が批判の対象となっている[24]。鵜飼が前記の代表理解によって基礎づけようとしているものの一つに比例代表制がある。したがって、比例代表や職能代表を個別利益・特殊利益の支配をもたらすと警戒し、小選挙区制による強健な政権の成立を目指す矢部[25]との間では、確かに対立点が残る。

もっとも、宮沢の「国民代表の概念」と同じ33年に発表された矢部の論文に対する鵜飼の批判には、行き過ぎていると感じられる面もないではない。矢部は、「代表の「独立性」は、現実的国民意思を離れて存在し能うものではない」とする。命令委任やリコールは確かに認められないものの、「政治的精神原理としての意義」は重要であり、国民発案や国民投票はこうした原理の発露だとして、半代表に支持を表明する[26]。これは、後にいう社会学的代表と異なるのだろうか。今日、政治史の分野では、矢部の業績が読み直され[27]、それを協同主義の潮流に含めて検討がなされている[28]。本論文で検討している芦部はその潮流といかなる関係に立つのか。矢部と芦部は、憲法改正国民投票制の改正やⅢで見るような小選挙区制問題について、対照的な立場に立ったように見えるが、この違いは何に由来するのか。筆者にはまだ検討の準備ができていない。

このように未解明の部分が残るものの、それらの検討をいったん措くことが許されるならば、憲法改正国民投票制というアクチュアルな問題について、50年代から60年代の芦部は直接民主主義の側に立ち、そうすることで主権簒奪問題を解こうとした、とはいえよう。

そのような芦部にとって、滞日中のレーヴェンシュタインが憲法調査会の依頼に応じて執筆した意見書で、「日本の世論が未発達であることを考えれば、両院で特別多数で可決された憲法改正を何でも国民投票にかけるというやり方が賢明かどうかについては、大いに疑問の余地がある。このような制度は、政治教育が進んでいることを前提するものであるが、現状はそうではないし、将来もかなり長い間、そういう状態には達しないであろう[29]」と答えていたのは疑問であった。これと比べて、主権簒奪問題を論じて国民投票の重要性を主張する冒頭の58年のカピタン報告は、芦部には一種のエールに聞こえたのではなかろうか。

ところが、次節で扱う論点については、芦部の態度はもう少し微妙である。

Ⅱ　議会審議の空洞化と直接行動

政治学者の宮田光雄は、69年の『現代日本の民主主義』という著作で、「国民が議会を選出するのみでなく、さらに他の国家機関をも国民による選任手続に委ね、国民発案や国民投票などを介して、直接的に政策プログラムを提起しあるいは政策決定を下す政治構造」という意味での直接民主主義が、当時、「議会政治の実際にたいする幻滅と不信への反動」から注目を浴びていると指摘した。しかし、同時に宮田は、「国民の直接参加のみを真のデモクラシーの実現とみなし、代表原理にとりかわる二者択一的制度として絶対化するのは、きわめて危険である」[30]とし、直接民主主義的要求は、「代議制度を排除する手段としてではなく、それを一層民主的にし、統制する手段として問題になるに過ぎない」[31]という河村又介の言葉を引く。

71年の芦部は、この宮田の警告を好意的に引用し、直接民主主義には反議会主義的な傾向が内在していることに注意を求める。[32] 特殊利益から切断されて一般福祉に奉仕しようとするエリート的な代表の原理と、被治者の一般意思を優位させる民主的なプレビシットの原理の結合が認められてはじめて現代の議会主義を理解することができるところ、後者が議会主義の枠を食い破らないように気を付けるべきだというのである。

当時の一般的な認識として――62年の時点での総括からの引用であるが――60年安保や三池争議以降に、請願権の今日的意味、デモの権利の発展、抵抗権の主張、極限状況における人民の武装権などを盛んに議論した憲法学の動向は、「一口にいえば国民主権の原理」[33]を論じるものとまとめられることがあった。そうだとすると、直接民主主義は、議会による主権簒奪を防ぐものとして、Iと同様のプラスの評価を受けることができるはずである。しかし、前記の芦部の叙述は、直接民主主義を警戒するもので、Iとは向いている方向が異なる。この違いはなぜ生じたのだろうか。

1　論点の文脈

ここでもまずは、このような叙述が書かれるに至った文脈を踏まえておこう。その文脈は佐藤栄作内閣の下での政治過程である。65年末の日韓基本条約の審議においては、国会で議長が慣例を無視した議事日程の変更を準備して、強行採決を行い、野党が審議拒否で応じた。このとき、65年に発足した全国憲法研究会は、直ちに研究会を行っており、その場所で芦部は、議事日程変更の違法性を論じている[34]。とりわけ68年12月27日から69年5月25日までの第61通常国会は、大学運営臨時措置法についての強行採決などが行われ、「異常国会」[35]などと呼ばれた。

69年の法律学憲法分野の動きを振り返って重要論点を紹介する記事で、宮田豊は「直接民主主義」を採り上げた。「昭和44年は、社会的には、国会運営と大学紛争と安保=沖縄とが広く問題とされた年であった。ここで個人的な感想を述べることを敢えてするならば、それは長い本当に長い1年であった」。「三つの問題は結局議会制ないし議会制民主主義に対する不信・不満という一つの原因に由来しており、その議会制民主主義に《ママ》不信・不満が直接民主主義に目を向かわせたものと考えられる[36]」というのである。そこで宮田が採り上げる対抗関係のうち、実際の論者も対象を同定しているものに、樋口陽一に対する哲学者竹内芳郎の批判がある。

樋口は、当時の日本が直面していた議会制民主主義の危機が、ヨーロッパでいえば、政党間の対立が階級対立を反映し、安定的多数派を形成できない30年代型の危機であるとする。つまり、異質な政党を内閣、さらには議会そのものから排除することによって院内限りで同質性が確保されたことによる60年代型の危機とは異なる。他方で、直接民主主義は、精神としては、議会の退廃を拒絶するものとして現れ、制度としては、政策決定への人民の参加を意味し、現実にはしばしば、所与の権力を正当化することになる。具体的には、前記の60年代型の危機の下であれば、直接民主主義の制度化により、福祉国家の下での同質的利益への組み込みが生じるが、30年代型の場合には、対立する諸利益の一つを排除するはじき出しの効果が生じることになる。「今日の議会は、統合機能はおろか妥協・調整機能をもはたしえないのであるが、まさしく民主主義の反面教師としての教育的機能をはたしつつある。われわれはそのことを、アイロニーとしてではなく重視しなければならない。直接民主主義の制度化によって異質的利害が権力機構のそとにはじき出されることになると、そのような反面教師としての機能をはたす余地すら小さくなってゆくことになろう[37]」。樋口は、このように直接民主主義の制度化を求める論調に釘を刺したわけである。

これに対して、竹内は、「直接民主主義はそもそも原理そのものからして議会制民主主義のアンチテーゼであ」るとし、「現代日本における直接民主主義への要求は、何も国会内での与野党の「激突」による「議会制民主主義」の危機などに発するものでは決してなく、むしろ、そのような「激突」をすら仮象にしてしまっている国会内与野党の深い同質性（代表的な野党としての社共両党の「体制内在化」）にこそ起因しているように思える[38]」と樋口の意見を否定する。

仮に主権簒奪問題という言葉を使うならば、樋口も竹内もこの問題を扱っているといえる。ただ、方向が全く異なる。竹内は、与党と体制内在化した野党が国民の主権を簒奪していることを告発し、その否定を目指したのに対して、樋口は、「「直接制」もまた、「国民自らが直接に政策意思を表明する」……という本来の建前にとってむしろ破壊的に作用することがありうる[39]」として、直接民主主義的な仕組みが主権簒奪問題を引き起こすことを懸念したといえよう。

2　芦部の立場

芦部は58年には、憲法改正国民投票制に限らず、議会制度一般を論じる文脈で、伝統的・古典的な「代表理論は、議員が利益団体や政党の代表者・受任者として行動するという事実により、ますます「現実的な基礎をかく不可思議な幻想」であることを露呈した。ここに、直接民主主義の思想と結びついた代表制理論が強調されるようになった理由、さらに、議会主義を国民による政治の原理と堅く結合させ、政党および利益団体の権力への努力を規制し少数者を保護することによって、議会と国民の意思の離反をできるかぎり避けるために、レフェレンダムおよび国民発案の制度が第一次大戦以来多くの憲法によって、実定化されるようになった理由がある[40]」と述べて、Iで見たとおり、直接民主主義への選好を見せていた。

ただ、それは議会主義の擁護のためであった。そのことを示す例として、58年末の警職法改正問題を扱う記事も挙げることができる。この記事において芦部は、「今日における議会主義は、民意を正しく反映させる選挙制度にささえられながら、さらにいわゆる直接民主制（国民投票や国民解職などの制度）もしくはその精神によって補完されてゆかねばならないのである」と述べる。警職法改正問題は、議会と国民の意思との乖離を生々しく物語った事件であった。しかし、直接民主主義による補完が必要なのは、補完によってはじめて「議会が名実ともに国民の代表機関としての資格をそなえている」といえるからである。したがって、「水と油の自民・社会両党の抗争や、政権をにぎる保守党内部のみにくい派閥の争いによって、風にそよぐ葦のように政治が動くとしても、議会主義そのものに絶望してはならない」[41]。直接民主主義が議会主義の擁護のために求められたのは、直接行動についても同じである[42]。

このような見方は、「いわゆる院外活動、すなわち、議会の外における政治活動は、本来議会制においてきわめて正常な現象である」[43]と述べた60年前後の宮沢俊義の認識とも重なる。60年安保の際の衆議院での強行採決後、国会承認の前の衆議院の解散が求められたように[44]、国論を分かつような重大な事態が生じた場合には「解散して主権者たる国民の意思を問うような政治慣行」[45]が必要だという認識は広く見られ[46]、宮沢も「当然解散ということをやるべきだったということはそのとおり」とする。しかし、同時に、「もう一つ奥の前提」として「多数決を動かすための基礎としての全会一致」[47]に属する事項（議会主義が機能するための前提条件）があり、それが破られたことこそが根本的問題だとする。この点は、直接民主主義を志向するにしてもあくまで議会主義の枠内で目指すものといえよう。芦部は、この認識を共有するわけである。

このため、60年代末に見られた前記の樋口と竹内のような対立軸が問題になった局面では、芦部は、宮田の著作を引いたことからも分かるように、樋口の見解を支持することになる[48]。直接行動を含む直接民主主義的要求が反代表制とならないように注意を求め、「60年の「議会民主制擁護」の延長線に位置する論理構造」[49]にとどまったわけである。

3　杉原泰雄から80年に受けた批判と芦部の応答

芦部が杉原泰雄から80年に受けた批判に対して行った応答も、この姿勢と関連させることができると思われる。すなわち、杉原は、芦部に対して、命令委任を否定するナシオン主権論に立つことと社会学的代表を基礎として国民代表を理解することとは矛盾するのではないか、と批判する[50]。つまり、「社会学的代表概念を重視するといっても、伝統的な政治的代表概念を排斥するものではない[51]」という芦部の認識が不適切ではないか、という論旨である。

これに対して、芦部は、日本においてナシオン主権とプープル主権を二者択一に捉える必要はないので、国民代表について社会学的代表と考えたからといって「論理上当然に選挙人団を主体とするプープル主権説をとらなければならないわけではな[52]」く、命令委任には必ずしも帰結しない、と応じる[53]。

ここでのプープル主権は直接民主主義である。この直接民主主義が議会制民主主義を乗り越えようとする点に芦部の懸念があったと考えると[54]、杉原への応答は本節で見た文脈を前提に置くことで理解することができるであろう。

Ⅲ　選挙の仕組みとその運用

デュヴェルジェは、社会学的代表を論じる契機を作ったのは比例代表制の論者たちであったと指摘する[55]。この点はすでによく知られている[56]。

これに対して、本論文の冒頭で見たカピタンは、半代表の典型をイギリスに求め、首相の指名と政策の方向性の決定の意味を持つ選挙、一回投票多数代表制、解散権、少数派の自由保護をその特徴とする[57]。カピタンはそれらを備えてこそ議院内閣制が民主的だといえるというのである。本論文の、元を辿れば、カピタン自身の言葉でいえば、国民代表による主権の簒奪を避けられるということになろう。カピタンが描くのは、概ね、日本でいう議院内閣制の国民内閣制的運用論に相当する。半代表は社会学的代表に近いのだから[58]、カピタンは、国民内閣制的運用こそが社会学的代表の考え方に適するとし、その要素として小選挙区制を挙げた、といえそうである。

このように、半代表や社会学的代表は、必ずしも比例代表制と結びつかない。芦部自身も「比例代表制が代表の社会学的概念の当然の帰結であるとはしていない[59]」。しかし、芦部は、社会学的代表を論じたとされる67年の論文で、確かに選挙の仕組みを論じており、小選挙区制推進論に警戒を表明していた。社会学的代表が小選挙区制とも結びつくのならば、芦部は、小選挙区制推進論に警戒を示すためになぜ社会学的代表を論じたのだろうか。

1　論点の文脈

ここでも論文が出された文脈を整理しておきたい。64年9月に発足した第3次選挙制度審議会は、当初から小選挙区制を中心とした改正案を答申すると見込まれていたが、成案が得られず、委員全員留任の形で課題を第4次の審議会に持ち越した。66年8月、第4次選挙制度審議会は、答申ではなく中間報告の形で報告書を内閣総理大臣に提出した。その報告書には、小選挙区比例代表併用制案、小選挙区制案、中選挙区制案が含まれていた。

注意するべきなのは、この間、社会党・民社党・共産党・公明党がいずれも小選挙区制反対で一致していたことである。さらに、65年末には、Ⅱでも見た日韓国会が始まり、66年3月には、社会党・共産党・公明党により「憲法擁護・小選挙区制粉砕連絡会議」が結成され、院外でも諸団体により小選挙区制反対運動が展開されていた[60]。芦部の67年の論文は、66年10月の全国憲法研究会の研究集会での報告である。潮新書版の段階での、「このような制度は、さいきんの日韓国会にも見られた議会制民主主義の危機的状況をおもうとき、あらゆる意味において回避さるべきだ、と私はおもう[61]」という言葉からも、芦部が以上の文脈を意識していることは明らかである[62]。

2　芦部の立場

芦部が論文で主張する小選挙区制推進論の問題点は、第一に、選挙制度の公式化された法則に求めすぎること、第二に、金のかかる選挙や同士討ちの根絶という非本質的な論点を掲げながら実態としては第三党以下の民社党・公明党・共産党に不利な帰結をもたらそうとする政治的な意図が見え隠れすること、第三に、小選挙区制は政権の安定性を重視することになるところ、もし政治に腐敗が見られれば政権の安定そのものには価値がなく、保革対立が激しければ選挙が統合作用を発揮しなくなること、の3点であった(63)。

研究集会における午後の討論会で、芦部は、自身の報告内容を次のように振り返っている。選挙の機能は「社会的基盤」との関係で考えなければならないところ、「階級対立やイデオロギー対立が激しくなると、権力を握っている体制側では何とかして自分の利益を維持するために、選挙の方法に……非常に人為的政治的な工作を加えて、反体制の力が増大するのを阻止しようとするというようなことをやりますので、議会が真に国民の代表機関といえるかどうか、という問題が生じてくる」。「そうすると、午前の報告で申しましたように、国民の意思をいかにして議会に反映させるかということが選挙制度の非常に重要な、しかも深刻な問題になる。そこで報告の最後に触れたような代表の概念を社会学的に再構成し、それを満足させる選挙制度を憲法上の要請だと考えていくというような考え方が最近特に出てきたのではないかと思うのです(64)」。

冒頭で引いた68年5月3日の講演会も見ておこう。そこで芦部は、カピタンを引いて主権簒奪問題を論じた。芦部は、そのような観点から、しかし、カピタンとは異なって、小選挙区制が問題であるとするのであるが、その理由については、より端的に、「増大する反体制の力を阻止するために、選挙の方法に政治的・人為的な工作が加えられがちですが、それは結局、代表民主制の墓穴を掘るものだといえ(65)」ることに求められている。

したがって、小選挙区制問題に関して芦部が社会学的代表を持ち出すことを通じて論じていたのは、一般的に考えて小選挙区制と比例代表制のいずれがよいか、という問題ではない。多様な価値観の存在する社会で小選挙区制によって民意を無理に二極化してよいのか、という問題は論じてはいるものの、焦点はやはり少し異なる。懸念は、二党制を支える社会的基盤のない当時の日本の状況において小選挙区制を導入すれば、必ずしも国民の意思による政権交代が可能にならず、むしろ与党（または限られた数の政党）の党略による支配の固定化を許すのではないか、というところにあったからである。国民代表による主権簒奪のおそれが増すのではないか、というのが関心であったといってもよいのではなかろうか。(66)

結び

一方で、国民代表の観念が「「選挙で多数の議席をえたのだ、だからこの多数の意思にはつねにしたがうべきだ」という意識(67)」をもたらさないように、つまり、国民代表が主権を簒奪しないように国民が常にウォッチする必要があること。そのために、直接民主主義（参加民主主義）の仕組みを活用する余地もあること。しかし他方で、直接民主主義の仕組みはあくまで議会主義が院内主義に陥らないようにするためのものであって、直接民主主義が国民代表の観念の否定にまで至ると、それ自体が主権の簒奪を引き起こしかねないこと――本論の描写がまったくの的外れでないとすれば、これら両者をともに意識しようとするのが、国民主権と代表制についての芦部説の認識枠組みであったと考えられないだろうか。(68)そうだとすれば、一つのバランスの取れた認識枠組みといえよう。

その上で、敢えて現在の日本に引き付けて考えるならば、いかなることがいえるだろうか。国民代表による主権の簒奪の危険性は、いわゆる選挙独裁のおそれの問題であり、直接民主主義を使った議会主義の否定は、悪い意味でのポピュリズムの問題といってよいであろうか。仮に、現在、連立与党が強いといっても、低い投票率と相対的に多い固定票に支えられているからに過ぎないのだとすると(69)、どちらかといえば、現在の日本で深刻なのは、前者の問題であろうか。いずれにせよ、芦部説の認識枠組みのアクチュアリティは、依然失われていないといえそうである。

【付記】　本研究はＪＳＰＳ科研費 20H01418 の助成を受けたものである。

（1）　ルネ・カピタン（野田良之訳）『デモクラシィの諸問題と日本憲法』（憲資・総第37号、１９５９年６月）７頁（仮名遣いを改めた）。フランス語版 « Les Problèmes de la Démocratie et la Constitution japonaise » は公法19号（１９５８年）1頁以下。

（2）　高橋信行『共和国の崩壊と再生――ルネ・カピタンの民主制理論』（弘文堂、２０２４年）１９７頁。樋口陽一へのインタビューに基づくとされる。

（3）　芦部信喜「憲法改正条項の改正」〔１９６４年〕同『憲法制定権力』（東京大学出版会、１９８３年）１２２頁、同「憲法と国民の政治――主権者の自覚高めよ、国会のあり方にも反省」〔１９６８年〕同『憲法叢説（３）憲政評論』（信山社、１９９５年）１２４頁、同「戦後の日本と憲法（下）」〔１９７５年〕同・前掲『憲法叢説（３）』１８６―１８７頁。

（4）　宮沢俊義「国民代表の概念」〔１９３４年〕『憲法の原理』（岩波書店、１９６７年）２２２頁。

（5）　Manuela Albertone et Michel Troper, « Penser la représentation. Introduction », *in* Albertone et Troper (dir.), *La Représentation politique. Anthologie* (Classiques Garnier, 2021), p. 19.

（6）　Albertone et Troper (n. 5), *op. cit.*, p. 22.

（7）　樋口陽一「現代の「代表民主制」における直接民主制的諸傾向」〔１９６４年〕同『議会制の構造と動態』（木鐸社、１９７３年）44―45頁。

（8）　Maurice Duverger, *L'influence des systèmes électoraux sur la vie politique* (Armand Colin, 1950), p. 33.

（9）　芦部信喜「選挙制度」〔１９５７年〕同『憲法と議会政』（東京大学出版会、１９７１年）２７２頁。さらに、同「小選挙区制の論理と議会政」〔１９６７年〕同・前掲『憲法と議会政』４１０頁。樋口・前掲注（7）44―46頁を介して、Duverger, « Esquisse d'une théorie de la représentation politique », *in L'évolution du droit public: études offertes à Achille Mestre* (Sirey, 1956), p. 211 et s. の一節も引かれる。このデュヴェルジェの論文について、現在では高橋和之『国民内閣制の理念と運用』（有斐閣、１９９４年）２１１頁以下、只野雅人『憲法の基本原理から考える』（日本評論社、２００６年）41頁以下を参照。

(10) 芦部信喜「モーリス・デュヴェルジェ「政治生活に対する選挙制度の影響」」（１９５２年）同・前掲『憲法と議会政』４２９頁以下。

(11) 樋口・前掲注(7)45頁。

(12) 宮沢俊義ほか『憲法改正』（有斐閣、１９５６年）２４４頁、憲法研究会編『日本国自主憲法試案』（勁草書房、１９５５年）２００―２０１頁。

(13) 憲法研究会編・前掲注(12)２０１頁。

(14) 芦部信喜「憲法改正国民投票制」（１９５６年）同・前掲『憲法制定権力』70頁。

(15) 芦部・前掲注(14)70―71頁。

(16) 芦部・前掲注(14)78―80頁。続けて、各議院の過半数と国民投票による改正は、必ずしも不合理でないとしつつも、「わが国においては、憲法の基本原理そのものがするどい政治的な対立の中におかれ、二大政党対立体制に必要な共通の広場を欠く」のだから、このような改正によると、改正後の憲法が政治的緊張の中で不安定化してしまう、とも述べる。二本柳高信『私益・集合的決定・憲法』（信山社、２０２３年）２２２―２２９頁は、両議院審議と国民投票との組み合わせの正当性を社会的選択論の視点で論じる。

(17) 『憲法調査会報告書』（１９６４年）７４５―７４７頁。

(18) 芦部・前掲注(3)「憲法改正条項の改正」１２１頁。

(19) 鵜飼信成「民主主義と議会制度」（１９４９年）『憲法における象徴と代表』（岩波書店、１９７７年）１２３―１２４頁。

(20) 鵜飼信成「選挙制度の基本原理」（１９４９年）前掲『憲法における象徴と代表』１４６頁。

(21) 芦部・前掲注(14)78頁。

(22) 鵜飼・前掲注(19)１２５頁注(9)。

(23) 矢部貞治「代表の原理」（１９３３年）『民主政機構の基礎原理』（弘文堂、１９４９年〔初版１９４７年〕）62頁。

(24) 鵜飼信成「憲法における象徴と代表」（１９４７年）前掲『憲法における象徴と代表』10頁。

(25) 矢部貞治「小選挙区制について」選挙11巻10号(1958年)2頁。矢部は、鈴木俊一ほか「座談会　小選挙区制を論ず」ジュリ106号(1956年)2頁以下にも出席し、小選挙区制を弁護した。
(26) 矢部・前掲注(23)59—60頁。半代表への言及は69頁注(16)、(18)。
(27) 源川真希『近衛新体制の思想と政治』(有志舎、2009年)第1章、井上寿一『矢部貞治　知識人と政治』(中央公論新社、2022年)など。
(28) 雨宮昭一「占領改革は日本を変えたのか」同『戦後の越え方　歴史・地域・政治・思考』(日本経済評論社、2013年)210頁、源川真希『日本近代の歴史(6)総力戦のなかの日本政治』(吉川弘文館、2017年)230頁。
(29) 『日本国憲法の問題点に関する海外学識者の意見書』(憲資・総第60号、1964年6月)346—347頁。芦部・前掲注(3)「憲法改正条項の改正」123—124頁も参照。
(30) 宮田光雄『現代日本の民主主義』(岩波書店、1969年)158—160頁。
(31) 河村又介『直接民主政治』(日本評論社、1934年)440頁。只野雅人「世論と直接民主制——戦前期の憲法学の議論を手掛かりに」長谷川憲ほか『プロヴァンスからの憲法学——日仏交流の歩み』(敬文堂、2023年)97頁は、河村の「レファレンダムをめぐる考察においてとりわけ興味深いのは、レファレンダム(直接立法)を代表制と対置するのではなく、むしろその矯正・強化の手段として捉えている点である」とする。
(32) 芦部信喜「補論」同・前掲『憲法と議会政』517—518頁。
(33) 星野安三郎「法と大衆行動」渡辺洋三ほか編『新法学講座(5)安保体制と法』(三一書房、1962年)204—205頁。他にも、和田英夫「新安保条約強行と主権者」(1960年)同『憲法の現代的断面』(評論社、1961年)70—71頁も参照。
(34) 芦部信喜「議長職権による議事日程の変更」(1966年)同・前掲『憲法と議会政』463—466頁。ジュリ341号(1966年)21頁以下の特集「日韓国会の総合的考察」を参照。
(35) 横越英一「第六一国会批判」法時41巻12号(1969年)7頁。
(36) 宮田豊「重要論点紹介　2/憲法——直接民主主義論を中心として」ジュリ454号(ジュリ年鑑、1970年)110頁。
(37) 樋口陽一「議会制民主主義と直接民主主義——その神話と現実」(1969年)同『議会制の構造と動態』(木鐸社、1973年)265—266頁。
(38) 竹内芳郎『国家の原理と反戦の論理』(現代評論社、1969年)292—293頁。強調は原文。

(39) 樋口陽一「「半代表」の概念をめぐる覚え書き・補遺」法学44巻5＝6号(1980年)882頁。さらに参照、樋口陽一「「国民主権」と「直接民主主義」」(1971年)『近代立憲主義と現代国家』(勁草書房、1973年)291―298頁。
(40) 芦部信喜「議会制度」(1958年)同・前掲『憲法と議会政』322頁。
(41) 芦部信喜「「議会主義」の主張と当面する問題点」(1959年)同・前掲『憲法叢説(3)』26―27頁。
(42) 芦部信喜「国会周辺デモ禁止と表現の自由――観念的で説得力欠く異議理由」(1967年)同・前掲『憲法叢説(3)』14頁では、国会の公正な審議の必要から国会周辺でのデモ行進の一律禁止を導くことはできないとする。これに対して、横大道聡「60年安保闘争と民主主義」駒村圭吾＝吉見俊哉編著『戦後日本憲政史講義――もうひとつの戦後史』(法律文化社、2020年)93頁以下は、岸信介に則して、1960年前後の直接行動に反議会主義を見て取る見方を紹介する。
(43) 宮沢俊義「議会制の生理と病理」(1961年)同『憲法と政治制度』(岩波書店、1968年)52頁。
(44) 「〔巻頭言〕議会主義を守れ」ジュリ204号(1960年)5頁。
(45) 芦部・前掲注(3)「憲法と国民の政治」125―126頁。
(46) 他にもたとえば、和田英夫＝松下圭一「議会制民主主義はどこへいく」法時41巻12号(1969年)28―29頁〔松下・和田各発言〕。
(47) 伊藤正己ほか「二つに割れた政治のなかで」法時32巻11号(1960年)97―98頁〔宮沢俊義発言〕。
(48) 芦部・前掲注(32)519頁注(5)。
(49) 樋口陽一「憲法は抵抗の拠点となるか――戦後民主主義と日本国憲法への評価」現代の眼10巻6号(1969年)75―76頁。
(50) 杉原泰雄「国民代表制」(1980年)同『国民主権と国民代表制』(有斐閣、1983年)374―375頁。
(51) 芦部・前掲注(9)「小選挙区制の論理と議会政」411頁注(9)。
(52) 芦部信喜『憲法学Ⅰ　憲法総論』(有斐閣、1992年)248頁。同「全国民の代表――憲法43条」『憲法叢説(2)人権と統治』(信山社、1995年)243―244頁も参照。
(53) 野中俊彦ほか『憲法Ⅱ〔第5版〕』(有斐閣、2012年)62―63頁〔高見勝利〕がこの芦部説を継承しようとする。
(54) もっとも、杉原にも、「いつわりのたて前」と呼ぶ議会制民主主義の改良案としてリコール制を含む諸案を述べたという一面もある(杉原泰雄「試煉に立つ議会制民主主義」世界326号〔1973年〕69―73頁)。
(55) Duverger, *op. cit.* (n. 9), p. 213.

(56) この点については、高橋・前掲注(9)２１６頁、只野雅人『代表における等質性と多様性』(信山社、２０１７年)１５０―１５１頁。
(57) René Capitant, *Démocratie et Participation politique dans les institutions françaises de 1875 à nos jours* (Bordas, 1972), pp. 173-179.
(58) ただし、半代表と社会学的代表は、視点が異なるともいえる(高橋・前掲注(9)２１９頁注(10))。
(59) 只野・前掲注(56)１５０頁。高見勝利『芦部憲法学を読む』(有斐閣、２００４年)80頁も参照。
(60) 吉田善明「選挙区制に関する資料」ジュリ３６６号(１９６７年)80―83頁。
(61) 芦部信喜「憲法と小選挙区制」(１９６６年)同・前掲『憲法叢説(2)』２３５頁。同「選挙制度(2)」(１９６５年)同・前掲『憲法叢説(2)』１９２頁も参照。
(62) 宍戸常寿ほか編著『戦後憲法学の70年を語る　高橋和之・高見勝利憲法学との対話』(日本評論社、２０２０年)９８―１０１頁〔高見勝利・高橋和之各発言〕はこのような文脈を振り返る。
(63) 芦部・前掲注(9)「小選挙区制の論理と議会政」３９２―４０５頁。同「小選挙区制と総選挙――第5次審議会の答申は衆院選の結果にかかっている」(１９６６年)同・前掲『憲法叢説(2)』２１６―２１８頁も参照。高見・前掲注(59)55―56頁がこの分析を描写する。
(64) 長谷川正安ほか「討論　小選挙区制と議会制民主主義」ジュリ３６６号(１９６７年)66頁〔芦部信喜発言〕。
(65) 芦部・前掲注(3)「憲法と国民の政治」１２５頁。
(66) 90年代にも芦部の基本的な主張に変化はないが、眼前の事実との関係で持たされた意味は少し異なる。90年の第8次選挙制度審議会答申については、芦部信喜「選挙制度改革問題断想」(１９９１年)同『人権と議会政』(有斐閣、１９９６年)３８４頁以下など、94年の選挙制度改革については、同「日本の議会制と選挙の機能」(１９９４年)『憲法叢説(1)憲法と憲法学』(信山社、１９９４年)２５６―２５７頁を参照。後者では、特に、小選挙区での自民党との一騎打ちを見越して、連立与党の一部が社会党を外す形で統一会派「改新」を作ろうとしたことが念頭に置かれている。
(67) 芦部・前掲注(3)「憲法と国民の政治」１２５頁。
(68) 芦部の社会学的代表は、投票価値の平等の緩和を正当化する議論として使われることがある(芦部信喜「議員定数是正論議の回顧と問題点」(１９６４年)同・前掲『憲法と議会政』３８０頁、芦部＝京極純一「〔対談〕議員定数配分の条理と法理」

法時36巻5号（1964年）42頁〔芦部発言〕。この箇所に注目するのが、只野雅人「代表民主政――類似＝代表をめぐって」同編『講座立憲主義と憲法学（4）統治機構Ⅰ』（信山社、2023年）26―30頁〕。これも、投票価値の不平等について、少数者保護（和田進『国民代表原理と選挙制度』〔法律文化社、1995年〕174頁）を図るものとして合理的に説明することができる限りで、主権の簒奪の防止の観点からも正当化可能である、という趣旨だと考えれば、一定の像を結ぶことはできようか。他方で、同じ少数者保護でも、有力政党が既存の支配を固定化しようと考えて支持基盤となる集団の影響力を高めようとする場合には、これと事情が異なるであろう。

(69) 中北浩爾『自民党――「一強」の実像』（中公新書、2017年）290頁。

第二章　憲法62条の憲政史
――国政調査権の過去・現在・未来

赤坂幸一

はじめに

芦部信喜が「議院の国政調査権」を助手論文のテーマに選び、英米仏独の憲法実践及び憲法学説を渉猟して、我が国における国政調査権（憲法62条）の本質・範囲・限界を論究しようとした直接の契機は、高見勝利が述懐するところによれば、1949（昭和24）年5月21日夕、東京大学で開催されていた日本公法学会の席に河村又介最高裁判事が現れ、「大変な問題が起こった」として、いわゆる浦和充子事件をめぐり、最高裁と参議院法務委員会との間に生じた憲法争議について話したことに、芦部が強い衝撃を受けたことにある(1)。

河村又介（1894―1979）は東京帝大法学部政治学科を首席で卒業した後、吉野作造研究室の初代助手となり、東北帝大・九州帝大を経て、戦後に発足した最高裁判所のオリジナル・メンバーとして、16年の長きにわたって初期の最高裁判例の確立に寄与した(2)。憲法学者としても、吉野作造・美濃部達吉の薫陶を受け、さらには一木喜徳郎の影響の下に、ドイツ国家理論や選挙制度、直接民主制などの統治機構論の比較憲政史研究に大きな足跡を残した。その

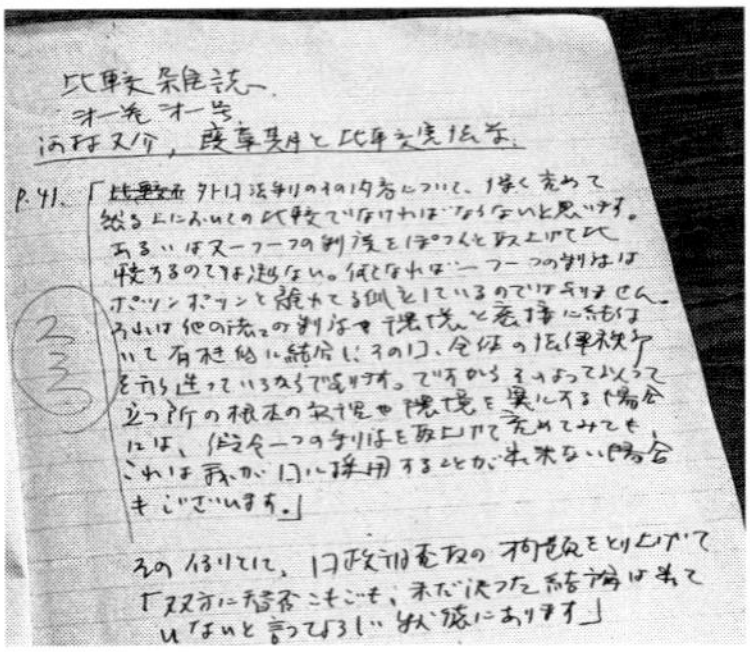

写真1　芦部ノート(旧制伊那中・伊那北高同窓会蔵)

河村の、比較憲法学の知見を踏まえた国政調査権の分析からも多くを吸収しつつ[3](写真1)、芦部は、その後の学説・実務を今日まで規定する解釈論を構築した。換言すれば、その思考枠組はなお当時の時代背景に強く規定されており[4]、改めて、この憲法争議の位相を捉え直すことが必要であるように思われる。

I　設定された思考枠組

1　浦和事件の背景——参院法務委と最高裁の対立

国政調査権をめぐる一般的な解説は、事件の経過も含めて、凡そ次のように説明している。すなわち、ある母子心中事件で裁判所が懲役3年・執行猶予3年の判決を下したが(浦和地判昭和23・7・2)、その判決が出る以前の昭和23年5月6日、参議院司法委員会(後の法務委員会)は、「裁判官の刑事事件不当処理等に関する調査」を行うことを決議し、確定又は係属中の刑事事件について裁判の当否を審査することとした。これに対して最高裁は、裁判運営の実情を調査するにあたっては、事柄の性質上、特に慎重を期し、その限界と方法を誤らないよう直ちに申し入れたが、同年10月17日、法務委員会は右の調査を「検察及び裁判の運営等に関する調査」と改め、また浦和充子に対する殺人被告事件を採り上げて調査の結果、翌昭和24年3月30日、この事件について裁判所のなした事実認定は失当であり、その量刑も軽きに失するものであると決議するに至った。また、その過程で、刑事裁判の被告人・証人などを「国政調査の証人」として呼び出し、あるいは担当裁判官から書面で意見聴取するなどした。

これに対して最高裁は、「参議院法務委員会において、浦和充子に対する刑事被告事件等につきなされた「検察及び裁判の運営等に関する調査」は違憲の措置であると認め、……長官代理塚崎裁判官から参議院松平議長に対し、同院の善処方を申し入れた」(昭和24年5月20日)と。

2 補助的権能説／独立権能説

その際、最高裁は、憲法第62条に定める議院の国政に関する調査権は、国会又は各議院が憲法上与えられている立法権、予算審議権等の適法な権限を行使するにあたりその必要な資料を集取するための補充的権限に他ならず(補助的権能説)、また個別の裁判の事実認定・量刑等の当否を審査批判することは、この権能の範囲を逸脱し、司法権の独立を侵害すると指摘した。

これらの指摘の背後には、最高裁が宮沢俊義・団藤重光に依頼した調査に対する両者の回答(昭和23年6月)がある。そこでは、アメリカ合衆国の憲法学説・判例に依拠しつつ、後の補助的権能説の骨格となる理論が示されていた。(5) そして事件後の1949[昭和24]年、両者はいち早く論考を発表し、以後、補助的権能説が通説化することとなる。

これに対し、参議院の法務委員会は、国会の最高機関性(憲法41条)を根拠に、国政調査権は「単に立法準備のためのみならず国政の一部門たる司法の運営に関し、調査批判する等、国政全般に亘って調査できる独立の権能」であると主張し(独立権能説)、また、確定判決を経た事件を調査しても司法権の独立を害しない、と主張した。

3 補助的権能説の背景

上記のように、最高裁判所が主張した補助的権能説は、アメリカ合衆国の憲法学説・判例をモデルとしたものである。そもそも明治憲法時代には、国政調査権につき憲法上の明文規定がなく、むしろ、議院法73条・75条によって両議院の情報収集権が否定され、必要な情報は政府を通じて入手すべきものとされていた。日本国憲法は、司法権や刑事手続関連規定を中心に、合衆国憲法の影響を強く受けているが、同憲法において国政調査権が補助的権能として理解されている背景には、アメリカでは国政調査権が明文規定を欠く「黙示的権限」に過ぎない、という事情がある。……このような思考枠組は、現在もなお、叙述に濃淡の差はあれ、多くの憲法解説書に見出される。しかし、そのような思考枠組は、現在もなお有効性を主張し得るだろうか。有効であり得るとすれば、また逆に有効性の幾分かを喪失したとすれば、その理由は何か。以下、そのような思考枠組を齎した時代背景から、改めてこの憲法争議の位相を捉え直してみたい。

II　通奏低音 basso continuo

浦和事件が表面化した際、学説・世評の大半は最高裁の立場を支持した。例えば柳瀬良幹は東北学生新聞に長文の論説を寄稿し、「議院の調査できる範囲は厳格に議院の職責〔筆者注：柳瀬は議院の職責を立法と内閣監督・予算議定に求めている。〕に属し、したがって法律上議院の力で左右することのできる事柄に限り、それ以外の事柄については、……国政調査権を振回し、関係人を出頭証言させたり、記録の提出を命じたりはできないものと確信するのであるが、しかるに遺憾なことには、参議院は見たところまだこの点の自覚が足らず、後も先も見ないで、手当り次第にカレント・トピックスを取上げて、調査の対象にしている傾向がある」(6)と論難した。下級裁判所や各弁護士会からも、最高裁の立場を支持する電報が陸続と寄せられている(写真2)。

しかし参議院は、本当に「手当り次第に」国政調査を行い、関心の赴くまま、たまたまある母子心中事件を取り上げたのだろうか。柳瀬はまた、参議院が「たゞ単純な好奇心や義侠心や公憤から見境いもなく」国政調査権を行使したと批判しているが(7)、しかし、参議院がこの母子心中事件に着目したのは、果たして好奇心ないし義侠心・公憤からだったのだろうか。

そもそも、両者の対立が深刻化するまでには若干の紆余曲折があった。その前年、1948〔昭和23〕年5月6日に委員長の提案で承認された参議院司法委員会「裁判官の刑事事件不当処理等に関する調査」は、「裁判官の刑事事件不当処理の有無を調査し、不当処理の事実があるときは、国の最高機関としての国会の立場からこれを指摘し司法部に対し勧告を行う等必要な措置をなすことを目的」とし、具体的には、尾津事件・松島事件・眞木事件・青木事件などを取り上げる予定にしていた。

というのも、これらの事件では暴力団組織（親分子分制度）の違法行為やその資金源としての隠退蔵物資が問題となっていたからであり、親分子分制度の撲滅に「十字軍的情熱」[8]を抱いていた民政局次長ケーディス〔Charles L. Kades〕は、日本の民主化を促進するという観点から、このような闇組織の撲滅方針を民政局課長会議で決定した（1947〔昭和22〕年9月9日）。これはワシントンからの特定の政策指針とは別に、いわば追加的に追求された占領政策であったという。[9] こうしてケーディスは、例えば尾津の勾留執行の停止（同9月12日）が闇社会からの圧力によるものだとの断定の上に、この勾留執行停止決定を行った裁判官に対し最高裁が適切な懲戒措置をとることを求め、また翌1948〔昭和23〕年5月頃、「民政局のケーディス・ウィリアムズ〔Justin Williams〕と最高裁判所の齋藤悠輔判事・岸盛一事務総局刑事局長〔正しくは刑事部長〕・伊藤修参議院司法委員会委員長らが行った会談の中で、ケーディスは尾津事件の審理状況を引き合いに出して、アメリカの「全ての新聞」が「下級審は日本人をヤクザから守っていないのではないかと批判し始めている」と述べ」、親分子分制度に関する裁判の遅延が

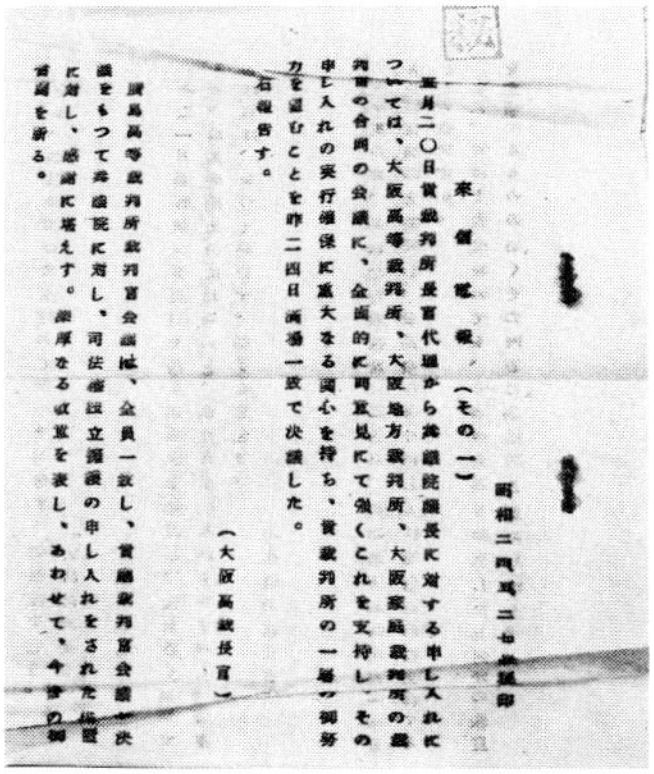
来信電報（その一）
昭和二四年五月二七日
本月二〇日貴裁判所長官代理から参議院議長に対する申し入れについては、大阪高等裁判所、大阪地方裁判所、大阪家庭裁判所の裁判官の合同の会議に、全面的に同意見にて強くこれを支持し、その申し入れの実行確保に重大なる関心を持ち、貴裁判所の一層の御努力を望むことを昨二四日満場一致で決議した。
右報告す。
（大阪高裁長官）
広島高等裁判所裁判官会議は、全員一致し、貴最高裁判所裁判官会議の決議をもつて参議院に対し、司法権独立擁護の申し入れをされた措置に対し、感謝に堪えず。深厚なる敬意を表し、あわせて、今後の御奮闘を祈る。

写真2 「来信電報（その1）昭和24年5月27日」三淵邸・甘柑荘保存会所蔵

アメリカ本国における占領政策への批判を惹起しつつあることを問題視した(10)。

民政局が、最高裁の司法行政上の監督権の行使や、国会による適切な対処を求めたのには、このような背景が存したのであり、昭和23年5月からの「裁判官の刑事事件不当処理等に関する調査」は、まさに、このようなＧＨＱの示唆を受けてのものに他ならない。そのことは最高裁もよく知悉していたところであって、だからこそ最高裁は、当初、伊藤修委員長及び専門調査員に対して違憲論を説明したり内外資料の送付を行うにとどめ、法務委員会の問題の報告書（１９４９〔昭和24〕年３月30日）を同年４月末に入手するまで、その立場を対外的に公表することを差し控え続けたのである(11)。

Ⅲ　最高裁内部の動向

五鬼上堅磐（１８９７―１９７１）という人物がいる。在野法曹から司法省秘書課長(12)（１９４６〔昭和21〕年６月）、裁判所事務官を経て、１９４７〔昭和22〕年12月１日に最高裁事務次長となった五鬼上は、三淵忠彦長官の腹心・本間喜一事務総長(13)とともに、活動を始めたばかりの最高裁事務総局の整備を進めるとともに(14)、裁判官の報酬問題や法廷秩序維持法・最高裁判所規則などの制定をめぐり、内外との折衝を精力的にこなした。その五鬼上が自身の日記を再構成の上部分的に公開した「日記抄録」は、上記の経緯を裏書きしている(15)。例えば、

【1947〔昭和22〕年】
〔９月９日　民政局課長会議、親分子分制度の撲滅方針を決定〕
9月11日　暴力行為取締法違反事件で、東京地裁に係属した事件で通称新聞等は尾津事件と報道していた。この事件で被告本人を病気のため裁判所が〔勾留の〕執行停止をした事件があった〔同12日〕。司令部がこの事件に非常な関心を持ちこの執行停止に対して鈴木司法大

臣に注意を喚起した〔同15日〕。そのため最高裁判所の方も長官の出頭を求めて来たが、長官の代りに三裁判官が出向くことになった〔同17日〕。その結果当方の考えと先方の考え方が一致しないものがあった。司令部の方はケーデス、オプラー両氏が担当していたらしい。こんな関係で、最高裁では司法行政の面から調査することのできる範囲で、事情を明らかにすることとし、新聞にも大きく報道され当時相当世間に知れわたった事件であったが、併し司令部がたまたまこの事件を指摘したこと以外は裁判所の処置には普通の事件と何等異なるところのないものであった。

9月19日　午後三時から日本橋倶楽部で司令部の関係者と裁判所側と一般的の問題を捉えて懇談をしたが、先方はかなり日本の司法権の独立というものを改めて認識したようであった。

〔12月1日　五鬼上、事務次長就任〕

12月11日　午前十時事務総長が、L・S〔Legal Section 法務局〕に呼ばれて、尾津事件について、執行停止処分についてオプラー氏から文句が出たらしい。午後五時から衆参両院の司法委員を思斉寮に招いて懇談会を開いた。

12月12日　尾津事件については栗山裁判官がG・S〔Government Section 民政局〕のケーデスと会見して話合をつけて来た。最高裁判所としては日本の裁判所が一般事件の審理に当っては今後日本の民主化の方向に進まれるようメモランダムを出すことにした。

このメモランダムが、「新憲法下における裁判官の地位及び職責について」(16)（1948〔昭和23〕年2月13日）であろう。以上に示されるように、民政局は、特定種類の事件の裁判につき、最高裁の懲戒権の行使を通じて、その促進及び厳格な判断を求めたのだが、最高裁はそのような介入が司法権の独立を損ない、また個々の裁判官の職権行使の独立を危殆に晒すことを危惧して、司法行政上の一般的な注意喚起文書を各高裁長官及び地裁所長に発出するラインにとどめたのである。

しかし、1948〔昭和23〕年に入り、いわゆる平野力三農相追放事件をめぐって、裁判所とGHQ民政局の対立が再燃する。西尾末広・内閣官房長官と対立した平野は農相を罷免され、かつ、平野が戦前に帰属していた皇道会が追放基準に加えられた結果、平野の公職追放問題が生じた。一旦は追放に該当しないと決した中央公職適否審査委員会(委員長:牧野英一)であったが、GHQの意向を踏まえた牧野の提案で再度審議し、追放対象者に該当すると判断した。その際、第1に、「牧野委員長が西尾末広から受領した50万円を各審査委員に配布した」旨を庄野理一最高裁判事が公の席で述べたことがGHQにより問題視され、1948〔昭和23〕年2月―3月、最高裁はその対応に追われることになる。

また第2に、平野が首相を相手どって追放停止仮処分を請求する民事訴訟を東京地裁に提起したところ、同地裁はこれを認容した。しかし民政局は、公職追放については最高司令官の権限に属し、従って裁判所は審判権をもたないとして、仮処分決定が取り消されたのである(17)。この結果、GHQ民政局と最高裁との関係が円滑を欠くようになっていく。再び日記の関連する記述を見てみよう(18)。

【1948〔昭和23〕年】

3月24日　午後岡咲〔恕一〕法制意見局長から本日は司令部が報酬法案をアプルーブしそうにもないという知らせがあった。S判事〔庄野理一最高裁判事〕の事件以来裁判所に対する司令部の好意的態度が変って来たように思われる。

5月6日　G・H・Qからは突然最高裁判所、伊藤参議院司法委員長等が呼び出され、下級裁判所裁判官の中には日本の民主化に協力的でない者がいるようだから、参議院司法委員会に於て調査して最高裁の方に報告するように、又最高裁の方も充分調査するようにとのことであり、その結果参議院では調査委員会を設置することになった。

〔同日、参院司法委員会は「裁判官の刑事事件不当処理等に関する調査」を行うことを決議、翌7日、参議院が調査要求を承認。〕

〔5月18日　裁判官会議で、参議院司法委員会の調査の目的が国政調査権の範囲を逸脱して違憲という見解が多数を占めた。〕

5月24日　参議院司法委員会に於て、「刑事事件の不当処理に関する調査会」が出来た。これはG・H・Qの指示に基づくものであり、裁判所としても取扱いに難

しい問題がある。参議院が先ず取り上げたのは尾津事件であったが、所謂国政調査権の問題としてどの範囲の取扱いをするかということが、裁判所として関心をもっている所である。参議院側は小中前東京地方裁判所所長、樋口渉外課長等を喚問し、その他関係裁判官にも事情聴取をしようというのである。国会が、裁判所が審理した個々の事件について調査検討し、その当不当を決議しようとすることは明らかに三権分立の範囲を逸脱し、司法権の独立を脅かすものであるというような意見が下級裁判所方面に強く起って来た。併し占領下の日本では、単に裁判所と参議院間の問題として解決出来るものではない。而も裁判所もG・H・Qの要請等に関連し参議院に或る程度の報告書は提出しているのである。新聞は大きく取り上げているが、参議院の取扱いの動向も見なければ、直ちに司法権の独立という立場から抗議することは、いささか早すぎるようである。又憲法六十二条の国政調査権の範囲をこえているとも、現在のところでは言い得ない。併し新聞の報道等では、正に裁判所に対する干渉の如く見られる怖れが多分にある。〔…〕

午後、長官が参議院議長に面会し、この調査会が司法権の独立に影響するようなことのないよう注意を喚起した。

6月1日　参議院司法委員会で、「刑事事件の不当処理」について批判の声が出てきた。東京弁護士会に於ても、これについて公聴会を開催するとの意見がある。参議院の司法委員会はG・H・Qの示唆もあって、この問題にのり出して様々の事をしているのである。現在の時期に裁判所が意志表示することは、各方面に与える影響が大きいと思われる。東京弁護士会が公聴会を開催するのは自由であるが、裁判所の意見を求められても何とも答えられない。公聴会開催論者の有力者と会見し、裁判所の立場を説明したところ、公聴会は見送ることになったようである。

6月5日　参議院司法委員会における「刑事事件の不当処理」調査委員会の行動は、次第に問題化して来た。現在の方法では憲法六十二条の国政調査権の範囲を逸脱し、司法の分野に侵入して来ていると考えられる。違憲の問題ともなり得るものである。事務局殊に刑事部等は、相当強い反対意見である。併し、この問題について参議院では、G・H・Qの示唆を理由に容易に引き込みそうにもない。

6月7日　「刑事事件の不当処理」に関する国政調査権の問題を裁判官会議に図〔諮〕ったが結論に達するに至

らず〔…〕。
6月9日　午後の裁判官会議で参議院の「刑事事件の不当処理調査」について論議して貰ったが、全員一致で違憲の結論には達しそうもない。
6月21日　参議院司法委員会の「刑事事件の不当処理事件の調査」について、裁判官会議で討議して貰うことになった。参議院側は国政調査権に依って調査するというのであるが、その方法、範囲等に於て大きな疑問が残されている。しかも、この調査はG・H・Qの示唆もあり、超憲法的な問題とも考えられないことはない。会議でも結論は出ず、論議に終ってしまった。
6月22日　参議院司法委員会の刑事事件の不当処理に関する調査の取り扱い方は、参議院の権限を逸脱し、司法権に対する不当な介入であるとの結論を持って、岸刑事部長から泉専門委員〔泉秀専門調査員〕に対して警告的な申し入れを行った。
6月25日　参議院の伊藤修司法委員長が長官を訪問され、同委員会で調査していた〔尾津事件・松島事件については調査が終了したとして〕『刑事事件の不当処理調査』について報告していかれた。
〔6月29日　参議院司法委員会、尾津事件・松島事件にかかる報告書を参議院に提出〕
7月5日　大阪造幣局を中心とする隠退蔵物資の事件について、裁判所は執行猶予の言渡しをした。このことについてG・H・Qのケーデス氏等が問題視している。

ここでは次の3点を指摘しておきたい。第1に、GHQ・民政局による国政調査権の迂回活用である。占領の初期、すなわち大審院から最高裁への移行期には、細野派とオプラーが個人的に親しかったこともあり、司法部門の改革・運用は司法省の想定通りに進まず、GHQは司法省よりも裁判所の見解を重視した(19)。しかし、日本国憲法体制に移行してのち、現実の裁判実務が反社会組織及びその資金源を根絶するという民政局の政策方針に沿わないと考えたケーディスらは、最高裁が「司法権の独立」を盾に下級裁判所の裁判官に対する懲戒権の行使に慎重であることに業を煮やし、国会を通じた統制の途を模索し始めたのである。くわえて、裁判官報酬問題や平野力三追放事件、それに伴う庄野理一最高裁判事の舌禍事件等により、GHQ・民政局と最高裁判所との間は、必ずしも円滑な意思の疎通がはかれない状況にあった。

第2に、(1948〔昭和23〕年11月中旬以降に)浦和事件が顕在化する前の段階で、すでに、参議院司法委員会の国政調査権の行使がGHQの示唆に基づくことは、最高裁の内部で明瞭に認識されていた、ということである。それゆえ、この憲法争議は、単に裁判所と参議院間の問題として解決できるものではなく、これにGHQを含めた三者間の問題として検討する必要が存した。このような眼差しは、また、今次の国政調査がGHQの示唆に基づくもので、それゆえ「超憲法的な問題とも考えられないことはない」、という認識をも齎した。

第3に、上記の経緯は、国政調査権の「性質」といった抽象論から本件憲法争議に明瞭な白黒を付け難いことを示唆する。実際、参議院司法委員会による国政調査権行使の具体的な目的・態様が判明するまで、最高裁内部も違憲論で固まっていたわけではなく、事態の推移を踏まえて、「裁判官の刑事事件不当処理等に関する調査」の直接の対象となった事務総局刑事部、とくに岸盛一刑事部長と矢崎憲正刑事部第一課長の主導により、次第に裁判官一致の見解へと、最高裁内部をまとめ上げていったのである。(20)

Ⅳ　古い革袋に新しい酒を

1　民政局の敗北

その後、参議院司法委員会は参議院法務委員会へと名称を変え、また、岸や矢崎の想定を超えて、新たに「検察及び裁判の運営等に関する調査」に着手したが(1948〔昭和23〕年10月17日)、その目的は、裁判官等の「封建的観念」・「時代的識見」の有無、及びそれら「司法の民主的運営と能率的処理を阻む残滓」の存否を調査し、裁判官等の素質の向上、ひいては司法の民主的運営と能率の増進を図ることにあった。これがGHQ・民政局の政策を反映したもの

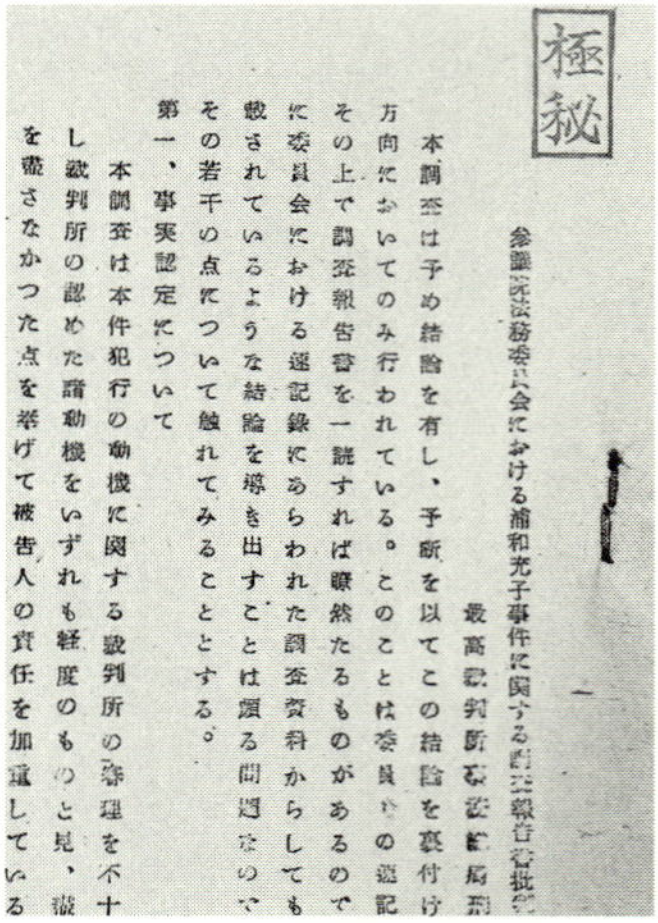
極秘
参議院法務委員会における浦和充子事件に関する調査報告書批判
一
最高裁判所事務総局刑事局
本調査は予め結論を有し、予断を以てこの結論を裏付け
方向においてのみ行われている。このことは委員会の速記
その上で調査報告書を一読すれば瞭然たるものがあるので
に委員会における速記録にあらわれた調査資料からしても
載されているような結論を導き出すことは頗る問題なので
その若干の点について触れてみることとする。
第一、事実認定について
本調査は本件犯行の動機に関する裁判所の審理を不十
し裁判所の認めた諸動機をいずれも軽度のものと見、殺
を意さなかつた点を挙げて被告人の責任を加重している

写真3 「調査報告書批判」最高裁判所事務総局刑事局(三淵邸・甘柑荘保存会所蔵)

であることは、上述の経緯から了解されるだろう。同委員会がある母子心中事件の判決を調査対象として取り上げ(1948〔昭和23〕年11月中旬)、その事実認定や量刑の当否を調査することで、検察官・裁判官の「封建的思想に対する批判」や「基本的人権の尊重」の認識の欠如を——牽強付会な形で——指摘した(1949〔昭和24〕年3月30日。最高裁が入手したのは同年4月末頃)のは、このような文脈においてであった。

これに対して最高裁では、事務総局刑事部長の岸盛一を中心に、極めてヴォルテージの高い反駁書が極秘のうちに作成され(写真3)[21]、その4日後、最高裁から参議院に正式の抗議申入書が送付された。芦部が河村又介の話から強い衝撃を受けたのは、その翌日のことである。

後に最高裁判事となる岸盛一は、刑事訴訟規則(1948〔昭和23〕年12月1日制定)の立案の頃から団藤重光と親交を結び、後には団藤と並んで最高裁長官候補となるが[22]、この反駁文の執筆に際しては、事務総局刑事局が依頼した団藤の意見書に大いに力づけられたであろう。その岸は、しかし、次のように述懐している。

「それまで、いわゆる間接統治の方式の下に、G・H・Qが全国の裁判所の判決や決定が気にいらないとき、直接自分で指令するということをやらないで、最高裁を通じてやらせようとしてきたのですが、最高裁といえども具体的事件について裁判所を指図することはできないという態度を堅持していましたので、ついに国会の調査権に目をつけてあのような調査をやらせることになったと私は当時感じていました。参議院の司法委員会も決して自発的にやったのではなく、G・H・Qの示唆があったとき委員長もずい分躊躇されていましたが、次第に深入りするようになったわけです。最高裁から参議院に抗議の申し入れをし、国内の大問題となったとき、G・H・Qは、それは国内問題だ

から自分達の間で片付けろと丘にあがってしまい、結局参議院は苦境にたたされたんです。[23]」

参議院法務委員会、というよりも委員長伊藤修[24]は、GHQの示唆ないし慫慂により、躊躇しつつも、刑事事件の不当処理や判検事の封建的観念の有無等について、無理筋の国政調査権行使に及んだのであり、しかも、最高裁と参議院との間で憲法争議が深刻化すると、そのGHQから梯子を外されてしまったのである。同様の証言は他にもある。浦和事件の当時衆議院議員であった猪俣浩三は、伊藤修と同じ社会党に属していたが、その猪俣も、GHQが封建的・官僚主義的・非民主的な日本の官僚層を監督する機関として、参議院の法務委員会を活用していた旨を指摘している。いわく、

「伊藤君がいうには、浦和充子の件も、ほんとうは向うが「やれやれ」といったのでやるようになったのだ。ぼくもちょっと迷ったのだけれどもとにかくああいう判決をする日本の判事の頭というのは封建的で、子供の生命というものは親がどうにでもできるというような頭になっているのではないか、これは大変な日本の民主政治の破壊の思想だ。これを矯正しなければ民主化なんかできやしないではないかといってえらい煽られた。そこで乗り出したのだ、といっておりました[25]」と。

浦和事件のハイライトとなった1949〔昭和24〕年5月16日の裁判官会議における全会一致の議決、及びそれに基づく参議院への抗議の申入書の送付（同5月20日）は、「あらかじめ、いかなる方面との事前了解も講ぜられず、最高裁判所の全責任においてなされた[26]」〔傍点稿者〕。最高裁の公式記録のこの一節は、司法権の独立を守るために最高裁が戦うべき真の相手がGHQ・民政局であったことを、よく示している。GHQが「丘にあが」った今、憲法争議は急速に終息に向かい、同5月31日に本件が参議院法務委員会から取り上げられ、議院運営委員会預かりとなったことで、論争に終止符が打たれることとなった。

2　占領政策への協力

猪俣は続ける。「伊藤君が出した「国政調査権と司法権」というパンフレット〔伊藤修『国政調査権と司法権の独立について』（1949〔昭和24〕年5月24日）〕(27)をみると、あの浦和充子事件を手がけた理由がいろいろと書いてあるが、その中に、「占領政策との協力」というようなことを書いてあるのだ。そこから見ても、当時はやはりそういうことがG・H・Qによって唆かされておったというふうに考えられるのですが、日本の最高裁判所がそれに対して毅然たる態度をとったことは相当これは高く評価してもいいのではないか」(28)。実際、各方面に2000部配布されたというこのパンフレットには、次のような注目すべき記載がある。

「さらに、当委員会が昭和二十三年六月二十九日附の報告書〔「尾津事件・松島事件に関する参議院司法委員会の調査報告書」〕中に明らかにした左の見解をここに再び引用しておこう。即ち、「現在の日本の実状を前提とする憲法第六十二条の解釈論としては、各議院は所謂国政調査権にもとづき、司法作用の全般に関し、必要に応じて調査批判することができるものと解する」「しかし判決その他裁判前にその裁判それ自体に関する当否を調査批判することは各般の影響を考え、できるかぎりこれを避けるべきであろう。且つ又日本がおかれている状勢の変化に応じて、自らその解釈も変更されることもあろう」(29)」〔傍点原文〕。

宮沢俊義が注目したのも、まさにこの一文であった。1948〔昭和23〕年6月に最高裁刑事局に寄せた自身の意見書を改訂して法律時報に投稿（1949〔昭和24〕年3月1日）した際、宮沢はその冒頭にこの尾津・松島両事件に関する報告書の一節を特に付加引用し、「司法委員会が、議院の調査権と司法権の独立との関係の重要性を明確に認識して、これに十二分の考慮を払ったことは、きわめて正当な態度と評価されていい。右に引かれたその結論の言葉のうちにも、問題に対する慎重な心がまえのほどが見られるのは、意を強うするに足りる」と、論敵であるはずの司法委員会の見解に満腔の賛意を表明している(30)。宮沢はこの憲法争議の核心をよく把握していたというべきだろう。先のパンフレットでは、この引用箇所に続けて、「現在の日本の実状を前提とする憲法第六十二条の解釈論」ということの趣旨、すなわち「占領政策との協力」の趣旨が、さらに敷衍して説明されている。

それでは、講和条約が発効し日本が独立して後の憲法62条の解釈はいかにあるべきか。主権回復後3年を経て伊藤修が著した『憲法を如何に改正すべきか』――その名も「国政調査研究所」から発行されている――には、次のように記されている。

「第六十二条は国権の最高機関たる国会に特に国政調査権を附与したものであると解せられるもので、単に立法作用に伴う調査範囲に限定さるべきではなく、三権分立の作用を害しない限り司法、行政の広い範囲に亘って調査の権能が及び得るものと解すべきである。……国政調査権の範囲及び限度については、現行の規定のままとし、逆に、調査権の対象となる権利の面から検討を加えるべきであって、これは、むしろ国会における運用の集積によって築き上げ、この先例によって逐次その範囲及び限度を明確にして行くべきである[31]」。

国権の最高機関としての国会に言及する点で独立権能説を想起させるものの、そもそも、補助的権能説の多くは、議会の本来的権能を立法に限定しておらず[32]、先に見た柳瀬良幹の所説に見られるように、立法権・政府統制権・予算議定権などの議会の(したがって各議院の)本来的権能を実効的に行使するために、強制力を伴う国政調査権が認められるのだと解してきた[33]。その限りで、国政の広い領域にわたって国政調査の対象になりうると解する点では補助的権能説も同趣旨であり、かつまた、権力分立及び基本的人権の観点から、別途、国政調査権の行使に制約がありうるとする点でも同じである[34]。問題構制が変化し、旧来の独立権能説を支える通奏低音、すなわち占領政策の残影は、次第に姿を消しつつあったのである。

3　新しい酒 vinum novum

それでは今日、国政調査権をめぐる議論の核心は奈辺にあるか。芦部信喜が定式化した国政調査権の解釈枠組、この古き革袋に盛るべき「新しい酒」につき、以下3点に分けて指摘したい。

第1に、浦和充子事件は占領下における参議院法務委員会と裁判所との権限争議としての性格を帯びており、議院内閣制における国会の機能や、有権者に国政問題についての判断資料を提供するための公開のフォーラムとしての議会の役割(ないし国民主権)[35]という観点から国政調査権を構想する眼差しは希薄であった。

しかし、とくに1980年代以降、いわゆる行政国家化現象に対する統制手段としての国政調査権に注目が集まり、「補助的権能説を「立法国家の産物」としつつ、立法とならぶ〔国政調査権の〕行政統制機能に注目して「新独立権能説」に拠る説」(中川剛)[36]が有力化する。これは、補助的権能説がアメリカ合衆国の学説・判例法理を継承しつつ、国政調査権をもって立法権能の補助と捉え、あるいは、議院の権能を立法権中心に考察する傾向があったのに対して、議会の本来的権能たる政府統制権の一環として国政調査権を位置付ける立場であり[37]、また仮に補助的権能説的な構成をとる場合でも、議会の「本来的権限」の中で政府統制権に比重を置いた形での国政調査権行使を構想する立場である[38]。

第2に、このような、議会調査権がもつ政府統制権としての性格からすれば、内閣と議会多数派の政治基盤が一致する議院内閣制において、議会調査権が議会少数派権としての性質をもつことに留意しなくてはならない[39]。この点はわが国でも夙に指摘されてきたところであるが[40]、1998〔平成10〕年に衆議院に導入された予備的調査制度(衆規56条の2、56条の3、86条の2)は、各委員会が議決した場合、または議員40人以上の要請に基づき各委員会が議決した場合に、各委員会が行う審査又は調査の下準備としての「予備的調査」を衆議院調査局長・法制局長に命じるもので、少数派権としての意義を有している。もっとも、この予備的調査は強制力を伴うものではなく、さらに、その報告書も公開が制度化されておらず、委員会に報告書が提出された後に、政党などが自主的に公開することがあるにとどまる。その利用も活発なものとは言い難く、令和元年から同5年までの間に7件、すなわち年平均1件強しか発令されていない。

以上に加えて、調査委員会の設置段階のみならず、その調査手続の遂行段階においても、少数派権への配慮が必要であることを指摘しなくてはならない。というのも、少数派調査権を憲法上明記しているドイツですら、「調査委員会がその設置段階では少数派権として構想されているにも拘らず、同委員会は議会の下位・援助機関として、本会議の会派構成の鏡像としての委員会構成のもとで活動しなくてはならないことから、基本的な緊張関係が生じ」るのであって、「実効的な議会統制を可能ならしめるためには、いわば設置段階(のあり方)を延長して、その手続についても、少数派権の要素でもって構想」する必要が指摘されているからである。(41) わが国でも、国政調査権を議会少数派権として憲法上あるいは憲法附属法上に位置付けるだけでなく、その調査手続にも少数派権の観点を充塡することが必要であろう。(42)

最後に、この調査手続を具体化するに際しては、国政調査権が――国会ではなく――各議院の権限であることに鑑み、各議院の自律的な判断で、少数派権の実効的な確保に資するような手続準則を自ら定めることが重要である。各議院が憲法上独立の地位を与えられ、各々その内部準則を自主的に決定できるという考え――内部準則決定権――は、いわゆる rule-making power という観念に立脚するもので、ここにいう rule は議院内部の自律的規範の全体を指している。この自律的規範は、いわゆる議院規則という形で成文化されることもあれば、各議院の先例として蓄積されることもあり(議院先例・慣行。その一部が各議院の『先例集』に掲載される)、こうして形作られた内部準則は、各議院の独立的な地位に鑑みて、他の国家機関はこれを尊重すべきものとされる。

こうして、「重要な調査については、議院の全議員で構成する調査委員会を設置したり、各会派から同数の委員を選出して設置する調査委員会など、議院の自律的判断による議院規則の制定、議院運営のルールを認めること」は、憲法第58条の内部準則決定権として各議院に保障されており、(43) この内部準則を通じて実効的な少数派権の具体化を行うことが喫緊の課題となっている。

(1) 高見勝利『芦部憲法学を読む――統治機構論』(有斐閣、2004年)159―160頁。
(2) その生涯及び最高裁判事としての足跡については、赤坂幸一「河村又介――最若年の最高裁オリジナル・メンバー」法時88巻3号(2016年)95―100頁を参照(後に渡辺康行ほか編『憲法学からみた最高裁判所裁判官』(日本評論社、2017年)に収録)。ちなみに、軍靴の音が迫る中、連日学徒出陣を見送りつつ、特別研究生としてただ1人、九州帝大の大講義室で河村の講義を受けたのが、後の憲法学者・法哲学者の水波朗(1922―2003)である。その経緯は同『指月の譬え――学問と人生』(私家版、2010年)に詳しい。
(3) 助手論文などに繋がる若き芦部の研鑽の足跡が、その母校・伊那北高等学校同窓会館に遺されている。詳しくは、『芦部信喜生誕100周年記念　われは往く――伊那北高等学校同窓会が所蔵する芦部関係資料』(薫ヶ丘ブックレット2、2023年)、及び、同資料とともに閲覧に供されている解説資料、高見勝利「芦部ノート(旧制伊那中・伊那北高同窓会蔵)の概要」(全215頁)を参照。
(4) 例えば、芦部信喜『憲法』の国政調査権に係る記述は、2023年の第8版に至るまで、ほとんど変化することなく受け継がれている。
(5) 浦和事件の渦中に最高裁事務総局が作成した『刑事裁判資料第5号　国会の国政調査権に関する問題』(1948年)を参照。それぞれ、のちに若干補訂されて、宮沢俊義「議院の国政調査権と司法権の独立」法時21巻3号(1949年)35頁(同『憲法と政治制度』(岩波書店、1968年)103頁に収録)、団藤重光「国会の国政調査権」曹時1巻5号(1949年)3頁として公表された。
(6) 柳瀬良幹「参議院は憲法に違反したか(下)――浦和事件の法律問題」東北学生新聞昭和24年6月25日。
(7) 同前。
(8) ジャスティン・ウィリアムズ(市雄貴＝星健一訳)『マッカーサーの政治改革』(朝日新聞社、1989年)68頁。

(9) 同前。
(10) より詳細な経過も含めて、出口雄一「憲法秩序の変動と解釈の担い手――浦和事件と「憲法争議」」法時90巻11号(2018年)98―100頁、及び、福永文夫編『GHQ民政局資料「占領改革」⑽ 経済・文化・社会』(丸善、2001年)を参照。
(11) 「参議院法務委員会の国政調査について、最高裁判所が同院に対し、意見書を送付するに至るまでの経緯」最高裁判所事務総局刑事局『刑事裁判資料第30号 司法権の独立と議院の国政調査権』(1949年)1―9頁。
(12) この間の経緯については、河本喜与之「五鬼上秘書課長の誕生」同ほか『司法権独立運動の歴史』(法律新聞社、1985年)224―225頁〔初出1972年〕も参照。
(13) 本間は裁判官時代に三淵の部下であり、三淵の名前「忠彦」を自分の長男につけるほど、三淵忠彦を敬愛していた(殿岡晟子「私の父 本間喜一を語る」『オープン・リサーチ・センター年報』5号(2011年)114―115頁)。三淵の方でも、長官当時、誰にも諮らず事務総長を本間喜一にするよう強調し譲らなかったという。小林俊三『私の会った明治の名法曹物語』(日本評論社、1973年)320―321頁。
(14) 「あの人この人訪問記――五鬼上堅磐さん(二)」法曹239号(1970年)9―11頁。
(15) 五鬼上堅磐「日記抄録――最高裁判所発足当時からの思い出⑴」法曹199号(1967年)2頁以下・「同⑶」法曹201号(1967年)25頁以下。
(16) 最高裁判所事務総局刑事局『刑事裁判資料第31号 渉外関係通達集』(1949年)50頁。
(17) 五鬼上堅磐「日記抄録――最高裁判所発足当時からの思い出⑷」法曹202号(1967年)36頁以下。
(18) 同⑹・法曹204号(1967年)58頁以下〜同⑼・法曹207号(1968年)52頁以下。
(19) 「あの人この人訪問記――五鬼上堅磐さん(一)」法曹238号(1970年)16頁。
(20) 矢崎憲正は、すでに1948〔昭和23〕年5月18日の裁判官会議で、参議院司法委員会の調査が適法な範囲を逸脱し、司法権の独立を侵す違憲の措置であるという全員一致の決議が行われたとするが(「座談会 議院の国政調査権と司法権・検察権」法の支配7号(1962年)66頁)、最高裁のいわば公式記録である前掲・『刑事裁判資料第30号』3頁でも、それが多数意見に過ぎないことが明記されている。
(21) 同資料は前掲・『刑事裁判資料第30号』48頁以下(及び曹時1巻5号(1949年)201頁以下)に収録されているが、その目次では1949〔昭和24〕年5月16日の作成とされている。まさしくこの日の裁判官会議で、全員一致の議決により、参議院議長に対し抗議の申入書を送付することが決定されたのである。

(22) 岸は、1976年1月の段階で、村上朝一の後任の最高裁長官が確実視されたことがあったが（実際には弁護士出身の藤林益三が就任）、この時、もう一人の有力候補だったのが団藤である。もっとも、団藤は最高裁判事の在任期間が最も少なく、かつ最年少でもあるということで、岸盛一長官の方針が固まったとされた（読売新聞1976年1月18日朝刊記事を参照）。なお、団藤重光日記（整理中。その一部を2025年に刊行予定）の1978年12月22日条によれば、東京高裁の千葉和郎が来訪し、岸の論文集に序文を書くことを団藤に依頼している。この序文を付し翌年刊行された岸盛一『事実審理と訴訟指揮——刑事訴訟論集』（有斐閣、1979年）は、はからずも岸の遺稿集となった。

(23) 前掲・「座談会　議院の国政調査権と司法権・検察権」68頁。

(24) 最高裁事務総局は、「裁判官の刑事事件不当処理等に関する調査」の段階で、伊藤修委員長及び専門調査員に対して繰り返し違憲論を説明し、内外の資料を送付したが、その意見は委員長より各委員に徹底されず、また資料も各委員の手許には届かなかった模様である。前掲・『刑事裁判資料第30号』4頁。

(25) 前掲・「座談会　議院の国政調査権と司法権・検察権」69頁。

(26) 前掲・『刑事裁判資料第30号』7頁。

(27) 同前79頁以下、及び伊藤修『憲法を如何に改正すべきか』（国政調査研究所、1955年）211頁以下に収録。後者の冒頭には「最高裁判所と論争した際、参議院法務委員長の資格にて昭和廿四年五月四日国会に於て公表した著者の論文である」と記載されているが、同年5月20日の最高裁の抗議申入書に対する弁明が記載されているので、「五月廿四日」の誤りであろう。

(28) 前掲・「座談会　議院の国政調査権と司法権・検察権」69頁。

(29) 前掲・『刑事裁判資料第30号』104頁。

(30) 宮沢・前掲「議院の国政調査権と司法権の独立」35頁。

(31) 伊藤・前掲『憲法を如何に改正すべきか』110頁。

(32) これに対し、立法権の補助にウェートを置く見解として、斎藤秀夫『国会と司法権の独立——国政調査権と裁判官弾劾』（岩波書店、1951年）129頁、小林直樹『憲法講義（下）』（東京大学出版会、1968年）616頁など。付言すれば、かつて裁判長の訴訟指揮に対する裁判官訴追委員会による調査が、司法権の独立との関係で問題化したことがある（吹田事件）。

その裁判長・佐々木哲蔵判事は塩竈出身で、東北大の斎藤秀夫教授と幼なじみであったために、この斎藤が佐々木判事擁護のために執筆したのが、この『国会と司法権の独立』(および同『国会と司法権』(日本評論新社、1955年)・同『裁判官論』(一粒社、1963年))であったという。守屋克彦編著『日本国憲法と裁判官』(日本評論社、2010年)7頁〔守屋克彦執筆〕を参照。

(33) 岸や矢崎を中心とする最高裁事務総局刑事局が独立権能説の主張者と看做した金森も、実際には、議院の本来的権限を立法権に限定せず、むしろ、議会の政府統制権の意義に注意を促している(金森徳次郎『国会論』(文壽堂、1947年)49頁以下、とくに63―64頁)。なお金森は、国政調査権につき、対人民の関係で広く国民と直接の関係を持ち得るようになったことに着目して「相当重大なる意義をもつ」としているが(同60―61頁。この点は憲法改正が顕在化する前から、金森が重視していた点である。同『日本憲法民主化の焦点』(1946年、協同書房)著作集Ⅱ(慈学社出版、2014年)54―55頁)、内閣や裁判所との関係で、あるいは国会・各議院の固有の権限との関係で、国政調査権がどのように位置付けられるかは、この段階では明示的に示していない。

もっとも、1959〔昭和34〕年の『憲法遺言』(学陽書房。口述筆記の時期は1952〔昭和27〕年)では、裁判の確定の前後を問わず、また個別具体的な事件の事実認定・量刑の当否の問題であるか一般的な司法運営のあり方の問題であるかを問わず、およそ強制的な国政調査の対象になりうるとして、旧来の独立権能説に接近する立場を示している。

(34) 佐藤幸治『日本国憲法論〔第2版〕』(成文堂、2020年)509頁。伊藤修が独立権能説として援用する末弘厳太郎も、実際には、参議院法務委員会による国政調査権行使の具体的な手法が不当であること、ないし目的不適合な手法が採用されていることを指摘する点に主眼があるのであって、司法権行使を含む国政一般について国会が権力分立原理や基本的人権を侵害するような形で国政調査権を行使することを容認しているわけではない。末弘厳太郎「国会の国政調査権と司法権の権威」法時21巻7号(1949年)1―2頁。

(35) 国民主権から公開のフォーラムの設定の要請を引き出す、佐藤・前掲『日本国憲法論〔第2版〕』434頁も参照。

(36) 中川剛「行政国家における行政統制――国政調査・国政監察と補助的権能説批判」Law School 15号(1979年)23―25頁。のちに大石眞もこの立場に立つことを明らかにしている。大石眞『憲法講義Ⅰ〔第3版〕』(有斐閣、2014年)161―162頁、同『憲法概論Ⅰ』(有斐閣、2021年)249頁など。

(37) 伊藤修は、独立権能説の典拠として、前記の末弘厳太郎と並び入江俊郎の所説(入江俊郎「昭和二十四年中の国会活動展望」法律新報756号（1950年）14頁以下（15頁））を援用しているが、入江の見解はここにいう新独立権能説に当たるものである（同『国会と地方議会――制度とその運営』（学陽書房、1952年）116―117頁）。

(38) 引用部分も含めて、辻村みよ子「国政調査権の本質・再論」法時65巻10号（1993年）32―33頁。元来、法律の制定や予算の議定、また内閣不信任は、行政統制の手段として発達してきたものであり、各議員の質問権も行政統制の一環として把握されうる。国政調査権は、これら立法権・予算議定権と並ぶ独立の権能として、行政国家における行政統制に仕える、というわけである。政府答弁（茂串内閣法制局第一部長答弁・昭和53・6・7衆院ロッキード事件に関する調査特別委員会）も、同様に、政府統制権に比重を置いた形での補助的権能説に立つものと解される。

さらに、そのような国政調査権（政府統制権）の行使が、国民に情報提供を行うという「機能」を営む場合もあることに、留意する必要があろう。佐藤・前掲『日本国憲法論〔第2版〕』509頁。

(39) クリストフ・メラース（赤坂幸一訳）「議会統制の二つの概念」法政81巻1・2合併号（2014年）3―6頁。

(40) 清水睦「現代議会の立法をめぐる状況と展望」公法47号（1985年）1頁以下、孝忠延夫「少数者調査権と日本国憲法」法時65巻10号（1993年）37―41頁、同「議会制民主主義と国政調査権」関法46巻4・5・6号（1997年）49―50頁など。

(41) クリスチャン・ヴァルトホフ（赤坂幸一訳）「近年のドイツにおける議会法の展開――『加重された大連立 qualifizierte Große Koalition』を踏まえて」法政82巻4号（2016年）37頁。

(42) なお参照、『正副議長経験者に対するオーラル・ヒストリー事業　第73代衆議院議長　横路孝弘〔下〕』（衆議院事務局、2024年）7―8、38頁。

(43) 孝忠・前掲論文「議会制民主主義と国政調査権」51頁。

第三章　「議会政」と専門家の関与

高橋雅人

はじめに

「憲法訴訟論」の始まりは、国政調査権の研究である。芦部信喜は、研究の出発において、司法権・行政権と議会調査権の関係につき、仏米独の議論を渉猟し検討を加えていた。いわゆる助手論「議院の国政調査権」である。その後の一連の議会政をめぐる諸論稿は、この最初の研究調査が、基盤となっている。詳細な比較法的考察の方法により検討を積み重ね、議会が介入できない、法から自由な行政権の余地について精力的に取り組んでいる。

ところが、芦部の著作のなかで最も影響力を持ち続けるといえる教科書『憲法』(岩波書店)では、「行政権」(憲法65条)は「すべての国家作用のうちから、立法作用と司法作用を除いた残りの作用である」という、旧態依然の大雑把な定義である控除説を「妥当」とした。ここに、比較法の研究過程で折角とらえた詳細な認識と、日本国憲法の教科書として説明するための簡潔な実践との間に、ある種のズレが生じた。教科書では、控除説を「現代福祉国家における行政概念としては、消極に失するうらみがある」と問題視し、積極説でも「必ずしも多様な行政活動のすべてを捉えきれていないのではないか」と指摘した。いわば妥協の結果として「控除説が妥当」としたように見える[1]。慎重を期して控除説を採用したものの、この記述により、控除説をして、通説としての地位を延命させることとなったのである。

芦部の憲法研究は、詳細な比較法研究を起点として始まり、各国それぞれの制度や理論の問題点を知りつつ、教科書にはその検討や悩ましさの痕跡を必ずしも十分には残さなかった。それが素朴な無内容の通説として講学上広まることは、学界にとっても、おそらく芦部本人にとっても無念であろう。しかし、議会政の本質的な問題関心は、もとより芦部の憲法研究の根っこを規定し続けていたのである。以下では、議会政＝民主政の観点から、行政権との関係について、芦部憲法論の問題と可能性を検討する。そこでは、一貫して示された「民主政」を重視する芦部の姿勢について確認する。そのうえで、芦部の経験した諮問機関とその政治利用の問題を克服する可能性が、芦部憲法論の展開としてありうるのか、それを探ることとする。

I　芦部の議会政の認識

1　芦部ノート

2020年7月に芦部の母校・伊那北高等学校同窓会にご遺族から「芦部ノート」が寄贈された[2]。これを繙くと、若き日の芦部の研究の足跡を垣間見ることができる。このうち、助手論文「議院の国政調査権」の準備のためと思われるノートには、議院内閣制の比較法研究の方法論、権力分立、各国の国政調査権に関する考え方の調査などが記されている。助手時代の研究ノートは青・赤の色鉛筆で線引きされ、継続的に見直されているようである。高見勝利による「芦部ノート」読み取りのメモにも指摘されているが、これらのノートの一部は、初めての学会報告「フランスにおける立法の委任[3]」の準備としても使われている。芦部ノートは、芦部信喜の研究開始当初の問題意識を知るにも貴重な資料である。

2　G・イェリネクの国家作用論

(1)　国家作用としての「執政」

芦部ノートを開けば、「執政」の存在は、研究開始当初から明確に認識されていたことがわかる。助手時代のものと思われるノートには、ゲオルク・イェリネク『一般国家学』の訳出と検討を行った形跡が残されている。このなかで、国家活動のうち、「freier Tätigkeit《ママ》（自由的）」〔自由な活動〕と「gebundener Tätigkeit《ママ》（羈束された）」〔羈束的活動〕の区分が記され、前者が「Gemeininteresse（公共の利益）」、後者が「法義務の実行に於て erfolgen されるもの」とメモされている。そして「性質上最大の自由を必要とする」ものとして「立法」が挙げられる一方、「行政に於ても」と記した下に矢印を引っ張り「Regierung」の説明が続く。「Regierung から発する国家活動の方向に関しては、法規は何等の決定を下すことはできない（法律に従ってのみ実行される Regierung をもつ国家は実在性はない）」、「就中、äussere Politik」〔対外的政治〕、「（innen に於ても）Regierung の ganzerichtung Tätigkeit[4]」〔全体を方向付ける活動〕「法規から必然的に離脱している」と。

　ここに出てくる „Regierung“ については、芦部は統治行為を念頭に「統治」と訳出するが、「執政」とも訳出し得るものである。すなわち、政治性ゆえに、法律の執行とは別の性質を有するとされる行政権の作用のことである。芦部ノートでは、これを「統治権能 Regierungsbefugnisse」と書いた上で「議会 Kollegien、大臣・Beamten の任命、Oberbefehl、Verfügung staatlicher Ehren（栄典の授与）、恩赦権（Begnadigungsrecht）、軍隊への Verfügung（訓令処分）[5]」としている。この統治権能には、点線で引っ張って説明が付されているが、そこには、フランスについて、「Konsulat 以来、フランス憲法は（殆んど全て）pouvoir exécutif を gouvernement（統治）の一種特別の機能として考察する。統治行為(「法的責任」なし)と行政行為(administration)を厳密に区別す」として、いわゆる統治行為論についてフランスに関する言及をメモしている。そのうえで、「Verwaltung—単なるVollziehungではない。soziale Tätigkeitをその中に含む。Freie Ermessenの領域をもつ←法規(法の規律)によって限界づけられてはいるが、決してinhaltlichに規定されはしない。⇒Regierung(実質的にみると)」とのメモが続く。法律によって内容的に規定されるはずの行政(Verwaltung)でさえも、自由な活動の要素が認められる、というイェリネクの記述を丁寧に書き記している。つまり、ここでノートに書かれていたのは、広い「行政」の概念のなかにRegierungを含む理解である。

(2) 自由な行政の領域

ノートはこのあと、次のように記される。「→法律(Gesetz)により内容的inhaltlichに規定された行政の領域(統治行為はGesetzによって規律されない)の内部に於ても亦、法的に覊束されたものの外に、自由活動の要素が存在する。」「実質的意味に於ける行政は、それ故に、その内部で統合されている二つの要素—Regierungと Vollziehungを包含する。」(傍線は赤鉛筆)「Regierung(統治)→Initiative u. Anordnung」「Vollziehung(執行)→Ausführung des Angeordneten」の整理が記され、Regierungは「実質的、客体的性質(materieller, objektiver Art)」として「∴ 立法機関によっても実行される」(枠は青鉛筆)「立法機関に最高権力が帰属している場合は、最高且つ指導的(Richtungsgebend)統治権すら立法機関によって司られる。」として、行政の領域のみで実行されるのではなく、立法機関による実行に関するイェリネクの言も書き出している。「(N)統治の最高の主宰(管理)が、最高の国家機関の顕著なメルクマール(特徴)である。」「Regierungの概念のsubjektivな意味」「君主、共和国の元首及びそれらに従属する官庁」「(N)統治の最高機関は全ての国家に於て、Staatshauptとして特色づけられる(デモクラチックな共和国に於てすら)[Exekutivの Chefに国家機関の中で最高の地位を与へる事は決してないにしても[6]」として、その下に「フランス—大統領、スウィス—

Bundesrate ではない」とのイェリネクの例示が簡単にメモされている。

ノートは次に1枚捲ると、「Gebundener」〔拘束〕とタイトルのつけられた頁があり、そのなかに「行政」と題された文章として「立法が広範に進行をつゞければつゞける程、自由（主）行政の領域は狭められる。然し、全く立法に自主行政を屈服せしめる事は不可能（統治行為と行政行為との関聯のために必要なもの）」との説明が訳出されている。

以上は、芦部ノートのうち、ゲオルク・イェリネク『一般国家学』第18章「国家の作用」に該当する部分である。この箇所では、自由な活動領域としての統治（Regierung＝執政）と法律に覊束された執行（Vollziehung）を行政（Verwaltung）が包含していることを記しているのである。このように、すでに助手時代に芦部は、法から自由な「行政」領域の存在を認識していた。

(3) 教科書のなかの「行政権」

かかる認識は、助手論にも見られる。たとえば、日本国憲法の議論にかぎれば、議院の調査権の限界として、行政権との関係では「行政権の相対的独自性を維持する権力分立の本質」を理由として、「行政の直接的抑制、一般的調査は許されない」とした点を挙げることもできる。(7) しかし、教科書での行政権概念の説明は、執政を含むのか明示的に示すことなく、ただ消極的に控除説を採用した。他方、統治行為については、司法権との関係において、統治行為の存在自体を是認する。ではなおさら、政治的作用をいずれの国家機関が担うのかについて、はっきりとしないところがある。内閣の職権として挙がる憲法73条や助言と承認に関する3条、7条はあるのだが、行政権概念としては曖昧にされたままである。

教科書執筆時点では、すでに当時の学界で、行政権概念における執政観念の指摘はあった。その代表例となる佐藤幸治『憲法』の初版は1981年である。そこでは、憲法65条の行政権は、実質的意味における行政権として理解し、憲法73条1号の、法律を誠実に執行する事務を通じて、国家目的の積極的実現に努めるべき職責を負い、内閣は、行政各部からの情報に基づいて、国家の総合的な政策のあり方を配慮する地位にあるとする[8]。控除説が内閣の役割を明確に描かなかったのに対して、佐藤はその総合調整機能を重視し、これにより、内閣と行政各部の役割区分を明確化しようとした。そして、内閣による行政各部のコントロールと、国会によるコントロールという民主的統制を目指した。先のイェリネックの国家作用についての芦部のメモを見る限り、行政権概念を説明するには、控除説ではなく、こちらの積極的な説明の方が、むしろ素直ではないかと思われる。にもかかわらず、なぜ、こちらの積極的定義に取り掛からなかったのだろうか。芦部ノートを見ているとかえって疑問を強くせざるを得ない。執政も自由裁量も法律執行もすべて含む概念規定が困難だから、ということで済むことなのだろうか。

芦部と佐藤のあいだの世代で、これ以前から、精力的に行政概念の積極的定義に取り組んでいたのが手島孝である[9]。手島は、日本国憲法には、その全体構造にふさわしい「範域限定的効果」のある行政観念が内蔵されているはずとする。行政学の知見を用いながら、「急速かつ確実に腐食する強力な行政国家的憲法現実を阻止する」効果を期待して定義している。つまり、行政とは「本来的および擬制的公共事務の管理および実施である[10]」。すなわち、社会成員全体の共通利害に関する事務として、公共性の実体を有する事務と、本来公共の実体をもたないが、手続的・人為的・擬制的に統治システムによって「公共」とされる事務である。これが憲法上の狭義の行政概念である。さらに、憲法には広義の行政概念もあり、それが憲法所定の内閣権限の意味として「執政」と称される行政概念である。このうち、「理論上、行政を超えて政治の性格をもつ具体的・個別的措置」という狭義の執政として、「法定立の性格を有しない多くは具体的・個別的内容の高度の政治的決断」と定義づけられる[11]。

芦部は、手島による行政国家現象の分析自体を参照するものの[12]、結局それが『憲法』(岩波書店)の「行政権」概念に影響することはなかった。とはいえ、議会政における行政権のあり方については、現実の政治や、それへの関与といった経験が、研究の問題意識に深く刻み込まれたにちがいない。

Ⅱ　実践的場面での「行政」の経験と認識

講学上の説明として、芦部は、「国会と内閣は議院内閣制の建前によって相互抑制、協働関係にある」し、「しかも憲法の実体を見ますと、福祉国家の要請であるとか、日本の政党制の在り方などとの関係で、内閣優位の議会政になって」いると指摘する[13]。やはり、岩波の教科書でも同様に、「20世紀の積極国家・社会国家の要請にともない、行政活動の役割が飛躍的に増大し、行政権が異常に肥大化し、法の執行機関である行政府が国の基本政策の形成決定に事実上中心的な役割を営む『行政国家』の現象が顕著になっている」といういわゆる行政国家現象を記している。このような現状認識から、「肥大化」する「行政権」の統制に、問題意識の基点があるいってよいだろう。このことは、政治的な動向に対する理論的関心につながっていく。たとえば、1964年7月に提出された憲法調査会最終報告書の改憲論[14]について「弱い国会・強い内閣」という思想が「少なからずみいだされる」と評している。その例示として、「現行憲法41条が定める『国権の最高機関』としての国会の地位は、『国会絶対主義になるおそれがある』」し、現に行政への干渉など、議会万能の弊害を助長する役割を果たしているから、憲法から削除すべきだ、という意見」を挙げている。政治の指導力欠如や、議会による政治の停滞という意識が強かった風潮に対して、芦部は厳しい目を向けていたのである。この点、ほかに芦部が実践的場面に強く反応したこととして、首相公選論や内閣総理大臣の靖国公式参拝問題が想起される。

1　靖国懇における衝撃

(1)　靖国懇の報告書

靖国参拝について、芦部は、中曽根康弘内閣における藤波孝生官房長官の私的諮問機関「閣僚の靖国神社参拝問題に関する懇談会」(靖国懇)(1984―85年)にメンバーの一人として参加している。この靖国懇では、憲法に「抵触しない何らかの方式による公式参拝の道があり得る」との報告がまとめられていた。これに忸怩たる思いを抱いていたのが芦部である。芦部は、「公式参拝が憲法上許されるかという点に重点を置いて検討すべき」と議論の進め方を提案し、「憲法20条(政教分離の原則)の解釈としては閣僚の公人としての参拝には大きな疑義がある」と違憲論を展開した[15]。この主張について、ここで、日本国憲法の定める政教分離は厳格であるという芦部の議論の内容を問題とするのではない。むしろ、芦部が違憲論を展開したにもかかわらず、もともと結論ありきで靖国懇が設定されていたことに対する芦部の抱懐した強い疑念と不満について取り上げたい。

官房長官に提出された靖国懇の最終報告書は、芦部が途中、両論併記を主張したにもかかわらず、違憲論には少ししか触れていなかった[16]。「最高裁判決の解釈として、靖国神社に参拝する問題を地鎮祭と同一に論ずることはできないとの意見もあったが、一般に、戦没者に対する追悼それ自体は、必ずしも宗教的意義を持つものとは言えないであろうし、また、例えば、国家、社会のために功績のあった者について、その者の遺族、関係者が行う特定の宗教上の方式による葬儀・法要等に、内閣総理大臣等閣僚が公的な資格において参列しても、社会通念上別段問題とされていないという事実があることも考慮されるべきである。……政府は、この際、大方の国民感情や遺族の心情をくみ、政教分離原則に関する憲法の規定の趣旨に反することなく、また、国民の多数により支持され、受け入れられる何らかの形で、内閣総理大臣その他の国務大臣の靖国神社への公式参拝を実施する方途を検討すべきであると考える」[17]。反対の意見はあったものの、「社会通念」として許容されているのだから、参拝形式など要配慮事項に注意すれば参拝することに問題がないという報告であった。

(2) 「社会通念」として利用された諮問機関

「報告書にはいろいろ意見は盛られているけれども、全体のトーンは一本化されたかたちになってしまった」と後に芦部は語っている[18]。そして、中曽根内閣が私的諮問機関への諮問を多用し、そこから一定の政治的方向付けを引き出すことについて、芦部はこの靖国懇の経験を基にして次のように述べている。「私的懇談会は本来、国の政策等について、ひとつの方向づけをするような意見を出す機関であるべきでないのに、それを利用して大きな方向づけをするということは、野党から国会軽視の表れだと批判されても仕方ないかと思います。本来なら、国会に問題を提示して、そこでの審議・討論を通じて最終的に決めていく。そういう手続をとるのが議会政のあり方ですが、中曽根さんは、首相公選論を主張された当時、よく『議院内閣制は日本の政治組織の一番の問題点であるから、廃止すべきだ』と《ママ》という趣旨のことを述べておられたわけでしょう。そういう考え方と私的諮問機関の多用とが、結びついているような気がしないでもない[19]。」

芦部は憲法学の第一人者として、靖国懇に参加依頼を受けた。これは、いわゆる8条委員会ではなく「私的」な「懇談会」であって、組織上の位置づけ、意味づけがはっきりしないままの運用であった。靖国懇で公式参拝が否定されさえしなければ公式参拝に踏み切るという首相の意欲も報道され[20]、結論ありきの靖国懇は、政治に利用されていった。結果として、公式参拝後の報道では、靖国懇の議論の過程は「激論」だったにもかかわらず、「あくまで違憲論に固執する憲法学者が……『そうかもしれない』と、グッと詰まる場面も。」などと芦部が槍玉に上げられ、「七月に入ると審議のスピードはさらに急ピッチとなり、宗教色を薄めた方式の公式参拝を認める意見は、もはや動かぬ大勢となった」という報道となった[21]。議論の内容として、「社会通念の変化によって憲法解釈は変わる」や「政治と宗教のかかわりも度を越さなければ『社会通念』上、許される」といった意見が多かったという論調としてまとめられていた。まさしく、私的懇談会とその報道を利用して、社会的意識・社会通念を形成するという手法がとられた例となった。

2　議会政を揺るがす政治状況

(1)　専門家の政治利用

「あまり触れたくない気持ちが強い」というこの苦い経験は、「懇談会報告書によってはじめてこの社会通念の把握が可能になった」ことの問題として深く意識に刻まれたと思われる[22]。本来、社会通念は、国民によって形成され、国会でその観念が展開されてしかるべきである。にもかかわらず、それらを度外視して、私的諮問機関の激論を「動かぬ大勢」へと変換する作業だけで「社会通念」を形成してしまったのである。それゆえ、そのような政治的な懇談会に関わったことや、関わり方に対して、芦部の姿勢を問題視することもあり得るかもしれない。しかし、むしろ政教分離に対する強い思いを背後に、途中で議論を中断して辞めることなく、報告書に違憲論を反映させるという、不屈の学問的誠実性を貫いた点に注目せねばなるまい。そのうえで、そこから、芦部憲法論の学問的関心を実践的場面で貫徹する他の視角がなかったのかと改めて考えたい。というのも、内閣による専門家の政治的な利用の問題は、今日でも切実な問題であり、これを通説的な位置にある芦部憲法論内在的に考察することで、説得的な論拠を見出しうる可能性があるからである。内閣による専門家の政治利用の問題は、芦部にとっては、直接的にはたしかに「靖国懇」にあらわれた。このことは、当の芦部にとっては、「強い内閣」を形成しようとする当時の政治状況と関連して、首相公選論とともに、「議会政」を揺るがす問題としてとらえられていたのである。

(2) 首相公選論

首相公選論を芦部が正面から扱ったのは、憲法調査会に出された若き日の中曽根康弘自民党代議士の意見を批判する論稿である[23]。中曽根が問題視していたのは「現在の首相は、議院内閣制下にあっては、派閥から生み出され、派閥の調整に全精力を投入して腰を落着けて国策をやる余裕はない。日本の首相の位置は、派閥の波間にただよう笹小舟のごとき存在」についてである[24]。これに対して芦部は、派閥抗争の問題の認識を共有しつつ、しかし、その原因を議院内閣制自体に求めるのは間違っているとして、首相公選論を斥ける。問題の究極の原因は、「むしろ現行の選挙制度、日本的社会秩序に根ざした非近代的な政党組織、よい意味の妥協を知らない従来の政治過程等にあるように考えられる」としている[25]。そのうえで、「選挙制度を改め、選挙の重点を、政府形成よりも代表の正確性の確保という要件におき、政府形成なり政治指導は、議会における各政党・政派の妥協にゆだねるという方向……の構想を検討してみる必要」を指摘するのである[26]。芦部は、執行権の強化やその安定化を図るという世界的な動向をデュヴェルジェやヴデルの議論に見ながら、日本では、選挙による「代表の正確性の確保」と政治指導という統治＝執政の作用を、議会の妥協にゆだねる構想を展開した。この議論が、今日の日本ではもとより、保革対立がはっきりしていた当時の日本でも、果たして通用し得るほどの具体性と実効性をもつ構想であるとは、必ずしも評価しづらい。とはいえ、芦部が一貫して、政府・政治の民主的正当性の確保に意識があったことを見てとることができる。もしかすると、ここに、行政権概念の控除説を変更しない一つの理由を見てとることもできるかもしれない。行政権の強化を単純に進める議論ではなく、議会による協働執政という形式で政治指導を見ていたのであり、あえて内閣の有する行政権のみに託したくなかったからだと。

(3) 議会政を軽んじた議論

芦部は『憲法と議会政』のために書き下ろした「補論 議会制度」において、民主政治の「質」が問題になっていた19世紀から20世紀初期にかけての問題とは違い、「現代の民主体制の比較研究にとって中心的な課題は、民主政治の『安定』……の問題である」と指摘している。芦部の民主的正当性の議論は、一様ではない。「民主的・プレビシット的正当性は下から上に向っての意思形成、すなわち被治者の同意が確保されている場合に成立するが、議会主義的・代表的正当性は、議会が個人もしくは一つの集団の特殊利益の立場に立たないで、種々の利益の矛盾を調節し一般福祉に奉仕すべく努力するとき具体化する。……現代政治における議会主義の意義と機能も、右のプレビシット的要素と代表的要素との結合を認めるとき、はじめて理解されるのである。[27]」こうした議会政に関する基本的な考え方を基礎として、芦部は、国民の直接民主主義的な要素のみを軸とする首相公選論に強く反対するのである。

芦部自身、私的諮問機関の多用の問題と首相公選論は「関係があるかもしれない」と述べているが[28]、ともに、国会軽視、すなわち議会主義的・代表的正当性を軽んずる議論なのである。派閥の間で揺れ動く弱い執行権が指導的な力を発揮するには、私的諮問機関を多用するという手段が使われたのだということになろう。

Ⅲ 民主的政治過程論の重要性

1 二重の基準論の根拠

これまで、芦部の行政権の認識を析出する作業を行ってきた。以上のように見ると、芦部は、助手論という研究の開始時点から一貫して、問題視角としては、行政権の民主的な統制を憲法論の中心に据えていた、ととらえることができるだろう。そこで、この視角から、芦部のその後の議会政の議論、憲法訴訟論が展開されていると見ることが有意義ではないかと考える。ここでは、この観点を広い意味での民主政論と呼びたい。この場合の「民主政」とは原則的に、先の「議会主義的・代表的」の意である。初期の「議会政」研究は、アメリカ留学から帰国後の憲法訴訟論においても重要なはたらきをしている。いわゆる「民主的政治過程論」である。民主的政治過程論は、「二重の基準」論において、経済的自由に対する不当な立法については、民主的過程が正常であれば議会で是正できるが、精神的自由が不当に制限される場合は、民主的政治過程それ自体が傷つけられているために、裁判所が積極的に介入する必要があるという議論として登場する。

この議論は、二重の基準論の問題点を解消するためにも、芦部がとくに強調する議論である。しばしば、二重の基準論については、人権の価値序列として、表現の自由が人権それ自体として優位にあるとする点の問題や、経済的自由の規制立法に関して、事実上、合憲性審査を皆無同然としてしまう問題が指摘される。これに対して、芦部は、精神的自由の重要性として、権利それ自体の優越性ではなく、「民主的な政治過程に不可欠な権利」であることにその根拠を求め、裁判所による積極的な審査による正常な政治過程の回復を求めることになる。その一方、ここから、経済的規制立法について、審査が必然的に事実上皆無となるわけではないことを強調する。それゆえ「日本国憲法下における立法ないし立法過程の実状との関連において憲法訴訟のあり方を考えると、アメリカのウォレン・コート期の判例が採ったような、経済的自由の規制立法に対して与えられる強度の合憲性推定原則は、わが国では認めることはできないし、また認めるべきではない」とする。[29] そして、「経済的自由もまた、主権者としての自律的な市民の育成にとって役立つものである。『政治過程』論が無限定の多数決主義理念と結びついて適用されると、一定の基本的諸権利を多数者の意思の外におくという人権宣言の目的そのものが崩壊する危険もある」というマクロスキーの言を、(二重の基準論をリードしたストーン判事の民主的政治過程論を適切に理解していない点や、保守的性格について問題があるとして留保付きではあるが)引用し、経済的自由の重要性への指摘も忘れていない。[30] ここには、カロリーヌ判決のストーン判事が、その後の判決（Hague v. CIO, 307 U.S. 496（1939））でも二重の基準を適用し、財産的権利と人格的自由とを区別する二分法の考え方を展開してその問題を乗り越えようとした試みが紹介されている。その二重の基準論の抱える諸問題を解消した流れのなかに、日本の薬局距離制限違憲判決が位置づけられたため、この判決は高く評価されることになる。

芦部は、民主的政治過程論、裁判所の能力論に基づく二重の基準論を維持した。否、それだけではない。これを維持するにも、ストーンの「人格的自由」と「財産的権利」の二分法を斥け、両者が混成する事件が少なからずあるアメリカの判例を念頭に置きつつ、日本における憲法訴訟論として、「厳格な合理性」基準を付与して修正・強化した「二重の基準論」を説いていたのである。

2 表現の自由の価値

「民主政論」を人権論で展開したものとして、もう一点、表現の自由の価値の説明について指摘したい。表現の自由が重要であることの根拠として、自己統治と自己実現という高度な社会的価値があるという説明についてである。このうちの前者が、いわゆる「言論活動によって国民が政治的意思決定に関与するという、民主政に資する社会的な価値」である[31]。この二つの価値のうち、芦部は自己統治に重きを置いている。たしかに、芦部は、一般論としては、どちらか一方の価値を重くすることの問題を指摘したうえで、二つの価値は、互いに一致し、重なり合うものと解するとしている[32]。しかし、同書で営利的言論の保障の程度を論ずる際には、「営利的言論の概念には『純粋な営利的広告』も含まれるとしつつ、表現の自由の価値の充塡ないし現代的意義は自己統治の価値にあると考えるので、営利的言論の保障の程度は非営利的言論のそれよりも若干弱い、と解するのが妥当であると思う」とする[33]。このように、表現の自由の価値についても、芦部は社会の決断形成への参加を重く見る側面がある。そして、人権論として、個人の社会形成への参加の要素を、高い価値として保護する。統治機構論としては、議会主義的な民主政と直接的な民主政の結合を論じている。もちろん、表現の自由の自己統治という場合は、議会政という政治を直接形成するものにとどまらない、個人的な参加の要素を広く含意することには注意しなければならない。それでも、日本国憲法論全体としてみると、芦部は、一貫して、議会の構成、正当性、そして、議会による権力の統制の構図を軸に構成していたと見てよい。したがって、芦部の民主的政治過程論は、それが傷つけられる場合に、人権論としても統治論としても、憲法にとってのクリティカルな瑕疵となると考えていたのである。

Ⅳ　諮問機関による正当性の調達

1　諮問機関の政治利用

執政の民主的正当性を得る手法としての首相公選論にも、民主的権威または「社会通念」を得る手法としての諮問機関の利用にも、芦部は根源的な問題関心を寄せていた。それは、首相公選論が、行政権の強化と安定のために議会ではなく、国民が直接選ぶ首相に対してプレビシット的に信頼を置くシステムであり、後者が議会における議論を無視・軽視して、政策を思い通りに前に進める手段であるからだ。これらはともに、議会の不信や不満を背景として、議会を経由しない政治を実現しようとするものであった。民主的政治過程を重視する芦部にとっては、到底許すことのできない、議会政の核心を衝く問題だったのである。

だとすると、このような諮問機関の政治手段としての利用を、芦部憲法論によって排除できる方策があるかもしれない。芦部自身の問題意識の深みから、この問いに対する答えをいかに浮き上がらせることができるのだろうか。

2　専門家の判断と司法審査

ところで、このところ、原子力発電所の事故の問題や、新型コロナウィルス対策の問題など、政治による民主的決定とそれへの専門家関与に関して、統治構造を喫緊に再考すべき課題が現実問題として生じている。(34)本来、民主政においては、政策形成を行う場合、立法・行政が「エビデンス」となる専門知を収集し、そのエビデンスに基づいたうえで判断・決定を行うことが想定されている。しかし、この民主政の構造やプロセスの実態は外からは見えづらく、専門知が「隠れ蓑」として使われたり、議会軽視になる「新議会」となるという揶揄が、まさに中曽根内閣の頃から指摘されていた。

その一方で、新型コロナウィルス対策をめぐっては、首相よりも専門家の記者会見が長時間となったり、緊急事態宣言を発出する高度に政治的な局面にも、専門家を横に配置して行うというように、高度に政治的な場面における専門家の重要性が急激に高まっていた。本来、内閣の決定は、自らが責任を引き受けて、国会に対して責任を負う仕組みであるはずである。ところが、その決定の主体を曖昧にするような言動を繰り返した政府による新型コロナウィルス対策は、この仕組み、換言すれば民主政それ自体を軽視または放棄してしまったかのようにさえ見受けられた。

この間に発出された、原子力発電所事故における緊急事態宣言や感染症による緊急事態宣言のように、不確実性の高い問題や、未知の領域の問題については、たしかに専門家による専門知の必要性や重要性が否が応でも高まる。しかし、民主政において決定(または責任)主体が明確でないまま、専門家の判断にゆだねてしまうのではなく、専門家の判断とそれを基に決定した立法・行政判断が適切であったのか否かを、事後の司法審査に開いておかねばならないはずだ。

3　民主的政治過程論

この問題を考えるにあたって、筆者は最近、民主的政治過程論を展開することが有用ではないかと、問題提起している。[35] 国会が民主的政治過程を空洞化させるような立法を行ったと危惧される場合は、国会の判断を尊重するべき理由がなくなる。したがって民主的政治過程論に因れば、民主的政治過程が機能不全に陥る場合は、政治過程において修正が期待できないので、この過程を健全に維持するための役割が裁判所に期待される。このように芦部の民主的政治過程論は、主に「立法」について論じられてきた。しかし、民主的政治過程論の「政治」に着目すれば、民主的「行政」過程において専門家関与により機能不全となった場合、同様に考えることができないだろうか、と。つまるところこの議論は、芦部による民主的政治過程論の重心を、立法から行政に移動するのである。この視点の転換は、立法権に重点を置いて行政権の定義として控除説を継承した芦部憲法論には、必ずしも円滑には展開できなかったのかもしれない。しかし、法から自由な行政権の領域を認め、その統制を図るならなおさら、この重心移動も必要である。そこで、専門家関与により民主的政治(行政)過程が機能不全に陥る場合、裁判所は審査密度を高めて裁量統制を行うべきである、という仮説を筆者は立てたのである。

むすびに代えて

芦部が思い出したくもないという靖国懇は、結果論としては、政府・与党にはなかなか実現できなかった首相の靖国神社公式参拝を実現するために専門家が利用されたものであった。本来、「社会通念」を形成するはずの「国民」を飛び越え、「専門家」を呼び集めた。しかも、敢えて多様な意見となるよう、多様な専門家を参加、議論させたのだった。この議論は、しばらくのうちは反対意見を含む「激論」となった。しかし、8月15日が近づくと、マスコミに情報が流れ、参拝形式に注意しさえすれば公式参拝が許容される、そのような見解が「大勢」という方向に一挙にまとめられていった。結果的に「社会通念」が形成されたかのように誘導し、違憲の根拠を外側から掘り崩すかのような演出を行ったのである。これは、本来、国民が議論するべきところ、またはその先の国会での議論を度外視したのであるから、まさしく、民主的政治過程が機能不全に陥ったものとしてとらえるべき問題だった。

議会政研究から始まった芦部の憲法研究は、苦い政治実践の経験を踏みながら、憲法訴訟論も含め一貫して、民主政論を展開していた。その後、政治改革・行政改革を経て機能と権限が強化された内閣でさえ、緊急事態宣言下において、専門家に頼らざるを得ない事態に陥った。国民に支えられるべき民主政を専門家に委ねてしまう。その意味で、靖国懇と同じ問題構造であった。芦部憲法論を、民主政の議論として読み通し、この憲法論を今日の問題に展開する。こうして、100年の歩みを前に踏み出す、その試みとしたい。

【付記】「芦部ノート」の調査のために、芦部先生の母校・伊那北高等学校同窓会館を訪れた。屹立した山々のあわいに、凛とした空気が張りを湛えていた。そのなかで、畏れ多くも繙いた芦部ノートの丁寧な手蹟から、時を超え、お会いしたことのない先生にはじめてお目にかかれたようだった。岩崎靖同窓会事務局長には遅くまでお世話になり、ありがとうございました。

（1）　芦部信喜『憲法』（岩波書店、1993年）243頁。
（2）　この経緯について、薫ヶ丘ブックレット2『芦部信喜生誕100周年記念 われは往く』の「まえがき」による。「芦部ノート」については、高見勝利による「読み取り」メモが付されており、「芦部ノート」を繙くにあたってはこのメモも参考にした。
（3）　公法14号（1956年、後に『憲法と議会政』（東京大学出版会、1971年）（以下、『憲法と議会政』）213頁以下）所収。
（4）　Jellinek の原文では、„die ganze richtunggebende Tätigkeit der Regierung“ であるので、「統治の全体を方向付ける活動」の意である。

(5) Jellinekの原文では、「軍隊」がOberbefehlにかかっているので、「軍隊の司令権・訓令処分」である。
(6) 以上の(N)の意味は不明。
(7) 「議院の国政調査権」『憲法と議会政』157頁〔初出・国家68巻11・12号(1955年)〕。
(8) 佐藤幸治『憲法』(青林書院新社、1981年)153―155頁。
(9) 手島孝『行政概念の省察』(学陽書房、1982年)が公刊されているが、同書所収の「行政概念の新構成」の初出は1969年である。
(10) 手島・前掲書(9)37頁。
(11) 手島孝＝中川剛『憲法と行政権』(法律文化社、1992年)7―46頁。「執政」については、阪本昌成「議院内閣制における執政・行政・業務」佐藤幸治＝初宿正典＝大石眞編『憲法五十年の展望Ⅰ』(有斐閣、1998年)203―272頁も参照。
(12) 芦部信喜「現代における立法」『憲法と議会政』235頁、261頁〔初出1965年〕、同「補論　議会制度」同書516頁、同「議会政治と国民主権」『人権と議会政』(有斐閣、1996年)314―316、320―321頁では、手島による行政国家に歯止めをかけるための議会主義復権方式に注目はするものの、国会の最高機関性という憲法第4章の問題としてである。
(13) 芦部信喜『統治機構』(有斐閣、1985年)18頁。
(14) 芦部信喜「議会と政府の関係」『憲法叢説3　憲政評論』(信山社、1995年)85頁〔初出、時事教養347号(1965年)〕。
(15) 渡辺秀樹「靖国懇談会　議事録が存在　芦部氏らの違憲論脇に」信濃毎日新聞2019年5月3日付、同『芦部信喜』(岩波書店、2020年)61―84頁、142―158頁。靖国懇第7回議事録は、同書173―208頁。
(16) これ自体、日本の政教分離原則に関する学説史における転換点で重要であることについて、佐々木弘通「憲法学説は政教分離判例とどう対話するか」辻村みよ子＝長谷部恭男編『憲法理論の再創造』(日本評論社、2011年)395―411頁〔初出2010年〕。
(17) 閣僚の靖国神社参拝問題に関する懇談会「報告書」1985年8月9日。
(18) 芦部信喜＝奥平康弘「対談　靖国問題と憲法」法時58巻1号(1986年)12―13頁。
(19) 芦部＝奥平・前掲注(18)20頁(芦部発言)。

(20) 朝日新聞1985年7月28日付。
(21) 「靖国公式参拝の波紋㊥」読売新聞1984年8月17日付。
(22) 芦部信喜「靖国懇と私の立場」同『宗教・人権・憲法学』(有斐閣、1999年)95―104頁〔初出、ジュリ848号(1985年)〕。
(23) 芦部信喜「首相公選論」『憲法と議会政』345―363頁〔初出、ジュリ289号(1964年)〕。
(24) 中曽根康弘「首相公選論の提唱」吉村正編『首相公選論』(弘文堂、1962年)63頁。
(25) 芦部・前掲注(23)357頁。
(26) 芦部・前掲注(23)361頁。
(27) 『憲法と議会政』517―518頁。
(28) 芦部＝奥平・前掲注(18)20頁。
(29) 芦部信喜「憲法訴訟と『二重の基準』の理論」『憲法訴訟の現代的展開』(有斐閣、1981年)〔初出、田中二郎先生古稀記念『公法の理論下Ⅰ』(有斐閣、1977年)〕67頁。
(30) 芦部・前掲注(29)81頁。
(31) 芦部・前掲注(1)140頁。
(32) 芦部信喜『憲法学Ⅲ人権各論(1)〔増補版〕』(有斐閣、2000年)252―261頁。
(33) 芦部・前掲注(32)318頁。
(34) この問題について、以下で若干の問題提起を行ってきた。高橋雅人「専門家の関与する民主的政治過程」憲法理論研究会編『多様化する社会と憲法学』(敬文堂、2023年)165―177頁。これ以前に同「政治と専門家の憲法問題」法政87巻3号(2020年)163―184頁。藤井康博＝高橋雅人「リスクの憲法論」水島朝穂編『立憲的ダイナミズム』(岩波書店、2014年)263―278頁(高橋執筆)。
(35) 高橋「専門家の関与する民主的政治過程」・前掲注(34)。

第四章　選挙制度と公正かつ実効的な議会政

只野雅人

はじめに

選挙制度の選択は「一見きわめて技術的な問題でありながら、憲法政治の死命を制するものがある」[1]。芦部信喜は、小選挙区法案に「初めて反対の意見を表明した小論」[2]の中でこう述べている。制度の優劣の判断に際しとくに重要となるのが、「政治の能率」(政権の安定)と「代表の正確性」という観点である。芦部は、「選挙制度の革新は、世論を正しく反映させるところにある」として、「代表の正確性」の観点から小選挙区制を批判している[3]。

小選挙区制導入は、憲法改正の発議要件の充足という問題とも絡み、憲法制定の当初から1994年の政治改革関連法の成立に至るまで、日本国憲法下の統治機構をめぐる重要な争点であり続けた。芦部はこの問題と向き合い続け、多くの論攷を公刊している。以降深いつながりが生まれることになる信濃毎日新聞に初めて掲載された小論には、それ以来1990年代に至るまでの、選挙制度をめぐる芦部の議論に一貫する主張のエッセンスが窺える。

選挙制度を論じる基本的な視角となる「政治の能率」と「代表の正確性」は、後の体系書では、「政治を安定させるという安定政権の論理」、「国民の意思を公正かつ効果的に国会に反映させるという民主的代表の論理」と表現されている。[4] それぞれの論理が、選挙や政党をめぐる制度、そしてそれらが具体化する国会を中心とした政治機構とその機能――議会政――を規整し、あるいは方向づける。本稿の表題の「公正」は後者を、また「実効性」は前者を指す。一般化すれば、代表と統治と言い換えることもできようが、両者は容易には両立しない。「より一層統治するほど、それだけ代表しなくなる」[5] ことは否定し得ない。

芦部は双方が不可欠な要素であることを認めつつも、一貫して「公正」な代表を重視し、統治の「実効性」を導くとされる小選挙区制の日本における導入に終始批判的な姿勢をとり続けた。本稿では、半世紀近くにわたり戦後憲法史の重要な争点であった小選挙区制を素材に、「それぞれの国において、その国の事情に即して具体的に決定されるべきものであり、そこに論理的に要請される一定不変の形態が存在するわけのものではない」(最大判昭和51年4月14日民集30巻3号223頁)とされる選挙制度の選択をめぐり、芦部が時々の問題に応接しつつその憲法論を構築していった道程を辿ると共に、今日なお残された課題についても考えてみたい。まずは冒頭の小論で示された議論の基盤について、また、そこに当初より含まれていた難点について、芦部が対峙しなければならなかったものを素材に、確認しておきたい(Ⅰ)。そのうえで、芦部が小選挙区制導入論に応接しつつ、どの様に「民主的代表の論理」を精錬していったのかを検討する(Ⅱ)。さらに、小選挙区制に比重を置いたイギリス・モデルの制度改正(政治改革)以降の日本の議会政において、どの様な課題が生じてきたのかについても、論じてゆくこととしたい(Ⅲ)。

Ⅰ　2つの議会政像の相克

1　デュヴェルジェとの対峙

(1)　制度の論理

芦部の選挙制度論に重要な着想を与えたと思われるのが、フランスの政治学者デュヴェルジェ（Maurice Duverger）を中心として、1950年に刊行された『政治生活に対する選挙制度の影響』(6)である。1952年の同書の書評(7)において、芦部は、著書のタイトルと同名のデュヴェルジェによる巻頭論文の紹介・分析を行い、その意義を高く評価する一方で、批判的な応接を試みている。後述するが、デュヴェルジェの論攷の中の一節が、後に芦部が提示する社会学的代表の概念にも着想を与えている。

デュヴェルジェは、この論攷において、すでに仮説として提示していた選挙制度と政党システムとの相関に関する「社会学的法則」の実証を試みている。比例代表制は、規律が厳格で、相互に独立し安定した多党システムを、小選挙区2回投票制は、柔軟で相互に依存し比較的安定した多党システムを、そして小選挙区一回投票制は、相互に独立した大政党の政権交代を伴った二党制を導くとする議論は、今日でも政治学において、「デュヴェルジェの法則」としてよく知られている。(8)

またデュヴェルジェは、「代表の正確性」という論点を取り上げ、政党の得票率と議席率の一致をもたらしやすい比例代表制は、世論の中の根本的対立を消し去り、細かな対立を強調するという問題を抱えていること、イギリス型の小選挙区制は、世論の中の一般的な対立を捉え、世論と政府多数派との一致を保障することなどを論じている。そして、政府を支持する議会多数派の形成を、選挙後の議会内の交渉に委ねる（自由な多数）のではなく、選挙での有権者の選択の結果から明確な多数派が生じ、それに基づいて政府が形成されること（強いられた多数）こそが、現代の民主政においては重要だとするのである。芦部はこうした議論に重ねて、定期的な政権交代を通じた「交替による正確性」というビュルドー（Georges Burdeau）の議論にも言及している。

芦部は、「社会学的法則」に対しては、それが「「気温と気圧」の理想状態」でのみ精確に適用されうるとするデュヴェルジェ自身の言葉をも引きつつ(9)、その相対化を試みている。また「代表の正確性」をめぐっても、「最近の英仏の選挙にみられたような得票率と議席率の乖離の現象に主たる関心が注がれるかぎり」、「この点に関する認識の過小」は問題であると指摘する。(10) 書評としてのコメントであり、いずれも慎重な表現が選ばれているが、日本における小選挙区制導入論にも通じる「政治の効率性」あるいは「実効的」議会政を強く志向する議論への批判的応接は、その後の芦部の選挙制度論の一貫した主調をなしてゆく。

(2) 社会構成と政党システム

「制度の論理」を批判する芦部が、政党システムの形成要因として重視するのは、それぞれの社会のあり方、社会構成である。芦部は、冒頭で引いた小論の中で、小選挙区が二大政党、さらには政権の安定を生み出すとの議論に対し、「選挙区と政党の数との関係は、その国の歴史的、政治的、経済的な背景や、憲法の定める国会と内閣の関係、たとえば内閣の解散権の演ずる役割などによってそれぞれ異なる(11)」と指摘する。小選挙区制の導入は、日本の政治的条件のもとでは、かえって実効的な議会制に背馳する結果をもたらすとも論じている。政党システムの規定要因として「歴史的、政治的、経済的な背景」こそが重要であるとの主張は何人かの論者の見解に基づいているが、ここではそのひとり、デュヴェルジェの議論を厳しく批判したフランスの政治学者ラヴォ(Georges Edgard Lavau)の主張をみておこう。(12)

『政治生活に対する選挙制度の影響』と同じ叢書の1冊として3年後の1953年に刊行されたのが、ラヴォの『政党と社会的現実』である。(13) この著書の主眼は、政党論の古典ともいうべき記念碑的著作『政党』(14)におけるデュヴェルジェの主張や方法論を批判することであった。デュヴェルジェ自身が、自らの「主要な結論の総体的批判(15)」であるこの著作に序文を寄せている。ラヴォは、同書において、「政党は奥深く分岐した現実の発現である(16)」とする。そして、「各国民社会あるいは国民社会の各集団において異なる形で結び合わされ、政治生活と、とりわけ議席への影響を伴いつつ2つあるいは複数の政党への分裂を条件付けている複雑で無限に多様な諸要因に比べれば、選挙方式は極めて些細なことがらにすぎない[17]」と述べ、デュヴェルジェの試みを、その意義を認めつつも、失敗であると断じている。

もともとデュヴェルジェ自身も、法則はあくまで基本的傾向にすぎず、政党システムには選挙制度以外の様々な形成要因があることを指摘していた。『政党』の後の版では、以上のような批判も意識して法則を修正し[18]、「実際、選挙方式の作用は、ブレーキとアクセルになぞらえることができよう。」「しかし、選挙方式は本来的にモーターの役割を演じるものではない。一般にこの点で最も決定的に作用するのは、国民の現実、イデオロギー、そしてとりわけ社会経済構造である。[19]」といった留保を付加している。

芦部は、後年の論攷においても、小選挙区制が二大政党制や政権の安定を導くといった「制度の論理」を強調する議論に対し、「選挙制度は政党制のあり方を左右する原因というよりも、むしろその結果である」とし、「選挙制度が政党のあり方、ひいてはそれを支える社会的構成のあり方によって規定される」と述べる[20]。かかる立場からすれば、選挙制度の選択は、「社会的構成のあり方」を考慮し、それと適合的になされるべきだということになろう。

(3) 世論の可塑性

とはいえ、デュヴェルジェの議論に批判的に応接しようとすれば、理論上さらに検討を要する問題も存在していた。とりわけ重要と思われるのは、「選挙制度にしたがって変化するのは、単に世論の数字的な代表だけでなく、世論そのものの実質が影響を受ける[21]」のではないか、というデュヴェルジェの指摘である。

政党が一定の社会的構成を基盤に形成されるとして、選挙に際してはそうした政党への支持を通じて議会に世論が反映されることになる。「代表の正確性」は、そうした政党への支持として現れる世論あるいは民意といったものを尺度に、測定されることになる。しかしながら、議会に反映される世論あるいは民意は、実際には、「予め作られた枠組みを通じてのみ、政党や選挙制度など、「政治代表の諸カテゴリー」とでも称しうるものを通じてのみ」[22]、捕捉され議会に代表されると見るべきではないのだろうか。もしそうだとすると、一定の社会構成を基盤に形成され、選挙制度を通じ議会に代表されることになる世論をどこまで正確に捉えることができるのかという疑問も提起されよう。選挙制度によって「世論そのものの実質が影響を受ける」とのデュヴェルジェの指摘は、世論という捉えがたい対象が内包する可塑性、さらには不可知性をついたものと受け止めることもできよう。デュヴェルジェはこのように、代表すべき対象の精確な把握が困難である以上、代表の正確性を語ることは難しいのではないかというより根源的な問題提起を、後の論攷で行っている[23]。

この問題提起の趣旨は重要である。とはいえ、議論を徹底すれば、「代表の正確性」の実現だけでなく、「世論の中の一般的な対立」の把握もまた可能なのか、という問題も生じよう。世論がそれ自体厳密には把握困難であるとしても、世論の基盤にあるはずの社会構成が政党システムのあり方や、それに応じた選挙制度の選択を規定する要因になることは、なお否定し切れないように思われる。世論の可塑性・不可知性という問題は意識しつつも、制度の設計や選択において、そうした捉え難い対象を捕捉するための工夫が求められることになろう。この点については、最後にあらためて考えてみることにしたい。

2　イギリス・モデルとの対峙

(1)　イギリス・モデルと選挙制度の選択

世論と政府多数派との一致(あるいは有権者の選択を介した「強いられた多数」)を重視するデュヴェルジェの議論が前提としたのはイギリス・モデル――より正確に言えばそれを「イギリス人よりもよりよくラディカルに定式化した」モ

デル[24]――である。よく知られるように、制定の当初から、日本国憲法の議会政の制度的特質を説明するためにしばしば援用されたのが、イギリス型の議会制あるいは議院内閣制という表現であった。イギリス・モデルへの準拠は、アメリカ型の大統領制ではないというだけの意味にはとどまらない。二大政党制と政権交代、下院の信任に依拠した内閣の形成・存続、裁量的議会解散の仕組み、政党中心の選挙など、イギリス・モデルにはさまざまな要素が読み込まれるが、その中心に据えられるのは二大政党間の政権交代である。今日風にいえば、ウェストミンスター・モデルである。日本国憲法の規範構造がイギリス・モデルから理解されるべきものだとすれば、議会政の設計に当たっては、そうしたモデルに適合的な制度選択が求められることにならないか。ここに、芦部の議論をめぐるいまひとつの難点が見出される。

イギリス・モデルあるいはイギリス型は、とりわけ衆議院の解散をめぐり、日本国憲法が採用した議会制(議院内閣制)を形容するためにしばしば用いられた言葉である。議院内閣制のイギリス型とフランス型を対比した宮沢俊義による論攷はよく知られている。この論攷において、宮沢は、解散権行使に制限を設けないイギリスとその行使を厳格に制限するフランス(第三・第四共和制)を対比し、「執行権強化に対する不信」の強弱がそうした違いを生み出していると分析している[25]。そして、衆議院の解散に別段の制限が加えられていないことから、日本の議院内閣制は「いちばんイギリス型に近い性格をもつ」としている[26]。そのうえで前年の解散権をめぐる論争を回顧し、解散権行使を制限しないイギリス型の方向に進むことが、「憲法全体の精神に適合するだろうし、また、日本における過去の経験そのほかの条件から考えて、そうすることが賢明だとおもわれる」と述べる。その一方で、解散権を制限した大陸型(フランス型)の運用については、「非常に弱体の政府が続き、政権が著しく不安定になりはしないか」「デモクラシイに伴いがちな非効率がはなはだしくなりはしないか」として、懸念を示す。さらに、イギリス型を実現するためには、各党が「もっと小異を捨てて大同につく」ことで「大政党が確立されることが必要ではないか」とする。かかる観点から、宮沢は、「選挙制度などの問題」は、ともすれば技術的な問題と考えられがちであるが、「憲法制度全体の性格がきまるというような原理的な問題を含む」ことに注意を促し、「少数代表制あるいは比例代表制の問題は、こういう観点から検討されなくてはならない」と述べ、論攷を結んでいる[27]。

宮沢は、後述のように、必ずしもイギリス型の小選挙区制を支持していたわけではない。しかし、以上の説示の趣旨は、イギリスにおける小選挙区制が、世論の一般的対立を捕捉し、世論の選択に基づく政府の形成(強いられた多数)を可能にしているとのデュヴェルジェの主張と符合するようにもみえる。世論による政権の選択は、当然ながら政権交代の可能性をも含意している。イギリスを範型とするこうした「政権交代モデル」は、その後、1990年代初頭の政治改革に至るまで「常にずっと引き続いてモデルにされてきた」とも指摘される[28]。しかしそうしたモデルを前提にした場合、むしろ小選挙区制が望ましいということにならないか[29]。もしそうでないというならば、イギリス・モデルという把握自体を改める必要はないか。

(2) イギリス・モデルと両院制

いまひとつ、この点に関連して逸することができないのが、日本国憲法の定める両院制をどのように理解するのかという点である。この点でも強く意識されていたのは、イギリス・モデルであった。ここでも、宮沢の議論をみておくことにしたい。

宮沢は、初期の注釈書において、内閣総理大臣の指名について衆議院の優越を定める憲法67条の趣旨につき、「内閣総理大臣はもっぱら衆議院の意志によって選任するものとするにある」と述べる。そして、この仕組みが、解散後の新国会召集に際して内閣が総辞職すべきこと(70条)と相俟って、「衆議院議員の総選挙に、次の内閣総理大臣の指名という性格を与える」とし、「衆議院議員の総選挙は、議員の選挙を通じて、国民が次の内閣の首班を選定する行為の性格を有するということができる」と指摘する。[30] 第二院が非公選のイギリス・モデルに適合する認識である。しかしかかる認識は、イギリス・モデルを意識した１９９０年代の制度変更以降、再検討を迫られることになる。一見単純にみえる「憲法制度全体の性格」は、存外複雑である。

次に、イギリス・モデルを強く意識しながら40年余に渡り展開され、芦部が常に向き合い続けることになる小選挙区制導入の議論について、またそれらへの芦部の応接について、みてゆくことにしよう。

Ⅱ　小選挙区制と議会政

1　小選挙区制導入論

(1)　保守合同と小選挙区法案

芦部は、戦後の小選挙区導入をめぐる動向を3段階に区分している。[31] 第1段階は、政局の不安定と相次ぐ汚職問題への対応として、戦後初めて小選挙区制導入を提言した第2次選挙制度調査会の答申（１９５１年）である。この答申は、「五〇年代における小選挙区制導入論の一つの契機[32]」となったとも評される。

続いて、戦後の小選挙区制導入論のピークをなしたのが、１９５６年3月の第5次選挙制度調査会答申、[33] そして政府による小選挙区法案の国会提出である。前年秋の社会党統一と保守合同、さらには１９５６年6月の憲法調査会法成立もあり、保革対立の激化と改憲論の高まりの中、改憲発議に必要な議席確保の問題とも絡み、小選挙区制は大きな政治的争点となった。[34] 調査会答申の主眼とされたのは、二大政党制を通じた政局の安定であった。さらにいまひとつ、選挙の公正確保のために、個人本位の選挙から政党本位の選挙への移行も、制度導入の目的として掲げられている。「政党本位」は、汚職や金のかかる選挙への対応だけでなく、なお不安定であった民主化直後の政党システムの整序という意味合いも有していたように思われる。「はじめに」で引いた芦部の論攷は、まさにこうした議論の渦中で執筆されたものであった。

(2) 第3次・第4次選挙制度審議会

その後、選挙制度調査会を引き継ぎ設置された選挙制度審議会でも、第3次(1964年—1965年)・第4次(1965年—1966年)の審議会において、小選挙区制が論じられた。第3次審議会の報告書では、「政党の近代化をはかり、健全な政党政治を確立」せねばならず、そのためには「個人本位の選挙から政党本位、政策本位の選挙に転換していくことが必要」であり、個人本位、同士討ち、選挙費用の増加、さらには派閥の発生などの弊害をともなう中選挙区単記制に手を加えねばならないこと、そうした改革は、「強い野党を育成し、将来、政権交替の可能性がより強くなる方向」で考えられなければならないこと、などが指摘されている[35]。55年体制が確立していたこの時期の小選挙区制論の主眼が、政権の安定から政党本位へと移行していることが窺われる。かかる視点から、小選挙区制、小選挙区と比例代表を組み合わせた制度、そして中選挙区制限連記制の3案を軸に、続く第4次の審議会にかけて議論が続けられたが、結局、結論を得ることができなかった。3案のうち、中選挙区制限連記制は、与党候補の同士討ちや派閥の形成といった弊害を緩和しうる現実的な案として、委員であった宮沢俊義が支持したものである[36]。

芦部はこの時期公刊した一連の論攷の中で、小選挙区制導入論を批判している。1965年の論攷では、個人本位の選挙から政党本位、政策本位の選挙への転換の必要性は否定しないものの、小選挙区制導入は、「とくにわが国において」は正当化できないとしている。「保守・革新という世論の二つの大きな動向のみを強く表現し、少数党には議席数において極端な過少代表の甘受を強い、複雑な国民の利益分布を代表機関に反映させることは不可能」であるという小選挙区の特性に加え、イギリスのような二大政党間の「広汎な共通の広場」が存在せず保革対立が激しいこと、さらには「少なくとも当分の間、自民党政権を固定化」する可能性が極めて大きいことが、その理由である[37]。小選挙区を機能させる前提条件が欠けていることが、とくに重視されている。そのうえで、政治統合の場を選挙と議会いずれに設定するのかという論点を提示し、「選挙手続は国民意思測定の契機に重点をおき、統合の契機は国会の段階で政党間の妥協によって実現してゆくのが望ましい」としている[38]。

2 議会における政治統合と社会学的代表

(1) 議会における政治統合

選挙制度をめぐる議論は、翌1966年の論攷で、憲法論としてさらに深化してゆく。芦部は、小選挙区を批判する論攷を集成した新書に序文を寄せると共に、「憲法と小選挙区制」と題する論攷を自ら執筆している。芦部は、選挙が「憲法の規定する代表民主制に必要不可欠のメカニズムたる性格をもつ」ことから、その意義を「憲法、とくに現代の代表理論との関係」で究明する必要があるとする[39]。

芦部は先ず、「代表の正確性」と「強力安定政権」という選挙制度をめぐる判断基準を提示した上で、後者の「制度の論理」を日本にはそのまま適用できないとする[40]。社会構造の相違を捨象し特定の選挙制度が特定の政党システムを導くという思考法への批判は、従来から一貫している。

そのうえで、政治統合の場の問題が論じられる。「選挙が政府形成という国民投票的な性格をもつばあい」「国民意思は選挙の段階で統合される」。しかし、芦部によれば、「選挙統合観」は日本には適さず、「国民意思の「統合」すなわち政府の形成および政治指導は、選挙後の各政党間の妥協によって実現してゆくのがのぞましい」とする。そしてかかる見解は、「あたらしい国民代表の理論」とも適合すると述べるのである[41]。

(2) 社会学的代表

この理論は、芦部によれば、代表を「国会が、現に国民のあいだに存在し、たがいに衝突する複雑な利益状況を国会の構成・組織の面において、できるかぎり忠実に反映している、という社会学的な現象」とみる。[42] 芦部はドイツの政治学者に倣い、それを「社会学的代表」と呼ぶ。そして、かかる代表概念を明らかにしたものとして、「選挙されたものは、あたかも絵画が景色をえがくように、選挙人を代表する。代表とは、国民の政治的見解と、国民が選んだ代議士の政治的見解との類似以外のなにものでもない。」という、『政治生活に対する選挙制度の影響』の中のデュヴェルジェの一節を引いている。[43]

社会学的観点から代表を論じることの重要性は、すでに初期の論攷の中でも指摘されていたが、[44] ここでは、政治統合の場をめぐる議論と接合させながら、社会学的代表の実質が論じられている。社会学的代表の概念は、翌年の論攷[45]の中で、さらに理論的に精錬された形で提示されている。

また、政治統合の場をめぐる議論とも接合されることで、二大政党制と選挙過程での統合に立脚したイギリス・モデルとは異なる、多党制と議会での政治統合を前提とする議会政像が提示されている。デュヴェルジェの論攷を基点に展開されてきた芦部の選挙制度をめぐる憲法論は、小選挙区導入論が一段落したこの時期に、一応の完成をみたといえよう。

(3) 議会主義復権の課題

１９７０年代後半、ロッキード事件の最中で執筆された論攷では、「強力な行政権」の必要を認め「その行政を直接国民意思によって正当化し抑制」しようとする「政府国民直結型」と、必要最小限の強力かつ行動的な行政権の必要は認めつつも議会主義の復権を図る「議会主義復権型」が対置され、後者の立場から「国会が現実に国民意思を忠実に反映し、国民の知る権利に絶えず応えてゆく」ことの重要性が説かれている。[46]
「政府国民直結型」が日本に適さないとされる理由のひとつは、「政権交替の体制という真の議会主義が実現された経験をもたない」ことである。それが、行政権優位の伝統の強固さや政治的自由の保障の不十分さとも相俟って、「政府国民直結型」には「プレビシットによる反議会主義的なケーザリズム」に転化する危険さえあるとされる。[47]
憲法施行30年を経てもなお、日本の議会政には厳しい診断が下されている。その根底には、イギリス・モデルを強く特徴づける政権交代が欠如しているという課題がある。議会内での政治統合というモデル、あるいは「議会主義復権型」において、この課題がどの様に克服されるべきかは、なお明らかではない。１９９０年代初頭、小選挙区制導入論が、こうした課題の克服を前面に据えて、イギリス・モデルに基づき、再度提起されることになる。

Ⅲ　政治改革と政権交代なき代表民主政

1　政治改革と議会政の変容

(1)　政権選択・政権交代と選挙制度

リクルート事件を端緒とした政治不信の高まりの中、第８次選挙制度審議会が設置され、１９９０年４月の答申で、衆議院議員選挙への小選挙区比例代表並立制導入を提言した。[48]比例代表が並立されているとはいえ、５００議席中３００が小選挙区に割り振られており、小選挙区を基調とした制度である。答申が批判するのは、中選挙区制――大選挙区単記投票制――のもとでの個人本位の選挙と政権交代の欠如である。同じ選挙区で政権党の候補者同士が争うことから政策本位・政党ではなく個人本位の選挙となり、それが選挙資金の膨張や腐敗をもたらすというのである。さらに、複数の候補を擁立した場合の共倒れのリスクを考えると野党が大きく議席を伸ばすことも難しい。「永年にわたり政党間の勢力状況が固定化し、政権交代が行われ」ない結果、「政治における緊張感を失わせ、それがまた政治の腐敗をも招きやすくしている」と、答申は分析する。こうした分析は、すでにみた第3次・第4次審議会の答申とも重なり合っている。

そのうえで、答申は、「民意の集約、政治における意思決定と責任の帰属の明確化」、「政権交代により政治に緊張感が保たれること」が必要であり、そのために適した仕組みとして小選挙区制を評価する。他方で、「少数意見が選挙に反映されにくい」という小選挙区制の欠点をも考慮し、比例代表を加味した仕組みを提案している。政権選択・政権交代を重視する視点は、二大政党制に立脚したイギリス・モデルに適合する。答申はさらに、「個人本位」に代わる「政策本位・政党本位」の選挙の実現という観点から、政党中心の選挙運動、政治資金規正、政党への公費助成なども提言している。一度は途切れた1950年代・1960年代の小選挙区制導入論が、形を変えて実現したものとみることもできよう。

さらに同時期、憲法学においても、国会中心ではなく内閣中心の統治機構理解を基盤に、国民の多数による政権（政策担当者＝内閣・首相と政策体系）の選択を理論化した構想が提示された[49]。高橋和之の国民内閣制論である。そこで重視されるのは、議会内ではなく選挙過程での民意の統合である。「代表の正確性」よりも世論による「統治者の選択」を重視するデュヴェルジェの議論とも親和的な主張である[50]。

(2)　並立制への批判

こうした選挙制度改正の動きや新たな理論動向に対して、芦部は当然ながら、批判的に応接している。選挙制度審議会の答申に先立ち、芦部は、比例代表制が支配的な意味をもつドイツ型の併用制が望ましく、そうでないと、政権交代の可能性のある政治システムの育成を期待することはきわめて難しいとし、小選挙区制の比重が高い並立制は、むしろ「自民党の単独政権を固定化」するのではないかと指摘している。[51] また、答申後の論攷では、「制度の論理」で複雑な問題を割り切りすぎていることを問題視し、[52] 安定政権（政権選択）の論理につき、「支配的政党によって構成される内閣優位の単独政権を目指すことが望ましいかどうか」、「社会構成が思想、宗教、文化、人種、言語などの点で均質度が相対的に高いか低いかという基本の問題」が等閑視されていないか、二大政党間の政権選択は「イギリスのような社会の均質性の度合いが比較的に強いところでのみ是認されるに過ぎない[53]」のではないかといった、批判を行っている。

芦部の選挙制度をめぐる議論は、ここでも一貫している。しかしながら、芦部が選挙制度選択の前提に据える「社会構成」は、日本の場合、上述の指摘が前提としているヨーロッパ大陸諸国とも、またイギリスとも異なっているように思われる。さらに政治改革以降の状況は、以上の議論だけでは十分に対処できないほどに複雑化しているように思われる。

2　議会政の基盤

(1)　社会構成の変容

政治改革以降、しばらくは二大政党化の傾向が現れ、２００９年には政権交代も生じた。しかしながら、２０１２年12月の総選挙以降は政権交代の可能性が遠のき、少なくとも外形上は１９９０年代以前の一党優位型の政党システムと類似した、「ネオ55年体制[54]」とも形容される状況が生じている。政権選択・政権交代を重視した改革から30年を経てなお、「イギリスのように野党が政権交替の可能性をもつシステムになっていない点では、致命的と言ってもよい欠陥をかかえた議会政[55]」をどの様に変革してゆくのかという課題は、依然として残されたままである。安易に小選挙区制の「制度の論理」に依拠することを戒め、かえって政権交代が阻害されることを懸念した芦部の見立ては、少なくともこの面では、正鵠を得ていたように思われる。あらためて、「選挙制度が政党のあり方、ひいてはそれを支える社会的構成のあり方によって規定される」という指摘が想起されよう。

しからば、「社会構成」に適合した選挙制度とはどの様なものであろうか。芦部が選好を示す比例代表制は、「社会構成が思想、宗教、文化、人種、言語などの点で」(芦部)多元的な国々で用いられてきた。しかし、多元的社会構造を、そうした社会構造と接点をもちつつ組織化された政党が代表してゆくといった、芦部が依拠した理論がおそらくは前提としていたであろう、ある時期までの西ヨーロッパの社会構造・政治構造を、今日なお当然の前提とすることは難しいように思われる。西ヨーロッパではつとに、投票行動の不安定性が増し、また社会の把握を可能とするカテゴリーや指標の風化――政治の「脱社会学化(désociologisation)」――が昂進している。一定の社会構造のうえに生成してきた多党型政党システム自体はなお強固ではあるが[56]、デュヴェルジェが提起した世論の可塑性、さらにはその不可知性という問題が強く顕在化している。「明確な亀裂をめぐる組織化や構造化が困難な選挙の流動期[57]」にあるといった指摘もあり、政党システムの表情もときに大きく変化し不安定になっているようにみえる。

(2) 日本の社会構成と制度選択

日本をめぐっては、イギリスやヨーロッパ大陸諸国とは異なり、「社会的な溝がきわめて浅いので、対立する主要政党は基本的に異なる社会階層に基盤を求めることができない[58]」、「決定的な溝がないような社会で小選挙区制を採用するとなれば、各党の政策は乖離するより収斂する傾向が強まる[59]」といった、政治改革後の状況を展望した指摘もつとになされていた。

もとより、社会構造をどの様に捉えるかは憲法学の射程を超える問題であるが、大局的に政治改革後の状況をみると、右の見立ては大きく外れたものではなかったように思われる。所与の社会構造を当然に想定し得ず、さらに構造を具体化する溝も浅いとなれば、「現に国民のあいだに存在し、たがいに衝突する複雑な利益状況を国会の構成・組織の面において、できるかぎり忠実に反映」する作業の難易度は一層高い。「細かな対立を強調する」とされる比例代表制のような仕組みは、そうした社会の微妙な表情を読み取るうえで一定の有用性を持つように思われるが、それ以外にもより複合的な仕組みが求められよう。

3　憲法の規範構造と選挙制度

(1)　イギリス・モデルとの不整合

以上の点と関わり、政治改革以降、日本国憲法の統治機構が内包する複雑なメカニズムが可視化したことは、重要な意味をもっているように思われる。国会両院の党派構成の「ねじれ」が生じたことで、いまひとつの「ねじれ」[60]が顕在化した。直接公選され強い権限をもった第二院を組み込む二院制と、専ら直接公選される第一院を念頭に二大政党間の政権選択・政権交代を志向したイギリス・モデルの選挙制度との不整合という問題である。

小選挙区制導入をめぐる議論は、専ら衆議院議員選挙をめぐり展開されてきた。その際には、日本国憲法の両院関係は不対等であるとの認識が前提にあったように思われる。それゆえ参議院の問題はひとまず措いて、衆議院を中心に、政権の安定、政党本位、政権選択・政権交代が論じられてきた。

ところが、衆議院の多数党が参議院で過半数の議席を失うと、法律案の議決が困難なことが明らかとなり、参議院の存在がクローズアップされることになった。ひとつの政党が単独で、法律案の再議決に必要な3分の2の議席を獲得することは実際には困難である。重要法案が可決されなければ、その影響は、衆議院の優越が認められる予算の執行、さらには衆議院の信任に強く依存するはずの内閣の存立にも及びかねない。両院関係は、たしかに制度上は不対等であるが、実質的には対等に近いとみることもできる。

(2) 憲法の規範構造と議会政

二大勢力間の政権選択というモデルは、とりわけ政権交代が展望されるような局面では、こうした両院制と不整合を来す。政権を争う二大政党が、共に直接選挙され権限関係も対等型に近い両院のそれぞれで主導権を握れば、両院間の合意形成は困難とならざるを得ない。国会内、両院間でより柔軟な合意形成を可能にする政党システムの方が、二大政党制よりも「憲法制度全体の性格」(宮沢)には適合するといえよう。「日本国憲法そのものの規範構造」は、多党制を前提とした「「合意」型の理念型に属する」[61]との高見勝利による指摘は正鵠を得ている。多党間の議会内における合意形成(政治統合)を重視した芦部の議会政像もまた、こうした主張と重なり合う。

高見は、政治改革後の論攷の中で、日本の議会政をめぐり、「二大政党制」による「多数派支配型デモクラシー」と「穏健な多党化」による連立型の「コンセンサス型(合意型、筆者)デモクラシー」の2つの可能性があることを指摘し[62]、後者のもとでの政権交代の可能性をも論じている[63]。しかしながら、現実には、参議院の「強さ」を折り込み、連立政権による両院での多数の確保をはかるという手法——「議院内閣」ならぬ「国会内閣」[64]——が長らくとられ、政権をめぐる選択肢が失われてきたという面もある。

芦部が主張するように、比例代表制を基調としたドイツ型のような仕組みを衆議院議員選挙に導入することは[65]、多党化を促し、コンセンサス型(合意型)の議会政の実現に資する面があろうし、「国会内閣」のもとでも政権の選択肢を増やすことにつながる可能性もあろう。しかしながら、世論の可塑性や不可知性が昂進している中、どの様な連立政権が生まれ、どの様にまたどこまで議会内での政治統合が具体化するのかを正確に見通すことは難しい。制度選択には慎重な見極めが求められる。

(3)　対等型に近い両院制と選挙制度の設計

加えて、参議院議員の選挙制度をどの様に設計するのかも、一考を要する問題である。「たがいに衝突する複雑な利益状況を国会の構成・組織の面において、できるかぎり忠実に反映」(芦部)しようとすれば、衆議院とは異なる尺度で世論を捉える仕組みを選択することが考えられる。

しかし、対等に近い両院制という認識を前提にすると、性格のまったく異なる選挙制度を用いる場合には、両院間で強いねじれが生じ、合意形成が困難になることも懸念される。解散があるなど民意との距離がやや近く、内閣とのつながりが強い衆議院と、解散がなく任期が長いなど構成の安定性が重視され、また内閣から一定の距離がある参議院の特性をふまえるなら、両院ともに代表の「公正」に軸足を置きつつも、たとえば政党の選択と人の選択に重点をおいた制度を考えることなどもできよう。両院で明確な差異は現れ難いが、両院間の合意形成に高いハードルを設けている仕組みのもとで、ヨーロッパ諸国のようには強く現れにくい「複雑な利益状況」を顕現させ、緩やかに統合していくことにも相応の意義があるのではないか。

それぞれが異なる時期に直接選挙され、また対等に近い権限をもつ2つの議院を組み込んだ統治機構のメカニズムは複雑で制御が難しく、そうしたメカニズムを具体化する制度の設計にも十分な慎重さを要する。しかし、そうした統治機構には、一見すると均質性が強くみえる社会構造の背後にある「複雑な利益状況」を選挙と議会双方を通じ描き出すことを可能にする面もあるように思われる。もとより、捉え難い「複雑な利益状況」の代表にあたっては、選挙制度以外の議会政の諸制度全般についても、そのあり方を考えてゆく必要がある。

むすび――政権交代なき民主政をめぐって

本稿では、選挙制度をめぐる議論と向き合い続けた芦部信喜の思考の軌跡を辿り、また芦部の議論を手掛かりに、筆者なりに議論を補いつつ、現下の日本の議会政が直面する問題への応接を試みた。もとより、「政権交替の可能性をもつシステムになっていない点では、致命的と言ってもよい欠陥をかかえた議会政」(芦部)を変革する道筋を描くことは容易ではない。

衆議院の選挙制度は、比例代表制が加味されているとはいえ、小選挙区の比重が高く多数代表機能が強く現れる。また参議院の選挙制度は、衆議院に比べれば少数代表機能が強いものの、選挙区選挙の3分の2を「小選挙区」(2人区)が占める。こうした仕組みは元来、「公正」という要請に適い難く、加えて政権交代が機能しないことから「交替による正確性」も実現していない。

その一方で、政権はたしかに安定している。国民の政権選択を介した「政府国民直結型」を目指した政治改革以降も、首相の主導性や内閣機能の強化をはかる制度改正が重ねられ、政権の制度的基盤は強固である。しかし、過剰なほどに安定した政権は、とくに2020年のコロナ禍以降、的確な政策を打ち出すことができず、また相次ぐスキャンダルにも見舞われている。内閣が安定し、法律や予算が支障なく可決されるという点では「実効性」を有しているといえようが、真に「実効的」な議会政が機能しているとは言い難いように思われる。[66] 政権交代の欠如に典型的にみられるように、適切な抑制・均衡、さらには対抗のメカニズムを欠いた仕組みのもと、選挙の競争性や国会審議における緊張感が失われ、政権の基盤がかえって摩滅しているようにさえみえる。

こうした状況の中、「民主的代表の論理」に頑ななまでにこだわり続け、議会における政治統合を追求した芦部の議論は、社会構造の変化や憲法の規範構造の認識をふまえた様々な補正を要するとはいえ、大きな制度改正から30余年を経た今日の日本の議会政を考える上でも、なお逸することのできない視点を含んでいるように思われる。

（1）芦部信喜「小選挙区か大選挙区か」信濃毎日新聞1956年4月24日夕刊1面〔同『憲法叢説3憲政評論』（信山社、1995年）所収〕。同様の指摘は以降も繰り返しなされている。高見勝利『芦部憲法学を読む』（有斐閣、2004年）50頁をも参照。なお本稿では、旧字体は新字体に改め表記する。
（2）芦部信喜「はしがき」同『憲法叢説3憲政評論』（信山社、1995年）vi頁。
（3）芦部・前掲注1。
（4）芦部信喜／高橋和之補訂『憲法〔第8版〕』（岩波書店、2023年）331頁。選挙制度をめぐる2つの視角に関する芦部の議論については、高見・前掲注1・56頁以下をも参照。
（5）J. Tournon, « Représenter ou gouverner, il faut choisir », François d'Arcy (éd), *La représentation*, Economica, 1985, p. 108.
（6）M. Duverger et al., *L'influence des systèmes électoraux sur la vie politique*, Armand Colin, 1950.
（7）芦部信喜「モーリス・デュヴェルジェ『政治生活に対する選挙制度の影響』」公法7号（1952年）174頁〔同『憲法と議会政』（東京大学出版会、1971年）所収〕。なお、芦部は「政権交替」という表記を用いているが、本章では、芦部以外の文献を含め直接引用箇所で「（政権）交替」と表記されている場合以外は、「政権交代」と表記する。
（8）D. M. Farrell and M. S. Shugart (ed.), *Duverger's Law*, Electoral Systems, Volume II, Sage, 2012. 日本の政治学での扱いについては、建林正彦＝曽我謙悟＝待鳥聡史『比較政治制度論』（有斐閣、2008年）79―81頁などを参照。
（9）芦部・前掲注7・180頁。
（10）芦部・前掲注7・180―181頁。
（11）芦部・前掲注1。
（12）芦部信喜「選挙制度」ジュリ100号（1956年）15頁〔同『憲法叢説2人権と統治』（信山社、1995年）所収〕、芦部信喜「選挙制度」国家71巻4号（1957年）89頁〔同『憲法と議会政』（東京大学出版会、1971年）所収〕。

(13) G.-E. Lavau, *Partis politiques et réalités sociales*, Armand Colin, 1953.
(14) M. Duverger, *Les partis politiques*, Armand Colin, 1951.
(15) M. Duverger, « Préface », in G.-E. Lavau, *supra* note 13, p. 2.
(16) G.-E. Lavau, *supra* note 13, p. 12.
(17) *Ibid.*, p. 46.
(18) P. Martin, *Les systèmes électoraux et les modes de scrutin*, Montchrestien, 3ᵉ éd., 2006, p. 112. 杉原泰雄＝只野雅人『憲法と議会制度』(法律文化社、２００７年)３４３頁以下〔只野執筆〕をも参照。
(19) M. Duverger, *Les partis politiques*, 10ᵉ éd., Armand Colin, 1976, p. 292.
(20) 芦部信喜「選挙制度改革問題断想」選挙研究６号(１９９１年)10頁〔同『人権と議会政』(有斐閣、１９９６年)所収〕。
(21) 芦部・前掲注７・１８１頁。
(22) M. Duverger, « Esquisse d'une théorie de la représentation politique », in *L'évolution du droit public. Études offertes à Achille Mestre*, Sirey, 1956, p. 215.
(23) *Ibid.*, p. 216. こうした点については、只野雅人「代表民主政」同・編『講座立憲主義と憲法学第４巻・統治機構Ｉ』(信山社、２０２３年)32―34頁をも参照。
(24) 芦部信喜＝佐藤功＝高橋和之＝樋口陽一「〈座談会〉日本国憲法50年の歩み」ジュリ１０８９号(１９９６年)23頁〔樋口陽一〕。
(25) 宮沢俊義「議院内閣制のイギリス型とフランス型」比較法雑誌１巻１号(１９５１年)１２０頁〔同『憲法と政治制度』(岩波書店、１９６８年)所収〕。
(26) 宮沢・前掲注25・１２２頁。
(27) 宮沢・前掲注25・１２２頁。
(28) 芦部他・前掲注24・23頁〔樋口陽一〕。
(29) 芦部他・前掲注24・27頁〔高橋和之の発言を参照〕。
(30) 宮沢俊義『法律学大系コンメンタール篇１日本国憲法〔初版〕』(日本評論社、１９５５年)５１８―５１９頁。
(31) 芦部信喜「選挙制度」ジュリ３６１号(１９６７年)54―55頁〔同『憲法叢説２人権と統治』(信山社、１９９５年)所収〕。

(32) 安野修右「解題『DVD－ROM選挙制度調査会議事速記録』」政経研究57巻2号(2020年)12頁。
(33) 皆川迪夫「衆議院議員選挙制度の改正案について」ジュリ105号(1956年)9頁を参照。
(34) その経緯と当時の争点につき、宮沢俊義他「座談会 小選挙区制を論ず」ジュリ106号(1956年)2頁を参照。
(35) 自治省選挙部選挙課編『選挙制度審議会答申・報告集(第1次～第7次)』(1980年)50頁。
(36) 宮沢俊義「選挙制度をどう改めるか」世界230号(1965年)39頁〔同『憲法と政治制度』(岩波書店、1968年)所収〕。
(37) 芦部信喜「選挙制度」ジュリ336号(1965年)33頁〔同『憲法叢説2人権と統治』(信山社、1995年)所収〕。
(38) 芦部・前掲注37・33頁。
(39) 芦部信喜「憲法と小選挙区制」蠟山政道他『小選挙区制』(潮出版社、1966年)164頁〔同『憲法叢説2人権と統治』(信山社、1995年)所収〕。
(40) 芦部・前掲注39・164頁以下。
(41) 芦部・前掲注39・172頁。
(42) 芦部・前掲注39・173頁。芦部の社会学的代表論は、投票価値の不均衡をめぐるアメリカの議論からも影響を受けている。その背景につき詳しくは、只野・前掲注23・26—31頁以下をも参照。
(43) 芦部・前掲注39・174頁。原文は、M. Duverger et al., *supra* note 6, p. 33.
(44) 芦部・前掲注12(「選挙制度」、1957年)64頁〔同『憲法と議会政』(東京大学出版会、1971年)所収〕。
(45) 芦部信喜「小選挙区制の論理と議会政」ジュリ366号(1967年)40頁〔同『憲法と議会政』(東京大学出版会、1971年)所収〕。
(46) 芦部信喜「議会政治と国民主権」法セ増刊・現代議会政治(日本評論社、1977年)21頁〔同『人権と議会政』(有斐閣、1996年)所収〕。
(47) 芦部・前掲注45・21頁。
(48) 選挙制度審議会「選挙制度及び政治資金制度の改革についての答申(平成2年4月26日)」。
(49) 高橋和之『国民内閣制の理念と運用』(有斐閣、1994年)。
(50) 高橋・前掲注49・211頁以下を参照。

(51) 芦部信喜「議会制百年と今後の課題」法教116号（1990年）17頁〔同『人権と議会政』（有斐閣、1996年）所収〕。
(52) 芦部・前掲注20・8頁。
(53) 芦部・前掲注20・16頁。
(54) 境家史郎『戦後日本政治史 占領期から「ネオ55年体制」まで』（中央公論新社、2023年）265頁以下を参照。
(55) 芦部・前掲注51・16頁。
(56) 社会構造との連関の弛緩・脆弱化は、他方で政党の「カルテル化」といった問題をも惹起してきた。以下等を参照。P. Mair, *Party System Change*, Clarendon Press, 1997.
(57) J. Fourquet, *L'Archipel français. Naissance d'une nation multiple et divisée*, Seuil, 2019, p. 9.
(58) ジェラルド・L・カーティス／木村千旗訳『日本の政治をどう見るか』（NHK出版、1995年）222頁。
(59) カーティス・前掲注58・226頁。
(60) 高見勝利『現代日本の議会政と憲法』（岩波書店、2008年）87頁。
(61) 高見・前掲注60・29頁。
(62) 高見・前掲注60・48頁。
(63) 高見・前掲注1・61頁。
(64) 高見・前掲注60・117頁。
(65) 芦部信喜「西独式の併用型を」朝日新聞1990年4月24日。
(66) 議会政におけるこうしたメカニズムの意味につき、只野雅人「統治機構と対抗権力」只野雅人＝佐々木雅寿＝木下和朗編著『統治機構と対抗権力』（日本評論社、2023年）1頁をも参照されたい。

第四部　裁判所と違憲審査

第一章　司法の概念

渋谷秀樹

はじめに――分析手法の整理

本稿は、従前の司法の概念に関する理論展開を簡潔にみた後、日本国憲法（以下「現行憲法」または「憲法」）の下、憲法学の広範な領域にわたって大きな業績を残された芦部信喜先生の司法に関する考察をたどって今日的課題を提示しようとするものである。（以下学術論文の例にしたがい敬称「先生」はすべての憲法学の先達につき省略する。）

ここで司法を含む国家作用の分析手法を整理しておきたい。分析手法にはまず客観的分析と主観的分析がある。さらに客観的分析には作用の内容に着目した実質的定義と作用の外形に着目した外形的定義がある。例えば「国会は、国権の最高機関であつて、国の唯一の立法機関である」とする憲法41条について、国会の「立法」の結果成立する「法律」の定義を私人の権利を制限し義務を課す法規範とする「法規（Rechtssatz）」説と不特定の人または事象を対象とする「一般的抽象的法規範」説が有力であり、ともに法律の客観的定義とされる。しかし前者は法規範の規律する内容に着目する実質的定義であり、後者は法規範の外形的特質の一般性または抽象性という外形に着目する外形的定義である(1)。

これに対して主観的分析とは作用の帰属主体に着目したもので形式的分析と同義である。そしていずれの分析手法にも理論的(思弁的)視点からの定義と歴史的(経験的)視点からの定義がありうる。

I　近代立憲主義下の「司法」概念

1　統治権とは何か

司法作用も統治権(＝国家作用)の一角を構成するので、司法権(＝司法作用をなす権能)の定義も統治権とは何かという点からその定義作業ははじまる。

統治権を客観的にとらえると、その内容は立法・行政・司法に分けられる国家権力を総称した概念とされる(2)。国権を国家の単一不可分の意思力ととらえて統治権と区別する国家法人説は、統治権を一定の土地と人を支配する力とし、その実体は国法(国内法)と国際法によって認められた国家の権利の集合(Herrschaftsrechte oder alle Rechte der Staatsgewalt)ととらえる(3)。他方、国権を国家の意思力としつつ、それが統治という目的に向かって発動される場合の、この国権発動自体を統治権ととらえる考え方もある(4)。前者の立場からすると統治権は命令的・支配的に作用するが可分のものとされ、後者の立場からすると統治権は必ずしも命令的・支配的なものに限定されないが単一不可分なものとされる。

統治権を以上のように理解すると、その具体的内容は国内法と国際法によって定まり、国によっても、時代によっても異なることになる。もっとも外形的な共通項をあげれば、その基本的能力として①権限高権(自主組織権)、②領土高権(領土主権、領域高権)、③対人高権(対人主権)の3種を指摘できる。

2　近代立憲主義期における統治権の客観的分析

以下、統治権の客観的分析の歴史をたどってみる。その分析は国家作用の外形的な特質と同時に、国家の目的論と密接に結び付いている。それは近代立憲主義（＝憲法は「法の支配」でいう「法」を実定化したものでその不可欠の要素として権力分立原理と人権保障を内容とする思想）を採用する憲法の下での国家作用の古典的な理解を出発点としている。

(1)　ジョン・ロックの分析

ジョン・ロック（John Locke）によれば、国家の目的は個人の自由と財産の確保にあり、この目的達成のために自然状態において各人が自然法を解釈し執行したのと異なり、国家は、その権力によって自然法を解釈してその意味を確定する作用と、確定された法を実際の事件に適用し、具体化する作用を営む必要があるとする。そして、主著『市民政府二論（Two Treaties of Civil Government）』（１６９０年）の中で、国家権力を立法権（legislative power）と執行権（executive power）に分け、さらに執行権から連合権（同盟権、federative power）を分けて、立法権は議会に、執行権と連合権は君主に託されるとする。近代自然法（＝自然権）思想の唱道者のロックは、立法権を自然法の意味内容を確定して一般的法規範を定立する一時的作用であるが、他の権力に優越する国家最高の権力であるとする。そして、執行権は法律の不断の執行を確保する継続的作用であり常設の機関を必要とする。連合権は外政についての権力であるが、変転する国際政治に対応する必要があるので、立法権の定める一般的法規範に拘束されない自由裁量行為である。この点で執行権と区別される。内政と外交を異なる方針で行うわけにはいかないから、この権力を執行権の担当者以外に委ねることはできないとした。

(2) モンテスキューの分析

モンテスキュー(Charles-Louis de Montesquieu)は、主著『法の精神(De L'Esprits des Lois)』(１７４８年)の中で、すべての国家には、立法権(puissance législative)、万民法に関する事項の執行権(puissance exécutrice des choses qui dépendent du droit des gens)および市民法に関する事項の執行権(puissance exécutrice des choses qui dépendent du droit civil)があるとする。立法権は、法を作り、作られた法を改正し、または廃止する権力である。合理主義者であるモンテスキューは、理性の優位を信奉し理性の産物たる法律を上位に置くのである。それに、広義の執行権が対置されるが、万民法に関する事項の執行権、つまり狭義の執行権は、当初、ロックの連合権の定義の影響を受けて、「講和または戦争をなし、大使を派遣接受し、治安を保持し、侵入に備える」権力とした。しかし、後に「公の議決を執行する権力」とする。ロックと同じく立法と執行の区別を出発点とするが、執行行為の特質を法律の意味するところを具体的事案に実行する現実の行為とした点に特色がある。市民法に関する事項の執行権は民事・刑事の裁判権をさし、犯罪人を処罰しまたは個人の争訟を裁判する権力とする。

　裁判の本質は一般的抽象的な法律を具体的事件にそのまま適用して法律の意味を宣言するところにあるとし、狭義の執行権と異なる特質として、法律との関係においてその内容がすべて法律によって定められ、純粋に法的作用である点にあるとする。裁判判決は「法の正文(un texte précis de la loi)」以外のものではありえず、裁判官は「法の言葉を述べる口(la bouche qui prononce les paroles de la loi)」であり、「法の力や厳格さを緩和できない無生物」であるとする。機械的な裁判観が示されたのである。

(3) ジョン・ロックとモンテスキューの分析の限界

ロックとモンテスキューの国家作用の客観的分析は、いずれも自然権思想およびそれを前提とする社会契約論に基礎付けられた理論的視点からの定義のようにみえる。しかし、両者の分析は、それぞれ当時の先進国であったイギリスまたはフランスの現実政治を想定した上で展開されたものであり、それゆえに理論的（思弁的）視点を装っているものの、歴史的（経験的）定義であったということにも注意しなければならない。

3　ゲオルグ・イェリネクと美濃部達吉の定義

大日本帝国憲法（以下「明治憲法」または「旧憲法」）のもとで日本の憲法学に大きな影響力をもったのはゲオルグ・イェリネク（Georg Jellinek）であり、その学説の影響をつよく受けて、主として憲法学と行政法学の分野において研究成果を発表して戦前日本の通説的地位を獲得したのが美濃部達吉である。

(1)　ゲオルグ・イェリネクの分析

ゲオルグ・イェリネクは、19世紀のドイツ国法学の集大成ともいえる、その主著『一般国家学（Allgemeine Staatslehre）』（１９００年）において、国家には立法、裁判、行政の３つの実質的作用があるとする。立法は、抽象的な多数の事例または個別的要件事実をも規律する法規範を定立し、裁判は、個々の事例について、不確定の、紛争の対象となっている法または法的状態および法的利益を確定し、行政は、法規範に従ってまたはその制限内で、さらに詳細な研究によって複雑多岐な体系をなしていることが判明する手段により、具体的課題を解決するととらえる。(5)

(2)　美濃部達吉の定義

美濃部達吉は、明治憲法のもとで公刊した憲法の概説書において、「我ガ憲法ニ於ケル立法権及司法権ノ観念ガ単純ナル形式的観念トシテ、議会ノ協賛ヲ以テ行ハルルモノヲ立法権ト称シ、裁判所ガ天皇ノ名ニ於テ行フモノヲ司法権ト称スルニ止マルモノニ非ザルコトハ、憲法ノ規定ノ趣旨ヨリ見テ更ニ疑ヲ容レズ」[6]とした。

日本国憲法公布後に公刊された同書の改訂版においても、立法とは、国家が法規を制定する行為をいうが、より具体的には「国家ノ統治権ニ基キ成文ヲ以テ国家ト人民トノ間ニ司法又ハ行政行為ノ基準タル定ヲ為シ、又ハ新ナル法的規律ヲ定ムル行為」[7]とする。そして、法を定める行為、つまり「社会生活ニ於ケル人類ノ意思ノ強要的規律」をつくることは行政行為や司法行為のみならず私法上の法律行為のほか社会的慣習においても発生するので、決して立法の定義とはなりえず、また一般抽象的規律を定めることと具体的権利義務を定めることとの区別も例外的または予想外の事件に法規を定めることがあるので、これも立法の定義となりえないとする。

以上のように、美濃部は明治憲法と現行憲法を通じて、国家作用を立法、司法、行政の3種に区別し、立法作用とその他の作用の区別は、その性質の違いを基準とし、前者は法規を制定する作用、後者は法規の下における作用とした。そして、司法作用と行政作用はそれぞれの目的の違いを基準とし、司法は民事・刑事の目的のための作用、行政はその他の国家目的のための作用とする。細かくいうと、広義の司法を法規の下において民事・刑事目的のためにする国家の一切の作用とした上で、民事を法政権、刑事を刑罰権の作用とし、前者に非訟事件も含ませ、また後者には犯罪者の捜査・逮捕、そして公訴の提起など刑事作用全体、つまり刑罰目的の作用を含ませる。そして、狭義の司法を民事および刑事の裁判とし[8]、行政を法規の下において民事および刑事を除く、他の一般目的のためにする作用とする[9]。立法・司法・行政の3つの作用の区別は単一の基準ではなく、2つの基準でなされている点に注目すべきである。

(3) ゲオルグ・イェリネクと美濃部達吉の定義の特質

イェリネクの定義は、実質的作用とはしながらも、その外形的分析に基づく特質の詳細化に徹している点に特色がある。すなわち、立法については必ずしも多数の事例を規律するものではない法規範の定立もありうることを指摘し、裁判と行政について、前者は個々の事例における法的利益等の確定、後者は具体的課題の解決とし、法規範の適用というところにその本質をみようとする点にその特色がある。

美濃部の定義は、イェリネクの上記の見方を継承し、立法につき、司法または行政行為の基準を定めるととらえ、司法と行政につき、法規のもとにおける作用とする点にその特色をみることができる。すなわち、ここでは、「執行」ということが正面にはでてこない。それは、美濃部自身が述べるように一般的抽象的法規範の定立とその執行という区別については鮮明にはせず、個別的具体的法規範の定立も立法の概念に包摂されることを自覚していたからである。[10]

美濃部のこの定義は、当時の公定説ともいえる以下のようなとらえ方に対する批判でもあった。すなわち、当時の公定説は、司法と行政の区別を、その目的の点から司法は法の宣告を唯一の目的とするのに対して、行政は実際の結果を目的とし、また本質の点から司法は法規のみを唯一の標準とし自由裁量の余地がないのに対して、行政は自由裁量を本質とするとしていた。この、いわゆる公定説と美濃部説の共通点は、「目的」を定義の中にもちこむところにある。これを外形的分析ととらえるか、それとも実質的分析ととらえるかの判別は困難である。[11]

Ⅱ　現行憲法下における「司法」の分析

1　宮沢俊義の定義

美濃部門下の宮沢俊義は、明治憲法のもとで、司法概念の歴史性を主張し、理論的概念構成は不可能であるとした。[12]当時の裁判所構成法2条1項が規定した「民事刑事ヲ裁判スルモノ」を実質的意味の司法とするとらえ方は歴史的概念構成であり、先述の美濃部達吉の定義もこの系譜に連なる。これに対して、明治憲法のもとにおいても理論的概念構成をする試みもあった。例えば、「司法は権利の侵害に対し法律の規準に依り之を判断する者」であり、「専ら法律に従属し便益を酌量せず」とした[13]。

宮沢は、主張に基づく確認と決定を実質的要素とするデュギー(Léon Duguit)の説、この説の中にある確認の性質、つまり法律的真実力(既判力)を司法作用の核心とするジェーズ(Jéiz)の説を検討した後、争議・争訟状態が存在することを前提に提訴によって活動せしめられ、確認と決定を要素とし既判力を有する司法行為によって構成されるとするボナール(Bonnard)の説を紹介しながらも、この説のあげる諸要素が形式的なるものであることを指摘して、実質的概念となりえていないとする。そして、作用の分類は実際的必要性、合目的性に指導された立法政策的見地からなされるとし、歴史的概念構成のみ可能とするカレ・ド・マルベール(Carré de Malberg)の説を支持する[14]。

しかし、その検証過程は理論的分析と歴史的分析を対比させていたものを巧妙に実質的概念と形式的概念の対比にすりかえている点に問題がある。つまり、つとに指摘されているように[15]主観的定義という意味でとらえられた形式的定義が、いつの間にか、客観的定義の中での外形的分析に対する批判となっているのである。デュギーの指摘するような外形的要素をもって理論的概念を構成することはもとより可能である。

宮沢は現行憲法76条の解釈として、「法律上の争訟を裁判する国家作用」という客観的司法概念を提示するが[16]、これは大陸法的司法概念から英米法的司法概念への政策的転換を前提にした歴史的概念構成ということになる。

2　清宮四郎の定義

宮沢と同じく美濃部門下であるが純粋法学を標榜するハンス・ケルゼン(Hans Kelsen)に傾倒した清宮四郎は、1936年にケルゼンの著“Allgemeine Staatslehre, 1925”の邦訳書『一般国家学』(岩波書店)を出版する。そして、「法の定立、適用、執行」と題する論文[17]を発表し、「〔司法〕の本質は、国家が具体的事件につき法を適用しこれを宣言するに存する」とする一方、ケルゼンは「司法は、一般抽象的法規範の適用、執行であると同時に、新たに具体的法規範を定立する」としていて、「司法行為によって、一度適用され、宣言されると、そこに法は実現され、具体的事実について、新しい法の世界が更めて発生する。個別的な権利義務の関係が新たに定立される[18]」とする。その上で、現行憲法の下の司法に「具体的な争訟について、法を適用し、宣言することによって、これを裁定する国家の作用[19]」という定義を与える。ここでは、第1に「具体的な争訟」が指摘され、紛争の具体的事件性を司法作用の前提としている。第2に法の「適用」と「宣言」が指摘される。この「宣言」には具体的事件における法の定立というケルゼン的理解が投影されているのではないか。そして第3に紛争の裁定、つまり紛争の解決が指摘されている。

Ⅲ　芦部信喜の司法概念

1　芦部信喜論文「司法における権力性」(1983年)の概要

芦部信喜が司法に関して1983年に発表した論文に「司法における権力性[20]」がある。この論文は、司法の権力性をテーマとしつつ、近代から現代に至るまでの司法の国家における役割あるいは機能をたどり、そのあり方を論じる労作である。以下、その論旨を追ってみる。

(1)「一　はしがき」

「かつて王権の中核として強い権力的性格をもった司法が、近代立憲主義の発展に伴い王権から独立の地位を認められるようになってから現代に至るまで、司法の何よりの特殊性ないし独自性は、……権力性の強い立法・行政両権に比しきわめて弱体であり、両権から独立した言わば非権力的・中立的・受動的な作用である……と考えられてきたが、……20世紀の現代憲法の下では、行政権の肥大化が進む中で、司法は権利(特に少数者の権利)の保障という、司法に課された本来の機能を果たすために、立法・行政と並ぶ国家権力として……特に違憲審査権を通じ、大きな法創造ないし政策形成の機能を営むようになってきた」。

(2)　「二　司法の歴史性」

次に、宮沢俊義が「立法・行政両機関の間の権限分配の原理」(1932年)で指摘したところ[21]にしたがい、「司法という国家作用の内容ないし性質を考える場合には、……司法の観念が国により時代により異なる歴史的なものであることに注目しなければならない[22]」(圏点原著者、以下同じ)とし、この論文が、歴史的視点からの分析手法に基づくものであることを明らかにする。

そして、大陸法系と英米法系における司法の捉え方が各国の歴史における司法に対する見方にもとづくことを各国の代表的な学説とそれぞれの国民がもつ司法観(本論文では「社会的権力」と呼ぶが)に依拠しつつ分析し論じている。芦部は宮沢俊義と同一路線である歴史的・外形的分析手法をとるべきことを鮮明に打ち出すのである。

「行政法型」と類型化される「大陸法」においては、「立法と執行との区別は、国民と君主の対立……に源を発するもので、規範を定立する作用とそれに準拠しまたはその範囲内で具体的課題を解決する作用という、国家作用の横断的・水平的な区別の形式であるのに対し、行政と司法との区別は、論理的にはいずれも「執行権」と言うことができるが、何よりもまず官庁(Behörde)の区別から生まれたカテゴリー(その意味ですぐれて制度上の区別)である」。

他方、「司法型」と類型化される「英米法」においては「イギリスでは、すでに17世紀に権利請願(1628年)、人身保護法(1679年)、権利章典(1689年)などが制定され、それがチューダー専制期に生まれた大権裁判所(prerogative court)の廃止、つまりコモン・ロー裁判所に対する行政裁判所制度の消滅によって、広く通常裁判所を通じて保障されるべきだと考えられるようになったため、司法は、民事・刑事の裁判のみならず行政事件の裁判をも含む国家作用と観念され、立法・執行両権から独立しそれと併存しつつ、国民の権利を保障する砦であるとみなされ、厚い尊敬を受けることになった」。そして、「司法と行政の区別は、歴史的には主として官庁の区別に対応して形成されたのであるが、司法権について注目されるのは、それを支える社会的権力が(特に行政型の場合)立法・執行両権のように必ずしも特定されなかった」。

(3) 「三 近代司法の消極的性格」

続いて「司法の意味ないし性質も、国により時代により大きく異なる」とし、「確かに司法権は、具体的な争訟について法を適用するとともに、それによって同時に法を定立する作用をもつ(ケルゼン)という点では、それぞれの国の憲法史と必ずしも関係なく観念される国家作用である。しかし各国憲法の実際は、司法の意味をそのように形式的に捉えず、立法・執行両権との関係でより具体的に区別して考えるのが通例であった」。

「フランス型」と類型化した「法適用作用としての司法観」をとる「フランス、ドイツの大陸法系諸国では、18世紀から19世紀の近代法の時代には、司法の意味は圧倒的に法適用の側面に重点が置かれて考えられた」。「司法を法律の機械的適用に厳しく限定した典型は、革命期フランスの法制度である」。「司法は、モンテスキュー思想の強い影響の下に、立法・執行両権から機関としては独立の地位を与えられ〔る〕……ことになったが、作用としては独立とは言えない限定されたものしか認められなかった。司法は法律の単純な適用であると解され、しかも適用とは、解釈を含まない文字通りの機械的な適用を意味した」。

「この司法を法適用作用と狭く解するフランス的観念は、歴史的な経験を異にするドイツ、オーストリア、イタリアなど他の大陸諸国のモデルとなった」。「そして20世紀に至っても、司法は法適用機能、補助的権力と一般に考えられてきた。これは、ドイツ立憲君主政の諸憲法が権力分立について不徹底であり、裁判を立法・執行両権に並ぶ第三の国家作用として明確に位置づけ構成しなかったことと密接に関連するが、〔こ〕のような司法の性質に関する考え方の基本は、ワイマール憲法（102条以下の「司法」(Rechtspflege）の章参照）の下でも本質的に変化していない」。

これに対して、「英米の法思想は、判例の法源性や法の適用が解釈を含むことを近代法初期の時代から認めていた点では〔大陸法モデルと〕共通の特色を有するが、その法理と制度には、司法作用の性質、特に裁判官の法創造機能を認めるか否か、認める場合その範囲・限界をどう考えるかについて、大きな相違がみられる」とした上で、イギリス・アメリカの相違に留意しつつ、それぞれの特徴に言及する。

「イギリス法にはコモン・ローと衡平法（equity）の伝統があるほか、20世紀における福祉国家化の進展に伴って、司法府が、法と秩序の維持者であると同時に強力な行政権からの個人の擁護者としての役割を果たす必要性が増大したため、司法による法創造の正当性の問題よりも、法の創造を一定程度で認めたうえで、裁判官がコモン・ローの発展ないし制定法の解釈にどの程度創造的であるべきかという問題が……議論されるようになった」。

アメリカについては、ハミルトンが『フェデラリスト』（No.78）に記した「『司法府は、その機能の性質上、憲法の政治的権利にとって常に最も危険性の少ない部門であろう。……司法府は……剣〔執行府〕に対しても財布〔立法府〕に対しても何ら影響を有しない。社会の力にしろ富にしろ何ら指図しない。また全く積極的に決定をすることはできない。それはまことに力（Force）も意思（Will）も持たず、ただ判断（judgement）するだけだと言うことができよう』」が出発点とする。

そして「この司法作用の観念は、マーベリイ判決〔Marbury v. Madison, 5 U.S.(1 Cranch) 137 (1803)〕に展開されたマーシャル長官の論理にほぼ継承され、その後実質的には変化せず、判例・学説に引きつがれ〔た〕。……アメリカは司法府の解釈を必要とする成文憲法を有し、その憲法はあらゆる国家権力が侵すことのできない自然権を保障する最高法規であり、権力分立は立法権に対する不信という政治的イデオロギーを支柱とした三権の同格・並存のシステムだと解されたので、司法の法創造機能が積極的に認められる契機は十分に存在していた」。

(4) 「四 現代司法の積極的性格」

「近代法の時代は、立法・行政両権から独立して……司法が法創造・政策形成機能を営むことには……一般に消極的であったと言える。これが現代法の時代、特に第二次大戦後に大きく変化し、司法が真の第三権として政治過程に強い影響力を及ぼす司法主義(judicialism)が西欧諸国の立憲主義の支柱となるに至った」。

(i) 「**1「司法主義」普遍化の意義**」

フリードリヒ(C. J. Friedrich)の著書(The Impact of American Constitutionalism Abroad, 1967)は「憲法はあらゆる国家権力から不可侵の人権を保障する法、すなわち実質的な意味における国の最高法規であるとする観念を基本とし、それを裁判的に保障する何らかのシステムを制度化することによって具体化しようとする原則」を「司法主義」とする。「『アメリカ人は最初から、州憲法においてさえ、その権利をいかにして「安固」にするかについて深い関心をもった……。……このきわめて重大な問題に対してアメリカ人が示した解決法は「司法審査」である』」。「司法審査を拒否してきたドイツ、フランス等大陸諸国で第二次大戦後に違憲審査制度の憲法保障機能の重要性が認められるに至った直接の理由は、全体主義の独裁に対する反省にあるが、その背後に革命的とも言える憲法思想の転換がある」。「注目されるのは、立法権中心の大陸型権力分立原理の伝統であろう、審査機関は憲法判断のみを行う特別の憲法裁判所であり、裁判官選任の主要な役割も議会に委ねられていることである。」ところが「フランスでも、1970年代に入って憲法院の違憲審査活動が活発となり、政治機関と考えられてきた憲法院は機能的には裁判機関としての性格を濃厚に帯びるに至った。」

(ii)「2　憲法裁判権の権力性——ドイツ」

「ドイツにおける司法の権力性は、次の2つの点で、アメリカのそれと基本的に異なる特色を有する。」「第1は、司法の権力性が憲法裁判権の権力性という問題に集約されていることである。」「第2は、憲法裁判権が立法・執行両権と併存する真の第三権として規定された裁判ないし裁判権（基本法1条3項、20条2項・3項、92条）の1つとして、伝統的な権力分立論に言う司法と異なる新しい実質的意味の「司法」を構成する要素とされていることである。」そして、憲法裁判所の裁判官もつとめたコンラート・ヘッセの論考に言及して、「「憲法裁判も真の裁判の本質と決して矛盾するものではなく、その特徴は、憲法裁判が実は裁判ではないのだということにあるのではなくて、むしろ別の事情にある」」とし、「この「別の事情」の中で特に重要なのは、とりわけ次の3つの特徴、すなわち第1は判決が個別事件の裁判を超えた性質、つまり「国家生活を自律的に形成する意義をしばしばもつ」こと、第2はそれと関連して、憲法裁判所は立法府・行政府の決定に反対することができ、他の裁判所と異なって国家の最高指導に関与すること、第3は右の2つの特徴にもかかわらず、憲法裁判所は最高・無制限の権力をもった機関ではなく、「議会や政府とは異なっていかなる固有の政治権力も体現していない」こと（だから判決は強制力をもって執行できず、他の国家機関によって自発的に受容される限りにおいてのみ役立つにすぎないこと）である、と言う」。

(iii)「3　司法審査の権力性——アメリカ」

アメリカの「附随的違憲審査権は具体的な法律上の争訟の裁判という伝統的な司法の観念（この意味には後に触れるように再検討すべき問題点もあるが）を前提としているので、制度の建前から言えば憲法裁判権よりも限界は大きい。しかし現代アメリカ法における実態をみると、その法創造・政策形成機能はきわめて広く、政治過程に及ぼす影響力も憲法裁判権に勝るとも劣るところはない。アメリカの司法審査権がこのように大きな役割を演じ、強い権力性を有し、しかも国民の承認と支持を獲得している理由は、歴史と伝統に根ざした種々のものがあるが、近代法から現代法への流れの中でそれを考えた場合の最も重要な特徴として、司法審査権が伝統的な「私権保障型」から「憲法保障型」へその性格を大きく変えてきていることを逸することはできないであろう」。そして「現代的アメリカ司法の権力性を象徴的に示すもの」として「審査の比重が議会・政府（政治権力）の行為の「否認」(negating)という受動的な機能から、政治権力の政策の「再構成」(restructuring)という能動的な機能に大きく移行してきたこと」を指摘する。

(5)「五　むすび」

本論文は以下のように締めくくられる。

「第一は、司法権の性質・内容は時代により国により異なる歴史的なものであるが、現代法に至って、ドイツのように裁判権と呼ぶにせよ、アメリカのように伝統的な司法権と呼ぶにせよ、いずれも真の第三権として、特に違憲審査権の行使を通じ、政治過程にもきわめて大きな影響力を及ぼすようになったこと、しかもこの権力性は、中立性・受動性・客観性という伝統的な司法の象徴的性格と適正なバランスを保つことによって初めて、国民の信頼に裏づけられた「正当性の力」をもつことができる、ということである」。

「第二は、司法が政治ないし公共政策に大きくかかわるのは司法の限られた機能にすぎないけれども、以上のように司法の法創造ないし政策形成機能が一般化し、かつ、社会福祉国家の進展に伴って各種の新しい訴訟形態が発展した現代法の段階で、なお「司法とは、具体的な争訟について、法を適用し、宣言することによって、これを裁定する国家の作用をいう」〔清宮四郎の定義〕という趣旨の伝統的な概念で、司法の性質・意味を適切に構成できるかどうか、という問題である」。

「私は、事件性の要件は日本国憲法の司法権の基本的要件だと考えるけれども、〔判例等で示された〕伝統的な考え方は、法の解釈と適用という近代法的観念に重点を置きすぎる点に問題もあることを指摘したい。現代司法については、その法創造機能・政策形成機能の重要性をも明確にする新しい要件を加味すべきではないか、と考えるからである。……K・ヘッセが、第三権としての裁判権の特徴は具体的事件への法の適用(Rechtsanwendung)とか紛争の解決(Streitentscheidung)とかいう点にあるのではなく……、裁判が「法(Recht)に関する紛争またはその侵害があった場合に、特別の手続きによって、有権的な、したがって拘束力のある、しかも独立の判断を下す職務である」という点にあると説明していることが、注目される。」「そしてヘッセは、裁判は右の職務を遂行するにあたって、秩序づける作用、合理化し安定化する作用を果たす点で立法と共通する多くのものをもつが、その裁判官の法形成は、国会の制定する法と同じ程度に民主的に正当化されるものではないこと、また合理化し安定化する作用は、事件に関する具体的な正義を追求するもので、法律的規制と同じような作用を営むことはできないこと、などを指摘している。」

「そこに示唆されているような法創造・政策形成機能を一定の範囲内で積極的に営んでいる、または営むことが期待される現代司法により適合的な観点から考え直してみることも、必要であろう。」

2 司法の定義

以上の考察にたって、芦部は、憲法の概説書『憲法』(初版、岩波書店、1993年)の中で「司法」について以下のような定義を与える。すなわち、「当事者間に、具体的事件に関する紛争がある場合において、当事者からの争訟の提起を前提として、独立の裁判所が統治権に基づき、一定の争訟手続によって、紛争解決の為に、何が法であるかの判断をなし、正しい法の適用を保障する作用(23)」とする。

この定義を分析すると、以下の6点の要素から構成されている。第1に「具体的事件に関する紛争」つまり紛争の具体性事件性、第2に「何が法であるかの判断」と「正しい法の適用」つまり法の発見と適用、第3に「紛争解決」つまり司法作用の目的の限定、第4に「争訟の提起を前提」つまり作用の受動性、第5に「一定の争訟手続」つまり司法の活動準則の特質、第6に「独立の裁判所」つまり帰属機関の独立性と公正性をそれぞれ指摘している。

芦部のこの概説書には、司法の定義の分析手法についての言及はないが、1でみた論文「司法における権力性」における考察を前提としており、客観的・実質的かつ歴史的分析手法である。さらにその分析の内容は、立法の概念、つまり「およそ一般的・抽象的な法規範をすべて含む」[24]と同様に、外形に着目したものといってよい。

この定義は客観的定義ではあるが、第5で指摘した司法の活動準則の特質に際立った特色がある。さきの論文にも「五 むすび」の末尾に「日本の判例は「裁判」を公開・対審・判決という3つの原則が保障される「純然たる訴訟事件」の裁判に限定するが、そのような解釈をとらず、「裁判」に広く非訟事件の裁判も含め、ただその「裁判」はそれぞれの事件にふさわしい適正な手続の保障を伴うものでなければならない、と解する立場をとれば(私はそう解するが)……裁判の概念にデュー・プロセスの要件をより明確に取り入れることを考慮しなければならない」としている。

3 同時期の司法概念を再構成する学説

(1) 野中俊彦の定義

野中俊彦は、憲法の概説書『憲法Ⅱ』(初版、有斐閣、1992年)[25]において、「司法権の観念は近代の権力分立原理とともに生成し、歴史の中でたえず流動し、発展しているものである。一口に権力分立制といっても、各国・各時代によりさまざまに異なる形態があるように、その中での司法の意義や範囲も、それを担当する裁判所の制度もさまざまに異なっている。したがって司法権の観念は固定的にはとらえにくいし、論理的に過不足なく定義することも難しい。〔清宮四郎の「司法とは、具体的な争訟について、法を適用し、宣言することによって、これを裁定する国家の作用である」という）定義は、近代以降の各国・各時代を通じる司法権のいわば共通項を提示したものといってよく、それによって司法という国家作用の大体の輪郭は明らかにされているが、しかしそれ以上に個々の具体的な憲法制度の下での司法権の位置づけや役割を明らかにしているわけではない。それを明らかにするためには歴史的沿革を踏まえ、個々の憲法の統治構造に即しての個別・具体的な検討が必要である」[26]とする。

そして「司法の観念……の本質的要素として事件性ないし争訟性があげられてきたことは間違いない。……事件性ないし争訟性とは、端的にいえば、紛争当事者間に法律関係に関する現実的・具体的な利害の対立が存在するということであり、そのような性質を備えない抽象的・一般的ないし仮定的な紛争には司法権は及ばないとされる」。「ところが、ある紛争が〔事件性ないし争訟性の〕要件を満たしているのかどうかの個別的判断の段階では、さらに議論が分かれる余地が十分にある。それは最後には個々の訴訟手続、個々の紛争ごとに検討されなければならない問題である」[27]とする。

そして野中は別の論考[28]において、選挙訴訟や住民訴訟という裁判所法3条1項の「法律上の争訟」ではない「その他法律において特に定める訴訟」とされる客観訴訟（民衆訴訟）の中で違憲審査権を行使する裁判例があることを指摘し、「それは決して不当なことだとは思われない。選挙権の平等にせよ、政教分離問題にせよ、争点は十分に煮詰まっているのだから、司法審査がなされてよいほどに成熟している」とする。そして「解決の糸口」として、抽象的違憲審査、すなわちドイツの憲法裁判所における抽象的規範統制を日本の通説・判例が否定したのは、「法令の制定後まだなんらの事件も発生していないのに、それを違憲無効とした権限だったのである。つまり「抽象的」といっても実は2つの段階ないし場合があり、それは①国家行為がまだ法令の制定に止まっており、それに基づく処分等が行われていない段階、②国家行為は具体的に処分等の形で行われたが、限定された原告の具体的な法的利益の侵害とはいえない場合、の2つである。そして第一の段階での違憲審査は、たしかに抽象的違憲審査と呼ぶにふさわしいけれども、第二の場合のそれは、むしろ具体的審査と呼んでよいもののように思われる。この場面での事件性はかなりの幅が認められてよいし、認められても、国家行為がすでに具体的に完了しているのだから、裁判所の権限が強くなりすぎるという問題も生じないのではなかろうか」とする。

以上の論考は、その中に芦部論文「司法における権力性」が引用されていることが示すように、その論旨を受けて、違憲審査権の行使が時代の要請によって司法の範囲に入りつつある論理を新たに構成しようとするのである。

(2) 佐藤幸治の定義

1981年に憲法の概説書『憲法』[29]を発表した佐藤幸治は司法権につき以下のように論じる。「通説・判例は、司法権とは一般に具体的な争訟事件について、法を適用し、宣言することによって、これを解決する国家作用〔であると捉えている。〕……〔その〕根拠は、必ずしも明確ではない。日本国憲法の「司法権」はアメリカ合衆国流のものであるという認識も関係しているのかもしれない。それはともあれ、〔この〕説の主張するごとく、具体的事件・争訟性をもって司法権の本質的要素と解すべきものと思われる[30]」。また、「司法権の観念〔は〕……具体的紛争の当事者がそれぞれ自己の権利・義務をめぐって理をつくして真剣に争うということを前提に、公平な裁判所がそれに依拠して行なう法原理的決定に当事者が拘束されるという構造である[31]」とする。また具体的事件性・争訟性の「要件の含意」として、「客観訴訟は、司法権の当然の内容をなすものではなく、法政策的見地から立法府によってとくに認められたものであるとされる。が、かかる訴訟類型を認めるにあたって、本来的司法権でないことを理由に、関係行政機関の審査権を留保することは許されない[32]」とする。

この定義は、近代立憲主義の自己決定の原則、すなわち各自の具体的な権利・義務関係のあり方はそれぞれ自らが決定していくという原則と、デュー・プロセスの思想、すなわち各自の権利・義務につき自己が適正に代表されていない過程によって拘束的に決定されることは不公正であるという思想を背景とし、裁判所の先例拘束性の原則に基づく定義ということができる。

むすび

以上、近代立憲主義の草創期以来現在に至るまでの司法の概念の展開の概要を芦部の論考を中心にみてきたが、最後に、晩年、芦部がどのような境地に立ち至ったかをみてみよう。

芦部が１９９７年に『憲法』の改訂版を公刊した際に、「第16章　裁判所」の「一　司法権の意味と範囲」の「3　法律上の争訟」において、民衆訴訟に言及したさい、初版に以下のような叙述が追加されている。「〔客観訴訟〕の制度は、法律で例外的に認められた訴訟であるから許される、と一般的に説かれてきた。しかし、この訴訟は何らかの具体的な国の行為を争う点では、法律の純粋な抽象的審査ではなく、国の行為と提訴権者の権利・利益との間に一定の関係があると考えることもできるので、司法権に含まれる作用と解する有力説もある」と。[33]

高見勝利が２００４年に公刊した『芦部憲法学を読む――統治機構論』の中にこの点について以下のような注目すべき指摘がある。すなわち「『憲法』の新版で、芦部が「有力説」として言及したのは、その内容から推して、野中俊彦の一連の論文(「抽象的違憲審査の観念」、「違憲審査制の性格」)に示された見解と思われる。」[34]

さらに、高見は芦部の東京大学での最終講義に言及している。「１９８４年2月13日、東大・駒場で行った最後の講義(「私の憲法論の想い出」)の……最後で、伝統的な司法概念の再構成という課題に言及している。[35]「「司法権・立法権・行政権はそれぞれ歴史的性格を持っており、行政権についても新しい行政概念が問題になっているし、立法権についても今までのような立法概念でよいのかどうか検討を要するものがある。このような事情を考慮すると、司法権についても、今までのような伝統的概念構成でいいのかどうかを再検討することも必要であろうかと思う。[36]」

その後、芦部は１９９９年６月12日に逝去されたので新たな概念としてどのような構想をもたれていたのか知るすべはない。

しかし、芦部が憲法訴訟の研究を進めた際に、司法部の果たす機能が「私権保障型」から「憲法保障型」へと変容しつつあることにしばしば言及している。[37] 浅学な私は概説書において以下のように叙述した。

「私権保障型である付随的違憲審査は、「個人の権利保護を第一の目的とする」のに対して、憲法保障型である抽象的違憲審査は、「違憲の法秩序を排除して、憲法を頂点とする法体系の整合性を確保しようとする」とされる。しかし、前者の違憲審査を私権保障型と翻訳するのは誤解を招く。その原語は private rights model であるが、private rights は public order と対になっていて、権利の公私、つまり私権か公権かを問わない。より正確には紛争解決モデルまたは主観法（権利）保障モデルと呼ぶべきである。後者の違憲審査を憲法保障型と呼ぶのも、憲法保障とは本来憲法の最高法規性の保障を意味するから、憲法上の権利の侵害を救済することも、憲法保障の中に入ることになる。客観的憲法秩序の保障を意味するのであれば、規範統制モデルまたは客観法保障モデルと呼ぶべきである。[38]」

しかし本論稿を書き終えようとする今の時点において、私のこの批判的叙述は的を射ていないものであった、と思う。「司法」という概念はあくまで歴史的に時代の要請に従って変わっていくこと、そして憲法保障の役割を裁判所が担わなければならない客観的状況が訪れたとき、その役割を果たすために裁判所はどのような理論をもって対処すべきかを常に考えるべきであるとのメッセージを芦部は諸論考で発信してきたのではないか。それを支える道具概念として「私権保障型」と「憲法保障型」を用いたのではないか。それは司法概念の理論的再構成、例えば裁判所法３条１項の「法律上の争訟」よりも憲法の要求する事件争訟性は広い概念である[39]、とか、立法措置、例えば新たな客観訴訟の法律による創造にむけた訴訟制度の改変まで暗示しているのではないか。

戦後80年を目前とした現在、政治部門による憲法規範を蹂躙する行為が目に付く一方、法令違憲判決が極端に少ない現実をみるとき、例えば規範統制に重きをおく客観訴訟の活性化をはかることが、[40] みずからの命を削るように珠玉の論文を紡いでこられた芦部先生の自由と平和への思いに応えることになるのではないか、と思う。

（1） 芦部信喜『憲法〔高橋和之補訂・第8版〕』（岩波書店、2023年）319―321頁、渋谷秀樹『憲法〔第3版〕』（有斐閣、2017年）476頁以下参照。
（2） 芦部信喜『憲法学I憲法総論』（有斐閣、1992年）156頁参照。
（3） 美濃部達吉『改訂憲法撮要』（有斐閣、1946年）29頁以下参照。
（4） 佐々木惣一『改訂日本国憲法論』（有斐閣、1952年）169頁以下参照。
（5） G・イェリネク『一般国家学』芦部信喜＝阿部照哉＝石村善治＝栗城寿夫＝小林孝輔＝丸山健＝宮田豊＝室井力＝結城光太郎＝和田英夫訳（学陽書房、1974年）493頁以下。
（6） 美濃部達吉『憲法撮要〔改訂第5版〕』（有斐閣、1934年）449頁。
（7） 美濃部・前掲書注（3）397頁。
（8） 美濃部・前掲書注（6）400頁参照。
（9） 美濃部・前掲書注（6）29頁以下、408頁参照。
（10） 「新ナル法的規律」とは私人間を規律する私法を想定しているのであろう。
（11） 伊藤博文『憲法義解〔宮沢俊義校注〕』（岩波書店、1940年）57頁。
（12） 宮沢俊義「司法作用の概念」警研7巻1号（1936年）（同『憲法と裁判』〔有斐閣、1967年〕所収27頁〔以下引用頁数は本書による〕）30―31頁。
（13） 伊藤・前掲書注（11）93頁。
（14） 宮沢・前掲論文注（12）42頁。
（15） 高橋和之「司法の観念」樋口陽一編『講座憲法学第6巻――権力の分立（2）』（日本評論社、1995年）（同『現代立憲主

義の制度構想』(有斐閣、2006年)所収(以下引用頁数は本書による))141頁、143頁以下参照。
(16) 宮沢俊義『日本国憲法』(日本評論社、1955年)590頁。
(17) 清宮四郎「法の定立、適用、執行」京城帝大法文学会論集第1部論集第4冊「法制論纂」(1931年)(清宮四郎『国家作用の理論』(有斐閣、1968年)所収1頁、以下引用頁数は本書による)。ハンス・ケルゼン『一般国家学』清宮四郎訳(岩波書店、1936年)384頁以下も参照。
(18) 清宮・前掲論文注(17)23頁、29頁。
(19) 清宮・前掲論文注(17)335頁。なお、例えば、芦部信喜・前掲書注(1)361頁には、本論文を引用せずに括弧(「 」)で紹介されている。
(20) 『岩波講座・基本法学6権力』(岩波書店、1983年)(芦部信喜『人権と憲法訴訟』(有斐閣、1994年)所収3頁、以下引用頁数は本書による)。
(21) 宮沢俊義「立法・行政両機関の間の権限分配の原理——法律と行政行為との関係」国家46巻10号・11号・12号(1932年)(宮沢俊義『憲法の原理』(岩波書店、1967年)所収113頁、以下引用頁数は本書による)18—19頁。
(22) 芦部・前掲論文注(20)5頁。
(23) 芦部信喜『憲法』(岩波書店、1993年)。この定義は、本書の習作となった『国家と法I 憲法』(財団法人放送大学教育振興会、1985年)158頁から2023年に公刊された、高橋和之による補訂第8版の芦部・前掲書注(1)361—362頁に至るまで変更されていない。
(24) 芦部・前掲書注(1)320頁。
(25) 野中俊彦=中村睦男=高橋和之=高見勝利『憲法II〔初版〕』(有斐閣、1992年)。
(26) 野中ほか・前掲書注(25)178頁(野中執筆)。同『憲法II〔第5版〕』(有斐閣、2012年)(野中執筆)226頁も同文。
(27) 野中ほか・前掲書注(25)182頁(初版)、前掲書注(26)230頁(第5版)。
(28) 野中俊彦「違憲審査制の性格」法教137号(1992年)(佐藤幸治=中村睦男=野中俊彦『ファンダメンタル憲法』(有斐閣、1994年)273頁以下所収〔引用は本書による〕282—283頁)。同旨、野中俊彦「抽象的違憲審査の観念」小林直樹先生還暦記念・現代憲法学研究会編『現代国家と憲法の原理』(有斐閣、1983年)121頁。
(29) 佐藤幸治『憲法〔初版〕』(青林書院、1981年)。

(30) 引用は、佐藤幸治『憲法〔第3版〕』(青林書院、1995年)293―294頁。
(31) 佐藤・前掲書注(30)295頁。佐藤幸治「現代国家と司法権」(同『現代国家と司法権』〔有斐閣、1988年〕所収3頁〔以下引用頁数は本書による〕58頁(初出『法曹時報』38巻8号、10号、39巻1号、4号〔1986年―1987年〕)。
(32) 佐藤・前掲書注(29)212頁。同・前掲書注(30)299頁も同文。
(33) 芦部信喜『憲法〔新版〕』(岩波書店、1997年)。
(34) 芦部・前掲書注(33)303頁。
(35) 高見勝利『芦部憲法学を読む――統治機構論』(有斐閣、2004年)263頁参照。
(36) 高見・前掲書注(35)264頁。
(37) 芦部信喜「憲法訴訟の理論と技術」公法37号(1975年)(同『憲法訴訟の現代的展開』〔有斐閣、1981年〕所収、引用頁数は本書による)4頁以下、芦部・前掲書注(33)294頁等。
(38) 渋谷・前掲書注(1)515頁。
(39) 司法の概念から事件・争訟性を放逐しようとする説もある(高橋和之『立憲主義と日本国憲法〔第5版〕』〔有斐閣、2020年〕432頁以下)が極論に過ぎよう。
(40) 渋谷秀樹「司法権と違憲審査権――客観訴訟の審査対象」判時2375・2376号合併号(2018年)3頁、渋谷秀樹「最高裁判所を「憲法の番人」として機能させるために」世界2022年2月号160頁もその試みの一つの例である。

第二章　日本の違憲審査制の位置づけと評価

佐々木雅寿

はじめに

本稿の目的は2つある。1つは、日本の違憲審査制を比較法の観点から位置づけ直すことである。その際、付随的違憲審査制と抽象的違憲審査制という従来からの分類に加え、強い型(strong-form)の違憲審査と弱い型(weak-form)の違憲審査という新しい分類も用いる。2つ目は、現在の日本の違憲審査制を、主に違憲審査の活性化という観点から評価することである。これらの目的を達成するため、可能な範囲で、芦部信喜教授の学説を分析の基本的な指標として用い、現状と芦部説との距離を意識して検討を行う。

I　日本の違憲審査制の位置づけ

1　違憲審査制の諸類型[1]

(1)　付随的違憲審査制と抽象的違憲審査制の分類と合一化傾向

従来からの一般的な分類は付随的違憲審査制と抽象的違憲審査制の区別であった。[2]この区別をモデル化すると以下のようになる。付随的違憲審査制の原型は、通常の司法裁判所が、司法権に付随する違憲審査を行い、違憲判断の効力は個別的で、主要な機能は私権保障である。それに対し、抽象的違憲審査制の原型は、特別な憲法裁判所が、抽象的な違憲審査を行い、違憲判断の効力は一般的で、主な機能は憲法保障である。しかし今日、2つの類型は相互に接近し、「合一化傾向」を示している。そして現在では、違憲審査の多様な形態が存在している。

(2)　強い型の違憲審査と弱い型の違憲審査の分類と接近傾向

強い型の違憲審査と弱い型の違憲審査の新しい区別[3]をモデル化すると以下のようになる。強い型の違憲審査では、①最上級裁判所が法律等を違憲と判断すれば直接的または間接的にその法律等の効力は失われる、②憲法改正を除けば立法府は裁判所の違憲判断を合憲的に覆すことはできない、③そこでは違憲審査の民主的正当性が問題となる。アメリカがその典型例とされるが、前記(1)の付随的違憲審査制と抽象的違憲審査制は強い型の違憲審査に分類される。

20世紀末に新たに考案された弱い型の違憲審査は、裁判所の違憲判断を立法府が何らかの方法で覆すことができる制度であるが、そこには、議会が通常の法律として権利章典法を制定し、裁判所は問題となる法律を権利章典法に適合的に解釈する方法（ニュー・ジーランド）、法律等が人権法に適合しない旨裁判所が宣言するが、当該法律等の法的効力に影響を与えない方法（イギリス）、裁判所が違憲と判断した法律等は無効となるが、議会がそれを有効と宣言することを認める方法（カナダ）等がある。弱い型の違憲審査の典型例はカナダである。しかし、違憲審査の運用実態を踏まえれば、カナダの制度は、強い型の違憲審査が原則で、弱い型の違憲審査が例外となり、これは、強い型と弱い型の中間型といえる。

近年では、強い型の違憲審査制において違憲審査権を弱く運用することも行われている。(4) 例えば、強い型の違憲審査制を採用するアメリカでは、憲法と実体的に抵触しうる法律が制定された手続を問題とする準実体審査（明確な宣言のルール、時の経過に関する審査手法等）が行われ、判決の最終性を緩和し、裁判所が、その判断に他機関が対抗する余地の広い、弱い判決を下すことが指摘されている。このような現象は、強い型の違憲審査と弱い型の違憲審査との接近傾向と評価しうる。

2　日本の違憲審査制の位置づけ①——付随的違憲審査

(1)　芦部説

芦部教授は、①憲法81条は付随的違憲審査制を定めたと解する通説・判例の立場が妥当である、②(i)憲法81条は「第6章司法」の章に定められていて、違憲審査権は司法の作用に付随するものとして同条に明記されたと解される、(ii)抽象的違憲審査が認められるためには、それを積極的に明示する規定が憲法上定められていなければならない、がその理由である、③司法の観念の歴史性を重視すれば、憲法81条は法律で憲法裁判権を最高裁に与えることを禁じていないとする解釈も絶対に不可能とは言えない、と説明する。(5)

しかし、現行制度の下、裁判所が実際に行使している違憲審査権は、司法権の範囲内の付随的違憲審査権に限定されていない。以下では、判例にみる付随的違憲審査制の特徴とその変化を、違憲審査の入口（付随的違憲審査）、違憲審査の方法（何をどのように審査するのか）、違憲審査の出口（違憲判断の効力）に分けて検討する。

(2) 違憲審査の入口（付随的違憲審査）

① 警察予備隊違憲訴訟判決（最大判昭和27年10月8日民集6巻9号783頁）

この判決は、憲法81条は司法権の範囲内で行使される付随的違憲審査権のみを規定し、抽象的違憲審査権は憲法に違反するという従来の通説と同じ立場をとったと一般に理解されている。しかし本判決は、憲法上禁止される違憲審査の形態や憲法上許容されうる違憲審査の形態を必ずしも明らかにしていない。(6)

この判決前後の一連の判例(7)を踏まえると、最高裁は従来、実質的に見て、①特定個人の人権や権利の具体的侵害を主張することなく、国家行為の違憲性を主な争点として主張すること、②不特定多数の者の人権や権利の一般的・抽象的侵害を主張して、法令の合憲性を主な争点として主張することは、付随的違憲審査ではなく、抽象的違憲審査であると捉えてきた。

② 付随的違憲審査の拡張

平成17年の在外国民選挙権制限違憲判決（後記Ⅱ－2⑦）は、調査官解説によると、公職選挙法の違法確認請求について、「公職選挙法そのものの抽象的な違憲確認を求めているもので不適法であるとした原判決を是認」(8)したが、地位確認請求を公法上の当事者訴訟として適法と認めた。原審（東京高判平成12年11月8日判タ1088号133頁）が地位確認請求も抽象的違憲審査と捉え、それは「従来の判例の流れなどからみれば、特異なものでも突出したものでもない」(9)こと、担当調査官が当初作成した調査報告書では地位確認請求と違法確認請求の適法性には問題があるとしていたこと、(10)この判断が具体的な処分を待たない段階で法律の違憲性等を公法上の確認訴訟で問うという一種の抽象的違憲審査の可能性を示すものであるとの指摘[11]、最高裁は善解によって抽象的な事案を具体的事件に構成し、抽象的違憲審査制にあたるおそれを払拭したとの指摘等[12]をふまえると、平成17年判決は「付随的違憲審査権の範囲をかなりの程度拡張したと理解しうる」[13]。この判決により、具体的な権利侵害を受けた特定個人が求める、公選法自体の違憲確認は抽象的違憲審査となるが、公選法の違憲性を根拠とする特定個人の選挙権を行使する地位の確認は付随的違憲審査となることが、明らかとされた。

令和4年の在外国民国民審査権制限違憲判決（後記Ⅱ－2⑪）は、違法確認の訴えを適法と説示し、国が原告に対して「国外に住所を有することをもって次回の国民審査において審査権を行使させないことは違法である」と判示した。一般的には違法確認訴訟は地位確認訴訟に比して抽象的規範統制に近接するとの指摘[14]、前記平成17年判決の調査官が、同判決は、違法確認の訴えは公選法「そのものの抽象的な違憲確認を求めているもので不適法であるとした原判決を是認したもの」[15]と説明していること、これが最高裁によるはじめての立法不作為の実質的な違憲確認判決であるとの見解等[16]を踏まえると、この令和4年判決は、平成17年判決が拡張した付随的違憲審査権の範囲を更に拡張したと解しうる。そして令和4年判決により、人権や権利の具体的侵害を受けた特定個人が、実質的にみて法律の違憲確認を求めても[17]、それは抽象的違憲審査ではなく、付随的違憲審査と判断される可能性が高まった[18]。このように、付随的違憲審査と抽象的違憲審査はかなり接近している[19]。

③ 客観訴訟における違憲審査

行政事件訴訟法が規定する訴訟類型は、通常、主観訴訟と客観訴訟に分類され、①主観訴訟＝個人の権利利益の保護救済のための訴訟＝法律上の争訟＝憲法が要請する司法権の対象、②客観訴訟＝主に客観的な法秩序の維持を目的とする訴訟＝法律上の争訟ではない＝それは憲法上の要請ではなく、「その他法律において特に定める権限」（裁判所法3条1項)、と説明される。この二分論に従うと、客観訴訟における違憲審査は司法権に付随するものではない。しかし、最高裁は、選挙無効訴訟や政教分離原則に関する住民訴訟のような客観訴訟において違憲審査権を行使し、違憲判断も出している。

(i) **選挙無効訴訟**

公選法２０４条の選挙無効訴訟は、客観訴訟である民衆訴訟の一類型であり、当該訴訟は法律に定める者のみが提起し、法律が予定する選挙無効原因のみの主張が許されるのが原則で、当該訴訟の審査対象を裁判所が判例上拡張することは、本来、行訴法の許容するところではない[20]。しかし最高裁は、一連の選挙無効訴訟において、公選法が規定する選挙制度の違憲を選挙無効原因として主張することを認め、主張しうる無効原因の範囲を拡大した。

衆議院の投票価値の平等に関する昭和51年判決(後記Ⅱ-2③)は、公選法自体の違憲を主張することを適法と判断した。多数意見が認めたこの種の訴訟は、「司法部において、公職選挙法２０４条を借用適用して判例法理で創設した投票価値の較差を問題とする定数訴訟ないし選挙無効訴訟」(最大判平成27年11月25日民集69巻7号２０３５頁の千葉補足意見、大橋反対意見も同旨)と評されている。その後最高裁は、衆議院議員選挙の重複立候補制、比例代表制、小選挙区制、選挙運動に関する規定等、また、参議院議員選挙の非拘束名簿式比例代表制等の違憲性を選挙無効訴訟において選挙無効原因として主張することを認め、憲法判断を加えた。このように最高裁は、選挙無効訴訟を憲法訴訟として活用する場を判例で拡張してきた。しかし、最高裁は、平成26年決定(最二小決平成26年7月9日判時２２４１号20頁)で、選挙無効訴訟を憲法訴訟として活用する場をこれ以上拡張することに歯止めをかけた[21]。

これらの判例の背後には、主観訴訟における付随的違憲審査を主要なもの＝原則と捉え、客観訴訟における違憲審査(典型的な付随的違憲審査から距離のある違憲審査＝抽象的違憲審査の要素をも含みうる違憲審査)を副次的なもの＝例外と位置づける基本的発想が見てとれる[22]。

最高裁は、これまで選挙無効訴訟において2件の法令違憲・事情判決（後記Ⅱ－2③、④）と8件の違憲状態・結論合憲判決（以下「違憲状態判決」）（後記Ⅱ－2ⅰ～ⅷ）を出している。

(ii) 住民訴訟の活用

最高裁は、これまで政教分離に関する住民訴訟で3件の違憲判決（後記Ⅱ－2⑬～⑮）を出している。

また、大阪市ヘイトスピーチ条例に関する令和4年判決（最三小判令和4年2月15日民集76巻2号190頁）では、条例自体の合憲性が住民訴訟で争われたため、ある法令の執行の過程で何らかの財務会計行為が行われた場合、当該財務会計行為を行った地方公共団体の住民であれば、常に前記法令の合憲性を争えるのかという点が問題となった。[23] この点調査官は、①「法令の違憲が個別の財務会計行為の違法を基礎付けるものである限りにおいては、住民訴訟において、当該法令の合憲性を争うことができる」、②「法令の違憲が個別の財務会計行為の違法を基礎付けるものではない場合、当該違憲をいう点は主張自体失当」となる、③本件で原告らは本件各規定の合憲性を争うことができると解説する。[24] 前記①の解釈によっては、住民訴訟における違憲審査の範囲（特定個人の人権や権利の具体的侵害とは関係なく、条例の合憲性それ自体を主な争点として主張し、裁判所が違憲審査を行う範囲）が、さらに広がる可能性がある。これは、従来最高裁が抽象的違憲審査と捉えていた違憲審査が、裁判所が行使できる違憲審査権の範囲に含まれることを意味する。

④ 非訟事件における違憲審査

最高裁はこれまで訴訟と非訟に関する一連の裁判において、憲法32条の「裁判」＝憲法82条の「裁判」＝憲法76条の固有の「司法権」＝裁判所法3条1項の「法律上の争訟」という公式を立て、訴訟事件の裁判は憲法32条と82条の裁判であるから公開・対審・判決という手続保障が憲法上要請されるが、非訟事件の裁判はそれに該当しないから憲法82条と32条の手続保障は及ばない、という理論を示してきた[25]。この二分論に従うと、非訟事件における違憲審査は司法権に付随するものではない。しかし、最高裁は、非訟事件に分類される事案において、これまで3件の違憲判断（後記Ⅱ－2⑨、⑫、⑯）を示している。

非訟事件における違憲審査の裁判プロセスが付随的違憲審査に適していないことが問題とされている[26]。例えば、性別変更の審判では、性別変更を求める者の申立てはあるが、相手方の国は登場しない。付随的違憲審査においては、一方当事者が違憲性を主張し、他方当事者が合憲性を擁護すること、すなわち、双方の当事者が主張を戦わせて、裁判所が必要な情報を十分得たうえで憲法判断することが想定されていた。しかし、非訟事件ではそのような対審的手続保障が十分ではない。非訟事件における違憲審査の重要性が増していることを踏まえると、そこでの手続保障を司法裁判所が行う違憲審査に適合的な内容に改める必要がある。例えば、必要な情報を裁判所に提出し、当該情報に反論し、当該情報の評価をより客観化するための手続、当事者が提出していないが裁判所にとって必要な情報を裁判所に提出するための手続等の構築が喫緊の課題となる。これらの手続保障の充実は訴訟事件における違憲審査にも求められる。

(3) 違憲審査の方法（何をどのように審査するのか）

① **憲法判断回避の準則**

芦部教授は、①私権保障型の付随的違憲審査制の下では、裁判所が審査権を行使する場合に従うべき準則のうち最も重要な1つが憲法判断回避の準則である、②憲法判断回避の準則は、それを絶対的なルールとして主張すると、違憲審査制の憲法保障機能に反する場合が生じるため、裁判所は、事件の重大性や違憲状態の程度、その及ぼす影響の範囲、事件で問題にされている権利の性質等を総合的に考慮し、十分理由があると判断した場合は、憲法判断に踏み切ることができると解するのが妥当であろう、と主張する。[27]

しかし、最高裁は、憲法判断回避の準則について正面から定式化したこともなければ、同準則に積極的評価を示したこともない。[28] 反対に、最高裁は、重要と思われる憲法問題について、具体的事件の解決に必ずしも不可欠とはいえない憲法判断を示すことがしばしばある。

皇居前広場事件判決(最大判昭和28年12月23日民集7巻13号1561頁)と朝日訴訟判決(最大判昭和42年5月24日民集21巻5号1043頁)が示した「念のため」の合憲判断、国賠請求を棄却した夫婦同氏制合憲判決(最大判平成27年12月16日民集69巻8号2586頁)が示した合憲判断は、[29] いずれも、具体的事案処理に必ずしも不可欠とはいえない合憲判断であると解される。

平成27年の再婚禁止期間違憲判決(後記Ⅱ－2⑩)は、国賠請求を棄却しつつ、(i)民法733条1項の規定のうち100日の再婚禁止期間を設ける部分は憲法14条1項、24条2項に違反しない、(ii)同項の規定のうち100日を超えて再婚禁止期間を設ける部分は平成20年当時において憲法14条1項、24条2項に違反するに至っていたと判示した。前記(i)は具体的事案処理に必ずしも不可欠とはいえない合憲判断であり、前記(ii)は具体的事案処理に必ずしも不可欠とはいえない違憲判断であると解される。この点調査官は、「国家賠償責任が否定される場合に前提問題として憲法判断を行うか回避するかについて、論理的には、憲法適合性に関する判断が違法性の有無の判断に先行すると考えられるところ、合憲又は違憲の判断を明示的に示す必要性が当該憲法問題の重要性・社会的影響等を考慮した個々の事案ごとの裁判所の裁量に委ねられているという立場に立ったものと解されよう。特に、憲法判断を責務とする最高裁の判決においては、憲法適合性につき各裁判官に多様な意見があり得る事件等について、仮に立法府にとって違憲であることが明白でないことを理由に国家賠償請求を棄却すべきものとする場合であっても、憲法判断についての各裁判官の意見を明示的に示すために上記の必要性が認められることがある」[30]と説明する。

前記(ii)は、最高裁が示した事案処理に必ずしも不可欠とはいえない初めての違憲判断であり、最高裁の違憲判断に対する積極的姿勢が示されている。また、調査官が示す、憲法判断を回避すべきか否かは裁判所の裁量に委ねられるとする立場は、前記の芦部説②と親和的である。

② **憲法判断の方法**

芦部教授は、①付随的違憲審査制は具体的事件を前提にするので、事件を解決する場合、司法事実を調べることが必要であるが、②憲法事件では立法事実が問題となり、立法事実を検証しない憲法判断の方法は、実体に適合しない形式的・観念的な説得力のない弱い判決になる可能性がある、と指摘する。[31]

前記①に関し、平成25年の民法900条4号但書違憲決定（後記Ⅱ－2⑨）は、いわゆる重婚的内縁関係の下で嫡出でない子が生まれた事案であるが、そのような事案であること（司法事実）には全く触れていない。この点調査官は、「本決定が本件の事案について特段の言及をしていないということは、本決定は、本件規定がおよそ一般的に違憲であるという趣旨の判断をしたものと解される[32]」と説明する。そうであれば、この違憲判断は、具体的事案の司法事実とは関係なく、当該規定の合憲性を「一般的」に判断し、当該規定が「およそ一般的に違憲であるという趣旨の判断」をしたことになる。これは、この事案における違憲審査の方法が、かなりの程度典型的な付随的違憲審査から離れたことを意味する。

(4) 違憲審査の出口（違憲判断の効力）

① **芦部説**

芦部教授は、違憲判決の効力（裁判所に違憲と判断された法律の効力）について、①一般的効力説、個別的効力説、法律委任説のうち、基本的には、個別的効力説を妥当とする、②(i)付随的違憲審査制においては、当該事件の解決に必要な限りで審査が行われ、違憲判決の効力も当該事件に限って及ぶと解される、(ii)一般的効力は一種の消極的立法作用であり、国会のみが立法権を行使するという憲法41条の原則に反する、がその理由である、③文面上無効の判決は、「いかなる人に対し、いかなる事情において適用されても、必ず違憲の結果を生ずるだろう」という趣旨の判決であるから、判決の効力は法的には当該事件だけに及ぶものではあるが、実際には一般効力説的な意味をもち、立法府と行政府を事実上強く拘束する、④個別的効力と言っても、他の国家機関は最高裁の違憲判決を十分尊重することが要求されるため、国会は、違憲とされた法律を速やかに改廃し、政府はその執行を控え、検察はその法律に基づく起訴を行わない、などの措置をとることを憲法は期待している、と説明する。また、判例の拘束力に関して、(a)「判決理由」の部分(判例)は、先例として扱われ、「法源」として機能する、(b)先例は後の裁判を事実上拘束するにとどまると解するのが通説である、(c)十分の理由がある場合には判例の変更は可能、と説明する。[33]

② 判　例

昭和51年の議員定数配分規定違憲判決(後記Ⅱ－2③)は、憲法98条1項の規定は、憲法に「反する国権行為はすべてその効力を否定されるべきことを宣言している」が、「この法規の文言によつて直ちに、法律その他の国権行為が憲法に違反する場合に生ずべき効力上の諸問題に一義的解決が与えられているものとすることはできない」と説示して、事情判決の法理を採用した。

平成25年の民法900条4号但書違憲決定(後記Ⅱ－2⑨)の多数意見は、「本件規定は、本決定により遅くとも平成13年7月当時において憲法14条1項に違反していたと判断される以上、本決定の先例としての事実上の拘束性により、上記当時以降は無効」となるが、「法的安定性」を害さないため、「裁判、合意等により確定的」となった法律関係を覆すことは相当ではない、と説示した。この点調査官は、「違憲判断の効力について、実務的には、我が国の憲法が付随的審査制をとることからいわゆる個別的効力説に立つものと理解されている」[34]と説明する（金築補足意見、千葉補足意見も同旨）。多数意見と金築補足意見によると、最高裁の違憲判断には、個別的効力に加えて、少なくとも裁判所に対する「先例としての事実上の拘束性」が認められる。「事実上の拘束性」には「法的」拘束性ではないことを示唆している。しかし、金築補足意見が、最高裁の違憲判断の後、裁判所は「同判断に従って本件規定を違憲と判断するのが相当である」と説示しているため、その拘束性はかなり強いものと解される。そうであれば、最高裁は、一方で、日本の制度は付随的違憲審査制・個別的効力であるという一般的な理解を維持し、それからの明確な離脱の印象を与えることを回避しつつ、他方で、憲法秩序を保障するため、少なくとも裁判所との関係では、かなり強い先例としての拘束性＝実質的な一般的効力の必要性を認識していると解される[35]。

令和4年の在外国民国民審査権制限違憲判決（後記Ⅱ－2⑪）の多数意見は、違法確認の訴えについて、国民審査法が違憲であることを理由とした違法確認判決が「確定したときには、国会において、裁判所がした上記の違憲である旨の判断が尊重されるものと解されること（憲法81条、99条参照）も踏まえると、当該確認判決を求める訴えは」有効適切な手段である、と説示した。また、宇賀補足意見も、違法確認の訴えについて、「最高裁判所が、憲法81条により一切の法律が憲法に適合するかしないかを決定する権限を有する終審裁判所であり、国会議員が、憲法99条により憲法尊重擁護義務を負う以上、国会が上記判決を尊重して立法を行うことを期待することができ、紛争の解決に有効」と説示する。これらの説示は、違憲判断の効力について直接判断したものではない。しかし、最高裁の違憲判断が示されれば、憲法81条と99条を根拠に、国会がその判断を「尊重」し、必要な立法を行うことが「期待」できると最高裁は考えている。これは、最高裁の違憲判断に国会に対する「事実上の拘束性」があることを示していると理解できる。もっともその拘束性の根拠が憲法81条と99条であるため、それはかなり強い拘束性と解される。そうであれば、最高裁は、憲法秩序を保障するため、国会との関係でもかなり強い拘束性＝実質的な一般的効力の必要性を認識していると解される(36)。

衆議院の投票価値の平等に関する令和5年判決(最大判令和5年1月25日民集77巻1号1頁)の宇賀反対意見は、「憲法81条により違憲立法審査権を有する最高裁が違憲判決を出した場合、憲法99条により国会はそれを尊重する義務を負う」と説示する。

以上のように、最高裁の違憲判断には個別的効力に加え、国会や裁判所に対する事実上の拘束性があり、それはかなり強い拘束性＝実質的な一般的効力であると最高裁は考えている。これは前記芦部説④に親和的である。それに対し、宇賀裁判官は、国会は憲法99条により最高裁の違憲判決を「尊重する義務」を負うとする。近時の有力学説は、憲法81条・98条・99条に基づき最高裁の違憲判断には「特別拘束力」があり、それは憲法81条の実効性を確保するため、「違憲判断の趣旨」に従った「必要な対応」を「立法府及び行政府に義務付ける」と主張する(37)。これらの立場は、前記芦部説④からより踏み込んだものといえよう。

3　日本の違憲審査制の位置づけ②――強い型の違憲審査

日本の違憲審査制は強い型の違憲審査に分類される(38)。

(1)　強い型の違憲審査の弱い運用

村山教授は、近時の最高裁判例の中には、準実体審査的手法を用いて、憲法判断の最終性を緩和し、最高裁が「強い形式」の違憲審査制を弱く運用していることを指摘する。村山教授は、①平成27年衆議院議員定数不均衡事件判決(最大判平成27年11月25日民集69巻7号2035頁)の違憲状態判決によると、違憲状態と判断された較差について、その合憲性を慎重な審議手続を踏んで再検討すれば、国会は較差を解消しないあるいは解消できないと判断しても構わないことになり、ここでは準実体審査的手法を用いて判決の最終性が緩和されている、②医薬品ネット販売事件判決（最二小判平成25年1月11日民集67巻1号1頁）によれば、国会は、職業の自由を制約する意図を明確に宣言すれば、郵便等販売を規制する法律を再度制定でき、最高裁は、明確な宣言のルールと類似の準実体審査的手法を用いて判決の最終性を緩和している、③平成25年の民法900条4号但書違憲決定（後記Ⅱ－2⑨）は、国民の規範意識の変化にもかかわらず過去の法律を改廃しないで放置してきた国会の手続的過誤を問題としているように読むこともでき、国民の規範意識が再度保守化したときには、慎重な審議手続を踏んだうえで、民法900条4号旧但書と同様の規定を復活させるという選択肢が、国会には残されており、最高裁は、時の経過を問題とする準実体審査的手法を用いて、決定の最終性を緩和した、と説明する。(39)

(2) 違憲状態判決

最高裁はこれまで投票価値の平等に関して違憲状態判決を8件出している。最高裁の多数意見は、違憲審査権と三権分立を規定している憲法秩序の下では、多数意見が違憲状態判決を示すと、国会は是正を行う「責務」を負うと説示する。違憲判断に事実上の拘束性しか認めない判例の立場からすれば、その責務は、法的な義務ではなく、事実上の要請であると考えられる。しかし、個別意見の中には、違憲状態を是正することは憲法上の義務であり法的義務であると理解するものがある。また、最高裁は、違憲・事情判決の効力等と違憲状態判決のそれには違いがあり、前者の方が後者よりも強いと理解していると考えられ、個別意見の中にはそのことを明確にするものがある。そして筆者は、客観的には憲法違反であるが、国会に帰責性がないから、少なくとも国会や行政府との関係では合憲とするものと違憲状態判決を理解する。(40)

弱い型の違憲審査の利点の1つとして、一方で、裁判所が憲法判断を示しつつ、他方で、立法府が、裁判所の憲法判断を踏まえつつも、自身の理解に基づき最終的な対応をとることを認めることがあげられる。[41] そのため、弱い型の違憲審査は、違憲審査の民主的正当性の問題を構造的に緩和することができると評価されている。[42] 横大道教授は、従来の最高裁が憲法判断に消極的な理由が、民主的正統性を有する国会の判断を裁判所が覆すことへの懸念に基づくものであるとすれば、裁判所が最終決定権を持たないからこそ積極的な判断が可能となり得る弱い型の違憲審査制も、違憲審査を活性化させるための候補に入れて考えるべきかもしれないと指摘する。[43]

以上を踏まえると、違憲状態判決は、強い型の違憲審査制において、弱い型の違憲審査が機能しうる新たな手法を最高裁が創造したと理解することができる。そして、違憲状態判決には、違憲判断を回避するためという消極的意味のみならず、本来広い立法裁量が認められるべき選挙制度の構築に関し、立法裁量を少しでも多く残し、国会の自主的な対応を促すという積極的意味も認められる。[44] そうであれば、立法裁量が広いと解される統治規定に関する憲法問題についての違憲審査においても、違憲状態判決を活用する可能性が広がる。

Ⅱ　日本の違憲審査制の評価

1　司法消極主義からの変化

従来、日本の最高裁は極端な司法消極主義に陥っていると学説から批判されてきた。しかし、2000年以降、最高裁は、違憲判断を比較的頻繁に出す等、以前より積極的に違憲審査権を行使していると評価されていた。[45] しかし、2015年以降の最高裁判例に関しては、「違憲審査権行使の積極化傾向は停滞している」といった評価もある。[46]

宍戸教授は、2015年の論文で、アメリカ型の違憲審査制を接ぎ木した先が大陸型の司法権理解、職業裁判官制度、そして実定裁判制度であり、その結果、最高裁による違憲審査権の行使はあまりにも消極的なものにとどまってきたことと、近時は「違憲審査の活性化」が目覚ましいことを指摘する。(47) そして、違憲審査の活性化の諸相として、①目的達成手段の審査、②立法事実の変化、③部分無効、④判例法理の再編成をあげる。(48) そのうえで、最高裁による違憲審査の活性化を評価するためには、最高裁が「弱者保護」ないし「社会の中の正義」の実現に徹するという「小さな司法」論(49)が手がかりとなり、違憲審査の活性化の大勢は、司法裁判官が「法の支配」を維持・達成する手段として違憲審査権を活用していると理解できるが、他方、近時の違憲審査の活性化には、立法・行政のみならず裁判官をも拘束する憲法規範の優位の貫徹という側面は希薄であると評価する。(50) また、横大道教授は、従来の最高裁が憲法判断に消極的な理由として、民主的正統性を有する国会の判断を裁判所が覆すことへの懸念があった可能性を指摘する。(51)

2 違憲判断と違憲状態判決の増加

日本国憲法施行以降、2023年12月末現在、最高裁による主要な違憲判断のなかで、(1)明示的に法令を違憲と判断したのは12件①刑法200条違憲判決(最大判昭和48年4月4日刑集27巻3号265頁)、②薬事法違憲判決(最大判昭和50年4月30日民集29巻4号572頁)、③議員定数配分規定違憲判決(最大判昭和51年4月14日民集30巻3号223頁)、④議員定数配分規定違憲判決(最大判昭和60年7月17日民集39巻5号1100頁)、⑤森林法違憲判決(最大判昭和62年4月22日民集41巻3号408頁)、⑥郵便法違憲判決(最大判平成14年9月11日民集56巻7号1439頁)、⑦在外国民選挙権制限違憲判決(最大判平成17年9月14日民集59巻7号2087頁)、⑧国籍法違憲判決(最大判平成20年6月4日民集62巻6号1367頁)、⑨民法900条4号但書違憲決定(最大決平成25年9月4日民集67巻6号1320頁)、⑩再婚禁止期間違憲判決(最大判平成27年12月16日民集69巻8号2427頁)、⑪在外国民国民審査権制限違憲判決(最大判令和4年5月25日民集76巻4号711頁)、⑫性別の取扱いに関す

る特例法違憲決定(最大決令和5年10月25日民集77巻7号1792頁))、(2)政教分離に関する違憲判決は3件(⑬最大判平成9年4月2日民集51巻4号1673頁、⑭最大判平成22年1月20日民集64巻1号1頁、⑮最大判令和3年2月24日民集75巻2号29頁)、(3)裁判所の判断を違憲と判示したと解されるのは2件(⑯強制調停事件決定(最大決昭和35年7月6日民集14巻9号1657頁)、⑰第三者所有物没収事件判決(最大判昭和37年11月28日刑集16巻11号1593頁))、(4)長期化した刑事裁判を違憲と判断したのは1件(⑱高田事件判決(最大判昭和47年12月20日刑集26巻10号631頁))で、合計18件の違憲判断が示されている。

また、最高裁はこれまで投票価値の平等に関して違憲状態判決を8件(衆議院:(i)最大判昭和58年11月7日民集37巻9号1243頁、(ii)最大判平成5年1月20日民集47巻1号67頁、(iii)最大判平成23年3月23日民集65巻2号755頁、(iv)最大判平成25年11月20日民集67巻8号1503頁、(v)最大判平成27年11月25日民集69巻7号2035頁、参議院:(vi)最大判平成8年9月11日民集50巻8号2283頁、(vii)最大判平成24年10月17日民集66巻10号3357頁、(viii)最大判平成26年11月26日民集68巻9号1363頁)出している。

2000(平成12)年以前の法令違憲判決(5件)、政教分離違憲判決(1件)、裁判所の判断の違憲判断(2件)、長期化した刑事裁判の違憲判断(1件)を合わせると、9件の違憲判断があった。それに対し、2000年以降の法令違憲判決(7件)、政教分離違憲判決(2件)を合わせると、9件の違憲判断があった。また、2000年以前の違憲状態判決は3件、それ以降は5件である。違憲判断と違憲状態判決の数と期間の長短からすると、2000年以降、最高裁は、違憲判断または違憲状態判決を、より短期間で、より多く出す傾向があり、違憲審査が一定程度活性化していると評価できる。特に、前記⑦と⑪は付随的違憲審査権の範囲を拡張したうえでの違憲判断であり、また、前記⑩判決は具体的事案の処理に必ずしも不可欠とはいえない違憲判断を最高裁が初めて示したもので、最高裁が違憲判断に積極的な姿勢を示した点で注目に値する。

3　付随的違憲審査制とそれ以外の違憲審査制

現在、裁判所が実際に行使している違憲審査権には、憲法が要請する、司法権に付随する違憲審査権と、憲法上許容され、法律で認められた司法権以外の裁判権に付随するものとがあり、両者における違憲審査の範囲は判例で拡張されている。

前記2で指摘した18件の違憲判断のなかで、司法権に付随する違憲審査による違憲判断は10件(①、②、⑤、⑥、⑦、⑧、⑩、⑪、⑰、⑱)、司法権以外の裁判権に付随する違憲審査における違憲判断は8件(③、④、⑨、⑫、⑬、⑭、⑮、⑯)である。これに選挙無効訴訟における違憲状態判決8件を加えると、司法権以外の裁判権に付随する違憲審査における違憲判断と違憲状態判決は合計16件となる。

違憲判断の数からすると、司法権に付随する違憲審査とそれ以外の権限に付随する違憲審査の重要性はほぼ同じと評価できる。しかし、違憲状態判決の8件を加えると、後者の違憲審査の重要性がより高まっていると評価することができる。

4　違憲審査の活性化の諸要因

以下では、近年の違憲審査の活性化の諸要因として、最高裁の判例から読み取ることができるものを、いくつか指摘する。

第1は、裁判所の権限行使に対する国会からの明確なメッセージである。前述のように平成17年の在外国民選挙権制限違憲判決は付随的違憲審査の範囲をかなりの程度拡張したと理解しうる。この点調査官は、平成16年の行訴法改正で公法上の当事者訴訟が活用されるべきことについて立法者の意思が明確に表示されていること等指摘し、地位確認請求を適法と認めた裁判官全員一致の判断は、「必要な違憲立法審査権の行使を適切に行おうとする最高裁判所の姿勢の現れである」と指摘する。(52) また、令和4年の在外国民国民審査権制限違憲判決は付随的違憲審査の範囲を更に拡張したと解しうる。宇賀補足意見は、違法確認の訴えを認めることは平成16年の行訴法改正の「趣旨にも適合する」と説示する。このことから、国会が、法改正等において、裁判所の権限行使等について明確なメッセージを示した場合、最高裁の違憲審査権の行使が活性化する可能性が高まると評価できる。

第2は、国会の意思と国民の認識の一致である。投票価値の平等に関し、最高裁は、衆議院議員選挙では、従来最大較差3倍程度まで許容していたが現在は2倍程度までしか許容せず、また、参議院議員選挙では、従来最大較差6倍程度まで許容していたが現在は3倍程度までしか許容していない。このように、最高裁は、投票価値の平等に関する立法裁量を漸次的に縮小してきた。この点、衆議院議員選挙に関する前記平成27年判決の千葉補足意見は、投票価値の較差の評価が厳しくなった理由として、①憲法上の1人1票の保障からすると最大較差2倍以上となることは避けるべきであること、②国会自身が区画審設置法3条1項で較差が2倍以上とならないことを基本とすべきことを規定したこと、③有権者において投票価値の平等の憲法上の重要性の認識が格段に広まってきたこと、④各議員が正しく国民の声を反映した選挙により選出されたのかどうかが国民の間で深刻に意識されるようになってきたこと等をあげる。これによると、衆議院議員選挙に関しては、2倍を超える最大較差は許されないことが、国会の意思と国民の認識において一致したことが、最高裁の評価を厳しくした主要な要因であると考えられる。

他にも、立法事実の変化を確実な方法で明確に示すことができれば、違憲判断の主要な根拠とすることができる。例えば、前記令和5年の性別の取扱いに関する特例法違憲決定が指摘した「性的指向及びジェンダーアイデンティティの多様性に関する国民の理解の増進に関する法律」が令和5年6月に制定されたことは、性同一性障害者に関する社会の中の理解が確実に広まっていることを示す明確な根拠と位置づけることもできよう。このように、法律の制定や多くの地方公共団体における同様の条例制定等は、社会の中の意識等が明確に変化していることを示す、確実な方法で確かめることができる重要な根拠となりうる。また、医学的知見の変化等も確実な方法で確かめることができる重要な判断材料となりうる。

おわりに

(1) 現在、裁判所が実際に行使している違憲審査権には、①憲法が要請する、司法権の範囲内で行使される付随的違憲審査権と、②憲法上の要請ではないが憲法上許容された、法律で認められた司法権以外の裁判権に付随するものとがある。したがって、現行制度の下、裁判所が実際に行使している違憲審査権は、司法権に付随する違憲審査権に限定されていない。そして、前記①の範囲も②の範囲も判例により拡張されていることをふまえると、憲法上要請されまたは憲法上許容された違憲審査権の範囲は、実定訴訟法に必ずしも限定されず、現行制度を超える広がりをもつと解される[53]。

(2) 現在の日本の違憲審査制は、違憲審査の入口、違憲審査の方法、違憲審査の出口のすべての側面で、付随的違憲審査の原型モデルから一定程度離れ、合一化傾向が示す中間型の要素を多く含むようになっている。芦部教授の説も、多くの学説も、このような傾向を許容している。また、日本の違憲審査制は、通常、強い型の違憲審査と理解されている。しかし、違憲状態判決は、強い型の違憲審査制における弱い型の違憲審査の運用と理解することができる。

(3) 憲法の解釈においても、①従来のように付随的違憲審査制の原型からの乖離を問題視するのではなく、合一化傾向が広まった諸要因を踏まえて、今後は中間型を出発点として、また、②強い型の違憲審査のみならず、弱い型の違憲審査の活用も視野に入れて、違憲審査の活性化のために、日本の制度をより発展させていくための具体的な制度設計を、より柔軟な発想で検討することが求められる(54)。本稿の分析からは、少なくとも、司法裁判所が行う違憲審査に適した手続保障と、違憲状態判決を活用すべき分野の検討が求められる。

(4) かつて極端に司法消極主義的だと批判されてきた最高裁の違憲審査権の行使も、近年、一定程度、積極主義的な傾向を示し、現在もその傾向が続いている。裁判所の権限行使に対する国会からの明確なメッセージ、国会の意思と国民の認識の一致、確実な方法で確かめることができる立法事実の明確な変化等が最高裁の違憲審査に対する積極姿勢を支えていると解される。

(1) 佐々木雅寿「人権保障の現状と日本の特徴」中村睦男他編著『世界の人権保障』(三省堂、２０１７年)２２５—２２７頁参照。

(2) M. Tushnet, *Advanced Introduction to Comparative Constitutional Law* (Edward Elgar, 2014) at 48. 芦部信喜著・高橋和之補訂『憲法　第八版』(岩波書店、２０２３年)４０５頁(以下「芦部」)、松井茂記『日本国憲法〔第４版〕』(有斐閣、２０２２年)70—72頁、市川正人『憲法〔第２版〕』(新世社、２０２２年)３２９—３３０頁、辻村みよ子『憲法〔第７版〕』(日本評論社、２０２１年)４５６—４５７頁、大石眞『憲法概論Ⅰ』(有斐閣、２０２１年)３８１—３８３頁、渡辺康行他著『憲法Ⅱ』(日本評論社、２０２０年)３４６—３４８頁(渡辺康行担当部分)、高橋和之『立憲主義と日本国憲法〔第５版〕』(有斐閣、２０２０年)４５２—４５４頁、村山健太郎「違憲審査制の類型論と違憲審査の活性化」論ジュリ36号(２０２１年)１１７頁、横大道聡「どのように憲法を守るのか」法教４５５号(２０１８年)78—79頁、佐々木・前掲注(１)２２５頁等。

(3) Tushnet, *supra* note 2 at 56-63. 村山・前掲注(２)１１８—１１９頁、佐藤幸治『日本国憲法論〔第２版〕』(成文堂、２０２０年)６７２頁、長谷部恭男『憲法〔第８版〕』(新世社、２０２２年)４３３—４３４頁、横大道・前掲注(２)79—81頁、

佐々木・前掲注(１)２２６―２２７頁。

(４) 村山・前掲注(２)１１９―１２０頁。

(５) 芦部・前掲注(２)４０５―４０６頁。

(６) 笹田栄司『裁判制度のパラダイムシフトⅠ』(判例時報社、２０２３年)12頁、岸野薫「違憲立法審査権の性格」長谷部恭男他編『憲法判例百選Ⅱ〔第７版〕』(有斐閣、２０１９年)４０７頁、佐々木雅寿「違憲立法審査権の性格」長谷部恭男他編『憲法判例百選Ⅱ〔第６版〕』(有斐閣、２０１３年)４１２頁。

(７) 最大判昭和23年７月８日刑集２巻８号８０１頁、最大判昭和25年２月１日刑集４巻２号73頁、最二小判昭和27年10月31日民集６巻９号９２６頁、最大判昭和28年５月20日行集４巻５号１２２９頁、最三小判昭和39年４月21日訟月10巻５号７５６頁、最二小判平成３年４月19日民集45巻４号５１８頁等。

(８) 杉原則彦・最高裁判所判例解説民事篇平成17年度(下)６４７頁。

(９) 山田洋「実質的当事者訴訟の復権？」論ジュリ３号(２０１２年)１１３頁。

(10) 杉原則彦「活性化する憲法・行政訴訟の現状」公法71号(２００９年)１９７頁。

(11) 長谷部恭男他「〈鼎談〉在外邦人選挙権大法廷判決をめぐって」ジュリ１３０３号(２００５年)９頁〔小幡純子発言〕。

(12) 笹田・前掲注(６)46頁。

(13) 佐々木・前掲注(６)４１３頁参照。

(14) 戸部真澄「判批」新・判例解説 Watch 32号(２０２３年)51頁。

(15) 杉原・前掲注(８)６４７頁。

(16) 市川正人「判批」法セ８１３号(２０２２年)43頁。

(17) 村上裕章「公法上の確認訴訟の新たな展開」判時２５５２号(２０２３年)１１６頁は、法律の違憲確認を求める訴訟であっても、一定の場合には、ほかに適切な救済手段がなければ、「法律上の争訟」性が認められる可能性を指摘する。

(18) 佐々木雅寿「判批」判評７７５号(判時２５６３号)(２０２３年)１２０頁。

(19) 笹田・前掲注(６)47頁参照。

(20) 山岸敬子「判批」(最二小決平成26年７月９日判時２２４１号20頁)民商１５０巻６号(２０１４年)７５６頁参照。

(21) 佐々木雅寿「違憲の争点を提起しうる当事者適格」『憲法判例百選Ⅱ〔第７版〕』・前掲注(６)４０９頁。

(22) 佐々木・前掲注(21)409頁。
(23) 毛利透「判批」(第1審判決)法教476号(2020年)127頁、高瀬保守「最高裁時の判例」ジュリ1580号(2023年)101頁。
(24) 高瀬・前掲注(23)101頁。
(25) 佐々木雅寿「訴訟と非訟」ジュリ1400号(2010年)19頁。
(26) 櫻井智章「性同一性障害者特例法の非婚要件の合憲性」法教478号(2020年)135頁。
(27) 芦部・前掲注(2)407頁。
(28) 平成26年決定(最二小決平成26年7月9日判時2241号20頁)の千葉補足意見は、憲法判断回避の準則をより重視する考えを示した。
(29) 畑佳秀「最高裁大法廷時の判例」ジュリ1490号(2016年)104頁参照。
(30) 加本牧子「最高裁大法廷時の判例」ジュリ1490号(2016年)95頁。
(31) 芦部・前掲注(2)409頁。
(32) 伊藤正晴「最高裁大法廷時の判例」ジュリ1460号(2013年)91頁。
(33) 芦部・前掲注(2)409―410頁、415―416頁、417―418頁。
(34) 伊藤・前掲注(32)92頁。
(35) 佐々木雅寿「最高裁判所と国会との「対話」と「違憲状態・結論合憲判決」」法学館憲法研究所 Law Journal 29号(2024年)181頁。
(36) 佐々木・前掲注(35)181―182頁。
(37) 笹田・前掲注(6)228頁、256―257頁。
(38) 村山・前掲注(2)122頁、佐々木・前掲注(1)227頁。
(39) 村山・前掲注(2)122―123頁。
(40) 佐々木・前掲注(35)183―186頁。
(41) 佐々木・前掲注(1)227頁。
(42) Tushnet, *supra* note 2 at 58.

(43) 横大道・前掲注(2)80頁。

(44) 佐々木・前掲注(35)186—187頁。

(45) 市川正人「違憲審査権行使の積極化と最高裁の人的構成」市川正人他編著『日本の最高裁判所』(日本評論社、2015年)23頁、宍戸常寿「司法権＝違憲審査制のデザイン」憲法理論研究会編『岐路に立つ立憲主義』(敬文堂、2018年)47頁。

(46) 市川正人「最高裁憲法判例の動向」市川正人他編著『現代日本の司法』(日本評論社、2020年)65頁。

(47) 宍戸常寿「日本型違憲審査制の現在」全国憲法研究会編『日本国憲法の継承と発展』(三省堂、2015年)256頁。

(48) 宍戸・前掲注(47)257—262頁。

(49) 棟居快行『憲法学の可能性』(信山社、2012年)「第14章最高裁は何処へ?」参照。

(50) 宍戸・前掲注(47)262—265頁。

(51) 横大道・前掲注(2)80頁。

(52) 杉原・前掲注(8)648頁。

(53) 佐々木・前掲注(6)413頁。

(54) 宍戸・前掲注(45)参照。

第三章　憲法判断回避の準則

——その意義と限界

土井真一

賢明な憲法の裁判官は、自己抑制と積極主義の両方の長所に習熟し、かつそれを適用することができなくてはならない。——*Edward Watson McWhinney*

はじめに

芦部信喜教授は、昭和34(1959)年から、ハーヴァード・ロースクールに留学し、同時期に在外研究をしていた時國康夫判事とともに、サザーランド教授(Arthur Eugene Sutherland Jr.)やフロインド教授(Paul Abraham Freund)の下で、憲法訴訟論を学んだ。そして、昭和36(1961)年に帰国した直後から、「憲法訴訟という新しい分野の開拓を一層進めることなくして、人権の裁判的保障を一つの柱とする『法の支配』の原則を十分に生かすことは困難ではないか」[1]という強い思いを抱いて、司法研修所で時國判事と一緒に憲法訴訟のセミナーを始める。それと並行して、憲法訴訟に関する論文の公表が始まる中、昭和37(1962)年12月に起こったのが恵庭事件である。

芦部教授は、特別弁護人を務めた深瀬忠一教授を通じて、自衛隊の合憲性が焦点となった訴訟に関与し、立法事実論などを中心に、その審理に影響を与える[2]。しかし、衆目を集めた札幌地裁判決（札幌地判昭和42年3月29日下刑集9巻3号359頁）は、憲法判断を回避したことから、芦部教授はこの判決と対峙することを通して、憲法判断回避の準則に関する研究を次々に展開していく。

本稿は、この「米国留学の成果が試された憲法事件・論争との遭遇」[3]を中心に芦部憲法学の功績を顧みることにより、憲法判断回避の準則の意義と限界を明らかにしたい[4]。なお、憲法判断回避の準則は、広義には、いわゆるブランダイス準則全体を意味し、合憲解釈に関する法理を含むものであるが、本稿では、ブランダイス第4準則に関わる狭義の憲法判断回避の問題に焦点を当てる。

Ⅰ　恵庭事件札幌地裁判決

1　事実の概要

北海道千歳郡恵庭町（現・恵庭市）にある島松演習場は、自衛隊による空対地実弾射撃訓練や大砲による実弾射撃訓練等に用いられていた[5]。被告人らは、演習場の付近で酪農を営んでいたが、訓練の爆音により、牛が狂奔して死亡したり、早流産の増加や乳量の減少を招いたりするなどの被害が生じているとして、自衛隊に対する抗議活動を行っていた。昭和37（1962）年には自衛隊北部方面総監部との間で、射撃訓練に際して事前に連絡するとの紳士協定が結ばれたが、同年12月11日、事前連絡なく、砲撃訓練が始まった。被告人らは演習の中止を申し入れたが、聞き入れられなかったため、連絡用の通信線を切断し、砲撃を中止させた。翌12日朝から砲撃が再開されたため、被告人らは再び通信線を切断した。

これに対して、陸上自衛隊北部方面総監は、千歳警察署長に告訴状を提出して、厳重な処罰を要望し、昭和38（1963）年3月、札幌地検は、被告人らを、自衛隊法121条（「自衛隊の所有し、又は使用する武器、弾薬、航空機その他の防衛の用に供する物を損壊し、又は傷害した者は、5年以下の懲役又は5万円以下の罰金に処する」。以下「法121条」という。）に違反する罪で起訴した。当初は、刑法261条の器物損壊罪の疑いで捜査が進められていたところ、法121条違反での起訴となったのは、砂川事件最高裁判決（最大判昭和34年12月16日刑集13巻13号3225頁）や昭和35（1960）年の新日米安全保障条約の成立などを背景に、自衛隊法を合憲とする司法判断を引き出したいという政府・検察幹部の意向があったのではないかとの見方もある。

同年9月27日に札幌地裁（辻三雄裁判長）において初公判が開かれ、その後、昭和42（1967）年1月19日に結審するまで、3年余りにわたって40回の公判を重ねた。その審理の多くは、自衛隊が憲法前文及び9条に違反するか否かに費やされたが、同年3月29日、札幌地裁は、自衛隊に関する憲法判断を示すことなく、被告人らによる通信線の切断行為は、法121条の構成要件に該当しないとして、被告人らを無罪とする判決を下した。

この判決に対しては、「まったく〝肩すかし〟の判決であり、弁護人、被告人は、もとより、国民一般の期待を裏切ることははなはだしいものがある[6]」といった厳しい批判がなされたが、同年4月12日、札幌地検は、「『この上さらに上訴し、あくまで自衛隊法121条の法律解釈を争わなければならないほどの必要性に乏しい』などの理由から控訴しない旨を明らかにした[7]」ため、地裁判決は確定した。

2　判旨

「まず、被告人両名の各行為がはたして検察官主張のように自衛隊法121条にいわゆる『自衛隊の……使用する……その他の防衛の用に供する物を損壊し……』たばあいに該当するかどうかについて判断することとする。」

「本件罰条違反の罪の罪質については、……自衛隊という組織・機関によつていとなまれることとなつた『国の防衛作用』を妨害(侵害)する犯罪類型としての性格(一種の公務妨害罪的な要素)に、第一次的な意義があり、財産犯罪たる比重は副次的なものにとどまると考えるのが相当である。」

「一般に、刑罰法規は、その構成要件の定め方において、できるかぎり、抽象的・多義的な表現を避け、その解釈、運用にあたつて、判断者の主観に左右されるおそれ(とくに、濫用のおそれ)のすくない明確な表現で規定されなければならないのが罪刑法定主義にもとづく強い要請である。」

「本件罰条のように、その規制秩序の特殊性とあいまち、規定文言の抽象的・多義的な性格がすこぶる濃厚な刑罰法規の解釈に際しては、厳格解釈の要請がひときわ強くはたらく」。

「本件罰条にいう『その他の防衛の用に供する物』の意義・範囲を具体的に確定するにあたつては、同条に例示的に列挙されている『武器、弾薬、航空機』が解釈上重要な指標たる意味と法的機能をもつと解するのが相当である。」

「したがつて、『その他の防衛の用に供する物』とは、これら例示物件とのあいだで、法的に、ほとんどこれと同列に評価しうる程度の密接かつ高度な類似性のみとめられる物件を指称するというべきである。」

「被告人両名の切断した本件通信線が自衛隊法121条にいわゆる『その他の防衛の用に供する物』にあたるか否かを検討してみるに、……例示物件に見られる一連の特色とのあいだで類似性が是認せられるかどうかについては、つとめて厳格な吟味を必要とするのであるが、本件通信線が自衛隊の対外的武力行動に直接かつ高度の必要性と重要な意義をもつ機能的属性を有するものといいうるか否か、自衛隊の物的組織の一環を構成するうえで不可欠にちかいだけの枢要性をそなえているものと評価できるか否か、あるいは、その規模・構造等の点で損壊行為により深刻な影響のもたらされる危険が大きいと考えられるかどうか、ないしは、同種物件による用法上の代たいをはかることが容易でないと解されるかどうか、これらすべての点にてらすと、多くの実質的疑問が存し、かつ、このように、前記例示物件との類似性の有無に関して実質的な疑問をさしはさむ理由があるばあいには、罪刑法定主義の原則にもとづき、これを消極に解し、『その他の防衛の用に供する物』に該当しないものというのが相当である。」

「裁判所が一定の立法なりその他の国家行為について違憲審査権を行使しうるのは、具体的な法律上の争訟の裁判においてのみであるとともに、具体的争訟の裁判に必要な限度にかぎられることはいうまでもない。このことを、本件のごとき刑事事件にそくしていうならば、当該事件の裁判の主文の判断に直接かつ絶対必要なばあいにだけ、立法その他の国家行為の憲法適否に関する審査決定をなすべきことを意味する。

したがつて、すでに説示したように、被告人両名の行為について、自衛隊法121条の構成要件に該当しないとの結論に達した以上、もはや、弁護人ら指摘の憲法問題に関し、なんらの判断をおこなう必要がないのみならず、これをおこなうべきでもないのである。」

II　憲法判断回避に関する学説の展開

恵庭事件札幌地裁判決(以下「恵庭事件判決」という。)を受けて、憲法判断回避の準則をめぐって憲法学説が展開された。これを大別すると、法律判断先行説、憲法判断先行説及び憲法判断裁量説に類型化することができる。(8)

1　法律判断先行説

第1に、法律判断先行説とは、裁判所は、法律解釈又は事実認定に関する争点など、憲法上の争点以外の争点を判断することにより、係属する事件を解決することができる場合には、そのような争点に関する判断を先行して行わなければならず、憲法上の争点は、それを判断しなければ、事件を解決することができない場合にのみ、判断することが許されるとする見解をいう。

宮沢俊義教授は、恵庭事件判決について、「新聞で判決要旨を読んだところによると、この判決が憲法問題の判断に立ち入らなかったことは、それほど意外と見るべきでもないし、また、かならずしも不当と評すべきでもない[9]」として、次のような見解を述べる。

「刑事裁判の過程において、その結論を得るための前提として、憲法問題の判断をしなくてはならない場合」があり、「その場合に必要な関係法律の合憲性を判断するのが、いわゆる違憲審査である。裁判所の違憲審査は、科刑――有罪か無罪か、有罪だとしてどの程度の刑を科するか――についての結論を出すのに必要な場合に、しかも、その場合にのみ、なされるものであり、かんじんの科刑に関係なしに、一般的になされるものではない[10]」。

より一般的に言えば、「裁判所の憲法判断は、それをしなければ、裁判の結論が出せないという場合にだけなされるべきであり、憲法判断をもち出さずに裁判がじゅうぶんにできる場合には、憲法判断をするに及ばないだけでなく、そういう場合は、むしろ、憲法判断をすべきでない、と解すべきものである[11]」。

そして、違憲審査制の在り方について、憲法裁判の方向に向かうように解釈すべきであるという見解に対しては、「現行憲法のたてまえでは、裁判所の違憲審査というものは、どこまでも具体的な『事件』の判断に必要なかぎりで認められるものであり、固有の意味の憲法裁判は、そのたてまえとは両立しない[12]」とした上で、「とにもかくにも裁判所によって終局的に確定してもらうほうがいいとは、いちがいにいえない」のであって、「少なくとも今の日本の実際では、固有の意味の憲法裁判制よりも、現行法の採用しているような違憲審査制のほうが賢明だ[13]」と反論している。

このような見解に立てば、恵庭事件判決は、「自衛隊法が合憲であると仮定しても、被告人の行為はそれに該当しないから無罪」であり、また「その規定が違憲だと仮定すれば、むろん無罪」となる以上、「合憲だと仮定しても、違憲だと仮定しても、無罪になるのだから、合憲・違憲の判断をする必要がない(14)」とするものと理解される。したがって、当該判決においては、自衛隊の合憲性について「なんらの判断がなされておらず、したがって、その問題の憲法状況は、その裁判の前と後とで、すこしも変わりはない(15)」。おそらく、この宮沢説が恵庭事件判決の趣旨に関する最も明快かつ的確な説明であろう。

2　憲法判断先行説

第2に、憲法判断先行説とは、裁判所は、係属する事件の解決に際して、憲法上の争点を優先して判断しなければならないとする見解である。

その代表的論者である有倉遼吉教授は、「違憲性のうたがいのある法律を適用する場合に、裁判所は憲法判断をしないで結論をだすことはできない」とし、「常に憲法判断を先行させるべき(16)」であると説く。その理由は、「ある法律が合憲であることがその法律を具体的事件に適用するについての論理的前提でなければならない(17)」のであって、「論理的に先行する憲法判断をしないで裁判が十分にできる場合など想定できない(18)」からである。

このような立場をとる場合、「適用」の語の意味が問題となるが、有倉教授は、ある法条を適用するとは、事実を「その法条を基準にして照らしあわせたという意味」であるとし、「構成要件に該当するとして有罪となる場合はもとより、該当しないものとして無罪となる場合も含めて考え(19)」られるとする。したがって、「その法条が違憲であるとすれば、それは無効であり、具体的事件に適用することも、基準として用いることもできないはずなのである(20)」。

この場合、「実体法的にある法律が違憲無効だということと、手続法的に誰が違憲無効を認定するかということは区別して考えることができるが」、憲法81条によって、「実体法的に論理的前提をなす法律の合憲性を手続法的に判断する権限が裁判所には与えられている(21)」のであり、「裁判所の憲法判断は裁判所の権限であるとともに責務であらねばならない[22]」から「違憲性の疑いのある法律については、裁判所は常に憲法判断をする義務を負う」とともに、「違憲性の疑いのない場合でさえ裁判官にはいちおうの合憲判断がある[23]」と理解されることになる。

ただ、裁判官に違憲審査を行う義務をどの程度負わせるかが、実務上問題になるところ、有倉教授は、「合憲性にほとんど疑いのない法令については立ち入った判断を必要とせず、逆に疑いのある場合には詳細に検討して法令の適用を決すべきである」とするとともに、「合憲性審査義務」と「審査・判断の表示義務」を区別し、「審査義務は……合憲性が争われていない場合でも負うが、表示義務は合憲性が争われている場合にのみ負うものと解すべきであろう[24]」とする。

なお、憲法判断先行説による恵庭事件判決の位置付けは微妙であり、「憲法判断をしないという裁判所の不作為が、その法律を合憲・違憲と全く無関係の白紙の状態に置くものであるかというと、かならずしもそうはならない」とし、「裁判所がこれを消滅させずその法律を適用したということは、少なくとも結果的に、かつ不作為的に通用力をみとめた」ことになり、「その意味で、判決は自衛隊法の合憲を前提としたものというべきであろう[25]」とするものと、「本判決は、みずから述べるごとく、憲法判断自体も、したがって判断の表示も行っていないと受けとるのが妥当であろう[26]」とするものがある。この点、有倉教授は、憲法判断先行説に立つか、判決の内在的立場に立つか、立場のちがいによるものであると整理しているが[27]、憲法判断先行説をとる限り、本来、前者のような理解になるはずであろう。

3　憲法判断裁量説

第3に、憲法判断裁量説とは、係属する事件を解決するために憲法上の争点とその他の争点がある場合に、いずれの争点について判断するかは、裁判所の裁量に属するとする見解をいう。宮沢教授や有倉教授の見解を踏まえて、憲法判断裁量説を提唱し、その後の通説的見解を形成したのが芦部教授である。

芦部教授は、合衆国最高裁判例の詳細な検討を踏まえて、「アメリカ型の審査制の下では、裁判所が審査権を行使する場合に従うべきいくつかの準則」があり、「その最も重要な一つが、憲法判断回避の準則である」[28]とする。そして、アシュバンダー事件判決（Ashwander v. Tennessee Valley Authority, 297 U.S. 288 (1936)）におけるブランダイス裁判官（Louis Dembitz Brandeis）の補足意見で説かれた7つの準則（以下「ブランダイス準則」という。）を取り上げて、その中でとくに重要なのは、第4準則（「裁判所は憲法問題が記録上適切に提起されていても、もし事件を処理することができる他の理由が存在する場合には、その憲法問題には判断を下さない」という準則）と第7準則（「議会の法律の効力が問題になった場合は、合憲性について重大な疑いが提起されても、裁判所が憲法問題を避けることができるような法律の解釈が可能かどうかを最初に確かめることは基本的な原則である」とする準則）であると説く[29]。一般に、第4準則は、狭義の憲法判断回避の準則、あるいは「最終手段」（last resort）の準則と呼ばれ、後者の第7準則は、合憲解釈あるいは違憲判断回避の準則と言われる。

このような憲法判断回避の準則を、芦部教授は、「憲法判断は事件の解決にとって必要な場合以外は行わないという『必要性の原則』に基づいて準則化された一連のルール」[30]であると位置づける。この必要性の原則は、「事件性の要件を前提とする違憲審査制は憲法判断それ自体を直接の目的」とするものではなく、「憲法判断は具体的事件の解決という目的達成のための手段であるのが原則」であり、「このような附随的違憲審査制……の準則の一つとして、アメリカ憲法判例で確立した」ものであって、「日本の憲法訴訟にも妥当する」[31]と論じる。

他方、「日本国憲法の定める違憲審査制を古典的な『私権保障型』としてではなく、それを前提としながら、『憲法保障型』の要素を強く加味して構成することが必要」[32]であるとし、「日本国憲法は、違憲審査権の本質ともいうべき憲法（人権規範）保障機能を解釈論として可能なかぎり拡大すべきことを要請している」[33]と理解する。そして、宮沢教授の説く法律判断先行説が、「裁判所の『選択』の余地すら認めない厳格な原則を表明したものだとすれば、それもまた、違憲審査の機能をあまりにも訴訟法的に狭く解する立場として、批判の余地」[34]が十分にあると説く。

さらに芦部教授は、憲法判断回避の準則が2つの政策的考慮に基づくことを指摘する。「第1は、立法の合憲性を判定する裁判所の機能は議会の判断に十分な敬意を払い民主的な代表政の過程に最高度可能な範囲を認めるよう行使さるべきだ、という自制のポリシーであり、第2の政策的考慮は十分に熟慮された憲法判決の望ましさである」[35]。これらは、いわゆる司法の自己制限あるいは司法消極主義と呼ばれる考え方であり[36]、憲法判断回避の準則は、「司法の自己制限の技術[37]」として位置付けられる。それゆえ、「回避のルールを適用するかどうかは、広汎な政策的配慮(policy considerations)にもとづくもので、一般には、高度に裁量的(highly discretionary)な行為[38]」であると考えられるのである。

Ⅲ　芦部教授の憲法判断裁量説の検討

芦部教授の憲法判断裁量説は、合衆国最高裁判例の綿密な分析と理論的基礎の探究の上に提唱されたものであり、その論証の説得力と、極論を排した結論の実務的妥当性のゆえに、その後の通説的見解を形成した。そして、違憲審査基準論や当事者適格論などとともに、憲法訴訟論という、憲法理論と裁判実務を架橋する新たな法領域を切り拓くことになる。

そこで、このような芦部教授の憲法判断裁量説の理論的意義と課題、及び恵庭事件判決との関係について、詳しく分析・評価を試みることとしたい。

1　憲法判断裁量説の理論的意義と課題

⑴　付随的違憲審査制の制度の論理と機能の区別

憲法判断裁量説の第1の理論的意義は、法律判断先行説とともに、付随的違憲審査制において憲法判断が行われる構造を明確にしたところにある(39)。

そもそも、裁判所が裁判権を行使する目的は、具体的な事件・争訟あるいは法律上の争訟を解決することにあり、違憲審査もまた、かかる目的の範囲内において行われることが大原則である。この点、有倉教授の憲法判断先行説に対しては、「具体的事件を前提とする違憲審査権の機能を誤解した立言であるように私には思える(40)」との批判もなされたところであるが、有倉教授も、違憲審査権が「具体的事件解決のための先決問題として発動するもの」であることと自体は認めている(41)。

問題は、法律上の争訟の存在を前提として、その解決のために、適用法令の違憲審査を常に先行させることが求められるか否かにある。この点、憲法判断先行説は、違憲審査を先行させるべき理由として、それが法論理的帰結であるとする見解と、違憲審査の憲法保障機能を強調する見解に大別することができる。

このうち、有倉教授は、前者の法論理的帰結であることを強調するが、この点について、芦部教授は必ずしも詳細な検討を行っていない。おそらく、法令を適用する場合には、その前提問題として法令が合憲であることを示す必要があるが、適用しないのであれば、その合憲性を論証する必要がないことを当然の前提としているからではないかと推察される。

それに対して、有倉教授は、「適用」概念を「基準として照らしあわせる」ことを含むものとして理解するが、これは、当該事件の司法事実が法令の定める要件に包摂されるか否かを判断する以上、当該法令の存在を認めていることになるはずであり、そのような操作をする前に、法令の合憲性を審査することが不可欠であると解するものであろう。理論的に興味深い分析であるが、論理的には、司法事実が法令に定める要件に包摂されるかを思考の上で判断するだけであれば、当該法令の存在を仮定すれば可能である。論理的思考は仮定条件からの推論を排除しない。有倉教授の見解の問題は、このような仮定条件に基づく思考上の判断を法論理的に認められないかのように論じた点にある。

他方、当該法令によって、現実に人々の行為等を規律する局面では、当該法令の効力は確定条件でなければならないことから、通例、「適用」概念はこのような局面に限定して用いられてきたのであり、このこと自体は正当である[42]。それゆえ、憲法判断を先行させることが法論理的に導かれるとする有倉説は採りえないであろう。ただ、法令の効力を仮定条件とする判断は、法秩序の維持の上から、極力なくすべきであるとの価値判断はあるところであり、憲法判断先行説のうち憲法保障機能を重視する見解は、この点を強調する。

このような見解に立つ大須賀明教授は、法律判断先行説と憲法判断先行説の違いは、「違憲審査の機能、役割についての、つまり憲法訴訟において裁判所が果す憲法保障の役割についての理解の相異である」として、付随的違憲審査制であることを前提に主観的権利の保護を制度趣旨だと理解するとしても、「当該事件の当事者の個別具体的な権利の保護にとどまることなく、一般的抽象的な権利の保護にまでその役割が拡大されている[43]」とする。そして、憲法の最高法規性(98条1項)、憲法尊重擁護義務(99条)とりわけ「裁判官の基本権規範の保障義務」(13条)などから、「裁判所はつねに法律の憲法判断をする義務を負っていると解することは可能である」から、憲法判断先行説は、「違憲審査権の機能に関する『誤解』ではなく、憲法上合理的根拠をもって成立しえる違憲審査権の解釈である[44]」と説く。

これに対して芦部教授は、「制度の論理と機能の区別が明確を欠き、憲法規範の論理構造からの結論であるかのような外観をそなえながら、実質的には運用の実態の評価を前提にしている議論ではないか」と厳しく批判し、「附随的違憲審査制は、当事者の個別的な権利の救済を直接の主要な目的とする」のであるから、「制度の論理ないし構造からいえば、人権規範の客観的な保障の契機に副次的な意味しか与えられていないのはむしろ当然のことである[45]」と説く。芦部教授の見解からすれば、このような大須賀教授の主張は、主観的権利の保障という点に着目することで、訴訟当事者の権利の救済か、不特定多数人の権利の保障かの区別を解消するものであって、法律上の争訟の解決という目的の範囲で違憲審査を行うという付随的審査制の制度論理に反することになる。あくまで、訴訟当事者の権利の救済が制度の論理であり、人権規範の客観的な保障はその機能に過ぎないのであって、制度の機能の発揮は制度の論理の範囲内において認められることになろう。

さらに芦部教授は、基本権規範の客観的保障を強調して憲法判断を先行させるのは、「独自の憲法解釈を前提とした観念的な論議[46]」に過ぎないとして、日米の最高裁判例を検討し、広義の憲法判断回避の手法が、政治部門との緊張関係を緩衝することで、柔軟な人権保障を実現したり、多様な見解の裁判官の合意形成を促進したりする例を挙げている。歴史を踏まえた判例の実証的研究を通じて、確実に人権保障を実現しようとする芦部教授の経験主義的な姿勢には深く共感する。

(2) 司法の自己抑制

それに対して、法律判断先行説は、付随的違憲審査制の制度の論理から、裁判官は法律判断を先行させなければならないという法的義務が導出されると説く。憲法判断裁量説は、このような法的義務の存在を否定する必要があるが、一体どのような論理でそれを行うのであろうか。

この点、芦部教授は、憲法判断回避の準則の論拠として司法の自己抑制を挙げる。そして、そのような司法の自己抑制が求められる理由として、フランクファーター裁判官(Felix Frankfurter)をはじめ、アメリカで展開された議論を踏まえて、①「裁判所は本来非民主的な機関であるから、国民の代表者(多数者)の意思を最大限に尊重」(傍点原文)すべきこと、②違憲審査を多数者の意思に反して過剰に行使すると、「最高裁の客観性と公平さに対する国民の信頼は傷つけられ」、「最高裁の権威は低下し、その実効的な活動は阻害される」ので、「このような他権力との衝突を回避するためには、自己制限の技術に訴えることが必要である」こと、及び③「憲法問題を抽象的に扱い、それを空疎な法的問題の面から形式で表わす傾向は、すべて実際とは無関係の内容貧弱な結論に至る」と考える経験的なアプローチを採るべきことを挙げる[47]。

これらの論拠のうち、芦部教授は論拠①には批判的で、「majoritarian democracy ではなく constitutional democracy こそ日本国憲法の基本原則」であり、「現在の多数者の恣意を制限し、国民(とくに少数者)の自由と生存を守ることに民主政の目的が存する[48]」として、「majoritarian な民主政の観念だけから司法審査を非民主的と考え、あらゆる権利・自由の規制に司法の自制を要求するのは、司法の『自己制限』ではなく、むしろ『自己否定』というべきである[49]」(傍点原文)とする。「直ちに議会の民主的性格が否定されるわけではないし、裁判官が司法部の非民主的性格に無頓着であっていいというのでもない」が「いかにして最高裁が民主主義に対する貢献を極大化できるかという問題に、リアリスティックな見地から分析を加えることが必要だ[50]」という指摘は、文字通り、健全な立憲主義的良識である。

他方、第2の司法のインテグリティーの維持、及び第3の違憲審査における経験的アプローチについては、積極的司法審査の立場といえども、その意義を無視することは許されないとする[51]。司法の自制論は、違憲審査を否定するものではなく、「逆説的ながら司法審査に積極的な法創造機能が認められるからこそ、事件性の要件のほかに、裁判所が憲法問題を回避する自己制限(消極主義)の技術とその意義が大きな問題として登場する[52]」(傍点筆者)。この点を、芦部教授が、アメリカ留学後、早い時期から見極めていたことは、アメリカ憲法学に対する教授の深い洞察を示すものであろう。

(3) 法理と賢慮

芦部教授による憲法判断裁量説に関する理論的課題は、これまで見てきた憲法判断回避の準則を支える2つの論拠、すなわち付随的違憲審査制であることと司法の自己抑制論との関係をどのように整理するかにある。

従前から、ブランダイス準則には、司法判断適合性（justiciability）に関わるものと司法の自己抑制ないし司法の敬譲（judicial deference）に関わるものが混在していると指摘されてきた。[53] それゆえ、広義の憲法判断回避の準則について２つの論拠が並存することはやむを得ない。また、司法の自己抑制論は、「裁判所が政治の領域に過度に踏み込むことを避け、法原理機関としての自己のアイデンティティを保持していこうとする姿勢」に基づくものであり、「司法権の行使であるということにともなう憲法上の限界認識」と「自己のアイデンティティ保持のための政策的・分別的配慮」[54]（傍点原文）が分かち難く反映されているということもできよう。

しかし、ここでは狭義の憲法判断回避の準則、すなわちブランダイス第４準則の論拠が問題になっているのであり、またどこまでが法理ないし法規範的要求であり、どこからが賢慮（prudence）ないし政策的要請であるかを明らかにすることもまた重要である。

この点、芦部教授は、ブランダイス準則のうち、違憲審査の本質的制約から導出されるものとして、第１・３・５・６準則を挙げており、第４・７準則を含めていない。[55] そうだとすれば、狭義の憲法判断回避の準則は、司法の自己抑制論に基づくものであることになる。

こうした点を前提として、筆者なりに、狭義の憲法判断回避の準則について理論的な整理を行うと次のようになる。[56]

通常、裁判所が扱う争訟は複数の論点から構成されており、例えば各論点に関する判断と争訟の最終的な結論が「X_1かつX_2かつX_3かつ……X_nならばY」という関係で示され、X_1が「適用法令は合憲である」という判断であり、Yは「被告人は有罪である」という結論であるとする。この場合、被告人を有罪とするためには、適用法令の合憲性が論理的前提であることが示されている。他方、「Yでない」すなわち「被告人は有罪でない（無罪である）」という結論は、X_1からX_nのいずれか１つが真でないことが示されれば導かれる。それゆえ、「X_2でない」ということが示されれば、「被告人は有罪でない」という結論が導かれ、法を適用することにより法律上の争訟を解決するという目的は達成されるのであるから、このような司法権の行使に違憲・違法の瑕疵はない。芦部教授が、憲法判断先行説を制度の論理から導出されるわけではないとするのは、この点に関わる。

しかし、それと同時に、「X_1でない」すなわち「適用法令は合憲でない（違憲である）」ことが示されても、被告人を無罪とすることで刑事訴訟を解決し得るのであって、このような憲法判断が法律上の争訟を解決するという目的の範囲内で行われたものでないとまでは言い難い。「裁判所に適法に係属した事件の解決に付随して必要な限度で違憲審査権を行使したわけであるから、裁判所の権限を逸脱して抽象的違憲審査を行ったことにはならない」[57]（傍点原文）。法律判断先行説に対する芦部教授の批判は、この側面に関わるものと解される。つまり、法律上の争訟を解決するために、いかなる争点に関する判断を優先させるべきかについては、法律上の争訟の要件あるいは付随的違憲審査制の制度の論理は決定しないことを意味する。

そうすると問題になるのは、従来、付随的違憲審査制を、「通常の裁判所が、具体的な訴訟事件を裁判する際に、その前提として事件の解決に必要な限度で、適用法条の違憲審査を行う方式[58]」であると定義し、違憲審査は法律上の争訟の解決に必要な限度あるいは範囲で行われなければならないとされてきた点にある。この「必要」という文言が、憲法判断の「必要性の原則」に繋がり、さらに、広義の憲法判断回避の準則は、「『必要性の原則』に基づいて準則化された一連のルール[59]」であると理解されているのである。これを素直に読めば、付随的違憲審査制の定義から必要性の原則が導かれ、その具体化として憲法判断回避の準則が導かれることになる。

一般に「必要」とは、「必ず要すること。欠くことのできないこと。なくてはならないこと」（広辞苑）という意味で用いられている。すなわち、「AがBをするために必要である」とは、「AがなければBをすることができない」ことを意味する。しかし、この意味で付随的違憲審査制の定義にいう「必要」を理解するならば、違憲審査を行わなければ、法律上の争訟を解決できない場合に限って、審査を行うことが許されることになり、法律判断先行説が帰結される。それに対して、憲法判断裁量説に立つのであれば、付随的違憲審査制の定義にいう「必要」をこれとは異なる意味で理解するか、「必要」の文言を用いることなく定義しなければならない。

前者のアプローチの場合に参考になるのが、正当防衛（刑法36条1項）及び緊急避難（同37条1項）に定める「やむを得ずにした行為」に関する解釈である。刑法学説において、正当防衛については、「防衛行為は、侵害を排除するために必要な限度で許されるが（必要性）」、「そこでいう『必要性』は『必ず要る』という意味ではなく、『防衛行為に役立つ』という程度の意味[60]」であるとされたり、「攻撃防止のための手段として何ら役に立たない行為が行われたとき、防衛行為の必要性の要件に欠ける[61]」とされたりする。それに対して、緊急避難については、「他のより軽微な方法で危難を回避できない場合に補充的に認められる[62]」あるいは「その危難を避けるための唯一の方法であって、他にとるべき手段がなかったこと[63]」が求められるとして、これを「補充性」の要件と呼んでいる。

このような用語法を参考にすれば、付随的違憲審査制の定義にいう「必要」は補充性を要求するものではなく、法律上の争訟の解決に実質的な関連性を有すれば足りると解すべきであろう。もし、「必要」の概念を用いることなく、付随的違憲審査制を定義するならば、法律上の争訟の解決という目的の範囲内において違憲審査を行う制度ということになろう。

それに対して、狭義の憲法判断回避の準則は、憲法判断に補充性を求めるものであるから、それは付随的違憲審査制の制度の論理から導かれるものではなく、その論拠は、芦部教授が説く司法の自己抑制に求められるべきであり、司法の賢慮に基づく要請である。憲法判断回避の準則は、「司法の自制につながるさまざまな慎慮（司法過程が考慮しうる事実や主張の限界、司法権力の本来的脆弱さ、民主的な審議・決定の余地を残すなど）にも基づく裁判所の裁量的判断を方向づけるものであり、憲法の直接の要請である（つまり、それに反するとただちに違憲となる）わけではない[64]」。

(4) 賢慮に基づく判断の基準

憲法判断裁量説に立ち、憲法判断を先行させるか否かの判断は司法の賢慮に基づくと考えると、その判断基準を準則化することは難しい。芦部教授も、「憲法判断を行なうか否かが最終的には裁判官の高度の裁量によって決定される事項である」[65]とする。判断の曖昧さに対する批判はあり得ようが、憲法判断回避の準則が、制度を現実に機能させるための実践的な経験知の問題である以上、その判断の基準は、個別具体的な判断の蓄積のうちから、歴史的経験を踏まえて引き出されるのを待つしかない。

ただ、そうはいっても、芦部教授は、このような判断の構造化をまったく諦めているわけではない。まず、基本的な枠組みとして、狭義の憲法判断回避の準則が原則として妥当し、「『重大な理由』が存する場合には例外に服し、憲法判断による事件処理の可能性を否定するものでない」[66]として、論証責任を用いて原則と例外を整理している。次に、そのような重大な理由の有無を判断する際には、「事件の重大性や違憲状態の程度、その及ぼす影響の範囲、事件で問題にされている権利の性質等を総合的に考慮」[67]すべきであるとして、考慮要素の特定を試みている[68]。さらに、このような考慮要素のうち、問題となる権利の性質に着目し、精神的自由の優越的地位に基づく二重の基準論に触れつつ、精神的自由の領域において、憲法判断回避の準則を「厳格に適用することはできないのではないか」[69]とするなど、総合的判断を明確化しようと試みている。

このような芦部教授の考察は、論証責任を用いた原則と例外の整理、及び総合的判断における考慮要素の特定と判断基準の明確化という思考様式が、憲法判断回避や憲法判断の方法などの憲法訴訟の領域においても機能し得ることを示唆すると同時に、実体的な人権論と憲法訴訟論が一定の自律的領域を形成しつつも、相互に関連性を有していることを示す先駆的な業績として評価できよう。近時、広義の憲法判断回避の準則において考慮すべき要素の特定と判断構造の明確化を試みる見解[70]や救済法の領域に比例原則の導入を説く見解[71]が見られるようになってきており、憲法訴訟論において芦部教授が示唆する方向で判断枠組みを明確化していくことが、今後に残された理論的課題であろう。[72]

2 憲法判断裁量説の実践的適用——恵庭事件判決に対する評価

芦部教授の憲法判断裁量説は、合衆国の最高裁判例や憲法学説を踏まえた綿密な理論的考察のみならず、恵庭事件への関与と地裁判決への対峙を通じて形成されたと言ってよい。そこで最後に、恵庭事件判決に対する評価をめぐる問題の分析を通じて、芦部理論の限界について検討する。

芦部教授の恵庭事件判決に対する評価は概して厳しいが、その批判は、判決が憲法判断を回避したこと自体の問題と憲法判断の回避の仕方の問題に大別することできる。

まず、憲法判断を回避したこと自体については、判決が「当該事件の裁判の主文の判断に直接かつ絶対必要なばあいにだけ」違憲審査を行うべきであり、「弁護人ら指摘の憲法問題に関し、なんらの判断をおこなう必要がないのみならず、これをおこなうべきでもない」としている点に対して、憲法判断裁量説の立場から批判をしているが、[73]この点の当否については既に論じたところである。

また、芦部教授は、恵庭事件判決は、「まさに肩すかし判決との感を強く抱かせる」[74]として、憲法判断に積極的であることを示唆した裁判所の訴訟指揮及び裁判官の発言に疑問を呈している。[75]確かに、刑事被告人にとって争訟が迅速に解決されることは重要な利益であり、困難な憲法上の論点に拘泥することなく、争訟を迅速に終結させ得る論点を優先することができるのが憲法判断回避の準則の利点なのであるから、[76]地裁が3年を超えて公判を継続して憲法問題に関する審理を重ねたことには疑問がある。ただ、この場合に批判されるべきは、憲法判断を回避したことではなく、迷走した訴訟指揮であろう。[77]

そうしたこともあってか、芦部教授は、憲法判断を行う積極的な理由を提示するよりは、判決による憲法判断の回避の仕方が不適切であることを示すことで、憲法判断が不可避であったことを論証しようとしている。

まず第1に、芦部教授は、恵庭事件判決が、付随的違憲審査制であることを論拠として、事件に直接適用される法１２１条のみが違憲審査の対象であり、自衛隊法全体あるいは自衛隊自体の合憲性は審査できないとするものと理解し、これを批判している[78]。確かに、法１２１条が違憲となる理由が、自衛隊の違憲性であることから導かれる場合には、両者を遮断するのは不合理である。しかし、違憲審査の直接の対象が法１２１条であることは当然であり、また同条の違憲性が憲法31条に定める罪刑法定主義に違反する場合など、憲法９条違反以外の理由が問題になる場合には、法１２１条の違憲性と自衛隊自体の違憲性は可分である。また、そもそも判決が、法１２１条の違憲審査の前提として、自衛隊の合憲性を判断することを否定する趣旨として理解できるかということ自体にも疑問がある[79]。

第2に、芦部教授は、「法律解釈による憲法判断の回避が是認されるためには、最小限、その法律解釈は法の文言と立法目的から判断して合理性をもつものでなくてはならない[80]」として、判決による法１２１条の解釈は、「近代戦における通信の意義をあまりにも軽視するもので、法律の書き直しという非難を免れがたい[81]」(傍点原文)とする。確かに、広く通信設備を「防衛の用に供する物」に該当しないと判断したとするならば、芦部教授の批判が当たるであろうが、演習の目的で設置された射撃命令の伝達あるいは音源評定等に用いる通信線を平時において一部切断した行為に限れば、札幌地裁判決の判断を是とする余地があるかもしれない。

さらに、恵庭事件判決の評価との関係で理論的に問題になるのは、芦部教授が、判決を「合憲解釈のアプローチ」の一類型と捉えて、ブランダイス第７準則の「法律の合憲性の疑いの回避」に当たるとしている点である[82]。

この点、芦部教授も、判決が「適用罰条を厳格解釈することによって被告人を無罪とし、その結果憲法判断を回避した判決」であり、「法律全体についても適用罰条についても、合憲性の判断は全く加えられていないとみるべきである[83]」としている。そうであれば、恵庭事件判決は、ブランダイス第４準則に関わるものと理解することができるにもかかわらず、芦部教授が第7準則にこだわったのは、第7準則が法律解釈により憲法問題を避けることに関わるものであるという理解によるのではないかと推察される。それゆえに、「法律の違憲判断の回避」と「法律の合憲性に対する疑いの回避」という微妙な区別に着目し、第7準則の中にも、違憲審査が避けられている場合があることを論じようとしたのではないかと思われる。[84]

しかし、「法律の合憲性に対する疑いの回避」に関する芦部教授の理解の問題点については、既に高橋和之教授により指摘されている。[85]「法律の合憲性に対する疑いの回避」において前提とされているのも、適用法条の解釈の仕方により、当該適用法条の合憲性の判断に影響が出る状況である。それに対して、恵庭事件においては、憲法9条違反を問題とする限り、芦部教授自身が正当に指摘するように、自衛隊法全体の違憲性が問題になるのであって、法121条の解釈によって同条の合憲性に影響が出るわけではない。

さらに言えば、たといブランダイス準則や合衆国最高裁判例に関する芦部教授の理解が正しいとしても、その結果、ブランダイス第4準則と第7準則の射程は重複することになり、理論的な整理が必要である。その意味では、ブランダイス準則のいずれに当たるかよりも、憲法判断自体の回避と違憲判断の回避の区別こそが本質的であろう。[86]合衆国の判例法理自体の理解は重要であるが、それを我が国に導入するのであれば、できる限り理論的に明確になるように再構成することが必要である。そして、それによってこそ、合衆国最高裁判例の蓄積を基礎として、芦部教授により切り拓かれた憲法訴訟論を継承・発展させていくことができるであろう。

【付記】 本稿に対しては、岡山大学講師の伊藤健氏及び京都大学准教授の音無知展氏から貴重な意見を得たので、ここに記して謝辞としたい。

(1) 芦部信喜『人権と憲法訴訟』(有斐閣、1994年)132頁。以下、論文集に所収された論文に関する出典は、論文集に基づいて記すこととする。
(2) 渡辺秀樹『芦部信喜 平和への憲法学』(岩波書店、2020年)30―31頁を参照。
(3) 高見勝利『芦部憲法学を読む――統治機構論』(有斐閣、2004年)332頁。
(4) 憲法判断回避に関する研究は数多くあるが、このような目的から、本稿で言及するのは、芦部教授の業績とそれに関連する範囲に限定した。
(5) 事件の詳しい経緯については、深瀬忠一『恵庭裁判における平和憲法の弁証』(日本評論社、1967年)4―7、18―21頁、和田英夫「恵庭事件――憲法判断を回避した自衛隊裁判」田中二郎ほか編『戦後政治裁判史録③』(第一法規出版、1980年)409―416頁、山田隆司『戦後史で読む憲法判例』(日本評論社、2016年)127―136頁などを参照。
(6) 読売新聞1967年3月29日付夕刊2面〔有倉遼吉談〕。
(7) 読売新聞1967年4月12日付夕刊1面。
(8) 学説の整理については、中村睦男＝常本照樹『憲法裁判50年』(悠々社、1997年)44―45頁の分類によった。
(9) 宮沢俊義『憲法と裁判』(有斐閣、1967年)275頁。
(10) 宮沢・前掲注(9)276頁。
(11) 宮沢・前掲注(9)276―277頁。
(12) 宮沢・前掲注(9)277頁。
(13) 宮沢・前掲注(9)278頁。
(14) 宮沢・前掲注(9)279頁。
(15) 宮沢・前掲注(9)278頁。
(16) 有倉遼吉『憲法秩序の保障』(日本評論社、1969年)62頁。
(17) 有倉・前掲注(16)60頁。
(18) 有倉遼吉「法と政治 恵庭判決」法セ135号(1967年)14頁。
(19) 有倉・前掲注(16)62頁。
(20) 有倉・前掲注(16)63頁。

(21) 有倉・前掲注(16)63頁。
(22) 有倉・前掲注(16)60頁。
(23) 有倉・前掲注(16)63頁。
(24) 有倉遼吉「違憲立法審査権の一断面」法時39巻5号(1967年)44頁。
(25) 有倉・前掲注(18)14—15頁。
(26) 有倉・前掲注(24)45頁。
(27) 有倉・前掲注(16)70—71頁を参照。
(28) 芦部信喜著・高橋和之補訂『憲法〔第8版〕』(岩波書店、2023年)407頁。
(29) 芦部・前掲注(28)407頁を参照。
(30) 芦部・前掲注(28)407頁。
(31) 芦部信喜『憲法訴訟の現代的展開』(有斐閣、1981年)34頁。
(32) 芦部・前掲注(31)34頁。
(33) 芦部信喜『憲法訴訟の理論』(有斐閣、1973年)326頁。
(34) 芦部信喜『憲法叢説2人権と統治』(信山社、1995年)303頁。
(35) 芦部・前掲注(33)44頁。
(36) 芦部教授の司法消極主義に対する考え方については、芦部・前掲注(33)30—52、227—260、349—370頁などを参照。
(37) 芦部・前掲注(33)43頁。
(38) 芦部・前掲注(34)301頁。
(39) この点については、杉原泰雄「学界展望　憲法」公法29号(1967年)212—213頁も参照。
(40) 芦部・前掲注(34)303頁。
(41) 有倉・前掲注(16)64頁。
(42) 平野龍一「刑罰法規と違憲性の判断」ジュリ370号(1967年)83頁も、「本件では、認定された事実に自衛隊法121条を『適用しなかった』からこそ無罪となったのである」とする。

(43) 大須賀明「違憲立法審査権」法時41巻5号(1969年)152頁。
(44) 大須賀・前掲注(43)152―153頁。
(45) 芦部・前掲注(33)326頁。
(46) 芦部・前掲注(33)329頁。
(47) 芦部・前掲注(33)32―33頁。
(48) 芦部・前掲注(33)361―362頁。
(49) 芦部・前掲注(33)38頁。
(50) 芦部・前掲注(33)37頁。
(51) 芦部・前掲注(33)36頁。
(52) 芦部・前掲注(33)30頁。
(53) 芦部教授も、ブランダイス準則は、「高柳博士のいう違憲審査の本質的制約……と政策的制約とを明確に区別していないないだけでなく、必ずしも網羅的でもない」(芦部・前掲注(33)45頁。注省略)とする。
(54) 佐藤幸治『日本国憲法論〔第2版〕』(成文堂、2020年)678頁。
(55) 芦部・前掲注(33)45頁参照。この点、渋谷秀樹「憲法判断の条件」樋口陽一編著『講座憲法学第6巻　権力の分立(2)』(日本評論社、1995年)144頁は、事件性の要件に関わるのは、第1・2・5準則であるとする。
(56) 以下の説明については、土井真一「違憲審査の対象・範囲及び憲法判断の方法――憲法適合的解釈と一部合憲判決の位置付け」同編著『憲法適合的解釈の比較研究』(有斐閣、2018年)219―221頁を参照。
(57) 高橋和之『憲法判断の方法』(有斐閣、1995年)60頁。
(58) 芦部・前掲注(28)405頁。
(59) 芦部・前掲注(28)407頁。
(60) 山口厚『刑法総論〔第3版〕』(有斐閣、2016年)134―135頁。
(61) 井田良『講義刑法学・総論〔第2版〕』(有斐閣、2018年)314頁。
(62) 山口・前掲注(60)153頁。
(63) 井田・前掲注(61)333頁。

(64) 長谷部恭男『憲法〔第8版〕』(新世社、2022年)435頁。
(65) 芦部・前掲注(31)36―37頁。
(66) 芦部・前掲注(31)36頁。
(67) 芦部・前掲注(28)407頁。
(68) このような考え方が、憲法判断を先行させた長沼事件札幌地裁判決(札幌地判昭和48年9月7日判時712号24頁)に対して影響を及ぼしたことが指摘されている(渡辺・前掲注(2)35頁などを参照)。芦部教授もその「論旨は私見の趣旨とほぼ一致する」とするが、同判決が憲法判断を行う義務があると読みうる点については、「その限りで私見とは異なる立場といわなければならない」としている(芦部・前掲注(31)37頁)。
(69) 芦部・前掲注(33)45頁。この点については、高橋・前掲注(57)68―71頁も、ほぼ同様の考え方を採っている。また、佐藤・前掲注(54)701頁は、「国民の重要な基本的人権にかかわり、類似の事件が多発するおそれがあり、しかも憲法上の争点が明確であるというような事情が存する場合には、裁判所が憲法判断をすることが是認されて然るべき」とする。
(70) *See* Carolina Alves Das Chagas, Judicial Avoidance: Balancing Competences in Constitutional Adjudication (2023).
(71) *See* Kent Roach, Remedies for Human Rights Violations: A Two-Track Approach to Supra-National and National Law (2021).
(72) 憲法判断の方法について、筆者がこのような試みを行ったものとして、土井・前掲注(56)264―271頁を参照。
(73) 芦部・前掲注(34)316―317頁などを参照。
(74) 芦部・前掲注(33)261頁。
(75) 芦部・前掲注(33)270―272頁、芦部・前掲注(34)308―311頁などを参照。
(76) 土井・前掲注(56)220頁を参照。
(77) 杉原泰雄「問題を残す訴訟指揮」法時39巻5号(1967年)45―46頁などを参照。
(78) 芦部・前掲注(33)169―174、266―268頁などを参照。
(79) 高橋・前掲注(57)58頁などを参照。
(80) 芦部・前掲注(28)407頁。
(81) 芦部・前掲注(33)271頁。

(82) 芦部・前掲注(28)408頁を参照。
(83) 芦部信喜「法律解釈による憲法判断の回避」憲法判例百選Ⅱ〔第7版〕359頁。
(84) 芦部・前掲注(33)300―308頁を参照。
(85) 高橋・前掲注(57)62―63頁を参照。
(86) 高橋和之『体系憲法訴訟』(岩波書店、2017年)192―199頁を参照。また、長谷部・前掲注(64)436頁も「第4準則および第7準則①〔法律の合憲性に対する疑いの回避〕が憲法判断自体の回避を命じているのに対し、第7準則②〔法律の違憲判断の回避〕は、いわゆる合憲限定解釈を選択するよう命ずるルールである」(〔 〕内筆者)と再整理をしている。

第四章　応答促進的司法審査論を超えて

大林啓吾

序

大日本帝国憲法および日本国憲法が欧米——主としてドイツやアメリカ——の影響を色濃く受けていたことは自ずから憲法学にも反映し、日本の憲法学では比較憲法研究が盛んに行われてきた(1)。もっとも、その対象国は実質的にほぼ英米独仏に限定されていたといえる。これに対し、最近では、必ずしもこれらの国に限らず、様々な国や地域に対象を広げながら、それぞれの特徴や傾向を明らかにしたり、比較を通じて得られる共通の基盤を提示したり、さらには憲法論を基に比較法的に理論的応用を試みる分析が行われるようになっている(2)。かかる変化の理由をグローバリズムに求めることは容易いが、むしろ従来の比較憲法学が積み上げてきた成果があったからこそ、それをベースに応用的展開がはかられるようになっていることを顧慮すべきであろう。とりわけ理論的応用は英米独仏を中心に展開した憲法論を素材にして各国におけるその応用的適用を模索するものであるが、その土台となる憲法論についての共通了解を前提としなければ成り立たないわけであり、それにはこれまでの比較憲法学による研究業績が大いに貢献することになる。横断的比較憲法研究は新たな理論的視座を提供する可能性をはらむだけでなく、これまでの比較憲法研究の意義と課題を浮き彫りにしたり、あらためて従来の学説の実務への影響を探る契機となったり、さらには元の憲法理論を発展させたりする可能性もある。

こうした状況は日本に限らず、欧米においてもまた同様の姿を垣間見ることができ、むしろ最近ではかれらの議論が比較憲法学を牽引する傾向にあるといえる。その中の1つに、ディクソン(Rosalind Dixon)が提唱する応答促進的司法審査論がある。[3] ディクソンは、イリー(John Hart Ely)[4]のプロセス理論などの部分的応用を試みながら民主制を機能させるための司法審査のあり方について、比較憲法的分析を加えながら検討している。この議論はかつて芦部信喜らがアメリカの判例や学説を参照しながら提唱してきた二重の基準や司法消極主義と位置付けられる日本の判例動向をあらためて見直す機会となり、その分析結果次第ではそれを肯定的に捉える理論的基盤を提供できるかもしれない。他面、日本の学説と判例の関係を見た時、応答促進的司法審査論の基礎を支えるプロセス理論は必ずしもそれと合致していない可能性があり、応答促進的司法審査論との接合はなお慎重な検討が必要である。

そこで本稿では、応答促進的司法審査論の問題提起を踏まえながら、従来の判例と理論の関係をあらためて考察し、その意義と課題を検討する。まず、応答促進的司法審査論を概観し、それがあらためて判例と理論の関係を問うことと、新たな分析視角を提供することを明らかにする。それを踏まえて、応答促進的司法審査論の下敷きとなっているプロセス理論と日本の判例との関係、とりわけその影響が濃い二重の基準の採否をあらためて確認する。その上で応答促進的司法審査論がもたらす意義を検討し、それでもなお残される課題を提示した上で、その打開策を考えることにする。

I　応答促進的司法審査論

1　応答促進的司法審査論――民主的応答確保のシナリオ

ディクソンの応答促進的司法審査論は、公正な選挙、政治的権利と自由、抑制と均衡を通して、民主的応答を確保することを眼目とする(5)。本の主題である「応答的司法審査」(responsive judicial review)からすると応答する直接の主体が司法であるかのように見えるが、そうではない。それは、政治部門が適切な応答をしないとき、司法が政治部門に応答させるように向かわせるものである。換言すれば、民主的応答が不十分な場合に、民主的応答を促進するような司法審査のあり方を提示しようと試みるものといえる。とりわけ、憲法規範の優先順位やその範囲が不明確な場合や民主的不一致に陥っている場合に、司法がどのように対応すべきかの指針を提示しようと試みようとしている。

ディクソンが特に問題状況として挙げるのが、民主的機能不全の場面である(6)。彼女によれば、民主的機能不全は、①民主的独占権(anti democratic monopoly power)、②民主的死角(democratic blind spot)、③民主的不作為の負担(democratic burdens of inertia)の場合に生じるという。①は単独政党や選挙管理委員会の独占によって生じ(7)、②は立法の多元的考慮および予見の不足による過少な憲法保護によって生じ(8)、③は少数派の権利保護は優先順位が低いために生じる(9)。ディクソンは、裁判官が独立し、政治的・社会的支持を得て、救済権を行使できるようにすることが重要であるとした上で、司法が民主的応答を促進し、自らの役割を適切に行使するためには、弱い司法審査の機能を重視しつつ、場面に応じて強弱の調整をする必要があるとする(10)。というのも、強い司法審査はしばしば政治と衝突し、バックラッシュを招くなど諸々のリスクを抱えるため、民主的機能不全が解消するとは限らないからである。ここでいう弱い司法審査とは、理由付けを限定すること(狭い理由付け)、強制的な救済手段を避けたり解決に向けた時間的猶予を与えたりすること(弱い救済)、先例拘束力を弱くすること(弱い先例拘束)を指し、これらによって立法府が司法判断に対応しやすくし、司法府と政治部門との対話が実践されることになるとする(11)。

ディクソンは最後にこの応答促進的司法審査論の比較憲法的可能性について、そのベースとなる代表補強理論の一般的可能性を探るべく、比較憲法的プロセス理論(comparative political process theory)への発展を企図している。[12] 各国は固有の土壌が存在するがゆえにそれに応じた法理論を考える必要があるが、その反面、立憲主義諸国に共通の基盤となる憲法理論が存在する可能性もある。その1つが、応答促進的司法審査論であり、その基礎となるイリーのプロセス理論である。

この比較憲法的プロセス理論の具体的手法は必ずしも定かではないが、プロセス理論について比較憲法的分析を行うことで、その国に妥当する憲法理論やさらには各国に共通の憲法理論を提供しうる可能性があり、応答促進的司法審査論はそのような成果の1つと考えているように思われる。そうだとすれば、プロセス理論または応答促進的司法審査論が日本に与える示唆を考えることが求められることになる。

ここでは、応答促進的司法審査論が提示する内容を踏まえ、憲法論の共通基盤となる可能性があるプロセス理論が判例実務に採用されているかどうか、またプロセス理論の理論的発展形態である応答促進的司法審査論がどのような示唆をもたらすか、という問題を検討する。

Ⅱ　司法の役割と二重の基準

もっとも、応答促進的司法審査論の提示を待つまでもなく、憲法理論と判例実務の架橋は芦部をはじめとして様々な学者が取り組んできた。芦部は、司法の役割を考える際に機能的アプローチを提示し、判例との整合性を意識した議論を提示し、かつそれを良い方向にいざなう議論として二重の基準などを提唱した。

芦部は憲法訴訟論を展開する際に司法の役割を強く意識していた。[13] 芦部によれば、民主的意思から遠い司法は国民の納得が不可欠であり、国民のための裁判・国民の納得する裁判にすることが重要であるという。ただし、司法判断はどのような判断を行ったとしても司法の法創造機能を高めることになり、抑制的であるべきかという問題がつきまとうことになる。とはいえ、司法積極主義または司法消極主義のいずれをとるとしても、司法が少数者の人権を保障するという点においては合致しているため、問題は司法がその機能を果たしているか、換言すれば、「最高裁が何をすべきか」ではなく、「最高裁は現に何をなしつつあるのか」を考えなければならないとして、機能的アプローチを提唱する。(14) そこでは機能的手法を用いて司法的政策形成を政治過程の一環として位置付けることが重要となる。

そこで芦部は最高裁のリーズニングの精緻化に言及する。判例は戦後当初よりもリーズニングを精緻化する傾向にあり、芦部はそれが国民の納得する裁判に寄与するという。これに関連するのが二重の基準である。芦部は、公共の福祉論を問題視しつつ、比較衡量論、そして二重の基準論につながる流れを指摘しており、それは同時に実際の判例が公共の福祉による簡単な理由付けが比較衡量によって双方の利益(得られる利益と失われる利益)を検討するようになり、さらには合憲性判断の物差しとなるようなものを示した上で結論を導き出すような形に変遷する様を物語っている。

このように、芦部は、司法審査のあり方を説きながらも、司法動向と寄り添いながら発展する形で議論を展開しており、そこでは理論と判例の架橋が試みられているといえる。

Ⅲ　二重の基準と判例の関係

1　二重の基準

応答促進的司法審査論の提示を踏まえるのであれば、まず理論と判例が密接に連動していたのかについてあらためて確認しておく必要がある。まずは、かつて日本においても積極的に紹介されたプロセス理論と判例実務との関係を考察する。プロセス理論の日本への妥当性については、長谷部・松井論争[15]にみられるような議論の蓄積があるが、ここでは判例に対する影響をあらためて確認する。その際、プロセス理論の発想に近い二重の基準に焦点を絞って考察する。

二重の基準論は、周知の通り、United States v. Carolene Products Co. 連邦最高裁判決[16]におけるストーン(Harlan F. Stone)裁判官の脚注4やアメリカの憲法理論をヒントに提唱されたものである[17]。すなわち、精神的自由権をめぐる問題については厳格な基準が妥当し、経済的自由権をめぐる問題については前者よりも緩やかな基準で対応するものである。その理由としては、民主主義の基礎となる政治過程に影響を与える立法については厳しくチェックする必要があることから、表現の自由をはじめとする精神的自由権に対する制限は厳格審査が求められること、そして経済的規制の合憲性判断については司法の能力的限界があることから精神的自由ほど厳しい審査は求められないことが挙げられる。論者によって内容に違いがみられるものの、芦部が説いた二重の基準はおおよそ上記のような内容である。

2 近接と乖離

1950年代―1960年代に伊藤正己[18]や芦部らによって提唱された二重の基準論は、経済的自由権をめぐる判例においてそれに近い説示が登場するようになる。たとえば、1972年の小売市場事件判決[19]は「憲法は、……個人の経済活動の自由に関する限り、個人の精神的自由等に関する場合と異なって、右社会経済政策の実施の一手段として、これに一定の合理的規制措置を講ずることは、もともと、憲法が予定し、かつ、許容するところと解する[20]」と述べ、その3年後に下された薬事法距離制限事件判決[21]も「職業の自由は、それ以外の憲法の保障する自由、殊にいわゆる精神的自由に比較して、公権力による規制の要請がつよ[22]」いと判示している。かかる判示は精神的自由権に関する事件においても看取することができ、泉佐野市民会館事件判決[23]は薬事法距離制限事件判決を参照しながら「集会の自由の制約は、基本的人権のうち精神的自由を制約するものであるから、経済的自由の制約における以上に厳格な基準の下にされなければならない[24]」と述べた。

こうしてみると判例は二重の基準を取り入れているように思える。しかし、具体的な審査基準や判断結果を合わせて考えると、二重の基準を正面から採用していると断じることはできない。これまでに精神的自由権が問題となった事件において、いわゆる厳格な基準が適用されたのはほぼ皆無に等しい。何をもって厳格審査とみなすかにもよるが、学説上説かれるようなやむにやまれぬ利益と必要最小限の手段の審査[25]が提示されたことはない。泉佐野市民会館事件判決についてもそれが厳格な基準を正面から適用したかについては議論の余地がある。判決は使用拒否事由である公共の安全に対する危険について明らかな差し迫った危険の発生が具体的に予見される場合でなければならないとして厳密な解釈運用を要求したことから、一見すると厳格審査を行ったようにも思える。とりわけ、危険の近接性および具体的蓋然性の要求は危険性の判断を厳密にチェックしているといえる。しかし、それは危険の判断について厳密なチェックを求めるにとどまり、表現自体の違法性については目が向けられていない。一方、アメリカにおける明白かつ現在の危険の基準の厳格バージョンはいわゆるブランデンバーグ基準であり、そこでは当該表現が直接的に違法行為の誘発に向けられたものであることも要求される。つまり、危険性の判断のみならず、表現自体の違法性との連動性も問われるわけである。ゆえに、泉佐野市民会館事件判決が示した基準は厳密ではあるものの、それが厳格な基準とまで呼べるとはいえない可能性がある。

また二重の基準からすれば最重要権利ともいえる表現の自由に関する事件において、最高裁が違憲判断を下したケースは一件もない[26]。一方、緩やかな審査になるはずの経済的自由の分野においては先の薬事法距離制限事件判決がいわゆる厳格な合理性の基準を適用して違憲判断を下し[27]、また財産権の分野においても森林法共有林分割請求事件判決[28]が分割請求を制限する森林法の規定について違憲判断を下している。

以上の点を踏まえると、判例は少なくとも二重の基準の理念を採用しているといえるものの、その具体的適用には必ずしも十分に反映されておらず、それが実際の判断結果につながり、二重の基準と距離を生じさせている。[29]この点について芦部は、「この二重の基準論は……判例においてもとり入れられている」[30]と述べながらも、その注において薬事法距離制限事件判決を参照しながら「二重の基準論の考え方をとるかのような立場を示し」[31](傍点筆者)たとしており、個々の判決レベルでは二重の基準を採用していると断じきれないことを示唆しているように思われる。[32]

ましてや、堀越事件判決の千葉勝美裁判官の補足意見において判例が比較衡量をベースとした判断を行っており、その際の指標として基準が用いられると指摘されたことを踏まえると、[33]審査基準を前提とした二重の基準は存在しうるとしても比較衡量の中の考慮要素の一つに埋没する可能性もある。もっとも、これについてはかつて芦部が峻別した解釈方法としての比較衡量と違憲審査基準としての比較衡量を基にしながら両者の関係を探る研究もなされているところであり、[34]千葉補足意見をもってただちに二重の基準が否定されるわけではない。とはいえ、それによって判例が二重の基準を採用していることを直接示すことにもならないため、それについては別途検討が必要である。

3　応答促進的司法審査論と日本の判例

判例がプロセス理論的要素をはらむ二重の基準を用いているかにつき、なおその採否に疑問が残るとすれば、その応用的理論ともいえる応答促進的司法審査論との関係はどうであろうか。この理論もプロセス理論を部分的に下地にしている点に着目すると、その意味では日本の判例実践とも距離が生じることが予想される。他面、オリジナルのプロセス理論が司法積極主義の擁護をはかろうとしたのに対し、応答促進的司法審査論は弱い司法審査との関係も考慮したものとなっており、一般に司法消極主義と位置づけられる日本[35]には相性が良い可能性がある。

もっとも、ディクソンは、「もしその国の有力な法伝統が司法抑制的なものであれば、応答促進的司法審査論は司法権の著しい拡大または司法的創造論を求めているように理解されるかもしれない。たとえば、憲法訴訟において長く司法の抑制の伝統を持つ日本はそれに当たるだろう……」[36]と述べている。つまり、司法消極主義の実践に慣れてきた日本にとって、応答促進的司法審査論は劇薬に思えるかもしれない、というのである。しかし、近時の判例をみると、いくつかの判決は民主的機能不全の修正を促しながら国会との協働を念頭に置いたような形となっており、応答促進的司法審査論に親和的な様相を呈しているように思える。たとえば、民法900条の非嫡出子相続分規定は従来から平等違反の疑義が呈されてきたが、国会は法改正に消極的であった。応答促進的司法審査論からすれば、非嫡出子は全体からみれば少数派であり、国会における優先順位は低いがゆえに民主的不作為が生じてきたことになる。2013年非嫡出子相続分違憲決定[37]は違憲判断を下して法改正を迫ったわけであるが、違憲に至るプロセスは段階的なものである。同決定は、1995年の先例[38]の個別意見の総和がすでにその合憲性に疑義を呈しており[39]、それでもなお国会が法改正を行わなかったがゆえに、違憲判断に至ったとした。つまり、司法が前面に出て憲法価値を実現するのではなく、国会の判断を尊重しながら、問題点の是正を促してきたことになり、それは応答促進的司法審査論に近い。また、再婚禁止期間違憲訴訟[40]は再婚禁止期間のうち100日を超える部分を違憲としたが、立法不作為については国賠法上違法であるとはしなかった。これは、司法による憲法解釈を示しつつ、立法行為の裁量を尊重したものであり、立法との関係を考慮したものであるといえる。

こうしてみると、応答促進的司法審査論は少なくとも近時の日本の判例の動向と整合的な側面があり、日本の憲法実践は弱い司法審査を基調とした憲法価値の実現のあり方を示した好例として位置付けられるように思われる。

もっとも、かかる分析視角はこれまでに芦部が問題提起してきたことと大差ないともいえる。たとえば、芦部は憲法判例百選の序文において次のように指摘していた。

「憲法判例は、第二に、政治過程における一つの現象として政治学的観点から考察することも可能であり、その重要性もきわめて大きい。憲法裁判はすぐれて裁判官の価値優先選択をともなう司法的立法の性格をもち、法的な理論構成をとりながら、一種のポリシー・メイキングの機能を果たすからである。これは、統治行為・政治問題の理論や司法の自己制限の技術によって事件が処理された場合でも、本質的に異ならない。したがって、とくにイデオロギー的対立のはげしい重要な憲法規範に関する判決の意味を明らかにするには、理論や概念を操作する分析にとどまらず、政治・社会・経済・イデオロギー、各裁判官の思想・哲学など各種の要素と判決との関連性に注目することが要求されよう。(41)」

つまり、憲法判例の分析は司法的立法の側面があることを踏まえながら政治学的分析が必要であると指摘しているわけであり、それはとりもなおさず、司法審査のあり方について司法と政治部門の関係を考慮する必要性を提示しているといえる。司法消極主義を採用した場合もその分析対象に入るわけであり、こうした観点から二重の基準を見た場合には応答促進的司法審査論の土台がすでに築かれていたことになる。

すると、二重の基準について、プロセス理論との接合を意識しつつ、判例法理において採用されているかどうかという問いを立てた場合にはなお距離があるものの、憲法価値の実現というマクロ的観点から政治部門との協働を意識した場合には実際の判例法理と整合的な部分があり、二重の基準もそうした意識を反映したものであるとすれば、判例法理との距離が多少なりとも近づくといえよう。

Ⅳ　司法的応答確保のシナリオ

1　司法的応答

さて、応答促進的司法審査論が日本に親和的であるとしても、それは現状の憲法価値の実現状況を憲法構造として説明し、司法と政治部門の協働という、ある種対話理論的なアプローチを提示するにすぎない。換言すれば、その規範的効果としては現状追認にとどまってしまうことになる。

しかし、芦部をはじめとする従来の憲法学がアメリカの憲法訴訟から司法積極主義とその弊害を学び、そこで培った内容を日本にも生かそうとしてきた知的営為は司法消極にすぎる日本の判例に対するアンチテーゼ的要素が含まれていたはずである。実際、違憲判断の数という点では、同じ付随的違憲審査制を採用しているアメリカやカナダと比べて少ないことは否めない。一方、憲法判断自体はそれなりの量・質が蓄積されており、判断手法が時折救済と連動する形である種日本独自の司法的応答がなされているように思われる面もある。ゆえに、よりよい憲法価値の実現を目指すのであれば、民主的機能不全だけでなく、司法的機能不全の問題にも目を向けるべきであり、政治部門の応答に加えて、司法自体の応答確保の方途を検討してしかるべきであるように思われる。

ここでは、司法的応答につき、憲法判断、違憲判断、救済判断という3つのレベルで考えることにする。憲法81条が最高裁に違憲審査権を付与している以上、最高裁は憲法問題について判断を下すことが予定されているといえる。もっとも、民主的意思の尊重や政治部門との協働を考えるのであれば、むやみやたらに憲法判断を行うべきではなく、ビッケル(Alexander M. Bickel)が指摘したような受け身の美徳(passive virtue)[42]が参照されてきた。たとえば、日本の文脈でいえば、事件の成熟性、社会状況、タイミング、予想される政治部門の対応、国民の受容など様々な事情(以下、「司法事情」と呼ぶ)を考慮することとなる。

量的観点からすれば、最高裁はこれまでに相応の数の憲法判断を積み重ねてきたといえる。どの程度の量をもって相応といえるかについては議論の余地があるが、少なくとも憲法判例百選を刊行できるほどの憲法判断は存在しているわけであり、それに掲載されていない判例も合わせるとかなりの量に上るといえよう。また、朝日訴訟[43]のように、判決結果に直結しないにもかかわらず、「なお念のため」という形で憲法判断を示すこともある。こうしてみると、憲法判断自体については、最高裁は積極的判断をしているように思える。

(1) 憲法判断

問題はそれが十分な内容の憲法判断をしているかどうかである。憲法学からすれば、憲法条文の解釈をはじめ、権利の性格や重要性、制約の態様や強度、審査基準や比較衡量の手法、権利救済の方法、憲法原理や法理の形成、憲法先例との関係などに関する憲法判断が待たれるところであるが、戦後初期の判例はいわゆる公共の福祉論を展開するだけで憲法判断の内容および分量ともに不十分であった。もっとも、その後は徐々に憲法判断の内容が明らかにされるようになり、事案によっては上記要素についても部分的に判断が示されるようになった。とはいえ、なお憲法解釈や憲法適合性に関する実体判断が不十分であると思われる判決も少なくない[44]。

そもそも最高裁に上告される事案のほとんどは上告事由に当たらないという理由で不受理となる。それは日本特有の傾向ではなく、たとえばアメリカの連邦最高裁もほとんどの事件について裁量上訴を認めていない。ただし、上告を受理するかどうかの判断はブラックボックス化しており、その判断には諸々の事情が考慮されているように思われる。

民事事件では、民事訴訟法318条1項により先例との相反や法令の解釈に関する重要な事項を含む場合には上告を受理することができるとしているが、多くの事件は事実誤認又は単なる法令違反を主張するにとどまるとして不受理の決定とされる傾向にある。法令の解釈に関する重要な事項を含むかどうかの判断は最高裁の裁量に委ねられており、単なる法令違反にとどまるかどうかの理由は通常明らかにされない。そのため、最高裁は上告受理の判断を行う際に様々な事情を考慮していると推察され、当該事件において憲法判断を行うかどうかも判断していると考えられる。たとえば警察官の事実上の行為による表現の自由の制約が問題となった福岡県漫画撤去要請事件[45]はその実質は事実誤認又は単なる法令違反を主張するものであり上告事由に当たらないとして上告棄却・上告不受理の決定を下しているが、出生届に戸籍法が要求する嫡出の別に関する記載をしなかったことが差別に当たるかどうかが争われた事件では記載によって子等の法的地位に影響が生じるわけではなく、「嫡出でない子」という文言が差別に当たるかどうかは表現の当否の問題にすぎないとして請求を棄却した[46]。事案が異なるので受理についても異なる判断が行われて当然ではあるものの、いずれも広い意味での事実上の制約に関わる事件であるといえる。そして後者では憲法判断が下されているわけであるが、おそらく、非嫡出子相続分違憲決定がその22日前に下されていたこともあり、判断に適したタイミングであったという考慮が働いたように思える。

もっとも、上告を受理した場合でも、本案としての憲法判断を避けた方が適切な場合には当事者適格や訴えの利益などの訴訟要件あるいは上告不受理などを理由に十分な憲法判断を行わないことがある。たとえば、臨時国会召集遅滞違憲訴訟[47]を挙げることができる。この事件では、内閣が臨時国会の召集に応じないことの合憲性が争われた。憲法53条[48]はいずれかの院の4分の1以上の要求があれば、内閣は臨時会を召集しなければならないと定めているところ、2017年6月に両院の野党議員の4分の1以上が安倍政権における森友学園の問題[49]などを審議する必要があるとして臨時国会の召集を求めたが、内閣はすぐにはそれに応じず、98日後に召集し、即日衆議院を解散した。これに対して野党議員らは内閣が臨時国会を召集しなかったことが違憲であるとして訴訟を提起した。そのため、将来の臨時会召集決定の遅滞によって不利益が生じる現実の危険はないとして確認の利益を否定し、臨時会召集決定の遅滞によってただちに召集後の臨時会における個々の国会議員の議員活動に係る権利又は利益が侵害されるということもできないとして国家賠償請求もしりぞけた。

しかし、憲法53条に基づく臨時会召集要求の当事者である議員が、当該条項が無視されたことに対する違憲訴訟を提起した際に、その確認の利益や国賠法上の違法行為によって被る権利利益を否定してしまうことは、もしそれが憲法違反に当たるとすれば、司法は憲法適合性を判断する責務を果たしていないとの誹りを免れない。本件における宇賀克也裁判官の反対意見は確認の利益や国賠法上の違法性を認定する余地もあるとしており、訴訟要件を厳格に解して憲法判断を行わないとすれば、司法的応答の観点からすると不十分であるということになろう。

もちろん、憲法53条は召集期限について定めていないため、その違憲性を判断するための物差しがなく、統治行為論によって判断しないという選択もありうる。先の受け身の美徳からすれば、訴訟要件の判断を行う場面において、政治の藪に入ってしまうことのリスクや遅滞か否かを判断する物差しの欠如などが考慮された可能性もある。

他面、そもそも訴訟要件はその充足を客観的に判断するものであって、受け身の美徳の要素とは無関係かもしれない。というのも、最高裁は訴えの利益が充足されていれば、実体判断を行う傾向にあるからである。たとえば、地方議会における議員の出席停止処分の違法性が争われた岩沼市議会判決[50]では、村議会議員懲罰判決[51]を変更し、議員が出席停止期間中に議員としての中核的な活動をすることができなくなることから司法審査の対象になるとし、停止期間中の議員の報酬支払を求めることもできるとした。本件の原審は議員報酬の減額を伴う場合には司法審査の対象になるとし、最高裁も原審を認容していることからすると、議員報酬の減額という法的利益が存在することが重視されたともいえる。

またヘイトスピーチ規制の合憲性が客観訴訟において争われた大阪市ヘイトスピーチ規制違憲訴訟[52]も同様に訴えの利益を重視したものといえる。この事件は、大阪市ヘイトスピーチ条例がヘイトスピーチ該当性等について審議等をする審査会を置いていたことにつき、大阪市の住民が、同条例が表現の自由を侵害し、審査会の委員の報酬等の支出は違法であるとして地方自治法242条の2第1項4号に基づき公金支出無効確認等請求訴訟を提起したものであり、最高裁は条例が表現の自由を侵害するかどうかについて判断を行った。ここでは客観訴訟を利用することで訴えの利益を満たして条例の合憲性が判断されている。

最高裁の実体判断を得るために訴えの利益が鍵を握るとすれば、訴訟手続の選択や上告理由の記載内容が重要となり、それは結果的に弁護士の腕次第ということになろう。

(2) 違憲判断

日本の最高裁における法令違憲の判断は少なく、現時点(2023年12月)で12件にとどまる。もちろん、違憲判断が多ければ良いというわけではなく、そもそも諸外国においても合憲判断の方が違憲判断よりも圧倒的に多い。そうであるとすれば、数が少ない違憲判断に着目するよりも、むしろ合憲判断が果たす機能を検討した方が司法的応答を考える上では建設的であるかもしれず、かつて芦部はダール(Robert Dahl)を引用しながら合憲判断の機能について考察を加えていた。それによれば、アメリカの大統領は自らのイデオロギーに近しい人物を最高裁裁判官に指名し、上院も同様の理由に基づいて承認を行うので、政治部門と最高裁が一定のコンセンサスを形成することになるという。そのため、政治部門と司法は、支配的な政策と長期にわたって不一致になることはなく、実際過去において政策遂行を遅らせた若干の重要なケースは存在するが、主要な政策については多数派を阻止することに成功する可能性はほとんどなく、最高裁は政治部門の決定に正当性を与えるという役割を果たしてきたとする。芦部はこの指摘が日本の判例動向を明らかにするうえで有効であり、おおよそ日本にも妥当するという(53)。

かかる指摘は至極その通りであると思われるが、しかし、日本における違憲判決の少なさについてはコンセンサス形成に向けた協働作業以前に別の構造的要因があるように思われる。すなわち、日本のように戦後同一政党がほとんど政権を握っているような状況では、内閣が最高裁裁判官を任命する以上、そもそもコンセンサスがデフォルトになってしまっている可能性がある。そうなると、司法的応答としての違憲判断が下されにくい構造が形成されていることになり、違憲判断という意味での司法的応答が不十分である可能性がある。

一方、12件の法令違憲判断のうち、7件は21世紀に入ってからのものであり、違憲判断に関する従来の消極的姿勢に変化の兆しが見られるようになってきている。これについては、単に古い法令が寿命を迎え始めたがゆえに違憲判断に結びついている事案もあり、消極的姿勢は変わらないともいえるかもしれない。しかし、司法判断の積み重ねをベースにしながら社会変化を理由に違憲判断を下すケースもあり、そうした姿勢は司法消極主義とは一線を画するように思われる。

たとえば、非嫡出子相続分違憲決定は1995年の合憲判断において個別意見を総合すると将来的に違憲になる可能性があったことを重視しており、その後立法府が応じなかったことに対して、司法が違憲判断という形で社会変化に応答した形になっている。また、2023年の性同一性障害手術要件違憲決定[54]もまた2019年の合憲判断において違憲となりうる布石が打たれていたことがベースとなっており、その後司法が社会変化に応じて判断した形となっている。

こうしたスタイルは、司法が他権を尊重しながらも少しずつ違憲に向けた変化を主導するものであり、漸進的司法積極主義ということができよう。また、性同一性障害手術要件違憲決定以外にも、2023年にはトランスジェンダーに対するトイレの問題についても違法判断を下していることからすると[55]、来るべき同性婚問題について周囲の足固めをしているような印象も受ける。加えて、リプロダクティブライツ関連の問題は一連の強制不妊訴訟においても下級審の違憲判断が相次いでいることを見ると、同一線上にあるともいえよう。

(3) 救済

最高裁は、当事者救済のあり方を念頭に置きながら憲法判断を行うことが少なくない。たとえば、国籍法違憲判決[56]では部分無効[57]の手法を用いて当事者に国籍が付与される形で違憲判断を行った。また、非嫡出子相続分違憲決定では、救済対象となる非嫡出子について2001年(平成13年)で線引きを行っている。また、救済の概念を原告に限定しないのであれば、憲法訴訟においては一方当事者である国側の救済——すなわち法律の救済——もその射程に入りうる。つまり、合憲限定解釈等を施すことによって、憲法に適合する形で法律を残すことで立法救済になるということである。実際、税関検査事件判決[58]などにみられるように、合憲限定解釈によって違憲を免れてきた法律や条例がある。

他面、かかる判断は救済というよりも、むしろ憲法判断の影響を考慮した側面が強いのではないかと思われる節がある。たとえば、国籍法違憲判決が最も考慮した点は、当事者救済よりも、国籍法3条を丸ごと違憲にしてしまうと婚姻要件を満たす場合ですらその子が国籍取得できなくなってしまうという全体的影響を懸念したのではないか、また非嫡出子相続分違憲決定については当事者よりも当該判決が同種の遺産相続に与える影響を中心に判断したのではないか。また合憲限定解釈についても法律の救済それ自体よりも立法府との関係を考慮し、違憲とはせずに合憲限定解釈にとどめた可能性がある。すると、救済は様々な司法事情との関連で考慮されていることになり、場合によっては救済の中で司法事情を考慮するというよりも、司法事情の一考慮要素として救済が存在しているといえるかもしれない。

かかる判断は憲法訴訟における救済の意義を減殺してしまうおそれもあるが、しかし、憲法訴訟においては当事者自身の権利利益の救済よりも違憲判断を得ること自体に意義があるケースもあり、その場合にはそうした司法事情がプラスに働く可能性もある。

その一例が国賠法上の違憲判断である。立法行為をめぐる国賠訴訟についてはかつて国賠法上の違法性判断と憲法判断との峻別が明確になされていない時期もあったが、2005年の在外邦人選挙権訴訟[59]が違憲・違法それぞれについて判断し、さらに2015年の再婚禁止期間違憲訴訟が違憲・合法の判断を下したことから、両者について別々の判断をなしうることが明らかになった。もっとも、在外邦人選挙権訴訟では当事者一人当たりの賠償金額は5千円にすぎず、泉徳治裁判官の反対意見が述べていたように訴訟手続として適切であったかどうかという問題が残った[60]。しかし、本件では選挙権制限という民主主義の根幹に関わる問題について違憲判断がなされたわけであり、一人当たりの賠償金額が少なくとも、憲法上の問題の解消という点ではきわめて大きな意義を有する。

とりわけ、再婚禁止期間違憲訴訟は100日を超える部分につき違憲としたものの立法行為については合法としたわけであるが、立法行為の違法性の判断については立法裁量に委ねられる部分が大きいということもあり、立法府との関係を考慮しなければならないという司法事情が働く。そのため、違憲・合法の判断結果となり、当事者が救済されたわけではないが、違憲判断が下された意義は大きく、国会は翌年に法改正を行って対応した。このように当事者救済以上に違憲判断に意義があることも少なくないのである。

後序

本稿では、応答促進的司法審査論を素材にしながら民主的応答を促す司法審査と日本の実際の判例法理との関係を分析した上で、司法的応答についても検討を行った。司法的応答についてはなお不十分な点も散見されるが、その解消に向けて漸進していると思われる。その漸進の背景には、芦部らが提唱してきた議論がようやく最高裁に影響している可能性があり、そのままの形ではないにせよ、日本的文脈の中でそれを発展させているといえる。

もっとも、芦部らの憲法訴訟論は日本にも妥当しうる内容を検討したがゆえに、逆に現地の憲法訴訟の実態が十分に伝わっていない可能性もある。たとえば、アメリカの憲法訴訟についてみると、ウォーレンコートにおける司法積極主義の弊害を踏まえながら司法審査のあり方を考察し、さらにそれを基に日本への応用を検討する研究が多く、その分、アメリカの判例それ自体の研究が伝わりきれていない可能性がある。

冒頭で述べたように英米独仏に限定されない比較憲法論も研究が進むようになっていることを踏まえると、英米独仏研究をさらに進めながら、よりマクロ的視点からみた比較憲法を行うことが憲法学の発展に寄与することになると考えられる。

(1) 実際、研究者教育においても、歴史研究など一部の分野を除き、比較憲法を踏まえた分析が行われることが多い。

(2) ここではさしあたり、新井誠＝上田健介＝大河内美紀＝山田哲史編『世界の憲法・日本の憲法——比較憲法入門』(有斐閣、2022年)、横大道聡＝新井誠＝菅原真＝堀口悟郎編『グローバル化のなかで考える憲法』(弘文堂、2021年)を挙げておく。

(3) Rosalind Dixon, Responsive Judicial Review: Democracy and Dysfunction in the Modern Age (2023).

(4) John Hart Ely, Democracy and Distrust: A Theory of Judcial Review (1980).

(5) Dixon, *supra* note 3, at 2–3.

(6) *Id.* at 2.

(7) *Id.* at 72–80.

(8) *Id.* at 82–84.

(9) *Id.* at 84–87.

(10) *Id.* at 204–241.

(11) *Id.* at 204.

(12) *See, e.g.*, Stephen Gardbaum, *Comparative Political Process Theory*, 18 International Journal of Constitutional Law 1429 (2020).

(13) 芦部信喜『憲法訴訟の現代的展開』(有斐閣、1981年)143―186頁。
(14) 芦部・前掲注(13)156頁。
(15) 長谷部恭男「政治取引のバザールと司法審査――松井茂記著『二重の基準論』を読んで」法時825号(1995年)62頁、松井茂記「プロセス的司法審査理論 再論」米沢広一＝松井茂記＝土井真一編『現代立憲主義と司法権(佐藤幸治先生還暦記念)』(青林書院、1998年)67頁など。
(16) United States v. Carolene Products Co., 304 U.S. 144(1938).
(17) 二重の基準論については、松井茂記『二重の基準論』(有斐閣、1994年)9―181頁を参照。
(18) 伊藤正己『言論・出版の自由――その制約と違憲審査の基準』(岩波書店、1959年)17―66頁。
(19) 最大判昭和47年11月22日刑集26巻9号586頁。
(20) 小売市場事件判決・前掲注(19)591頁。
(21) 最大判昭和50年4月30日民集29巻4号572頁。
(22) 薬事法距離制限事件判決・前掲注(21)575頁。
(23) 最三小判平成7年3月7日民集49巻3号687頁。
(24) 泉佐野市民会館事件判決・前掲注(23)679頁。
(25) 厳格審査または厳格な基準の内実については学説上必ずしも一致しているわけではないが、一般には、やむにやまれぬ利益と厳密に仕立てられた手段を要求するアメリカの厳格審査を参考にして、やむにやまれぬ利益と必要最小限の手段(戸松秀典『憲法訴訟』〔第2版〕(有斐閣、2008年)313頁)、あるいは、やむにやまれぬ利益と目的・手段の必要不可欠な関連性(伊藤健『違憲審査基準論の構造分析』(成文堂、2021年)1頁)などが提示されることが多い。
(26) たとえば、堀越事件判決(最二小判平成24年12月7日刑集66巻12号1722頁)は無罪判決を下したが、違憲判断を示さなかった。最近では「宮本から君へ」判決(最二小判令和5年11月17日裁判所HP)が、日本芸術文化振興会(独法)の理事長の行った映画に対する助成金不交付決定を違法としたが、少なくとも形式上違憲判断とはなっていない。
(27) 判決は「許可制に比べて職業の自由に対するよりゆるやかな制限である職業活動の内容及び態様に対する規制によっては右の目的を十分に達成することができないと認められることを要する」(577頁)としている。
(28) 最大判昭和62年4月22日民集41巻3号408頁。

(29) もし判例が二重の基準を採用しているか否かを真剣に問うのであれば、厳密に二重の基準の定義を行った上で、その採否の基準――判例が何を判示すれば採用したことになるのか／あるいは何を判示しなければ採用したことにならないのか――を明らかにし、個々の判決を吟味しながらそれが法理となっているのかどうかを検討しなければならないが、かかる作業を行うのであれば、それに絞った本格的な検討が必要になるため、ここでは表面的な考察にとどまることを断っておく。

(30) 芦部信喜(高橋和之補訂)『憲法』〔第8版〕(岩波書店、2023年)107頁。

(31) 芦部・前掲注(30)108頁。

(32) 芦部信喜『人権と憲法訴訟』(有斐閣、1994年)440―445頁。

なお、芦部は、二重の基準と判例法理の関係について、それぞれのアプローチを対比しながらそれぞれの意義や問題点を検討しており、二重の基準の採否について二者択一で考えるよりも、より良い可能性を探っていく点に関心を払っていたといえる。

(33) 堀越事件判決・前掲注(26)1734頁。千葉補足意見によれば、「近年の最高裁大法廷の判例においては、基本的人権を規制する規定等の合憲性を審査するに当たっては、多くの場合、それを明示するかどうかは別にして、一定の利益を確保しようとする目的のために制限が必要とされる程度と、制限される自由の内容及び性質、これに加えられる具体的制限の態様及び程度等を具体的に比較衡量するという『利益較量』の判断手法を採ってきており、その際の判断指標として、事案に応じて一定の厳格な基準(明白かつ現在の危険の原則、不明確ゆえに無効の原則、必要最小限度の原則、LRAの原則、目的・手段における必要かつ合理性の原則など)ないしはその精神を併せ考慮したものがみられる。」という。

(34) 淺野博宣「最高裁の憲法解釈方法に関する一考察――なぜ審査基準論を採るべきか」山本敬三＝中川丈久編『法解釈の方法論――その諸相と展望』(有斐閣、2021年)389頁。

(35) ダニエル・フット(溜箭将之訳)『裁判と社会――司法の「常識」再考』(NTT出版、2006年)211―213頁。

(36) Dixon, *supra* note 3, at 276.

(37) 最大決平成25年9月4日民集67巻6号1320頁。

(38) 最大決平成7年7月5日民集49巻7号1789頁。

(39) 5裁判官の反対意見は同規定を違憲とし、4人の裁判官は現時点での合理性を認めつつも立法による改正に期待しており、個別意見を合わせると、このまま改正がなされないままでは違憲になる可能性が生じる状態になっていた。

(40) 最大判平成27年12月16日民集69巻8号2427頁。
(41) 芦部信喜「憲法判例の学び方——憲法判例百選(新版)の序」憲法判例百選(新版)(1968年)6頁。
(42) Alexander M. Bickel, *Foreword: The Passive Virtues*, 75 Harv. L. Rev. 40(1961).
(43) 最大判昭和42年5月24日民集21巻5号1043頁。
(44) たとえば、風俗案内所看板規制事件判決(最一小判平成28年12月15日集民254号81頁)は、表現の自由の問題につき、「風俗案内所が青少年の育成や周辺の生活環境に及ぼす影響の程度に鑑みれば、風俗案内所の表示物等に関する上記の規制も、公共の福祉に適合する上記の目的達成のための手段として必要性、合理性があるということができ、京都府議会が同規制を定めたことがその合理的な裁量の範囲を超えるものとはいえないから、本件条例7条2号の規定は、憲法21条1項に違反するものではないと解するのが相当である。」と述べるにとどまっており、かつての公共の福祉論に近い判断となっている。
(45) 最三小判平成26年7月22日未登載。
(46) 最一小判平成25年9月26日民集67巻6号1384頁。
(47) 最三小判令和5年9月12日民集77巻6号1515頁。
(48) 憲法53条は「内閣は、国会の臨時会の召集を決定することができる。いづれかの議院の総議員の四分の一以上の要求があれば、内閣は、その召集を決定しなければならない。」と定めている。
(49) 森友学園が小学校用地として購入した国有地をめぐり、売却価格の決定プロセスに安倍晋三夫妻が関与していたのではないかという疑惑が生じたものである。
(50) 最大判令和2年11月25日民集74巻8号2229頁。
(51) 最大判昭和35年10月19日民集14巻12号2633頁。
(52) 最三小判令和4年2月15日民集76巻2号190頁。
(53) 芦部・前掲注(13)158頁。
(54) 最大決令和5年10月25日裁判所HP。
(55) 経産省性同一性障害トイレ訴訟(最三小判令和5年7月11日民集77巻5号1171頁)。
(56) 最大判平成20年6月4日民集62巻6号1367頁。
(57) 部分無効については、宍戸常寿「司法審査——『部分無効の法理』をめぐって」法時1004号(2009年)76頁などを参照。
(58) 最大判昭和59年12月12日民集38巻12号1308頁。
(59) 最大判平成17年9月14日民集59巻7号2087頁。
(60) 在外邦人選挙権訴訟・前掲注(59)2108—2110頁。

【付記】 なお、本稿の一部は2023年4月24日に東京大学で開催されたシンポジウム「新政治プロセス理論と国際憲法比較」で報告した内容を反映している。

第五章　芦部憲法訴訟論の「深層」と制度的思考

——社会学的違憲審査のプラグマティズム

山本龍彦

はじめに

「制度と違憲審査」は、芦部生誕１００年を記念する本企画の中でもかなり難易度の高いテーマであろう。芦部信喜は、「制度」あるいは「制度的思考」について正面から考察することがなかったからである。いま、不用意にこれらの言葉を使ったが、無論その意味は多義的である。本稿ではさしあたり、憲法上の自由ないし権利のなかには立法府が形成・構築する法的仕組みによって実現されるものもある（制度的自由）ということを前提に、立法府がその形成・構築を憲法上積極的に要請されるような法的仕組みのことを「制度」という。そして、前記自由ないし権利が裁判所において憲法上問題とされた際に（前記制度と関連して平等が争われた場合も含む）、かかる制度は国の伝統や国民の意識・感情といった社会的なるものを踏まえて設定されると解したうえ、裁判所がその形成・構築に関する立法府の裁量を強調して審査するような考え方を「制度的思考」という。ここでは、個人の尊重や尊厳といった憲法の基本的価値が、「制度」という社会的なるものから独立して、裁判所で純粋かつ原理的に探究されない。

「制度」や「制度的思考」をかように捉えた場合、芦部憲法訴訟論にそれらが不在なのは当然といえる。周知のとおり、芦部憲法訴訟論の準拠国はアメリカである。芦部が憲法訴訟の研究に精力的に取り組んだのは、1961年にアメリカでの在外研究を終え、帰国してからのことであった。少なくともその当時のアメリカには、先述した意味における「制度」概念や「制度的思考」は存在していない。その理由はシンプルである。第1に、合衆国憲法は、日本国憲法24条2項や、ドイツ基本法6条5項のように、制度形成を積極的に立法府に委託する条項をもたない。第2に、いま述べたことと関連するが、アメリカ憲法は伝統的に「国家からの自由」を重視する自由主義を基調としており、立法府の作為(制度形成)によって実現される自由という発想を正面からは認めがたい。また、自然法の伝統からは、権利ないし自由のありようが社会的なるものの影響を受けるという考えを公式に肯定しづらいということもあろう(後述のように、こうした見解はリアリズム法学の台頭以降で大きく動揺するのだが)[1]。そういうアメリカに学んだ芦部が、「制度」や「制度的思考」を自らの憲法学において主題化できなかった/しなかったのは当然である[2]——これで筆者に課された責を塞げればよいのだが、そういうわけにもいかないだろう。ドイツ憲法学の影響もあり、「制度」はいまや我が国の憲法学上重要な論点になっているし[3]、何より最高裁判所が、ある種独特なかたちで制度的思考を展開させている[4]。芦部憲法訴訟論が、いまなお我が国の憲法学や実務に強い影響力を有しているとすれば、芦部がこうした制度論花盛りの現況をみてこれをいかに捉えるかを推測することには一定の意味があるように思われる。

換言しよう。芦部は、日本国憲法がその形成・構築を立法府に委託している制度の合理性が問われたとき、裁判所にいかなる対応を期待するのだろうか。個人の尊厳を日本国憲法の核心的原理とする芦部の憲法体系論から、裁判所は憲法上の自由・権利のありようを国民意識の変化といった社会的なるものに依存させるべきではなく、裁判所自らこれを純粋かつ原理的に探究すべきと考えるのだろうか。この〝推測〟を行うことこそが、おそらくは筆者に課された本企画の実際上の責務であろう。無論、芦部自身がその解答を提示していない以上、この問いに答えるのは容易ではない。本稿では、芦部憲法訴訟論の「深層」[5]ともいうべきものを再訪し、そこからその解答を推測する。結論を先取りするならば、我々の直感に反して、憲法訴訟に関する芦部の深層理論からは、芦部は最高裁がとるような制度的思考を大枠で支持する、ないしは支持せざるをえないように、筆者には思われる。

I　最高裁の制度的思考

1　特　徴

本稿ではまず、「婚姻の自由」に関連する事例を例にとり、最高裁の制度的思考の特徴を確認しておきたい。

その第1は、問題とされる「婚姻の自由」を自然的自由と区別し、制度的自由と捉えている点である。例えば、平成27年別姓訴訟判決[6](以下「平成27年判決」)の寺田補足意見は、「およそ人同士がどうつながりを持って暮らし、生きていくかは、その人たちが自由に決められて然るべき事柄である」とし、この繋がりの自己決定を憲法13条によって根拠づける一方で、「法律上の仕組みとしての婚姻」については、「家族制度の一部として構成され、身近な第三者ばかりでなく広く社会に効果を及ぼすことがあるものとして位置付けられることが……一般的である」とする。要するに、繋がりの自己決定ないし「他者と親密な人的結合を取り結ぶ」自由[7]は、前国家的な――「国家からの自由」たる性格を有する――プライバシーの権利の一内容として捉えるのに対して、「法律上の仕組みとしての婚姻」は社会的機能をもった法制度としての性格を有すると考えているのである。令和3年別姓訴訟決定[8](以下「令和3年決定」)の深山ら3人の補足意見も、繰り返し、別姓訴訟で問題とされる婚姻は「法律婚」であると述べ、「これは、法制度のパッケージとして構築されるものにほかならない」と位置付けている。平成27年判決の多数意見は、婚姻に関する事項は「関連する法制度においてその具体的内容が定められていくものであることから、当該法制度の制度設計が重要な意味を持つ」と述べるが、おそらくはいま挙げた補足意見の考え方を背景に、婚姻の自由を制度的・社会的なるものと捉えたと解することができる。なお、令和3年決定の宮崎・宇賀反対意見は、「婚姻自体は、国家が提供するサービスではなく、両当事者の終生的共同生活を目的とする結合として社会で自生的に成立し一定の方式を伴って社会的に認められた人間の営みであり、……憲法24条1項の婚姻はその意味と解すべきである」と述べる。これは、多数意見の採る制度的理解への批判のように解されるが、「社会的に認められた人間の営み」と述べ、社会的承認を前提としている以上、やはり自然的自由とは異質なものとして観念されており、制度的理解を完全には否定できていないように思われる。

制度的思考の特徴として第2に、最高裁は、こうした「制度」事案では、個人の自律が関係していたとしても、いわゆる権利‐侵害図式に基づく司法審査を行わず、制度構築に関する立法裁量を強調した裁量審査を行うことが挙げられる。その前提として最高裁は、憲法24条2項を引用したうえ、婚姻に関する具体的制度は「国の伝統や国民感情を含めた社会的状況における種々の要因を踏まえつつ、それぞれの時代における夫婦や親子関係についての全体の規律を見据えた総合判断によって定められるべき」（傍点筆者）（平成27年判決）とし、その構築は第一次的に国会の合理的な立法裁量に委ねられるべきと述べている点も指摘しておかねばならない。制度が、道徳的理由から導出される超時的・普遍的で純粋なものではなく、国民意識の変化等の社会的事情に影響される状況的・特殊的で「不純」なものであり[9]、その構築は——国民代表機関として社会変化に敏感であるべき——政治部門としての立法府の裁量に委ねられるという考え方は、相続制度[10]、国籍制度[11]、選挙制度など[12]、制度を扱った他の判例にもみられる[13]。

もっとも、婚姻制度の場合、憲法24条2項が、立法府に対し「個人の尊厳」等に立脚して制度構築することを明示的に要請しているため、前記裁量は個人の尊厳等によって特に限界づけられることになる。しかし、ここでいう個人の尊厳等は、社会的状況から独立して存在する超時的・普遍的なもので、制度を外側から統制するものとは考えられていない。ここでいう個人の尊厳等の具体的内容は、「その時々における社会的条件、国民生活の状況、家族の在り方等との関係において決められる」と考えられているからである[14]。実際、嫡出子と嫡出でない子との間の法定相続分区別を違憲とした平成25年決定は[15]、相続制度が婚姻や家族のありようと密接に関係している点を重視して――平等関連の事案であったにもかかわらず――制度的思考を採用し、個人の尊厳(判決では個人の尊重)に対する国民意識の変化を要点としていた。同規定の導入された昭和22年当時とは異なり、本件相続の開始された平成13年7月には、「家族という共同体の中における個人の尊重がより明確に認識され」、「父母が婚姻関係になかったという、子にとっては自ら選択ないし修正する余地のない事柄を理由としてその子に不利益を及ぼすことは許されず、子を個人として尊重し、その権利を保障すべきであるという考えが確立されてきている」(傍点筆者)ことを重視したのである[16]。立法裁量を限界づける個人の尊厳も、結局は状況依存的な性格をもつものと理解されているのである。

以上のようにみると、制度的思考は、道徳的理由ではなく、社会的事実の動向が重視される、徹底して社会学的な――国民感情や国民意識を踏まえれば、社会心理学的でもある――司法審査を要求するものといえる。なお、婚姻の自由が争われる事案でも、権利 - 侵害図式のような枠組みが用いられることもあろう。例えば、女子に対する再婚禁止規定の一部を違憲とした平成27年判決は[17]、再婚禁止を「婚姻に対する直接的な制約」と述べ、それなりに厳格な審査を行ったように思われる。しかし、こうした審査が行われたのは、婚姻を「両性の合意」とする24条1項の文言のみならず、男女間の婚姻が自由であることについて、既に国民のコンセンサスが形成されていたからであろう[18]。おそらく、複数婚(ポリガミー)の否定は、同項の文言に加え、それを肯定する国民意識が未だ形成されていないがゆえに、「婚姻に対する直接的な制約」とはみなされないはずである。このように考えると、権利 - 侵害図式が使われる場合も、結局は、社会的なるものを重視する制度的思考が採用されていると解することができる。

2　批判的見解

このような最高裁の制度的思考に対しては、結論として、社会的変化に適応できていない旧態依然とした立法を違憲にできるメリットがあるにもかかわらず、学界では賛同よりも批判の方が多数であるように思われる。

確かに、前記思考そのものには以下のような問題がある。

第1は、「国民意識」のような社会学的・心理学的概念を重視するがゆえに（社会学的性格）、形式性やドグマーティクを失わせ、裁判官の恣意を許して法の支配を動揺させうるとの批判である[19]。例えば、石川健治は、先述した平成25年の婚外子法定相続分違憲決定を、最高裁の「反ドグマーティク傾向の頂点をなす」ものと述べ、かかる傾向を有する裁判所は、「それぞれの流儀の自己拘束から解放された政治機関にほかならない」とし、「政策形成機関としての政策評価からすれば一定の評価ができるにしても、立憲主義の弛緩した司法権は立憲的権力とは言えない[20]」と鋭く批判している。また、御幸聖樹も、事実の変遷に重点を置く社会学的アプローチが含む「操作可能性」を問題視する[21]。

第2は、制度の発展を国民意識等の社会的状況の変化にかからしめるため、当該制度と関連した少数派（マイノリティ）の利益が、多数者ないし国民主流派の意識が変化するまで——コンセンサスが形成されるまで——実質的に保障されないのではないかとの批判である（多数者主義的性格[22]）。少数派は、自らの利益が保障されるのを、多数者がそれを承認するまで待たなければならない、というわけである。

周知のとおり、芦部は、個人の尊重を核心とする憲法体系を有していた。この点を重視すると、芦部は、いま挙げたような「問題」から、最高裁の制度的思考を厳しく批判するようにも思われる。しかし、実際のところどうなのだろうか。次節では、憲法訴訟に関する芦部の「深層理論」から、こうした推測とは逆に、芦部がその制度的思考をある程度支持する可能性がある点について言及してみたい。

Ⅱ　芦部憲法訴訟論と制度的思考

1　芦部憲法訴訟論の「構造転換」？

長谷部恭男は、「芦部信喜教授の憲法訴訟論」と題する1987年の論攷において、憲法訴訟論を、憲法訴訟の「個別の技術・手続論を扱う表層理論」と、「これらの個別の技術論・手続論を統一的、整合的に説明し、正当化すると共に、司法審査そのものの正当化根拠と適切な活動範囲を明らかにする」「深層理論」とに分け、後者の「構造転換」を指摘した。初期の芦部は、カロリーヌ判決におけるストーン判事の法廷意見「脚注4」で示された見解に依拠して、民主的過程の維持という観点から違憲審査制を基礎づけていたという(民主的過程論)。しかし、長谷部によれば、この深層理論は、個人の尊厳を究極的な価値とする芦部の憲法体系論ともともと整合しない面があったとされる。民主的過程論は、「政治的・道徳的価値の選択については挙げて民主的過程に委ねてしまい、司法審査はただその過程ないし手続きの維持のみに努めれば足りるとの見解に帰着[23]」し、個人の自律が問題となるような領域でも――道徳的対立を含む以上――消極的な司法審査が帰結されるが、芦部の体系論からすれば、かかる問題領域においても司法が積極的に介入し、民主的過程――多数者意識の動向等――に抗してでも、道徳的理由に基づいて個人の自律権の内容を判定すべきと解されるからである。長谷部は、憲法体系論と司法審査論とのかような齟齬は、1970年代後半から1980年代前半にかけて、芦部がドゥオーキンの「原理にもとづく裁判」論と邂逅し、これを司法審査の正当化論として摂取することによって解消された可能性があるという。

周知のように、ドゥオーキンは、「公正、正義など、なんらかの道徳的理由にもとづいて個人あるいは団体の権利を設定しているが故に守られるべき基準」を「原理」とし、複数の解釈が成立しうるようなハード・ケースでも、

「法秩序全体を包括的にもっともよりよく正当化し説明しうるような原理の体系を構築することにより」正しい解答が導けると説いた。民主的過程論から、自らの憲法体系論と「矛盾なく融和しうるかに見える」[24]、この「原理に基づく裁判」論への接近——「プロセス」から「原理」へ——が、長谷部のいう芦部憲法訴訟論の「構造転換」である。仮に、長谷部のこの見立てが正しければ、芦部は、我が国の最高裁が採用する制度的思考を厳しく批判していた可能性が高い。制度的思考では、たとえ個人の自律が問題とされても、それが制度と関連している限り、その保障は民主的過程において——漸進的に多数者の意識が変化することで——国民のコンセンサスが形成されるのを待たなければならず、裁判所が、「平等な配慮と尊重への権利」を基底的権利とする原理の体系から自律権の内容を確定し、社会的状況の動向から独立してこれを保障することはないからである。また、制度的思考が、国民意識等の感知、すなわち社会(心理)学的考察を裁判官に強く要求する点も、「原理にもとづく裁判」論からは批判されるはずである。

しかし筆者には、芦部憲法訴訟論の「深層」はドゥオーキン論との邂逅後も実際には変化しておらず、最高裁の制度的思考とむしろ親和的な側面が大きいように思われる。以下、芦部憲法訴訟論の「深層」(と筆者には思えるもの)を簡単に確認しておきたい。

2　原理のドゥオーキンではなく、社会学のコックス

まず、長谷部が芦部の「構造転換」を説いた際に多く参照した1977年論文をみると、確かに芦部は、「私(芦部)が先に述べた趣旨もドゥオーキンのいう「原理」に基づく法解釈のモデルとほぼ一致する」(傍点筆者)と述べている。問題は、ここでいう「先に述べた趣旨」とは何か、である。それは、「私(芦部)がかつて、憲法解釈の社会学的方法を原則として採りながら、司法は受動的な機能であり、みずから政策形成に必要な十分の事実・知識を獲得する手段をもたないなどの限界があることを指摘し、「とくに成文憲法の下においては、憲法の規範性なり、人権保障を

中核とする憲法の価値体系から導き出される一定の解釈基準なりによって、裁判官の「選択」は強く限定される」と述べた」部分を意味している（傍線部は筆者）。この文章では、長谷部が示唆するように、確かに「人権保障を中核とする憲法の価値体系」が重視されているが、より強調すべきは、①憲法解釈につき、「社会学的方法」の採用を「原則」としていること、そして、②原理体系により「強く限定される」としながらも、裁判官の「選択」可能性（政策的裁量）が許容されていることであろう。そして何よりも、先に引いた文章は、③「憲法訴訟における裁判所の法政策機能」と題する論文――「違憲審査に関する私〔芦部〕の基本的な考え方が示されている」（傍点筆者）――のなかの「国民の納得する裁判」と司法的政策形成の問題点」（傍線部は筆者）と名付けられた節の中で語られることに注意が必要である。[25]

同節で多く引用されているのは、ドゥオーキンではない。「国民の合意（popular assent）の問題を中心テーマに据えて憲法訴訟の理論を展開」したコックス（Archibald Cox）である。芦部は、このコックスの憲法訴訟論に「大きな共感」を寄せており、自らが監訳者になってコックスの著作（『最高裁判所の役割』）を訳出してもいる。[26] 芦部がかくも「高い評価」を与えるコックスの議論の最大の特徴は、いま述べたように、違憲審査の正当性を「国民の合意」、コックス自身の言葉を借りれば「〔人々の〕倫理的感受性」[27]との一致に求める点であろう。芦部はこうした見解の影響を強く受け、前記論文で、違憲審査の民主的正当性を強調し、「裁判所は、国民主権の原理にふさわしい憲法制度として機能するためには、国民の合意ないし納得を獲得し保持することにとくに依存しなければならない」と述べている。かかる視点は、一見穏当なものにみえて、実はかなり過激な内容を含んでいよう。少数派の利益は、これを支持する国民の合意が醸成されるまでは裁判所において保護されないようにも解されるからである。例えば、同性愛者の利益（同性婚の自由など）は、これを支持する国民の合意が醸成されるまでは裁判所において保護されない。

コックスおよび芦部の議論は、かように多数者主義的な要素を含んでいるが、ともに人種差別の解消に積極的な役割を果たし、少数派の権利保障に大きく貢献したとされるウォーレンコートを支持している。その意味では、紛うことなき立憲主義者である。ただ、コックスがウォーレンコートを支持するのは、その進歩的な諸判決が、多数者の「文明の道徳的観念」に合致しており、国民の合意によって正当化されるからである。例えば、人種別学制度を違憲とした Brown v. Board of Education 判決[28]が正当化されるのは、判決の時点までに多数者の「倫理的感受性」ないし「道徳的観念」が大きく変化し、少数派の利益の重要性を支持する国民のコンセンサスが醸成されていたからだ、ということになる。実際、比較的近時の憲法学説も、人種別学制度が、Brown 判決の時点で既に多数者の支持を失っており、これを頑なに支持していたのは南部諸州の頑固者だけであったこと、すなわち、Brown 判決が当時の一般多数者の倫理的感受性と合致していた多数者主義的判決であったことを指摘している[29]。芦部も、ウォーレンコートに対するこのようなコックス的理解を好意的に参照し、さらに彼の以下の言葉を引用していることが注目される。

「憲法上の諸権利は、それが社会に根づき、かつ相当の長期間継続し、さらに、特定の時と場所における現実的な政治的判断のレベルの上にまで昇るほど十分に絶対的な原則となって述べられないかぎり、デュー・プロセス条項の下で創設されるべきではない[30]」。

要するに、芦部もまた、個人の自律が憲法上の権利として裁判所で保障されるには、「社会的状況」が変化し、多数者の意識が変わらなければならないと考えていた可能性があるのである。それは、自身の教科書『憲法』(岩波書店)のなかで、裁判所が幸福追求権(憲法13条)から新しい人権を承認する条件として「その行為を社会が伝統的に個人の自律的決定に委ねられたものと考えているか、その行為は多数の国民が行おうと思えば行うことができるか[31]」(傍点筆者)を挙げていることからもうかがえる。

こうした、違憲審査の多数者主義的理解の背景には、芦部がリアリズム法学から学んだ、多数者に対する信頼があるように思われる。ニューディール期に、労働者等の社会経済的弱者を保護する進歩主義的な立法を支持したのは多数者であり、これに反対したのはむしろ保守的な「少数者」であった。オールドコートと呼ばれた当時の連邦最高裁は、多数者意識に反して、こうした少数者の保守的イデオロギーを、形式主義的な法解釈（形式的論理性）を通じて保護したのである。進歩主義と連動していたリアリズム法学は、かかる「形式主義」の政治性を暴き、多数者の通常の感覚——国民のコモンセンス——の卓越性を強調したわけである。芦部憲法訴訟論は、間違いなく、ここから多くを学んでいる。

先述のように、芦部はその後のウォーレンコート期に、多数者への信頼を一層深めたともいえるだろう。多数者は、社会運動等を含む文化的な対話(32)を通じて次第にその——コックスの言葉を借りれば——「倫理的感受性」を高め、やがて少数派《マイノリティ》の利益を擁護するようになる、との信頼である。さらに芦部は、こうしたアメリカの憲法経験から学ぶなかで、少数派《マイノリティ》にとっての真の敵は、多数者の意識変化に反対する頑迷な少数者——自らが「死に体」であることに気づかずに新たな価値観に抵抗する哀れなゾンビ的少数者——であることに気づいていったようにも思われる。旧来的価値観にしがみつくゾンビ的少数者は、時として一部の熱烈な支持者によって議会へと送り込まれ、そこで国民のコモンセンスの実現を阻む——ニューディール期もウォーレンコート期もそうであった、というわけである。同性婚禁止を違憲とした、後述するObergefell判決が下された２０１５年頃に同性婚に頑迷に反対していたのも少数者——一部の宗教保守派や共和党議員(33)——であったし、我が国で、いま同性婚に反対しているのも、やはり「2割から3割程度」の少数者であろう(34)。

こうみると、コックスや芦部の多数者主義的な違憲審査論が、「原理にもとづく裁判」論と全く異なるかたちで少数派《マイノリティ》保護と結びついていたことが理解できる。そこでの違憲審査は、少数派の利益にシンパシーを感じるに至った多数者の意思を、政治過程に巣食うゾンビ的少数者から保護するものとして位置付けられるからである（だから芦部は、最高裁の裁判官自身がゾンビ的少数者にならないように、裁判官のうち少なくとも5人は、社会的状況の変化に鋭敏で順応性に富む「50歳以下でなければならない」とするオプラー〔Alfred C. Oppler〕の見解を好意的に引用する）。芦部は、「政治過程の実態を考慮に入れると、議会ないし内閣の行為を自動的・包括的に国民の声と同視する古典的な民主政観が、いかに非現実的であるかが明らかになる」と述べ、実際の政治過程の「非民主性」と、違憲審査の「民主性」を指摘している。もっとも、芦部が「多数者支配的民主主義」ではなく、少数派の人権擁護を特に強調する「立憲民主主義」を標榜していたのは周知のとおりである。しかし、違憲審査権が「国民の名において」正当化され、これを「民主的な制度」とみるとき[35]、違憲審査権の積極的行使による少数派保護が正当化されるのは、結局のところ多くの国民がこれに納得しているかどうかに依存することになろう。逆にいえば、多数者が少数派保護を望んでいるのに裁判所がこれを保護しなければ、それは国民の離反を招き、自らの正当性を失いうる。結局、どれだけ少数派保護を強調しても、違憲審査の正当化根拠を民主主義に置く限り、それには国民の納得が必要となるのである。

ただ、芦部の憲法訴訟論は、裁判所に多数者の意識変化をただじっと待つことを要求しているわけではない。先に挙げた論文でも、政治過程を「国家機関間の相互作用の過程として広い視野から構成することが必要」と述べていたが、1984年論文[36]では、さらに踏み込んで、立法と裁判が「機能的には、アメリカで従来から言われているように、法の形成という「同じ道を歩んでいる」のが事実である」として両者の（「法形成」機関としての）機能的同質性を肯定しつつ、「立法が立法、裁判は裁判というのではなく、……法形成における相互の関係が、より密接な形で考えられてもよい」と述べている。ここでは、「民主的過程」を議会の政治過程に限定せず、より社会的なそれとして広く捉えたうえで、社会−議会−裁判所とのダイナミックな対話的関係を志向しているのである[37]。同論文では具体的に論じられていないが、「対話」の1つとして、例えば、議会が国民感情を含む社会的状況の変化に対するキャッチアップを怠っている場合に、裁判所が判決中で警告的なシグナルを送ることで[38]、憲法の規範的要請に合致した変化の方向性を「後押し（ナッジ）[39]」することが考えられよう（ナッジ的手法による「対話」）。それによって、国民のコンセンサスが形成されるまでの時間を短縮できるかもしれない。

裁判所も一アクターとして参与する「社会的・文化的対話（social and cultural dialogue）」による多数者意識の形成に少数派保護の可能性をみる、こうした多数者主義的違憲審査論[40]は、多数者への警戒をモットーとしてきた憲法学では異質なもののように感じられるかもしれない。が、比較的最近のアメリカ憲法学界（特にリベラル派の憲法サークル）には、連邦最高裁の判断が「憲法の意味に関する国民の判断の主流（mainstream）に忠実」で、「アメリカ国民の熟慮された判断と一致する傾向」を説くフリードマン（Barry Friedman）の対話的違憲審査論[41]や、司法の憲法解釈と「（憲法の実体に関する）非司法的アクターの信念および価値観」――「憲法文化（constitutional culture）」――との影響関係を重視するポスト（Robert C. Post）の憲法文化論[42]など、多数者主義的違憲審査論を採る学説が少なくないことは留意しておくべきであろう。違憲審査とは「反多数者主義的な最高裁が、多数者主義的な機関を審査するというよりも、……多数者主義的な最高裁が、それほど多数者主義的でない機関を審査するもので、代表機関が社会の支配的規範（prevailing norms）を執行しないときに最高裁が代わってそれを執行する仕組み」と説くレイン（Corinna Lain）の「逆さまの司法審査」論[43]は、その典型である。

以上のようにみると、芦部の「深層理論」は、民主的過程から自律して権利内容を道徳的解釈により確定する「原理に基づく裁判」論とはやはり隔たりがある。もっとも、芦部がアメリカから学んだのは社会のうねりによる憲法発展であり、そこで信頼が置かれているのは、議会の政治過程ではなく、よりダイナミックで広範な民主的過程である。その意味で、イリィ（John Hart Ely）の「プロセス理論[44]」に代表される、議会の政治過程を前提とした（狭い）民主的過程論ともまた異なるものといえよう。

3　芦部憲法訴訟論のプラグマティズムと制度的思考

こうした芦部の憲法訴訟論が、我が国の最高裁がとる制度的思考といかなる関係に立つのか。筆者には、芦部の「深層理論」は、制度的思考への先述した学説の批判から同思考を擁護し、これを支持または正当化する可能性があるように思われる。

以下、この点に関して若干の検討を加えたい。

制度的思考への第1の批判として、それが「国民の意識」といった社会的事実または社会心理学的事象を重視し、法学的な形式性または教義性を軽視するがゆえに、法の支配概念を動揺させるのではないかというものがあった。これに対し芦部は、〝それほど気にしなくてもよい〟とにこやかに応答するかもしれない。例えば芦部は、1965年論文[45]で「司法審査と「生きた憲法」の観念」という興味深い一節をつくり、リアリズム法学の祖であるホームズ判事の言葉を引用しながら、「憲法が時代と社会の変転に応じて変化する」「生きた憲法」であることを認めねばならないとしつつ、そのためには裁判官が憲法判断を下す際に「相争う当事者の主張に含まれた種々の社会的利益と無関係に、形式論理で分析を行うことは許されない」と述べている[46]。すなわち、「「事件に関連する社会事実に十分な検討を加え、これに第一次的重要性を置いて良識的に解釈する」社会学的方法が当然に重視されなければならない」というのである（傍点は全て筆者）。ここには、「社会的事実の分析・論証〔を〕司法過程に不可欠の重要な要素」とする「プラグマティズムおよびリアリズム法学[47]」の影響が強くみられる[48]。かかる観点からは、形式的論理性――それは進歩的な憲法発展を阻害するオールドコートの特徴であった――よりも、国民意識の変化を含む社会的事実を重視する最高裁の制度的思考は、芦部の本質的な批判対象にはならない。なお芦部が、「立派な憲法判決の力は、……公衆の意志を最高裁がどれだけ正確に感知したかということと、それを感知したことを表現することにより究極的に合意を得る最高裁の能力とにかかっている」（傍点筆者）とするコックスの言葉を好意的に引用していることも[49]、ここで確認しておきたい。

芦部「深層理論」のプラグマティズムが、法ドグマーティク以上に、国民意識を正確に「感知」することを重視していることがうかがえるからである。いずれにせよ、芦部憲法訴訟論にとっての最大の批判対象は、裁判所が形式的論理性を重視するあまり、社会の発展と乖離することである。そうなると、社会的なるものとしての「制度」を重視する思考は、裁判所の視点を「社会」につなぎとめておくための社会学的アプローチとして、むしろ有用ということにもなりうる。

　制度的思考への第2の批判として、それが、特に少数派の権利の承認を、社会的なるもの——国民意識等の政治的結晶——としての「制度」の発展に依存させることから、多数者主義的傾向をもつのではないかというものがあった。これに対し芦部は、多数者の「倫理的感受性」はそれほど当てにならないものではなく、少数派の権利保護を難しくするのは、むしろ保守的な少数者である場合が多いと応答するかもしれない。また、裁判所が多数者意識の成熟を待たずに少数派の権利を承認することで、国民の納得を得られずに社会的反動を生み、かえって少数派保護を遅らせる可能性があると指摘するかもしれない[50]。

　もちろん、同性婚禁止を違憲としたアメリカ連邦最高裁の Obergefell v. Hodges 判決[51]のように、「平等の尊厳(equality dignity)」の権利を道徳的理由から導出した方が、(性的)少数派の権利保護には有効であるし、違憲審査とはそうあるべきだという反論もありうる。ただ、サンダース(Steve Sanders)が指摘するように、ここでの「尊厳」は、結局は国民(多数者)の「進化した政治道徳(evolving political morality)」の単なる言い換え(translation)である可能性がある[52]。サンダースによれば、「１９８０年代後半から１９９０年代初頭にかけて、同性愛に対する……アメリカ人の態度は、顕著かつ急速に変化し始め」、Obergefell 判決が出る２０１５年には、「同性婚に対する多数者の支持は明確になっており、長期にわたる安定した〔支持率の〕上昇傾向は、これが刹那的・一過性のものでないことを示していた」。実際、いくつかの世論調査では同性婚に対する支持率が60%以上に達している。また、２００３年の Lawrence v.

Texas 判決[53]はソドミー法を違憲としたが、この時点で約60％のアメリカ国民が同性愛行為の合法化を支持しており（1986年では33％）、婚姻防衛法（DOMA）を違憲とした2013年のUnited States v. Windsor判決[54]の時点で、既に約60％の国民が同性婚を合法化すべきと答えていたという[55]（両判決とも「尊厳」という言葉が使われていた）。他方で、連邦最高裁は、1986年には、同性愛行為を刑罰化するソドミー法を「合憲」としていたのであるが[56]（判決当時、同性愛行為を合法化すべきとする国民は44％で、刑罰化すべきとする47％を下回っていた）、仮にこの1986年時点で「同性婚」禁止の合憲性が争われていたならば、「尊厳の権利」が説かれることもなく合憲と結論されていたであろう。また、サンダースによれば、個人主義を徹底すれば容認されるべき複数婚が「平等な尊厳」によって連邦最高裁でおそらくは保障されないのは、多数者の「倫理的感受性」が複数婚を未だ支持していないからである（2017年の世論調査によれば、一夫多妻制を「道徳的に受容できる」と答えた者はアメリカ国民のわずか17％である[57]）。かようにして、サンダースは、連邦最高裁のいう「憲法上の尊厳」に、「真の独立した実体」があるわけではなく、その正体は、ある特定の時点における多数者の「進化した政治道徳」に過ぎないというのである（それは病理ではなく、対話的な憲法発展のプロセスから積極的に評価されるべきであると説く）。

こう考えると、（道徳的解釈をオモテ向き重視する）「原理にもとづく裁判」を採用しても、制度的思考を採用しても、少数派が裁判上保護されるタイミングは大きく変わらないことになる。むしろ、多数者意識にすぎないものが道徳的に語られる前者の方が、少数派の権利を支持する弁護士は訴訟戦略を立てにくくなることから（弁護士は、裁判官を説得するために、社会が変わったことを示す社会学的証拠を集めることに注力すべきか、原理的解釈に基づき道徳的な主張を行うことに注力すべきかがわからなくなる）、裁判所に法原理性を求めることによってかえって少数派保護は進まなくなる可能性もあるだろう。

以上のように、社会的なるものを重視する芦部深層理論は、国民意識の発展に寄り添う最高裁の制度的思考を支持または正当化するものになりうる。しかし、当然ながら両者は同一のものではなく、芦部が制度的思考を全面的に支持することとは、おそらくはない。芦部は、リアリストないしプラグマティストとして社会学的妥当性をこよなく大切にする一方、法学者としてそれが野放図になるべきでないことも強調していた[58]。社会学的違憲審査にも法学的限界があるというのである。芦部はそこでもまた、「憲法判断を法的先例やその他の一般に承認された法源に関係づけることのできる原則によって公正に理論的説明ができること」を「国民の納得」を得るための主要要素とするコックスを引用して[59]、司法のプラグマティズムは、少なくとも①法源としての憲法典と、②「理論的説明」(アカウンタビリティ)の必要によって制約されるべきと述べていた[60]。我々は、この点を忘れてはならない。

①との関係では、日本国憲法には、制度形成・構築を明示的に立法府に委託する条項が多く存することが重要である。本稿の冒頭で述べたように、アメリカは、建前上「国家からの自由」を重視する伝統があり、憲法テクストにも国家の介入を積極的に是認、要請するような条項は少ないが[61]、日本国憲法は、多くの条項で、文言上、立法府に制度形成義務を課しているように解される。しかし、我が国の最高裁は、このテクスト的特徴を、立法府の「義務」ではなく「裁量」を強調するかたちで、特に、立法府の作為しない裁量(不作為の裁量)を肯定ないし強調するかたちで利用してきた。芦部が「法源としての憲法典」を重視するならば、テクスト上制度形成を義務づけられている立法府が、国民意識の変化等を不断にチェックし、これを具体の制度にしっかりフィードバックしているか——ゾンビ的少数者によってそのフィードバックを阻害されていないか——などを、裁判所はより積極的にモニタリングすべきと主張するかもしれない(特に憲法24条2項は、制度形成に当たり立法府が考慮すべき事項を積極的に明示している)。確かに最高裁は、「違憲状態」という語彙や、補足意見での事実上の警告を通じて、立法府の怠慢について一定のシグナルを送り、「対話」による憲法発展を促進しようと努めているが、立法府の作為義務を憲法典に明記する国において、それで十分かが問われうるのである。

かつてドイツ憲法学者の栗城壽夫は、ドイツのツィンマー(Gerhard Zimmer)と芦部の「対話」論とを同時に引用して、以下のように述べていた。

「立法も司法も憲法具体化過程の一環であり、国民の基本的コンセンサス……に基づく国民の具体的コンセンサスの現実的・制度的表現であるという点では、同質のものである。立法が徹頭徹尾政治的なものであり、司法が憲法そのものの端的な化体であり、この意味において両者が異質のものである、というように考えるのは正しくない。同質のものとして、両者の間には、よりよき憲法の具体化を目標として、協働関係が成立し、連携プレイが可能である(62)」。

ここでドイツ憲法学に精通する栗城が芦部の所説を引用していたという事実は、アメリカから多くを学んだ芦部の深層理論にも「立法による内容形成」(制度的自由)(63)の思考があり、そこに、そのプロセス——「制度」を通じた憲法の具体化(64)——を促進するための違憲審査の具体的方法論を洗練させる筋が潜在されていた可能性を示唆している。

②との関係では、制度的思考が法原理性を理論上求められないとしても、「国民の納得」のためにアカウンタビリティが一定程度重要視されることが重要である。先述のように、現在の最高裁の制度的思考は、「論拠や論理展開の脆弱性」や「丁寧な事実認定と理を尽くした論証の不在(65)」などが厳しく批判されている。理由付けが曖昧すぎることは、憲法訴訟における弁護士の戦略構築を困難にさせるため、裁判所と社会との「対話」——それによる憲法発展——を妨げることになる。この点で、アカウンタビリティの不十分性は、社会学的妥当性のために形式的論理性が犠牲になることを厭わない芦部憲法訴訟論からも、厳しい批判の対象になるだろう。芦部が存命であれば、制度的思考そのものは民主的に正当化されるが、社会ないし国民へのアカウンタビリティが不十分な、いまの最高裁のそれは民主的に正当化されない、と述べていたはずである。

終わりに

以上、本稿は、芦部が「制度的思考」をいかに評価するかを、その憲法訴訟論の深層理論から推測してきた。それにより、違憲審査の究極的な根拠を民主主義に求め、裁判所が社会の発展、言いかえれば国民の「進化する政治道徳」や「倫理的感受性」と共に歩むことを重視する――アメリカのリアリズムとプラグマティズムを経由した――芦部の理論は、法原理性や形式的論理性よりも、国民意識など、社会的なるものの変化を重視する、社会学的ないし社会心理学的な最高裁の制度的思考と比較的相性がよいことが明らかになった。これは、現在の最高裁の制度的思考が、ドイツ憲法学において法教義学的に発展している制度準拠的思考[66]を、社会(心理)学的に、ある意味でアメリカ流に――コックス的、芦部的に――中途半端に受容してしまっていることを示唆している。そうなると、最高裁の制度的思考にみられる「法論理の脆弱さ」[67]は、社会学的妥当性が殊更に重視された、ある時期のアメリカ憲法学に責任の一端があるのかもしれない。

しかし、本文で述べたとおり、芦部は、現在の制度的思考を全面的に支持しないはずである。芦部は、裁判所が、一定のアカウンタビリティをもって、立法府や社会とより積極的に「対話」[68]することを望んだはずである。そうであるならば、最高裁の制度的思考を一旦受容し、これを内在的に批判しながら、対話的違憲審査の理論と技術を発展させることが、芦部「後」の時代を生きる憲法研究者の1つの重要な任務であるように思われる。

(1) 山本龍彦「「法原理機関説」の内実についての覚書――リーガル・プロセス理論との距離を中心に」桐蔭14巻1号(2007年)89頁、100―103頁。

(2) 例えば、近年の憲法学では財産権を制度的自由と捉える見解が有力であるが、芦部は財産権も「国家からの自由」の一つとし、財産権事案を比較的シンプルに権利‐侵害図式でとらえている。そこでは、違憲審査基準の設定問題しか論点になりえない。これはアメリカ憲法学における一般的理解と同様であろう。芦部信喜『人権と憲法訴訟』(有斐閣、1994年)475―478頁。

(3) 小山剛『「憲法上の権利」の作法〔第3版〕』(尚学社、2016年)、篠原永明『秩序形成の基本権論』(成文堂、2021年)。

(4) 例えば、佐々木くみ「制度審査――制度審査とは何を審査するのか?」大林啓吾＝柴田憲司編『憲法判例のエニグマ』(成文堂、2018年)223頁以下。

(5) 長谷部恭男『権力への懐疑――憲法学のメタ理論』(日本評論社、1991年)102頁(初出1987年)。

(6) 最大判平成27年12月16日民集69巻8号2586頁。

(7) 篠原永明「「婚姻の自由」の内容形成」甲法57巻3・4号(2017年)605頁、612―613頁。篠原はこうした「自然的自由」は平成27年判決では問題とされていないと説く。

(8) 最大決令和3年6月23日集民266号1頁。

(9) 「純粋／不純」のメタファーについては、Daryl J. Levinson, *Rights Essentialism and Remedial Equilibration*, 99 Colum. L. Rev. 857, 857 (1999). 山本龍彦「違憲審査理論と権利論」大沢秀介＝小山剛編著『東アジアにおけるアメリカ憲法』(慶應義塾大学出版会、2006年)399頁、399―404頁。

(10) 最大決平成25年9月4日民集67巻6号1320頁。

(11) 国籍法違憲判決(最大判平成20年6月4日民集62巻6号1367頁)は、以下のように述べていた。「憲法10条の規定は、……国籍の得喪に関する要件を定めるに当たってはそれぞれの国の歴史的事情、伝統、政治的、社会的及び経済的環境等、種々の要因を考慮する必要があることから、これをどのように定めるかについて、立法府の裁量判断にゆだねる趣旨のものであると解される」。

(12) 最大判昭和51年4月14日民集30巻3号223頁。

(13) 制度的保障とされる政教分離原則についても、最高裁は「それぞれの国の社会的・文化的諸条件」の影響を考慮すべきと説く。最大判昭和52年7月13日民集31巻4号533頁。本稿のいう「制度的思考」と政教分離原則との関係性は興味深い論点であるが、本稿では扱わない。

(14) 最大判平成27年12月16日・前掲注(6)。

(15) 最大決平成25年9月4日・前掲注(10)。

(16) この点を特に指摘するものとして、蟻川恒正『尊厳と身分——憲法的思惟と「日本」という問題』(岩波書店、2016年)163—164頁(初出2014年)。

(17) 最大判平成27年12月16日民集69巻8号2427頁。

(18) 最高裁の制度的思考といわゆるベースライン論との関係については、佐々木・前掲注(4)237—240頁。

(19) こうした批判の整理として、岡田聖貴「合衆国最高裁判所における「国民の意識」」一橋法学22巻3号(2023年)60—63頁参照。

(20) 石川健治「ドグマーティクと反ドグマーティクのあいだ」石川健治＝山本龍彦＝泉徳治編『憲法訴訟の十字路』(弘文堂、2019年)333頁。

(21) 御幸聖樹「憲法訴訟における「事実」」渡辺康行編『憲法訴訟の実務と学説』(日本評論社、2024年)101頁、110頁。

(22) 蟻川・前掲注(16)163—164頁。

(23) 長谷部・前掲注(5)34頁。

(24) 長谷部・前掲注(5)36頁。

(25) 同様の趣旨は、山本・前掲注(1)111—112頁。

(26) A・コックス(芦部信喜監訳)『最高裁判所の役割』(東京大学出版会、1979年)。

(27) 芦部信喜『憲法訴訟の現代的展開』(有斐閣、1981年)148頁。

(28) 347 U.S. 483 (1954).

(29) バルキン(Jack M. Balkin)やクラーマン(Michael J. Klarman)らの見解が有名である。例えば、バルキンは、多数派の「感覚(sense)」が、先例法理(「分離すれども平等」)を変更する動機付けをウォーレンコートに与えることになったと指摘している。Jack M. Balkin, *What Brown Teaches Us About Constitutional Theory*, 90 Va. L. Rev. 1537, 1540 (2004). こうした見解については、山本龍彦＝大林啓吾「司法審査論の新地平(1)」桐蔭12巻1号(2005年)96—105頁以下参照。

(30) 芦部・前掲注(27)168頁。

(31) 芦部信喜(高橋和之補訂)『憲法　第8版』(岩波書店、2023年)124—125頁。

(32) BARRY FRIEDMAN, THE WILL OF THE PEOPLE (2009).

(33) *See* Steve Sanders, *Dignity and Social Meaning: Obergefell, Windsor, and Lawrence as Constitutional Dialogue*, 87 FORDHAM L. REV. 2069, 2086, 2115 (2019).

(34) 名古屋地判令和5年5月30日 LEX/DB 25595224。

(35) 芦部・前掲注(27)154頁。

(36) 芦部信喜「日本の立法を考えるにあたって」ジュリ805号(1984年)12頁〔同『人権と議会政』(有斐閣、1996年)332頁所収〕。

(37) 佐々木雅寿『対話的違憲審査の理論』(三省堂、2013年)。

(38) 入井凡乃「法律制定後における立法者の憲法上の義務」憲法理論研究会編『対話的憲法理論の展開』(敬文堂、2016年)159頁。

(39) ナッジについては、キャス・サンスティーン(田総恵子訳)『ナッジで、人を動かす——行動経済学の時代に政策はどうあるべきか』(NTT出版、2020年)。

(40) Sanders, *supra* note 33, at 2090.

(41) Friedman, *supra* note 32, at 14.

(42) Robert C. Post, *Foreword: Fashioning the Legal Constitution: Culture, Courts, and Law*, 117 HARV. L. REV. 4, 8 (2003).

(43) Corinna Barrett Lain, *Upside-Down Judicial Review*, 101 GEO. L. J. 113, 167 (2012). 山本龍彦「司法審査の多数者主義的性格に関する覚書——「逆さまの司法審査」論を素材に」『統治構造において司法権が果たすべき役割』判時2475号臨時増刊(2021年)201頁以下参照。

(44) ジョン・H・イリィ(佐藤幸治＝松井茂記訳)『民主主義と司法審査』(成文堂、1990年)。

(45) 芦部信喜「司法審査制の理念と機能」『憲法訴訟の理論』(有斐閣、1973年)3頁(初出1965年)。

(46) 芦部・前掲注(45)22—23頁。

(47) 芦部信喜「合憲性推定の原則と立法事実の司法審査」芦部・前掲注(45)120頁(初出1963年)。

(48) この点については、既に石川・前掲注(20)307頁。石川は、芦部と遠藤比呂通の「師弟二人」が、「司法審査の成功の秘訣を「抽象からの演繹」よりもむしろ「事実への没頭」に見出した」フロインド(Paul A. Freund)に共感していたとも指摘する。同301頁。
(49) 芦部・前掲注(27)172頁。
(50) 芦部・前掲注(27)167—168頁。さらに、前掲注(30)のコックスの引用を参照。
(51) 576 U.S. 644 (2015).
(52) *See* Sanders, *supra* note 33, at 2075. 最高裁の2013年判決がいう「個人の尊重」も同様の性質を帯びる。蟻川・前掲注(16)163—164頁参照。
(53) 539 U.S. 558 (2003).
(54) 570 U.S. 744 (2013).
(55) Sanders, *supra* note 33, at 2112.
(56) Bowers v. Hardwick, 478 U.S. 186 (1986).
(57) Sanders, *supra* note 33, at 2108.
(58) 芦部・前掲注(27)149—151頁。
(59) 芦部・前掲注(27)170頁。
(60) 芦部・前掲注(27)170頁。
(61) ただし、合衆国憲法修正14条、同修正15条など。
(62) 栗城壽夫「立法と司法」法教68号(1986年)27頁。芦部憲法訴訟論とドイツ憲法学との関係については、高見勝利『芦部憲法学を読む——統治機構編』(有斐閣、2004年)265—267頁参照。
(63) ここで引用されているのは、芦部・前掲注(36)。
(64) 小山剛『基本権の内容形成——立法による憲法価値の実現』(尚学社、2004年)。
(65) 岡田・前掲注(19)61頁。
(66) 小山・前掲注(3)174頁。山本龍彦「三段階審査・制度準拠審査の可能性——小山剛著『「憲法上の権利」の作法』を読む」法時82巻10号(2010年)101頁も参照。

(67) 蟻川・前掲注(16)164頁。
(68) 佐々木・前掲注(4)239―240頁。

第六章　立憲主義と民主主義
——「どぎつい」選択か、杯中の蛇影か

大河内美紀

はじめに

芦部信喜は、おそらく日本で最も広く長く、1993年の初版発行から30年に亘って読み継がれている日本国憲法の基本書において、「立憲主義の本来の目的は、個人の権利・自由の保障にあるのであるから、その目的を現実の生活において実現しようとする社会国家の思想とは基本的に一致する」[1]と述べた。続けて、「立憲主義は民主主義とも密接に結びついて」いるとし、その上で「民主主義は、単に多数者支配の政治を意味せず、実をともなった立憲民主主義でなければならないのである。」[2]と結んだ。憲法に社会・経済政策を方向づける価値を読み込み、民主主義に一定の枠をはめ、立憲主義と民主主義とを調和的に理解する憲法観ないしは立憲主義観によって立つ記述である。

1959年から2年間アメリカ合衆国に留学した芦部は、そこでの学びを糧に、帰国後、当時未成熟かつ政治部門に対し敬譲的姿勢が顕著だった日本の違憲審査を発展させるため、精力的に憲法訴訟に関する論稿を発表した。芦部が肌で触れた合衆国の司法は、リベラルかつ積極主義的な姿勢で知られたウォーレン・コート（1953―69年）のそ

れであり、彼の憲法訴訟論にはその影響が強く窺われる。冒頭に述べた立憲主義観もその例外ではない[3]。

そして、芦部のこの立憲主義と民主主義の調和的理解は、彼一人の見解にとどまらない。個人の権利を擁護する違憲審査と国民主権に裏付けられた民主主義という2つの原理について、「一方のみを選択して他方を切り捨てることではなく、両者のあいだの適切な配分原理を探求すること[4]」を模索する立憲民主主義というコンセプトは、日本において「長く通説的な地位を保ってきた[5]」と言える。

しかし、この「立憲民主主義」というコンセプトは、今世紀に入って大きく揺らいでいる。その画期をなしたと言うべき著作で、阪口正二郎は、合衆国において、古典的論点のひとつである司法審査の民主的正統性という問題が1980年代以降、より先鋭に、「そもそも立憲主義なるものは民主主義と両立可能なのかどうか」という形で再提起され、ラディカルな立憲主義批判が展開されている状況を活写した上で、「立憲主義と民主主義の間にある溝は通常考えられている以上に遥かに深」く、両者の間の選択は「まさに『どぎつい』選択である[6]」と断じた。阪口自身は、その上でなお、立憲主義と民主主義とを逆説的な関係において再接続するという「綱渡りに等しいぎりぎりの選択[7]」をすると述べるが、民主主義と立憲主義とは決して調和的なものではないというその指摘のインパクトは大きく、以後の日本の憲法学の議論を方向づけたと言っても過言ではない。

だが、その後の合衆国における民主主義と立憲主義の動向は、日本のそれと決して同じではない。合衆国では、1980年代以降指摘され続けてきた司法の保守化・積極化指向は変わることなく、その動きはこの数年さらに加速している。民主主義に関しても、グローバル規模でのポピュリズムの台頭と軌を一にしてトランプ政権が登場し、憲法学の諸議論に大きな影響を与えた。翻って日本では、合衆国と共通する課題は無論存在するものの、異なる点も少なくない。とりわけ司法については、合衆国には存在しない、しかし日本の裁判所の動向を規定する重要な制度的要因として2000年代の司法制度改革があり、また、昨今の判決動向についても、学界による分析が十分に定まったとまでは言えないにしろ、少なくとも合衆国ほど極端な変化は回避されているように見える。だとすれば、立憲主義と民主主義の関係についてもまた、合衆国とは異なる評価を下す余地があるかもしれない。

そこで本稿では、立憲主義と民主主義の関係について、近年さらに先鋭化して見える合衆国の議論状況を概観し、彼の国では実際に立憲主義と民主主義とがどのレベルで衝突しているのかを分析する。それにより、芦部が描いた「立憲民主主義」というコンセプトが、こんにちの日本でどういった意味を持つのかを再考する一助としたい。

I　合衆国の司法の現在

1　議論の背景

はじめに、立憲主義と民主主義との関係が「どぎつい」選択と描写されるようになった1980年代以降の合衆国の議論状況を確認しておこう。ウォーレン・コートののち、政治的保守にコミットする裁判官の任命や憲法解釈方法論としての原意主義――裁判所の憲法解釈は制憲者の意思に従うべきとする――の広がりを通じて、連邦最高裁は保守化の傾向を強め、保守司法積極主義と呼ばれるようになっていった。また、憲法解釈において裁判官が最終的権威を有すると説く司法優越主義の姿勢も、1986年にウィリアム・レンキストが連邦最高裁長官の座に着くとますます強まった。政治的リベラリズムにコミットし、格差是正を目的とする社会経済政策に親和的なスタンスをとる憲法研究者の中から、司法エリートによって担われる立憲主義を批判して憲法を「人々」の手に取り戻すべしと訴えるポピュリスト立憲主義の主張が登場したのは、こうした司法の状況を背景としている。

1980年代以降の合衆国司法のこの潮流は、2000年代に入ってからも大きく変わることはなく、むしろ2020年前後からは急速に傾斜を強めてきている。その要因の1つは司法の担い手の変化にある。

2 司法の担い手の変化

(1) ロバーツ・コートの誕生

2005年にレンキストが在職のまま死去すると、共和党のジョージ・W・ブッシュ大統領は、後任にジョン・ロバーツを指名した。長官就任時のロバーツは50歳と若く、[8] 連邦裁判官は罪過なき限り終身の身分が保障される（連邦憲法3条1節）ため、ロバーツ・コートは長期的に合衆国の司法を方向づけると予想され、また、現にそうなりつつある。

1986年に幕を開けたレンキスト・コートは、当初予想されていたほどにはそれ以前のウォーレン・コート、バーガー・コートの路線を変更することはなかったとも見える。実際に、就任以来の最大の争点であった人工妊娠中絶については、明文にはない憲法上の権利としてこれを認めたロウ判決（1973年）[9]が覆されるのではないかとの見立てに反し、この点を正面から論じる機会を得たケーシー判決（1992年）[10]では、5対4の相対多数とはいえロウ判決の先例性が再確認された。無論、ロウ判決で定式化された審査枠組はそれ以前の事件ですでに一部否定されており、[11] ケーシー判決もロウ判決の「本質的部分（essential holding）」を維持したにとどまるが、少なくとも明示的な判例変更は回避された。アファーマティヴ・アクションについても同様の傾向が看て取れる。大学入試におけるクオータ制を違憲としたバッキ判決（1978年）[12]以降、この領域の違憲審査では、厳格審査基準を適用したいアファーマティヴ・アクション否定派とそれを緩和したい肯定派とがせめぎ合っていた。レンキスト・コートは12の事件を取り扱ったが、厳格審査基準を採用しつつも、[13] 実質的なバランシングを行なって合憲に至る道を閉ざすこともしていない。[14]

しかし、政教分離について、かつての厳格分離志向から形式的平等志向へのシフトによって宗教団体――とりわけ多数派の宗教――への援助が合憲とされるようになり、[15] 学校周辺での銃の所持を禁止する連邦法について、憲法上許された連邦政府の規制権限を越えるものとして連邦制の観点から違憲とされるなど[16]、特定の領域では宗教保守または政治的保守層の利益と合致する判決も現れた。司法優越主義への傾斜、原意主義の解釈方法論の広がりは通奏低音として存在しており、全体として見れば、リベラリズムに親和的な過去の諸判決は徐々に侵食されていったと言える。

これに対してロバーツ・コートは、発足当時と現在とでは異なる様相を呈する。発足からオバマ政権期までのロバーツ・コートの評価は両義的だった。例えば、キース・ホィッティントンは発足後10年経った時点で同コートを振返り、「史上最も積極主義から遠い」と評した[17]。何を積極主義・消極主義の指標とするかは難しいが、一部または全部が違憲無効と判断された法令件数は年平均3・6件で、それ以前のコートよりも少ない[18]。また、ロバーツ自身は「必ずしもイデオロギーに基づいて行動しているのではなく、司法の抑制という原理に基づいて行動している」とも言われる[19]。しかし、特定の領域における積極主義的な姿勢は、比較的早い時期から明確に表れていた。「修正1条の武器化」あるいは「修正1条絶対主義」と言われる、表現の自由および信教の自由に対する規制の合憲性を極めて厳格に審査することにより、結果としてリベラル的価値を含む規制を違憲とする姿勢は2010年代頭から顕著になってきている。こうした姿勢が保守的判断であるとすればロバーツ・コートの表現の自由は保守的側面を有していると評される所以である[20]。その一方で、リベラル的価値を実現した判決も少なくない[21]。とりわけ、2014—15年・2015—16年開廷期は、「ウォーレン・コート以降最もリベラルな開廷期[22]」「リベラル派は今期の重要事件のほとんどで勝利を得た[23]」と評されるほどだった。

しかし、トランプ政権下で3名の裁判官——内1名はブッシュ政権下で指名されたものの比較的中道の立場を取ってきたアンソニー・ケネディであり、もう1名はリベラルの旗手と謳われたルース・ベイダー・ギンズバーグである——が連邦最高裁を離れ、トランプ大統領に指名の機会が与えられたことで、2020年代以降の連邦最高裁は大きく変化しているように見える。そもそもロバーツ・コートのメンバーは就任時から現在までに7名が入れ替わった。

政治的社会的に見解が分かれる事案が裁判官の政治的イデオロギーの分岐、いわゆるイデオロギー・ラインに沿った相対多数で決せられることも少なくなく、時期によりキャスティング・ボードを握る裁判官が変わっていることもあり、憲法判断すなわち有権的な憲法解釈の形成にあたり個々の裁判官が現に果たしている機能は看過し難い。

(2) トランプの裁判官

トランプ政権下で任命されたニール・ゴーサッチ、ブレット・キャバノー、エイミー・バレットの3人の連邦最高裁裁判官は、予測と違わない判決行動を見せている。近時の連邦最高裁の判例変更は、直接にはこの人的変化に伴う裁判所内のイデオロギー分布の変化による部分が大きい。その点は後述に委ね、ここではその任命過程に触れておく。

ゴーサッチの前任であるアントニン・スカリアは、オバマ政権の最終年２０１６年2月に死去した。オバマ大統領は後任にメリック・ガーランドを指名して手続を進めようとしたが、共和党が多数を占める上院が指名承認に必要な公聴会の開催を拒否したため手続を進めることができないまま任期を終えた。この際、共和党の院内総務を務めるミッチ・マコネルが拒否の理由として挙げたのは「選挙の年には後任判事指名を控える」という慣行である。その結果、スカリアの死去から14か月後に、トランプ新大統領によってゴーサッチが任命されることとなった。

バレットの前任のギンズバーグもまた、トランプ政権の最終年２０２０年9月に死去した。2か月弱とさらに短い大統領選挙までの間に、トランプはバレットを指名し、上院は公聴会を経て選挙直前の10月26日に承認の採決を行なった。この2件の違いを整合的に説明するなら、選挙の進行状況の違いや再選可能性の有無、分割政府か否かといった差異にフォーカスすることになろう[24]。しかし、これらは「いちじくの葉」[25]にすぎないとの指摘があるように政治性は否めず、しかもそれが公聴会を開催する・しないという手続のレベルでなされたことは明記する必要がある。

無論、連邦最高裁裁判官の任命は、もとより大統領が名実ともに決定権を握っていると言われており、その任命過程に政治アクターが関与することは合衆国では当然のことと受け止められている。しかし、トランプ大統領が関与したこの2件の人事は、こうした過程の特異性ゆえに、その政治性を際立たせることとなった。

(3) 連邦下級裁判所

合衆国の連邦裁判官は、最高裁のみならず全て大統領が憲法上任命権を有するいわゆる政治任用の職である（連邦憲法2条2節2号）。したがって、裁判官選任の問題は制度的に連邦下級裁判所にも及び、また、裁量上訴の下で連邦最高裁の扱う事件数が限られている合衆国においては、より実務に幅広い影響を与えるとも言える。

トランプ大統領は就任2年目に前政権の同年度を上回る66名の連邦裁判官を任命し、メディアでも話題となった[26]。トランプ政権下での連邦裁判官の任命数は平均すると年61・3人で、20世紀以降の大統領では歴代2位と多い[27]。影響を危惧する声が上がるのも頷けるが[28]、そもそも政治的影響力を行使しうる制度設計であること、任命の機会は偶然に左右されるものであること[29]、任命総数で見ると245名で直近の3政権よりも少ないことに鑑みれば、裁判官任命というチャネルを通じた司法への関与はトランプ政権固有の現象とは言い難い。

ただし、トランプ政権下での連邦裁判官任用には一定の傾向があるとの指摘もある。裁判官の属性を見ると、女性（24・5％）やマイノリティ（16・2％）の比率が低い。これについては、白人男性が多いのは党派的傾向でありトランプ政権に固有のものではないとの分析がある一方で[30]、公職従事者の属性の多様性に対する意識は時代を下るにつれ高まってきていることから、直近の共和党ブッシュ政権との比較で停滞または後退を指摘する論者もいる[31]。また、トランプ政権下で任命された裁判官には政治的保守にコミットする法律家団体であるフェデラリスト・ソサイエティ所属の者（56・0％）やキリスト教の信仰を有する者（97・8％）が多いことや[32]、それらと信教の自由にかかる事件の判断に一定の相関が見られることも指摘されている[33]。事実審である下級裁判所の憲法解釈または立憲主義観の評価は難しいが、少なくとも、裁判官任命の影響を連邦最高裁に限定して論じることは問題を過小に見積もる恐れがあるとは言えよう。

3 連邦最高裁の動向

(1) ロバーツ・コートの立憲主義

2-(1)で触れたように、ロバーツ・コートの評価は難しい。ただ、同性婚の承認にかかる画期的な判決はあったものの、そこで示された平等保護の論理の射程は必ずしも広くはないこと[34]、その他の領域ではロバーツの「司法による憲法価値の実現を控えめながらじわじわと浸透させようとする」[35]姿勢が判決に一定影響していると解されることから、全体としてはレンキスト・コートと方向性を異にするものではないと言えるだろう。そして、ロバーツ・コートが司法によって実現すべき憲法価値と定めたもの、別言すればその憲法解釈の最大の特徴が、修正1条絶対主義である。もとより、表現の自由の手厚い保障は合衆国憲法解釈の基底をなす。とはいえ表現の自由の制約が全く許されない訳ではなく、厳しい審査のもとで他の利益のために制約が許容されることもある。有害表現の規制や政治資金規正のための寄付制限がその例であり、修正1条絶対主義とはこうした規制に対しても表現の自由を優越させる姿勢を指す。

前者の例が、動物虐待ビデオの製造販売等を禁止する連邦法を違憲とした判決(2010年)[36]や暴力的なビデオゲームを未成年者に販売することを禁じた州法を違憲とした判決(2011年)[37]である。ヘイトスピーチ規制について、合衆国はしばしば欧州諸国と対照的に語られるが、それは内容規制について名誉毀損やわいせつなど特定のカテゴリーに含まれない限りは厳格審査が適用されることの帰結である。ロバーツ・コートの一連の判決は、これらの伝統的なカテゴリーからは外れるが「修正1条によって保護されるかどうかきわどい表現を保護」[38]するもので、思想の自由市場論など古典的な表現の自由理論に忠実な判決ではあるが、社会の分断を加速させる排外主義やポスト・トゥルース状況の放認につながる論理に拠って立つものとも言える。

後者の領域では、企業による独立選挙支出の規制を違憲としたシチズンズ・ユナイテッド判決(2010年)[39]のインパクトが大きい。合衆国では巨額の資金を元に選挙キャンペーンが張られる。それを支える企業による政治献金等の支出は、言論そのものではない一方で、表現の自由の中核をなす政治的意見の表明という側面も持つ。連邦最高裁はオースティン判決(1990年)[40]で、巨額の法人支出による選挙過程の歪みを防止することを正当な政府利益として選挙支出規制を合憲としていたが、シチズンズ・ユナイテッド判決はこの先例を覆した。

資金力をもつ企業に有利に働くこの判決が、新自由主義の伸長を是とする積極的な価値判断のもとに下されたものか、ロバーツ・コートにおいて学歴・職歴の「多様性が相対的に低下し、その一方でワシントンDCの政界とのコンタクトが強まった」結果、「実社会とのコンタクトを失った連邦最高裁が、判決のインプリケーションを理解せずに」[41]下したものかは、評価が分かれよう。しかし、判決が、政治部門による選挙過程の歪みの防止の試みを司法が絶対主義的な人権解釈をもって挫くものであり、もたらす効果がプロビジネスであることは明記されるべきである。

修正1条の武器化は信教の自由の領域でも見られ、宗教保守にとって望ましい帰結をもたらしている[42]。これも含めて、政治学者ウェンディ・ブラウンは、ロバーツ・コートの一連の判決を「合衆国最高裁と、それが解釈するべき合衆国憲法を、文化戦争における武器へと変え」[43]、新自由主義を後押しし民主主義を掘り崩すものと批判している。

(2) 近時の展開

近年、連邦最高裁は3つの領域で先例を変更あるいはその射程を限りなく限定する判決を下した。労働組合に安定した資金を供給するエージェンシー・ショップ制を合憲とした先例を覆したジャヌス判決(2018年)[44]、人工妊娠中絶についてロウ判決を否定したドブス判決(2022年)[45]、そして、先例を明示的に否定こそしなかったものの大学入試において人種を考慮する余地を実質的に無くしたSFFA判決(2023年)[46]である。いずれもイデオロギー・ラインに沿って意見が割れた判決で、トランプ政権下での人事が司法判断を動かす決定打となったことは否めない。もとより僅差で維持されてきたものではあるが、1970年代から憲法規範の一部を構成してきた先例が1つの裁判所の判断で覆るという、司法優越主義がもたらしうる帰結を端的に示すものとなった。

ただし、この変化を「トランプの裁判官」の問題に解消してしまうのは近視眼的にすぎよう。ジャヌス判決は、それ以前から続く修正1条の武器化の系譜に属する。合衆国では1940年代以降、ショップ制のもとで労働組合に特権的地位を認めるか・個々の労働者のRight to workを優先させるかは、各州の立法府の判断に委ねられてきた。しかし、2010年代に入ると、連邦最高裁は州法によって認められた労働組合の権利を違憲とする判断を下すようになり、最終的にジャヌス判決に至った。反対意見を書いたケイガン裁判官は、多数意見を、各州が何十年にもわたって続けてきた健全な民主的議論に終止符を打つものだと批判している。

また、レンキスト・コート以来伏在していた憲法解釈にかかる転換、すなわち原意主義の広がりが、ここに至って結論を左右するに至ったとの見方もあり得よう。原意主義は、1980年代に、民主主義の観点から司法による法創造を抑制するものとして唱えられた。例えば、スティーブン・カレブレシは彼の師であり初期の原意主義を代表するアントニン・スカリアに「熱烈な民主主義者」[47]との評を贈っている。しかし原意主義は、早くから「死者による支配」と批判されていたことからも明らかなように、本来、民主主義と結びつくものではない。原意主義が民主主義を語り得たのは、当時の議論が、司法審査の民主的正統性という枠組みでなされていたからであり、こんにちでは、議論の位相は、立憲主義か民主主義かの選択へと移った。少なくとも、ロバーツ・コートにおいて原意主義は、時に民主主義を――州レベルのものであれ、連邦レベルのものであれ――乗り越えるために用いられている。

こうした司法の動向およびその担い手の状況からは、ポピュリスト立憲主義へのシフトをもたらした司法優越主義への警戒は強まりこそすれ、緩和される要素は見出し難い。

II　ポピュリスト立憲主義の挑戦

1　ポピュリズムという選択

(1)　民主主義の困難

しかしながら、立憲主義に代えて民主主義を選択することもまた、合衆国においてはますます「どきつい」選択となってきているように見える。合衆国にはポピュリズムが進歩的・改革的な社会運動をして現れた歴史があり、それがポピュリズムの肯定的評価に結びついてきた。格差の是正や社会経済政策における公正さといった価値にコミットする憲法研究者からポピュリスト立憲主義を標榜する者が現れてきたのは、故のないことではない。

しかし、2010年選挙での共和党の大勝に影響を与えたと言われるティーパーティ運動の出現や2016年大統領選挙でのトランプ陣営の勝利は、これらポピュリスト立憲主義の論者たちに態度選択を迫ることになった。これらを「人民の声」としてポジティヴに受け止めるか否かの選択である。これに対して、例えば、ポピュリスト立憲主義の代表的論者の1人アキール・アマーは、ティーパーティ運動が描く州主権型の憲法像を「憲法全体を実際に読むとそんなことは書かれていない」と断じた[48]。立憲主義側からの批判である。他方、ジャック・バルキンは、ティーパーティ運動は組織形態こそ新しいかもしれないが本質的には企業や富裕層の支援を受けたアメリカの保守主義の一種であると醒めた評価を下す[49]。バルキンはトランプ政権についても、憲法の危機という見方は否定した上で、90年代から続く「憲法の腐敗」をさらに悪化させ、民主主義と立憲主義とを共に劣化させるものだとしている[50]。

また、こんにちの合衆国で民主主義を選ぶことがもたらす帰結の一端は、ドブス判決前後の各州議会の動向が示している。ドブス判決は、人工妊娠中絶を行うか否かの決定権は歴史と伝統に根差したものとは言い難く、連邦憲法修正14条のもとで保障される自由には含まれないとした。つまり、人工妊娠中絶の規制にかかる連邦憲法の規律を外して各州の州法による規律に委ねたのだが、この判決が下された時点でトリガー法――ロウ判決の破棄を条件として人工妊娠中絶を禁止する法律を発効させる、あるいは、その承認手続を開始させる州法――を用意していた州は計13に上っていた。ドブス判決の直接の対象は妊娠15週以降の人工妊娠中絶を禁じたミシシッピ州法だったが、その後成立または発効した州法は、それを超え、妊娠の全段階または胎児の拍動が確認できる6週目以降の中絶を禁止している。(51)

(2) ポピュリズムの選択

とはいえ、これは合衆国の民主主義のみが抱える困難でもない。ポピュリズムはそれ自体特定の社会経済政策に関する価値選択を含むものではなく、こんにち世界各国で勢力を拡大しているポピュリズム政党または運動体は、既存の政党批判や反エリート主義を共通項とするが、掲げる政策は一様ではない。減税や公共部門の人員削減など新自由主義的な政策を掲げるイギリスのＵＫＩＰからベーシック・インカムや保健医療へのアクセスなどを選挙綱領に盛り込んだスペインのポデモスまで、幅広い。合衆国において、ティーパーティ運動とオキュパイ運動、トランプとバーニー・サンダースが共にポピュリズム的性格を帯びたものとして登場するのは決して奇異なことではない。

こうした状況への応答としては、「良い」ポピュリズムと「悪い」ポピュリズムを峻別することがあり得よう。実際に、当該政党・運動体が拠って立つイデオロギーに着目してポピュリズムを右派と左派とに区分することは広く行われており、政治理論の領域では、コリン・クラウチの言う既存の民主主義が攻撃に晒されるポスト・デモクラシー状況にあって、左派ポピュリズムに変革の期待を掛けるシャンタル・ムフやエルネスト・ラクラウらの議論は夙に知られている。右派ポピュリズムがしばしば排外主義や権威主義といった経済政策以外のイデオロギー・体制と結びついていることに着目し、その点を批判する途もあり得る。

これに対して、社会経済政策的には反新自由主義の側に立つマーク・タシュネットは、右派ポピュリズムと左派ポピュリズムがそれぞれコミットする実体的価値の相違を指摘し、ポピュリズムという運動の形態とともにそれが追求する実体的価値・政策にも目配りをする必要があると説くが[52]、そこに安住することなくポピュリズムを選択する。そして、その上で、ポピュリズムと調和可能な立憲主義を描くことを試みる。「薄い」立憲主義の主張である。

2 「薄い」立憲主義

タシュネットは、1990年代末から、司法による解釈や判例を通じて構築された分厚い憲法を前提として「憲法」を論じることを批判し、誰でもコミットできる薄い憲法に基づいて統治を行うべきと唱えてきた[53]。彼がボーヤン・ブガリックとの共著で説く「薄い」立憲主義はその延長線上にあり、一般的な語法の立憲主義とはかなり異なる。

彼らの言う「薄い」立憲主義は、ごくわずかな規範の束である。その中には単純多数決によっては変更できない実体的・手続的権利も含まれる——彼らはこれをエントレンチメントの要素と呼ぶ——が、その保障の程度は薄い。実体的権利としては表現の自由と市民的権利の平等とが例示されるが、これら憲法でエントレンチされたものが全て「良いもの」であるとは考えられていない。そのため、単純多数決では変更できないとしても、特別多数、すなわち憲法改正によってそれらを変更することは可能だとされている[54]。ジョン・ハート・イリィの名を挙げるまでもなく、憲法典のうち実体的権利に重きをおかない読み方は特段目新しいものではないが、タシュネットらの「薄い」立憲主義は、手続的権利にも大きな期待はかけない。多数者の選好を決定するための手続はエントレンチされた条項に含まれるが、これもまた、改正を妨げるものではなく、超法規的逸脱の可能性も視野に入っている[55]。彼らにとって、これらのエントレンチされた実体的・手続的諸権利は拒否点——政策決定過程における一種の歯止め——またはスピードの抑制を促すべく高速道路等に設けられたハンプ(凸部)であり、民主主義を厳格に枠付ける装置ではない。

それで立憲主義またはそれに支えられた民主主義は維持できるのか。当然に生じるであろうこの問いに、タシュネットらは、政治学者レヴィツキー＝ジブラットの民主主義論[56]を下敷きにある意味突き放した応答をする。レヴィツキーらによれば、ゲームを存続させるためにはルール以前に守るべき精神があり、民主主義というゲームの場合には相互の寛容と組織的自制心がそれにあたる。それが柔らかいガードレールとしてアメリカの民主主義を守ってきたのであり、目下の民主主義の危機はそれが失われつつあることによる。同様に立憲主義も、憲法を志向する文化や憲法へのコミットメントというガードレールがあってはじめて維持されるもので、その重要性に異論はない。しかし、それについて法律家ができることは僅かである、と[57]。その上で、彼らは、「薄い」立憲主義が民主主義を維持することに自信をのぞかせる。

ただし、タシュネットらの「薄い」立憲主義は意図的に抽象的なものとして構想されており、具体的なあり方には幅がある。例えば、表現の自由については、政治的言論の制約の合憲性を非常に厳格に審査する合衆国型と他の重要な権利との衡量を比較的緩やかに認める型とがありうるところ、彼らは前者から後者に転換することが必ずしも立憲主義の後退になるとは捉えない[58]。また、彼らが「薄い」立憲主義の要素としてより力点を置く多数決ルール、政治家および政党ならびに司法の独立については[59]、システムとしてそれを具体化する際のバリエーションはさらに広がる。そのため、既存のシステムの変更は少なからずその可変域に吸収される。総じて、「薄い」立憲主義は、既存の立憲主義と比べてごく柔軟あるいは可変的な構造を持っており、それがポピュリズムとの両立可能性の鍵となっている。

また、権力の抑制をその構成要素としていない点も、「薄い」立憲主義の特徴である。彼らは、公権力の統制はそもそも人々の自由を守るためになされるのであり、人々の自由を害するものは公権力に限られないとして、公権力の統制は立憲主義にコミットする誰もが受け入れる（べき）理念ではないと明言する[60]。憲法の客観規範性を意識し、憲法擁護義務等の概念を発展させてきたドイツ等では当然の見方とも言えるが、合衆国の既存の立憲主義理解との対比では特筆に値しよう。

3　蛇はどこにいるのか

タシュネットらの主張の要点は、従来の、彼らの用語法に従うならば「ぶ厚い」立憲主義がポピュリズムの帰結として警戒してきた事柄を恐れるに足らないと説き、立憲主義とポピュリズムとの間に議論可能な場を確保することにある。[61]そのスタンスが端的に現れているのが、合衆国でしばしば民主主義による立憲主義の侵食と評される近時の局面に対する評価である。例えば、2つのコート・パッキング、すなわち、トランプ政権下で行われた連邦最高裁裁判官の指名とその後のバイデン政権の下で民主党が打ち出した連邦最高裁改革案——その選択肢には裁判官の任期制導入または増員が含まれる——については、慣行という規範を破るものだとの批判があるところ、彼らは直接的な評価を避けつつも、同じ効果は規範を破るだけでなく再定義することによっても得られるとし、規範で縛ることが立憲主義を政治すなわち民主主義から守ることには繋がらないとする。[62]それと同時に、1937年のいわゆるコート・パッキング・プランをめぐる一連の騒動から得られるもう1つの教訓として、それが「ルーズベルトを弱体化させ、事後的に実質的なアジェンダを議会に受け入れさせられなくなった」ことを指摘し、政治の側にとってもコート・パッキングが常に裁判所を従わせるのに有効であるとも限らないことを示唆している。[63]トランプ政権についても同様であり、同政権に対して既存の規範が無視あるいは軽視されているとの批判がなされていることに対しては、しばしば指摘される事柄の中には文字通りの違法または権限濫用と評すべき場面もあるが、多くは規範の再解釈としても説明できるものであり、また、実際にそうされていると評する。[65]薄い立憲主義の下では、憲法による拘束は緩やかなエントレンチメントとしてのみ機能するのであって、これらの出来事は折り込み済みなのである。

ルールによるエントレンチメントを絶対視しないという意味では、タシュネットらの主張は、他のポピュリスト立憲主義者、例えば、現在の合衆国憲法典の非民主性を指摘し、憲法会議を招集して人民の手による憲法改正によってこれを乗り越えることを説くサンフォード・レヴィンソンの主張と共通している[66]。実際、憲法典の改正についてはタシュネットらも必ずしも消極的な評価をしていない。その上で、タシュネットらの「薄い」立憲主義は、そもそもの憲法の規律それ自体をより幅のあるものと捉えることで、システムや慣行についても民主主義による変更を受容する。

しかし、タシュネットらが杯中の蛇影に過ぎないとしたこれらの民主主義の帰結について、リスクを軽視しすぎているとの批判は当然あり得よう。政治的表現の自由について言えば、既存の合衆国憲法学において通説的地位を占める精神的自由の優越的地位の観念の背後には、精神的自由が一度失われたら回復困難であるという脆弱性の認識がある。この立場からすれば、規範が破られることが必ずしも悪いことではないとの主張は容易には首肯し難い。これに対して彼らは、批判をするのであれば、規範が変わることそれ自体ではなく、何のための・どのような変更かという実体にフォーカスすべきだと応じる。仮に、政府が公務に関する名誉毀損的表現について保護の程度を引き下げるルール変更をしようとしたとして、政府には変更の目的を説明することが求められるため、その変更が立憲主義の後退に当たるか否かは説明が合理的か否かで判断すべきである、と[67]。政策の実体で判断すべきという点で「良い」ポピュリズムと「悪い」ポピュリズムとの峻別論にも見えるが、彼らの基本スタンスからすれば、ポピュリズムを受容した上で政策の是非を民主主義の枠内で議論すべきとの主張と読むべきであろう。

結局、彼らの主張は民主主義に対する楽観主義によって成り立っている。ただし、彼らの楽観主義は現状の合衆国の民主主義に対するものというよりは、むしろ、合衆国の民主主義のレジリエンスに対するものであるように思われる。タシュネットは、かねてより政治的アクターの実践が憲法規範の一部を構成すると論じており[68]、その実践は時によって変化する。タシュネットらは合衆国の民主主義の歴史を前記の主張を裏付ける例として挙げているが[69]、それは民主主義の変化と発展可能性を示すものでもあり、その意味において彼らの立論は傾聴に値しよう。

4　構造的アプローチ

タシュネットらと同様に合衆国の民主主義の歴史に光を当てつつ、異なる形で合衆国憲法を位置付け直そうと試みるのが、フィシュキン＝フォーバスである。タシュネットらが「薄い」立憲主義を掲げて手法としてのポピュリズムを論じたのに対し、フォーバスらは憲法のテキストと歴史は特定の政治経済秩序を要請していると主張する。

フォーバスらの議論の特徴は、裁判所が実現する権利の体系たる大文字の憲法だけでなく、こんにちではしばしば政策論と目される国家や社会の構造に関する小文字の憲法をも「憲法論」として語るべきとする点にある(70)。彼らは、裁判所偏重の憲法観は20世紀後半に作り出されたものであると言い、それとは異なり、ニューディール期に典型的に見られるように歴史上の多くの改革は憲法論として提示され、法律等を通じて実施されてきたのだと言う。彼ら曰く、その合衆国の伝統――F・ルーズベルトの演説の言葉を借りて彼らはこれを「機会の民主主義」と呼ぶ――によれば、寡頭政の抑止、力強い中間層を維持しうる政治経済、そして人種や性別を越える包摂なくして立憲民主主義は維持できない(71)。別言すれば、彼らは、これらを単なる政策選択ではなく、憲法のテキストと歴史の要請と解している。

憲法規範の及ぶ領域を裁判所の外へと拡大しようとする彼らの議論は、こんにちの合衆国司法を想定した対抗戦略であると同時に、より根本的に憲法ないし立憲主義の見方に転換を迫るものでもある。憲法の民主的性格を強調することで立憲主義か民主主義かの選択を回避しようとするのはポピュリスト立憲主義一般に見られるアプローチだが、その中には、ブルース・アッカマンのように、通常の政治過程とより高次の民主的正統性を有する憲法政治の過程とを区別して後者で前者をエントレンチする民主主義の二元論に立つ論者が少なくない。フォーバスらもこの系譜に属すると考えられるが、彼らは同時に、政治と憲法の峻別を拒否する。この一見矛盾する主張は、フランク・マイクルマンが解説するように、「政策選択の場という意味における政治は憲法（その時点ではそれは政治の外側にあらねばならい）によって拘束されるが、その拘束の意味内容は公務員や有権者団による決定の対象となる。彼らは拘束されると同時に選択者でもある。[72]」という一種の循環構造と捉えれば理解可能であろう。フォーバスらは、それを通じて、ポピュリスト立憲主義があまり詳述してこなかった通常の政治過程におけるその有り様を具体化しようとしており、従来の二元論ともまた違う形で立憲主義と民主主義の関係を再構築しようとするものとも見える。

しかし、フォーバスらの議論は合衆国および合衆国憲法の特質に負う部分が大きい。彼らは、憲法のこの見方は合衆国のアイデンティティと結び付いていると繰り返す。それは人々が契約を通じて自ら国家を形成したという国家観であり、建国以来の歴史であって、普遍性を備えたものではない。また、彼らが強調する中間層を維持しうる政治経済秩序を実現するため、20世紀以降に制定された憲法の多くは社会権という手掛かりを備えるが、合衆国憲法にはそれがなく、構造に依拠せざるを得ないという事情もある。タシュネットらの議論と同様、フォーバスらの議論も合衆国という文脈を離れた際の妥当性は慎重に評価せざるを得ない。とは言え、社会権を備え、大文字の憲法によって政治経済を論じる余地を持つ国であっても、その具体化には立法・行政裁量の壁が立ちはだかる。フォーバスらが克服すべき課題としたものは、対岸の問題ではない。

むすびにかえて

翻って、日本の現状はどうか。主に裁判所が担う狭い意味での立憲主義について言えば、とりわけ、今世紀に入ってからは、芦部が違憲審査基準論の彫琢を通じて活性化を促した当時とは変化しつつあるようにも見える。11種12件の法令違憲判決のうち半数以上が２０００年以降に下されているのもさることながら、在外邦人の選挙権・国民審査権という民主政過程の維持に関わる事柄[73]や性同一性障害特例法の性別変更要件という少数者の権利に関わる事柄[74]など、二重の基準論の下で司法が積極的に関与すべきとされた領域にそれが及んでいることは注目に値する。最高裁による行政裁量統制の試みやより積極主義的な下級審判決の登場も変化を示すものと言える。[75]

とはいえ、日本の司法審査がウォーレン・コート型の、合衆国において1980年代以降民主主義にコミットする論者によって克服すべき対象とされた「古い立憲主義」になったとはおよそ言い難い。そもそも、古典的な二重の基準論によればより積極的な関与が許容され得る場面において、最高裁が常に積極的な判断をしているわけでなく、むしろ芦部が問題視した状況と逕庭のない姿勢を見せることも少なくない。[76] 日本の司法機関は、修正1条絶対主義が広がっている合衆国の司法部門とは立ち位置を大きく異にしている。

より重要な点として、近年登場しつつある積極主義を支える解釈的基盤も合衆国のそれとは異なっている。憲法典の意味内容をこんにちの文脈に応じて解釈しまたは具体化する営為——それが判決であれ、法令であれ——を否定する原意主義は、日本では影響力のある解釈方法論とはなっていない。前記の在外邦人の選挙権・国民審査権の行使を可能とする仕組みの不在についての判断では、立法不作為を理由とする国賠請求事件であるが故に当然ではあるが、選挙権・国民審査権の性質と並んで、国会の動向が時間経過も加味しつつ慎重に評価されている。性同一性障害特例法上の生殖腺除去要件の憲法適合性についての判断も、当該規定が激変緩和措置としての性格を帯びたものであったという事情があるにせよ、制定時からの医学的知見の進展やこんにちの社会に与える影響等を踏まえて行われている。こうした日本の現状を前提とする限り、司法が機能すべき場面は、そして、それが民主主義との決定的な対立を生まない場面は、なお存在するように思われる。

無論、フィシュキン＝フォーバスが「逆説的な遺産」[77]と呼ぶように、こんにちの合衆国の司法優越主義はウォーレン・コートと地続きである。立憲主義と民主主義の両立(不)可能性という根源的問いからは逃れ得ない。しかし、現にある立憲主義と民主主義とが調停不能な程に対立しているかは別論である。立憲主義か民主主義かの選択が結果として「どぎつい」ものになるか否かは、それがもたらすリスクの如何にも関わる。本稿で瞥見したように、合衆国の立憲主義の現状は、連邦最高裁の憲法解釈のみならず、下級審を含む司法の担い手や政治部門の憲法観、慣行や立憲主義を支える精神等の「柔らかいガードレール」の存否など多様な要素によって作り出されている。真のリスクが那辺にあるのかは、これらを踏まえて判断すべきであろう。それは、日本の有り様を考える上でも同様である。

(1) 芦部信喜『憲法〔第8版〕』(岩波書店、2023年)16頁。この主張をより詳細に展開したものとして、芦部信喜『憲法学Ⅰ憲法総論』(有斐閣、1992年)50—54頁。
(2) 同右。
(3) 後述の司法審査の民主的正当性に関する議論は無論ウォーレン・コートにも妥当する。しかし反多数決主義という難点や裁判所の限界については、多数者の決定に反して少数者の権利を擁護するコートであるという「評価をウォーレン・コートが確立するにしたがって……少なくとも憲法学の支配的な議論において、忘却の彼方に置かれてきた」ことが指摘されている。阪口正二郎『立憲主義と民主主義』(日本評論社、2001年)29頁を参照。
(4) 林知更「裁判所は民主政を護ることができるか」北法54巻4号(2003年)1231頁。
(5) 同1252頁注(17)。
(6) 阪口・前掲注(3)279頁。
(7) 同292頁。
(8) ロバーツより若くして長官に就任したのは初代ジョン・ジェイ(43歳)と第4代ジョン・マーシャル(45歳)である。
(9) Roe v. Wade, 410 U.S. 113 (1973).
(10) Planned Parenthood v. Casey, 505 U.S. 833 (1992).
(11) Webster v. Reproductive Health Service, 492 U.S. 490 (1989).
(12) Regents of the University of California v. Bakke, 438 U.S. 265 (1978).
(13) Adarand v. Pena, 515 U.S. 200 (1995).
(14) Grutter v. Bollinger, 539 U.S. 306 (2003).

(15) *E.g.*, Zelman v. Simmons-Harris, 536 U.S. 639(2002).

(16) United States v. Lopez, 514 U.S. 549(1995).

(17) Keith Whittington, Is the Roberts Court the Least Activist Court in History?, https://www.lawliberty.org/2014/04/08/is-the-roberts-court-the-least-activist-court-in-history/

(18) https://constitution.congress.gov/resources/unconstitutional-laws/ 資料から算出すると、レンキスト・コートは平均年6・7件、バーガー・コートは年12・1件、ウォーレン・コートは年6・6件となる。なお、2015年から2022年までは平均年4・7件と増加傾向にある。

(19) 大林啓吾「ロバーツの裁判官像」大林啓吾＝溜箭将之編『ロバーツコートの立憲主義』(成文堂、2017年)所収31頁。

(20) *See*, Steven Heyman, *The Conservative-Libertarian Turn in First Amendment Jurisprudence*, 117 W. Va. L. Rev. 231 (2014).

(21) *E.g.*, Obergefell v. Hodges, 576 U.S. 644(2015).

(22) Erwin Chemerinsky, The Return of the Jedi: The Progressive October 2014 Term, 18 Green Bag 2d. 363, 363(2015).

(23) Erwin Chemerinsky, Everything Changed: October Term 2015, 19 Green Bag 2d. 343, 344(2016).

(24) *See*, Mark Tushnet and Bojan Bugarič, Power to the People(2021)214–216.

(25) *Id.*, at 216.

(26) *See*, Li Zhou, Trump Has Gotten 66 Judges Confirmed This Year. In His Second Year, Obama Had Gotten 49, Vox(Dec 27, 2018). https://www.vox.com/2018/12/27/18136294/trump-mitch-mconnell-republican-judges; Catherine Lucey and Meghan Hoyer, Trump choosing white men as judges, highest rate in decades, AP(Nov 14, 2017). https://apnews.com/article/a2c7a89828c747ed9439f60e4a89193e

(27) https://ballotpedia.org/Federal_judges_nominated_by_Donald_Trump

(28) *See* Shira A Scheindlin, Trump's judges will call the shots for years to come. The judicial system is broken, The Guardian(Oct 25, 2021). https://www.theguardian.com/commentisfree/2021/oct/25/trump-judges-supreme-court-justices-judiciary

(29) 実際に、控訴審を担当する巡回区裁判所の裁判官について、オバマ政権下では6名の任命が行われたが、トランプ政権下では任命機会は訪れなかった。前掲注(27)参照。

(30) Stephen J. Choi, Mitu Gulati, and Eric A. Posner, Trump's Lower-Court Judges and Religion: An Initial Appraisal(June 22, 2023). Virginia Public Law and Legal Theory Research Paper No. 2023-49, Virginia Law and Economics Research Paper No. 2023-13, Available at SSRN: https://ssrn.com/abstract=4488397, at 7-10. チョウらの分析によれば、民主党政権下で任用された連邦裁判官は女性40・7%、マイノリティ35%で、トランプ政権下の任用の比率と有意な差があるが、トランプ政権と共和党政権の平均との差は1%程度にとどまっている。

(31) *See* Stacy Hawkins, *Trump's Dangerous Judicial Legacy*, 67 UCLS L. Rev. Disc. 20(2019), 29-34. なお、W・ブッシュ政権下で任命された裁判官のうち女性は22・1%、マイノリティは17・8%を占める。

(32) Choi, Gulati, and Posner, *supra* note 30, at 10-15. トランプ以外の共和党政権ではフェデラリスト・ソサイエティメンバー22・3%、キリスト教者91%である。

(33) *Id.*, at 17-26.

(34) 髙橋正明「平等――ケネディ裁判官の影響力の増加」大林＝溜箭・前掲注(19)所収124頁参照。なお、同性婚の承認と共に性的指向に基づく差別の禁止を定める法律を制定する州も広がっていったが、Masterpiece Cakeshop, Ltd. v. Colorado Civil Rights Commission, 138 S. Ct. 1719(2018)以降、これら差別禁止法の適用が信教の自由または言論の自由を害するとの訴えが増加しており、「修正1条の武器化」とも相俟って、一種のバックラッシュをもたらしつつある。

(35) 大林・前掲注(19)38頁。

(36) United States v. Stevens, 559 U.S. 460(2010).

(37) Brown v. Entertainment Merchants Association, 564 U.S. 786(2011).

(38) 大林啓吾「表現の自由――修正1条絶対主義？」大林＝溜箭・前掲注(19)所収235頁。

(39) Citizens United v. Federal Election Commission, 558 U.S. 310(2010).

(40) Austin v. Michigan State Chamber of Commerce, 494 U.S. 652(1990).

(41) 溜箭将之「ロバーツコートの裁判官たち」大林＝溜箭・前掲注(19)所収47頁。

(42) この点について、福嶋敏明「第1修正の『武器化』をめぐって――アメリカ合衆国における『言論の自由』法理の現代的課題」愛敬浩二＝藤井康博＝高橋雅人編『自由と平和の構想力』(日本評論社、2023年)所収を参照。

(43) ウェンディ・ブラウン〔河野真太郎訳〕『新自由主義の廃墟で』(人文書院、２０２２年)参照。
(44) Janus v. AFSCME, 138 S. Ct. 2448(2018).
(45) Dobbs v. Jackson Women's Health Organization, 597 U.S. 215(2022).
(46) Students for Fair Admissions v. Harvard, 600 U.S. 181(2023).
(47) Steven G. Calabresi, *Afterword to the New Edition*, in A MATTER OF INTERPRETATION: FEDERAL COURTS AND THE LAW(Antonin Scalia & Amy Gutmann eds. 2018)151.
(48) Philip Rucker and Krissah Thompson, Constitution focus of new GOP House rules, Washington Post, December 30, 2010; A01.
(49) https://balkin.blogspot.com/2010/10/tea-party-puppet-or-windup-toy.html
(50) Jack Balkin, *Constitutional Crisis and Constitutional Rot*, in CONSTITUTIONAL DEMOCRACY IN CRISIS?(Mark A. Graber, Sanford Levinson & Mark Tushnet eds. 2018), 110, 112.
(51) 鈴木智之「アメリカにおける人工妊娠中絶の現状――覆された『ロー対ウェイド』判決」レファレンス８７５号(２０２３年)90頁参照。
(52) *See* Mark Tushnet, *Varieties of Populism*, 20 GERMAN L. J. 382(2019).
(53) *See* MARK TUSHNET, TAKING THE CONSTITUTION AWAY FROM THE COURTS(1999).
(54) TUSHNET & BUGARIČ, *supra* note 24, at 18.
(55) *Id.*, at 21–22.
(56) スティーブン・レビツキー＝ダニエル・ジブラット〔濱野大道ほか訳〕『民主主義の死に方――二極化する政治が招く独裁への道』(新潮社、２０１８年)参照。
(57) *See, id.*, at 32–35.
(58) TUSHNET & BUGARIČ, *supra* note 24, at 29–30.
(59) *Id.*, at 10. また、これらの要素の概要については *Id.*, at 12–32.
(60) *Id.*, at 22–23.
(61) *Id.*, at 11.

(62) *See*, at 172–176.
(63) *Id.*, at 174.
(64) *E.g.*, David Montgomery, “The Abnormal Presidency,” WASHINGTON POST MAGAZINE, Nov. 15. 2020. P218.
(65) Tushnet & Bugarič, *supra* note 24, at 216–221.
(66) *See* Sanford Levinson, Our Undemocratic Constitution: Where the Constitution Goes Wrong (2009).
(67) Tushnet & Bugarič, *supra* note 24, at 29.
(68) Mark Tushnet, *Constitutional Hardball*, 37 J. Marshall L. Rev. 523, 523 (2004).
(69) Tushnet & Bugarič, *supra* note 24, at 212.
(70) Joseph Fishkin & William E. Forbath, The Anti-Oligarchy Constitution (2022) 8.
(71) *Id.*, at 3.
(72) Frank I. Michelman, *The Anti-Oligarchy Popular Constitution*, 2 Am. J. L. & Equal. 337, 354 (2022).
(73) 最大判２００５（平成17）年９月14日民集59巻７号２０８７頁、最大判２０２２（令和４）年５月25日民集76巻４号７１１頁。
(74) 最大判２００８（平成20）年６月４日集民２２８号１０１頁、最大決２０２３（令和５）年10月25日民集77巻７号１７９２頁。
(75) 最判２０２３（令和５）年７月11日民集77巻５号１１７１頁、最判２０２３（令和５）年11月17日判タ１５１８号67頁、札幌地判２０２１（令和３）年３月17日判時２４８７号３頁、名古屋高判２０２３（令和５）年11月30日賃金と社会保障１８４５号66頁など。
(76) 最判２０２３（令和５）年２月21日民集77巻２号２７３頁、最判２０２３（令和５）年９月12日民集77巻６号１５１５頁など。
(77) Fishkin & Forbath, *supra* note 70, at 24.

索　引

あ　行

か　行

さ行

た　行

な 行

は 行

ま　行

や　行

ら　行

【編者・執筆者紹介】

高橋和之（たかはし かずゆき） 東京大学名誉教授 はしがき

長谷部恭男（はせべ やすお） 早稲田大学教授 第１部第３章

林 知更（はやし とものぶ） 東京大学教授 第１部第１章

西村裕一（にしむら ゆういち） 慶応義塾大学教授 第１部第２章

石川健治（いしかわ けんじ） 東京大学教授 第１部第４章

井上典之（いのうえ のりゆき） 大阪学院大学教授 第１部第５章

西村枝美（にしむら えみ） 関西大学教授 第１部第６章

渡辺康行（わたなべ やすゆき） 大阪経済法科大学教授 第２部第１章

安西文雄（やすにし ふみお） 明治大学教授 第２部第２章

野坂泰司（のさか やすじ） 学習院大学名誉教授 第２部第３章

曽我部真裕（そがべ まさひろ） 京都大学教授 第２部第４章

毛利 透（もうり とおる） 京都大学教授 第２部第５章

駒村圭吾（こまむら けいご） 慶応義塾大学教授 第２部第６章

青井未帆（あおい みほ） 学習院大学教授 第２部第７章

宍戸常寿（ししど じょうじ） 東京大学教授 第２部第８章

松田 浩（まつだ ひろし） 成城大学教授 第２部第９章

棟居快行（むねすえ としゆき） 専修大学教授 第２部第10章

巻 美矢紀（まき みさき） 上智大学教授 第２部第11章

笹田栄司（ささだ えいじ） 早稲田大学教授 第２部第12章

小島慎司（こじま しんじ） 東京大学教授 第３部第１章

赤坂幸一（あかさか こういち） 九州大学教授 第３部第２章

高橋雅人（たかはし まさと） 九州大学准教授 第３部第３章

只野雅人（ただの まさひと） 一橋大学教授 第３部第４章

渋谷秀樹（しぶたに ひでき） 立教大学名誉教授 第４部第１章

佐々木雅寿（ささき まさとし） 北海道大学教授 第４部第２章

土井真一（どい まさかず） 京都大学教授 第４部第３章

大林啓吾（おおばやし けいご） 慶応義塾大学教授 第４部第４章

山本龍彦（やまもと たつひこ） 慶応義塾大学教授 第４部第５章

大河内美紀（おおこうち みのり） 名古屋大学教授 第４部第６章

芦部憲法学──軌跡と今日的課題

2024年9月17日　第1刷発行

編　者　高橋和之《たかはしかずゆき》　長谷部恭男《はせべやすお》

発行者　坂本政謙

発行所　株式会社 岩波書店
〒101-8002 東京都千代田区一ツ橋 2-5-5
電話案内 03-5210-4000
https://www.iwanami.co.jp/

印刷・理想社　カバー・半七印刷　製本・牧製本

ISBN 978-4-00-061659-1　Printed in Japan